溫洪隆 注譯
陳滿銘 校閱

新譯戰國策（下）

三民書局

國家圖書館出版品預行編目資料

新譯戰國策／溫洪隆注譯;陳滿銘校閱.－－修訂三版
四刷.－－臺北市：三民，2022
冊；　公分.－－(古籍今注新譯叢書)

ISBN 978-957-14-4018-7 （上冊：平裝）
ISBN 978-957-14-4019-4 （下冊：平裝）
1. 戰國策－注釋

621.804

古籍今注新譯叢書

新譯戰國策（下）

注譯者　溫洪隆
校閱者　陳滿銘

發行人　劉振強
出版者　三民書局股份有限公司
地　址　臺北市復興北路 386 號（復北門市）
　　　　臺北市重慶南路一段 61 號（重南門市）
電　話　(02)25006600
網　址　三民網路書店 https://www.sanmin.com.tw

出版日期　初版一刷 1996 年 2 月
　　　　　二版三刷 2010 年 2 月
　　　　　修訂三版一刷 2013 年 2 月
　　　　　修訂三版四刷 2022 年 9 月
書籍編號　S031180
ISBN　978-957-14-4019-4

三民書局

新譯戰國策　目次

【下冊】

卷一八　趙策一

卷一九　趙策二

卷二〇 趙策三

卷二一 趙策四

卷二二　魏策一

卷二三 魏策二

卷二四 魏策三

卷二五 魏策四

卷二六　韓策一

卷二七 韓策二

卷二八 韓策三

卷二九　燕策一

卷三〇 燕策二

卷三一 燕策三

卷三二 宋衛策

卷三三　中山策

卷一八　趙策一

〈趙策〉記載了與趙國有關的事件。春秋後期，晉昭公死（西元前五二六年），晉國公室卑弱，智氏、趙氏、韓氏、魏氏、范氏、中行氏等六卿強大，互相兼併。智氏、趙氏、韓氏、魏氏先消滅了范氏、中行氏，智伯又率領韓康子、魏宣子進攻趙襄子，圍晉陽；趙襄子反而與韓康子、魏宣子聯合起來，於西元前四五三年消滅了智伯，於是趙、韓、魏三卿分晉。西元前四〇三年，周王朝正式承認趙、韓、魏三國。趙國先建都在晉陽（今山西太原東南），後遷都到邯鄲（今河南邯鄲）。疆土有今山西中部、陝西東北角、河北西南部。到了趙武靈王胡服騎射，進行改革，國力強大，疆土擴大到山西北部和河套地區。長平之戰後，國勢衰弱，西元前二二二年被秦國所滅。

知伯從韓魏兵以攻趙

【題　解】智伯使韓康子、魏宣子和他一起進攻趙襄子，圍困晉陽。智伯的謀士郗疵看出韓康子、魏宣子將要謀反。但智伯不但不聽郗疵的勸告，反而將郗疵的看法告訴了韓康子、魏宣子。郗疵只好離開智伯到齊國去。後來韓康子、魏宣子果然謀反。

知伯❶從❷韓、魏❸兵以攻趙❹，圍晉陽❺而水之，城下不沉者三板❻。郄疵❼

謂知伯曰：「韓、魏之君必反矣。」知伯曰：「何以知之？」郗疵曰：「以其人事知之。夫從韓、魏之兵而攻趙，趙亡，難必及韓、魏矣。今約勝趙而三分其地，今城不沒者三板，臼竈生鼃❽，人馬相食，城降有日，而韓、魏之君無憙❾志而有憂色，是非反如❿何也？」明日，知伯以告韓、魏之君曰：「郗疵言君之且反也。」韓、魏之君曰：「夫勝趙而三分其地，城今且將拔矣，夫三⓫家雖愚，不棄美利於前，背信盟之約，而為危難不可成之事，其勢可見也。是疵為趙計矣，使君疑二主⓬之心，而解⓭於攻趙也。今君聽讒臣之言，而離二主之交，為君惜之。」趨而出。郗疵謂知伯曰：「君又何以疵言告韓、魏之君為？」知伯曰：「子安知之？」對曰：「韓、魏之君視疵端而趨疾⓮。」郗疵知其言之不聽，請使於齊，知伯遣之。韓、魏之君果反矣。

【注釋】❶知伯　晉卿荀瑤。❷從　使之從。❸韓魏　指韓康子和魏宣子，都是晉國的卿。韓康子即韓虎（一作「虔」）。魏宣子即魏駒。❹趙　指晉卿趙襄子，即趙毋卹。❺晉陽　趙城，在今山西太原東南。❻板　本指築牆用的夾板。這裡用作衡量牆的高度的量詞。❼郗疵　當是謀士。❽臼竈生鼃　這句是說水已經淹到灶上。鼃，同「蛙」。❾憙　喜歡。❿如　相當於「而」。⓫三　依錢藻本、劉敞本當作「二」。⓬二主　韓康子和魏宣子。當事人不宜這樣自稱，是後人追述的話。⓭解　通「懈」。放鬆。⓮視疵端而趨疾　正視郗疵而且快步走出去。端，正。視端就是正視。從正視中可以知道韓康子、魏宣子害怕。趨疾，快步走。從快步走中可看出兩人怕郗疵找他們的麻煩。

【語　譯】智伯使韓、魏兩家的軍隊跟他一起去進攻趙家，圍困晉陽，引水灌城，城牆沒有沉入水下的只有三板。郗疵對智伯說：「韓康子、魏宣子必定要謀反了。」智伯說：「怎麼知道？」郗疵說：「從其人其事中知道。使韓、魏兩家的軍隊跟著去進攻趙家，趙家滅亡，兵難就必到韓家、魏家了。現在相約戰勝趙家就三家瓜分它的土地，而今城牆沒有淹沒的只有三板，臼灶上都有了青蛙，人馬互相吞食，攻下晉陽城，是指日可待的，而韓康子、魏宣子卻沒有高興的意思而有憂愁的顏色，這不是想謀反還是什麼呢？」第二天，智伯把郗疵的話告訴韓康子、魏宣子說：「郗疵說你們將要謀反啊。」韓康子、魏宣子說：「戰勝趙家便三家瓜分它的土地，城現在將要攻下了，我們兩家即使愚蠢，也不至於拋棄眼前的美利，背棄盟約，而去做危險困難不可成功的事，那形勢是可以看清楚的啊。這是郗疵在替趙家著想了，他是要使你懷疑我們兩人有野心，從而放鬆對趙家的進攻啊。現在你聽信讒臣的話，而和我們兩人絕交，我們替你感到惋惜。」說完以後就快步走出去。郗疵對智伯說：「你又為什麼把我郗疵的話告訴韓康子、魏宣子呢？」知伯說：「你怎麼知道？」郗疵回答說：「因為韓康子、魏宣子正視我而且快步走出去。」郗疵知道智伯不會聽信他的話，便請求出使齊國，智伯派遣他前去。後來韓康子、魏宣子果然謀反了。

知伯帥趙韓魏而伐范中行氏

【題　解】范氏、中行氏被消滅以後，智伯脅迫韓康子、魏宣子一起進攻趙襄子，圍困晉陽達三年之久。張孟談暗中出晉陽城，見韓康子、魏宣子，密謀趙、韓、魏聯合起來反對智伯，被智過發覺。但是智伯不聽智過的勸告，以致韓、魏反於外，趙氏應於內，內外夾攻，智伯終於被擒身死。

知伯帥❶趙、韓、魏而伐范❷、中行氏❸，滅之。休數年，使人請地於韓。韓康子欲勿與，段規❹諫曰：「不可。夫知伯之為人也，好利而鷙❺復❻，來請地不與，必加兵於韓矣。君其與之。與之彼狃❼，又將請地於他國，他國不聽，必鄉之以兵❽；然則韓可以免於患難，而待事之變。」康子曰：「善。」使使者致❾萬家之邑一於知伯。知伯說，又使人請地於魏，魏宣子❿欲勿與。趙葭⓫諫曰：「彼請地於韓，韓與之。請地於魏，魏弗與，則是魏內自強，而外怒知伯也。然則其錯⓬兵於魏必矣！不如與之。」宣子曰：「諾。」因使人致萬家之邑一於知伯。知伯說，又使人之趙，請蔡⓭、皐狼⓮之地，趙襄子弗與。知伯因陰結韓、魏，將以伐趙。

【章　旨】智伯率領趙、韓、魏三家消滅范氏、中行氏以後，又分別向趙、韓、魏三家索取土地，趙襄子不給他，他便脅迫韓、魏一起攻趙。

【注　釋】❶帥　率領。❷范　范氏，六卿之一。這裡的范氏是指范獻子，即范吉射。❸中行氏　六卿之一，這裡是指中行文子，即荀寅。❹段規　即「段規」，韓康子的謀臣。❺鷙　一種凶猛的鳥。❻復　當依劉敞本及《韓非子・十過》作「愎」。❼狃　貪。❽鄉之以兵　即「以兵向之」，指動武。鄉，同「向」。❾致　送。❿魏宣子　《史記》〈魏世家〉、〈韓世家〉記載參與攻趙，後來又反過來和趙襄子、韓康子一起滅智伯的是「魏桓子」，與此異。⓫趙葭　魏宣子的謀臣。⓬錯　安置；派遣。⓭蔡　當時不是趙地，吳師道、胡三省疑為「藺」字。藺地靠近皐狼。⓮皐狼　趙地，在今山西離石境內。

【語　譯】智伯率領趙、魏、韓三家進攻范氏、中行氏，消滅了范氏、中行氏。休戰幾年，便派人去韓家索取土地。韓康子想不給他，段規勸阻他說：「不行。智伯為人，喜歡貪利而又像鷙鳥一樣的剛愎凶猛，前來索取土地，如果不給他，就必定會向韓進兵。你還是給他吧。給他他就會更加貪利，又將向別國索取土地，別國不聽從他的，他必定向別國動武，這樣韓國就可以免於患難，而等待時事的變化。」韓康子說：「好。」便派使者送去一個有一萬戶人家的城邑給智伯。智伯高興，又派人去向魏索取土地，魏宣子也不想給他。趙葭勸阻他說：「他向韓索取土地，韓康子給了他。向魏索取土地，魏不給他，這就使魏國對內自以為強大，對外激怒智伯啊。這樣一來，他向魏派遣部隊就勢所必然了！不如給他。」魏宣子說：「好。」於是派人送去一個有一萬戶人家的城邑給智伯。智伯高興，又派人前往趙家，索取藺和皋狼等地，趙襄子不給他。智伯於是暗中聯合韓、魏去進攻趙家。

趙襄子召張孟談❶而告之曰：「夫知伯之為人，陽親而陰疏，三使韓、魏而寡人弗與焉，其移兵寡人必矣。今吾安居❷而可？」張孟談曰：「夫董閼安于❸，簡主❹之才臣也，世治晉陽❺，而尹澤❻循❼之，其餘政教猶存，君其定居晉陽。」君❽曰：「諾。」乃使延陵王❾將車騎先之晉陽，君❿因從之。至，行城郭，案⓫府庫，視倉廩，召張孟談曰：「吾城郭之完，府庫足用，倉廩實矣，無矢奈何？」張孟談曰：「臣聞董子之治晉陽也，公宮之垣⓬，皆以狄蒿⓭苫楚⓮廧⓯之，其高至丈餘，君發而用之。」於是發而試之，其堅則箘簬⓰之勁不能過也。君曰：「足⓱矣，吾銅少若何？」張孟談曰：「臣聞董子之治晉陽也，公宮之室，皆以鍊銅為柱質⓲，請發而用之，則有餘銅矣。」君曰：「善。」號令以⓳定，備守以具。

【章　旨】為了對付智伯的進攻，趙襄子和張孟談商議定居晉陽，並順利地解決了缺箭缺銅的問題，做好了應戰準備。

【注　釋】❶張孟談　趙襄子的謀士。❷安居　何居；居守在何處。❸董閼安于　依王念孫說即「董安于」。《左傳》定公十三年即作「董安于」。❹簡主　指趙簡子，是趙襄子的父親。大夫的家臣稱大夫為「主」。❺晉陽　在今山西太原。❻尹澤　趙臣，董安于的繼任人。❼循　遵循。❽君　指趙襄子。❾延陵王　《韓非子・十過》作「延陵生」，是。當是趙襄子的臣子，不應稱為「王」。❿君　指趙襄子。⓫案　視察。⓬垣　牆。⓭狄蒿　《韓非子・十過》作「荻蒿」，兩種草。⓮苦楚　《韓非子・十過》作「楛楚」，兩種堅勁的小樹，可作箭杆。⓯廧　同「牆」。用作動詞。⓰箘簬　兩種竹子。可作箭杆。簬，同「簵」。⓱足　指足以製箭。⓲質　基礎。⓳以　通「已」。下同。

【語　譯】趙襄子召見張孟談將智伯索地的事告訴他說：「智伯這個人，表面上和人親近，暗中卻和人疏遠，三次派人向韓、魏、趙索取土地，寡人卻沒有給他，他一定要調動部隊向寡人進攻了。現在我居守在哪裡才好？」張孟談說：「董安于，是趙簡子有才能的臣子，世世代代治理晉陽，尹澤遵循他的舊政，他們留下的政教依舊保存在那裡，你還是定居晉陽為好。」趙襄子說：「好。」便派延陵生率領車騎先到晉陽，趙襄子隨著也前往。到了晉陽，先巡視內城外城，視察府庫，查看倉庫，召見張孟談說：「我們的內城外城完好，府庫的錢財夠用，倉庫的糧食充實，只是缺少箭，怎麼辦？」張孟談說：「我聽說董安于治理晉陽，公宮的垣牆，都是用荻、蒿、楛、楚等圍成的，高一丈多，你可以掘出來製箭。」於是掘出來試作箭用，那堅硬的程度就是箘、簬等這類強勁的好竹子也不能超過它們。趙襄子說：「箭是夠用了，我還缺少銅，怎麼辦？」張孟談說：「我聽說董安于治理晉陽，公宮的房子，都是用冶鍊好了的銅做柱子的基礎，請你挖出來運用，就有足夠的銅了。」趙襄子說：「好。」號令已經確定，守城的物資也已經準備好了。

三國之兵乘❶晉陽城，遂戰。三月不能拔，因舒軍❷而圍之，決晉水❸而灌之。

圍晉陽三年，城中巢居而處，懸釜而炊，財食將盡，士卒病羸❹。襄子謂張孟談曰：「糧食匱，城❺力盡，士大夫病，吾不能守矣。欲以城下❻，何如？」張孟談曰：「臣聞之，亡不能存，危不能安，則無為貴知士也。君釋此計，勿復言也。臣請見韓、魏之君。」襄子曰：「諾。」張孟談於是陰見韓、魏之君曰：「臣聞『脣亡則齒寒❼』，今知伯帥二國之君伐趙，趙將亡矣，亡則二君為之次矣。」二君曰：「我知其然。夫知伯為人也，麁❽中而少親，我謀未遂❾而知，則其禍必至，為之奈何？」張孟談曰：「謀出二君之口，入臣之耳，人莫之知也。」二君即與張孟談陰約三軍，與之期日❿，夜遣入晉陽。張孟談以報襄子，襄子再拜之。

【章　旨】晉陽被圍三年，難以堅守下去，張孟談出城去見韓康子、魏宣子，密謀共同反對智伯。

【注　釋】❶乘　登。❷舒軍　軍隊稍往後撤而不緊逼城下。❸晉水　發源於山西太原西南懸甕山，東流入汾河。❹羸　瘦弱。❺城　一作「財」。❻下　指投降。❼脣亡則齒寒　出自《左傳》僖公五年：「脣亡齒寒。」❽麁　即「麤」字，粗橫。❾遂　成功。❿期日　依《韓非子・十過》當作「期日」。

【語　譯】三國的軍隊登上晉陽城，於是發生戰鬥。一連三個月不能攻下晉陽城，於是部隊稍往後撤，挖開口子，導引晉水灌城。這樣圍困晉陽三年，城中的人像鳥一樣巢居高處，吊起鍋來做飯，財物食品也將要用完了，而士卒又生病，身體瘦弱。趙襄子對張孟談說：「糧食匱乏，財力耗盡，士大夫生病，我不能守下去了。

想率領全城投降，怎麼樣？」張孟談說：「我聽說國家要滅亡了，不能夠設法使它存在；危險了，不能設法使它平安，就不能算是可貴的智謀之士啊。你還是放棄這種想法，不要再說啦。我請求去見韓康子、魏宣子。」趙襄子說：「好。」張孟談於是暗中去見韓康子、魏宣子說：「我聽說『嘴唇沒有了，牙齒就受凍』，現在智伯率領你們兩位君主進攻趙國，趙國將要滅亡了，趙國亡了，下面就該是你們兩位了。」韓康子、魏宣子說：「我們知道會那樣。智伯這個人，心中粗橫而缺乏親愛，如果我們的計謀不能成功而被他知道了，就必定大難臨頭，該怎麼辦？」張孟談說：「計謀出自二位之口，進入我的耳中，沒有旁人知道啊。」韓康子、魏宣子馬上就和張孟談暗中約定聯合趙、韓、魏三軍，並和他確定發難的日期，當天晚上便打發張孟談進晉陽。張孟談將這一切向趙襄子作了報告，趙襄子再次拜謝他。

張孟談因朝知伯而出，遇知過❶轅門❷之外。知過入見知伯曰：「二主殆將有變。」君❸曰：「何如？」對曰：「臣遇張孟談於轅門之外，其志矜❹，其行高❺。」知伯曰：「不然。吾與二主約謹❻矣，破趙三分其地，寡人所親之，必不欺也。子釋之，勿出於口。」知過出見二主，入說知伯曰：「二主色動而意變，必背君，不如令殺之。」知伯曰：「兵箸❼晉陽三年矣，旦暮當拔之而饗❽其利，乃❾有他心？不可，子慎勿復言。」知過曰：「不殺則遂親之。」知伯曰：「親之奈何？」知過曰：「魏宣子之謀臣曰趙葭，康子之謀臣曰段規，是皆能移❿其君之計。君其與二君⓫約，破趙則封二子⓬者各萬家之縣一，如是則二主之心可不變，而君得其所欲矣。」知伯曰：「破趙而三分其地，又封二子者各萬家之縣一，則吾所得者少，不可！」知過見君之不用也，言之不聽，出，更其姓為輔氏，遂去不見。

【章　旨】智過告訴智伯，已發覺韓康子、魏宣子將要反叛，不如先殺掉他們，否則就要收買他們的謀臣，以改變他們的反叛之心。智伯不聽，智過改姓而去。

【注　釋】❶知過　疑是智伯的謀士。❷轅門　用兩車的轅相向交接而形成的門。❸君　指智伯。❹矜　矜恃；驕傲自負。❺行高　相當於「趾高」。❻謹　謹慎。❼箸　附著，即圍困。❽饗　通「享」。❾乃　竟。❿移　改變。⓫二君　指趙葭、段規。⓬二子　也是指趙葭、段規。

【語　譯】張孟談因而朝見智伯，走出來時，在轅門的外面碰上了智過。智過進去見智伯，說道：「韓康子、魏宣子兩人恐怕將要變心。」智伯說：「你怎麼知道？」智過回答說：「我在轅門外面碰見了張孟談，他現出趾高氣揚的樣子。」智伯說：「不對。我和韓康子、魏宣子兩人謹慎地約定了，打敗趙家以後，就由知、韓、魏三家瓜分它的土地，這是寡人親自和他們約定的，他們一定不會欺騙我啊。你打消這種想法，不要說了。」智過出來去見韓康子、魏宣子，又進去勸說智伯道：「韓康子、魏宣子的臉色變了，神情也異樣，一定會背叛你，不如下令殺掉他們。」智伯說：「軍隊圍困晉陽三年了，早晚當攻下晉陽，而分享它的好處，這時竟有別的打算？不行，你千萬不要再說。」智過說：「不殺死他們就親近他們。」智伯說：「怎樣親近他們？」智過說：「魏宣子的謀臣叫趙葭，韓康子的謀臣叫段規，這兩人都能夠改變他們的君主的想法。你還是和這兩人約好：打敗趙家以後就封這兩人各自一個有一萬戶人家的縣，如果這樣，那麼韓康子、魏宣子的心可以不變，而你就能夠得到你所想得到的東西了。」智伯說：「打敗趙家將它的土地瓜分為三，又要封給這兩個人各自一個有一萬戶人家的縣，那麼我所得到的土地就少了，不行！」智過看到智伯不用他的計謀，不聽他的話，便出來改姓為輔，就此離開不見了。

張孟談聞之，入見襄子曰：「臣遇知過於轅門之外，其視有疑臣之心，入見知伯，出更其姓。今暮不擊，必後之矣。」襄子曰：「諾。」使張孟談見韓、魏之君曰：「夜期殺守堤之吏，而決水灌知伯軍。」知伯軍救水而亂，韓、魏翼❶而擊之，襄子將卒犯其前，大敗知伯軍而禽❷知伯。知伯身死，國亡地分，為天下笑，此貪欲無厭也。夫不聽知過，亦所以亡也。知氏盡滅，唯輔氏存焉。

【章　旨】趙、韓、魏三家，夜襲智伯軍，擒智伯。

【注　釋】❶翼　兩翼夾擊。❷禽　通「擒」。

【語　譯】張孟談聽說了這些情況，便進見趙襄子，說道：「我在轅門外碰上智過，從他的目光中可看出他心裡對我有懷疑，他進去見智伯，出來以後就改了姓。今天晚上不發動攻擊，就一定遲了。」趙襄子說：「好。」便派張孟談去見韓康子、魏宣子，說：「約定晚上殺死守堤的小吏，引水淹智伯的軍隊。」智伯的軍隊因為救水而亂成一片，韓康子、魏宣子的軍隊從兩翼攻擊他們，趙襄子率領士卒衝擊他們的先鋒，大敗智伯的軍隊，俘虜了智伯。智伯死了，國家亡了，土地也被瓜分了，被天下人所恥笑，這是由於他貪得無厭啊。不聽智過的話，也是他滅亡的原因啊。智氏全部被消滅，只有輔氏還保存下來。

張孟談既固趙宗

【題解】張孟談在功成事遂之後，自願歸田；國家有難，又復出效力。

張孟談既固趙宗❶，廣封疆，發五百❷，乃稱❸簡之塗❹以告襄子曰：「昔者，前國地君❺之御有之曰：『五百❻之所以致天下❼者約❽，兩❾主勢能制臣，無令臣能制主。故貴為列侯❿者，不令在相位，自將軍以上，不為近大夫。』今臣之名顯而身尊，權重而眾服，臣願捐功名、去權勢以離眾。」襄子恨然⓫曰：「何哉！吾聞輔主者名顯，功大者身尊，任⓬國者權重，信忠在己而眾服焉。此先聖之所以集⓭國家，安社稷乎⓮！子何為然？」張孟談對曰：「君之所言，成功之美也；臣之所謂，持國⓯之道也。臣觀成事⓰，聞往古，天下之美同⓱，臣主之權均之⓲能美，未之有也。前事之不忘，後事之師。君若弗圖，則臣力不足。」愴然有決色⓳。襄子去之。臥三日，使人謂之曰：「晉陽之政，臣下不使者何如？」對曰：「死僇⓴。」張孟談曰：「左司馬㉑見使於國家，安社稷，不避其死，以成其忠，君其行之㉒。」君曰：「子從事㉓。」乃許之。張孟談便厚以便名㉔，納地㉕釋事㉖以去權尊㉗，而耕於負親之丘㉘。故曰：賢人之行㉙，明主之政㉚也。

【章　旨】張孟談功成身退，自願拋棄功名權勢，在負山上躬耕。他或許早就體認了兔死狗烹的道理。

【注　釋】❶趙宗　趙氏宗族。❷發五百　發揚五霸之業。發，發揚。五百，五伯，即五霸。❸稱　稱舉。❹簡之塗　不詳。黃丕烈說：「此策文多不可通，當闕。」有說是「簡之迹」之誤。「迹」誤為「途」，又寫作「塗」。錄以備考。「簡之迹」即趙簡子的事跡。❺國地君　不詳。❻五百　五伯，即春秋五霸。❼致天下　使天下服從。❽約　簡約。❾兩　鮑彪說是衍文。❿列侯　爵位名，秦爵二十等，徹侯是最高的一等。漢代沿用秦爵，因避漢武帝劉徹諱改稱通侯，亦稱列侯。張孟談是春秋末年人，這時還沒有「列侯」的用法，當是後人所加。⓫恨然　遺憾的樣子。⓬任　擔任。⓭集　定。⓮乎　依劉敞本當作「也」。⓯持國　保持國家。⓰成事　已有的事例。⓱美同　有美相同則必定相嫉。⓲之　一作「而」。⓳決色　訣別的表情。決，通「訣」。⓴僇　同「戮」。㉑左司馬　官名。姓名不詳。吳師道認為是指張孟談。依金正煒說「張孟談」上當有「為」字。㉒行之　許他走。㉓從事　從事他所想做的事。㉔便厚以便名　這句疑字句上有脫誤，譯文暫作如下處理。便厚，安於厚重。便名，安名，相當於保持名聲。㉕納地　獻出土地。㉖釋事　放棄政事。㉗權尊　權勢和尊貴的地位。㉘負親之丘　疑當作「負山」。王符《潛夫論・志氏姓》說：「張孟談相趙襄子以滅智伯，遂逃功賞，耕於負山。」㉙賢人之行　對張孟談而言。㉚明主之政　對趙襄子而言。

【語　譯】張孟談已經鞏固了趙氏宗族政權，擴大了它的領土，便想發揚五霸之業，於是便稱舉趙簡子的事跡告訴趙襄子說：「過去替國地君駕車的有過這樣的話：『五霸之所以能使天下服從的原因很簡單，就是主上的權勢能制服臣子，不讓臣子能控制主上。所以地位顯貴做列侯的臣子，不讓他做相國；自將軍以上的臣子，不擔任近大夫。』現在我的名聲顯赫而身價尊貴，權力重大而眾人服從，我願意捐棄功名、拋去權勢，以離開眾人。」趙襄子顯出遺憾的樣子說：「怎麼呀！我聽說輔助君主的，名聲就該顯赫；功勞大的，身價就該尊貴；擔負治國重任的，權力就該重大；自己做到了信和忠的，眾人就該服從他。這就是過去的聖人之所以能穩定國家、安定社稷的原因啊！你為什麼要這樣呢？」張孟談回答說：「你所說的，是成功的美事；我所說的，是保持國家的方法。我觀察已有的事例、聽到往古的情況：天下兩美相妒，臣子和君主的權勢均等而能夠美好的，是不曾有過的啊。前事不忘，就是後事之師。你如果不圖謀國事，那我也力量不足。」悲痛地表現出訣別的樣子。趙襄子便讓他離開。在臥牀三天後，再派人對張孟談說：「晉陽的政事，如果臣下不聽使喚怎麼辦？」張孟談回答說：「殺死他。」派去的人替張孟談說：「左司馬被國家所用，安定社稷，不避死亡，為成全他的忠心你還是讓他走吧。」趙襄子說：「轉告他：你就做你所想做的事。」便答應了張孟談的要求。張孟談安於厚重，以保持名譽；交出土地，放棄政事，以拋去權勢和尊貴的地位，終於躬耕在負山之上。所以說：這是賢能人的德行、英明君主的政治啊。

耕三年，韓、魏、齊、燕❶負親以謀趙。襄子往見張孟談而告之曰：「昔者知氏之地，趙氏分則多十城，復來❷，而今諸侯，孰❸謀我，為之奈何？」張孟談曰：「君其負❹劍而御❺臣以之國❻，舍❼臣於廟❽，授吏大夫，臣試計之。」張孟談乃行，其妻之楚，長子之韓，次子之魏，少子之齊。四國疑❾而謀敗。

【章旨】三年以後，韓、魏、齊、楚四國密謀進攻趙國，張孟談復出，老婆孩子分別出使四國，消除了四國的陰謀。

【注釋】❶燕　據下文及鮑彪本當作「楚」。❷復來　字句上當有錯亂，依吳師道說，「復來」二字當在「諸侯」下，全句為「而今諸侯復來」。❸孰　誰。❹負　背負。❺御　駕車。❻之國　指從張孟談躬耕的地方前往趙國。❼舍　安置。❽廟　廟堂；古代王宮的前殿，是君王祭祀、議事的地方。君王為臣子駕車，將他安置在廟堂上，是種很隆重的禮遇。據《晏子春秋・問下》記載，春秋時齊桓公知道管仲的能力能夠安定國家，成就功業，便到魯國的郊外迎接管仲，自己給他駕車，「禮之於廟」。❾疑 指四國互相猜疑別國和趙國關係好。

【語譯】張孟談躬耕了三年，韓、魏、齊、楚四國背棄和趙國親善的盟約而圖謀進攻趙國。趙襄子前去見張孟談而告訴他說：「過去瓜分智伯的土地，我們趙氏多分了十座城，而今諸侯再來提起這件事，誰為我出謀獻策，看看怎麼對付這件事才好？」張孟談說：「你還是彎著腰、背著劍，替我駕車，接我回趙國去，把我安置在廟堂上，授給我大夫職務，我試著為你想想辦法。」趙襄子說：「好。」張孟談便行動起來，派他的妻子前往楚國，長子前往韓國，次子前往魏國，小兒子前往齊國。於是四國便互相猜疑，使得圖謀進攻趙國的事終於失敗。

晉畢陽之孫豫讓

【題解】刺客豫讓為了報答智伯的知遇之恩，兩次刺殺趙襄子，是「士為知己者死」的代表人物。

晉畢陽❶之孫豫讓，始事范、中行氏❷而不說，去而就知伯，知伯寵之。及三晉分知氏，趙襄子最怨知伯，而將其頭以為飲器❸。豫讓遁逃山中，曰：「嗟乎！士為知己者死，女為悅己者容。吾其❹報知氏之讎矣。」乃變姓名，為刑人❺，入宮塗廁❻，欲以刺襄子。襄子如廁，心動，執問塗者，則豫讓也。刃其扞❼，曰：「欲為知伯報讎！」左右欲殺之。趙襄子曰：「彼義士也，吾謹避之耳。且知伯已死，無後，而其臣至為報讎，此天下之賢人也。」卒釋之。豫讓又漆身為厲❽，滅鬚去眉，自刑以變其容，為乞人而往乞，其妻不識，曰：「狀貌不似吾夫，其音何類吾夫之甚也。」又吞炭為啞，變其音。其友謂之曰：「子之道甚難而無功，謂子有志則然矣，謂子智則否。以子之才，而善事襄子，襄子必近幸子；子之得近而行所欲，此甚易而功必成。」豫讓乃笑而應之曰：「是為先知❾報後知❿，為故君賊⓫新君，大亂君臣之義者無此矣。凡吾所謂為此者，以明君臣之義，非從易也。且夫委質⓬而事人，而求弒之，是懷二心以事君也。吾所為難，亦將以愧天下後世人臣懷二心者。」

【章　旨】豫讓改姓更名，自為刑人，去刺殺趙襄子，被趙襄子發覺而釋放了他。他又漆身變容，吞炭變音，準備再去刺殺趙襄子。

【注　釋】❶畢陽　據《國語・晉語五》記載，晉國的伯宗求得士人畢陽，以庇護他的兒子伯州犁，後來晉國的大夫將要謀殺伯宗，畢陽便將伯州犁送往楚國。❷范中行氏　即范氏和中行氏，晉國六卿中的兩卿。❸飲器　酒器。❹其　副詞，表示勸勉的語氣。❺刑人　受刑的人。❻塗廁　塗抹粉刷廁所。❼扞　當是「杇」的錯字。杇，古文同「杅」，錯成「杆」，再錯成「扞」。杇，塗飾牆壁的工具，古代叫鏝，今叫瓦刀。❽厲　通「癩」。惡瘡。漆沾到身上會使皮膚長瘡。❾先知　先前的知己，指智伯。❿後知　後來的知己，指趙襄子。⓫賊　殺害。⓬委質　稱臣。委，放置。質，通「贄」。禮物。古時臣子初次見君主，要先獻上禮物，然後稱臣。所獻禮物不敢煩君主親手接納，要放在地上，所以叫「委質」。

【語　譯】晉國畢陽的孫子豫讓，起初侍奉范氏和中行氏卻不順心，便離開范氏、中行氏而去侍奉智伯，智伯寵愛他。等到韓、魏、趙三家瓜分智氏，趙襄子最恨智伯，便將他的腦袋殼用來做酒器。豫讓逃到山裡，說：「唉！士為賞識自己的人去死，女子為喜歡自己的人梳妝打扮。我還是要替智氏報仇啊。」便改姓換名，裝成一個受過刑的人，進入宮裡粉飾廁所，想趁機刺殺趙襄子。趙襄子上廁所，忽然心驚肉顫，就將粉飾廁所的人抓起來審問，發現他便是豫讓。他已將瓦刀磨出刀刃，招供說：「想替智伯報仇！」趙襄子身邊的人想殺死他。趙襄子說：「他是一個義士，我小心謹慎地避開他就是了。況且智伯已經死了，沒有後代，而他的臣子還來替他報仇，這是天下的賢人啊。」終於釋放了豫讓。豫讓又用漆塗在身上使它長滿惡瘡，去掉鬍鬚和眉毛，自己給自己用刑以改變面容，裝成一個乞丐而去討飯。他的妻子也認不出來，說：「樣子不像我的丈夫，但他的聲音怎麼那麼像我的丈夫呀。」豫讓聽了以後又吞下木炭使聲音變得沙啞，改變了原來的聲音。他的朋友對他說：「您的做法很難成功。說您有志氣，那是對的；說您聰明，那就不對了。憑藉您的才能，好好地侍奉趙襄子，趙襄子必定親近您，寵幸您；您得到親近以後再去辦您所想辦的事，這就很容易而且必定成功。」豫讓卻笑著回答說：「這是為了先前的知己報復後來的知己，為了舊的君主而去殺害新的君主，沒有比這種作法更嚴重違反君臣之間的道義的了。我之所以採取上面所說的這一切行動，是為了彰明君臣之間的道義，不是為了選擇容易的作法啊。再說獻上禮物稱臣而侍奉人家，卻尋求機會殺死他，這是懷著二心去侍奉君主啊。我之所以選擇難以作到的做法，也是將要以此使後世為人臣子而懷二心的人感到慚愧啊！」

居頃之，襄子當❶出，豫讓伏所當過橋下。襄子至橋而馬驚。襄子曰：「此必豫讓也。」使人問之，果豫讓。於是趙襄子面數豫讓曰：「子不嘗事范、中行氏乎？知伯滅范、中行氏，而子不為報讎，反委質事知伯。知伯已死，子獨何為報讎之深也？」豫讓曰：「臣事范、中行氏，范、中行氏以眾人遇臣，臣故眾人報之;知伯以國士❷遇臣,臣故國士報之。」襄子乃喟然歎泣曰:「嗟乎,豫子!豫❸子之為知伯,名既成矣,寡人舍子,亦以❹足矣。子自為計,寡人不舍子。」使兵環之。豫讓曰:「臣聞明主不掩人之義,忠臣不愛死以成名。君前已寬舍臣,天下莫不稱君之賢。今日之事,臣故❺伏誅,然願請君之衣而擊之,雖死不恨。非所望也,敢布腹心。」於是襄子義之,乃使使者持衣與豫讓。豫讓拔劍三躍,呼天擊之,曰:「而❻可以報知伯矣。」遂伏劍❼而死。死之日,趙國之士聞之,皆為涕泣。

【章　旨】豫讓第二次去刺殺趙襄子,又被發覺,便自殺而死。

【注　釋】❶當　將。❷國士　國內才能出眾的士人。❸豫　據劉敞本,「豫」字當刪去。❹以　通「已」。❺故　通「固」。本來。❻而　汝;你。❼伏劍　用劍自殺。

【語　譯】過了不久,趙襄子將要出去,豫讓埋伏在他將要經過的橋下。趙襄子到了橋旁,馬突然驚叫起來。趙襄子說:「這一定是豫讓啊。」派人去查問,果然是豫讓。於是趙襄子當面責備豫讓說:「你不是曾經侍奉過范氏、中行氏嗎?智伯消滅了范氏、中行氏,你卻不去報仇,反而向智伯稱臣,侍奉智伯。智伯已經死了,你為什麼偏偏要死心塌地為他報仇呢?」豫讓說:「我侍奉范氏、中行氏,范氏、中行氏用對待一般人的禮節對待我,我因此也就用一般人的行為報答他;智伯用對待國士的禮節對待我,我因此也就用國士的行為報答他。」趙襄子欷歔長歎,流著眼淚說:「唉,豫先生!你為智伯報仇,已經成名了,寡人饒了你,也已經夠了。這次你自己決定該怎麼辦,寡人再不饒你了。」便派兵將豫讓包圍起來。豫讓說:「我聽說英明的君主不會掩蓋別人的忠義，忠臣不惜犧牲自己的性命來成就美名。你前次已經寬饒我，天下無不稱讚你的賢德。今天的事，我本應服罪受誅，但是想得到你的衣服，讓我刺擊它，即使死了也不遺憾。這是一種非分的願望，我膽敢將自己的想法告訴你。」於是趙襄子敬重他的義氣，便派人將自己的衣服交給豫讓。豫讓拔出劍來跳了三次，一邊喊著老天爺，一邊刺擊趙襄子的衣服，說：「你可報答知伯了。」於是用劍自殺而死。豫讓死的那一天，趙國的士人聽說了，都替他流淚哭泣。

魏文侯借道於趙攻中山

【題　解】魏文侯向趙國借路去進攻中山國，趙利勸說趙侯應允，說這對趙國有利。

魏文侯❶借道於趙攻中山❷。趙侯❸將不許。趙利❹曰：「過矣。魏攻中山而不能取，則魏必罷❺，罷則趙重。魏拔中山，必不能越趙而有中山矣。是用兵者，魏也；而得地者，趙也。君不如許之。許之大勸❻，彼將知矣利之也❼，必輟；君不如借之道，而示之不得已。」

【注　釋】❶魏文侯　魏桓子的孫子，名都，一說名斯。❷中山　國名，在今河北定縣、唐縣一帶，後為趙武靈王所滅。魏文侯三十八年（西元前四〇八年）伐中山國。❸趙侯　指趙烈侯。❹趙利　人名，《韓非子・說林上》作「趙刻」。❺罷　通「疲」。❻大勸　賣勁鼓勵。❼彼將知矣利之也　這句疑有脫誤。當從鮑彪本作「彼將知趙利之也」。《韓非子・說林上》作「彼將知君利之也」。

【語　譯】魏文侯向趙國借路去進攻中山國。趙烈侯將不同意。趙利說：「錯了。魏國進攻中山國，如果攻不下來，那麼魏國必定疲困，魏國疲困，那趙國就顯得重要。要是魏國攻下了中山國，必定不能越過趙國而占有中山國。這樣看來，用兵的是魏國，而得到土地的是趙國。你不如答應他。但答應的時候如果使勁鼓勵他，他就將知道這對趙國有利，必定會停止進攻；你不如借路給他，而表示出不得已的樣子。」

秦韓圍梁燕趙救之

【題　解】秦國和韓國一起圍攻魏國，有人勸韓國的臣子山陽君，要他聯合魏、燕、趙三國共同進攻秦國。

秦、韓圍梁❶，燕、趙救之。謂山陽君❷曰：「秦戰而勝三國❸，秦必過周、韓而有梁❹。三國而勝秦，三國之力，雖不足以攻秦，足以拔鄭❺。計者不如構❻三國攻秦。」

【注　釋】❶梁　即魏國。據《史記・秦本紀》記載，秦昭王二十四年（西元前二八三年），秦國奪取魏國的安城，到達大梁（今河南開封，魏國都城），燕國、趙國前來救援，秦軍離去。❷山陽君　韓臣。他和當時各國的關係，看來比較複雜，〈楚策一・江尹欲惡昭奚恤於楚王〉說他是梁國（魏國）的臣子，〈韓策三・或謂山陽君〉說秦國將他封在山陽，齊國將他封在莒。❸三國　指魏、燕、趙三國。❹梁　指魏都大梁。❺鄭　鄭國。因為韓哀侯二年（西元前三七五年）已將鄭國消滅，所以這裡的「鄭」指的是韓。❻構　聯合。

【語　譯】秦國和韓國一起圍攻魏國的都城大梁，燕國、趙國救援魏國。有人對山陽君說：「秦國戰勝了魏、燕、趙三國，秦國必定越過周國、韓國占有魏都大梁。魏、燕、趙三國戰勝了秦國，三國的力量雖然不能夠去進攻秦國，但是足以攻下原來的鄭國。為韓國著想，不如聯合魏、燕、趙三國去進攻秦國。」

腹擊為室而鉅

【題　解】趙國的君主詢問腹擊為什麼要建造巨大的宮室，腹擊謊稱是為了取信於百姓。

腹擊❶為室而鉅，荊敢❷言之主。謂腹子曰：「何故為室之鉅也？」腹擊曰：「臣羈旅❸也，爵高而祿輕，宮室小而帑❹不眾。主雖信臣，百姓皆曰：『國有大事，擊必不為用。』今擊之鉅宮，將以取信於百姓也。」主君❺曰：「善。」

【注　釋】❶腹擊　人名。❷荊敢　人名。❸羈旅　羈旅之臣，指由外地來到趙國為臣。❹帑　庫藏的金帛。❺主君　這裡指國君。

【語　譯】腹擊建造巨大的宮室，荊敢將這事報告了國君。國君對腹擊說：「為什麼建造那麼大的宮室呢？」腹擊說：「我是客居趙國的臣子，爵位高，俸祿卻微薄；宮室小，而倉庫裡的金帛也不多。主上雖然相信我，可是百姓都說：『國家有了大事，腹擊必定不被重用。』現在我腹擊建造巨大的宮室，將以此來取得老百姓的信任啊。」國君說：「好。」

蘇秦說李兌

【題解】本篇記載了蘇秦遊說趙國的臣子李兌的故事，多半和〈齊策三・孟嘗君將入秦〉中蘇秦諫阻孟嘗君西入秦的內容相同。

蘇秦說李兌❶曰：「雒陽❷乘軒車❸蘇秦，家貧親老，無罷車、駑馬、桑輪❹，蓬篋❺羸滕❻，負書擔橐❼，觸塵埃❽，蒙霜露❾，越漳、河❿，足重繭⓫，日百而舍⓬，造外闕⓭，願見於前，口道天下之事。」李兌曰：「先生以鬼之言見我則可，若以人之事，兌盡知之矣。」蘇秦對曰：「臣固以鬼之言見君，非以人之言也。」李兌見之。蘇秦曰：「今日臣之來也暮，後郭門⓮，藉⓯席無所得，寄宿人田中，傍有大叢⓰。夜半，土梗⓱與木梗⓲鬥⓳曰：『汝不如我，我者乃土也。使我逢疾風淋雨，壞沮⓴，乃復歸土。今汝非木之根，則木之枝耳。汝逢疾風淋雨，漂入漳、河，東流至海，氾濫無所止。』臣竊以為土梗勝也。今君殺主父㉑而族㉒之，君之立於天下，危於累卵㉓。君聽臣計則生，不聽臣計則死。」李兌曰：「先生就舍㉔，明日復來見兌也。」蘇秦出。

【章旨】蘇秦用土梗與木梗相語的寓言故事遊說李兌。

【注釋】❶李兌　趙武靈王的臣子。❷雒陽　即洛陽。蘇秦是東周洛陽人。❸乘軒車　當作「乘軒里」。見《史記・蘇秦列傳》張守節《正義》引《戰國策》。❹桑輪　疑指用桑樹製成的車輪。❺蓬篋　疑指用蓬草製成的箱子。❻羸縢　纏著裹腳布。❼橐　有底的口袋。❽觸塵埃　是說冒著灰塵。觸，冒犯。❾蒙霜露　風餐露宿、披星戴月的意思。❿漳河　皆水名，流經河北、河南兩省邊境。⓫重繭　厚繭。⓬日百而舍　一天走一百里才休息。日百，日行百里。舍，住宿。⓭造外闕　到達外城。造，到達。外闕，外面的城闕。⓮後郭門　外城的門關了以後。⓯藉　借。⓰叢　神祠。⓱土梗　泥塑偶像。⓲木梗　用樹枝雕成的木偶。⓳鬥　鬥嘴。⓴沮　壞。㉑主父　趙武靈王自號為主父。㉒族　滅族。《史記・趙世家》記載李兌與公子章、公子成圍困趙武靈王，使他餓死在沙丘宮中，沒有記載滅族一事。㉓累卵　堆疊起來的蛋。㉔舍　賓館。

【語譯】蘇秦遊說李兌道：「洛陽乘軒里人蘇秦，家中貧窮，親人年邁，沒有破車劣馬和桑樹製成的車輪，用蓬草做成箱子，纏著裹腿布，背著書籍，挑著兩個口袋，風塵僕僕，披星戴月，越過漳水、河水，腳上起了厚繭，一天走一百里才休息，到達趙國的外城，希望能當面見到你，親口講講天下的事情。」李兌說：「先生用有關鬼的話來見我就可以，如果用有關人的事來見我，那我李兌已經全都知道了。」蘇秦回答說：「我本來就是用有關鬼的話來見你，不是用有關人的話來見你啊。」李兌於是接見他。蘇秦說：「今天我來的時候已經日暮，是在外城門關起來以後，臥席也沒有借到，寄宿在人家的田裡，旁邊有座大神祠。半夜的時候，泥塑偶像和木偶鬥嘴說：『你不如我，我是土做成的。假使我碰到暴風驟雨，淋壞了，便再回到土裡去。現在你不是樹根做的，而是樹枝做的。你碰到暴風驟雨，漂進漳水、黃河，東流到海，四處漂流，沒有歸宿的地方。』我私下認為泥塑偶像鬥贏了。現在你殺了趙武靈王並且滅了他的族，你立足在天下，比堆疊起來的蛋還危險。你聽從我的計謀就可以活下來，不聽從我的計謀就會死。」李兌說：「先生去賓館休息，明天再來見我。」蘇秦便出來了。

李兌舍人❶謂李兌曰：「臣竊觀君與蘇公談也，其辯過君，其博❷過君，君能聽蘇公之計乎？」李兌曰：「不能。」舍人曰：「君即❸不能，願君堅塞兩耳，無聽其談也。」明日復見，終日談而去。舍人出送蘇君，蘇秦謂舍人曰：「昨日我談粗而君動，今日精而君不動，何也？」舍人曰：「先生之計大而規❹高，吾君不能用也。乃我請君塞兩耳，無聽談者。雖然，先生明日復來，吾請資先生厚用❺。」明日來，抵掌❻而談。李兌送蘇秦明月之珠❼，和氏之璧❽，黑貂之裘，黃金百鎰❾。蘇秦得以為用，西入於秦。

【章旨】李兌不聽蘇秦的遊說，但資助大量財貨以使蘇秦西入秦國。

【注釋】❶舍人　在左右侍從賓客的人。❷博　見聞廣博。❸即　如果。❹規　同「規」。規劃；謀劃。❺用　財貨。❻抵掌　擊掌，表示談得很投機。❼明月之珠　寶珠名，在晚上能像月亮一樣發亮，又稱夜光珠。❽和氏之璧　寶玉名，相傳是楚國的玉工卞和所發現，後為趙惠文王所得到。❾鎰　古代以二十兩或二十四兩為一鎰。

【語譯】李兌的舍人對李兌說：「我私自觀察你和蘇先生的談話，他的口才超過你，他的見聞比你廣博，你能聽取蘇先生的計謀嗎？」李兌說：「不能。」舍人說：「你如果不能，希望你緊塞兩隻耳朵，不要聽他的談話。」第二天蘇秦再去見李兌，談了一整天就走了。舍人送蘇秦出去，蘇秦對舍人說：「昨天我談得很粗略而李君很感動，今天我談得很精到而李君卻無動於衷，這是為什麼呢？」舍人說：「先生的計謀宏大而規劃高明，可惜我們的李君卻不能採用。是我請李君塞住兩耳，不聽你的談論。即使是這樣，先生明天再來，我會請求李君資助先生豐厚的財貨。」第二天蘇秦來了，和李兌談得很投機。李兌送給蘇秦明月珠、和氏璧和黑貂皮衣，黃金二千四百兩。蘇秦以此作為旅費，西入秦國。

趙收天下且以伐齊

【題　解】這是蘇秦（一作「蘇厲」）寫給趙惠文王的一封信，主旨是勸趙國停止聯合諸侯進攻齊國。據《史記・趙世家》記載，趙惠文王十四年（西元前二八五年）開始，趙國和各諸侯國一起多次進攻齊國，十六年（西元前二八三年）趙國又夥同秦國進攻齊國，齊國擔憂，蘇秦便寫了這封信給趙惠文王。現存的這封信錯字很多，今參考《史記・趙世家》和馬王堆帛書《蘇秦獻書趙王》在注釋中作了校正及說明，譯文亦作了相應處理。

趙收❶天下❷，且❸以伐齊。蘇秦❹為齊上書說趙王❺曰：「臣聞古之賢君，德行非施於海內也，教順❻慈愛非布於萬民也，祭祀時享非當❼於鬼神也，甘露降，風雨時至❽，農夫登❾，年穀豐盈。眾人喜之，而賢主惡❿之。今足下功力⓫非數⓬痛⓭加⓮於秦國，而怨毒積惡非曾深凌⓯於韓⓰也。臣竊外聞大臣及下吏之議，皆言主前專據⓱以秦為愛趙而憎韓⓲。臣竊以事觀之，秦豈得愛趙而憎韓⓳哉？欲亡韓吞兩周之地，故以韓⓴為餌，先出聲㉑於天下，欲鄰國聞而觀之也。恐其事不成，故出兵㉒以佯示趙、魏㉓；恐天下之驚覺，故微㉔韓以貳㉕之；恐天下疑己，故出質㉖以為信。聲德㉗於與國㉘，而實伐空韓㉙。臣竊觀其圖之也，議秦以謀計必出於是㉚。

【章　旨】蘇秦先向趙王指出，無功德便不能受福，趙國的功力不可能真正得到秦國的喜愛，所謂秦愛趙憎齊並非事實。秦國的真實用意是要滅亡韓國，吞併二周。

【注　釋】❶收　聯合。❷天下　指天下各諸侯國。❸且　將。❹蘇秦　《史記・趙世家》作「蘇厲」。❺趙王　指趙惠文王。❻教順　教訓。❼當　據《史記・趙世家》當作「常」。❽風雨時至　是說風調雨順。時至，及時來到。❾登　成熟，指莊稼成熟。❿惡　厭惡；心中不安。⓫功力　功績；恩德。⓬數　多次。⓭痛　據帛書及《史記・趙世家》，當是衍文，應刪去。⓮加　施與。⓯淩　據帛書及《史記・趙世家》，「淩」字當是衍文，應刪去。⓰韓　據帛書及《史記・趙世家》，「韓」當作「齊」。⓱專據　相當於專斷。⓲韓　據帛書及《史記・趙世家》，「韓」字當是「齊」字之誤。⓳韓　據帛書及《史記・趙世家》當作「齊」。⓴韓　據帛書及《史記・趙世家》當作「齊」。㉑出聲　猶聲張。㉒出兵　據《史記・趙世家》，趙惠文王十四、十五年秦國曾與趙、韓、魏、燕等國共同攻擊齊國。㉓佯示趙魏　據《史記・趙世家》當作「劫趙魏」。劫，脅迫。㉔微　當據《史記・趙世家》作「徵」。㉕貳　《史記・趙世家》作「威」。㉖質　人質，其事不詳。㉗聲德　聲稱施與恩德。㉘與國　盟國。㉙空韓　空虛的韓國。韓國的軍隊已經被秦國徵用，故稱「空韓」。㉚議秦以謀計必出於是　這句《史記・趙世家》作「臣以秦計為必出於此」。

【語　譯】趙國聯合天下諸侯，將要進攻齊國。蘇秦為了齊國上書給趙惠文王說：「我聽說古代賢明的君主，如果他的德行沒有遍施於四海之內，教訓慈愛沒有布施到萬民，四時的祭祀沒有常使鬼神滿意，可是卻甘露下降，風調雨順，農民的莊稼成熟，當年的稻穀豐收。這樣眾人即使高興，賢明的君主卻會因為無功受祿而心中不安。現在你沒有多次給予秦國恩德，也沒有給齊國造成深重的怨恨積惡。我私自在外面聽到大臣和下級官吏的議論，都說主上以前專斷地認為秦國喜愛趙國、憎恨齊國。我私自從事理上觀察，秦國哪裡能喜愛趙國、憎恨齊國呢？它不過是想滅亡韓國、併吞東周、西周兩國的土地，所以用齊國作為誘餌，先向天下諸侯聲張，想讓鄰國知道並看出秦國是喜愛趙國的啊。秦國擔心這事做不成功，所以就出兵攻齊，以假意向趙國、魏國表明；擔心天下諸侯驚覺，所以向韓國徵兵來威逼它；擔心天下諸侯懷疑自己，所以送出人質來取得信任。聲稱是向盟國施與恩德，其實是為了進攻空虛的韓國。我私自觀察秦國的意圖，我認為秦國的計謀必定出於這種考慮。

「且夫說士之計，皆曰韓亡[1]三川[2]，魏滅[3]晉國[4]，恃韓未窮[5]，而禍及於趙。且物固有勢異而患同者，又有勢同而患異者。昔者，楚人久伐[6]而中山亡[7]。今燕盡韓[8]之河南[9]，距[10]沙丘[11]，而至鉅鹿[12]之界三百里；距[13]於扞關[14]，至於榆中[15]千五百里。秦盡韓、魏之上黨[16]，則地與國都[17]邦屬[18]而壤挈[19]者七百里。秦以三軍[20]強弩坐羊唐[21]之上，即[22]地去邯鄲[23]二十里[24]。且秦以三軍攻王之上黨[25]而危[26]其北，則句注[27]之西，非王之有也。今魯[28]句注禁[29]常山[30]而守，三百里通於燕之唐[31]、曲吾[32]，此代馬[33]胡駒[34]不東，而崐山之玉[35]不出也。此三寶者，又非王之有也。今從於彊秦國[36]之[37]伐齊，臣恐其禍出於是矣。昔者，五國[38]之王，嘗合橫[39]而謀伐趙，參分[40]趙國壤地，著[41]之盤盂[42]，屬之讎柞[43]。五國之兵[44]有日矣，韓乃西師[45]以禁[46]秦國，使秦發令[47]素服[48]而聽，反溫[49]、枳[50]、高平[51]於魏，反三公(52)、什清(53)於趙，此王之明知也。夫韓(54)事趙，宜正(55)為上交(56)；今乃以抵(57)罪取伐，臣恐其後事王者之不敢自必(58)也。今王收(59)，天下必以王為得(60)。韓危(61)社稷以事王，天下必重王。然則韓(62)義，王以天下就(63)之；下至韓慕(64)，王以天下收(65)之，是一世之命，制於王已(66)。臣願大王深與左右群臣卒(67)計而重謀，先事成慮而熟圖之也。」

【章旨】蘇秦再向趙王說明跟隨強秦攻齊的禍害以及停止攻齊的好處。

【注釋】❶亡　丟失。❷三川　指黃河、洛河、伊河流過的地區，在今河南洛陽西南一帶。❸滅　據帛書及《史記・趙世家》當作「亡」，丟失。❹晉國　指安邑，在今山西夏縣西北。❺恃韓未窮　帛書作「市□□朝未罷」，《史記・趙世家》作「市朝未變」，都是用集市還沒有結束來說明時間短暫。❻楚人久伐　指楚國在懷王、頃襄王時長期遭到諸侯國的進攻，見《史記・楚世家》。❼中山亡　趙惠文王三年（西元前二九六年）滅亡中山國。❽韓　據《史記・趙世家》當作「齊」。帛書〈謂起賈〉也說「使燕盡陽地（河北為陽），以河為竟（境），燕齊毋□難矣」，可證。❾河南　疑當作「河北」，見上注。❿距　至。⓫沙丘　在今河北廣宗境內，帛書作「莎丘」。⓬鉅鹿　在今河北平鄉境內，帛書作「巨鹿」。⓭距　至。⓮扞關　有人說是指趙國的扞敵之關。帛書作「麋關」。其地不詳。⓯榆中　古地區名，趙武靈王拓地至此。其地所在，說法不一，有人說在陝西東北角，有人說在甘肅蘭州、榆中一帶。⓰上黨　地名，在今山西長治，先屬韓、魏，後屬趙。⓱國都　指趙國都城邯鄲。⓲邦屬　國界相連。屬，連接的意思。⓳壤挈　疆土相接。⓴三軍　諸侯大國設三軍。㉑羊唐　據帛書及《史記・趙世家》當作「羊腸」，趙險塞名。㉒即　則。㉓邯鄲　趙國都城。㉔二十里　帛書作「百廿里」。㉕王之上黨　王，指趙王。上黨後來已屬趙。㉖危　危害。帛書作「包」。㉗句注　即雁門山，在山西代縣西北。㉘魯　據《史記・趙世家》當作「踰」。㉙禁　《史記・趙世家》作「斬」，砍斷的意思。㉚常山　即恆山，在山西渾源東南。㉛唐　地名，在今河北唐縣東北。㉜曲吾　即曲逆，在今河北完縣東南。㉝代馬　代地所產的馬。代，在今河北蔚縣一帶。㉞胡駒　據帛書當作「胡狗」，北方的一種野狗，似狐而小。㉟崐山之玉　昆岡上所產的一種名玉。崐山，即昆岡，在今新疆和闐西北。㊱國　據帛書「國」是衍文，當刪。㊲之　據帛書是「久」字之誤。㊳五國　指秦、齊、魏、韓、燕五國。㊴合横　連横。㊵參分　即三分，相當於瓜分。帛書作「疎分」。㊶著　寫；鑄刻。㊷盤盂　兩種器皿，圓的叫盤，方的叫盂。古代常將盟約著在盤盂等青銅器上。㊸讎柞　帛書作「祝譜」。即「祝籍」，祭祀的簿籍。㊹兵　據帛書，「兵」下當有「出」字。㊺西師　向西進軍。㊻禁　阻止。㊼發令　據帛書當作「廢令」，指廢去稱帝的命令。《史記・六國年表》記載秦昭王十九年（西元前二八八年）十月稱帝，十二月恢復稱王。㊽素服　白色的凶服。穿素服是認罪的表示。㊾溫　在今河南溫縣境內。㊿枳　地名，有枳關，是軍事要地，在今河南濟源境內。(51)高平　在今河南孟縣西。(52)三公　當是地名，其地不詳。(53)什清　當是地名，其地不詳。(54)韓　據帛書當作「齊」。(55)正　《史記・趙世家》無「正」字。(56)上交　上等的交情；最好的盟國。(57)抵　當。(58)必　決定。(59)收　據帛書當作「收齊」。(60)得　據帛書及《史記・趙世家》當作「義」。(61)韓危　據帛書及《史記・趙世家》當作「齊抱」。(62)韓　據帛書當作「齊」。(63)就　近；親善。(64)下至韓慕　據帛書，「下至」二字是衍文，「韓慕」當作「齊逆」，或是「齊暴」之誤。(65)收　取，與上文「今王收齊」的「收」涵義有別。(66)已　帛書作「也」。(67)卒　帛書作「羊」，當是「詳」之誤。

【語　譯】「再說，就遊說之士的謀略來看，都以為：韓國丟失了三川，魏國丟失了安邑，一天的集市還沒有結束，災禍就要降臨到趙國。況且事物本來就有形勢不同而禍害相同的，又有形勢相同而禍害不同的。過去楚國長期遭到進攻，而趙國趁機滅亡了中山國。現在燕國完全占領齊國黃河以北的土地，直達沙丘，而且到了鉅鹿的邊界，有三百多里；直達扞關，到了榆中，有一千五百多里。而秦國則完全占有韓國、魏國的上黨，那麼秦地與趙國的都城國界相連、疆土相接的有七百里。秦國用它的三軍、強勁的弓弩坐鎮在羊腸險道上，那麼秦地離邯鄲就只有一百二十里。再說秦國用它的三軍進攻大王的上黨，而危害北方，那麼句注以西，就不是大王所有的了啊。秦國如果跨過句注，切斷常山要道而守住它，只差三百里地就可達到燕國的唐和曲逆，這樣一來，代地的馬、胡地的野狗就不能東入趙國，而且崐山的玉也就不能運出來啊。這三寶也就不是大王所有了啊。現在趙國跟隨強大的秦國長時間進攻齊國，我擔心那災禍就出在這裡了。過去五國的君王曾經採連橫政策謀劃進攻趙國，瓜分趙國的土地，將盟約鑄刻在盤盂上，寫在祭祀的簿冊上。五國出兵已經有段時間，韓國卻向西進軍，以阻止秦軍東行，使得秦國廢除稱帝的命令，穿上白色的凶服而聽從韓國，將溫、枳、高平等地還給魏國，將三公、什清等地還給趙國，這是大王明明知道的啊。齊國侍奉趙國，應該說是有上等的交情，現在竟然還得罪了趙國而遭到進攻，我擔心以後別國就不敢擅自決定來侍奉趙國了啊。現在大王如果收容齊國，天下諸侯必定認為大王講道義。齊國抱著社稷來侍奉大王，天下諸侯必然看重大王。那麼，齊國講道義，大王就聯合天下諸侯和它親善；齊國暴虐，大王就聯合天下諸侯攻取它，這樣一個時代的命運就歸大王控制啊。我希望大王深入地詳細計議、反覆謀劃，事先考慮好而周密地圖謀這件事啦。」

齊攻宋奉陽君不欲

【題解】這篇說辭的內容在本書中曾經三次出現，而被遊說的對象卻不同。〈秦策三・謂穰侯〉說是有人用來勸說穰侯魏冉的，〈趙策四・齊將攻宋而秦楚禁之〉和本篇說是用來勸說趙肅侯的弟弟奉陽君的。〈趙策四〉說這個說客是公孫衍，而本篇未錄說客姓名。主旨是勸說奉陽君同意齊國進攻宋國，趁機確定自己的封地。

齊攻宋❶，奉陽君❷不欲。客❸請奉陽君曰：「君之春秋高矣，而封地不定，不可不熟圖也。秦之貪，韓、魏危，衛❹、楚正❺，中山之地薄，宋罪重❻，齊怒深，殘伐❼亂宋，定身封，德強齊，此百代之一時也。」

【注釋】❶齊攻宋　齊湣王十三年（西元前二八八年）、十四年、十五年都曾經伐宋。❷奉陽君　《史記・蘇秦列傳》說趙肅侯讓他的弟弟成為相，號奉陽君。一說奉陽君即李兌，見〈趙策四・齊將攻宋而秦楚禁之〉吳師道《補正》。❸客　〈趙策四〉說是受李兌派遣的公孫衍。❹衛　據〈趙策四〉當作「燕」。❺正　據〈趙策四〉當作「辟」，通「僻」。❻宋罪重宋國的君主偃曾經打敗齊、楚、魏，暴虐無道，諸侯稱之為「桀宋」，比之於夏桀，認為不可不誅。❼殘伐　猶攻伐。殘，毀壞。

【語　譯】齊國攻打宋國，趙國的奉陽君不贊成。有個說客請求奉陽君說：「你的年歲高了，而封地卻沒有定下來，不可不仔細考慮啊。秦國貪殘，韓國、魏國危險，燕國、楚國偏僻，中山國的土地薄瘠，宋國的罪惡重，齊國的怨恨深，進攻動亂的宋國，確定自己的封地，給強大的齊國以恩德，這是百世不遇的一次時機啊。」

秦王謂公子他

【題　解】秦國進攻韓國，韓國準備獻出上黨之地與秦國議和，上黨太守不同意，韓國便派馮亭去接替上黨太守的職務。馮亭卻又將地獻給趙國，因而引起了秦國進攻趙國的長平之戰。

秦王❶謂公子他❷曰：「昔歲殽下之事❸，韓為中軍❹，以與諸侯攻秦。韓與秦接境壤界，其地不能❺千里，展轉❻不可約❼。日者，秦、楚戰於藍田❽，韓出銳師以佐秦，秦戰不利，因轉與❾楚，不固❿信盟，唯便⓫是從。韓之在我，心腹之疾。吾將伐之，何如？」公子他曰：「王出兵韓，韓必懼，懼則可以不戰而深取割⓬。」王曰：「善。」乃起兵，一軍臨熒陽⓭，一軍臨太行⓮。

【章　旨】秦昭王認為韓國是秦國的心腹之患，與公子他商議後，決定起兵進攻韓國。

【注　釋】❶秦王　指秦昭王。❷公子他　一作「公子池」，是秦昭王的哥哥。❸殽下之事　指秦惠王更元七年（西元前三一八年）發生在殽山之下的韓、趙、魏、楚、燕五國攻秦事。❹中軍　古代分左中右三軍，主帥居中軍，發號施令。❺不能不到。❻展轉　反覆無常。❼約　結約；結盟。❽藍田　秦縣名，在今陝西藍田西。楚懷王十七年（西元前三一二年），秦、楚戰於藍田。❾與　助。❿固　堅守。⓫便　利。⓬深取割　深入割取韓地。⓭熒陽　當作「滎陽」，在今河南滎陽。⓮太行　指太行山。據《史記・六國年表》，秦昭王四十四年（西元前二六三年）秦在太行攻擊韓國。

【語　譯】秦王告訴公子他說：「過去發生的殽山之下的戰事，韓國擔任中軍，和諸侯一起進攻秦國。韓國與秦國境界相連，它的疆土不到一千里，而又反覆無常，是不能和它訂立盟約的。日前秦國、楚國在藍田交戰，韓國派出精銳部隊幫助秦國，秦國戰事一不利，韓國就轉過來幫助楚國，不堅守盟約，唯利是圖。可見韓國對於我們，是心腹疾患。我準備進攻它，你認為怎麼樣？」公子他說：「大王向韓國出兵，韓國必定害怕，它害怕，我們就可以不戰而深入割取它的土地。」秦王說：「好。」於是就起兵，一支軍隊開到滎陽，另一支軍隊開到太行山。

韓恐，使陽城君❶入謝❷於秦，請效❸上黨之地以為和。令韓陽❹告上黨之守靳黈曰：「秦起二軍以臨韓，韓不能有。今王❺令韓興兵❻以上黨入和於秦，使陽言之太守，太守其效之。」靳黈曰：「人有言：『挈瓶之知，不失守器❼。』王則❽有令，而臣太守，雖王與子，亦其❾猜焉。臣請悉發守❿以應秦，若不能卒⓫，則死之。」韓陽趨以報王，王曰：「吾始已諾於應侯⓬矣，今不與，是欺之也。」乃使馮亭代靳黈。

【章旨】韓國害怕秦國的進攻，請求獻上黨之地與秦國議和，遭到上黨太守靳黈的反對，韓國便派馮亭去接替靳黈。

【注釋】❶陽城君　韓國的一個封君。❷謝　道歉。❸效　獻。❹韓陽　韓國的臣子，曾在三川服役。❺王　指韓桓惠王。❻韓興兵　疑是衍文。❼挈瓶之知二句　《左傳》昭公七年：「雖有挈缾之知，守不假器，禮也。」挈瓶，汲水用的小瓶，裝不了多少水，比喻小智。知，通「智」。不失，不借人。守器，所守之器。❽則　雖。見《經詞衍釋・卷八》。❾其　副詞，表示委婉語氣，有「還是」的意思。❿守　疑當作「卒」。與下句「卒」字互倒。⓫卒　疑當作「守」。⓬應侯　指范雎，秦昭王的相，被封在應，號應侯。

【語譯】韓國害怕，便派陽城君到秦國去道歉，請求獻出上黨之地以求和。還派韓陽去告訴上黨太守靳黈說：「秦國派出兩支軍隊到韓國，韓國不能抵抗了。現在韓王命令用上黨同秦國議和，使我韓陽來告知太守，太守還是獻出上黨吧。」靳黈說：「人們有這樣的話：『即使像汲水瓶那樣智慧淺小的人，也不會丟失所守的器具。』韓王雖然有令，而我是太守，即使韓王和你交代過，我還是有疑慮。我請求調動全部軍隊迎戰秦軍，如果守不住，就以身殉職。」韓陽趕快向韓王報告，韓王說：「我開始時已經答應應侯了，現在不給他，這是欺騙他啊。」於是便派馮亭去接替靳黈。

馮亭守三十日，陰使人請趙王❶曰：「韓不能守上黨，且以與秦，其民皆不欲為秦，而願為趙。今有城市之邑七十❷，願拜內❸之於王，唯王才❹之。」趙王喜，召平原君❺而告之曰：「韓不能守上黨，且以與秦，其吏民不欲為秦，而皆願為趙。今馮亭令使者以與寡人，何如？」趙豹對曰：「臣聞聖人甚禍無故之利。」

王曰：「人懷吾義，何謂無故乎？」對曰：「秦蠶食韓氏之地，中絕不令相通，故自以為坐受上黨也。且夫韓之所以內趙者，欲嫁其禍也。秦被其勞❻，而趙受其利，雖強大不能得之於小弱，而小弱顧❼能得之強大乎？今王取之，可謂有故乎？且秦以牛田❽，水通糧，其死士皆列之於上地❾，令嚴政行，不可與戰。王自圖之！」王大怒曰：「夫用百萬之眾，攻戰踰年歷歲，未見❿一城也。今不用兵而得城七十⓫，何故不為？」趙豹出。

【章　旨】馮亭到任後，暗中派人去見趙王，想將上黨獻給趙國。趙王準備接受，但遭到趙豹的反對。

【注　釋】❶趙王　指趙孝成王。❷七十　據《史記・趙世家》當作「十七」。❸內　通「納」。❹才　通「裁」。❺平原君　據《史記・趙世家》當作「平陽君豹」，即下文所說的「趙豹」。❻秦被其勞　指秦出兵攻韓而言。被，受。《史記・趙世家》作「服」。❼顧　反而。❽牛田　用牛耕田。《國語・晉語九》就有牛耕的記載。❾上地　上等的土地。死士列之上地當是言獎勵軍功。❿見　王念孫說：「當為尋。尋，古得字，形與見相近，因訛為見。」見《讀書雜志・戰國策第二》。⓫七十　當作「十七」。

【語　譯】馮亭防守了三十天，暗中派人請求趙王道：「韓國守不住上黨，將把上黨送給秦國，那裡的百姓都不想歸順秦國，而願意歸順趙國。現在有城市邑十七個，願意拜請納入大王的版圖，希望大王作出裁決。」趙王感到高興，召見平陽君趙豹，而把這件事告訴他說：「韓國守不住上黨，將把上黨送給秦國，那裡的官吏百姓不想歸順秦國，而都願意歸順趙國。現在馮亭派使者來將上黨獻給寡人，你認為怎麼樣？」趙豹回答說：「我聽說聖人認為無故得利會招來很大的災禍。」趙王說：「別人感念我的德義，怎麼能說是無故呢？」

趙豹回答說：「秦國蠶食韓國的土地，由中間切斷，不讓它和上黨相通，所以自認為可以安坐而接受上黨之地啊。再說韓國之所以要將上黨送給趙國，是想嫁禍於人啊。秦國承受出兵攻韓的辛勞，而趙國卻受利，即使強大的國家也不能從弱小的國家那裡得到這樣的利益，而弱小的國家反而能從強大的國家那裡得到這樣的利益嗎？現在大王取得上黨，可以稱得上有道理嗎？況且秦國用牛耕田，利用水漕運送糧食，它那些死於國事之士都安葬在上等的土地上，政令嚴厲而能切實執行，因此不能和它作戰。大王要深自考慮！」趙王大怒說：「動用了百萬之眾，攻戰超過了一年多，沒有得到過一座城市。現在不用兵而得到十七座城市，這樣的事為什麼不能做？」趙豹於是退了出去。

王召趙勝❶、趙禹❷而告之曰：「韓不能守上黨，今其守以與寡人，有城市之邑七十❸。」二人對曰：「用兵踰年，未見一城，今坐而得城，此大利也。」乃使趙勝往受地。趙勝至曰：「敝邑之王，使使者臣勝，太守有詔❹，使臣勝謂曰：『請以三萬戶之都封太守，千戶封縣令，諸吏皆益❺爵三級，民能相集❻者，賜家六金❼。』」馮亭垂涕而勉❽曰：「是吾處三不義也：為主守地而不能死，而以與人，不義一也；主內之秦，不順主命，不義二也；賣主之地而食❾之，不義三也。」辭封而入韓，謂韓王曰：「趙聞韓不能守上黨，今發兵已取之矣。」韓告秦曰：「趙起兵取上黨。」秦王怒，令公孫起❿、王齮⓫以兵遇趙於長平⓬。

【章　旨】趙王派平原君趙勝去接受獻地，平原君準備重賞馮亭等人，馮亭認為自己不能因為受賞而處於「三不義」的地位，便回到韓國報告此事。韓國又告訴了秦國，秦國便對趙國發動了長平之戰。

【注　釋】❶趙勝　即平原君，趙孝成王的相。❷趙禹　趙臣，事跡不詳。❸七十　當作「十七」。❹太守有詔　太守馮亭曾經有獻地之言。太守，指上黨太守馮亭。有詔，有告，指馮亭曾告訴趙國。❺益　增加。❻集　《史記・趙世家》作「安」。❼金　古代貨幣單位，以一斤或一鎰為一金。❽勉　黃丕烈說是「以『勉』為『俛』」。俛，即「俯」字。❾食　指享用封地內的賦稅等。❿公孫起　即秦將白起。⓫王齮　即秦將王齕。⓬長平　趙邑，在今山西高平。

【語　譯】趙王召見趙勝、趙禹，告訴他們說：「韓國守不住上黨，現在那裡的太守要將上黨獻給寡人，有城市之邑十七座。」兩人回答說：「用兵超過一年，沒有得到一座城市，現在安坐而得到城市，這是大利啊。」趙王於是派趙勝前往接受獻地。趙勝到了上黨，說：「敝國的君王，派遣使者趙勝前來，由於太守曾經有獻地之言，所以趙王使趙勝告訴太守說：『請讓我用具有三萬戶的都邑封賞太守，具有一千戶的都邑封賞縣令，各位官吏都加爵三級，百姓能相安無事的，每家賞賜六金。』」馮亭流著淚、低下頭說：「這是使我處於三不義啊：為主上守地而不能以身殉職，卻把土地給了別人，這是第一個不義；主上要將地送給秦國，我卻不順從主上的命令，這是第二個不義；出賣主上的土地而享用封地的賦稅，這是第三個不義。」便辭謝封賞，回到韓國，告訴韓王說：「趙國聽說韓國守不住上黨，現在已經派部隊奪取上黨了。」韓國便告訴秦國說：「趙國派部隊奪取了上黨。」秦王惱火，便命令白起、王齕率領部隊去長平和趙國作戰。

蘇秦為趙王使於秦

【題　解】蘇秦為趙王出使秦國，回來以後，趙王三天不見他，蘇秦便用兩木相語的寓言，自比鐵鉆，諷諫趙王。

蘇秦為趙王使於秦，反❶，三日不得見。謂趙王曰：「秦乃者❷過柱山❸，有兩木焉。一蓋❹呼侶，一蓋哭。問其故，對曰：『吾已大矣，年已長矣，吾苦夫匠人，且以繩墨案規矩刻鏤我。』一蓋曰：『此非吾所苦也，是故❺吾事❻也。吾所苦夫鐵鈷❼然，自入而出夫人者❽。』今臣使於秦，而三日不見，無❾有謂臣為鐵鈷者乎？」

【注釋】❶反　同「返」。❷乃者　從前。❸柱山　當是虛構出來的山名。❹蓋　傘，指樹蓋。樹長得似蓋，故稱為蓋。❺故　通「固」。本來。❻事　分內的事。❼鈷　楔子，匠人劈樹時所用。樹劈開以後，楔子便自動落地而出。❽自入而出夫人者　這句意為人們讓我自動出入而不過問。意在諷諫趙王在蘇秦從秦國出來後而不見他。❾無　莫非是。

【語譯】蘇秦為了趙王出使到秦國，回來以後，三天不能見到趙王。蘇秦便對趙王說：「我蘇秦從前經過柱山，有兩棵樹在山上。其中一棵樹呼喚夥伴，另一棵樹啼哭。問它們為什麼這樣，其中一棵樹回答說：『我已經大了，已經年長了，我為匠人所苦，他們將用繩墨按照畫圓的規、畫方的矩來雕刻我。』另一棵樹說：『這不是我的苦處，這本來就是我分內的事。我所苦的是我像鐵楔子一樣，人們讓我自己進去、自己出來啊。』現在我出使到秦國，卻三天見不到你，莫非是有人說我是鐵楔子嗎？」

甘茂為秦約魏以攻韓宜陽

【題解】甘茂為了秦國聯合魏國去進攻韓國的宜陽，又北遊趙國。冷向告訴趙人強國讓趙國拘捕甘茂，以便和齊、韓、秦三國做交易，為趙國謀利。

甘茂❶為秦約魏以攻韓宜陽❷，又北之❸趙，冷向❹謂強國❺曰：「不如令趙拘甘茂，勿出，以與齊、韓、秦市。齊王❻欲求救宜陽，必效❼縣狐氏❽。韓欲有❾宜陽，必以路、涉❿、端氏⓫賂趙。秦王⓬欲得宜陽，不愛名寶。且拘茂也，且⓭以置公孫赫、樗里疾⓮。」

【注釋】❶甘茂　下蔡人，秦武王時任秦國左丞相。❷宜陽　韓邑，在今河南西部。秦武王三年（西元前三〇八年）使甘茂攻宜陽。❸之　往。❹冷向　人名，一作「泠向」。曾出仕秦、韓。❺強國　趙人。❻齊王　指齊湣王。❼效　獻。❽狐氏　縣名。❾有　據鮑彪本當作「存」。❿路涉　即路縣、涉縣，分別在今山西潞城、河北涉縣（參用繆文遠說）。⓫端氏　邑名。古有端氏國，被晉所滅，在今山西沁水。⓬秦王　指秦武王。⓭且　將。⓮置公孫赫樗里疾　甘茂如果回不了秦國，秦國就將重用公孫赫、樗里疾。公孫赫，秦臣，一作「公孫郝」。樗里疾，秦惠王的弟弟，秦武王時任秦國右丞相。

【語譯】甘茂為了秦國聯合魏國去進攻韓國的宜陽，又北上到了趙國，冷向告訴強國說：「不如讓趙國拘捕甘茂，不要放他出來，以此來和齊國、韓國、秦國做交易。齊王想求趙國救援宜陽，必定獻出狐氏縣。韓國想保存宜陽，必定用路縣、涉縣、端氏賄賂趙國。秦王想得到宜陽，就不會吝惜有名的寶器。再說拘捕了甘茂，就將以此使秦國將公孫赫、樗里疾安排在重要的職位上。」

謂皮相國

【題解】有人告訴趙國的皮相國，既然知道建信君等合縱無功，趙國就可出兵幫助秦國進攻魏國，並且和楚國一起瓜分齊國，這樣趙國既能建功，又能與秦國改善關係。

謂皮相國❶曰：「以趙之弱而據❷之建信君❸、涉孟❹之讎❺，然者何也？以從❻為有功也。齊不從，建信君知從之無功，建信者❼安能以無功惡秦❽哉？不能以無功惡秦，則且出兵助秦攻魏，以❾楚、趙❿分齊，則是強⓫畢⓬矣。建信、春申⓭從，則無功而惡秦；秦⓮分齊⓯，齊⓰亡魏⓱，則有功而善秦。故兩君⓲者，奚擇有功之⓳無功為知⓴哉？」

【注釋】❶皮相國　趙國的相。❷據　任用。❸建信君　趙國的貴臣。❹涉孟　趙臣。❺讎　通「儔」。輩。❻從　通「縱」。指合縱。❼建信者　據姚宏本一作「建信君」。❽惡秦　憎恨秦。❾以　通「與」。❿趙　據金正煒說「趙」是衍文，當刪去。⓫強　圖強之計。⓬畢　盡；全。⓭春申　指楚國的春申君黃歇，曾任楚相。⓮秦　據金正煒說「秦」是衍文，當刪。⓯分齊　指趙與楚分齊。⓰齊　據金正煒說「齊」是衍文，當刪。⓱亡魏　指趙助秦亡魏。⓲兩君　指建信君和涉孟。⓳之　相當於「與」。⓴知　通「智」。

【語譯】有人告訴皮相國說：「以趙國的弱小反而任用建信君、涉孟這類人，這是什麼原因呢？是認為合縱有功啊。齊國不參加合縱的行列，建信君就知道合縱會無功，建信君怎麼能因為無功的合縱去和秦國弄壞關係呢？不能因為無功的合縱和秦國弄壞關係，那麼就出兵幫助秦國去進攻魏國，和楚國一起去瓜分齊國，強國之計就全在這裡了。讓建信君、春申君去合縱，那就無功，而且又和秦國弄壞了關係；和楚國一起瓜分齊國，幫助秦國滅亡魏國，那就有功，而且又和秦國改善了關係。所以建信君、涉孟兩人，怎樣選擇有功與無功才是算得上聰明呢？」

或謂皮相國

【題解】有人遊說趙國的皮相國，分析各國的政治形勢，勸趙國將河間給秦國以擴大文信侯呂不韋的封地，否則齊、趙二國都將被秦國所滅亡。

或謂皮相國曰：「魏殺呂遼❶而衛兵❷，亡其北陽❸而梁❹危，河間❺封❻不定❼而齊危❽，文信❾不得志❿，三晉⓫倍⓬之，憂也。今魏恥⓭未滅⓮，趙患⓯又起，文信侯之憂⓰大矣。齊不從⓱，三晉之心疑矣。憂大者⓲不計而構⓳，心疑者事秦急。秦、魏之構，不待割而成⓴。秦從楚、魏攻齊，獨吞趙，齊、趙必俱亡矣。」

【注釋】❶呂遼　〈趙策三・苦成常謂建信君〉作「呂遺」。鮑彪說是秦國所看重的魏臣。❷衛兵　衛國遭受秦兵的進攻。衛國依附魏國，魏國殺了秦國所重視的呂遼，所以秦國進攻衛國。❸北陽　據姚宏本一作「比陽」，因位於比水之陽（比水北面）而得名，在今河南泌陽。❹梁　指魏都大梁，在今河南開封。❺河間　趙地，因位於黃河、永定河之間而得名，在今河北河間境內。❻封　封地。據〈秦策五〉文信侯呂不韋想進攻趙國以擴大他在河間的封地。❼不定　指趙國想收回河間。❽齊危　因為河間靠近齊國，文信侯在河間攻趙也就威脅到齊國。❾文信　即文信侯，是秦相呂不韋的封號，先封在河南洛陽，後益封河間。❿不得志　指未能擴大河間封地。⓫三晉　指韓、趙、魏三國。⓬倍　背。⓭魏恥　指魏殺呂遼對秦造成的恥辱。⓮未滅　沒有洗去。⓯趙患　指秦國、趙國構成禍患。⓰文信侯之憂　指文信侯既未雪魏恥，又有趙患而言。⓱從　通「縱」。指合縱。⓲憂大者　指文信侯。⓳構　構結；勾結。⓴不待割而成　是說雙方容易勾結起來。割，指割地。

【語譯】有人告訴皮相國說：「魏國殺了呂遼而衛國遭到秦國的進攻，丟失了它的比陽，使大梁危急，這樣，河間封地不收回來齊國就危險，文信侯如志不得逞，而趙、韓、魏又背離他，他便要憂愁了。現在魏國造成的恥辱還沒有洗去，趙國的禍患又興起，文信侯的憂愁就大了。齊國不參加合縱的行列，趙、韓、魏三國便懷疑合縱不能成功了。憂愁大的人不須計議就會和別人勾結，心有懷疑的人就急於要侍奉秦國。秦國和魏國的勾結，不等到割地就能成功。這樣，秦國和楚國、魏國便將一起進攻齊國，獨自併吞趙國，而齊國和趙國就必定一起滅亡了。」

趙王封孟嘗君以武城

【題　解】趙王將武城封給孟嘗君，孟嘗君選擇舍人去做武城吏，要求他們去了以後不要糟蹋武城。

趙王封孟嘗君❶以武城❷。孟嘗君擇舍人❸以為武城吏，而遣之曰：「鄙語豈不曰：『借車者馳之，借衣者被❹之』哉？」皆對曰：「有之。」孟嘗君曰：「文甚不取也。夫所借衣車者，非親友，則兄弟也。夫馳親友之車，被兄弟之衣，文以為不可。今趙王不知文不肖，而封之以武城，願大夫之往也，毋伐樹木，毋發❺屋室，訾然❻使趙王悟而知文也。謹使❼可全❽而歸之。」

【注　釋】❶孟嘗君　齊人，姓田，名文。❷武城　趙邑，在今山東武城。❸舍人　左右親近的人。❹被　通「披」。❺發　一作「廢」，破壞。❻訾然　沒有料到的意思。❼謹使　謹慎地使它。這是孟嘗君對選擇前往為武城吏的舍人的告誡之辭。❽全　指不使武城遭到破壞。

【語　譯】趙王將武城封給孟嘗君。孟嘗君選擇門客作為武城官吏，派遣他們前往武城，說：「俗話不是說：『借車就是為了奔跑，借衣服就是為了穿』嗎？」被選擇去做官吏的人都回答說：「有這樣的話。」孟嘗君說：「我田文很不贊成這種說法啊。借出衣車的，不是親友，便是兄弟。坐上親友的車奔跑，穿上兄弟的衣服而不愛惜，我田文認為不行的。現在趙王不知道我田文不像樣，而將武城封給我，希望大夫們這次前去武城，不要砍伐樹木，不要破壞房屋，為的是出人意外地讓趙王醒悟而瞭解我田文呀。你們謹慎地使得武城可以完好無損地歸還趙王吧。」

謂趙王曰三晉合而秦弱

【題　解】有人遊說趙王，勸他加強趙、韓、魏三國的聯合，立即採取措施，以破壞秦、楚聯盟。

謂趙王❶曰：「三晉❷合而秦弱，三晉離而秦強，此天下之所明也。秦之有燕❸而❹伐趙，有趙而伐燕；有梁而伐趙，有趙而伐梁；有楚而伐韓，有韓而伐楚，此天下之所明見也。然山東不能易其路❺，兵弱也。弱而不能相壹❻，是何楚❼之知，山東之愚也。是臣所為山東之憂也。虎將即❽禽❾，禽不知虎之即己也，而相鬥兩罷❿，而歸其死於虎。故使禽知虎之即己，決不相鬥矣。今山東之主不知秦之即己也，而尚相鬥兩敝⓫，而歸其國於秦，知不如禽遠矣。願王熟慮之也。

【章　旨】說明山東各國相鬥，只能有利於秦，是很不明智的。

【注　釋】❶趙王　指趙武靈王。❷三晉　即趙、韓、魏三國。❸有燕　指和燕國關係好。❹而　則；就。❺易其路　改變它的道路，指改變秦國連橫的政策。❻相壹　互相聯合成為一個整體。❼楚　據鮑彪本及上下文意當作「秦」。❽即　靠近。

❾禽 走獸總名。❿罷 通「疲」。⓫敝 傷敗。

【語 譯】有人對趙王說：「趙、韓、魏三國聯合起來，秦國就顯得弱小；趙、韓、魏三國分裂，秦國就顯得強大；這是天下人所明白的啊。秦國和燕國關係好就會進攻趙國，和趙國關係好就會進攻燕國；和魏國關係好就會進攻趙國，和趙國關係好就會進攻魏國；和楚國關係好就會進攻韓國，和韓國關係好就會進攻楚國，這是天下人所看得明白的啊。然而山東各國不能改變秦國的路線，是由於兵力衰弱。兵力衰弱而又不能互相結成一個整體，這樣看來秦國是何等聰明，山東各國是何等愚蠢啊。這就是我替山東各國憂慮的事啊。老虎將要靠近走獸，走獸卻不知道老虎在靠近自己，反而彼此互相爭鬥，雙方弄得疲憊不堪，而結果都死在老虎手上。假使走獸知道老虎在靠近自己，就一定不會互相爭鬥了。現在山東各國的君主不知道秦國在靠近自己，還在互相爭鬥以致兩敗俱傷，而結果將他們的國家送給秦國，他們的智慧比走獸差得遠了。希望大王仔細考慮這件事啊。」

「今事有可急者：秦之欲伐韓、梁，東闚於周室甚，惟寐亡❶之。今南攻楚者，惡❷三晉之大合❸也。今攻楚，休❹而復之，已五年矣，攘❺地千餘里。今謂楚王❻：『苟來舉玉趾❼而見寡人，必與楚為兄弟之國，必為楚攻韓、梁，反❽楚之故地❾。』楚王美秦之語，怒韓、梁之不救己，必入於秦。有❿謀故殺⓫使之趙，以燕餌趙⓬，而離三晉。今王美秦之言，而欲攻燕，攻燕，食未飽而禍已及矣。楚王入秦，秦、楚為一，東面而攻韓。韓南無楚，北無趙，韓不待伐，割⓭挈⓮

馬兔⑮而西走⑯。秦與韓為上交⑰，秦禍⑱安⑲移於梁矣。以秦之強，有楚、韓之用，梁不待伐矣⑳，割挈馬兔而西走。秦與梁為上交，秦禍案㉑攘㉒於趙矣。以強秦之有韓、梁、楚，與燕之怒㉓，割必深㉔矣。國㉕之舉此㉖，臣之所為來。臣故曰：事有可急為者。及楚王之未入也，三晉相親相堅㉗，出銳師以戍韓、梁西邊，楚王聞之，必不入秦，秦必怒而循㉘攻楚，是秦禍不離楚也，便於三晉。若楚王入，秦見三晉之大合而堅也，必不出楚王，即多割，是秦禍不離楚也，有利於三晉。願王之熟計之也急㉙！」

【章　旨】指出趙、韓、魏三國的當務之急是加強聯合，向西駐軍，破壞秦、楚聯盟。

【注　釋】❶亡　據劉敞本當作「忘」。❷惡　憎恨。❸大合　指聯合很緊。❹休　休戰；停止進攻。❺攘　侵奪。❻楚王　指楚懷王。據《史記・楚世家》，懷王三十年（西元前二九九年）秦昭王寫信給懷王，要求懷王來武關會盟。❼舉玉趾　移動腳步。❽反　同「返」。❾故地　原來屬於楚國的舊地，已被秦國奪去。❿有　據鮑彪本「有」字上當補一「秦」字。⓫殺　據劉敞本當作「發」。⓬以燕餌趙　用和趙國一起去進攻燕國來引誘趙國。⓭割　割地。⓮挈　提起，指提起割下的土地，是種形象的說法。⓯馬兔　如馬兔一樣快跑。⓰西走　向西跑，即跑向秦國。⓱上交　具有上等交情的盟國。⓲禍　兵禍。⓳安　於是。⓴矣　據鮑彪注及上文「韓不待伐」，「矣」當是衍文。㉑案　當作「安」，於是。㉒攘　侵奪。㉓燕之怒　指燕怒趙，因為趙想進攻燕。㉔割必深　深割趙地。㉕國　指趙國。㉖舉此　有此舉動。㉗堅　堅守盟約。㉘循　沿襲以前的政策。㉙急　疑是衍文。

【語　譯】「現在有件可算是緊急的事：秦國很想進攻韓國、魏國，向東窺視周王室，只有睡著了才忘記這件事。現在秦國向南面進攻楚國，是因為它恨趙、韓、魏三國聯合得很緊啊。現在它進攻楚國，在停止一段時間之後又再進攻，這樣已經有五年了，侵奪了楚國的土地共一千多里。現在秦王告訴楚王：『假若你高抬貴腳前來見寡人，秦國必定和楚國結為兄弟之國，一定為楚國進攻韓國、魏國，歸還楚國的舊地。』楚王認為秦國的話說得好，為韓國、魏國不救援自己而惱火，就必定到秦國去。秦國有了這種計謀，所以派遣使者前往趙國，用幫助進攻燕國來引誘趙國，從而分裂趙、韓、魏三國。現在大王認為秦國的話說得好，就想進攻燕國，如果真的進攻燕國，那飯還沒有吃飽，災禍就已經臨頭了。楚王進入秦國，秦國和楚國聯盟，向東進攻韓國。韓國南面沒有楚國，北面沒有趙國，這樣，韓國等不到秦國的進攻，就會提著割讓的土地像馬和兔子似的那麼快向西跑往秦國。秦國要是和韓國成了有上等交情的盟國，秦國的兵禍於是就移到魏國了。憑藉秦國的強大，有楚國、韓國為它所用，魏國等不到秦國的進攻，就會提著割讓的土地像馬和兔子似的那麼快向西跑往秦國。秦國要是和魏國成了有上等交情的盟國，秦國的兵禍於是就轉到侵奪趙國了。由於強大的秦國有了韓國、魏國、楚國和憤怒的燕國的幫助，就必定深入割取趙國的土地了。趙國有想聽秦國的話而進攻燕國的舉動，這就是我前來趙國的原因。所以我說有件可算是緊急的事。趁楚王還沒有到秦國去，趙、韓、魏三國互相親善，堅守盟約，派出精銳部隊駐守在韓國、魏國的西邊，楚王聽說，必定不會到秦國去，秦國就必定惱火而照舊進攻楚國，這樣秦國的兵禍就不會離開楚國，而有利於趙、韓、魏三國。如果楚王到秦國去了，秦國看到趙、韓、魏三國聯合不但很緊而且牢固，必定不會放楚王回國，就會多割楚國的土地，這樣秦國的兵禍也不會離開楚國，也有利於趙、韓、魏三國。希望大王仔細考慮這件事啊！」

趙王因起兵南戍韓、梁之西邊。秦見三晉之堅也，果不出楚王卬❶，而多求地。

【章　旨】秦、楚聯盟果然受挫，楚王被扣留在秦國。

【注　釋】❶印　依鮑彪說當是衍文。

【語　譯】趙王於是起兵駐守在韓國、魏國的西邊。秦國看到趙、韓、魏三國聯盟堅固，真的不讓楚王回國，而要求楚國多割讓土地。

卷一九　趙策二

蘇秦從燕之趙始合從

【題解】蘇秦從燕國來到趙國，遊說趙王，分析天下形勢和利害得失，勸趙國聯合山東諸侯，合縱抗秦。

蘇秦從燕之趙❶，始合從❷，說趙王❸曰：「天下之卿相人臣，乃至布衣之士，莫不高賢❹大王之行義，皆願奉教陳忠於前之日久矣。雖然，奉陽君❺妒，大王不得任事，是以外賓❻客遊談之士，無敢盡忠於前者。今奉陽君捐館舍❼，大王乃今❽然後得與士民相親，臣故敢獻其愚，效愚忠。為大王計，莫若安民無事，請無庸有為也。安民之本，在於擇交。擇交而得則民安，擇交不得則民終身不得安。請言外患：齊、秦為兩敵❾，而民不得安。倚秦攻齊，而民不得安；倚齊攻秦，而民不得安。故夫謀人之主，伐人之國，常苦❿出辭，斷絕人之交⓫，願大王慎無出於口也。

【章　旨】先說明現在已具備為趙王進忠言的客觀環境，再說明安民在於擇交，趙國既不能依靠秦國進攻齊國，也不能依靠齊國進攻秦國，千萬不要談論謀伐之事。

【注　釋】❶蘇秦從燕之趙　據《史記‧蘇秦列傳》，蘇秦說燕文公以後便來到趙國遊說。❷合從　即合縱。❸趙王　指趙肅侯。❹高賢　作動詞用，認為高賢的意思。❺奉陽君　趙肅侯的弟弟成的封號。❻賓　據錢藻本、劉敞本當無「賓」字。❼捐館舍　拋棄館舍，意為離開人世。❽乃今　而今。❾兩敵　趙國的兩個敵國。❿苦　難於。⓫斷絕人之交　這句是說苦於出辭的原因是由於會斷絕和別人的交情。

【語　譯】蘇秦從燕國到趙國，開始推行合縱的政策，遊說趙王道：「天下的卿相人臣，以至布衣士人，沒有不推崇、誇獎大王的行為合於道義，長久以來都願意奉承你的教誨，在你的面前陳述忠言。雖然如此，可是由於奉陽君妒忌，大王不能主持政事，因此外來客和遊說之士，不敢在大王的面前進盡忠言。現在奉陽君已經去世，大王從今以後能夠和士民相親了，所以我敢獻出愚見，效盡愚忠。替大王著想，不如使老百姓平安無事，請大王用不著做什麼大作為。使老百姓平安無事的根本在於選擇好外交政策。選擇好了外交政策，老百姓就平安無事；不選擇好外交政策，老百姓就終身不得安寧。請讓我談一下趙國的外患：齊國、秦國要是成為趙國的兩個敵人，老百姓就不得安寧。倚靠秦國進攻齊國，老百姓便不得安寧；倚靠齊國進攻秦國，老百姓也不得安寧。所以謀害別人的君主，攻打別人的國家，這樣的事常常難於出口，是由於會斷絕和別人的交情，希望大王千萬不要從口中說出來啊。

「請屏❶左右，曰❷言所以異，陰陽❸而已矣。大王誠能聽臣，燕必致❹氈裘狗馬之地，齊必致海隅魚鹽之地，楚必致橘柚雲夢之地，韓、魏皆可使致封地湯沐之邑❺，貴戚父兄皆可以受封侯。夫割地效實❻，五伯❼之所以覆軍禽❽將而求也；封侯貴戚，湯、武之所以放殺❾而爭也。今大王垂拱❿而兩有之，是臣之所以為大王願也。大王與⓫秦，則秦必弱韓、魏；與齊，則齊必弱楚、魏。魏弱則割河外⓬，韓弱則效宜陽⓭。宜陽效則上郡⓮絕，河外割則道不通。楚弱則無援。此三策者，不可不熟計也。夫秦下軹道⓯則南陽⓰動，劫韓包周則趙⓱自銷鑠⓲，據衛取淇⓳則齊必入朝。秦欲已得行於山東，則必舉甲而向趙。秦甲涉河踰漳⓴，據番吾㉑，則兵必戰於邯鄲㉒之下矣。此臣之所以為大王患也。

【章　旨】說明能擇交的好處，並分析趙國助秦或助齊的嚴重後果。

【注　釋】❶屏　退避。❷曰　當是「白」之誤。❸陰陽　相當於黑白。❹致　送到；送來。❺湯沐之邑　本是周天子賜給諸侯用作齋戒沐浴的封邑。❻實　財貨。❼五伯　即五霸。❽禽　通「擒」。❾放殺　流放和誅殺。指商湯流放夏桀、周武王誅殺商紂王。❿垂拱　垂衣拱手，不費辛勞。⓫與　助。⓬河外　指魏國黃河以西的地方，在今陝西大荔一帶。⓭宜陽　韓邑，在今河南西部。⓮上郡　在今陝西榆林東南。⓯軹道　亭名，在今陝西西安東北。⓰南陽　魏地，在今河南獲嘉。⓱趙　疑當作「魏」。⓲銷鑠　銷鎔。⓳淇　淇縣，魏地，在今河南淇縣。⓴漳　古漳河，發源於山西，流經今河北、河南兩省邊境，今已不復存。㉑番吾　趙邑，在今河北磁縣。㉒邯鄲　趙國都城，在今河北邯鄲。

【語　譯】「請叫你的左右退避，我來講明兩種不同政策的差別，就像陰陽黑白一樣分明了啊。大王如果真的能聽從我的建議，燕國必定會送上出產毛氈、皮衣、狗馬的土地，齊國必定會送上海邊出產魚鹽的土地，楚國必定會送上出產柑橘、柚子的雲夢之地，韓國、魏國都可送上封地作為你的湯沐邑，你那尊貴的親戚和父老兄弟都可接受封侯。說起來，讓別國割讓土地，獻上財貨，這是春秋時的五霸不惜用軍隊覆滅、將帥被擒去追求的啊；使自己那尊貴的親戚封侯，這是商湯、周武王不惜用流放、誅殺等手段去爭取的啊。現在大王垂衣拱手，不費力氣，而把兩者都得到，這是我所以替大王願意做的事啊。大王要是幫助秦國，那麼秦國就必定要削弱韓國、魏國；幫助齊國，那麼齊國就必定要削弱楚國、魏國。魏國被削弱了，便會將它黃河以西的地方割給秦國；韓國被削弱了，便會將它的宜陽獻給秦國。宜陽獻出去了，那通往上郡的道路就被斷絕；黃河以西的地方割給秦國了，那道路就不通暢；楚國被削弱了，趙國便沒有外援。這三種謀略，不可不仔細考慮啊。假若秦國從軹道下來，那麼魏國的南陽就將顫動；劫持韓國、包圍東周、西周，那麼魏國就將自行消失；占據衛國、奪取淇縣，那麼齊國就必定入秦朝拜。秦國的欲望在殽山以東已得到滿足，就必定起兵向趙國進攻。秦國的部隊渡過黃河、越過漳水，占據番吾，那麼軍隊就在邯鄲城下交戰了。這是我所以替大王憂慮的事啊。

「當今之時，山東之建國，莫如趙強。趙地方二千里，帶甲數十萬，車千乘，騎萬匹，粟支十年。西有常山❶，南有河、漳，東有清河❷，北有燕國。燕固弱國，不足畏也。且秦之所畏害於天下者，莫如趙，然而秦不敢舉兵甲而伐趙者，何也？畏韓、魏之議❸其後也。然則韓、魏，趙之南蔽也。秦之攻韓、魏也，則不然，無有名山大川之限，稍稍蠶食之，傳❹之國都而止矣。韓、魏不能支秦，必入臣。韓、魏臣於秦，秦無韓、魏之隔，禍中❺於趙矣。此臣之所以為大王患也。

【章 旨】韓、魏兩國是趙國的南部屏障，如果這兩國臣服秦國，必定給趙國造成禍患。

【注 釋】❶常山 即恆山，在今山西渾源。❷清河 古河名，在齊國、宋國之間，今已不存。❸議 計謀。❹傅 通「附」。❺中 射中；指向。

【語 譯】「當今這個時代，殽山以東所建立的國家，沒有哪個國家像趙國那麼強盛。趙國的土地方圓兩千里，軍隊幾十萬，戰車千輛，坐騎萬匹，糧食可以支持十年。西邊有恆山，南邊有黃河、漳河，東邊有清河，北邊有燕國。燕國本是弱國，不值得害怕。再說，在天下諸侯中，秦國最怕趙國，但是秦國卻不敢起兵進攻趙國，是什麼原因呢？那是由於害怕韓國、魏國在後面暗算它啊。這樣看來，韓國、魏國就是趙國南面的屏障啊。秦國進攻韓國、魏國，就不是這種情況，沒有名山大川的阻障，漸漸地蠶食它，到了靠近它們的國都的時候就停止不進。韓國、魏國不能支撐下去，必定到秦國去稱臣。韓國、魏國臣服秦國，秦國沒有韓國、魏國的阻隔，它的兵禍就必定指向趙國了。這是我所以替大王憂慮的事啊。

「臣聞，堯無三夫❶之分，舜無咫尺❷之地，以有天下；禹無百人之聚❸，以王諸侯；湯、武之卒不過三千人，車不過三百乘，立為天子，誠得其道也。是故明主外料其敵國之強弱，內度其士卒之眾寡、賢與不肖，不待兩軍相當，而勝敗存亡之機節❹，固已見於胸中矣，豈掩❺於眾人之言，而以冥冥決事哉！臣竊以天下地圖案之，諸侯之地，五倍於秦；料諸侯之卒，十倍於秦。六國并力為一，西面而攻秦，秦破必矣。今見破於秦❻，西面而事之，見臣於秦。夫破人之與破於人也，臣人之與臣於人也，豈可同日而言之哉！夫橫人❼者，皆欲割諸侯之地以與秦成❽。與秦成，則高臺❾，美宮室，聽竽瑟❿之音，察五味⓫之和⓬，前有軒轅⓭，後有長庭⓮，美人巧笑，卒⓯有秦患，而不與其憂。是故橫人日夜務以秦權恐猲⓰諸侯，以求割地。願大王之熟計也。

【章　旨】英明的君主，對於敵我情況必定了然胸中，不糊裡糊塗作決定。山東諸侯遠比秦國強大，趙國不可隨便聽從連橫者的話，與秦國講和。

【注　釋】❶夫　成年男子。❷咫尺　八尺。❸聚　村落。❹節　據姚宏所見另一版本當無「節」字。❺掩　掩蓋；蒙蔽。❻見破於秦　據《史記・蘇秦列傳》及鮑彪本此四字當刪去。❼橫人　主張連橫的人，如張儀。❽成　講和。❾高臺　據《史記・蘇秦列傳》及鮑彪本當作「高臺榭」。榭，臺上的屋子。❿竽瑟　兩種樂器。竽屬管樂，似笙。瑟屬絃樂，有二十五根弦。⓫五味　酸、鹹、甜、苦、辣。⓬和　調和。⓭軒轅　車輈，也指車。⓮長庭　疑指大的庭院。⓯卒　通「猝」。突然。⓰猲　通「喝」。

【語　譯】「我聽說堯帝沒有三個成年男子分得的耕地，舜帝沒有八尺土地，而擁有了整個天下；夏禹沒有百人居住的村落，而能稱王於諸侯；商湯、周武王的士卒不超過三千人，車子不超過三百輛，而被立為天子，的確是由於得到了治理天下的正確方法啊。因此英明的君主對外能預料到敵國的強弱，對內能揣度到他的士卒的多少和好壞，不要等到兩軍相鬥，而勝敗存亡的徵兆，早就顯現於胸中了，哪裡還會受眾人言談的蒙蔽，而糊裡糊塗去決定事情呢？我私自考察天下的地圖，諸侯的土地，有秦國的五倍之大；預料諸侯的士卒，有秦國的十倍之多。六國同心協力，結成一個整體，向西進攻秦國，秦國是必定被打敗的了。現在卻向西侍奉秦國，做秦國的臣子。想一想：打敗別人和被人打敗，讓別人做臣子和做別人的臣子，難道可以相提並論的嗎！主張連橫的人，都想割讓諸侯的土地與秦國講和。與秦國講和了，他們便修起高大的臺榭，建起漂亮的宮室，聆聽竽瑟奏出來的音樂，品嘗五味的調和，前面有車，後面有大的庭院，美人笑得甜美。有朝一日，突然秦國來進攻，他們也不必擔憂。因此主張連橫的人便日日夜夜使勁用秦國的權勢來恐嚇諸侯，要求割讓土地給秦國。希望大王仔細考慮這件事啊。

「臣聞，明王絕疑去讒，屏❶流言之迹，塞朋黨之門，故尊主廣地強兵之計，臣得陳忠於前矣。故竊為大王計，莫如一韓、魏、齊、楚、燕、趙，六國從親❷，以儐❸畔秦。令天下之將相，相與會於洹水❹之上，通質❺刑白馬❻以盟之，約曰：秦攻楚，齊、魏各出銳師以佐之，韓絕食道，趙涉河、漳，燕守常山之北。秦攻韓、魏，則楚絕其後，齊出銳師以佐之，趙涉河、漳，燕守雲中❼。秦攻齊，則楚絕其後，韓守成皋❽，魏塞午道❾，趙涉河、漳、博關❿，燕出銳師以佐之。秦攻燕，則趙守常山，楚軍武關⓫，齊涉渤海，韓、魏出銳師以佐之。秦攻趙，則韓軍宜陽，楚軍武關，魏軍河外，齊涉渤海⓬，燕出銳師以佐之。諸侯有先背約者，五國共伐之。六國從親以擯⓭秦，秦必不敢出兵於函谷關以害山東矣！如是則伯⓮業成矣！」

【章　旨】建議趙王聯合山東諸侯，結成合縱聯盟，互相支援，共同對付秦國。

【注　釋】❶屏　屏退。❷從親　合縱親善。❸儐　據黃丕烈《札記》當是衍文，宜刪去。❹洹水　古水名，即今河南安陽河，發源於山西，流經河南安陽，經內黃，入衛河。❺通質　交質；交換人質。❻刑白馬　古代諸侯結盟，殺白馬歃血立誓以為信。❼雲中　郡名。❽成皋　韓邑，在今河南滎陽汜水鎮。❾午道　縱橫交錯的道路。《史記・蘇秦列傳》作「其道」，司馬貞說即河內之道。指魏國在今河南濟源、沁陽一帶的道路。❿博關　在今山東茌平境內。⓫武關　秦國的南關，與楚國相接，在今陝西商縣東一百八十里。⓬渤海　齊國救趙，無需涉渤海，當依《史記・蘇秦列傳》作「清河」。清河在齊西趙東。⓭擯　拋棄。⓮伯　同「霸」。

【語　譯】「我聽說英明的君主能杜絕懷疑、去掉讒佞，屏除流言蜚語，堵塞結黨營私的門路，所以我才能夠提出尊崇君主、擴大疆土、增強軍力的計畫，在大王的面前陳述忠心。我私自替大王著想，不如將韓、魏、齊、楚、燕、趙等國聯合成一個整體，六國合縱親善，來反抗秦國。請天下各國的將相，互相一起在洹水之上相會，交換人質，殺白馬歃血結盟，訂下盟約說：如果秦國進攻楚國，齊國、魏國就各派出精銳的部隊幫助楚國，韓國就切斷秦國的糧道，趙國就渡過黃河、漳河，燕國就守住恆山的北邊。如果秦國進攻韓國、魏國，那麼楚國就切斷它的後路，齊國就派出精銳的部隊幫助韓國、魏國，趙國就渡過黃河、漳河，燕國就守住雲中。如果秦國進攻齊國，那麼楚國就切斷它的後路，韓國就守住成皋，魏國就堵塞午道，趙國就渡過黃河、漳河、博關，燕國就派出精銳的部隊幫助齊國。如果秦國進攻燕國，那麼趙國就守住恆山，楚國就駐軍武關，齊國就渡過渤海，韓國、魏國就派出精銳的部隊幫助燕國。如果秦國進攻趙國，那麼韓國就駐軍宜陽，楚國就駐軍武關，魏國就駐軍黃河以外，齊國就渡過清河，燕國就派出精銳的部隊幫助趙國。諸侯如果有背反盟約的，其他五國就共同討伐它。六國合縱親善來反抗秦國，秦國就必定不敢從函谷關出兵來侵害殽山以東的國家了。要是這樣，大王的霸業也就可成了！」

趙王曰：「寡人年少，莅國❶之日淺，未嘗得聞社稷之長計。今上客有意存天下，安諸侯，寡人敬以國從。」乃封蘇秦為武安君，飾車百乘，黃金千鎰❷，白璧百雙，錦繡千純❸，以約諸侯。

【章旨】趙王同意蘇秦的建議，封他為武安君，讓他去聯合山東諸侯，合縱抗秦。

【注釋】❶莅國　臨朝主持國政。莅，臨。❷鎰　二十四兩。❸純　匹。

【語譯】趙王說：「寡人年幼，主持國政的時間短，不曾聽到過有關國家的長遠之計。現在貴客有意保存天下，安定諸侯，寡人恭敬地用整個國家來聽從你。」於是封蘇秦為武安君，給他飾有花紋的豪華車一百輛，黃金兩萬四千兩，白色的璧玉一百對，錦繡一千匹，去約請諸侯合縱抗秦。

秦攻趙

【題解】蘇子遊說秦王，勸他罷兵息民，停止攻趙，並用以往事例說明山東諸侯合縱不可能成功，以消除秦王的疑慮。

秦攻趙，蘇子❶為❷謂秦王❸曰：「臣聞明王之於其民也，博論而技藝❹之，是故官無乏事❺而力不困；於其言也，多聽而時用之，是故事無敗業而惡不章❻。臣願王察臣之所謁❼，而效之於一時之用也。臣聞懷重寶者，不以夜行；任大功❽

者，不以輕敵。是以賢者任重而行恭，知者功大而辭順❾。故民不惡其尊，而世不妬其業。臣聞之：百倍之國❿者，民不樂後⓫也；功業高世者，人主不再行⓬也；力盡之民，仁者不用也；求得⓭而反靜，聖主⓮之制也；功大而息民，用兵之道也。今用兵終身不休，力盡不罷，趙怒⓯必於其己邑⓰，趙僅存⓱哉！然而四輪⓲之國也，今雖得邯鄲，非國之長利也。意者，地廣而不耕，民羸⓳而不休，又嚴之以刑罰⓴，則雖從㉑而不止㉒矣。語曰：『戰勝而國危者，物不斷㉓也。功大而權輕者，地不入㉔也。』故過任㉕之事，父不得於子㉖；無已㉗之求，君不得於臣。故㉘微之為著㉙者強，察乎息民之為用者伯，明乎輕之為重㉚者王。」

【章　旨】勸秦王採用自己的建議，不要進攻趙國，否則即使攻下邯鄲，也無益於事。

【注　釋】❶蘇子　《戰國策》多稱蘇秦及其弟蘇代、蘇厲為「蘇子」，不知這裡指的是誰。❷為　當是衍文，宜刪去。❸秦王　本文有「今雖得邯鄲」語，當是指秦昭王圍邯鄲事，這裡的「秦王」是指秦昭王。❹技藝　鮑彪注「試之以事」。當是指讓人民熟悉技藝。❺乏事　耽誤事情。《莊子・天地》：「子往矣，無乏吾事。」❻章　通「彰」。明；昭著。❼謁　告。❽功　事。❾順　和順；不誇功。❿百倍之國　土地廣大的國家。⓫不樂後　不喜歡以後再有戰事。⓬行　猶「用」。⓭求得　要求得到了滿足。⓮聖主　據鮑彪本當作「聖王」。⓯趙怒　據鮑彪、吳師道說當作「怒趙」，指秦怒恨趙國。⓰於其己邑　使其為己邑。⓱僅存　所存無幾。⓲四輪　據姚宏本當作「四輸」，意為四通八達，指趙國而言。⓳羸　疲病。⓴嚴之以刑罰　通過刑罰嚴加迫害。㉑從　服從。㉒止　留下。㉓物不斷　是說戰事不止。物，事，指戰事。㉔地不入　指土地雖被攻占，人民卻不服。承上「雖從而不止」而言。㉕過任　超過負擔，力不從心。㉖不得於子　不得向兒子提出。㉗已　休止。㉘故

「故」字下面據下二句句法當缺失一動詞，疑所缺的是「見」字。㉙著　明顯。㉚輕之為重　雖輕實重。

【語　譯】秦國進攻趙國，蘇子對秦王說：「我聽說英明的君主對於他的百姓，是讓他們廣泛發表議論，熟悉技藝，因此官吏不會耽誤政事，而且也不缺乏能力；對於百姓的言論，是多方聽取，而且也時時採用；因此事業不至於失敗而過失也不會明顯。我希望大王能體察我所上告的言論，而且在一段時間內能得到採用，看看效果如何。我聽說懷裡藏著貴重寶器的人就不走夜路，擔負大事的人就不輕敵。因此賢能的人重任在身，而行為謙恭；聰明的人功勞偉大，而言辭和順。所以百姓不討厭他地位尊貴，而且世人也不妒忌他的功業。我聽說：比別國大百倍的國家，百姓不喜歡以後還有戰事；功業高出世人的人，君主不再用他；力量使盡了的百姓，仁人不會使用他；要求的東西得到了就恢復到無事狀態，這是聖王的制度；功勞大了就讓百姓休養生息，這是用兵的正道。現在用兵，讓士兵終身得不到休息，力量使盡了還不停止，怨怒趙國，一定要將它變成自己的一個都邑，趙國又僅能保存多少呢？然而趙國是個四通八達的國家，現在秦國即使得到了趙國的都城邯鄲，也不符合國家的長遠利益啊。想來，土地廣大而不能耕種，百姓疲病而不能休息，又用刑罰嚴加迫害，那麼即使是服從了也留不住他們了。話說：『打了勝仗，國家反而危險，是因為戰事不斷；功勞大了，權勢反而變輕，是因為被攻占的土地不能真正併入自己的版圖。』所以超過負擔、力不從心的事，就是父親也不能向兒子提出來；沒有止境的要求，就是君主也不能命令臣子辦到。所以能見微知著的人可以使國家強大，能體察讓人民休養生息的作用的人可以成為霸主，懂得雖輕而實重的道理的人可以成為王者。」

秦王曰：「寡人案兵❶息民，則天下必為從，將以逆❷秦。」蘇子曰：「臣有以知天下之不能為從以逆秦也。臣以田單❸、如耳❹為大過也。豈獨田單、如耳為大過哉？天下之主亦盡過矣！夫慮收亡齊❺、罷楚❻、敝魏與不可知❼之趙，欲以窮秦折韓，臣以為至愚也。夫齊威、宣❽，世之賢主也，德博而地廣，國富而用民❾，將武而兵強。宣王用之，後富❿韓威魏，以南伐楚，西攻秦，為⓫齊兵困於殽塞之上，十年攘地，秦人遠迹不服，而齊為虛戾⓬。夫齊兵之所以破，韓、魏之所以僅存者，何也？是則伐楚攻秦，而後受其殃也。今⓭富非有齊威、宣之餘也，精兵非有富⓮韓勁魏之庫⓯也，而將非有田單、司馬⓰之慮也。收破齊、罷楚、弊⓱魏、不可知之趙，欲以窮秦折韓，臣以為至誤。臣以⓲從一⓳不可成也。客有難者⓴，今臣㉑有患於世。夫刑名之家㉒，皆曰『白馬非馬㉓』，已而㉔白馬實馬，乃使有白馬之為㉕也。此臣之所患也。

【章旨】消除秦王害怕天下諸侯合縱反秦的顧忌，指出合縱是個最愚蠢的大錯誤，必定不能成功。

【注釋】❶案兵　即按兵，停止軍事行動。❷逆　反對。❸田單　齊國田氏宗臣，為齊將，用火牛陣大敗燕軍，收復齊國失去的七十多城，被齊襄王封為安平君。❹如耳　韓臣。一說是魏臣。田單、如耳兩人當時想合縱，所以蘇子說他有「大過」。❺亡齊　齊湣王十七年（西元前二八四年），燕、秦、楚、趙、韓、魏六國聯合攻齊，燕將樂毅攻入齊都臨淄，逼得齊湣王出逃到莒。「亡齊」即指此而言。❻罷楚　前不久楚國遭到秦、韓、魏、齊等國的進攻，懷王又客死於秦。「罷楚」即指此而言。罷，通「疲」。❼不可知　指趙國的存亡而言。❽齊威宣　指齊威王因齊、齊宣王辟疆。❾用民　據鮑彪本及上下文意當作「民用」。❿富　據吳師道《補正》「富」疑當作「逼」。⓫為　據鮑彪本及吳師道《補正》「為」字上當補一「秦」字。⓬虛戾　即「虛厲」。《莊子・人間世》：「國為虛厲，身為刑戮。」成玄英《疏》：「宅無人曰虛，鬼無後曰厲。」⓭今　指當時的山東諸侯。⓮富　當與上文「富（逼）韓威魏」相同，作「逼」。⓯庫　依吳曾祺《補注》疑當作「軍」。⓰司馬　指司馬穰苴，春秋時齊國名將，姓田，名穰苴，任大司馬，主管軍事。⓱弊 通「敝」。敗。⓲以 認為。⓳從一 合縱為一。⓴客有難者 指主張連橫、反對合縱的人。難，責難。㉑臣 蘇子自指。蘇子要秦停止進攻趙國，而主張連橫的人以山東各國將合縱反秦蠱惑秦王，使他不停止攻趙，所以為蘇子所患。㉒刑名之家 即形名之家。是戰國時一個學派，如公孫龍就是代表之一。他的思想既有循名責實的優點，又有專門在概念上兜圈子以致陷入詭辯論的缺陷。㉓白馬非馬 這是公孫龍的一個著名的論點。他在《白馬論》中說：「馬者，所以名形也；白者，所以命色也。命色者非命形也，故曰：白馬非馬。」意思是說：「馬」這個概念是用來命名形體的，「白」這個概念是用來命名顏色的，可見命名顏色的概念就不同於命名形體的概念，而「白馬」這個概念既是命名顏色的，又是命名形體的，所以說「白馬」不是「馬」。他指出「白馬」這個概念和「馬」這個概念的不同是正確的，但卻否認部分同全體之間的同一性，否認了「白馬」應該屬於「馬」的一部分這一事實，便陷入了詭辯論。㉔已而 據金正煒說當作「亡而」。亡而，即「無而」，意為無奈。㉕為 通「謂」。按，蘇子用形名學派的錯誤來說明合縱本來不可能成功，可是主張連橫、反對合縱的人偏偏要說合縱能成功，以蠱惑人心，就像形名學派說「白馬」不是「馬」一樣。

【語　譯】秦王說：「寡人如果停止戰爭，讓百姓休養生息，那麼天下諸侯必定將用合縱來共同反對秦國。」蘇子說：「我有根據知道天下諸侯不可能合縱來反對秦國啦。我認為田單、如耳等是犯了大錯誤呀！哪裡只是田單、如耳犯了大錯誤呢？天下的君主也都犯了大錯誤呀！計畫聯合幾乎滅亡了的齊國、疲困的楚國、失敗了的魏國和存亡難以預料的趙國，想以此來使秦國陷入困境、折服韓國，我認為是最愚蠢的啊。齊威王和齊宣王，是世上賢明的君主啊，恩德博施而土地廣大，國家富強而百姓用命，將領威武而士兵強悍。齊宣王用上了這些有利的條件，後來逼迫韓國、威脅魏國，南邊進攻楚國，西邊進攻秦國，使秦國被齊軍困在殽山要塞之上，十年來土地被侵奪，可是秦國遠走他鄉，不願臣服齊國，結果齊國反而空無人跡，一片淒涼。齊國之所以被打敗，韓國、魏國之所以能保存下來，是什麼原因呢？這是因為齊國討伐楚國，攻打秦國，然後遭殃的啊。現在的山東諸侯，講富強，沒有齊威王、齊宣王時的充盈；講精兵，沒有齊國逼韓迫魏那樣的軍隊；講將領，沒有田單、司馬穰苴那樣的謀慮。聯合殘破的齊國、疲困的楚國、失敗了的魏國、存亡難以預料的趙國，想以此來使秦國陷入困境、折服韓國，我以為是最大的失誤。我認為合縱為一是不能成功啊。有客責難我，就是我現在在這世上所憂慮的事。主張形名的人，都說『白馬不是馬』，無奈白馬實在是馬，才使得有『白馬』這種說法啊。這就是我所憂慮的事啊。

「昔者，秦人下兵攻懷❶，服其人，三國❷從❸之。趙奢❹、鮑佞❺將，楚有四人起而從之。臨懷而不救，秦人去而不從❻。不識三國之憎秦而愛懷邪？忘其❼憎懷而愛秦邪？夫攻而不救，去而不從，是以❽三國之兵困，而趙奢、鮑佞之能❾也。故裂地❿以敗於齊⓫。田單將齊之良，以兵橫行於中十四年，終身不敢設兵以攻秦折韓也，而馳於封內⓬，不識從之一成惡存⓭也。」於是秦王解兵不出於境，諸侯休，天下安，二十九年不相攻⓮。

【章旨】再用往事說明諸侯合縱不可能成功。秦王採納了蘇子的建議，停止攻趙，於是天下相安無事。

【注釋】❶懷　魏邑，在今河南武涉西南。據《史記・六國年表》，秦昭王三十九年（西元前二六八年）攻拔魏國的懷城。❷三國　指齊、趙、楚三國。❸從　通「縱」。合縱。❹趙奢　趙將，破秦救韓有功，趙惠文王賜號馬服君。❺鮑佞　齊將。❻不從　不合縱。這段是說明合縱不能成功，所以「從」即「縱」，不作隨從解。❼忘其　連詞，表示選擇，意為「抑或」、「還是」。❽以　據鮑彪本「以」下當補一「知」字。❾能　鮑彪注：「以不救不從為能，知秦之不可當也。」❿裂地　割地受封。⓫敗於齊　疑當作「封於齊」，指田單在齊國受封。⓬封內　封疆之內。⓭惡存　何存；在哪裡。⓮二十九年不相攻　戰國時從來沒有二十多年沒有戰爭的事，當是虛構不實之辭。

【語　譯】「往日，秦國出兵攻取懷城，使那裡的人民臣服，趙、齊、楚三國便合縱來救援。由趙奢、鮑佞為將，楚國也有四個人起來跟從他們。可是趙奢、鮑佞等到了懷城下卻不去救援，秦國人走了，他們便不合縱了。不知道趙、齊、楚三國是憎恨秦國而喜愛懷城呢？還是憎恨懷城而喜愛秦國？秦國進攻懷城，他們卻不去救援，秦國人走了，他們就不合縱，由此可知趙、齊、楚三國軍隊的困窘以及趙奢、鮑佞的才能啊。所以分割土地以使田單在齊國受封。田單率領齊國的精良之士，用兵在國中橫行十四年，終身不敢安排軍隊去進攻秦國、折服韓國，而只在齊國的封疆之內奔馳，不知道合縱哪裡有一次成功啊。」於是秦王停止軍事行動，使軍隊不越出秦國邊境，諸侯因而得以休息，天下平安無事，有二十九年不互相攻伐。

張儀為秦連橫說趙王

【題　解】張儀為秦國推行連橫政策遊說趙王，分析天下形勢，以秦國已出兵攻趙相威脅，逼得趙王向秦國割地求和。說辭中有些話不符合事實，引起了人們的疑問，甚至認為它是出於後世的擬托。

張儀為秦連橫，說趙王❶曰：「弊❷邑秦王❸使臣敢獻書於大王御史❹。大王收率❺天下以儐❻秦，秦兵不敢出函谷關十五年矣。大王之威，行於天下山東❼。弊邑恐懼懾伏，繕❽甲厲兵❾，飾車騎，習馳射，力田積粟，守四封之內❿，愁居懾處，不敢動搖。唯大王有意督過⓫之也。今秦以大王之力⓬，西舉⓭巴蜀⓮，并漢中⓯，東收兩周而西遷九鼎⓰，守白馬之津⓱。秦雖辟⓲遠，然而心忿悁⓳含怒之日久矣。今宣⑳君有微㉑甲鈍兵，軍於澠池㉒，願渡河踰漳㉓，據番吾㉔，迎戰邯鄲之下。願以甲子之日合戰，以正殷紂之事㉕。敬使臣先以聞於左右㉖。

【章　旨】說明秦國對趙國含怒已久，現在已決定出兵攻打趙國。

【注　釋】❶趙王　指趙武靈王。❷弊　通「敝」。❸秦王　指秦惠王。❹御史　官名，掌管圖籍和記載大事的史官。❺收率　聯合、率領。❻僨　反抗。❼行於天下山東　《史記・張儀列傳》這句作「行於山東」，無「天下」二字。❽繕　修理。❾厲兵　即「礪兵」，磨礪兵器。❿四封之內　據姚宏注「三本同，無『之內』二字」。四封，四境。封，疆界。⓫督過　深責其過。⓬以大王之力　憑藉大王的威力，這是客氣話。⓭舉　攻拔。⓮巴蜀　二郡名，在今四川境內。秦惠王更元九年（西元前三一六年），派司馬錯攻蜀，建立蜀郡。稍後滅巴，建立巴郡。⓯漢中　本為楚地，在今陝西西南部和湖北西北部及河南西南隅。秦惠王更元十三年（西元前三一二年）秦奪取楚地漢中六百里，建立漢中郡。⓰東收兩周而西遷九鼎　秦昭王五十一年（西元前二五六年）取西周，莊襄王元年（西元前二四九年）取東周。魏襄王十年（西元前三〇九年）張儀死。又《史記・周本紀》記載周赧王五十九年（西元前二五六年）秦取九鼎寶器。收兩周、遷九鼎是張儀死後五、六十年的事，所以這篇說辭值得懷疑。兩周，指東周國和西周國。⓱白馬之津　水名，在今河南滑縣北。⓲辟　通「僻」。⓳忿悁　怨怒；憤恨。⓴宣　據鮑彪本當作「寡」。㉑微　據《史記・張儀列傳》及鮑彪本當作「敝」。㉒澠池　在今河南澠池境內。㉓漳　漳河。㉔番吾　趙邑，在今河北磁縣。㉕殷紂之事　指殷紂王被誅的事。周武王率領諸侯伐紂，甲子那天，紂兵敗，紂王焚死在鹿臺，周武王砍下他的頭，掛在白旗上。㉖左右　指趙王的近臣，實際上是客氣地稱呼趙王。

【語　譯】張儀為秦國連橫，遊說趙王道：「敝國秦王派我膽敢獻書給大王的御史。大王聯合、率領天下諸侯來反抗秦國，秦國的軍隊不敢出函谷關已有十五年了。大王的聲威流傳於天下殽山之東。敝國膽顫心驚，躲藏起來，修理鎧甲，磨礪兵器，整治戰車坐騎，練習跑馬射箭，努力耕作，積存糧食，守住四面邊疆，憂愁苦悶、提心弔膽地生活，不敢輕舉妄動，只是因為大王存心要責備我們啊。現在秦國憑藉大王的威力，向西攻下巴、蜀，兼併漢中，往東奪取了東周、西周兩國，將九鼎遷往西邊，守住白馬河的渡口，秦國雖然處在偏僻遙遠的地方，可是懷著怨恨、憤怒的日子已經很久了。現在我們的國君有了破的鎧甲、不鋒利的兵器，駐軍在澠池，想要渡過黃河，跨過漳河，占據番吾，迎戰於邯鄲城下。想在甲子的那一天和趙國會戰，以效法周武王誅殺商紂王之事。秦王恭敬地派我先將這些情況告訴您的左右近臣。

「凡大王之所信以為從者，恃蘇秦之計。熒惑❶諸侯，以是為非，以非為是，欲反覆齊國而不能，自令車裂於齊之市❷。夫天下之不可一亦明矣。今楚與秦為昆弟之國，而韓、魏稱為東蕃❸之臣，齊獻魚鹽之地，此斷趙之右臂也。夫斷右臂而求與人鬥，失其黨而孤居，求欲無危，豈可得哉？今秦發三將軍，一軍塞午道❹，告齊使興師度清河❺，軍於邯鄲之東；一軍軍於成皋❻，敺❼韓、魏而軍於河外❽；一軍軍於澠池。約曰，四國為一以攻趙，破趙而四分其地。是故不敢匿意隱情，先以聞於左右。臣切❾為大王計，莫如與秦遇於澠池，面相見而身相結也。臣請案兵無攻，願大王之定計。」

【章　旨】告訴趙王：天下形勢不利於趙國，秦國已經出動三支軍隊，聯合齊、韓、魏三國進攻趙國，趙王不如去澠池和秦王結盟。

【注　釋】❶熒惑　眩惑；迷惑。❷自令車裂於齊之市　據《史記‧蘇秦列傳》記載，蘇秦合縱成功以後，由於秦國的破壞，齊國、魏國進攻趙國，趙王責怪蘇秦，蘇秦便由趙國到燕國，想報復齊國。後來在燕國待不下去，又來到齊國，遇刺不死，為了逮捕兇手，他主動要求齊湣王在他死後將他車裂於市，宣布他為了燕國而在齊國作亂。於是便逮住了兇手。❸東蕃　據《史記・蘇秦列傳》及鮑彪本當作「東藩」。藩，藩國；屬國。❹午道　四通八達的道路。❺清河　水名，在齊西趙東。❻成皋　在今河南滎陽汜水鎮。❼敺　同「驅」。❽河外　黃河以外，這裡是指河南滑縣。❾切　據《史記・張儀列傳》及鮑彪本當作「竊」。

【語　譯】「總之大王之所以相信合縱，是依靠蘇秦的計謀。蘇秦眩惑諸侯，以是為非，以非為是，想反過來顛覆齊國卻不可能，使得自己在齊國的都市上受到車裂之刑。可見天下不可能合縱為一，也就已經明顯了。現在楚國和秦國是結為兄弟的國家，而韓國、魏國的君主自稱是秦國東部屬國的臣子，齊國獻出了出產魚鹽的土地，這就等於是砍斷了趙國的右臂啊。被砍斷了右臂，還要求和別人爭鬥，失去了同黨而孤立無援，還想平平安安，沒有危險，哪裡可能呢？現在秦國派遣三位將軍，一位將軍堵塞午道，告訴齊國派遣部隊渡過清河，駐紮在邯鄲的東邊；一位將軍駐紮在成皋，驅使韓國、魏國駐紮在黃河以外；一位將軍駐紮在澠池。約好四國一起來進攻趙國，趙國被打敗以後，四國就瓜分趙國的土地。因此我不敢隱瞞真情，先把這一切告訴大王的左右近臣。我私自替大王著想，不如去澠池和秦王相會，互相見個面，親自結盟。我便請求秦王停止軍事行動，不要進攻趙國，希望大王作出決定。」

趙王曰：「先王❶之時，奉陽君❷相，專權擅勢，蔽晦先王，獨制官事。寡人宮居，屬於師傅❸，不能與國謀。先王棄群臣❹，寡人年少，奉祠祭之日❺淺，私心固竊疑焉，以為一從❻不事秦，非國之長利也。乃且願變心易慮，剖地謝前過以事秦。方將約車趨行，而適聞使者之明詔。」於是乃以車三百乘入朝澠池，割河間❼以事秦。

【章　旨】趙王表示願意改變合縱抗秦的外交政策，割地謝過，侍奉秦國。

【注　釋】❶先王　指趙武靈王的父親趙肅侯，已去世，故稱「先王」。❷奉陽君　趙肅侯的弟弟成，任趙相，號奉陽君。❸師傅　教導太子的官。❹棄群臣　死亡。❺奉祠祭之日　指繼位的時間。❻一從　合縱為一。❼河間　趙地，因在黃河、永定河之間而得名，在今河北河間境內。

【語　譯】趙王說：「先王在世的時候，奉陽君做相國，大權獨攬，擅自仗勢，蒙蔽先王，一人控制政事。寡人處在宮裡，接受師傅教導，不能參與國事謀劃。先王去世，寡人年輕，繼位的時間不長，私下本來就暗自懷疑，認為合縱為一，不侍奉秦國，不合趙國的長遠利益。於是想改變從前的想法，割讓土地，對以前的錯誤表示道歉來侍奉秦國。正要套好車子趕往秦國，卻恰好聽到了使者的明白指示。」於是用三百輛車前往澠池朝拜秦王，割讓河間一帶的土地以侍奉秦國。

武靈王平晝閒居

【題　解】趙武靈王胡服騎射以教百姓，在大臣中，肥義贊成，公子成、趙文、趙造反對。對於反對意見，趙武靈王逐一加以說明和反駁。雙方關於變革與反變革的論爭，與《商君書・更法》、《史記・商君列傳》中所記載的商鞅與甘龍、杜摯的變法與反變法的論爭，大都相同。

武靈王❶平晝❷閒居，肥義❸侍坐，曰：「王慮世事之變，權❹甲兵之用，念簡❺、襄❻之迹，計胡、狄❼之利乎？」王曰：「嗣立❽不忘先德，君之道也；錯質❾務明❿主之長，臣之論⓫也。是以賢君靜而有道⓬民便事之教，動⓭有明古先世⑭之功。為人臣者，窮有弟⑮長辭讓之節，通有補民益主之業。此兩者，君臣之分⑯也。今吾欲繼襄主⑰之業，啟胡、翟⑱之鄉，而卒世⑲不見也。敵弱者，用力少而功多，可以無盡百姓之勞，而享往古之勳。夫有高世之功者，必負遺俗⑳之累㉑；有獨知之慮者，必被庶人之恐㉒。今吾將胡服㉓騎射以教百姓，而世必議寡人矣。」肥義曰：「臣聞之，疑事無功，疑行無名。今王即㉔定負遺俗之慮，殆無顧天下之議矣。夫論至德者，不和於俗；成大功者，不謀於眾。昔舜舞有苗㉕，而禹袒入裸國㉖，非以養欲而樂志也，欲以論德而要功㉗也。愚者闇於成事，智者見於未萌，王其㉘遂行之。」王曰：「寡人非疑胡服也，吾恐天下笑之。狂夫之樂，知者哀焉；愚者之笑，賢者戚焉。世有順我者，則胡服之功，未可知也。雖敺㉙世以笑我，胡地中山㉚，吾必有之。」

【章　旨】趙武靈王與肥義商議胡服騎射以教百姓之事，得到了肥義的贊同。

【注　釋】❶武靈王　即趙武靈王，名雍，是趙肅侯的兒子。❷平晝　平日。❸肥義　趙相。趙肅侯時已經是貴臣。❹權　權衡。❺簡　指趙簡子，即趙鞅。名為晉卿，實專晉權，俸邑和諸侯相等。❻襄　指趙襄子，即趙簡子的兒子趙無卹。與智伯、韓、魏共分范氏、中行氏舊地，又與韓、魏一起滅智伯。❼胡狄　兩個北方少數民族。❽嗣立　繼立；繼位。❾錯質　即委質，稱臣的意思。❿明　顯示。⓫論　通「倫」。理。⓬道　引導。⓭動　據鮑彪本「動」下當補「而」字。⓮先世　先於世；比世人先。⓯弟　順。⓰分　職分；職責。⓱襄主　即趙襄子。⓲翟　通「狄」。⓳卒世　盡世；全世。⓴遺俗被世俗遺棄。㉑累 連累；麻煩。㉒恐 據劉敞本當作「怨」。㉓胡服 胡人的服裝，上褶下袴，有貂、蟬為飾的武冠，金鉤為飾的帶具，腳上穿靴，便於騎射。㉔即 若；如果。㉕舜舞有苗 《韓非子・五蠹》說在舜帝的時候，南方的有苗族不服，舜帝便拿著干戚（盾和斧）而舞，有苗便臣服了。舜，傳說中的古代帝王。㉖禹袒入裸國 《呂氏春秋・貴因》說夏禹赤身進入裸國，但出來時還是穿了衣服。禹，夏禹。裸國，傳說中的古代西方國名，當是因為國民赤身裸體而得名。㉗要功 邀功；求功。㉘其 副詞，表示委婉語氣，有「還是」的意思。㉙敺 同「驅」。㉚中山 國名，後來為趙武靈王所滅，在今河北定縣、唐縣一帶。

【語譯】趙武靈王平日閒居，肥義陪他坐著，肥義說：「大王考慮世事的變化，權衡部隊的效用，追念簡主、襄主的功跡，想過從胡、狄族那裡得到什麼利益嗎？」武靈王說：「繼位不忘記先王的功德，這是君主應遵守的道德；做臣子力求顯示主上的長處，這是臣子應恪守的倫理。因此賢明的君主在平靜的年代要有引導民眾便利行事的教導，在動盪的時候要有光照千古、先於世人的功業。為臣子的，窮困的時候，要有順從尊長、辭謝退讓的禮節；通達的時候，要有補救百姓、有益主上的功業。這兩點是君主和臣子各自的職責啊。現在我想繼承襄主的事業，開闢胡、狄地區，可是整個世上卻沒有人見到這點啊。與弱者為敵，花的力氣少而功勞大，可以不要耗盡百姓的辛勞，就享有往日簡主、襄主的功勳。有高於世人功勳的人，必然要承受遭到世俗遺棄的麻煩；有獨到見解的人，必定會受到一般人的埋怨。現在我想用改穿胡人服裝、學習騎馬射箭去教導百姓，世俗必定會非議寡人了。」肥義說：「我聽說辦事不果斷就沒有功效，行動猶豫就不能成名。現在大王如果已經決定承擔遭受世俗遺棄的憂慮，就大可不必顧慮天下人的非議了。談論最高道德的人，就不會與世俗調和；成就大功的人，就不會和民眾商量。過去舜帝跳有苗族的舞，夏禹赤身裸體進入裸國，不是為了縱養情欲、娛樂心志，而是為了講論道德，求得功勞啊。愚蠢的人在事情辦成了的時候還糊裡糊塗，聰明的人在事情還沒有發生的時候就能預見到它的結果，大王還是就付諸行動吧。」武靈王說：「我不是懷疑胡服啊，我是擔心天下人笑話我。狂人的歡樂，聰明的人感到悲哀；愚蠢人的歡笑，賢能的人感到悲戚。世上如果有人順從我，那麼胡服的功效，就難以估量啊。即使驅使世上的人來詘笑我，胡地中山國，我也必定能夠占有它。」

王遂胡服。使王孫緤❶告公子成❷曰：「寡人胡服，且將以朝，亦欲叔❸之服之也。家聽於親，國聽於君，古今之公行也；子不反親，臣不逆主，先王之通誼❹也。今寡人作教易服，而叔不服，吾恐天下議之也。夫制國有常，而利民為本；從政有經❺，而令行為上。故明德在於論賤❻，行政在於信貴❼。今胡服之意，非以養欲而樂志也。事有所出❽，功有所止❾。事成功立，然後德且見也。今寡人恐叔逆從政之經，以輔❿公叔⓫之議。且寡人聞之：『事利國者行無邪，因⓬貴戚者名不累。』故寡人願慕公叔⓭之義，以成胡服之功。使緤謁之叔，請服焉。」

公子成再拜曰：「臣固聞王之胡服也，不佞⓮寢疾，不能趨走，是以不先進。王今命之，臣固敢竭其愚忠。臣聞之，中國者，聰明叡知⓯之所居也，萬物財用⓰之所聚也，賢聖之所教也，仁義之所施也，《詩》、《書》、《禮》、《樂》之所用也，異敏⓱技藝之所試也，遠方之所觀赴也，蠻夷之所義行⓲也。今王釋此，而襲遠方之服，變古之教，易古之道，逆人之心，畔⓳學者，離中國，臣願大王圖之。」

【章旨】趙武靈王派王孫緤去勸公子成胡服騎射，公子成不同意。

【注　釋】❶王孫緤　事跡不詳。王孫，當是就身分而言，緤，當是其名。❷公子成　後來做了趙相，號安平君。❸叔　指公子成。❹誼　義。❺經　常道；法則。❻論賤　先與卑賤的人議論。一說「論」疑作「諭」，曉。「諭賤」意為使卑賤者明白。❼信貴　即「伸貴」，在尊貴者那裡不受到阻撓。一說「信貴」是使尊貴的人相信。❽事有所出　意為事出有因。❾止　停止；完成。❿輔　幫助；附和。⓫公叔　當是指不同意胡服騎射的貴族。⓬因　依靠。⓭公叔　指公子成。⓮不佞　不才，公子成對自己的謙稱。⓯叡知　即「叡智」，明智。⓰財用　財貨。⓱異敏　奇異靈敏。⓲義行　即「儀行」，行為準則。⓳畔　通「叛」。

【語　譯】武靈王於是穿上了胡服。派遣王孫緤告訴公子成說：「寡人穿上了胡服，而且將要穿這種服裝上朝，也想請叔父穿上它。在家要聽從雙親的，一個國家就要聽從君主的，這是古今共同遵守的行為準則；兒子不能反對雙親，臣子不能叛逆主上，這是先王留下的通行的道理。現在寡人進行教育，改變服裝，而叔父卻不穿這種服裝，我擔心天下人會非議這件事。治理國家有不變的法則，就是把對百姓有利作為根本；從政也有不變的法則，就是政令得以實行最為重要。所以顯明盛德在於和卑賤的人議論，推行政令在於不受尊貴者的阻撓。現在改穿胡服，不是為了縱養情欲、娛樂心志。再說事出有因，功業才能完成。事辦成了，功業便建立，然後盛德才能表現出來。現在寡人擔心叔父違背從政的不變法則，來附和公叔們反對胡服的議論。況且寡人聽說：『事情對國家有利，行為就不會偏邪；依靠貴戚的人，名聲就不會受到連累。』所以寡人願意仰慕叔父的高義，來完成改穿胡服的功業。特派遣王孫緤把這些話告訴叔父，請叔父穿上胡服。」公子成再次下拜說：「我本來就聽說過大王穿胡服這件事，我不才，臥病不起，不能趨步快走，因此不能先進宮去談自己的想法。現在大王命令我穿胡服，我因而敢獻出自己的一片愚忠。我聽說中國是聰明叡智的人所居住的地方，是萬物財貨所聚集的地方，是聖賢從事教育的地方，是仁義施行的地方，是奉守《詩》、《書》、《禮》、《樂》的地方，是奇異靈敏的技藝試驗的地方，是遠方的人想趕來觀瞻的地方，是蠻夷等少數民族作為行為準則的地方。現在大王放棄這些優點而襲用遠方的服裝，改變古代的教育，更換古代的道理，違背人們的心願，叛逆學者，背離中國，我希望大王考慮考慮這件事。」

使者報王，王曰：「吾固聞叔之病也。」即之公叔成家，自請之曰：「夫服者，所以便用也；禮者，所以便事也。是以聖人觀其鄉而順宜，因其事而制禮，所以利其民而厚其國也。被❶髮文身，錯臂❷左衽❸，甌❹越❺之民也。黑齒❻雕題❼，鯷冠❽秫縫❾，大吳之國也。禮服不同，其便一也。是以鄉異而用變，事異而禮易。是故聖人苟可以利其民，不一其用；果可以便其事，不同其禮。儒者一師❿而禮異，中國同俗而教離，又況山谷之便⓫乎？故去就之變，知者不能一；遠近之服，賢聖不能同。窮鄉多異⓬，曲學⓭多辨，不知而不疑⓮，異於己而不非者，公於求善也。今卿之所言者，俗也；吾之所言者，所以制俗也。今吾國東有河、薄洛之水⓯，與齊、中山同之，而無舟檝⓰之用。自常山⓱以至代⓲、上黨⓳，東有燕、東胡⓴之境，西有樓煩㉑、秦、韓之邊，而無騎射之備。故寡人且聚舟檝之用，求水居之民，以守河、薄洛之水；變服騎射，以備其㉒參胡㉓、樓煩、秦、韓之邊。且昔者簡主不塞晉陽㉔，以及上黨，而襄王㉕兼戎取代，以攘㉖諸胡，此愚知之所明也。先時中山負齊之強兵，侵掠吾地，係累㉗吾民，引水圍鄗㉘，非社稷之神靈，即㉙鄗幾不守。先王忿之，其怨未能報也。今騎射之服，近可以備上黨之形，遠可以報中山之怨。而叔也順中國之俗以逆簡、襄之意，惡㉚變服之名，而忘國事之恥，非寡人所望於子！」公子成再拜稽首曰：「臣愚不達於王之議，敢道世俗之間㉛。今欲繼簡、襄之意，以順先王之志，臣敢不聽今㉜。」再拜。乃賜胡服。

【章旨】趙武靈王親自去說服公子成，講明了因事制禮的道理和胡服騎射「近可以備上黨之形，遠可以報中山之怨」的好處，公子成表示願意穿胡服。

【注釋】❶被　通「披」。❷錯臂　在臂上刺畫紋身。❸左衽　前衣襟向左邊開，是中國一些少數民族的服裝款式，不同於中原地區的右衽。❹甌　古代民族。❺越　古代民族，在中國南方。❻黑齒　將牙齒染黑。❼雕題　用丹青在額上雕刻花紋。雕，刻。題，額。❽鯷冠　用鯷魚皮做帽子。鯷，魚名。❾秫縫　長針縫製，表示粗拙。秫，通「鉥」。長針。❿一師　指孔子。⓫便　便利，指便利在山谷中行動。⓬異　奇異。⓭曲學　孤陋寡聞的人。⓮不知而不疑　鮑彪注：「言各不知其異而不疑之。」⓯薄洛之水　又叫薄洛津，在趙都邯鄲的東北，靠近鉅鹿。⓰檝　同「楫」。船槳。⓱常山　即恆山。⓲代　古國名，為趙襄子所滅，在今河北蔚縣一帶。⓳上黨　本為韓地，後來屬趙，在今山西長治。⓴東胡　是烏丸族的祖先，後來一部分成為鮮卑族。因為住在匈奴的東邊，所以叫東胡。㉑樓煩　古國名，在趙國西邊。㉒其　《史記・趙世家》及鮑彪本作「燕」。㉓參胡　據上文當作「東胡」。㉔晉陽　晉邑，在今山西太原。㉕襄王　當作「襄主」，指趙襄子。㉖攘　攘除。㉗係累　綑綁。㉘鄗　趙邑，在今河北柏鄉北。㉙即　則。㉚惡　厭惡。㉛間　據《史記・趙世家》及姚宏注當作「聞」。㉜今　據鮑彪本當作「令」。

【語譯】使者回來向武靈王作了報告。武靈王說：「我本來就聽說叔父病了啊。」便馬上到了叔父成家裡，自己請求說：「衣服，是為了便於穿用的；禮，是為了便於行事的。因此聖人考察鄉情，因地制宜，依據情事，制定禮法，是為了便利百姓、使國家富厚啊。披頭散髮、紋飾身體，在臂上刺畫花紋，衣襟向左掩，這是甌越族的民風民俗。將牙齒染黑，用丹青在額上刻花紋，用鯷魚皮做帽子，用長針粗拙地縫製衣服，這是大吳國的民風民俗。禮服雖然不同，可是為了方便卻都是一致的。因此地區不同，用的東西也在變化；事情不同，禮儀也在更換。所以聖人如果認為可以對他的百姓有利，也不要求使用一種東西；果真認為可以對事情有利，也就不要求採用相同的禮儀。儒生共同侍奉一個老師而禮儀卻有差別，中原地區風俗相同而教化卻不一樣，又何況要便利於在山谷中行動呢？所以取捨的變化，智者也不能一致；遠近的服飾，聖賢也不能統一。窮鄉僻壤的人，就少見多怪；孤陋寡聞的人，也就喜歡多辯。不知道的事不隨便去懷疑它，跟自己不同的主張不妄加非議，那才是出於公心而追求完美啊。現在你所說的是風俗，我所說的是改變風俗。現在我國東邊有黃河、薄洛水，和齊國、中山國共有，我們卻沒舟船等設施。從恆山一直到代地和上黨，東邊有燕國、東胡族的邊境，西邊有樓煩、秦國、韓國的邊境，我們卻沒有騎馬射箭的防備。所以寡人將聚集舟船等設施，尋找習慣在水上生活的百姓，以防守黃河及薄洛水；改穿胡服，學習騎馬射箭，以防守和燕國、東胡族、樓煩、秦國、韓國相連的邊境。況且過去簡主不堵塞晉陽以及上黨的險道，襄主兼併戎族、奪取代地，以鑲除各處的胡人，這是愚蠢的人或聰明的人都明白的事。早先，中山國依靠齊國的強大兵力，侵擾掠奪我國的土地，綑綁我們的百姓，引水圍困鄗邑，如果不是托福於國家的神靈，就連鄗邑也幾乎守不住。先王感到憤恨，他們的怨仇還沒有報啊。現在改用騎馬射箭的服裝，近可以防守上黨，遠可以向中山國報仇。而叔父呢，卻順從中原地區的風俗，違背簡主、襄主的心意，討厭改變服裝，而忘記國恥，這不是寡人期望於您的！」公子成聽了以後再次下拜，將頭停在地上說：「我愚蠢，不能瞭解大王的計謀，竟膽敢說出世俗的見聞。現在想繼承簡主、襄主的意志，以順從先王的心願，我豈敢不聽從命令。」說完，又再次下拜。武靈王便賜給他胡服。

趙文❶進諫曰：「農夫勞❷而君子養焉，政之經❸也；愚者陳意而知者論焉，教之道也；臣無隱忠，君無蔽❹言，國之祿❺也。臣雖愚，願竭其忠。」王曰：

「慮無惡擾❻，忠無過罪，子其言乎。」趙文曰：「當世❼輔俗，古之道也；衣服有常，禮之制也；修❽法無愆，民之職也。三者，先聖之所以教。今君釋此，而襲遠方之服，變古之教，易古之道，故臣願王之圖之。」王曰：「子言世俗之間❾。常民溺於習俗，學者沉於所聞。此兩者，所以成官❿而順政⓫也，非所以觀遠而論始也。且夫三代不同服而王，五伯不同教而政⓬。知者作教⓭，而愚者制⓮焉；賢者議俗⓯，不肖者拘⓰焉。夫制於服之民，不足與論心；拘於俗之眾，不足與致意。故勢與俗化，而禮與變俱，聖人之道也；承教而動，循法無私，民之職也。知學之人，能與聞遷⓱；達於禮之變，能與時化。故為己者不待人，制今者不法古，子其釋之。」

【章　旨】趙文反對胡服騎射，說這違反古道、禮制和世俗的心願，趙武靈王給予反駁。

【注　釋】❶趙文　趙臣，事跡不詳。❷勞　鮑彪本作「勞力」。❸經　常道；法則。❹蔽　遮蔽；障礙。❺祿　福。❻惡擾　依上下文之意當是指罪惡的擾亂。「無惡擾」就是沒有罪惡的意思。❼當世　相當於順世。❽修　當作「循」。「循」誤作「脩」，又改作「修」。❾間　當作「聞」。❿成官　《商君書．更法》作「居官」，占著官位。⓫順政　《商君書．更法》作「守法」。⓬政　治。⓭教　教令。⓮制　受制；受約束。⓯議俗　《商君書．更法》作「更禮」。⓰拘　拘束；束縛。⓱遷　變動；改變。

【語　譯】趙文進諫說：「農民使用勞力來養活君子，這是政事的法則；愚蠢的人陳述意見而由聰明的人加以論定，這是教令的常道；臣子不隱藏忠心，君主不堵塞言路，這是國家的幸福。我雖然愚蠢，可是願意竭盡忠心。」武靈王說：「思慮沒有罪惡，盡忠沒有過錯，您還是說吧。」趙文說：「順從世俗，這是古代的政治法則；衣服有常規，這是禮法的制度；遵守禮法沒有過失，這是百姓的職責。這三樣，是以往的聖人用來進行教化的原則。現在您放棄了這三樣，而去襲用遠方的服裝，改變古代的教化，更換古代的原則，所以我希望您好好考慮這件事。」武靈王說：「您說的是些世俗的見聞。平常的人淹沒在習俗之中，一般的學者陷入他的所見所聞而不能自拔。這兩種人可以做好官、順從政令，卻不能和他們放眼未來、議論創新啊。況且夏、商、周三代衣服不同而稱王天下，五霸教化不同而治理天下。聰明的人制定教令，而愚蠢的人只能受制於人；賢能的人非議世俗，不賢的人只能被人拘束。受制於人的百姓，不值得和他們談心；受世俗拘束的民眾，不值得向他們致意。形勢隨同世俗而變化，禮制隨著時代而變革，這是聖人的原則；秉承教令行動，守法無私，這是百姓的職責。懂得學習的人，能夠隨著見聞轉變；通曉禮制變化的人，能夠隨同時勢轉化。所以有所作為的人不等待別人，制定今日法令的人不效法古代，您還是放棄您的看法吧。」

趙造❶諫曰：「隱忠不竭，奸之屬也；以私誣國，賤❷之類也。犯姦者身死，賤❸國者族宗❹。反❺此兩者，先聖❻之明刑❼，臣下之大罪也。臣雖愚，願盡其忠，無遁其死。」王曰：「竭意不諱，忠也；上無蔽言，明也。忠不辟❽危，明不距❾人。子其言乎。」趙造曰：「臣聞之，聖人不易民而教，知者不變俗而動。因民而教者，不勞而成功；據俗而動者，慮徑而易見也。今王易初不循俗，胡服不顧世，非所以教民而成禮也。且服奇者志淫，俗辟❿者亂民。是以蒞國者不襲奇辟之服，中國不近蠻夷之行，非所以教民而成禮者也。且循法無過，脩⑪禮無邪，臣願王之圖之。」王曰：「古今不同俗，何古之法？帝王不相襲，何禮之循？宓戲⑫、神農⑬教而不誅⑭，黃帝、堯、舜⑮誅而不怒。及至三王⑯，觀時而制法，因事而制禮，法度制令，各順其宜；衣服器械，各便其用。故禮世⑰不必一其道，便國不必法古。聖人之興也，不相襲而王；夏、殷之衰也，不易禮而滅。然則反古未可非，而循禮未足多⑱也。且服奇而志淫，是鄒、魯無奇行⑲也；俗辟而民易，是吳、越無俊民⑳也。是以聖人利身之謂服，便事之謂教，進退之謂節，衣服之制，所以齊常民，非所以論賢者也。故聖與俗流㉑，賢與變俱。諺曰：『以書為御者，不盡於馬之情；以古制今者，不達於事之變。』故循法之功，不足以高世；法古之學，不足以制今。子其勿反㉒也。」

【章　旨】趙造用循古法而無過，遵舊禮而無邪，服奇則志淫，俗邪則亂民為藉口反對胡服騎射，趙武靈王也一一加以反駁。

【注　釋】❶趙造　趙臣，事跡不詳。❷賤　據劉敞本當作「賊」。❸賤　亦當作「賊」。❹族宗　滅其宗族。❺反　據劉敞本「反」字當刪。❻先聖　鮑彪本作「先王」。❼明刑　一種刑罰名，將犯人的罪狀寫在他的背上示眾。❽辟　通「避」。❾距　通「拒」。拒諫。❿辟　邪。⓫脩　當是「循」之誤。⓬宓戲　即伏羲，傳說中的古代帝王，教人畜牧。⓭神農　傳說中的古代帝王，教人種植。⓮誅　刑罰。⓯黃帝堯舜　都是傳說中的古代帝王。⓰三王　指夏禹、商湯、周文武等古代帝王。⓱禮世《商君書・更法》作「治世」。⑱多　稱讚。⑲奇行　奇怪的違法行為。⑳俊民　出眾的人。㉑流　流變。㉒反　重複。

【語譯】趙造進諫說：「有所隱藏不能竭盡忠心的，這是奸臣；因為私利欺騙國家的，這是殘賊。犯了內亂罪的人要身受死刑，殘害國家的人要滅他的宗族。這兩條是先王定下的明刑、臣子的大罪呀。我雖然愚蠢，卻願意竭盡忠心，不想逃避死罪。」武靈王說：「將心意全部說出來而不隱諱，這是忠誠；主上不堵塞言路，這是賢明。忠誠就不避開危險，賢明就不拒絕人臣進諫，您還是說吧。」趙造說：「我聽說聖人不依靠變換民情來進行教化，聰明的人不是改變舊俗以後才去行動。順著民情而進行教化，不費辛勞而能成功；依據舊俗而行動，謀慮起來直接簡便而易見效果。現在大王改變原來的民情而不遵循舊俗，穿上胡服而不顧世人的非議，這不是教化百姓、完成禮制的辦法呀。況且穿奇裝異服的人，意念就會趨於淫亂，風俗邪僻的地方，百姓就會受到擾亂。因此主持國政的人不襲用奇異邪僻的服裝，中原地區的人不向蠻夷的行為靠攏，因為這不是教化百姓、完成禮制的辦法呀。況且遵循舊法不會有過錯，遵循舊禮不會有偏邪，我希望大王好好考慮這件事。」武靈王說：「古今風俗不同，遵循什麼古法？帝王的禮制又不互相承襲，遵循什麼古禮？伏羲氏、神農氏是進行教化，而不使用刑罰；黃帝、堯、舜使用刑罰，而百姓卻不惱怒。到了三王，是觀察時勢來制定法令，依據不同的事來制定禮儀。法度命令，各自順應時宜；衣服器械，各自要便於使用。所以治理世務不必只是一種方法，能使國家獲利就不必效法古代。聖人的興起，不互相襲用舊法卻能稱王；夏桀、商紂的衰弱，不改變舊禮卻遭滅亡。這樣說來，那麼反對古代就不可以非議，而遵循舊禮也不值得稱讚啊。況且如果真的服裝奇異就會意志淫亂，這樣說來，鄒國、魯國遵守古禮就不會有奇怪的違法行為；如果真的風俗邪僻，百姓就會輕佻隨便，那麼吳國、越國就不會有傑出的人才呀！因此聖人認為只要對護身有利就叫做衣服，能使辦事方便就叫做教化，進退有序就叫做禮節。衣服的制度，是用來齊一百姓，不是用來論定賢者的呀。所以聖人隨著流俗而改變，賢者跟著時代而變化。俗話說：『靠著書本來駕車的人，不懂得馬的情性；用古禮來治理現代的人，不瞭解事物的變化。』所以遵守古代禮法而形成的功績，不能夠認為高於世俗；效法古代的學術，不能夠治理現代。您還是不要再說什麼吧。」

王立周紹為傅

【題　解】趙武靈王任命周紹做太子傅，並且使他穿上了胡服。

王❶立周紹❷為傅❸，曰：「寡人始行縣❹，過番吾❺，當子❻為子❼之時，踐石以上者❽皆道子之孝。故寡人問❾子以璧，遺子以酒食，而求見子。子謁❿病而辭。人有言子者曰：『父之孝子，君之忠臣也。』故寡人以子之知慮，為辨足以道人⓫，危足以持難⓬，忠可以寫⓭意，信可以遠期⓮。詩云：『服難以勇，治亂以知，事之計⓯也；立傅以行⓰，教少以學，義之經⓱也。循⓲計之事，失⓳而⓴累；訪議之行㉑，窮而不憂。』故寡人欲子之胡服以傅王乎㉒。」

【章　旨】趙武靈王說明選立周紹為王子傅的原因。

【注　釋】❶王　指趙武靈王。❷周紹　《史記・趙世家》作「周袑」。❸傅　輔導、教育貴族子弟的官。《史記・趙世家》說「武靈王二十五年（西元前三〇一年），惠后卒，使周袑胡服傅王子何」。❹行縣　巡視縣邑。❺番吾　趙邑，在今河北磁縣。❻子　您。❼子　孩子。❽踐石以上者　能夠騎馬的人。踐石，上馬時的墊腳石。❾問　與下句「遺」是互文。問遺，贈送。❿謁　告。⓫道人　引導人。道，引導。⓬持難　維持艱難局面。⓭寫　宣。⓮遠期　期望久遠不變。⓯事之計　為事之計；辨事的關鍵。計，機。《史記‧淮陰侯列傳》：「計者，事之機也。」⑯行　品行。⑰經　規範。⑱循　遵循；把握。⑲失　過失。⑳而　據上下文及鮑彪本「而」下當補「不」字。㉑行　行為。㉒乎　據鮑彪本及吳師道《補正》「乎」當作「子」。

【語　譯】趙武靈王安置周紹做王子傅，說：「寡人當初巡視縣城，經過番吾，當時您還是個小孩，能夠騎馬的人都說您孝順，所以寡人贈給您璧玉，送給您酒食，要求會見您。您告訴我說您病了，而謝辭了我的請求。有人說您是：『父親的孝子，君主的忠臣。』所以寡人依據您的智慧，認為您的明辨能夠引導他人，正直能夠維持艱難局面，忠誠可以宣傳主上的意旨，守信可以指望久遠不變。逸詩說：『憑勇氣去征服困難，憑智慧去治理動亂，這是辨事的關鍵；憑品行去任命師傅，憑學問去教育少年，這是道義的規範。把握辨事的關鍵去辦事，雖有失誤而不會有拖累；經過商議去行動，即使陷入困境也不至於發愁。』所以寡人想要您穿上胡服去做王子傅。」

周紹曰：「王失論❶矣，非賤臣所敢任也。」王曰：「選子莫若父，論臣莫若君。君，寡人也。」周紹曰：「立傅之道六。」王曰：「六者何也？」周紹曰：「知慮不躁達於變，身行寬惠達於禮，威嚴不足以易於位❷，重利不足以變其心，恭於教而不快❸，和於下而不危。六者，傅之才，而臣無一焉。隱中❹不竭，臣之罪也。傅命僕官❺，以煩有司❻，吏之恥也。王請更論。」王曰：「知此六者，所以使子。」周紹曰：「乃❼國未通於王❽胡服。雖然，臣，王之臣也，而王重命之，臣敢不聽令乎？」再拜，賜胡服。

【章　旨】周紹認為趙武靈王對他的選任不正確，立傅有六大條件，自己連一個條件也不具備。趙武靈王便借此機會啟發周紹，使他自願穿上胡服。

【注　釋】❶論　通「掄」。選擇。❷易於位　改變職位。❸快　放縱安逸。❹中　據上篇趙造語當作「忠」。❺傳命僕官　意即命僕傳官。❻有司　官吏。❼乃　而；然而。❽王　鮑彪本「王」下有「之」字。

【語　譯】周紹說：「大王的選擇錯了，這不是賤臣敢承擔的呀。」趙武靈王說：「挑選兒子，沒有人比得上父親；選擇臣子，沒有人比得上君主。君主，就是寡人呀。」周紹說：「設置傅官的條件有六。」趙武靈王說：「六個條件說的是什麼呢？」周紹說：「智慮深遠，不急不躁，懂得機變；身體力行，寬厚仁惠，懂得禮節；威嚴不能改變他的職位；重利不能變更他的心志；謙恭施教而不放縱安逸；對下屬和氣而不峻厲。這六條是傅官應該具備的才能，而我一樣也沒有。有所隱藏，而不能竭盡忠心，是我的罪過呀。命令我做傅官，麻煩了主管官吏，這是為人官吏者的恥辱呀。大王，我請求您改選別人。」趙武靈王說：「您懂得這六條，所以讓您去做傅官。」周紹說：「然而國內還不懂得大王主張穿胡服的用意。即使是這樣，我是大王的臣子啊。而大王委我以重任，我還敢不聽從您的命令嗎？」說完便再次下拜，趙武靈王便賜給他胡服。

王曰：「寡人以王子為子任，欲子之厚愛之，無所見醜❶。御道❷之以行義，勿令溺苦於學。事君者，順其意，不逆其志；事先❸者，明其高，不倍❹其孤❺。故有臣可命，其國之祿❻也。子能行是，以事寡人者畢矣。《書》❼云：『去邪無疑，任賢勿貳❽。』寡人與子，不用人矣。」遂賜周紹胡服衣冠，具帶❾黃金師比❿，以傅王子也。

【章　旨】趙武靈王對周紹擔任傅職提出希望，並賜給他胡服，以輔導、教育王子。

【注　釋】❶醜　醜惡的事。❷道　引導。❸先　先君。❹倍　通「背」。❺孤　遺孤。❻祿　福。❼書　指《尚書》。以下引文見《偽古文尚書・大禹謨》。❽貳　存二心。❾具帶　有裝飾的革（皮革）帶。❿黃金師比　具帶的帶鉤。詳見王國維《觀堂集林・卷二十二・胡服考》。

【語　譯】趙武靈王說：「寡人將王子交付給您，希望您厚愛他，不要讓他看見醜惡的事。引導他去行義，不要讓他只知埋頭苦讀。侍奉君主，就要順從君主的意旨，不要違背他的意願；侍奉先君，就要顯示先君的高尚，不要背叛他的遺孤。所以有臣子可以任命，那是國家的幸福呀。您能做到這些，來侍奉寡人，就算是周全了。《尚書》上說：『除去邪惡，不要有懷疑；任用賢能，不要有二心。』寡人和您之間，用不著有其他的人了。」於是賜給周紹胡服衣帽、有裝飾的革帶和用黃金製成的帶鉤，以輔導、教育王子。

趙燕後胡服

【題　解】趙武靈王批評趙燕沒有按期改穿胡服，是逆上行私，罪莫大焉。趙燕接受批評，誠心改正。

趙燕❶後胡服，王令讓❷之曰：「事主之行，竭意盡力，微諫而不譁，應對而不怨，不逆上以自伐，不立私以為名。子道順而不拂❸，臣行讓而不爭。子用私道者家必亂，臣用私義者國必危。反親以為行，慈父不子；逆主以自成，惠主不臣也。寡人胡服，子獨弗服，逆主罪莫大焉。以從政為累，以逆主為高，行私莫大焉。故寡人恐親❹犯刑戮之罪，以明有司之法。」趙燕再拜稽首曰：「前吏命胡服，施及❺賤臣，臣以失令過期，更❻不用侵❼，辱教，王之惠也。臣敬循衣❽服❾，以待今日❿。」

【注　釋】❶趙燕　趙臣，事跡不詳。❷讓　責備。❸拂　背逆；違背。❹親　親身。❺施及　延續到；輪到。❻更　姚宏注「一作『吏』」。疑為「吏」之誤。❼侵　古文「侵」字之誤。侵，辟；法。❽衣　穿。❾服　指胡服。❿今日　今，疑為「令」字之誤。日，疑為衍文。

【語　譯】趙燕沒有及時穿胡服，趙武靈王派人去責備他說：「侍奉君主，在行動上要全心全意，盡心盡力，委婉進諫而不喧譁，應對得體而不怨怒，不反對主上以自誇，不建立私人威信以圖名。做兒子的原則是要孝順而不違背父母的意志，做臣子的性格是要禮讓而不爭吵。兒子使用私人原則的，家庭就一定不得安寧，臣子使用私人道義的，國家就必定危險。性格上會違逆父親的人，慈父也不會認他做兒子；叛逆君主來成就自己的人，仁愛的君主也不會認他做臣子。寡人下令穿胡服，您偏不穿，叛逆君主的罪，沒有比這更大的了。把從政視為連累，以背叛主上視為高尚，謀私沒有比這更大的了。寡人擔心您犯了殺頭之罪，會按照官吏的法律公開處理。」趙燕再次下拜，將頭停留在地上說：「日前，官吏下令穿胡服，到了我那裡，我因為違反命令，超過了期限，官吏沒有對我用法，您還屈尊教育我，這是大王對我的恩惠啊。我恭敬地遵守命令穿胡服，以等待大王的吩咐。」

王破原陽

【題解】趙臣牛贊反對胡服騎射、改革軍隊，受到趙武靈王的批駁。牛贊改正了錯誤。趙武靈王於是率領經過改革後的軍隊進入匈奴境內，拓地千里。

王破❶原陽❷，以為騎邑❸。牛贊❹進諫曰：「國有固籍❺，兵有常經❻。變籍則亂，失經則弱。今王破原陽，以為騎邑，是變籍而棄經也。且習❼其兵❽者輕其敵，便其用❾者易其難。今民便其用而王變之，是損君❿而弱國也。故利不百者不變俗，功不什者不易器。今王破卒散兵，以奉騎射，臣恐其攻獲之利，不如所失之費也。」王曰：「古今異利，遠近易用⓫。陰陽不同道⓬，四時⓭不一宜。故賢人觀時⓮，而不觀於時⓯；制兵，而不制於兵。子知官府之籍，不知器械之利；知兵甲之用，不知陰陽之宜⓰。故兵不當⓱於用，何兵之不可易？教不便於事，何俗之不可變？昔者先君襄王⓲與代⓳交地⓴，城境㉑封之㉒，名曰無窮之門㉓，所以昭後㉔而期遠㉕也。今重甲㉖循兵㉗，不可以踰險；仁義道德，不可以來朝㉘。吾聞信不棄功，知不遺時。今子以官府之籍，亂寡人之事，非子所知。」牛贊再拜稽首曰：「臣敢不聽令乎？」至㉙遂胡服，率騎入胡㉚，出於遺遺之門㉛，踰九限㉜之固，絕五俓㉝之險，至榆中㉞，辟地千里。

【注　釋】❶破　破卒散兵，當是指將原來的部隊編制打散、改編。❷原陽　地名，屬雲中郡。❸騎邑　屯住騎兵的城邑。❹牛贊　趙臣，事跡不詳。❺固籍　固定的法令。❻經　常道；法則。❼習　熟悉。❽兵　兵器。❾其用　指所用的兵器。❿損君　損害你。⓫遠近易用　范蠡說用兵時「近（指敵近）則用柔，遠則用剛」。詳見下面的注。遠近，就敵人的距離而言。易用，改變用兵方法。⓬陰陽不同道　陰陽乃古代兩個相對立的概念，由於是互相對立，所以「不同道」。⓭四時　四季。⓮觀時　觀察時俗。⓯觀於時　被時俗所觀察。⓰陰陽之宜　陰陽是否適宜。古代用兵講究陰陽變化，范蠡曾對越王句踐說：「陽至（到了極點）而陰，陰至而陽。」「古之善用兵者，因天地之常，與之俱行。後（後發制人）則用陰，先（先發制人）則用陽。近則用柔，遠則用剛。」詳見《國語・越語下》。⓱當　適合。⓲襄主　指趙襄子。⓳代　古國名，在今河北蔚縣一帶，被趙襄子所滅。⓴交地　接壤。㉑城境　在邊境築城。㉒封之　在邊境建立封疆。㉓無窮之門　自代北出塞外，茫茫大漠，沒有窮盡，所以叫「無窮之門」。㉔昭後　昭示後代。㉕期遠　寄希望於未來。期，期望。㉖甲　鎧甲。㉗循兵　據姚宏注，循，「一作『修』」。修兵，長的兵器。㉘來朝　指匈奴來朝。㉙至　據集賢院本、劉敞本當作「王」，指武靈王。㉚胡　匈奴。㉛遺遺之門　關名。㉜九限　不詳，疑為險象叢生之處。九，言其多。限，險阻。㉝五俓　五陘，太行山有八陘，第五陘叫土門關，也叫井陘，在今河北獲鹿西。俓，通「陘」。山脈中斷的地方。㉞榆中　要塞名。

【語　譯】趙武靈王改編原陽的駐軍，將這地方建成騎兵的駐地。牛贊進諫說：「國家有固定的法令，軍隊有常規的建制。改變固定的法令就要出亂子，放棄常規的建制就要衰弱。現在大王改編原陽的駐軍，將這地方建成騎兵的駐地，這是改變固定的法令、放棄常規的建制啊。況且熟悉他的兵器的人就能藐視敵人，慣用自己兵器的人就容易克服困難。現在百姓慣用自己的兵器，大王卻要改變它，這是損害主上、削弱國家的做法呀。所以沒有一百倍的利益就不改變舊習，沒有十倍的功效就不改變器具。現在大王拆散、改編原來的軍隊，奉行騎馬射箭，我擔心所獲得的利益，比不上所造成的耗損啊。」趙武靈王說：「古和今的利益是不同的，迎戰遠敵或近敵是要改變用兵方法的。陰和陽是兩相對立的，四季是各有所宜的。所以賢能的人觀察時俗，卻不被時俗影響了觀察力；控制軍隊，卻不被軍隊影響了控制力。您知道官府的法令，卻不知道器械的功用；知道兵器鎧甲的用途，卻不知道陰陽的事宜。兵器不適用了，哪有兵器不能更換？教化不利於事，哪有習俗不能改變？以往在已去世的君主襄子時，趙國與代國接壤，在邊境築城，建立封疆，名叫『無窮之門』，是用來昭示後人、寄希望於未來呀。現在使用笨重的鎧甲、修長的兵器，不能跨越險阻；奉行仁義道德，不能使匈奴來朝拜。我聽說誠信的人不會放棄功業，聰明的人不會錯失時機。現在您用官府裡的法令，擾亂了寡人的事情，這種嚴重性不是您所能知道的。」牛贊再次下拜將頭停在地上說：「我難道敢不聽從命令嗎？」趙武靈王於是穿上胡服，率領騎兵進入匈奴地區，從遺遺之門出發，跨過無數險阻，穿過五陘險關，到達榆中，開闢了一千里疆土。

卷二〇 趙策三

趙惠文王三十年

【題解】趙奢向田單解釋古代帝王用兵不過三萬，他用兵卻動輒十萬、二十萬，是由於時勢的變化，古代國多而弱小，現在國少而強大的緣故。

趙惠文王三十年，相都平君❶田單❷問趙奢❸曰：「吾非不說將軍之兵法也，所以不服者，獨將軍之用眾。用眾者，使民不得耕作，糧食輓賃❹不可給也。此坐而自破之道也，非單之所為也。單聞之，帝王之兵，所用者不過三萬，而天下服矣。今將軍必負❺十萬、二十萬之眾乃用之，此單之所不服也。」馬服❻曰：「君非徒不達於兵也，又不明其時勢。夫吳、干❼之劍，肉試❽則斷牛馬，金試則截盤匜❾；薄❿之柱上而擊之，則折為三，質⓫之石上而擊之，則碎為百。今以三萬之眾而應強國之兵，是薄柱擊石之類也。且夫吳、干之劍材難，夫毋⑫脊⑬之厚，而鋒不入；無脾⑭之薄，而刃不斷。兼有是兩⑮者，無鈞⑯罕⑰鐔⑱蒙須⑲之便，操其刃而刺，則未入而手斷。君無十餘、二十萬之眾，而為此鈞罕鐔蒙須之便，而徒以三萬行於天下，君焉能乎？且古者，四海之內，分為萬國。城雖大，無過三百丈者；人雖眾，無過三千家者。而以集兵三萬，距⑳此奚難哉！今取古之為萬國者，分以為戰國七，能具數十萬之兵，曠日持久，數歲，即君之齊已㉑。齊以二十萬之眾攻荊㉒，五年乃罷。趙以二十萬之眾攻中山，五年乃歸。今者，齊、韓相方㉓，而㉔國圍攻焉，豈有敢曰，我其以三萬救是者乎哉？今千丈之城，萬家之邑相望也，而索㉕以三萬之眾，圍千丈之城，不存其一角，而野戰不足用也，君將以此何之？」都平君喟然太息曰：「單不至也！」

【注釋】❶都平君　即安平君。❷田單　齊將，用火牛陣破燕後，受齊襄王封賞，號安平君。❸趙奢　趙國的田部吏，後為將，救韓有功，趙惠文王賜號為馬服君。❹輓賃　意為運送。輓，拉車。賃，通「任」。背負。❺負　依仗。❻馬服　即馬服君趙奢。❼吳干　二國名。吳，在今江蘇、浙江一帶。干，本為吳敵國，後為吳國所滅。❽肉試　試之於肉。❾盤匜　盥洗的器具。❿薄　迫；近。⓫質　通「櫍」。柱下石。⓬毋　通「無」。⓭脊　物體中間高起的部分，這裡指劍脊。⓮脾　靠近劍刃的部位。⓯兩　指脊厚、脾薄。⓰鈞　依鮑彪本當作「鉤」，劍頭環，設在劍柄的頭上。⓱罕　即「䍐」，通「鍔」。⓲鐔　劍鼻，就是劍柄上端與劍身連接處兩旁突出的部分。⓳蒙須　疑為劍繩，猶蒯緱，即用草繩纏繞的劍把。⑳距 通「拒」。㉑已 通「矣」。㉒荊 楚。㉓方 匹敵。㉔而 當是「兩」之誤。㉕索 求。

【語 譯】趙惠文王三十年，趙相安平君田單問趙奢道：「我不是不喜歡將軍的兵法呀，所以不佩服的原因，只是將軍用兵眾多。用兵眾多，便使得百姓不能耕作，糧食運輸供給不上啊。這是坐而自敗的方法呀，不是我田單所做的事啊。我聽說帝王的兵，所用的不超過三萬，而天下就歸服了。現在將軍必定要依仗十萬、二十萬大軍才能用兵，這就是我不佩服的原因呀。」馬服君趙奢說：「你不止是不懂得用兵，又不明白時勢。吳國、干國的劍，用肉去試就可以砍斷牛馬，用金屬去試就可以截斷盤匜；靠近柱子讓它去擊柱子，就折為三段，抵住柱石，讓它去擊柱石，就碎為百片。現在用三萬之眾去對付強國的軍隊，這就是用劍靠近柱子、敲擊石頭一類做法啊。吳國、干國的劍，材料難得，可是沒有厚的劍脊，劍鋒便刺不進東西；沒有薄的劍脾，劍刃便砍不斷東西。即使劍脊厚、劍脾薄兩者兼而有之，如果沒有劍環、劍鍔、劍鼻、劍繩的便利，卻操著劍刃去刺殺，那麼還沒有刺進去而手就斷了。你沒有十餘、二十萬軍隊，去起這劍環、劍鍔、劍鼻、劍繩便利的作用，而只是依靠三萬人就想橫行於天下，你怎麼可以呢？況且古時候，四海之內，分成萬國。城市雖然大，也沒有超過三百丈的；人雖然多，也沒有超過三千家的。用聚集起來的三萬軍隊，去對付這樣的小國有什麼困難呢。現在將成為古代萬國的地方，分成為七國，每國具有幾十萬的軍隊，能曠日持久，維持幾年，就像你的齊國一樣了。齊國用二十萬大軍進攻楚國，經過五年才停止戰鬥。趙國用二十萬大軍進攻中山國，經過五年才班師回朝。現在齊國、韓國相互為敵，兩國彼此圍攻，哪裡有人敢說：我只用三萬軍隊就能解救這兩國的呢？現在一千丈大的城市、一萬戶的都邑相連相望，卻只求用三萬軍隊去包圍千丈大的城市，連占住它的一角都不可能，而要在野外作戰那就更不夠用了，這樣你能將這一點軍隊用在什麼地方呢？」安平君田單歎息說：「我田單沒有想到這些啊！」

趙使机郝之秦

【題解】據《史記・穰侯列傳》記載，因趙國人樓緩已為秦相，對趙國不利，趙國便派仇液（即机郝）去要求秦國用魏冉為相。宋公（即宋突）告訴仇液一個既不使樓緩埋怨，又能討好魏冉的妙法。

趙使机郝❶之秦，請相魏冉❷。宋突❸謂机郝曰：「秦不聽，樓緩❹必怨公。公不若陰辭❺樓子❻曰：『請無急秦王❼。』秦王見趙之相魏冉之不急也，且不聽公言也，是事而不成❽，魏冉固德❾公矣。」

【注釋】❶机郝　趙臣，《史記・穰侯列傳》作「仇液」。❷魏冉　秦昭王的舅父，姓芈，被封為穰侯。❸宋突　趙臣，《史記・穰侯列傳》作「宋公」。❹樓緩　趙人，當時是秦國的相。❺辭　告。❻樓子　即樓緩。❼請無急秦王　《史記・穰侯列傳》作「請為公毋急秦」。❽是事而不成　《史記・穰侯列傳》本句下增補「以德樓子；事成」六字。❾德　感激。

【語譯】趙國派机郝前往秦國，請求秦國用魏冉為相。宋突對机郝說：「秦國如果不聽從趙國的建議，樓緩必定埋怨你。你不如暗中告訴樓緩說：『請讓我為了你勸秦王不要急於用魏冉為相。』秦王看到趙國不急於要秦國用魏冉為相，就將不聽你的話呀。這樣，事情如果沒有辦成，樓緩既要感激你；辦成了，魏冉也一定會感激你了。」

齊破燕趙欲存之

【題解】齊國打敗了燕國，趙國想保存燕國。於是樂毅替趙王謀劃，勸他不要直接進攻齊國，而用換地的辦法孤立齊國，使得天下諸侯憎恨齊國而出兵進攻它，以達到保存燕國的目的。

齊破燕❶，趙欲存之。樂毅❷謂趙王❸曰：「今無約❹而攻齊，齊必讎趙❺。不如請以河東❻易燕地❼於齊。趙有河北，齊有河東，燕、趙必不爭矣。是二國親也。以河東之地強齊❽，以燕以❾趙輔之，天下憎之❿，必皆事王以伐齊。是因天下以破齊也。」王曰：「善。」乃以河東易齊，楚、魏憎之，令淖滑⓫、惠施⓬之趙，請伐齊而存燕。

【注釋】❶齊破燕　燕王噲七年（西元前三一四年），齊湣王因為燕國發生內亂而偷襲燕國。《史記・燕召公世家》記燕昭王的話說：「齊因孤之國亂而襲破燕。」指的就是這次戰爭。❷樂毅　魏將樂羊的後代，當時在趙國，趙武靈王西元前二九五年死於沙丘宮之後，他才離開趙國到魏國，後來又為燕將。❸趙王　指趙武靈王。❹無約　沒有聯合盟國。❺讎趙　仇趙。❻河東　指趙國在黃河以東的地區。❼燕地　指齊國占有的燕地。❽強齊　增強齊國。❾以　通「與」。見《詞詮・卷七》。❿憎之　憎恨齊國強大。⓫淖滑　即召滑，楚國謀臣。⓬惠施　魏國的相。

【語譯】齊國打敗了燕國，趙國想讓燕國存在下去。樂毅對趙武靈王說：「現在沒有聯合盟國而單獨進攻齊國，齊國必定仇恨趙國。不如向齊國提出請求，用黃河以東的地方換取已被齊國占有的燕國土地。趙國有了黃河以北的地方，齊國有了黃河以東的地方，燕國與趙國必定就不爭鬥了。這樣兩國就親善呀。用黃河以東的地方擴增齊國的領土，用燕國與趙國來幫助齊國，天下諸侯就會恨齊國強大，必定都會侍奉大王以攻打齊國。這便是依靠天下諸侯去打敗齊國啊。」趙武靈王說：「說得好。」便用黃河以東的地方與齊國做交易，楚國、魏國由於憎恨齊國，便派淖滑、惠施前往趙國，請求進攻齊國以保存燕國。

秦攻趙藺離石祁拔

【題　解】秦國攻下了趙國的藺、離石、祁等地，趙國請求用焦、黎、牛狐去掉換，等到失地歸還趙國以後，趙國卻背信，因而引起了秦、趙閼與之戰，結果秦國失敗。

秦攻趙，藺❶、離石❷、祁❸拔。趙以公子郚為質於秦，而請內❹焦❺、黎❻、牛狐❼之城以易，藺、離石、祁於趙❽。趙背秦，不予焦、黎、牛狐。秦王❾怒，令公子繒請地。趙王❿乃令鄭朱⓫對曰：「夫藺、離石、祁之地，曠遠於趙，而近於大國。有先王之明與先臣之力，故能有之。今寡人不逮⓬，其社稷之不能恤⓭，安能收恤藺、離石、祁乎？寡人有不令⓮之臣，實為此事也，非寡人之所敢知。」卒倍⓯秦。秦王大怒，令衛胡易⓰伐趙，攻閼與⓱。趙奢⓲將救之。魏令公子咎以銳師居安邑，以挾⓳秦。秦敗於閼與，反攻魏幾⓴。廉頗㉑救幾，大敗秦師。

【注　釋】❶藺　趙邑，靠近離石，在今山西境內。❷離石　趙邑，即今山西離石。❸祁　本是春秋時晉國大夫祁奚的食邑，即今山西祁縣。據〈西周策・蘇厲謂周君〉，這次攻趙，奪取藺、離石、祁的是秦將白起。❹內　通「納」。❺焦　在今河南陝縣附近。❻黎　黎陽，在今河南浚縣。❼牛狐　其地不詳。❽於趙　「於趙」上依金正煒《補釋》當補一「歸」字。❾秦

王　指秦昭王。⑩趙王　指趙惠文王。⑪鄭朱　趙臣。⑫不逮　不及。⑬恤　顧惜。⑭不令　不聽命令。⑮倍　背。⑯易　當作「昜」，同「陽」。《史記・秦本紀》記載秦昭王三十八年（西元前二六九年）派胡傷（當作「陽」）進攻趙國的閼與。⑰閼與　趙邑，在今山西和順境內。⑱趙奢　趙國的田部吏，因救韓有功，趙惠文王封為馬服君。⑲挾　牽制。⑳幾　邑名。㉑廉頗　趙國良將。

【語譯】秦國進攻趙國，趙國的藺、離石、祁等地被攻了下來。趙國將公子郚送到秦國去作人質，請求將焦、黎、牛狐等城邑納入秦國版圖以交換失地，以使藺、離石、祁等地歸還給趙國。後來因趙國背棄秦國，不將焦、黎、牛狐等城邑給秦國，使得秦王惱火，便派公子繒去要地。趙王派鄭朱去回話說：「藺、離石、祁這些地方，離趙國遙遠，而靠近貴國。因為靠著先王的明智和先臣的武力，所以我們趙國能夠占有它們。現在寡人趕不上先王，社稷尚不能保全，怎麼敢顧及到收回藺、離石、祁等地呢？寡人有不聽從命令的臣子，這件事，實在是他們所做的呀，不是寡人所敢於知道的。」終於背棄秦國。秦王大為惱火，便命令衛國的胡陽進攻趙國，攻打閼與。趙奢將去救援閼與。魏國派公子咎用精銳部隊駐紮在安邑，以牽制秦國。秦國在閼與打了敗仗，便反過來進攻魏國的幾邑。廉頗救援幾邑，大敗秦軍。

富丁欲以趙合齊魏

【題解】富丁主張趙國與齊國、魏國聯盟，樓緩要趙國與秦國、楚國聯盟。司馬淺為富丁去見趙武靈王，分析發展形勢，議論利害得失，告訴趙武靈王：與齊國聯盟可以一舉兩得。

富丁❶欲以趙合齊、魏，樓緩❷欲以趙合秦、楚。富丁恐主父❸之聽樓緩而合秦、楚也。司馬淺❹為富丁謂主父曰：「不如以❺順齊❻。今我不順齊伐秦，秦、楚必合而攻韓、魏。韓、魏告急於齊，齊不欲伐秦❼，必以趙為辭❽，則❾伐秦者趙也，韓、魏必怨趙。齊之兵不西❿，韓必聽秦違齊。違齊而親⓫，兵必歸於趙矣。今我順⓬而齊不西，韓、魏必絕齊，絕齊則皆事我。且我順齊，齊無而西⓭。日者⓮，樓緩坐魏⓯三月，不能散齊、魏之交。今我順⓰而齊、魏果西，是罷⓱齊敝⓲秦也，趙必為天下重國。」主父曰：「我與三國⓳攻秦，是俱敝也。」曰：「不然。我約三國而告之秦⓴以未構㉑中山也。三國欲伐秦之果也，必聽我，欲和我。中山聽之，是我以王因㉒饒㉓中山而取地也；中山不聽，三國必絕之，是中山孤也。三國不能和我，雖少出兵可也。我分兵而孤樂㉔中山，中山必亡。我已亡中山，而以餘兵與三國攻秦，是我一舉而兩取地於秦、中山也。」

【注釋】❶富丁　趙臣。❷樓緩　趙人，當時已為秦相。❸主父　趙武靈王自號主父。❹司馬淺　趙臣。❺以　指以趙國。❻順齊　順從齊國伐秦。❼齊不欲伐秦　在秦、楚未聯合以前，齊欲伐秦；聯合以後，齊不欲伐秦。❽辭　藉口，指以趙不順從為藉口。❾則　據鮑彪本「則」下當補「不」字。❿西　西向攻秦。⓫親　依金正煒《補釋》「親」下當補「秦」字。⓬順　指順齊。⓭而西　鮑彪本作「不西」。⓮日者　往日。⓯坐魏　坐守魏國。⓰順　指順齊。⓱罷　通「疲」。⓲敝　破。⓳三國　指韓、魏、齊三國。⓴秦　依鮑彪說「秦」字是衍文，當刪。㉑構　構和。㉒王因　依鮑彪、王念孫說當作「三國」。㉓饒　依王念孫說當作「撓」（見《讀書雜志．戰國策第二》）。㉔樂　依鮑彪說「樂」字是衍文。

【語　譯】富丁想讓趙國與齊國、魏國聯盟，樓緩想讓趙國與秦國、楚國聯盟。富丁擔心趙武靈王聽樓緩的話而與秦國、楚國聯盟。於是司馬淺為了富丁對趙武靈王說：「不如讓趙國順從齊國。現在我們如不順從齊國，進攻秦國，秦國和楚國必定聯合起來進攻韓國、魏國。韓國、魏國向齊國告急，齊國不想進攻秦國，必定以趙國不順從作為藉口，那麼，不進攻秦國的就是趙國啊，這樣，韓國、魏國必定會埋怨趙國。而齊國的軍隊不向西進攻秦國，韓國必定聽從秦國反對齊國。韓國反對齊國、親近秦國，秦國的軍隊就必定指向趙國了。現在我們順從齊國，如果齊國不向西進攻，韓國、魏國就必定會與齊國絕交，韓國、魏國與齊國絕交了就都會侍奉我們。再說我們順從了齊國，齊國就不會不向西進攻。往日，樓緩坐守魏國三個月，不能拆散齊國與魏國的邦交。現在我們順從齊國而齊國、魏國果然向西進攻，這樣便能使齊國疲困而打敗秦國，趙國就必定被天下諸侯所重視。」趙武靈王說：「我們與韓、魏、齊三國進攻秦國，這樣便都會拖垮呀！」司馬淺說：「不會這樣。我們約韓、魏、齊三國攻秦而又把沒有與中山國講和一事告訴它們。三國想進攻秦國一事就成為事實，必然聽從我們，想使我們與中山國講和。中山國要是聽三國的話，這樣我們就依靠三國使中山國屈服而取得它的土地；中山國要是不聽三國的話，三國必定和它絕交，這樣中山國就孤立了呀。三國不能使我們與中山國講和，即使少出一點兵也行啊。我們分一部分軍隊孤立中山國，中山國必定滅亡。我們如果滅亡了中山國，而用剩餘的部隊和三國一起進攻秦國，這樣我們便一舉兩得，從秦國和中山國都取得了土地啊。」

魏因富丁且合於秦

【題解】趙國害怕魏國與秦國連橫，便想獻地給魏國。教子欬向李兌建議，不如讓趙武靈王將地資助反秦親齊的周最，並請求魏國用周最為相，以破壞魏國與秦、齊的關係，使趙國獲利。

魏因富丁且合於秦❶，趙恐，請效❷地於魏而聽薛公❸。教子欬❹謂李兌❺曰：「趙畏橫之合也，故欲效地於魏而聽薛公。公不如令主父❻以地資周最❼，而請相之於魏。周最以天下辱秦者也，今相魏，魏、秦必虛❽矣。齊、魏雖勁，無秦不能傷趙。魏王❾聽，是輕齊也，秦、魏雖勁，無齊不能得趙。此利於趙而便於周最也。」

【注　釋】❶魏因富丁且合於秦　這裡說魏國通過富丁將和秦國聯盟，和上篇所說富丁主張趙國與齊國、魏國聯盟不符。據《史記・趙世家》，趙武靈王二十年（西元前三〇六年）曾經派富丁前往魏國，不知是否和此事有關。❷效　獻。❸薛公　即孟嘗君田文，曾經為魏相。❹教子欬　似是趙臣，不詳。金正煒說是「李欬」之誤。❺李兌　趙國當權大臣。❻主父　趙武靈王。❼周最　周國的公子，反秦親齊。❽虛　指無法聯盟。❾王　依金正煒《補釋》當作「不」。

【語　譯】魏國通過富丁將要與秦國聯盟，趙國害怕，請求獻地給魏國而聽從薛公田文的話。教子欬告訴李兌說：「趙國害怕連橫，所以想獻地給魏國而聽從薛公田文的話。您不如使趙武靈王拿地去資助周最，請求魏國用周最做相。周最由於是個聯合天下諸侯去侮辱秦國的人，現在做了魏國的相，魏國、秦國就必定不能聯盟了。齊國、魏國雖然強勁，沒有秦國也就不能傷害趙國。要是魏國不聽從，這就輕視了齊國，秦國、魏國雖然強勁，沒有齊國也不能得到趙國。這是有利於趙國而又便於周最的事啊。」

魏使人因平原君請從於趙

【題　解】魏國通過平原君請求和趙國合縱，虞卿就此發表評論，認為魏國提出這樣的要求是不對的，而趙國拒絕這樣的要求也是不對的。

魏使人因平原君❶請從❷於趙。三言之，趙王❸不聽。出遇虞卿❹曰：「為❺入必語從。」虞卿入，王曰：「今者，平原為魏請從，寡人不聽。其於子何如？」虞卿曰：「魏過矣。」王曰：「然，故寡人不聽。」虞卿曰：「王亦過矣。」王曰：「何也？」曰：「凡強弱之舉事，強受其利，弱受其害。今魏求從，而王不聽，是魏求害，而王辭利也。臣故曰，魏過，王亦過矣。」

【注　釋】❶平原君　即趙勝，趙惠文王和趙孝成王時多次為趙相。❷從　通「縱」。指合縱。❸趙王　指趙孝成王。❹虞卿　遊說之士，為趙上卿。❺為　若。

【語　譯】魏國派人通過平原君請求和趙國合縱。平原君多次進言，趙王都不聽他的話。有一次出來時碰上虞卿，說：「假若進宮去一定要談論合縱的事。」虞卿進宮去，趙王說：「現在平原君替魏國請求合縱，寡人不聽他的話。您的看法怎麼樣？」虞卿說：「魏國錯了。」趙王說：「對，所以寡人不聽他的。」虞卿說：「大王也錯了。」趙王說：「為什麼呢？」虞卿說：「大凡強國和弱國共同辦事，強國受利，弱國受害。現在魏國請求合縱，而大王不聽，這是魏國要求受害，而大王推辭受利呀。所以我說魏國錯了，大王也錯了。」

平原君請馮忌

【題　解】馮忌用秦國圍攻邯鄲遭到失敗以及弱越戰勝了強吳的史實為例，說明攻難守易的道理，諫阻平原君不要出兵攻打燕國。

平原君請❶馮忌❷曰：「吾欲北伐上黨❸，出兵攻燕，何如？」馮忌對曰：「不可。夫以秦將武安君公孫起❹乘七勝之威，而與馬服之子❺戰於長平❻之下，大敗趙師，因以其餘兵，圍邯鄲之城。趙以亡敗❼之餘眾❽，收破軍之敝守❾，而秦罷於邯鄲之下，趙守而不可拔者，以攻難而守者易也。今趙非有七克之威也，而燕非有長平之禍也。今七敗之禍未復，而欲以罷趙攻強燕，是使弱趙為強秦之所以攻，而使強燕為弱趙之所以守。而強秦以休兵❿承趙之敝。此乃強吳之所以亡，而弱越之所以霸。故臣未見燕之可攻也。」平原君曰：「善哉！」

【注釋】❶請　依劉敞本當作「謂」。❷馮忌　事跡不詳。❸上黨　先屬韓，後屬趙，在今山西長治。上黨在趙國的西南，不能說是「北伐」，依鍾鳳年《國策勘研》當是「上谷」之誤。上谷是燕地，在今河北中西北部。❹公孫起　即白起。因破楚有功，封為武安君。❺馬服之子　即馬服子趙括。趙括的父親趙奢被趙惠文王封為馬服君，趙括被稱為馬服子。❻長平　趙邑，在今山西高平西北。秦昭王四十七年（西元前二六〇年）在長平大敗趙軍，坑殺趙卒四十多萬。❼亡敗　依王念孫說當作「七敗」。見《讀書雜志・戰國策第二》。❽眾　依王念孫說，「眾」字是衍文。❾守　依王念孫說，「守」字是衍文。❿休兵　休息好了的部隊。

【語譯】平原君告訴馮忌說：「我想向北進攻上谷，出兵攻打燕國，怎麼樣？」馮忌回答說：「不行。秦將武安君白起趁著七次打勝仗的威勢，與馬服子趙括在長平之下戰鬥，大敗了趙國的軍隊，繼而用他的剩餘部隊，圍攻邯鄲城。趙國用七次戰敗的剩餘兵將，收編成殘缺不全的部隊，使秦軍在邯鄲城下戰得疲憊不堪，卻不能攻破趙國的防守，那是因為進攻困難、防守容易啊。現在趙國沒有七次打勝仗的威勢，而燕國也沒有長平的災難呀。現在趙國還沒有從七次戰敗的災難中恢復過來，卻想用疲憊的趙軍進攻強大的燕國，這是使弱趙去代替強秦進攻，而使強燕去代替弱趙防守。而強秦用休息好了的軍隊，趁機向疲困的趙國發動進攻。這便是強盛的吳國所以滅亡，弱小的越國所以稱霸的原因。所以我看不出燕國可以進攻啊。」平原君說：「講得好呀！」

平原君謂平陽君

【題　解】平原君借公子牟的話，諷諫平陽君不要走上由貴而富、由富而食粱肉、由食粱肉而驕奢、由驕奢而滅亡的道路。

平原君謂平陽君❶曰：「公子牟❷游於秦，且東，而辭應侯❸。應侯曰：『公子將行矣，獨無以教之乎？』曰：『且❹微❺君之命命之也，臣固且有效於君。夫貴不與富期❻，而富至；富不與粱肉期，而粱肉至；粱肉不與驕奢期，而驕奢至；驕奢不與死亡期，而死亡至。累世以前，坐❼此者多矣。』應侯曰：『公子之所以教之者厚矣。』僕❽得聞此，不忘於心。願君之亦勿忘也。」平陽君曰：「敬❾諾。」

【注　釋】❶平陽君　即趙豹。趙武靈王時為趙相，趙惠文王時封為平陽君。❷公子牟　魏公子。❸應侯　即范雎，魏國人，秦昭王時入秦，封為應侯，為秦相。❹且　發語詞。❺微　無。❻期　約會。❼坐　獲罪。❽僕　平原君自稱。❾敬　表敬副詞。

【語　譯】平原君對平陽君說：「公子牟出遊到秦國，將要東歸，向應侯范睢告辭。應侯說：『公子將要走了，難道就沒有什麼指教嗎？』公子牟說：『您沒有命令叫我這麼做啊，我本來就是有話奉獻給您的。那就是：貴不和富相約，而富卻來到；富不和粱肉相約，而粱肉卻來到；粱肉不和驕奢相約，而驕奢卻來到；驕奢不和死亡相約，而死亡卻來到。歷代以來，由此獲罪的人多了。』應侯說：『公子的指教真是語重心長了。』我聽到這些話，心裡不敢忘記。希望您也不要忘記啊。」平陽君說：「好。」

秦攻趙於長平

【題　解】長平之戰，秦國打敗了趙國，要求趙國割讓六城講和，趙國拿不定主意。剛從秦國來到趙國的樓緩主張趙國割地，趙國的上卿虞卿卻反對趙國割地。圍繞割地與不割地這一中心議題，以趙王為中介，樓緩和虞卿展開了一場針鋒相對的論爭。後來趙王採納了虞卿的看法。

秦攻趙於長平❶，大破之，引兵而歸。因使人索六城於趙而講。趙計未定。樓緩❷新從秦來，趙王❸與樓緩計之曰：「與秦城何如？不與何如？」樓緩辭讓曰：「此非人❹臣之所能知也。」王曰：「雖然，試言公之私。」樓緩曰：「王亦聞夫公甫文伯母❺乎？公甫文伯官於魯，病死。婦人為之自殺於房中者二八❻。

其母聞之，不肯哭也。相室❼曰：『焉有子死而不哭者乎？』其母曰：『孔子，賢人也，逐於魯，是人❽不隨。今死，而婦人為死者十六人。若是者，其於長者薄，而於婦人厚。』故從母言之，之❾為賢母也；從婦言之，必不免為妬婦也。故其言一也，言者異，則人心變矣。今臣新從秦來，而言勿與，則非計也；言與之，則恐王以臣之為秦也。故不敢對。使臣得為王計之，不如予之。」王曰：「諾。」

【章　旨】長平之戰後，秦國向趙國索取土地，趙王徵求樓緩的看法，樓緩先是說不便發表意見，不過接著又說，替趙王著想，還是割給秦國為好。

【注　釋】❶長平　趙邑，在今山西高平。秦昭王四十七年（西元前二六〇年）秦將白起在長平大敗趙軍。❷樓緩　趙人，曾為秦相。❸趙王　指趙孝成王。❹人　據鮑彪本及《史記·平原君虞卿列傳》「人」字當是衍文，宜刪。❺公甫文伯母　即敬姜，她的兒子公甫文伯是春秋魯國的大夫，名歜。❻二八　等於十六。❼相室　張守節說是「傅姆之類」。即傅父和保姆一類人。一說是指執政大臣。❽是人　此人，指公甫文伯。稱「是人」是表明敬姜的厭惡心情，不認他做兒子。❾之　此。

【語　譯】秦國在長平進攻趙國，大敗趙軍，退兵回國。因而派人去趙國索取六座城市，與趙國講和。趙國沒有作出決定。樓緩剛剛從秦國來到趙國，趙王和樓緩商量這件事說：「給秦國城市怎麼樣？不給又怎麼樣？」樓緩辭讓說：「這不是我所能知道的啊。」趙王說：「即使是這樣，也試著談談你私自的看法吧！」樓緩說：「大王也聽說過公甫文伯的母親嗎？公甫文伯在魯國做官，病死了。女人為了他的死在房裡自殺的有十六個。他的母親聽說這件事，不肯哭。傅父、保姆一類人說：『哪裡有兒子死了而不肯哭的呢？』他的母親說：『孔子是位賢人，在魯國被驅逐，這個人不跟隨孔子。現在他死了，而女人為他死的有十六人。像這樣子，他一定是對於長者輕薄，對於女人厚愛吧？』因此從做母親的角度來說，這是位賢良的母親啊；從做女人的角度來說，一定免不了是位妒嫉的女人啊。所以說的話是一樣的，因為說的人不同，那麼人們心中的看法就變了。現在我剛從秦國來，如果說不要將城市給秦國，那不是辦法；說將城市給秦國，又擔心大王認為我是為了秦國啊。所以我不敢回答。假使我真能為大王著想，就不如割給秦國的好。」趙王說：「好。」

虞卿❶聞之，入見王，王以樓緩言告之。虞卿曰：「此飾說也。」秦既解邯鄲之圍，而趙王入朝，使趙郝約事於秦，割六縣而講❷。王曰：「何謂也？」虞卿曰：「秦之攻趙也，倦而歸乎？王以其力尚能進，愛王而不攻乎？」王曰：「秦之攻我也，不遺餘力矣，必以倦而歸也。」虞卿曰：「秦以其力攻其所不能取，倦而歸。王又以其力之所不能攻以資之，是助秦自攻也。來年秦復攻王，王無以救矣。」

【章　旨】趙王將樓緩的話告訴虞卿，遭到虞卿的反對，認為這是助秦攻趙，明年秦國還會來進攻。

【注　釋】❶虞卿　遊說之士，是趙國的上卿。❷秦既解邯鄲之圍四句　依黃丕烈說這四句二十四字當刪去，譯文加括號以示區別。趙郝，當是趙臣。

【語　譯】虞卿聽說這件事，便進去見趙王，趙王將樓緩的話告訴他。虞卿說：「這是掩飾之辭呀。」（秦國已經解除對邯鄲的包圍，趙王進秦去朝見秦王，派趙郝和秦國商量結盟的事，割六個縣與秦國講和。）趙王說：「怎麼說的呢？」虞卿說：「秦國進攻趙國，是困倦了才回去呢？或是大王認為它的力量還能進攻，是出於愛護大王而不進攻呢？」趙王說：「秦國進攻我國，是不遺餘力了，一定是因為困倦才回去啊。」虞卿說：「秦國用它的力量進攻它所不能取得的地方，困倦而回。大王又用它的力量所不能攻取的地方去資助它，這是幫助秦國進攻自己啊。明年秦國再來進攻大王，大王就無法挽救了。」

王又以虞卿之言告樓緩。樓緩曰：「虞卿能盡知秦力之所至乎？誠知秦力之不至，此彈丸之地，猶不予也，令秦來年復攻王，得無割其內而媾乎？」王曰：「誠聽子割矣，子能必❶來年秦不復攻我乎？」樓緩對曰：「此非臣之所敢任也。昔者三晉❷之交於秦，相善也。今秦釋韓、魏而獨攻王，王之所以事秦必不如韓、魏也。今臣為足下解負親之攻❸，啟關通敝❹，齊交韓、魏❺。至來年而王獨不取❻於秦，王之所以事秦者，必在韓、魏之後也。此非臣之所敢任也。」

【章旨】趙王又將虞卿的話告訴樓緩，樓緩說不割地，明年秦國將要再來進攻；割了地，如果不能像韓、魏兩國一樣侍奉秦國，我也不能保證秦國不再來進攻。

【注釋】❶必　肯定。❷三晉　指趙、韓、魏三國。❸負親之攻　趙國曾經與秦國親善，後來又背棄秦國，因而引起秦國的進攻，所以叫「負親之攻」。負親，背負親善。❹通敝　依吳師道《補正》及《新序・善謀》當作「通幣」，即通使。❺齊交韓魏　和韓、魏兩國一樣與秦國親善。❻取　指取得秦國的歡心。

【語譯】趙王又將虞卿的話告訴樓緩。樓緩說：「虞卿能完全知道秦國力量所能到達的地方嗎？如果真的知道秦國力量所不能到達的地方，那麼這區區的彈丸之地，還不割給它，讓明年秦國再來進攻大王，這樣，莫非是要割讓趙國的內地去跟它講和嗎？」趙王說：「如果真的聽取您的話將地割給秦國了，您能肯定明年秦國不再進攻我嗎？」樓緩回答說：「這不是我所敢擔保的啊。過去韓、趙、魏三國和秦國結交，互相親善。現在秦國不進攻韓國、魏國，卻偏偏要進攻大王，大王侍奉秦國必定比不上韓國、魏國啊。現在我替您解除由於背負秦國而招來的進攻，那就是開關通使，和韓國、魏國一樣與秦國結交。如果到了明年，偏偏大王還不能取得秦國的歡心，那麼大王用來侍奉秦國的辦法，必定是落在韓國、魏國的後面啊。這就不是我所敢擔保的啊。」

王以樓緩之言告，虞卿曰：「樓緩言不媾，來年秦復攻王，得無更割其內而媾。今媾，樓緩又不能必秦之不復攻也，雖割何益？來年復攻，又割其力之所不能取而媾也，此自盡之術也。不如無媾。秦雖善攻，不能取六城；趙雖不能守，而不至失六城。秦倦而歸，兵必罷。我以五城收天下以攻罷秦，是我失之於天下，而取償於秦也。吾國尚利，孰與坐而割地，自弱以強秦？今樓緩曰：『秦善韓、魏而攻趙者，必王之事秦不如韓、魏也。』是使王歲以六城事秦也，即坐而地盡矣。來年秦復求割地，王將予之乎？不與，則是棄前貴❶而挑秦禍也；與之，則無地而給之。語曰：『強者善攻，而弱者不能自守。』今坐而聽秦，秦兵不敝而多得地，是強秦而弱趙也。以益愈強之秦，而割愈弱之趙，其計固不止矣。且秦虎狼之國也，無禮義之心。其求無已，而王之地有盡。以有盡之地，給無已之求，其勢必無趙矣。故曰：此飾說也。王必勿與。」王曰：「諾。」

【章　旨】趙王又將樓緩的話告訴虞卿，虞卿認為趙國如此割地不止，實際上是走上自盡之途。不如用割地去聯合天下諸侯攻秦，再從秦國取得補償。

【注　釋】❶貴　依《史記・平原君虞卿列傳》當作「功」。

【語　譯】趙王將樓緩的話告訴虞卿，虞卿說：「樓緩說不講和，明年秦國會再進攻大王，莫非是要再割趙國的內地去講和。現在講和，樓緩又不能肯定秦國不再來進攻，即使割地，有何益處？明年再來進攻，又割讓秦國的力量所不能取得的地方跟它講和，這是自盡的辦法呀。不如不要講和。秦國雖然善於進攻，也不能奪取六座城市；趙國雖然不善於防守，也不至丟失六座城市。秦軍困倦而回，士兵必然疲憊。我們用五座城市聯合天下諸侯去進攻疲困的秦軍，這樣我們在天下諸侯那裡失去了土地，卻從秦國取得了補償啊。這種對我國還是有利的做法，和坐著不動，平白將土地割給秦國，削弱自己來增強秦國比起來究竟哪種好呢？現在樓緩說：『秦國親善韓國、魏國而進攻趙國，一定是由於大王侍奉秦國比不上韓國、魏國呀。』這是要使大王年年用六座城市侍奉秦國啊，也就是坐著不動而平白將土地割完。明年秦國再來要求割地，大王將要給它嗎？如果不給它，就是拋棄前功而挑起秦禍啊；給它，又無地可給。話說：『強者善於進攻，而弱者不能自守。』現在坐著不動，聽從秦國擺布，秦國的軍隊不疲勞卻得到很多的土地，這是增強秦國而削弱趙國的做法啊。平白增大越來越強大的秦國，宰割越來越弱小的趙國，這種計謀一定是沒有停止的時候了。再說秦國是如虎似狼的國家，沒有禮義之心。它的要求沒有止境，而大王的土地卻有割完的時候。用有限的土地，滿足沒有止境的要求，那勢必是沒有趙國了。所以說這是掩飾之辭啊。大王千萬不要同意。」趙王說：「好。」

樓緩聞之，入見於王，王又以虞卿言告之。樓緩曰：「不然，虞卿得其一，未知其二也。夫秦、趙構難，而天下皆說，何也？曰『我將因強而乘❶弱』。今趙兵困於秦，天下之賀戰者❷，則必盡在於秦矣。故不若亟割地求和，以疑天下，慰秦心。不然，天下將因秦之怒，秦❸趙之敝而瓜分之。趙且亡，何秦之圖？王以此斷之，勿復計也。」

【章　旨】趙王又將虞卿的話告訴樓緩，樓緩說趙國如果不割地給秦國講和，天下諸侯就將瓜分趙國。

【注　釋】❶乘　欺凌。❷者　依鮑彪本及《史記·平原君虞卿列傳》「者」上當有「勝」字。❸秦　依鮑彪本及《史記·平原君虞卿列傳》「秦」字當作「乘」，趁的意思。

【語　譯】樓緩聽到了，就進去見趙王，趙王又將虞卿的話告訴樓緩。樓緩說：「不對，虞卿只知其一，卻不知其二啊。秦國與趙國發生戰爭，天下諸侯都喜歡，為什麼呢？說『我們將依靠強國去欺凌弱國』。現在趙國的軍隊被秦軍所圍困，天下諸侯為了祝賀戰勝者，就必定全部去秦國了。所以不如趕快割地求和，以使得天下諸侯產生疑慮，同時安慰秦國的心。不這樣，天下諸侯將由於秦國對趙國惱怒，趁著趙國的疲困而瓜分趙國。趙國就要滅亡了，還圖謀什麼秦國？大王因此可以下定決心了，不要再考慮啊。」

虞卿聞之，又入見王曰：「危矣，樓子之為秦也！夫趙兵困於秦，又割地為和，是愈疑天下，而何慰秦心哉？是不亦大示天下弱乎？且臣曰勿予者，非固勿予而已也。秦索六城於王，王以五城賂齊。齊，秦之深讎❶也，得王五城，并力而西擊秦也❷，齊之聽王，不待辭之畢也。是王失於齊而取償於秦，一舉結三國❸之親，而與秦易道❹也。」趙王曰：「善。」因發虞卿東見齊王，與之謀秦。虞卿未反，秦之使者已在趙❺矣。樓緩聞之，逃去。

【章　旨】虞卿入見趙王，說割地講和是向天下示弱，不如聯合齊國攻秦。趙王採納了虞卿的建議，派他出使齊國。樓緩出逃。

【注　釋】❶齊秦之深讎　自從齊宣王、齊湣王以來，齊國與秦為敵，所以兩國有深仇。❷也　依劉敞本「也」字當刪。❸三國　指齊、韓、魏。❹易道　猶分道。❺秦之使者已在趙　秦國由於害怕齊、趙聯盟，所以派使者到趙國。

【語　譯】虞卿聽說了，又進去見趙王，說：「危險了，樓緩是在為秦國呀！趙國的軍隊被秦軍所圍困，又割地講和，這就更加使天下諸侯疑慮，而且怎麼能夠安慰秦國的心呢？這不也是在天下諸侯面前太示弱了嗎？況且我說的不要給地，不是堅決不給地就了事啊。秦國向大王索取六座城市，大王可用五座城市收買齊國。齊國是秦國恨得最深的仇敵，一聽說能得到大王的五座城市，就會齊心合力向西攻擊秦國，不要等話說完，齊國就會聽從大王。這樣大王丟失了土地給齊國，卻在秦國取得補償，一舉與齊、韓、魏三國結為友好，而和秦國分道揚鑣啊。」趙王說：「說得好。」因而派遣虞卿往東去見齊王，和他商量進攻秦國的事。虞卿還沒有回來，秦國的使者就已經在趙國了。樓緩聽說了這事，便逃離了趙國。

秦攻趙平原君使人請救於魏

【題　解】平原君因為請得信陵君解邯鄲之圍，有功於趙國，趙王採用虞卿的建議，準備給平原君增加封地。

公孫龍諫阻平原君不宜受封。

秦攻趙，平原君使人請救於魏。信陵君發兵至邯鄲城下，秦兵罷。虞卿❶為平原君請益地，謂趙王❷曰：「夫不鬥一卒，不頓❸一戟，而解二國❹患者，平原君之力也。用人之力，而忘人之功，不可。」趙王曰：「善。」將益之地。公孫龍❺聞之，見平原君曰：「君無覆軍殺將之功，而封以東武城❻。趙國豪傑之士，多在君之右❼，而君為相國者以親故❽。夫君封以東武城不讓無功，佩趙國相印不辭無能，一解國患，欲求益地，是親戚受封，而國人計功也。為君計者，不如勿受，便。」平原君曰：「謹受令。」乃不受封。

【注　釋】❶虞卿　遊說之士，趙國上卿。❷趙王　指趙孝成王。❸頓　壞。❹二國　指趙、魏。秦攻趙都邯鄲時，也在攻魏。❺公孫龍　趙人，在平原君家中作客卿。❻東武城　在今山東西部。❼右　上位。秦漢以前，以右為尊位。❽以親故　指平原君因為是趙惠文王的弟弟而受封。

【語　譯】秦國進攻趙國，平原君派人去魏國請求救援。信陵君派兵到邯鄲城下，秦軍撤走。虞卿替平原君請求增加封地，對趙王說：「沒讓一個士卒戰鬥，沒損壞一支戟，就解除了兩國的患難，這是平原君努力的結果。用了別人的力，卻忘記別人的功，是不行的。」趙王說：「說得好。」於是準備增加平原君的封地。公孫龍聽說這件事，去見平原君說：「你沒有消滅敵軍、殺死敵將的功勞，卻封給你東武城。趙國的豪傑之士，能力多在你之上，而你因為親戚關係做了相國。你受封在東武城，不因為無功而辭讓，佩戴趙國的相印不因為無能而辭謝，一解除國家的患難，就想增加封地，這是以親戚的身分受封，而又以一般國人的身分計較功勞呀。替你著想，不如不要接受封地為好。」平原君說：「恭敬地領教了。」於是不接受封地。

秦趙戰於長平

【題解】秦國同趙國在長平作戰，趙國沒有戰勝，想跟秦國講和。虞卿認為要和談成功，就需要先派人出使楚、魏，以引起秦國的疑慮。趙王不聽，結果虞卿的預言成了事實，和談沒有成功，秦國大敗趙軍。

秦、趙戰於長平❶，趙不勝，亡一都尉❷。趙王❸召樓昌❹與虞卿❺曰：「軍戰不勝，尉復死，寡人使卷甲而趍之❻，何如？」樓昌曰：「無益也，不如發重使而為媾。」虞卿曰：「夫言媾者，以為不媾者軍必破，而制❼媾者在秦。且王之論秦也，欲破王之軍乎？其不❽邪？」王曰：「秦不遺餘力矣，必且破趙軍。」虞卿曰：「王聊聽臣，發使出重寶以附❾楚、魏。楚、魏欲得王之重寶，必入吾使。趙使入楚、魏，秦必疑天下合從也，且必恐。如此，則媾乃可為也。」趙王不聽，與❿平陽君⓫為媾，發鄭朱⓬入秦，秦內⓭之。趙王召虞卿曰：「寡人使平陽君媾秦，秦已內鄭朱矣，子以為奚如？」虞卿曰：「王必不得媾，軍必破矣，天下之賀戰勝者皆在秦矣。鄭朱，趙之貴人也，而入於秦，秦王⓮與應侯⓯必顯重以示天下。楚、魏以趙為媾，必不救王。秦知天下不救王，則媾不可得成也。」趙卒不得媾，軍果大敗。王入秦，秦留趙王而后許之媾。

【注釋】❶長平　在今山西高平境內。秦昭王四十七年（西元前二六〇年）秦將白起攻趙長平。❷都尉　比將軍職位稍低的武官。❸趙王　指趙孝成王。❹樓昌　趙臣。❺虞卿　遊說之士，趙國上卿。❻卷甲而趍之　捲起鎧甲，衝向秦軍，決一死戰。卷甲，《史記・平原君虞卿列傳》作「束甲」，將鎧甲綑起來，表示要決一死戰。趍，同「趨」。奔向。之，指秦軍。❼制　控制；掌握主動權。❽不　通「否」。❾附　歸附。❿與　贊同。⓫平陽君　趙豹。⓬鄭朱　趙臣。⓭内　通「納」。⓮秦王　指秦昭王。⓯應侯　秦相范雎，號應侯。

【語譯】秦國、趙國在長平交戰，趙國沒有戰勝，死了一個都尉。趙王召集樓昌和虞卿在一起，說：「軍隊沒有戰勝，都尉又死了，寡人想讓將士捲起鎧甲，衝向秦軍，決一死戰，你們認為怎麼樣？」樓昌說：「徒勞無益啊！不如派遣重要的使者去講和。」虞卿說：「那些談論講和的人，認為不講和，軍隊必定被打敗，而控制講和主動權的是秦國。況且大王猜秦國是想打敗大王的軍隊呢，還是不想打敗大王的軍隊呢？」趙王說：「秦國已是不遺餘力了，必定想要打敗趙國的軍隊。」虞卿說：「大王姑且聽我的建議，派出使者拿出貴重的寶器以求歸附楚、魏兩國。楚、魏兩國想得到大王的貴重寶器，必定放我們的使者進去。趙國的使者進入楚國、魏國，秦國必定會懷疑天下諸侯在合縱，而且一定會恐慌起來。這樣，同秦國講和才可以成功呀。」趙王不聽，卻贊同平陽君趙豹的意見直接跟秦國講和，便派遣鄭朱先進入秦國，秦國接納了鄭朱。趙王召見虞卿說：「寡人使平陽君跟秦國講和，秦國已經接納鄭朱了，您認為怎麼樣？」虞卿說：「大王必定無法講和，趙軍必定被打敗了，天下祝賀戰勝的人都在秦國了。鄭朱是趙國的貴人，進入秦國，秦王和應侯必定會在表面上重視他，以使天下的諸侯都知道。這樣，楚國、魏國以為趙國與秦國講和了，必定不來救援大王。秦國知道天下諸侯不救援大王，那麼講和就不可能成功啊。」趙國終於不能講和，軍隊果然大敗。趙王只好到秦國去，秦國便將趙王扣留起來，然後才答應跟他講和。

秦圍趙之邯鄲

【題解】全篇記敘了義士魯仲連伸張大義，說服魏將軍辛垣衍不要尊秦為帝的故事，從而讚揚他的高尚品德。

秦圍趙之邯鄲❶。魏安釐王使將軍晉鄙❷救趙。畏秦，止於蕩陰❸，不進。魏王使客將軍新垣衍❹間❺入邯鄲，因平原君謂趙王曰：「秦所以急圍趙者，前與齊湣王爭強為帝，已而復歸帝，以齊故❻。今齊湣王❼已益弱，方今唯秦雄天下，此非必貪邯鄲，其意欲求為帝。趙誠發使尊秦昭王為帝，秦必喜，罷兵去。」平原君猶豫未有所決。

【章旨】秦軍圍攻趙都邯鄲，辛垣衍要趙國尊秦昭王為帝，平原君猶豫不決。

【注釋】❶邯鄲　趙都。長平之戰秦國打敗了趙國，秦昭王五十年（西元前二五七年）秦軍圍攻邯鄲。❷晉鄙　魏國老將。❸蕩陰　魏邑，在今河南湯陰。❹客將軍新垣衍　新垣衍，據下文當作「辛垣衍」。因為他不是魏國人，所以稱為「客將軍」。❺間　微行。❻前與齊湣王爭強為帝三句　齊湣王十三年（西元前二八八年）稱東帝，秦昭王稱西帝。齊湣王採納蘇代意見，去掉帝號，恢復稱王，秦也去掉帝號稱王。❼齊湣王　齊湣王當時已去世二十七年，「湣王」二字當是衍文。

【語譯】秦國圍攻趙國的邯鄲。魏國的安釐王派將軍晉鄙去救援趙國。由於害怕秦軍，到了蕩陰就停下來，不再前進。魏安釐王派客將軍辛垣衍微行進入邯鄲，通過平原君告訴趙王說：「秦國急於圍攻趙國，是因為以前和齊湣王爭強稱帝，不久又廢去帝號，恢復稱王，這是由於齊國的緣故。現在齊國已經日益衰弱，當今只有秦國稱雄天下，這一次攻趙，不一定是想貪圖邯鄲，它的用意是想謀求為帝。趙國如果真的派遣使者尊秦昭王為帝，秦國必定高興，撤軍而去。」平原君猶豫不決。

此時魯仲連❶適游趙，會秦圍趙，聞魏將欲令趙尊秦為帝，乃見平原君曰：「事將奈何❷矣？」平原君曰：「勝❸也何敢言事？百萬之眾折於外❹，今又內圍邯鄲而不能去。魏王使將軍辛垣衍令趙帝秦。今其人在是，勝也何敢言事？」魯連曰：「始吾以君為天下之賢公子也，吾乃今然后知君非天下之賢公子也。梁❺客辛垣衍安在？吾請為君責而歸之。」平原君曰：「勝請召而見之於先生。」平原君遂見辛垣衍曰：「東國❻有魯連先生，其人在此，勝請為紹介❼而見之於將軍。」辛垣衍曰：「吾聞魯連先生，齊國之高士也；衍，人臣也，使事有職。吾不願見魯連先生也。」平原君曰：「勝已泄之矣。」辛垣衍許諾。

【章　旨】魯仲連向平原君要求見辛垣衍。

【注　釋】❶魯仲連　也稱「魯連」，齊國高士，專為人排除患難，而不願做官。❷奈何　如何。❸勝　平原君趙勝。❹百萬之眾折於外　指長平之戰被秦國打敗，損失慘重。❺梁　魏。❻東國　指齊國。❼紹介　即介紹。

【語　譯】這時候魯仲連適逢出遊趙國，碰上秦國圍攻趙國，聽說魏國的將軍想讓趙國尊奉秦國為帝，於是去見平原君說：「事情將要怎麼辦？」平原君說：「我趙勝怎麼敢談論這件事？從前百萬之眾在外受到挫折，現在邯鄲又被困而不能解圍。魏王派將軍辛垣衍讓趙國尊奉秦國為帝，現在那個人在這裡，我趙勝怎麼敢談論這件事？」魯仲連說：「當初我以為您是天下賢能的公子呀，我到現在才知道您不是天下賢能的公子啊。魏國的客將軍辛垣衍在哪裡？我請求替您責備他讓他回去。」平原君說：「請讓我將他叫來和先生相見。」平原君於是去見辛垣衍說：「東邊的國家有位魯仲連先生，那個人在這裡，請讓我趙勝介紹和將軍相見。」辛垣衍說：「我聽說魯仲連先生是齊國的高士，我辛垣衍是別人的臣子，出使辦事，職務在身。因此我不願見魯仲連先生。」平原君說：「我趙勝已經告訴他了。」辛垣衍終於答應見魯仲連。

魯連見辛垣衍而無言。辛垣衍曰：「吾視居北❶圍城之中者，皆有求於平原君者也。今吾視先生之玉貌，非有求於平原君者，曷為久居此圍城之中而不去也？」魯連曰：「世以鮑焦❷無從容❸而死者，皆非也。今眾人不知，則為一身❹。彼秦者，弃禮義而上❺首功❻之國也。權使❼其士，虜使其民。彼則肆然而為帝，過而❽遂正❾於天下，則連有赴東海而死矣，吾不忍為之民也！所為見將軍者，欲以助趙也。」辛垣衍曰：「先生助之奈何？」魯連曰：「吾將使梁❿及燕助之。齊、楚則固助之矣。」辛垣衍曰：「燕則吾請以從矣。若乃梁，則吾乃梁人也，先生惡能使梁助之耶？」魯連曰：「梁未睹秦稱帝之害故也，使梁睹秦稱帝之害，則必助趙矣。」辛垣衍曰：「秦稱帝之害將奈何？」魯仲連曰：「昔齊威王嘗為仁義矣，率天下諸侯而朝周。周貧且微，諸侯莫朝，而齊獨朝之。居歲餘，周烈王崩，諸侯皆弔，齊後往。周怒，赴[11]於齊曰：『天崩地坼[12]，天子[13]下席[14]。東藩之臣田嬰齊[15]後至，則斮[16]之。』威王勃然怒曰：『叱嗟[17]，而[18]母婢也。』卒為天下笑。故生則朝周，死則叱之，誠不忍其求也。彼天子固然[19]，其無足怪。」辛垣衍曰：「先生獨未見夫僕乎？十人而從一人者，寧力不勝，智不若耶？畏之也。」魯仲連曰：「然梁之比於秦若僕耶？」辛垣衍曰：「然。」魯仲連曰：「然吾將使秦王烹醢[20]梁王。」辛衍垣怏然不悅曰：「嘻，亦太甚矣，先生之言也！先生又惡能使秦王烹醢梁王？」魯仲連曰：「固也，待吾言之。昔者，鬼侯[21]、之[22]鄂侯[23]、文王，紂之三公也。鬼侯有子[24]而好，故入之於紂，紂以為惡，醢鬼侯。鄂侯爭之急，辨[25]之疾[26]，故脯[27]鄂侯。文王聞之，喟然而歎，故拘之於牖里[28]之車[29]，百日而欲舍[30]之死。曷為與人俱稱帝王，卒就脯醢之地也？齊閔王將之魯，夷維子[31]執策而從，謂魯人曰：『子將何以待吾君？』魯人曰：『吾將以十太牢[32]待子之君。』維子曰：『子安取禮[33]而來待吾君？彼吾君者，天子也。天子巡狩[34]，諸侯辟舍[35]，納於筦鍵[36]，攝衽[37]抱几[38]，視膳於堂下，天子已食，退而聽朝也。』魯人投其籥[39]，不果納。不得入於魯，將之薛，假塗[40]於鄒[41]。當是時，鄒君死，閔王欲入弔。夷維子謂鄒之孤曰：『天子弔，主人必將倍殯柩㊷，設北面於南方，然後天子南面弔也。』鄒之群臣曰：『必若此，吾將伏劍㊸而死。』故不敢入於鄒。鄒、魯之臣，生則不得事養㊹，死則不得飯含㊺。然且欲行天子之禮於鄒、魯之臣，不果納。今秦萬乘之國，梁亦萬乘之國。俱據萬乘之國，交有稱王之名，睹㊻其一戰而勝㊼，欲從而帝之，是使三晉㊽之大臣不如鄒、魯之僕妾也。且秦無已而帝，則且變易諸侯之大臣。彼將奪其所謂不肖，而予其所謂賢；奪其所憎，而與其所愛。彼又將使其子女讒妾為諸侯妃姬，處梁之宮，梁王安能晏然㊾而已乎？而將軍又何以得故寵乎？」於是辛垣衍起，再拜謝曰：「始以先生為庸人，吾乃今日而知先生為天下之士也。吾請去，不敢復言帝秦。」秦將聞之，為郤㊿軍五十里。適會魏公子無忌(51)奪晉鄙軍以救趙擊秦，秦軍引(52)而去。

【章旨】魯仲連喻之以利害，曉之以大義，終於說服了辛垣衍不尊秦為帝。

【注釋】❶北　據下文及《史記・魯仲連列傳》當作「此」。❷鮑焦　周朝的隱士。《韓詩外傳・卷一・二十七章》說他衣服破爛，在外捋取菜蔬，不滿現實，受到子貢的非難，他說完「賢者重進而輕退，廉者易愧而輕死」兩句話後，便拋去菜蔬，站在洛水之旁絕食而死。對於鮑焦的行為世人多有批評，如《莊子・盜跖》就說他「飾行（粉飾自己的行為）非世（不滿現實），抱木而死」。❸無從容　不從容處世，與時浮沉。❹今眾人不知二句　按，魯仲連用「鮑焦」比自己，用「眾人」比辛垣衍一類人。不知，指不知道鮑焦的死是為了反對濁世。為，通「謂」。一身，指他自己。❺上　崇尚。❻首功　以斬敵人首級多少來計功。秦法規定斬一首賜爵一級。❼權使　指擺弄秤砣。權，秤砣，這裡作動詞用。❽過而　甚而，用王念孫說。❾正　同「政」。作動詞用。❿梁　魏。下同。⓫赴　訃；告。⓬天崩地坼　比喻周天子的死。坼，裂。⓭天子　指繼承周烈王做天子的周顯王。⓮下席　離開原來的席位，睡在草墊上，古代叫寢苫，是種喪禮。⓯田嬰齊　即田因齊。齊威王姓田，名因齊。⓰斮　斬。⓱叱嗟　怒斥聲。⓲而　汝；你。⓳固然　本來如此，指天子本來就是這樣肆無忌憚，貪求無厭。⓴烹醢　古代的兩種酷刑，烹煮和剁成肉醬。㉑鬼侯　又稱九侯，商紂王時的諸侯。㉒之　據鮑彪本及《史記・魯仲連列傳》「之」字當刪去。㉓鄂侯　也是商紂王時的諸侯。㉔子　女子。㉕辨　依《史記・魯仲連列傳》當作「辯」。㉖疾　急。㉗脯　肉乾，作動詞用。㉘牖里　即羑里，在今河南湯陰境內。㉙車　據鮑彪本及《史記・魯仲連列傳》當作「庫」，牢房。㉚舍　據鮑彪本及《史記・魯仲連列傳》當作「令」。㉛夷維子　齊國人，以邑為姓氏。夷維，邑名，在今山東濰縣。㉜十太牢　是用來款待諸侯的。而齊閔王一心想稱帝，夷維子想要魯人用款待天子之禮款待閔王。太牢，盛牲的食器叫牢，太牢盛牛、羊、豬三牲。後來也專指牛為太牢。㉝安取禮　何取禮；用什麼樣的禮。言外之意是指責魯國沒有用天子之禮。㉞巡狩　天子到諸侯那裡去視察。㉟辟舍　即避舍，離開自己的宮室，避居在外。㊱納於筦鍵　依鮑彪本及《史記・魯仲連列傳》「於」字當刪。納，獻出；繳納。筦鍵，泛指鑰匙。筦，同「管」。管籥，即鑰匙。鍵，關門的器具。㊲攝衽　提起衣襟，為天子效勞。㊳抱几　抱著几案，侍奉天子。几，小桌子。㊴投其籥　將其鑰匙投在地上。㊵塗　途。㊶鄒　小國名，在今山東鄒縣。㊷倍殯柩　古代喪禮，柩停在西階，喪事主人在東階。但是天子來弔喪，必須處在坐北朝南的正位，所以要移動靈柩，改變喪事主人的位置，讓他背著殯柩，臉朝北邊，向著天子哭，這就叫「倍殯柩」。倍，背。殯柩，裝有死人的棺木。㊸伏劍　用劍自殺。㊹事養　奉養。㊺飯含　將米飯放在死人口中。㊻賭　當是「睹」之誤。㊼一戰而勝　指長平之戰，秦勝趙。㊽三晉　趙、韓、魏三國。㊾晏然　平安的樣子。㊿郤　當作「卻」，退。(51)魏公子無忌　即信陵君，是魏安釐王的異母弟。(52)引　退。

【語　譯】魯仲連見到辛垣衍卻不說話。辛垣衍說：「我看住在這圍城之中的人，都是有求於平原君的人啊。現在我看先生的尊容，不像是有求於平原君的人，為什麼長久住在圍城之中而不離去呢？」魯仲連說：「世上的人認為鮑焦沒有從容地活在世上而自尋死路，這種看法是不對的。現在的眾人不知道鮑焦死的意義，就說他是為了自己而去死。那個秦國，是拋棄禮義而崇尚以砍人腦袋多少來計功的國家呀。像擺弄秤砣一樣使用士人，像使用俘虜一樣使用百姓。它肆無忌憚地稱了帝，甚而就這樣施政於天下，那麼我魯仲連就只有跳東海而死了，我不願做它的百姓呀！我所以見將軍的原因，是想幫助趙國啊。」辛垣衍說：「先生怎麼樣幫助趙國呢？」魯仲連說：「我將讓魏國和燕國幫助趙國。至於齊國、楚國本來就已幫助趙國了。」辛垣衍說：「燕國幫助趙國，就請讓我相信是像你說的那樣了。至於魏國，我就是魏國人，先生怎麼能使魏國幫助趙國呢？」魯仲連說：「那是因為魏國還沒有看到秦國稱帝的禍害的緣故啊，假使魏國看到了秦國稱帝的禍害，就一定會幫助趙國了。」辛垣衍說：「秦國稱帝的禍害將是怎麼樣呢？」魯仲連說：「過去齊威王曾經實行仁義，率領天下諸侯朝見周天子。周天子貧窮而且衰微，諸侯沒有誰去朝見，而齊國獨自去朝見。過了一年多，周烈王駕崩，諸侯都去弔喪，齊國後去。周天子發怒，告訴齊國說：『天子去世，猶如天崩地裂，新即位的天子離開原來的席位，寢苫守喪。而東邊屏藩的臣子田嬰齊卻遲到，該斬了他。』齊威王勃然大怒，說：『呸！你的母親是個奴婢呀！』終於被天下所笑。所以周天子活著的時候就去朝見周天子，周天子死了就喝斥新的周天子，這的確是忍受不了周天子的苛求啊。其實那天子本來就是這樣苛求的，不足為怪。」辛垣衍說：「先生難道沒有看見那些僕人嗎？十個僕人跟隨著一個主人，難道是力量勝不過他，智慧不及他嗎？是害怕他啊。」魯仲連說：「這麼說魏國比起秦國來就像是僕人對待主人一樣嗎？」辛垣衍說：「對的。」魯仲連說：「這樣我就將要讓秦王烹煮魏王並將他剁成肉醬。」辛垣衍不愉快地說：「咦，先生的話也太過分了呀！先生又怎麼能讓秦王烹煮魏王並將他剁成肉醬。」魯仲連說：「本來就是這樣啊，等我說給你聽。過去，鬼侯、鄂侯、周文王，是商紂王的三公。鬼侯有個女兒長得漂亮，所以就將她獻給紂王，紂王認為她不好，就將鬼侯剁成肉醬。鄂侯為這事和紂王爭辯得很激烈，所以紂王就將鄂侯殺了製成肉乾。文王知道了，傷心長歎，所以紂王就將他囚禁在牖里的牢房中，關了一百天，還想處死他。為什麼魏王和人家秦王一樣都是可以稱帝稱王的君主，結果卻要情願去處於被製成肉乾、剁成肉醬的地位呢？齊閔王將要到魯國去，夷維子執著馬鞭當侍從，對魯國人說：『你們將要怎麼樣款待我的君主？』魯國人說：『我們將用三十頭牛、羊、豬款待你的君主。』夷維子說：『你們是採用什麼樣的禮來款待我的君主！我的那個君主是天子呀！天子到諸侯那裡視察，按照禮制，諸侯要離開自己的宮室，避居在外，獻出鑰匙，提起衣襟，抱著几案，在堂下侍候天子就餐。天子吃完了，諸侯才能退回到自己的朝廷裡去聽政。』魯國人聽了，索性將城門的鑰匙丟掉，不獻給齊閔王。齊閔王進不了魯國，將改道前往薛國，向鄒國借路。當時，鄒國的君主死了，齊閔王想進去弔喪。夷維子對鄒國君主的兒子說：『天子來弔喪，喪事的主人，一定要背著靈柩，在南邊設個朝北的位置，然後天子處於坐北朝南的正位弔喪。』鄒國的群臣說：『一定要這樣辦，我們情願用劍自殺。』所以齊閔王也不敢進入鄒國。鄒國、魯國的臣子，活著的時候不能奉養君主，君主死了以後也不能將飯放在君主口裡。然而齊閔王要對鄒國、魯國的臣子強行天子的禮制，他們就不放齊閔王進去。現在秦國是能出一萬輛兵車的國家，魏國也是能出一萬輛兵車的國家，互相都有稱王的名聲，看見秦國打了一次勝仗，便因而想尊奉它為帝，這就使得趙、韓、魏三國的大臣連鄒國、魯國的僕妾也比不上啊。再說秦國的貪心是沒有止境的，如稱了帝，就將變換諸侯的大臣。它將奪去它所謂不像樣的人的職位，而賜給它所謂賢能的人；奪去它所憎恨的人的職位，而給予它所喜歡的人。它又將使他們的女兒和好進讒言的女人做諸侯的妃子，處在魏國的宮中，魏王怎麼能夠太平無事呢？而將軍又怎麼能得到原來的寵愛呢？」於是辛垣衍便站起來，再次下拜，道歉說：「起初我以為先生是個平庸的人，現在我才知道先生是天下的賢士啊。我請求離開這裡，不敢再說尊秦為帝的事。」秦國的將軍聽到了此事，便退軍五十里。恰好碰上魏國的公子無忌奪得晉鄙的軍隊來救援趙國，抗擊秦國，秦國的軍隊便撤離了。

於是平原君欲封魯仲連。魯仲連辭讓者三，終不肯受。平原君乃置酒，酒酣，起前以千金為魯連壽。魯連笑曰：「所貴於天下之士者，為人排患、釋難、解紛亂而無所取也。即❶有所取者，是商賈之人也，仲連不忍為也。」遂辭平原君而去，終身不復見。

【章　旨】記敘魯仲連有功不受賞的高尚品德。

【注　釋】❶即　假若。

【語　譯】於是平原君想封賞魯仲連。魯仲連再三辭讓，始終不肯接受。平原君便設置酒席，宴請魯仲連，飲酒飲得正歡暢的時候，平原君站起來用一千金作為謝禮，向魯仲連敬酒祝壽。魯仲連笑著說：「人所以被天下士人尊重，是由於他替人排除患難、解除紛亂而不索取什麼啊。假若有所索取，這便是商人啊，我魯仲連不願做這樣的人呀。」於是辭別平原君走了，一輩子不再見平原君。

說張相國

【題　解】有人勸張相國，不要輕視、憎恨趙國人，張相國表示贊同。

說張相國❶曰：「君安能少❷趙人，而令趙人多❸君？君安能憎趙人，而令趙人愛君乎？夫膠漆，至韌❹也，而不能合遠；鴻毛，至輕也，而不能自舉。夫飄❺於清風，則橫行四海。故事有簡而功成者，因也。今趙萬乘之強國也，前漳❻、滏❼，右常山❽，左河間❾，北有代❿，帶甲百萬，嘗抑強齊，四十餘年而秦不能得所欲。由是觀之，趙之於天下也不輕。今君易⓫萬乘之強趙，而慕思不可得之小梁，臣竊為君不取也。」君⑫曰：「善。」自是之後，眾人廣坐之中，未嘗不言趙人之長者也，未嘗不言趙俗之善者也。

【注　釋】❶張相國　魏國人，可能當時在趙國為相。❷少　薄；輕視。❸多　厚；敬重。❹黐　黏。❺飃　即「飄」，吹。❻漳　漳河，在山西東部，東南流至河北、河南。❼滏　水名，發源於鄴縣西北的石鼓山，向東北流入漳河。❽常山　即恆山。❾河間　趙地，在今河北境內，因在黃河、永定河之間而得名。❿代　當時是趙地，在今河北蔚縣一帶。⑪易　輕視。⑫君　指張相國。

【語　譯】有人勸張相國道：「您怎麼能輕視趙國人，而又讓趙國人敬重您？您怎麼能憎恨趙國人，而又讓趙國人喜愛您？膠和漆是黏性很強的東西啊，卻不能將離得遠的兩件物品黏合在一起；天鵝毛是重量很輕的東西啊，卻不能自己將自己舉起來。但是天鵝毛如被清風一吹，卻可以橫行四海。所以事情有輕易就可獲致成功的，是由於有所依靠啊。現在趙國是個能出一萬輛兵車的強國，前面有漳河、滏水，右面有恆山，左面有河間，北面有代地，軍隊百萬，曾經抑制過強大的齊國，四十多年來使得秦國不能得到它所想得到的東西。由此看來，趙國對於天下的作用並不輕。現在您輕視可以出一萬輛兵車的強大趙國，而思慕不可能重視您的小小魏國，我私自認為您不可以採取這樣的行動啊。」張相國說：「說得好。」從此以後，在眾人廣座之中，他沒有一次不說趙國人的長處，同時也沒有一次不說趙國風俗的好話。

鄭同北見趙王

【題　解】鄭同北見趙王，陳說軍隊在保衛國家中的重要性。

鄭同❶北見趙王。趙王曰：「子南方之傳士❷也，何以教之？」鄭同曰：「臣南方草鄙❸之人也，何足問？雖然，王致之於前，安敢不對乎？臣少之時，親嘗教以兵。」趙王曰：「寡人不好兵。」鄭同因撫手❹仰天而笑之曰：「兵固天下之狙喜❺也，臣故❻意大王不好也。臣亦嘗以兵說魏昭王，昭王亦曰：『寡人不喜。』臣曰：『王之行能如許由❼乎？許由無天下之累，故不受❽也。今王既受先王之傳，欲宗廟之安，壤地不削，社稷之血食❾乎？』王曰：『然。』今有人操隨侯之珠❿，持丘之環⓫，萬金之財，時⓬宿於野，內無孟賁⓭之威，荊慶⓮之斷，外無弓弩之禦，不出宿夕⓯，人必危之矣。今有強貪之國，臨王之境，索王之地，告以理則不可，說以義則不聽。王非戰國守圉⓰之具，其將何以當之？王若無兵，鄭國得志矣。」趙王曰：「寡人請奉教。」

【注釋】❶鄭同　趙國的南方人，事跡不詳。❷傳士　據姚宏注，一作「博士」，指博辯之士。❸草鄙　草野。❹撫手　拍掌。❺狙喜　狡詐人所喜愛。狙，猴屬，性狡詐。❻故　通「固」。❼許由　相傳堯時的隱士。❽不受　不接受。堯帝要將天下讓給許由，許由不接受，以為這話弄髒了他的耳朵，便到河裡去洗耳。❾社稷之血食　指的是政權能存在下去。社稷，土地神和穀神，是政權的象徵。血食，祭祀，因為祭祀要殺牲口，所以叫血食。❿隨侯之珠　寶珠名，相傳隨國的君主見到一條受傷的大蛇，便用藥替牠敷傷，蛇後來在江中銜了一顆大珠報答他，這顆珠便叫隨侯珠。⓫環　璧的一種，圓形，中有孔。⓬時　依吳師道、黃丕烈說當作「特」，獨。⓭孟賁　古代勇士。⓮荊慶　成荊和慶忌，古代勇士。⓯宿夕　晚上。⓰圉禦。

【語 譯】鄭同往北去見趙王。趙王說：「您是南方的博士，有何見教？」鄭同說：「我是南方草野之人，哪裡值得您下問？雖然如此，大王讓我來到尊前，怎敢不回答呢？我年輕的時候，父親曾經用兵事教育我。」趙王說：「寡人不喜歡兵事。」鄭同因而拍掌仰面朝天笑著說：「兵事本是天下狡詐的人所喜歡的啊，我本來就猜想到大王不喜歡兵事啊。我也曾經用兵事勸說魏昭王，昭王也說：『寡人不喜歡兵事。』我說：『大王的德行能像許由一樣嗎？許由不要被天下所拖累，所以不接受堯帝的讓位。現在大王已經接受先王的傳位，想讓趙國的宗廟安穩、土地不削減、社稷得到祭祀嗎？』昭王說：『是，想這樣。』現在有人拿著隨侯的寶珠，帶著丘之玉環，萬金的財富，獨自在野外住宿，在內沒有孟賁的威勢，成荊、慶忌斬斷蛟龍的勇力，在外沒有弓弩的防禦，不超出一個晚上，別人必定要危害他了。現在有個強大而貪婪的國家，到了大王的邊境，索取大王的土地，向它講道理，它不答應，向它講仁義，它不聽。大王沒有交戰國所需的防守器具，那將怎麼樣抵擋它？大王如果沒有兵力，鄰國就要得志了。」趙王說：「請讓寡人尊奉您的教誨。」

建信君貴於趙

【題 解】公子魏牟借趙王重視尺帛一事，勸趙王重視選擇治國之士，不要重用建信君。

建信君❶貴於趙。公子魏牟❷過趙，趙王迎之，顧反至坐，前有尺帛，且令工以為冠。工見客來也，因辟❸。趙王曰：「公子乃驅後車，幸以臨寡人，願聞所以為天下。」魏牟曰：「王能重王之國若此尺帛，則王之國大治矣。」趙王不說，形於顏色，曰：「先生❹不知寡人不肖，使奉社稷，豈敢輕國若此？」魏牟曰：「王無怒，請為王說之。」曰：「王有此尺帛，何不令前郎中❺以為冠？」王曰：「郎中不知為冠。」魏牟曰：「為冠而敗之，奚虧❻於王之國？而王必待工而后乃使之。今為天下之工，或非也，社稷為虛戾❼，先王不血食，而王不以予工，乃與幼艾❽。且王之先帝，駕犀首❾而驂馬服❿，以與秦角逐⓫。秦當時適⓬其鋒。今王憧憧⓭，乃輦建信以與強秦角逐，臣恐秦折王之椅⓮也。」

【注釋】❶建信君　趙國的貴臣。❷公子魏牟　即公子牟，魏公子。❸辟　通「避」。❹先生　據姚宏注及鮑彪本當作「先王」。❺郎中　官名，君主的近侍。❻虧　損。❼虛戾　丘墟；廢墟。❽幼艾　年輕漂亮的人，在這裡是暗指建信君。❾犀首　即公孫衍，魏國陰晉人，魏國的相，但和趙王有舊交。❿驂馬服　由馬服君任車右。驂，車右，在這裡用作動詞。馬服，馬服君趙奢，趙將。⓫角逐　爭鬥；較量。⓬適　鮑彪本作「避」。⓭憧憧　拿不定主意。⓮椅　「輢」的借字。輢，車箱兩旁可以倚靠的木板。承上「輦」字而言。

【語譯】建信君在趙國處於顯貴的地位。公子魏牟經過趙國，趙王歡迎他，見面以後，回過來走到座位上，當時趙王前面有塊一呎長的帛，準備讓工匠把它製成帽子。工匠看見客人來了，因而避開。趙王說：「公子竟驅馳隨從車輛，來到寡人這裡，我願聽聽公子對於治理天下的想法。」魏牟說：「大王能夠重視大王的國家像重視這塊一呎長的帛一樣，那麼大王的國家就可以大治了。」趙王聽了不高興，從臉色上表現出來，說：「先王不知道寡人不像樣，讓我奉養社稷，怎麼敢如此輕視國家？」魏牟說：「大王不要發火，請允許我替大王解說。」接著又說：「大王有這一呎長的帛，為什麼不讓面前的郎中將它縫製帽子？」趙王說：「郎中不會縫製帽子。」魏牟說：「做帽子做壞了，對大王的國家有什麼損害？而大王一定要等待工匠然後讓他去縫製。現在治理天下的工匠，或許找錯了，社稷就要成為廢墟，使先王不能得到祭祀，而大王不把它交給真正的工匠，竟然交給了年輕漂亮的人。再說大王以前的君主，讓犀首駕車、馬服君趙奢做車右，來與秦國爭鬥。秦國當時只得避開他們的鋒芒。現在大王糊裡糊塗拿不定主意，竟然用輦車拉著建信君去和強大的秦國爭鬥，我擔心秦國要折壞大王的車子啊。」

衛靈公近雍疸彌子瑕

【題解】衛人復塗偵以夢見竈為由，諷諫衛靈公不要親近幸臣雍疽和彌子瑕。這是春秋時的故事，不應收入《戰國策》之中。

衛靈公❶近雍疸❷、彌子瑕。二人者，專君之勢以蔽左右。復塗偵❸謂君曰：「昔日臣夢見君。」君曰：「子何夢？」曰：「夢見竈君❹。」君忿然作色曰：「吾聞夢見人君者，夢見日。今子曰夢見竈君而言君也，有說則可，無說則死。」對曰：「日，并燭❺天下者也，一物不能蔽也。若竈則不然，前之人煬❻，則後之人無從見也。今臣疑人之有煬於君者也，是以夢見竈君。」君曰：「善。」於是，因廢雍疸、彌子瑕，而立司空狗❼。

【注釋】❶衛靈公　春秋時衛國的君主。❷雍疸　當從鮑彪本作「癰疽」。別的書中或作「雍雎」、「雍疽」、「雍鉏」。他和彌子瑕都是衛靈公的寵幸之臣。❸復塗偵　衛人。《韓非子》〈內儲說上〉、〈難四〉說向衛靈公進言的是個侏儒。❹竈君　據《韓非子》〈內儲說上〉、〈難四〉當作「竈」。「君」字是衍文。❺燭　照。❻煬　烘烤。❼司空狗　即史狗，是史朝的兒子，見《左傳》襄公二十九年。

【語　譯】衛靈公親近雍疽和彌子瑕兩人。這兩個人，專門倚仗衛靈公的權勢堵塞左右近臣的道路。復塗偵對衛靈公說：「過去我夢見過君主。」衛靈公說：「您同時還夢見什麼？」復塗偵說：「夢見一座竈。」衛靈公變了臉色，生氣地說：「我聽說夢見君主的人，會同時夢見太陽。現在您說夢見一座竈，同時卻夢見君主，有辦法說清楚理由就算了，沒有辦法說清楚理由就要死。」復塗偵回答說：「太陽是普照天下的，沒有一件東西能將它遮蔽。至於竈就不是這樣，前面的人在烤火，後面的人就沒有辦法看見它啊。現在我懷疑有人在您那裡烤得熱烘烘的，因此我夢見一座竈。」衛靈公說：「說得好。」於是廢除了雍疽和彌子瑕兩人，而提拔了司空狗。

或謂建信君之所以事王者

【題　解】有人替建信君獻策，陷害、排擠趙人葺。

或謂建信❶：「君之所以事王者，色也；葺❷之所以事王者，知也。色老而衰，知老而多。以日多之知，而逐衰惡之色，君必困矣。」建信君曰：「奈何？」曰：「並驥而走者，五里而罷❸；乘驥而御之，不倦而取道多。君令葺乘獨斷之車❹，御獨斷之勢，以居邯鄲；令之內治國事，外刺❺諸侯，則葺之事有不言❻者矣。君因言王而重責之，葺之軸今❼折矣。」建信君再拜受命，入言於王，厚任葺以事能❽重責之。未期年而葺亡走矣。

【注釋】❶建信　即建信君。❷葺　即「葺」字，趙人名，事跡不詳。❸罷　通「疲」。❹車　比喻國家。〈離騷〉：「恐皇輿之敗績。」便是以車喻國。❺刺　刺探。❻不言　不必說，言外之意是必定失敗。❼今　帶有「就」的意思。❽能　而。

【語譯】有人對建信君說：「您所用來侍奉趙王的是美色，葺所用來侍奉趙王的是智識。美色年老了就會消失，智識年老了反而會增多。用日益增多的智識，去和衰老醜惡的顏色較量，您必定處於困境了。」建信君說：「怎麼辦？」那人說：「和千里馬賽跑，跑五里路就疲倦了；乘著千里馬而駕馭牠，不但不疲勞而且可以跑很多的路。您讓葺乘上那專斷的車子，駕馭那專斷的權勢，處在邯鄲；讓他對內治理國事，對外刺探諸侯的情報，那麼葺的事就有不必說下去的情況了。您於是告訴趙王重重地責備他，葺的車軸就要折斷了。」建信君再次下拜領教，便進宮去告訴趙王，委任葺做很多的事，而且重重地責備他。不到一年葺便逃走了。

苦成常謂建信君

【題解】苦成常諫建信君先不要急於收回河間，而要致力於合縱。

苦成常❶謂建信君曰：「天下合從，而獨以趙惡秦，何也？魏殺呂遺❷，而天下交之❸。今收河間❹，於❺是與殺呂遺何以異❻？君唯❼釋虛❽偽疾❾，文信❿猶且⓫知之也。從而有功乎，何患不得收河間？從而無功乎，收河間何益也？」

【注釋】❶苦成常　《左傳》成公十四年、《國語・魯語上》均有「苦成叔」其人。苦成，本為地名，在今山西運城東，後以為姓。常，當是名。苦成常也許是苦成叔的後代。❷呂遺　人名，為秦所重。❸交之　和魏國結交。魏國殺了秦國所重的呂遺，所以天下諸侯和魏國結交。❹河間　趙地，在今河北河間，因在黃河、永定河之間而得名。❺於　姚宏注：「一無『於』字」，當刪。❻與殺呂遺何以異　呂不韋為秦丞相，封為文信侯，食邑河南洛陽十萬戶，又攻趙奪取河間，擴大封地。呂不韋也是為秦所重，所以趙國收回河間，就像魏國殺掉呂遺一樣，既為秦國所恨，又將使天下諸侯和趙國結交。❼唯　「雖」的借字。❽釋虛　鮑彪本作「飾虛」。飾，假託。虛，假。鮑彪注：「虛與之河間。」❾偽疾　偽裝有病。❿文信　文信侯呂不韋。⓫且　將。

【語譯】苦成常告訴建信君說：「天下諸侯合縱，而秦國只認為是趙國憎恨秦國，那是什麼原因呢？魏國殺了呂遺，天下諸侯就和魏國結交。現在趙國收回河間，這和魏國殺呂遺有什麼區別？您雖然假託將河間給文信侯，又偽裝有病，文信侯還是會知道您的用意啊。合縱如果成功了，何愁不能收回河間？合縱如果不能成功，收回了河間，又有何益？」

希寫見建信君

【題解】希寫批評建信君既然不能在權勢上與秦國的文信侯呂不韋對抗，卻一味責備文信侯對他無禮，那不是辦法。

希寫❶見建信君。建信君曰：「文信侯之於僕也，甚無禮。秦使人來仕，僕官之丞相❷，爵五大夫❸。文信侯之於僕也，甚矣其無禮也。」希寫曰：「臣以為今世用事者，不如商賈❹。」建信君悖然曰：「足下卑用事者而高商賈乎？」

曰：「不然。夫良商不與人爭買賣之賈❺，而謹司❻時。時賤而買，雖貴已賤矣；時貴而賣，雖賤已貴矣。昔者，文王之❼拘於牖里❽，而武王羈於玉門❾，卒斷紂之頭而縣❿於太白⓫者，是武王之功也。今君不能與文信侯相伉以權，而責文信侯少禮，臣竊為君不取也。」

【注　釋】❶希寫　趙國人。❷官之丞相　在丞相下面做官。❸五大夫　爵位名，在秦國屬第九等。其他諸侯國也設有這一爵位。❹商賈　呂不韋是商人出身。❺賈　同「價」。❻司　同「伺」。❼之　是衍文，當刪去。❽牖里　紂王囚禁文王的地方，在今河南湯陰北。❾玉門　商紂王所建。❿縣　即「懸」字。⓫太白　旗名。

【語　譯】希寫去見建信君。建信君說：「文信侯對於我，很無禮，秦國派人來做官，我讓來人在丞相手下做事，給他個五大夫爵位。文信侯對於我，很無禮呀。」希寫說：「我以為當今世上當權的人，比不上商人。」建信君惱火說：「您看輕當權的人，卻重視商人嗎？」希寫說：「不是。一個出色的商人不和別人爭買賣的價錢，而謹慎地等待時機。跌價的時候就買進來，即使高價也已經是低價了；漲價的時候就賣出去，即使低價也已經是高價了。過去文王被囚禁在牖里，而武王被捆綁在玉門，終於砍下了紂王的頭，掛在太白旗上，這就是武王的功勞啊。現在您不能在權勢上和文信侯抗爭，卻責備文信侯少禮，我私自認為您不能這樣啊。」

魏魀謂建信君

【題　解】魏魀用虎斷蹯保軀為喻，諷諫建信君不宜因小失大。

魏魀❶謂建信君曰：「人有置係蹄者❷而得虎。虎怒，決❸蹯❹而去。虎之情，非不愛其蹯也，然而不以環寸之蹯，害七尺之軀者，權也。今有國，非直❺七尺軀也；而君之身於王，非環寸之蹯也，願公之熟圖之也。」

【注釋】❶魏魀　事跡不詳。《文選·卷四四·檄吳將校部曲文》李善注引作「魏魁」。❷係蹄者　是種捕捉野生動物的裝置。在野生動物經過的地方挖一小坑，下設一機關，再在一強勁有力的樹條上綁上繫動物的繩子，然後將樹條彎曲到機關處，將繩的一端連在機關的鍵上，另一端繫成活結，放在坑上，再加以偽裝。動物踩上機關，樹條便立即自動上舉，繩子便會將動物的腳拴住。❸決　斷。❹蹯　獸足。❺直　只。

【語譯】魏魀對建信君說：「有個設置機關、綁野獸蹄子的人綁得一隻老虎。老虎暴跳起來掙扎，掙斷了一隻腳走了。老虎的真情並不是不愛牠那隻腳，可是牠不因為套在環繩裡一寸長的腳，傷害牠的七尺之軀，那是由於牠知道權變啊。現在有個國家在那裡，就不只是七尺之軀啊；而您的身體對於趙王來說，也不是套在環繩裡一寸長的腳啊，希望您仔細考慮吧。」

秦攻趙鼓鐸之音聞於北堂

【題解】希卑告訴趙王如何識別秦國的奸細。

秦攻趙，鼓鐸❶之音聞於北堂❷。希卑❸曰：「夫秦之攻趙，不宜急如此，此召兵❹也，必有大臣欲衡❺者耳。王欲知其人，旦日贊群臣而訪❻之，先言橫者，則其人也。」建信君果先言橫。

【注釋】❶鐸　大鈴。❷北堂　古代居室在房屋的北邊，叫北堂。❸希卑　趙人。❹召兵　指用鼓鐸之音召來外兵。❺衡　通「橫」。連橫。❻訪　詢問。

【語譯】秦國進攻趙國，鼓和大鈴的聲音傳到北堂上來了。希卑說：「秦國進攻趙國，不應當來得那麼快，這是有人想用鼓和大鈴的聲音召來外兵，必定有大臣想連橫的了。大王如果想知道那個人，明天可以在群臣面前讚美那件事，同時徵求大家的看法，先談連橫的，就是那個想召來外兵的人啊。」建信君果真先談連橫的事。

齊人李伯見孝成王

【題解】本篇記載趙孝成王不聽讒言，信任李伯的故事。

齊人李伯見孝成王❶，成王說之，以為代郡❷守。而居無幾何，人告之反。孝成王方饋❸，不墮❹食。無幾何，告者復至，孝成王不應。已，乃使使者❺言：「齊舉兵擊燕，恐其以擊燕為名，而以兵襲趙，故發兵自備。今燕、齊已合，臣請要❻其敝❼，而地可多割。」自是之後，為孝成王從事於外者，無自疑於中❽者。

【注釋】❶孝成王　指趙孝成王，名丹，是趙惠文王的兒子。❷代郡　代本是古國名，趙武靈王滅代，設立代郡，在今河北蔚縣境內。❸饋　進食。❹墮　同「隳」。毀壞；毀棄。❺使者　指李伯派出的使者。❻要　要挾；強迫。❼敝　疲敗。❽中　心中。

【語　譯】齊國人李伯去見孝成王，孝成王喜歡他，派他去做代郡的行政長官。過了不久，有人控告他謀反。孝成王在進食，聽了以後沒有停止進食。沒有多久，控告他謀反的人又來了，孝成王還是不答理他。不久，李伯便派使者來說：「齊國出兵攻擊燕國，我擔心它用攻擊燕國為名，用兵來偷襲趙國，所以我派出部隊自己先加防備。現在齊國和燕國已經交戰，我請求去要挾疲敗的一方，便可以多割土地。」從此之後，替孝成王在外面辦事的人，沒有一個心中有疑慮的。

卷二一　趙策四

為齊獻書趙王

【題解】有人為了齊國上書趙王，詳細分析了自己不能見到趙王的原因，並向趙王闡明趙國能否得到齊國支持的利害關係。

為齊獻書趙王，使臣與復丑❶曰：「臣一見，而能令王坐而天下致名寶❷。而臣竊怪王之不試見臣，而窮臣也。群臣必多以臣為不能者，故王重❸見臣也。以臣為不能者非他，欲用王之兵，成其私者也。非然，則交有所偏者也；非然，則知不足者也；非然，則欲以天下之重恐王，而取行於王者也。臣以齊循❹事王，王能亡燕，能亡韓、魏，能攻秦，能孤秦。臣以為❺齊致尊名於王，天下孰敢不致尊名於王？臣以齊致地於王，天下孰敢不致地於王？臣以齊為王求名❻於燕及韓、魏，孰敢辭之？臣之能也，其前可見已❼。齊先重王，故天下盡重王；無齊，天下必盡輕王也。秦之彊，以無齊之❽故重王，燕❾、魏自以無齊故重王。今王無齊獨安得無❿重天下？故勸王無齊者，非知不足也，則不忠者也。非然，則欲用王之兵成其私者也；非然，則欲輕王以天下之重，取行於王者也；非然，則位尊而能卑者也。願王之熟慮無齊之利害也。」

【注釋】❶使臣與復丑　曾鞏本、鮑彪本無此五字，當是衍文，宜刪去。❷名寶　名貴的寶器。❸重　難。❹循　順。❺為　據鮑彪說「為」字是衍文。❻名　和前面「尊名」句意思重複，當從金正煒說作「名寶」。❼已　句末語氣詞。❽之　當是衍文。❾燕　據上文及鮑彪本「燕」下當補「韓」字。❿無　依鍾鳳年說「無」字當是衍文，宜刪。

【語譯】有人為了齊國上書趙王說：「我一進見，便能讓大王坐著不動就得到天下名貴的寶器。我私自怪大王不試著召見我，而使我陷入困境。大臣們必定多數認為我無能，所以大王不輕易召見我啊。認為我無能沒有別的原因，而是他們想用大王的軍隊，去成就他們的私利啊。不是這樣，便是他們的結交有所偏頗啊；不是這樣，便是他們的知識有所不夠啊；不是這樣，便是他們想用天下諸侯的威勢恐嚇大王，而讓大王實行他們的主張啊。如果我用齊國的名望順從、侍奉大王，大王就能滅亡燕國，就能滅亡魏國、韓國，就能進攻秦國，就能孤立秦國。我用齊國的名望送給大王尊名，天下還有誰敢不送給大王尊名？我用齊國的名望送給大王土地，天下還有誰敢不送給大王土地？我用齊國的名望替大王向燕國和韓國、魏國索取名貴的寶器，誰還敢推辭？我的才能，前面所說的便可以看得出來了。齊國帶頭尊重大王，天下諸侯就全都會尊重大王；沒有齊國，天下必定全都輕視大王啊。秦國是強大的國家，因為沒有齊國的支持，所以才重視大王；燕國、韓國、魏國自以為沒有齊國的支持，所以重視大王。現在大王沒有齊國的支持，獨自一國怎麼能得到天下諸侯的重視？所以勸大王不要齊國的人，不是知識不夠，便是不忠啊。不是這樣，便是想用大王的軍隊去成就他們的私利啊；不是這樣，便是想用天下諸侯的威勢來輕視大王，而讓大王實行他們的主張啊；不是這樣，便是他們地位尊貴而能力低下啊。願大王仔細考慮沒有齊國支持的利害關係啊。」

齊欲攻宋

【題解】在多變的形勢下，有人向齊王說他曾去見魏王，歷數魏國多次受趙國的欺辱，而又多次對齊國無禮的事實，使得魏王理屈詞窮，轉變立場，親齊怨趙。再建議齊王通過外交手段，軟硬兼施，使得天下諸侯背離秦國，倒向齊國。

齊欲攻宋❶，秦令起賈❷禁之。齊乃捄❸趙以伐宋。秦王❹怒，屬怨於趙。李兌❺約五國❻以伐秦，無功，留天下之兵於成皋❼，而陰構❽於秦。又欲與秦攻魏，以解其怨❾而取封❿焉。魏王⓫不說。之齊⓬，謂齊王曰：「臣為足下⓭謂魏王曰：『三晉⓮皆有秦患。今之攻秦也，為趙也⓯。五國伐趙，趙必亡矣⓰。秦逐李兌，李兌必死。今之伐秦也，以救李子⓱之死也。今趙留天下之甲於成皋，而陰鬻⓲之於秦，已講，則令秦攻魏以成其私封。王之事趙也何得矣？且王嘗濟於漳⓳，而身朝於邯鄲，抱陰成⓴，負蒿㉑、葛薜㉒，以為趙蔽，而趙無為王行也。今又以何陽[23]、姑密[24]封其子[25]，而乃今秦攻王，以便取陰[26]。人比[27]然而後[28]如[29]賢不，如王若[30]用所以事趙之半收齊，天下有敢謀王者乎？王之事齊也，無入朝之辱，無割地之費。齊為王之故，虛國[31]於燕、趙之前，用兵於二千里之外，故攻城野戰，未嘗不為王先被[32]矢石也。得二都，割河東，盡效之於王。自是之後，秦攻魏，齊甲未嘗不歲至於王之境也。請問王之所以報齊者可乎？韓呡[33]處於趙，去[34]齊三千里，王以此疑齊[35]，曰有秦陰[36]。今王又挾故薛公[37]以為相，善韓徐以為上交[38]，尊虞商[39]以為大客，王固[40]可以反疑齊乎？』於[41]魏王聽此言也甚詘[42]，其欲事王也甚循[43]，其[44]怨於趙。臣願王之曰[45]聞魏而無庸[46]見惡也。臣請為王推[47]其怨於趙，願王之陰重趙，而無使秦之見王之重趙也。秦見之且亦重趙[48]。齊、秦交重趙，臣必見燕與韓、魏亦且重趙也，皆且無敢與趙治[49]。五國事趙，趙從親以合於秦，必為王高[50]矣。臣故欲王之偏劫[51]天下，而皆私甘[52]之也。王使臣以韓、魏與燕劫趙，使丹[53]也甘之；以趙劫韓、魏，使臣也甘之；以三晉劫秦，使順[54]也甘之；以天下劫楚，使呡[55]也甘之。則天下皆偪[56]秦以事王，而不敢相私也。交定[57]，然後王擇焉。」

【注　釋】❶齊欲攻宋　齊湣王十三年（西元前二八八年）蘇代建議齊伐宋。❷起賈　秦國的大夫。❸拔　據姚宏注「一作『收』」。❹秦王　指秦昭王。❺李兌　趙國大臣，任司寇。❻五國　韓、趙、魏、燕、齊五國。❼成皋　在今河南滎陽汜水鎮，先屬韓，後歸秦。❽陰構　暗中講和。❾怨　指秦國對他的怨恨。❿封　封地。⓫魏王　指魏昭王。⓬之齊　這句話的主語不是魏王，而是某一說客。⓭足下　稱齊王，即齊湣王。⓮三晉　趙、韓、魏三國。⓯今之攻秦也二句　因為秦國埋怨趙國伐宋，於是引起五國伐秦，所以五國伐秦是為了趙國。⓰五國伐趙二句　指當日五國如果不是聯合伐秦而是聯合伐趙，趙國就必定滅亡。⓱李子　指李克。⓲鬻　出賣。⓳漳　漳河，在今山西東部。⓴陰成　地名，不詳。㉑蒿　據吳師道《補正》「蒿」字是衍文，當刪。㉒葛薛　據《史記・趙世家》趙成侯十七年「與魏惠王遇葛孽」，「葛薛」疑是「葛孽」之誤，在今山西翼城境內。㉓何陽　當作「河陽」，在今河南孟縣西南。㉔姑密　即姑蔑，在今山東泗水東。㉕其子　李兌子。㉖陰「陶」之誤，在今山東定陶。㉗比　對比；比較。㉘然而後　疑當作「然後」，「而」是衍文。㉙如　據鮑彪本當作「知」。㉚若　與上文「如」意思重複，當刪。㉛虛國　使國空虛，即派出國家的全部軍隊。㉜被　通「披」。㉝韓呡　韓人，主張親秦，曾任韓、齊二國的相。㉞去　離開。㉟疑齊　懷疑齊國親近趙國。因為韓呡曾任齊相，他到了趙國，魏國就懷疑齊、趙二國相親。㊱有秦陰　指趙國有過與秦國暗中講和的事，所以魏國懷疑趙國又會與齊國暗中講和，關係親密。㊲薛公　指孟嘗君田文，襲封在薛，稱薛公，曾為齊相，由於擔心遭到齊湣王的迫害，便到了魏國，魏昭王用他做相。㊳善韓徐以為上交　魏王的地位不比韓徐低，當是指心態而言。韓徐，趙將。㊴虞商　人名，事跡不詳，可能也是齊國的反對者。㊵固　通「顧」。反而；竟然。㊶於　依吳師道《補正》「於」下恐有「是」字。㊷詘　言辭笨拙，自知理虧。㊸循　順。㊹其　據黃丕烈《札記》「其」是「甚」之誤。㊺曰　疑為「日」之誤。㊻無庸　用不著。㊼推　移。㊽重趙　由於趙國在當時地位重要，秦國知道齊國重視趙國，怕對自己不利，所以也重視趙國。㊾治　較量。㊿高　指趙國高於齊國。(51)偏劫　偏劫，普遍進行威脅。(52)私甘　私下說好話。甘，美。(53)丹　當是齊臣。(54)順　也是齊臣。(55)呡　即韓呡。(56)偪　侵迫；反對。(57)交定　當是指邦交穩定。

【語　譯】齊國想進攻宋國，秦國讓起賈去阻止它。齊國便聯合趙國去進攻宋國。秦王惱火，埋怨趙國。趙國的李兌就聯絡五國去進攻秦國，卻沒有成功，便將天下諸侯的軍隊留在成皋，暗中與秦國講和。又想和秦國一起進攻魏國，來消除秦國對它的怨恨，同時也為自己奪取封地。魏王為此感到不高興。這時有人前往齊國，告訴齊王說：「我為您對魏王說：『趙、韓、魏三國都有秦國的禍患。現在五國進攻秦國，是為了趙國呀。假若五國進攻趙國，趙國必定滅亡了。如秦國趕走李兌，李兌必定死路一條。現在五國進攻秦國，是為了挽救瀕於死亡的李兌啊。現在李兌將天下諸侯的軍隊留在成皐，而暗中將他們出賣給秦國，他與秦國講和之後，便會讓秦國進攻魏國來完成他的私封。大王侍奉趙國得到了什麼呢？況且大王曾經渡過漳河，親自到邯鄲朝拜，抱著陰成，背著蒿、葛孽，去構築趙國的屏障，可是趙國卻沒有為大王做什麼啊。現在又將河陽、姑密封給他的兒子，而且竟然讓秦國進攻大王，以便奪取陶邑。人在對比以後才知道他好不好，假若大王用侍奉趙國的一半的行動去聯合齊國，天下還有人敢打大王的主意嗎？大王侍奉齊國，沒有遭受去朝拜的侮辱，也沒有割讓土地的耗費。齊國為了大王的緣故，在燕國、趙國之前就派出全國的部隊，在兩千里以外用兵，無論是攻打城市或是在野外作戰，沒有一次不替大王先遭受箭石的攻擊啊。得了兩個都邑，割取到了河東的地方，全部獻給了大王。從此以後，秦國進攻魏國，齊國的軍隊沒有哪一年不出動到大王的邊境上啊。請問大王用來報答齊國的可以和這相比嗎？韓呡住在趙國，離開齊國三千里，大王因此就懷疑齊國和趙國親善，說趙國有過暗中與秦國講和的事。現在大王又挾持原來的薛公田文做相國，親善韓徐，和他結為上交，尊重虞商把他視作貴客，大王竟然還可以反過來懷疑齊國嗎？』於是魏王聽了這一席話後覺得非常理屈詞窮，他想侍奉大王，顯出很順從的樣子，同時十分埋怨趙國。我希望大王天天和魏國互通消息而不要憎恨它啊。我請求替大王將魏國的怨恨轉移到趙國，同時又希望大王暗中重視趙國，而不要讓秦國看出大王在重視趙國啊。秦國看出大王在重視趙國，它也將重視趙國。齊國、秦國交相重視趙國，我必定會看見燕國和韓國、魏國也將重視趙國，將沒有一個國家敢和趙國較量。五國侍奉趙國，趙國率領它們合縱，再和秦國親善，就必定高居大王之上了。所以我想要大王對天下諸侯普遍進行威脅，而私下又都向他們說好話。大王派我用韓國、魏國和燕國威脅趙國，派丹去趙國說好話；用趙國威脅韓國、魏國，派我去韓國、魏國說好話；用韓、趙、魏三國威脅秦國，派順去秦國說好話；用天下諸侯去威脅楚國，派韓呡去楚國說好話。那麼天下諸侯就都會反對秦國，一起來侍奉大王，而不敢互相謀私啊。邦交穩定了，然後大王就可以作出抉擇了。」

齊將攻宋而秦楚禁之

【題解】齊國將要進攻宋國，遭到秦國暗中禁止，而趙國也不支持。齊國便派公孫衍去遊說趙國的當權大臣李兌，要他支持進攻宋國，而為自己取得封地。李兌先向齊王解釋自己態度不夠積極的原因，再說明現在進攻宋國的時機已到，他已替齊王派公孫衍去勸趙國的奉陽君攻宋定封，並希望齊王割地給燕國的襄安君以幫助自己。這樣齊國就必定能打敗宋國，控制天下。其中公孫衍說奉陽君的話，在本書中出現過三次，詳見〈趙策一・齊攻宋奉陽君不欲〉一章的題解。

齊將攻宋，而秦、楚❶禁之。齊因欲與趙❷，趙不聽。齊乃令公孫衍❸說李兌以攻宋而定封焉。李兌乃謂齊王❹曰：「臣之所以堅三晉❺以攻秦者，非以為齊得利秦之毀也，欲以使攻宋也。而宋置太子以為王，下親其上而守堅，臣是以欲足下之速歸休士民也。今太子走，諸善太子者，皆有死心，若復攻之，其國必有亂，而太子在外，此亦舉宋之時也。臣為足下❻使公孫衍說奉陽君❼曰：『君之身老矣，封不可不早定也。為君慮封，莫若於宋，他國莫可。夫秦人貪，韓、魏危，燕、楚辟❽，中山之地薄，莫如於陰❾。失今之時，不可復得已。宋之罪重，齊之怒深，殘❿亂宋，得⓫大齊，定身封，此百代之一時也。』以奉陽君甚食⓬之，唯⓭得大封，齊無大異⓮。臣願足下之大發攻宋之舉，而無庸致兵⓯，姑待已耕⓰，以觀奉陽君之應足下也。縣⓱陰⓲以甘之，循⓳有燕以臨之，而臣待忠之封⓴，事必大成。臣又願足下有地效於襄安君㉑以資臣也。足下果殘宋，此兩地㉒之時㉓也，足下何愛焉？若足下不得志於宋，與國㉔何敢望也。足下以此資臣也，臣循燕㉕觀趙㉖，則足下擊潰㉗而決㉘天下矣。」

【注釋】❶楚　姚宏注「一作『陰』」，是。❷與趙　和趙國結成聯盟。❸公孫衍　即犀首，魏國陰晉人，曾經佩五國相印。❹齊王　齊湣王。❺三晉　趙、韓、魏三國。❻足下　在這裡是稱齊湣王。❼奉陽君　趙肅侯封他的弟弟成為相，號奉陽君。❽辟　通「僻」。❾陰　當作「陶」，在今山東定陶。❿殘　殘伐；攻伐。⓫得　依〈趙策一・齊攻宋奉陽君不欲〉當作「德」。⓬食　受納。⓭唯　依曾鞏本當作「雖」。⓮大異　大的差別。和奉陽君得利比較而言。⓯致兵　導致用兵。⓰姑待已耕　不詳。疑指過一段時間，暫時等待耕種以後，以觀形勢變化。鮑彪本無此四字。⓱縣　同「懸」。「懸賞」之「懸」。⓲陰　當作「陶」。⓳循　循撫；安撫。⓴待忠之封　等待忠於齊國而定封。封，承接上文「說李兌攻宋而定封」。㉑襄安君　燕國的臣子。據馬王堆帛書〈蘇秦自齊獻書於燕王〉記載燕王曾派他出使齊國。㉒兩地　指奉陽君得到的封地和齊國給襄安君的土地。㉓時　依金正煒《補釋》當作「封」。㉔與國　盟國。㉕循燕　承接上文「循有燕以臨之」。㉖觀趙　承接上文「觀奉陽君之應足下」。㉗潰　指擊潰宋國。㉘決　制。

【語譯】齊國將要進攻宋國，秦國暗中阻止它。齊國因而想和趙國一起進攻宋國，趙國不答應。齊國於是派公孫衍勸說李兌進攻宋國以確定自己的封地。李兌便告訴齊王說：「我所以要加強趙、韓、魏三國的聯合去進攻秦國的原因，不是認為齊國可以從秦國的失敗中得到好處，而是想以此使大家去進攻宋國啊。可是宋國安排太子做宋王，下民親附主上，防守堅固，我因此想要您趕快回去讓士民休息啊。現在宋國的太子逃跑了，那些和太子要好的人都死心塌地跟著太子，假若再次進攻宋國，那麼這個國家必定會發生內亂，而且太子逃亡在外，這正是打敗宋國的時機啊。我替您派公孫衍去勸奉陽君說：『您年老了，封地不能不早點定下來。替您考慮封地，不如在宋國，在別的國家是不行的。秦國人貪婪，韓國、魏國危險，燕國、楚國地處偏僻，中山國的土地薄瘠，沒有一個地方比得上陶邑。錯過今天的時機就不可再來了。宋國的罪惡重，齊國的怨恨深，進攻動亂的宋國，給強大的齊國以恩德，確定自己的封地，這是百世不遇的一次時機啊。』奉陽君接受這一建議，雖然得到了大的封地，可是齊國得到的利益和奉陽君得到的利益相比也沒有大的差別。我希望您大舉進攻宋國，卻又用不著真的動武，暫且等到已經耕種之後，以觀察奉陽君怎樣接應您啊。將陶邑作為懸賞，給奉陽君以好處，安撫燕國以使它兵臨宋國，而我等待盡忠齊國而定封，事情必定會大獲成功。我又希望您有土地獻給襄安君以幫助我。要是您真的打敗了宋國的話，這兩地的封賞，您又何苦吝惜它呢？如果您在宋國不得志，盟國還敢指望什麼呢！您用這種獻地給襄安君的辦法幫助我，讓我去安撫燕國、觀察趙國，那麼您就可以擊潰宋國而控制天下了。」

五國伐秦無功

【題解】五國攻秦失敗，諸侯爭相事秦。蘇代遊說趙國的奉陽君，勸他不要與秦國講和，否則秦國將要控制天下，對趙國不利，而他也不可能得到陶邑。

五國❶伐秦無功，罷於成皋❷。趙欲搆❸於秦，楚與魏、韓將應之，秦❹弗欲。

蘇代謂齊王❺曰：「臣以❻為足下見奉陽君❼矣。臣謂奉陽君曰：『天下散而事秦，秦必據宋，魏冉必妬君之有陰❽也。秦王貪，魏冉妬，則陰不可得已矣。君無搆，齊必攻宋。齊攻宋，則楚必攻宋，魏必攻宋，燕、趙助之。五國據宋，不至一二月，陰必得矣。得陰而搆，秦雖有變，則君無患矣。若不得已而必搆，則願五國復堅約。願❾得趙，足下雄飛❿，與韓氏大吏東免⓫，齊王必無召呡⓬也。使臣守約，若與⓭有倍⓮約者，以四國攻之；無倍約者，而秦侵約，五國復堅而賓⓯之。今韓、魏與齊相疑也，若復不堅約而講，臣恐與國之大亂也。齊、秦非復合也，必有踦重⓰者矣。後合⓱與踦重者，皆非趙之利也。且天下散而事秦，是秦制天下也。秦制天下，將何以天下為？臣願君之蚤計也。

【章　旨】在五國攻秦無功的背景下，蘇代去見齊王，聲稱他已為齊王見過趙國的奉陽君，要奉陽君加強諸侯聯盟，不與秦國講和，否則諸侯大亂，秦將控制天下。

【注　釋】❶五國　指韓、趙、魏、燕、楚五國。❷成皋　在今河南滎陽汜水鎮。❸搆　同「構」。講和。❹秦　從鮑彪本當作「齊」。❺齊王　齊湣王。❻以　通「已」。❼奉陽君　趙肅侯用他的弟弟成做趙相，號奉陽君。❽陰　當作「陶」，下同。在今山東定陶。秦國穰侯也想得到陶作為自己的封地。❾願　據鮑彪本「願」上補「五國」二字。❿雄飛　雄飛則雌從。⓫東免　即東勉，指往東勉勵齊國合縱。⓬呡　指韓呡。韓人，曾為齊相，親秦。下文說天下爭相事秦，秦將韓呡送入齊國，可能是想拉攏齊國，齊國如果參加合縱，齊王就不會召見秦國派來的韓呡。⓭與　依鮑彪本當作「與國」，即盟國。⓮倍　通「背」。⓯賓　通「擯」。排斥。⓰踦重　偏重，指秦國與齊國力量對比發生有利於秦國的變化。⓱後合　即上文「復合」之誤。

【語譯】五國進攻秦國沒有成功，把軍隊留在成皋，停止進攻。趙國想向秦國求和，楚國與韓國、魏國將響應它，齊國卻不想向秦國求和。蘇代對齊王說：「我已經為您去見過奉陽君了。我告訴奉陽君說：『天下諸侯離散而爭著去侍奉秦國，秦國就必定會占據宋國。這樣，魏冉必定會妒忌您有陶邑啊。秦王貪婪，魏冉妒忌，那麼陶邑就得不到了。您不與秦國講和，齊國就必定會進攻宋國。齊國進攻宋國，那麼楚國也就必定會進攻宋國，魏國也必定會進攻宋國，燕國、趙國也會幫助它。五國占據了宋國，不到一兩個月，您必定能得到陶邑了。得到陶邑再講和，秦國即使有變化，那麼您也就沒有憂慮了。如果是不得已一定要與秦國講和，那就希望五國再堅守盟約。五國希望趙國參加聯盟，您出來領頭，雄飛雌從，大家跟隨著您，和韓國的大臣一起前往東方勉勵齊國，齊王就必定不會召見秦國派來的韓珉。各國的使臣堅守盟約，如果盟國有背約的，其餘四國就進攻它；如果沒有背約，而秦國侵犯締約的國家，五國就再堅守盟約而抵抗秦國。現在韓國、魏國與齊國互相懷疑，如果再不加強盟約而與秦國講和，我就擔心盟國會發生大亂。齊國和秦國不會再聯合，必然會出現偏重的現象。再次聯合和偏重一邊，都對趙國不利啊。況且天下諸侯離散而侍奉秦國，這樣秦國就會控制天下啊。秦國控制了天下，您還能對天下怎樣呢？我希望您早日考慮好啊。

「『天下爭秦，有❶六舉，皆不利趙矣。天下爭秦，秦王❷受負❸海內之國，合負親之交❹，以據中國，而求利於三晉，是秦之一舉也。秦行是計，不利於趙，而君終不得陰，一矣。天下爭秦，秦王內韓珉❺於齊，內成陽君❻於韓，相魏懷❼於魏，復合衍❽交兩王❾，王賁❿、韓他⓫之曹⓬，皆起而行事，是秦之一舉也。秦行是計也，不利於趙，而君又不得陰，二矣。天下爭秦，秦王受齊受趙，三彊⓭

三親，以據魏而求安邑⑭，是秦之一舉也。秦行是計，齊、趙應之，魏不待伐，抱⑮安邑而信⑯秦，秦得安邑之饒，魏為上交，韓必入朝秦，過趙⑰已安邑⑱矣，是秦之一舉也。秦行是計，不利於趙，而君必不得陰，三矣。天下爭秦，秦堅燕、趙之交，以伐齊收楚，與韓呡而攻魏⑲，是秦之一舉也。秦行是計，而燕、趙應之。燕、趙伐齊，兵始用⑳，秦因收楚而攻魏，不至一二月，魏必破矣。秦舉安邑而塞女戟㉑，韓之太原㉒絕，下軹道㉓、南陽㉔高㉕伐魏，絕韓，包二周㉖，即趙自消爍㉗矣。國燥㉘於秦，兵分㉙於齊，非趙之利也。而君終身不得陰，四矣。天下爭秦，秦堅三晉之交攻齊，國破曹屈㉚，而兵東分於齊，秦桉㉛兵㉜攻魏，取安邑，是秦之一舉也。秦行是計也，君桉㉝救魏，是以攻齊之已弊，救㉞與秦爭戰也；君不救也，韓、魏焉免西合㉟？國在謀之中㊱，而君有㊲終身不得陰，五矣。天下爭秦，秦按㊳為義，存亡繼絕，固危扶弱，定㊴無罪之君，必起中山㊵與勝㊶焉。秦起中山與勝，而趙、宋同命㊷，何暇言陰？六矣。故曰君必無講，則陰必得矣。』奉陽君曰：『善。』乃絕和於秦，而收齊、魏以成取陰。」

【章　旨】蘇代再告訴奉陽君，如果天下諸侯爭相事秦，秦將採取六大不利於趙國的行動，將使奉陽君得不到封地陶邑。奉陽君接受了蘇代的建議，不與秦國講和。

【注　釋】❶有　依鍾鳳年《勘研》「有」上當缺一「秦」字。❷秦王　指秦昭王。❸負　依吳師道《補正》「負」字恐是衍文。❹負親之交　有的諸侯國曾經和秦國親善，後來背棄了秦國，所以叫負親之交。負，背。❺韓珉　即韓呡。❻內成陽君　〈秦策三・五國罷成睪〉說這次秦王是想讓成陽君去做韓國、魏國的相。內，通「納」。成陽君，是韓國某人的封號，姓名不詳。〈魏策四〉說他「欲以韓、魏聽秦」。❼魏懷　事跡不詳，可能是魏國人，親秦。❽衍　公孫衍，魏相。❾兩王　秦王和魏王。❿王賁　秦國將軍王翦的兒子。⓫韓他　不詳，當是親秦者或秦臣。⓬曹　輩。⓭三疆　當是「三彊」之誤。三彊，即三強，指秦、齊、趙三強。⓮安邑　在今山西夏縣西北，戰國初是魏國國都，秦昭王三十九年（西元前二八六年），秦攻魏，魏將安邑獻給秦國。蘇代說奉陽君時，安邑還屬魏所有。⓯抱　奉。⓰信　當是「陪」之誤，是增益的意思。⓱過趙　勝趙。⓲已安邑　以得安邑。已，通「以」。⓳與韓呡而攻魏　上文說到秦國將韓呡送進齊國，所以秦攻齊之後便能和韓呡一起攻魏。⓴始用　剛開始用兵。㉑女戟　地名，在太行山西邊。㉒韓之太原　依黃丕烈《札記》「之」字是衍文。太原，《史記・蘇秦列傳》張守節《正義》說「當為太行」。㉓軹道　亭名，在今陝西西安東北。㉔南陽　魏地，在今河南獲嘉。㉕高　鮑彪本作「而」。㉖二周　指東周國和西周國。㉗消爍　消亡。㉘爍　姚宏注：「一作『爍』。」㉙兵分　指趙國的兵分出去伐齊，因為上文有「趙伐齊」的話。㉚曹屈　依鮑彪本當作「財屈」。屈，盡。㉛桉　鮑彪本作「按」。據王念孫說，「按」是語詞，相當於「於是」。見《讀書雜志・戰國策第二》。㉜兵　據王念孫說「兵」字是後人所加，當刪。㉝桉　通「按」。於是。㉞救　當是衍文，宜刪去。㉟西合　和西邊的秦國聯合。㊱在謀之中　指在秦國的謀算之中。㊲有　通「又」。㊳按　於是。㊴定　選定；確定。㊵中山　中山國，被趙武靈王所滅。㊶勝　當作「滕」，下同。據〈宋衛策・宋康王之時有雀生鸇〉，宋康王「滅滕，伐薛，取淮北之地」。滕，國名，在今山東滕縣西南。㊷趙宋同命　趙滅中山國，宋滅滕國，如果秦國恢復中山國、滕國，趙國、宋國的日子都不好過，所以說「趙宋同命」。

【語　譯】「『天下諸侯爭相侍奉秦國，秦國就將有六大舉動，都對趙國不利。天下爭相侍奉秦國，秦王接受四海之內的國家的朝拜，聯合曾經和它親善後來又背離它的國家，建立邦交，占據中原地區，而向趙、韓、魏三國索取好處，這是秦國的一大舉動。秦國實行這種計畫，對趙國不利，而您終將得不到陶邑，這是一。天下爭相侍奉秦國，秦王將韓呡送進齊國，將成陽君送進韓國，讓魏懷去魏國做相，再聯合公孫衍使秦王和魏王結交，王賁、韓他這一類人都得到起用而去辦事，這是秦國的又一大舉動。秦國實行這種計畫，對趙國不利，而您又不能得到陶邑，這是二。天下爭相侍奉秦國，秦王接受了齊國、趙國的朝拜，秦、齊、趙三強親善，秦國便會逼迫魏國要求得到安邑，這是秦國的又一大舉動。秦國實行這種計畫，齊國、趙國響應它，魏國等不到秦國的進攻，就會捧上安邑去增益秦國的領土。秦國得到安邑這富饒之地，魏國又認為結交了比它強的秦國，韓國就必定到秦國去朝拜，秦國勝了趙國便得到安邑了，這是秦國的又一大舉動。秦國實行這種計畫，對趙國不利，而您必定得不到陶邑，這是三。天下爭相侍奉秦國，秦國加強和燕國、趙國的邦交，去進攻齊國，聯合楚國，和韓氓一起去進攻魏國，這是秦國的又一大舉動。秦國實行這種計畫，而燕國、趙國響應它。燕國、趙國進攻齊國，戰爭一開始，秦國便聯合楚國去進攻魏國，不到一兩個月，魏國必定被打敗。秦國攻下安邑而堵塞女戟，韓國和太原便交通斷絕，秦國由軹道、南陽下去攻打魏國，斷絕韓國的交通，包圍東周、西周，那麼趙國就自行衰敗了。國家由於秦國而衰敗，軍隊又分出去進攻齊國，對趙國是不利啊。而您一輩子也得不到陶邑，這是四。天下爭相侍奉秦國，秦國加強和趙、韓、魏三國的邦交，去進攻齊國，趙國殘破，財力耗盡，而軍隊又分出去進攻齊國，秦國於是攻打魏國，奪取安邑，這是秦國的又一大舉動。秦國實行這種計畫，您於是去救援魏國，這是用由於進攻齊國而已經疲困的兵力去和秦國作戰啊；如果您不去救援魏國，韓國、魏國怎麼能避免和西邊的秦國聯合？趙國在秦國的謀算之中，而您又一輩子得不到陶邑，這是五。天下爭相侍奉秦國，秦國於是裝著主持正義，存亡國，繼絕世，固垂危，扶弱小，選定無罪的君主，必定恢復中山國和滕國，而趙國、宋國就將遭受同樣的命運，哪裡還有空來談您的陶邑呢？這是六。所以說您一定不要與秦國講和，那麼陶邑就必定可以得到了。』奉陽君說：『說得好。』於是不與秦國講和，同時去聯合齊國、魏國以完成奪取陶邑的計畫。」

樓緩將使伏事辭行

【題　解】樓緩辭別趙王時已有反叛之心，卻用巧言欺騙了趙王。

樓緩❶將使伏事❷，辭行，謂趙王曰：「臣雖盡力竭知，死不復見於王矣。」王曰：「是何言也？固且❸為書❹而厚寄卿。」樓子曰：「王不聞公子牟夷❺之於宋乎？非肉不食。文張❻善宋❼，惡公子牟夷，寅然❽。今臣之於王非宋之於公子牟夷也，而惡臣者過文張。故臣死不復見於王矣。」王曰：「子勉行矣，寡人與子有誓言矣。」樓子遂行。後以中牟❾反，入梁❿。候者⓫來言，而王弗聽，曰：「吾已與樓子有言矣。」

【注釋】❶樓緩　趙人，親秦，曾為秦相。❷伏事　行事；辦事。❸固且　姑且。❹書　當是指書寫誓言。❺公子牟夷　宋公子牟夷。❻文張　人名，事跡不詳。❼善宋　指與宋王親善。❽寅然　鮑彪本作「宋然之」。❾中牟　趙地，在今河南湯陰西。❿梁　魏。⓫候者　偵探。

【語譯】樓緩將要出使去辦事，辭行的時候，對趙王說：「我雖然盡力盡智，但怕是將要死去，不能再見到大王了。」趙王說：「這是什麼話呀？暫且立下誓言，將厚望寄託給您。」樓緩說：「大王沒有聽說公子牟夷與宋王的事嗎？他們好到不是肉餚宋王就不招待他進餐。有個叫文張的人和宋王關係好，詆毀公子牟夷，宋王同意了他的看法。現在我和大王的關係不是宋王和公子牟夷的關係，可是詆毀我的人超過了文張。所以我將要死去，再也見不到大王了。」趙王說：「勉力去辦事吧，寡人和您有過誓言了。」樓緩於是走了。後來樓緩在中牟造反，進入魏國。偵探來報告，而趙王不聽，說：「我已經和樓緩有了誓言了。」

虞卿請趙王

【題解】趙王聽從虞卿勸說，為了做合縱的盟主，以獻地為名，請求魏王殺掉范座。范座被捕後，分別致書魏王和信陵君，終於免去一死。

虞卿❶請❷趙王❸曰：「人之情，寧朝人❹乎？寧朝於人❺也？」趙王曰：「人亦寧朝人耳，何故寧朝於人？」虞卿曰：「夫魏為從主，而違者❻范座❼也。今王能以百里之地若❽萬戶之都，請殺范座於魏。范座死，則從事可移於趙。」趙王曰：「善。」乃使人以百里之地，請殺范座於魏。魏王❾許諾，使司徒❿執范座，而未殺也。

【章旨】虞卿勸趙王獻地給魏王，害死范座，以取得盟主地位。魏王於是拘捕了范座，但未立即處死他。

【注釋】❶虞卿　遊說之士，為趙國上卿。❷請　姚宏注：「一作『謂』。」❸趙王　指趙惠文王。❹朝人　使人朝拜。❺朝於人　向人朝拜。❻違者　有蓄怨的人。下文說范座曾經「得罪於趙」。違，蓄怨。❼范座　魏相。❽若　或。❾魏王　指魏安釐王。❿司徒　官名，管理土地和人民。從本文看，當時魏國的司徒可能兼管刑法。

【語譯】虞卿對趙王說：「人的情性，寧願使別人來朝拜呢？還是寧願向別人朝拜呢？」趙王說：「人是寧願使別人來朝拜啊，為何寧願向別人朝拜呢？」虞卿說：「魏國是合縱的盟主，而心中怨恨趙國的是范座。

現在大王能夠用一百里的土地或者一萬戶的都邑，請求魏國殺掉范座。范座死了，那麼合縱之事就可以轉移到趙國。」趙王說：「妙。」於是派人用一百里土地請求魏國殺掉范座。魏王答應了，便讓司徒拘捕了范座，卻沒有立即殺掉他。

范座獻書魏王曰：「臣聞趙王以百里之地，請殺座之身。夫殺無罪范座，座❶薄故❷也；而得百里之地，大利也。臣竊為大王美之。雖然，而有一焉，百里之地不可得，而死者不可復生也，則主❸必為天下笑矣！臣竊以為與其以死人市，不若以生人市使❹也。」

【章　旨】范座上書魏王，說人死了，得不到土地，必為天下所笑。用死人做交易，不如用活人做交易好。

【注　釋】❶座　依劉敞本、鮑彪本，「座」當是衍文，宜刪去。❷薄故　細事。❸主　鮑彪本作「王」。❹使　姚宏注：「一本無『使』字。」

【語　譯】范座上書給魏王說：「我聽說趙王用一百里的土地，請求殺了我范座。殺了我無罪的范座，是件小事；卻可以得到一百里的土地，那是大利啊。我私下替大王叫好。即使這樣，卻有一點值得考慮，如果一百里的土地得不到，而死了的人又不能再生，那麼大王就必定被天下人所恥笑了。我私下認為與其用死人做交易，不如用活人做交易啊。」

又遺其後相❶信陵君❷書曰：「夫趙、魏，敵戰之國也。趙王以咫尺之書❸來，而魏王輕為之殺無罪之座，座雖不肖，故魏之免相❹望❺也。嘗以魏之故，得罪於趙。夫國內無用臣❻，外雖得地，勢不能守。然今能守魏者，莫如君矣。王聽趙殺座之後，強秦襲❼趙之欲，倍趙之割❽，則君將何以止之？此君之累也。」信陵君曰：「善。」遽言之王而出之。

【章　旨】范座致書信陵君，說殺了我，魏國沒有可任用的臣子，得到了趙地也守不住。秦國照著趙國的辦法加倍割地，要求殺掉您，怎麼制止它？信陵君於是勸魏王釋放了范座。

【注　釋】❶後相　繼任的相。《史記・魏公子列傳》說安釐王「畏公子之賢能，不敢任公子以國政」，和這裡的記載有出入。❷信陵君　魏國公子，名無忌，安釐王的異母弟，受封為信陵君。❸咫尺之書　短小的書信。咫，八寸。❹免相　被免職的相。❺望　據鮑彪本及《史記・魏公子列傳》「望」當是衍文，宜刪去。❻用臣　可任用的臣子。❼襲　沿襲。❽倍趙之割　割地比趙國加一倍，指用地來要求魏國殺掉信陵君。

【語　譯】范座又寫信給繼任的相國信陵君說：「趙國和魏國，是敵對交戰的國家啊。趙王寄一封短信來，魏王就輕率地為此要殺掉我這個無罪的范座，我范座雖然不像樣，也是以前魏國被免職的相國呀。曾經因為魏國的緣故，得罪了趙國。國內沒有可以任用的臣子，外面雖然得到了土地，勢必不能守住。然而今天能守住魏國的人，沒有誰比得上您了。君王聽從趙國的話殺了我范座以後，強大的秦國照著趙國的辦法，割地比趙國增加一倍，以請求再殺掉您，那麼您將怎麼樣去制止它？這就是您的麻煩啊。」信陵君說：「說得好。」便急忙去勸魏王釋放范座。

燕封宋人榮蚠為高陽君

【題解】燕國進攻趙國，趙王採納平原君的建議，割讓城市給齊國，請求安平君田單率領趙軍抵抗燕軍。馬服君趙奢表示反對，認為用田單還不如用自己好，一是自己瞭解燕國情況，可以打敗燕國；二是田單不會打敗燕國以加強趙國的力量，因為這將威脅到齊國的稱霸。

燕封宋人榮蚠為高陽君，使將而攻趙。趙王因割濟❶東三城令盧❷、高唐❸、平原❹陵❺地城邑市❻五十七，命以與齊，而以求安平君❼而將之。馬服君❽謂平原君❾曰：「國奚無人甚哉！君致安平君而將之，乃割濟東三令❿城市邑五十七以與齊，此夫子與敵國戰，覆軍殺將之所取、割地於敵國者也。今君以此與齊，而求安平君而將之，國奚無人甚也！且君奚不將奢也？奢嘗抵罪⓫居燕，燕以奢為上谷⓬守，燕之通谷要塞，奢習知之。百日之內，天下之兵未聚，奢已舉燕矣。然則君奚求安平君而為將乎？」平原君曰：「將軍釋之矣，僕已言之僕主矣。僕主幸以⓭聽僕也。將軍無言已。」馬服君曰：「君過矣！君之所以求安平君者，以齊之於燕也，茹肝涉血之仇⓮耶，其於奢不然。使安平君愚，固不能當榮蚠；使安平君知，又不肯與燕人戰⓯。此兩言者，安平君必處一焉。雖然，兩者有一也。使安平君知，則奚以趙之強為？趙強則齊不復霸矣。今得強趙之兵，以杜⓰燕將，曠日持久數歲，令士大夫餘子⓱之力，盡於溝壘⓲，車甲羽毛⓳裂⓴敝，府庫倉廩虛，兩國交以習之㉑，乃引其兵而歸。夫盡兩國之兵，無明此者矣。」夏，軍也縣釜㉒而炊。得三城也，城大無能過百雉㉓者，果如馬服之言也。

【注　釋】❶濟　濟水。❷令盧　鮑彪本作「合盧」。❸高唐　在今山東禹城西南。❹平原　在今山東平原南。❺陵　姚宏注：「一本無『陵』字。」❻城邑市　鮑彪本作「城市邑」。❼安平君　指齊將田單。他用火牛陣敗燕軍，受封安平君。❽馬服君　趙將趙奢，號馬服君。❾平原君　即趙勝，在惠文王、孝成王時多次為相。❿令　姚宏注：「一本無『令』字。」⓫抵罪　當罪；犯罪。⓬上谷　燕郡名，在今河北西北部一帶。⓭以　通「已」。⓮茹肝涉血之仇　指燕將樂毅在燕昭王二十八年（西元前二八四年）大破齊國，攻入臨淄，焚燒齊宮室宗廟，齊湣王出逃，後來齊將田單又在即墨大敗燕軍等歷史而言。茹肝，食肝。涉血，踏血。⓯不肯與燕人戰　因為田單如果幫助趙國打敗燕國，趙國強大起來，對齊國不利。⓰杜　抗拒。⓱餘子　嫡長子以外的兒子。⓲溝壘　壕溝堡壘。⓳羽毛　指箭。⓴洌　同「裂」。㉑交以習之　依曾鞏本、劉敞本當作「交敝」，交相疲困。㉒縣釜　懸掛起鍋來。縣，同「懸」。釜，古代的一種鍋。懸釜而炊可能是因為漲了水。㉓百雉　雉是古代計算城牆大小的量詞。古代方丈的牆叫堵，三堵叫雉，一雉等於長三丈，高一丈。百雉的城並不大。

【語　譯】燕國封宋國人榮蚠做高陽君，派他率領軍隊去進攻趙國。趙王於是割讓濟水以東三城合盧、高唐、平原以及別地城市五十七座給齊國，以請求安平君田單做趙國的將軍去抗拒燕軍。馬服君趙奢對平原君說：「國家沒人怎麼到了這種地步呢？您使安平君來做將軍，竟割讓濟水以東三城以及別地城市五十七座給齊國，這些都是男子漢和敵國作戰，消滅敵軍、殺死敵將、從敵國奪取、割讓而來的土地啊。現在您將這些土地給齊國，而請求安平君來做將軍，國家怎麼沒人到這樣地步呀！您為什麼不讓我趙奢做將軍呢？我趙奢曾經犯罪，居住在燕國，燕國用我做上谷郡太守，燕國可以通行的山谷和要塞，我熟悉知曉。在短短一百天之內，天下的軍隊還來不及聚集在一起，我就已經攻破燕國了。這麼說來，您為什麼要請求安平君來做將軍呢？」平原君說：「將軍不要再提這件事了。我已經告訴主上了。幸虧主上已經聽從我的建議啊。將軍不要再說了。」馬服君說：「您錯了！您所以請求安平君來做將軍，是認為齊國對於燕國有著食肝踏血的深仇，可是我趙奢卻不認為是這樣。假使安平君是愚蠢的，那就一定不能擋住榮蚠；假使安平君是聰明的，又會不肯去和燕國人作戰。說的這兩種情況，安平君必然屬於其中的一種。既然兩者必居其一，那結果是可以想像得到的啊。假使安平君聰明，那麼他讓趙國強大幹什麼？趙國強大了，齊國就不能再稱霸了。如果現在安平君得到趙國的兵力，去抗拒燕國的將軍，曠日持久，過上幾年，讓士大夫長子以外的那些兒子的精力耗盡在壕溝堡壘之中，軍車、鎧甲、箭矢破爛，倉庫空虛，兩國交相疲困，到了那時才退兵回去。這樣耗盡兩國的兵力，沒有比這更明白的了。」直到夏天，安平君的軍隊將鍋懸掛起來煮飯。奪取到三座城，每座城都沒有超過三百丈大的，真的像馬服君所說的那樣啊。

三國攻秦趙攻中山

【題　解】在三國攻秦的時候，趙國奪取了中山國的扶柳，戎郭、宋突勸趙臣仇郝將扶柳還給中山國，中山國就會告訴齊國：四國將要阻止齊將匡章的歸路，齊國便會將鼓地獻給趙國。

三國攻秦❶，趙攻中山❷，取扶柳❸，五年以擅呼沲❹。齊人戎郭、宋突謂仇郝❺曰：「不如盡歸中山之新埊❻。中山案❼此言於齊曰，四國❽將假道於衛，以過❾章子❿之路。齊聞此，必效鼓⓫。」

【注　釋】❶三國攻秦　魏襄王二十一年（西元前二九八年）魏與齊、韓共擊秦。❷中山　國名。❸扶柳　中山國邑名，其地有扶澤，澤中多柳，故名扶柳。在今河北冀縣西北。❹呼沲　即滹沱河，流經河北南部，在扶柳的北邊。❺仇郝　即仇赫，趙臣，趙武靈王曾派他去宋國做相。❻新埊　新地，指扶柳及滹沱河流域一帶。埊，古「地」字。❼案　據。❽四國　鮑彪說是趙、韓、魏、齊四國。此說與下文所述相矛盾，待考。❾過　依金正煒《補釋》是「遏」之誤。❿章子　匡章，齊將。據〈齊策一・秦假道韓魏以攻齊〉記載，齊威王曾派他抗擊秦軍。⓫鼓　鼓里，齊地。

【語　譯】三國進攻秦國，趙國進攻中山國，奪取了扶柳，經過五年占據了滹沱河。齊國人戎郭、宋突對仇赫說：「趙國不如全部歸還從中山國奪得的土地。中山國據此就會告訴齊國說，四國將向衛國借路，以阻斷匡章的通路。齊國聽到這話，必定會獻出鼓里。」

趙使趙莊合從

【題　解】本篇記敘趙莊合縱事。

趙使趙莊❶合從，欲伐齊。齊請效地，趙因賤趙莊。齊明❷為❸謂趙王曰：「齊畏從人❹之合也，故效地；今聞趙莊賤，張懃❺貴，齊必不效地矣。」趙王曰：「善。」乃召趙莊而貴之。

【注　釋】❶趙莊　趙國的將軍。❷齊明　策士名，東周人，曾仕秦、楚、韓等國。❸為　劉敞本無「為」字。❹人　劉敞本無「人」字。❺張懃　當是合縱的反對者。

【語　譯】趙國派趙莊去推動合縱政策，想進攻齊國。齊國請求獻地給趙國，趙國於是輕視趙莊。齊明對趙王說：「齊國害怕合縱，所以獻出土地；現在聽說趙莊受到輕視，張懃的地位顯貴，這樣，齊國必定不獻地了。」趙王說：「好。」於是召見趙莊而重用他。

翟章從梁來

【題　解】趙王想任命梁客翟章為相，田駟準備謀殺翟章來為韓向謀利。

翟章❶從梁❷來，甚善趙王。趙王三延之以相，翟章辭不受。田駟❸謂柱國❹韓向曰：「臣請為卿刺之。客❺若死，則王必怒而誅建信君❻。建信君死，則卿必為相矣；建信君不死，以為交❼，終身不敝，卿因以德建信君矣。」

【注　釋】❶翟章　事跡不詳。從本文看，當是梁客，也就是魏客。❷梁　魏。❸田駟　事跡不詳，疑是說客或刺客。❹柱國　本是楚官名，地位僅次於令尹（相當於其他諸侯國的相）。趙國亦當設有此官。❺客　指翟章。❻建信君　趙國貴臣，當時是趙相，所以趙王會懷疑是他爭權謀殺翟章。❼建信君不死二句　謀殺建信君的政敵，所以可結交建信君。

【語　譯】翟章從魏國來到趙國，趙王很喜歡他，再三請他擔任趙國的相，翟章推辭不接受。田駟對柱國韓向說：「請讓我替您去刺殺翟章。翟章被刺死了，那麼趙王必定發怒，殺掉建信君。建信君死了，那麼您就必定會做相了；建信君沒有死，您就藉此和他結交，一輩子同他要好，您因此就可以使建信君感激您了。」

馮忌為盧陵君謂趙王

【題　解】馮忌諫誡趙王不要驅逐盧陵君。

馮忌❶為盧陵君❷謂趙王❸曰：「王之逐盧陵君，為燕也。」王曰：「吾所以重者，無燕、秦也。」對曰：「秦三以虞卿❹為言，而王不逐也；今燕一以盧陵君為言，而王逐之。是王輕強秦而重弱燕也。」王曰：「吾非為燕也，吾固將逐之。」「然則王逐盧陵君，又不為燕也。行❺逐愛弟，又兼無燕、秦，臣竊為大王不取也。」

【注釋】❶馮忌　事跡不詳。❷盧陵君　當是趙國封君。❸趙王　趙孝成王。❹虞卿　遊說之士，趙國上卿。❺行　將。

【語譯】馮忌為了盧陵君對趙王說：「大王驅逐盧陵君，是為了燕國啊。」趙王說：「我所看重的，並不是燕國和秦國。」馮忌回答說：「秦國三次用虞卿進言，大王不驅逐虞卿；現在燕國一次用盧陵君進言，大王就驅逐盧陵君。這樣看來，大王是輕視強大的秦國而重視弱小的燕國啊。」趙王說：「我不是為了燕國啊，我本來就將驅逐盧陵君。」馮忌說：「既然這樣，那麼大王驅逐盧陵君，也不是為了燕國呀。將要驅逐愛弟，再加上心目中又沒有燕國、秦國，我私自認為大王不應當這樣啊。」

馮忌請見趙王

【題　解】馮忌借用有位客人去見宓子的故事巧說趙王，說明交淺可以深談的道理。

馮忌請見趙王❶，行人見之。馮忌接手❷免首❸，欲言而不敢。王問其故，對曰：「客有見人於服子❹者，已而請其罪。服子曰：『公之客獨有三罪：望我而笑，是狎❺也；談語而不稱師，是倍❻也；交淺而言深，是亂也。』客曰：『不然。夫望人而笑，是和也；言而不稱師，是庸說❼也；交淺而言深，是忠也。昔者堯見舜於草茅之中，席隴畝❽而廕庇❾桑，陰❿移而授天下傳⓫。伊尹⓬負鼎俎⓭而干⓮湯，姓名未著而受三公⓯。使夫交淺者不可以深談，則天下不傳，而三公不得也。』」趙王曰：「甚善。」馮忌曰：「今外臣⓰交淺而欲深談可乎？」王曰：「請奉教。」於是馮忌乃談。

【注　釋】❶趙王　趙孝成王。❷接手　交手；雙手交拱。❸免首　俛首，即俯首。❹服子　《淮南子‧齊俗》作「宓子」，即宓子賤，春秋末年魯國人，是孔子的學生。❺狎　狎侮；親近而態度不嚴肅、不莊重。❻倍　背。❼庸說　相當於庸言，日常的語言。❽席隴畝　就是以隴畝為席。席，作動詞用。❾廕庇　覆蓋；遮蔭。廕，通「蔭」。❿陰　日影。⓫傳　劉敞本無「傳」字。⓬伊尹　商湯的臣子，名摯。相傳他想見商湯，便裝作陪嫁的臣子，背著鼎俎，用滋味說湯，湯於是用他來主持國政。⓭鼎俎　三足鍋和砧板。⓮干　干謁；求見。⓯三公　泛指主持國政的大臣。⓰外臣　國外的臣子。

【語　譯】馮忌請求拜見趙王，主管朝覲聘問的官員帶他去拜見。馮忌拱手低頭，想說話而又不敢說。趙王問他是什麼緣故，馮忌回答說：「我有位賓客引一個人去見宓子，拜見以後，我問宓子：那位賓客有什麼罪。宓子說：『你的賓客獨有三條罪：望著我笑，這是犯了不莊重的罪；談話中而不稱呼我為老師，這是犯了背叛罪；交情淺而話說得深入，這是犯了亂說罪。』那位賓客說：『不對。望著別人笑，這是和善；說話中不稱呼老師，這是日常的語言；交情淺而話說得深入，這是忠誠。過去堯帝在茅草之中拜見虞舜，用田畝當坐席，用桑樹遮陰，談到太陽的影子移動了，就將天下交給了虞舜。伊尹背著三腳鍋和砧板去求見商湯，姓名還沒有弄明白，就受任主持國政的大臣。假使交情淺就不可以深談的話，那麼天下就不會傳給虞舜，伊尹也就不能做主持國政的大臣啊。』」趙王說：「說得很好。」馮忌說：「現在我這個外臣交情淺而想深談，行嗎？」趙王說：「請賜教。」於是馮忌便談了起來。

客見趙王

【題解】說客諷諫趙王重視選擇人去買馬，卻不重視選擇人去治國。

客見趙王曰：「臣聞王之使人買馬也，有之乎？」王曰：「有之。」「何故至今不遣？」王曰：「未得相馬之工❶也。」對曰：「王何不遣建信君❷乎？」王曰：「建信君有國事，又不知相馬。」曰：「王何不遣紀姬❸乎？」王曰：「紀姬婦人也，不知相馬。」對曰：「買馬而善，何補於國？」王曰：「無補於國。」「買馬而惡，何危於國？」王曰：「無危於國。」對曰：「然則買馬善而若❹惡，皆無危補於國。然而王之買馬也，必將待工。今治天下，舉錯非也，國家為虛戾❺，而社稷不血食❻，然而王不待工，而與建信君，何也？」趙王未之應也。客曰：「燕郭之法❼，有所謂桑癕❽者，王知之乎？」王曰：「未之聞也。」「所謂桑癕者，便辟⑨左右之近者，及夫人、優愛⑩、孺子⑪也。此皆能乘王之醉昏，而求所欲於王者也。是能得之乎內，則大臣為之枉法於外矣。故日月暉⑫於外，其賊⑬在於內，謹備其所憎，而禍在於所愛。」

【注　釋】①工　善於；擅長。②建信君　趙國主持國政的大臣。③紀姬　趙王寵姬。④若　或者。⑤虛戾　疑猶廢墟。⑥血食　祭祀。⑦燕郭之法　郭偃之法。「燕郭」當是「郭燕」誤倒。燕，通「偃」。「郭燕」即郭偃，春秋時晉國掌卜的大夫。《商君書・更法》有「郭偃之法」的記載。參見王念孫《讀書雜志・戰國策第二》。⑧桑雍　依劉敞本及王念孫說當作「柔癰」。柔，柔媚。癰，癰瘡。比喻便辟左右、夫人孺子一類的人。⑨便辟　左右近臣。⑩優愛　歌舞藝人。⑪孺子　年少美女。⑫暉　當作「暈」，太陽和月亮周圍的光圈。《韓非子・備內》：「故日月暈圍於外，其賊在內，備其所憎，禍在所愛。」⑬賊　傷害；破壞。

【語　譯】有位說客去拜見趙王，說：「我聽說大王要派人去買馬，有這回事嗎？」趙王說：「有這回事。」說客說：「為什麼到現在還不派人去？」趙王說：「沒有找到善於識別馬的人。」說客回答說：「大王為什麼不派建信君去呢？」趙王說：「建信君有國事在身，又不懂得怎樣去識別馬。」說客說：「大王為什麼不派紀姬去呢？」趙王說：「紀姬是個女人，不懂得怎樣去識別馬。」說客回答說：「買到了好馬，對國家有什麼幫助？」趙王說：「對國家沒有幫助。」說客說：「買到了壞馬，對國家有什麼危險？」趙王說：「對國家沒有危險。」說客回答說：「這麼說來，無論買到好馬或壞馬，對國家都沒危險或補益。可是大王買馬，一定要等待找到一個善於識別馬的人。現在治理天下，舉動措施不對頭，國家就將成為廢墟，而社稷之神就得不到祭祀，可是大王不等待找到一個善於治理國家的人，就把國事交給了建信君，那是為什麼呢？」趙王無言可答。說客說：「郭偃之法有所謂『柔癰』的，大王知道嗎？」趙王說：「沒有聽說過。」說客說：「所謂『柔癰』的，指的是左右近臣，以及夫人、歌舞藝人、年少的美女啊。這些人都能趁大王醉昏昏的時候，向大王求得他們所想得到的東西啊。這些人能從宮內得到他們所想得到的東西，那麼大臣們就會在外面貪贓枉法了。所以太陽和月亮在它們的外面出現光圈，就表示在它們的裡面已有所虧損了。謹慎小心地防備他所憎恨的人，而災禍卻從他所喜愛的人那裡產生。」

秦攻魏取寧邑

【題　解】本篇記敘了諒毅出使秦國的故事，讚揚他的外交才能。

秦攻魏，取寧邑❶，諸侯皆賀。趙王使往賀，三反❷不得通。趙王憂之，謂左右曰：「以秦之強，得寧邑，以制齊、趙。諸侯皆賀，吾往賀而獨不得通，此必加兵我，為之奈何？」左右曰：「使者三往不得通者，必所使者非其人也。曰諒毅者，辨士❸也，大王可試使之。」

【章　旨】介紹趙王準備派遣諒毅出使秦國的背景。

【注　釋】❶寧邑　當是魏邑，其地不詳。❷反　同「返」。❸辨士　能言善辯的人。

【語　譯】秦國進攻魏國，奪取了寧邑，諸侯都前往祝賀。趙王也派使者前往祝賀，往返三次都通報不成。趙王為此憂慮，對左右說：「憑藉秦國的強大，得到了寧邑，就會來控制齊國、趙國。諸侯都前往祝賀，我們也前往祝賀，卻偏偏不能通報，這說明秦國必定向我國用兵，該怎麼辦？」左右說：「使者前往三次不能通報的原因，一定是由於派去的使者不是合適的人選。有個叫諒毅的，是個能言善辯的人，大王可以派他去試試看。」

諒毅親受命而往。至秦，獻書秦王曰：「大王廣地寧邑，諸侯皆賀，敝邑寡君亦竊嘉之，不敢寧居，使下臣奉其幣物三至王廷，而使不得通。使若無罪，願大王無絕其歡；若使有罪，願得請之。」秦王使使者報曰：「吾所使趙國者，小大皆聽吾言，則受書幣；若不從吾言，則使者歸矣。」諒毅對曰：「下臣之來，固願承大國之意也，豈敢有難？大王若有以令之，請奉而西❶行之，無所敢疑。」

【章旨】諒毅入秦，先答應秦國的要求，以便能見到秦王。

【注釋】❶西　依鮑彪本「西」字當是衍文，宜刪去。

【語譯】諒毅親自受命前往秦國。到了秦國，向秦王獻上書信，說：「大王擴大土地到了寧邑，諸侯都前往祝賀，敝國的君主也私下讚美這件事，不敢安居，使臣下捧著禮物三次來到王廷，而使者卻不能通報。假使使者無罪，就希望大王不要拒絕趙國的友好意願；假使使者有罪，願意替他請罪。」秦王派使者回報說：「凡是我指使趙國的，無論小事大事，都聽從我的話，我就接受書信和禮物；如果不聽從我的話，那麼使者就可以回去了。」諒毅回答說：「臣下前來，本來就是為了奉承貴國的旨意，豈敢違逆？大王如果有什麼命令，就請讓我們奉行，沒有什麼敢懷疑的。」

於是秦王乃見使者，曰：「趙豹❶、平原君❷，數欺弄寡人。趙能殺此二人，則可；若不能殺，請今率諸侯受命❸邯鄲❹城下。」諒毅曰：「趙豹、平原君，親寡君之母弟也，猶大王之有葉陽❺、涇陽君❻也。大王以孝治聞於天下，衣服使❼之便於體，膳啗❽使之嗛❾於口，未嘗不分於葉陽、涇陽君。葉陽君、涇陽君之車馬衣服，無非大王之服御者。臣聞之：『有覆巢毀卵，而鳳皇不翔；刳胎❿焚夭⓫，而騏驎不至。』今使臣受大王之令以還報，敝邑之君，畏懼不敢不行，無乃傷葉陽君、涇陽君之心乎？」秦王曰：「諾。勿使從政。」諒毅曰：「敝邑之君，有母弟不能教誨，以惡大國，請黜之，勿使與政事，以稱⓬大國。」秦王乃喜，受其弊⓭而厚遇之。

【章　旨】秦王接見諒毅，諒毅委婉巧妙地拒絕了秦王的無理要求。

【注　釋】❶趙豹　趙武靈王時為趙相，趙惠文王時受封為平陽君。❷平原君　即趙勝，是趙國的諸公子，在趙惠文王和孝成王時曾經多次為趙相。❸受命　婉言應戰。❹邯鄲　趙國都城。❺葉陽　葉陽君。葉陽君和涇陽君是秦昭王的同母弟。《史記・穰侯列傳》說秦昭王的「同母弟曰高陵君、涇陽君」，所以葉陽君可能就是高陵君，名顯。❻涇陽君　秦昭王的同母弟，名悝。❼使　依劉敞本、鮑彪本「使」字是衍文，當刪。下句同。❽啗　食。❾嗛　通「慊」。滿足；快意。❿胎　胎兒。⓫夭　夭折的兒童。⓬稱　適合；符合。⓭弊　當是「幣」之誤。

【語　譯】於是秦王便接見使者諒毅，說：「趙豹、平原君，多次欺騙、戲弄寡人。趙國能殺掉這兩個人，就可以了事；如果不能殺掉他們，請讓我現在就率領諸侯到邯鄲城下接受趙王的命令。」諒毅說：「趙豹、平原君，是我們國君的同母弟，就像大王有葉陽君、涇陽君一樣啊。大王用孝治國，聞名於天下，衣服穿得合身的，飯食能滿足口福的，莫不分給葉陽君、涇陽君。葉陽君、涇陽君的車馬衣服，沒有一件不是大王穿過用過的。我聽說：『翻轉鳥窠、毀壞鳥卵的地方，鳳凰就不在那裡飛翔；剖過獸胎、烤過獸嬰的地方，麒麟就不到那裡去。』現在讓我接受大王的命令回去報告，敝國的君主，由於害怕就不敢不執行，這樣只怕會傷了葉陽君、涇陽君的心吧？」秦王說：「哦。那就不要讓他們從政。」諒毅說：「敝國的君主，有了同母弟不能好好教誨，以致引起貴國的厭惡，請讓敝國罷免他們，不再讓他們從政，以使貴國稱心。」秦王於是高興起來，接受他的禮物，而好好地接待他。

趙使姚賈約韓魏

【題　解】舉茅諫趙王不要驅逐姚賈。

趙使姚賈❶約韓、魏，韓、魏以友❷之。舉茅❸為姚賈謂趙王曰：「賈也，王之忠臣也，韓、魏欲得之，故友之，將使王逐之，而己因受之。今王逐之，是韓、魏之欲得，而王之忠臣有罪也。故王不如勿逐，以明王之賢，而折韓、魏招之❹。」

【注　釋】❶姚賈　據〈秦策五・四國為一將以攻秦〉記載，姚賈是大梁守門人的兒子，在大梁有過偷盜行為，被趙國驅逐過，後來進入秦國，受到秦王政的重用。❷友　結交。❸舉茅　趙人，事跡不詳。❹招之　依曾鞏本當作「之招」。

【語　譯】趙國派姚賈去聯合韓國、魏國，韓國、魏國結交了姚賈。舉茅為了姚賈對趙王說：「姚賈是大王的忠臣，韓國、魏國想得到他，所以結交他，它們將讓大王驅逐他，而自己趁機接受他。現在大王驅逐他，這樣就滿足了它們的願望，而大王的忠臣卻變得有罪啊。所以大王不如不要驅逐他，以表明大王的賢明，而使韓國、魏國想招納姚賈的計謀受到挫折。」

魏敗楚於陘山

【題解】本篇記載趙武靈王破壞齊、楚聯盟事。

魏敗楚於陘山❶，禽❷唐明❸。楚王❹懼，令昭應❺奉太子以委和於薛公❻。主父❼欲敗之，乃結秦連楚❽宋之交，令仇郝❾相宋，樓緩❿相秦。楚王禽⓫趙、宋，魏⓬之和卒敗。

【注釋】❶陘山　在今河南新鄭西南。魏惠王後元六年（西元前三二九年）魏敗楚於陘山，同下面所述時間上不相連，也許是另一次魏、楚陘山之戰。❷禽　通「擒」。❸唐明　疑即是「唐蔑」（亦作「唐眛」）。楚懷王二十八年（西元前三〇一年）秦、韓、魏、齊四國攻楚，殺楚將唐眛。❹楚王　指楚懷王。❺昭應　楚臣。❻薛公　指齊國的孟嘗君田文。楚懷王二十九年（西元前三〇〇年），秦再攻楚，殺楚將景缺，楚懷王害怕，便讓太子去齊國當人質，與齊國講和。❼主父　趙武靈王自號主父。❽楚　依曾鞏本當刪去「楚」字。❾仇郝　趙臣。❿樓緩　趙臣。⓫禽　文義不通，字當有誤。或疑為「离（離）」字，譯文姑從此說。⓬魏　鮑彪本作「齊」。

【語譯】魏國在陘山打敗了楚國，擒住了唐眛。楚王害怕，派昭應陪太子去齊國孟嘗君那裡當人質求和。趙武靈王想破壞它，便聯合秦國、宋國，讓仇赫去宋國做相，樓緩去秦國做相。楚王拆散了趙國、宋國的聯盟，楚國與齊國的講和也終於失敗。

秦召春平侯

【題解】世鈞巧說文信侯呂不韋釋放趙國的春平侯。

秦召春平侯❶，因留之。世鈞❷為之謂文信侯❸曰：「春平侯者，趙王之所甚愛也，而郎中❹甚妒之，故相與謀曰：『春平侯入秦，秦必留之。』故謀而入之秦。今君留之，是空絕趙，而郎中之計中也。故君不如遣春平侯而留平都侯❺。春平侯者言行❻於趙王❼，必厚割趙以事君，而贖平都侯。」文信侯曰：「善。」因與接意❽而遣之。

【注釋】❶春平侯　趙太子。《史記・趙世家》記載趙悼襄王二年（西元前二四三年，秦王政四年）「秦召春平君，因而留之」。❷世鈞　秦人。《史記・趙世家》作「泄鈞」。❸文信侯　秦相呂不韋。❹郎中　近侍官名。❺平都侯　趙人。❻言行　《史記・趙世家》「言行」下有「信」字。❼趙王　趙悼襄王。❽接意　厚意相接。

【語譯】秦國召見春平侯，而扣留了他。世鈞為了春平侯對文信侯說：「春平侯是趙王很喜愛的人，而郎中們很妒忌他，他們互相商量說：『春平侯到秦國去，秦國必定扣留他。』所以謀劃讓他到了秦國。現在君王扣留他，這是平白地和趙國絕交，而中了郎中們的計謀啊。所以君王不如打發春平侯回去而扣留平都侯。趙王相信春平侯的言行，一定會多割讓趙國的土地來侍奉君王，以贖回平都侯。」文信侯說：「好。」因而和春平侯厚意結交而打發他回去。

趙太后新用事

【題解】本篇記載了觸龍說服趙太后交出長安君去做人質以換取齊國出兵救趙的故事。觸龍掌握了趙太后愛子如命的心理，以柔克剛，以情寓理，因勢利導，採用了巧妙的方式，層層開導，步步深入，終於說服了趙太后。無論從教育子女或重視談話藝術等方面來看，都能給讀者有益的啟示。

趙太后❶新用事，秦急攻之。趙氏求救於齊。齊曰：「必以長安君❷為質，兵乃出。」太后不肯，大臣強諫。太后明謂左右：「有復言令長安君為質者，老婦必唾其面。」

【章旨】介紹觸龍說趙太后的背景。

【注釋】❶趙太后　即趙威后，是惠文王的王后。惠文王死，由幼子趙成王繼位，威后成了太后，並執掌趙國政權。❷長安君　趙太后的小兒子，在趙國的長安（饒陽）做封君。

【語譯】趙太后剛剛掌權，秦國就加緊進攻趙國。趙國向齊國求救，齊國說：「一定要用長安君做人質，然後出兵。」太后不肯，大臣拚命進諫。太后明白地告訴左右：「有誰再說讓長安君去做人質的，老娘就將口水吐在他的臉上。」

左師❶觸讋❷願見太后。太后盛氣而揖❸之。入而徐趨❹，至而自謝，曰：「老臣病足，曾不能疾走，不得見久矣。竊自恕，而恐太后玉體之有所郄❺也，故願望見太后。」太后曰：「老婦恃輦❻而行。」曰：「日食飲得無衰乎？」曰：「恃鬻❼耳。」曰：「老臣今者殊不欲食，乃自強步，日三四里，少❽益耆❾食，和於身也。」太后曰：「老婦不能。」太后之色少解。

【章　旨】觸龍拜見太后，先問候趙太后健康，以使她消氣。

【注　釋】❶左師　官名。❷觸讋　據《史記・趙世家》、《漢書・古今人表》及馬王堆帛書《戰國縱橫家書》「觸讋」二字當為「觸龍言」三字的誤寫。❸揖　當據《史記・趙世家》作「胥」。依王念孫說，「胥」隸書作「肙」，又誤作「咠」，後人再加手旁誤作「揖」。胥，猶「須」，等待。❹徐趨　慢速急步上前。古代臣子見主上要快步趨走，觸龍有腳疾，所以徐趨。❺郄　同「郤（隙）」。毛病。❻輦　古時兩人拉著在宮裡走的車子。❼鬻　同「粥」。❽少　稍微。下同。❾耆　通「嗜」。

【語　譯】左師官觸龍說希望拜見太后。太后氣鼓鼓地等著他。他進去的時候慢速急步向前，到了太后面前便自我謝罪說：「老臣腳有毛病，竟不能快步走，以致好久沒有拜見您了。我私下寬恕自己，可是擔心太后貴體欠佳，所以想來望見太后。」太后說：「老婦靠坐輦車行走。」觸龍說：「每天的飲食該不會有所減少吧？」太后說：「靠喝點粥啊。」觸龍說：「老臣現在很不想進食，於是勉強自己散步，每天走三四里，結果稍微增加了一點食欲，全身也覺得舒適些了。」太后說：「老婦不能散步。」說著太后的臉色稍微鬆弛了一些。

左師公❶曰：「老臣賤息❷舒祺，最少，不肖。而臣衰，竊愛憐之。願令得補黑衣❸之數，以衛王宮❹，沒死❺以聞。」太后曰：「敬諾。年幾何矣？」對曰：

「十五歲矣。雖少，願及未填溝壑而託之。」太后曰：「丈夫亦愛憐其少子乎？」對曰：「甚於婦人。」太后笑曰：「婦人異甚。」對曰：「老臣竊以為媼❻之愛燕后❼賢於長安君。」曰：「君過矣，不若長安君之甚。」左師公曰：「父母之愛子，則為之計深遠。媼之送燕后也，持其踵❽為之泣，念悲其遠也❾，亦哀之矣。已行，非弗思也，祭祀必祝之，祝曰：『必勿使反❿。』豈非計久長，有子孫相繼為王也哉？」太后曰：「然。」

【章　旨】觸龍為了說服趙太后，先是提供愛子的共同話題，然後告訴太后真正的愛子就必須為兒子的長遠利益著想。

【注　釋】❶左師公　即觸龍。❷賤息　賤子。❸黑衣　王宮衛士，因穿黑衣而得名。❹王官　依《史記‧趙世家》及鮑本當作「王宮」。❺沒死　昧死；冒著死罪。❻媼　古時對老年婦女的敬稱。❼燕后　趙太后女兒，這時已嫁給燕王做王后。❽踵　車踵，連接在軫（古代車後的橫木）上的一個部件。❾念悲其遠也　《史記‧趙世家》及馬王堆帛書《戰國縱橫家書》作「念其遠也」，文意較順，當從。❿反　同「返」。古代諸侯的女子嫁給別國，被廢棄或亡國才回來。

【語　譯】左師公說：「老臣的賤子舒祺，最小，不像樣。然而，我已衰老，私下可憐他。希望能讓他到衛士行列裡充個數，來保衛王宮，因此我冒著死罪來告訴太后。」太后說：「好。年紀多大了？」左師公回答說：「十五歲了。雖然年紀小，但是希望趁我還沒有屍填溝壑之前便託付給太后。」太后說：「男子漢也憐愛他的小兒子嗎？」左師公回答說：「超過女人。」太后笑著說：「女人特別愛得厲害。」左師公回答說：「老臣私下認為老夫人愛燕后超過愛長安君。」太后說：「你錯了，不像愛長安君愛得厲害。」左師公說：「父母愛兒女，就為兒女作長遠的打算。老夫人送別燕后出嫁，握著車踵為她哭泣，想到她遠嫁他國，也夠傷心了。她已經走了，太后不會不想她啊，祭祀的時候一定要祝福她，祝辭說：『一定不要讓她再回來。』難道不是為她作長遠的打算，願她有子孫一個接一個做王嗎？」太后說：「對。」

左師公曰：「今三世以前❶，至於趙之為趙❷，趙主之子孫侯者，其繼有在者乎？」曰：「無有。」曰：「微❸獨趙，諸侯有在者乎？」曰：「老婦不聞也。」「此其近者禍及身，遠者及其子孫。豈人主之子孫則必不善哉？位尊而無功，奉厚而無勞，而挾重器多也。今媼尊長安君之位，而封之以膏腴之地，多予之重器，而不及今令有功於國。一旦山陵崩❹，長安君何以自託於趙？老臣以媼為長安君計短也，故以為其愛不若燕后。」太后曰：「諾。恣❺君之所使之。」於是為長安君約車❻百乘質於齊，齊兵乃出。

【章　旨】觸龍以史為鑑，說明不為兒女長遠著想的嚴重後果，使得趙太后同意長安君去齊國作人質。

【注　釋】❶三世以前　即三代以前。指現在的孝成王的曾祖父趙肅侯時。❷趙之為趙　趙氏成為趙國的時候，即趙烈侯時。❸微　無；不。❹山陵崩　古代諱言君主之死，常用山陵崩一類詞語喻其死亡。這裡是比喻趙太后死亡。❺恣　任憑；隨意。❻約車　套車。

【語　譯】左師公說：「從現在上推到三代以前算起，一直到趙氏建立趙國的時候，趙國君主的子孫受封為侯的，他們的繼承人還有在位的嗎？」太后說：「沒有。」左師公說：「不只是趙國，諸侯的子孫受封為侯的，他們的繼承人還有在位的嗎？」太后說：「老婦沒有聽說過呀。」左師公說：「這就表明時間短的，災禍就降臨到他們身上，時間長的，就降臨到他們的子孫身上。難道君主的子孫就一定沒有好的下場嗎？那是因為他們的地位尊貴卻沒有功勳，俸祿豐厚卻沒有勞績，而擁有貴重的寶器卻很多啊。現在老夫人使長安君處於尊貴的地位，把肥沃的土地封給他，多給他貴重的寶器，卻不趁現在讓他為國立功。一旦您老人家不幸，長安君怎麼能在趙國安身？老臣認為老夫人為長安君想得不遠，所以認為您愛長安君比不上愛燕后啊。」太后說：「好。任憑你怎麼支使他。」於是替長安君準備車子一百輛去齊國作人質，齊國才出兵。

子義❶聞之曰：「人主之子也，骨肉之親也，猶不能恃無功之尊，無勞之奉，而守金玉之重也，而況人臣乎？」

【章　旨】引述子義的話，對這件事作評論。

【注　釋】❶子義　趙國的賢人。

【語　譯】子義聽說了這件事，說：「連君主的兒子，骨肉的親屬，還不能依靠沒有功勳的尊位，沒有勞績的俸祿，而擁有金玉這些貴重的寶器，何況是人家的一般臣子呢？」

秦使王翦攻趙

【題　解】秦將王翦賄賂趙王寵臣郭開，行反間計，害死趙將李牧，於是滅趙。

秦使王翦❶攻趙，趙使李牧❷、司馬尚❸禦之。李牧數破走秦軍，殺秦將桓齮。王翦惡之，乃多與趙王寵臣郭開等金，使為反間❹，曰：「李牧、司馬尚欲與秦反趙，以多取於封秦。」趙王疑之，使趙葱❺及顏冣❻代將，斬李牧，廢司馬尚。後三月，王翦因急擊，大破趙，殺趙軍❼，虜趙王遷及其將顏冣，遂滅趙❽。

【注釋】❶王翦　頻陽東鄉人。秦將，事秦始皇。王翦攻趙在趙王遷七年（秦王政十八年，即西元前二二九年）。❷李牧　趙國的北邊良將，抗擊匈奴有大功，後又大敗秦軍，封為武安君。❸司馬尚　趙將。❹反間　計謀之一。離間敵人，引起內訌，反為我用。❺葱　《史記・廉頗藺相如列傳》作「蔥」。❻冣　同「聚」。❼趙軍　依《史記・趙世家》當作「趙蔥」。❽滅趙　事在秦王政十九年（西元前二二八年）。

【語譯】秦國派王翦攻打趙國，趙國派李牧、司馬尚領兵抵抗。李牧多次打敗、趕跑秦軍，殺死秦將桓齮。王翦憎恨他，便給趙王的寵臣郭開等很多金錢，讓他們行反間計，說：「李牧、司馬尚想幫助秦國反對趙國，來向秦國討取更多的封賞。」趙王便懷疑他們，於是派趙蔥和顏聚代替他們為將，斬了李牧，廢棄了司馬尚。三個月以後，王翦因而加緊攻擊，大敗趙軍，殺死趙蔥，俘虜了趙王遷和他的將軍顏聚，於是滅亡了趙國。

卷二二 魏策一

〈魏策〉記載了與魏國有關的事件。西元前四五三年，趙、韓、魏三卿分晉，西元前四〇三年周王朝正式承認趙、韓、魏三國。魏國先是建都在安邑（今山西夏縣西北），用李悝變法，成為強國。後來受秦國所迫，遷都到大梁（今河南開封），又稱梁國。疆土包括今河南北部和山西西南部一帶。西元前三四一年在馬陵被齊國戰敗，國勢日衰。西元前二二五年被秦國所滅。

知伯索地於魏桓子

【題解】智伯向魏桓子索取土地，任章勸魏桓子給他。說這樣既可引起鄰國和天下諸侯的恐懼，使之互相親善；又可促使智伯驕傲輕敵。用互相親善的軍隊，去對付驕傲輕敵的國家，智伯的命運就不會長久。後來果如所言。

知伯❶索地於魏桓子❷，魏桓子弗予。任章❸曰：「何故弗予？」桓子曰：「無故索地，故弗予。」任章曰：「無故索地，鄰國必恐；重❹欲無厭，天下必懼；君予之地，知伯必憍❺。憍而輕敵，鄰國懼而相親。以相親之兵，待輕敵之國，知氏之命不長矣！《周書》❻曰：『將欲敗之，必姑輔之；將欲取之，必姑與之。』君不如與之，以驕知伯。君何釋以天下圖知氏，而獨以吾國為知氏質❼乎？」君曰：「善。」乃與之萬家之邑一。知伯大說。因索蔡❽、皐梁❾於趙，趙弗與，因圍晉陽。韓、魏反於外，趙氏應之於內，知氏遂亡。

【注釋】❶知伯　即晉卿荀瑤。❷魏桓子　晉卿魏駒。〈趙策一・知伯帥趙韓魏而伐范中行氏〉作「魏宣子」，與此異。❸任章　魏桓子的相。❹重　多。❺憍　即「驕」字。下同。❻周書　當是指《逸周書》。❼質　質的；箭靶。❽蔡　在當時不是趙地。吳師道、胡三省疑為「藺」字之誤。藺地靠近皐狼。❾皐梁　依〈趙策一〉當作「皐狼」，趙地，在今山西離石境內。

【語譯】智伯向魏桓子索取土地，魏桓子不給他。任章說：「為什麼不給他？」桓子說：「無緣無故索取土地，所以不給他。」任章說：「無緣無故索取土地，鄰國必然恐慌；貪得無厭，天下必然害怕；您給他土地，智伯必定驕傲。驕傲便會輕敵，鄰國由於害怕便會互相親善。用互相親善的軍隊，去對付輕敵的國家，智伯的命看來不長了！《逸周書》上說：『要打敗他，必定要暫時幫助他；要奪取他的東西，必定要暫時給他東西。』您不如給他，以便讓智伯驕傲起來。您為什麼要放棄用天下諸侯去消滅知伯的機會，而偏偏要把我國當作智伯的箭靶子呢？」魏桓子說：「說得好。」便給智伯一個有一萬戶人家的都邑。知伯很高興，因而又向趙國索取藺地和皐狼，趙國不給他，於是他便圍攻趙國的晉陽。這時韓國、魏國在城外反擊知伯，趙國在城內接應，於是智伯便滅亡了。

韓趙相難

【題解】韓國和趙國發生戰爭，兩國都向魏國借兵，魏文侯從中婉言斡旋，促使兩國講和，得到了兩國的敬重。

韓、趙相難❶。韓索兵於魏曰：「願得借師以伐趙。」魏文侯❷曰：「寡人與趙兄弟，不敢從。」趙又索兵以攻韓，文侯曰：「寡人與韓兄弟，不敢從。」二國不得兵，怒而反❸。已乃❹知文侯以講於己也，皆朝魏。

【注釋】❶難　兵難；戰事。❷魏文侯　魏桓子的孫子，名都，是戰國初年魏國的有名君主。❸反　同「返」。❹已乃　已而。

【語譯】韓國、趙國發生戰爭，韓國向魏國求兵，說：「希望能借得兵去攻打趙國。」魏文侯說：「寡人和趙國是兄弟，不敢奉命。」趙國又向魏國求兵去攻打韓國，魏文侯說：「寡人和韓國是兄弟，不敢奉命。」兩國得不到援兵，氣沖沖地回來。後來知道魏文侯是用這種辦法替自己講和，於是都去魏國朝拜。

樂羊為魏將而攻中山

【題解】魏將樂羊為了攻打中山而食其子之羹，覲師贊藉此進說讒言，因而引起魏文侯的疑心。《韓非子·說林》、《淮南子·人間》、《說苑·貴德》都載有此事，均對樂羊持譴責態度，《韓非子》斥之為「巧詐」，《淮南子》視之為「離（背離）恩義」，《說苑》責之為「不仁」。是邪非邪？讀者察之。

樂羊為魏將而攻中山。其子在中山，中山之君烹其子而遺之羹，樂羊坐於幕下而啜❶之，盡一盃。文侯謂覩師贊❷曰：「樂羊以我之故，食其子之肉。」贊對曰：「其子之肉尚食之，其誰不食！」樂羊既罷❸中山，文侯賞其功而疑其心。

【注釋】❶啜　飲。❷覩師贊　魏人。❸罷　通「疲」。指攻下了中山。《說苑》說樂羊食子之羹以後，「中山見其誠也，不忍與其戰，果下之」。

【語譯】樂羊擔任魏國的將軍去進攻中山國。他的兒子在中山國，中山國的君主烹殺他的兒子，將他的兒子的肉羹送給他，樂羊坐在帳幕下飲食，飲完了一杯。魏文侯對覩師贊說：「樂羊為了我的緣故，吃了他兒子的肉。」覩師贊說：「他連兒子的肉尚且都吃，那誰的肉他不能吃！」樂羊已經攻下中山國以後，魏文侯獎賞他的功勞，卻懷疑他的用心。

西門豹為鄴令

【題解】魏文侯向西門豹傳授成就功名之術，主旨在於說明只有參驗考核才能分辨真偽優劣。這很像是法家思想。

西門豹❶為鄴令❷，而辭乎魏文侯。文侯曰：「子往矣，必就❸子之功，而成子之名。」西門豹曰：「敢問就功成名，亦有術乎？」文侯曰：「有之。夫鄉邑老者而先受坐之，士子入，而問其賢良之士而師事之，求其好掩人之美而揚人之醜者而參驗❹之。夫物多相類而非也，幽莠❺之幼也似禾，驪牛❻之黃也似虎，白骨疑象❼，武夫❽類玉，此皆似之而非者也。」

【注釋】❶西門豹　魏國人。❷鄴令　鄴縣縣令。鄴，魏地，在今河北臨漳西南。《史記·魏世家》記載，文侯「任西門豹守鄴，而河內稱治」。❸就　成就。❹參驗　考核驗證。❺幽莠　深綠色的狗尾草。幽是形容顏色深綠。❻驪牛　疑即黃牛。❼象　象牙。❽武夫　即「碔砆」，似玉的美石。

【語譯】西門豹做鄴縣縣令，就任前去辭別魏文侯。魏文侯說：「您去吧，一定要成就您的功業，成就您的名聲。」西門豹說：「敢問成就功名，也有方法嗎？」魏文侯說：「有方法。鄉裡邑裡的長者來了，就先讓坐；士子進來了，您就問長者誰是賢良之士，從而用侍奉老師的禮節去侍奉他；再找到那些喜歡掩蓋別人的優點、宣揚別人的醜惡的人去對他們進行參驗考核。事物多是似是而非的，像綠油油的狗尾草長出不久時就像禾苗，黃牛的黃色就像老虎，白骨就彷彿是象牙，碔砆石就類似玉石，這都是似是而非的東西啊。」

文侯與虞人期獵

【題解】本篇用魏文侯同管理山澤的官相約去打獵的故事，說明魏文侯能夠守信。

文侯與虞人❶期獵。是日，飲酒樂，天雨，文侯將出，左右曰：「今日飲酒樂，天又雨，公將焉之❷？」文侯曰：「吾與虞人期獵，雖樂，豈可不一❸會期哉！」乃往，身自罷之。魏於是乎始強。

【注釋】❶虞人　管理山澤的官。❷之　往。❸一　專一；堅守。

【語譯】魏文侯和管理山澤的官約定日期去打獵。到了這一天，飲酒飲得痛快，天又下著雨，魏文侯將要出去，他的身邊的人說：「今天飲酒飲得痛快，天又下著雨，您將要到哪裡去？」魏文侯說：「我和管理山澤的官約定時間去打獵，雖然飲得快樂，哪裡可以不堅守約定的時間呢！」於是動身前往，親自去取消這次打獵。魏國於是乎開始強大起來。

魏文侯與田子方飲酒而稱樂

【題解】田子方諷諫魏文侯能仔細分辨聲音的高低，卻無法分辨官員的優劣。

魏文侯與田子方❶飲酒而稱❷樂。文侯曰：「鍾聲不比❸乎，左高。」田子方笑。文侯曰：「奚笑？」子方曰：「臣聞之，君明則樂官，不明則樂音。今君審於聲，臣恐君之聾於官也。」文侯曰：「善，敬聞命。」

【注釋】❶田子方　魏國人，名無擇，魏文侯曾師事他，與段干木齊名。❷稱　舉；演奏。❸比　和諧；協調。

【語譯】魏文侯和田子方飲酒而讓樂工奏樂。魏文侯說：「鐘聲不和諧吧，左邊的聲音高。」田子方笑了起來。魏文侯說：「為什麼笑？」田子方說：「君主賢明就喜歡官，不賢明就喜歡音樂。現在主上能仔細分辨聲音，我擔心主上對於官會像是個聾子啊。」魏文侯說：「說得好，我恭敬地領教了。」

魏武侯與諸大夫浮於西河

【題解】魏武侯與諸大夫浮遊西河，王鍾稱讚有此河山之險，可以成霸業。吳起卻以史為鑑，說明光有河山之險，而為政不善，也不足以成霸業。這和孟子的「地利不如人和」的思想有相同之處。

魏武侯❶與諸大夫浮於西河❷，稱曰：「河山之險，豈不亦信固哉！」王鍾侍王❸，曰：「此晉國之所以強也。若善脩之，則霸王之業具矣。」吳起對曰：「吾君之言，危國之道也；而子又附之，是❹危也。」武侯忿然曰：「子之言有說乎？」吳起對曰：「河山之險，信❺不足保也；是❻伯王之業，不從此也。昔者，三苗❼之居，左彭蠡❽之波，右有❾洞庭❿之水，文山⓫在其南⓬，而衡山⓭在其北⓮。恃此險也，為政不善，而禹放逐之。夫夏桀之國，左天門⓯之陰⓰，而右天谿⓱之陽⓲，廬睪⓳在其北，伊⓴、洛㉑出其南。有此險也，然為政不善，而湯伐之。殷紂之國，左孟門㉒而右漳㉓釜㉔，前帶河，後被山。有此險也，然為政不善，而武王伐之。且君親從臣而勝降城，城非不高也，人民非不眾也，然而可得并者，政惡故也。從是觀之，地形險阻，奚足以霸王矣！」武侯曰：「善。吾乃今日聞聖人之言也！西河之政，專委之子矣。」

【注釋】❶魏武侯　魏文侯的兒子，名擊。❷西河　陝西與山西交界處的那段黃河。❸王鍾侍王　王鍾一作「王錯」。下一「王」字，鮑彪本作「坐」。❹是　鮑彪本「是」下有「重」字。❺信　姚宏注：「一本無『信』字。」❻是　姚宏注：「一本無『是』字。」❼三苗　古代部族名，當居住在今長江中部南部一帶。❽彭蠡　古澤名。一說即是現在的江西鄱陽湖。❾有　當是衍文，宜刪去。❿洞庭　即洞庭湖，在湖南北部。⓫文山　即汶山，也就是岷山，在今四川北部。⓬南　當作「北」。⓭衡山　在今湖南衡山西。⓮北　當作「南」。⓯天門　即天井關，在今山西晉城南。夏朝後期曾建都在安邑（今山西夏縣西北），天門正在安邑的左邊。⓰陰　北。⓱天谿　不詳。⓲陽　南。⓳廬睪　恐是山名。《史記・吳起列傳》這句作「羊腸在其北」。羊腸坂在太行山上。⓴伊　伊水，在今河南西部。㉑洛　洛河，也在今河南西部。㉒孟門　古關隘名，在今河南輝縣西。殷商後來遷都到今河南安陽小屯村。㉓漳　漳河，在今河北、河南兩省邊境上。㉔釜　滏水，發源於今河北磁縣西北的滏山。

【語譯】魏武侯同諸位大夫浮遊西河，稱讚說：「河山的險阻，豈不是也的確牢固嗎？」王鍾陪著趙武侯坐著，說：「這是晉國之所以強大的原因啊。假若好好利用它，那麼霸王之業的條件就具備了。」吳起回答說：「我們國君的話，會使國家走上危險的道路啊；而您又附和他，是進一步加重國家的危險啊。」魏武侯惱火說：「您的話能有進一步的解釋嗎？」吳起回答說：「河山的險阻，不能夠保住國家；霸王的功業，不能從此建立。過去，三苗居住的地方，左邊有彭蠡湖的波濤，右邊有洞庭湖的大水，汶山在它的北面，衡山在它的南面。依靠這樣的險阻，國家的政事卻治理不好，夏禹便趕走了他們。夏桀的國家，左邊是在天門的北面，右邊是在天谿的南面，廬睪在它的北面，伊水、洛水在它的南面。有這樣的險阻，可是國家的政事治理不好，而商湯便攻打了它。商紂王的國家，左邊有孟門，右邊有漳水、滏水，前面有黃河作衣帶，後面有高山當被子。有這樣的險阻，可是國家的政事治理不好，而武王便討伐了它。再說君王親近臣下，君臣團結，打了勝仗，使得一些城邑投降，他們的城牆不是不高，人民不是不多，然而我們卻能夠兼併他們，這是因為他們的政事治理不好的緣故啊。由此看來，地形險阻，怎麼能夠成就霸業呢？」魏武侯說：「說得好。我竟然在今天聽到了聖人的話啊！西河的政事，就全權委託給您了。」

魏公叔痤為魏將

【題解】公叔痤戰勝趙國而有大功，魏王獎賞他。他不把戰功全歸在自己一人的帳上，他既不忘記吳起的遺教，又不掩蓋巴寧、爨襄的功勞。魏王因而稱讚他是「長者」，再給他嘉獎。

魏公叔痤❶為魏將，而與韓、趙戰澮北❷，禽樂祚❸。魏王❹說，迎郊，以賞田百萬祿之。公叔痤反走，再拜辭曰：「夫使士卒不崩❺，直而不倚❻，撓揀❼而不辟❽者，此吳起餘教也，臣不能為也。前脈❾形埊❿之險阻，決利害之備，使三軍之士不迷惑者，巴寧、爨襄⓫之力也。縣賞罰於前，使民昭然信之於後者，王之明法也。見敵之可也鼓之，不敢怠倦者，臣也。王特為臣之右手不倦賞臣，何也？若以臣之有功，臣何力之有乎？」王曰：「善。」於是索吳起之後，賜之田二十萬。巴寧、爨襄田各十萬。王曰：「公叔豈非長者哉！既為寡人勝強敵矣，又不遺賢者之後，不揜⓬能士之迹，公叔何可無益乎？」故又與田四十萬，加之百萬之上，使百四十萬。故《老子》⑬曰：「聖人無積，盡以為人，己愈有；既以與人，己愈多。」公叔當之矣。

【注 釋】❶公叔痤 《史記・商君列傳》作「公叔座」，魏相。❷澮北 澮水之北。澮水，發源於今山西翼城東，向西流經曲沃、侯馬入汾河。《史記・六國年表》趙成侯十三年（西元前三六二年）「魏敗我于澮」。❸樂祚 趙將。❹魏王 指魏惠王。❺崩 潰退。❻倚 偏行；散開。❼撓揀 「揀」是衍文，當刪去。撓，折，指敵人壓過來。❽辟 通「避」。❾脈 通「脈」。視。❿形塞 鮑彪本作「地形」。「塞」，古「地」字。⓫巴寧爨襄 二能士名。⓬揜 掩。⓭老子 即老子的《道德經》。下面引的文句見《老子》八十一章。

【語 譯】魏國的公叔痤擔任將軍，和韓國、趙國在澮水的北邊作戰，俘虜了樂祚。魏王高興，到郊外迎接他，用賞田一百萬作為公叔痤的俸祿。公叔痤回頭就走，再次下拜辭謝說：「使士卒不潰退，勇往直前而不向兩邊逃散，敵人壓過來而不躲避，這是吳起遺留下來的教導在起作用啊，我是辦不到的。在前面視察地形的險阻，決定在險要的地方作好防備，使三軍的戰士不迷惑，這是巴寧、爨襄的功勞。在戰鬥前將賞罰的條件公布出來，使百姓在戰鬥時明白遵守而不疑，這是大王嚴明的法令啊。看見敵人的情況斷定可以發動進攻就擊鼓進軍，而不敢怠慢疲倦的，是我。大王只是因為我的右手不疲倦地指揮進攻就獎賞我，那是為什麼呢？假若認為我有功，我又有什麼功呢？」魏王說：「說得好。」於是找到吳起的後代，賜給他田二十萬。巴寧、爨襄也各賜田十萬。魏王說：「公叔難道不是長者嗎？既替寡人戰勝了敵人，又不忘記賢者的後代，不掩蓋有才能的戰士的功跡，怎麼可以不給公叔嘉獎呢？」所以又給田四十萬，加上原來的一百萬，封給公叔痤田共一百四十萬。所以《老子》說：「聖人無私無欲，不事積存，全部用來幫助別人，自己反而更加富有；全部用來送給別人，自己反而更為增多。」公叔痤可稱得上是這樣的人了。

魏公叔痤病

【題　解】公叔痤死前向魏惠王舉薦公孫鞅，要求將國事交給他，魏惠王沒有同意。公孫鞅便西行入秦，受到秦孝公的重用。

魏公叔痤❶病，惠王往問之。曰：「公叔病，即❷不可諱，將奈社稷何？」公叔痤對曰：「痤有御庶子❸公孫鞅❹，願王以國事聽之也。為❺弗能聽，勿使出竟。」王弗應，出而謂左右曰：「豈不悲哉！以公叔之賢，而謂寡人必以國事聽鞅，不亦悖❻乎！」公叔痤死，公孫鞅聞之，已葬，西之秦，孝公受而用之。秦果日以強，魏日以削。此非公叔之悖也，惠王之悖也。悖者之患，固以不悖者為悖。

【注　釋】❶公叔痤　魏相。❷即　如果。❸御庶子　家臣。❹公孫鞅　姓公孫，名鞅，衛國人。入秦後，佐秦孝公變法，有功，封於商，號商君，又稱商鞅。❺為　若。❻悖　悖亂；糊塗；不近情理。

【語　譯】魏國的公叔痤病了，惠王前往慰問他。惠王說：「公叔病了，如果不幸，國家將怎麼辦？」公叔痤回答說：「我有個家臣叫公孫鞅的，希望大王將國事交給他，聽從他的。如果不能聽從他的，就不要讓他出境。」惠王不聽，出來以後便對身邊的人說：「難道不可悲嗎？憑藉公叔這樣的賢能，卻對寡人說把國事交給公孫鞅，讓我聽從公孫鞅，不也是糊塗嗎？」公叔痤死了，公孫鞅知道了這件事，在安葬了公叔痤後，公孫鞅便西行到了秦國，秦孝公接受、重用了他。秦國果然一天天強大起來，魏國一天天衰弱下去。這不是公叔痤糊塗，而是惠王的糊塗啊。糊塗人的禍患，就在於他把本來不糊塗的人當成糊塗。

蘇子為趙合從說魏王

【題　解】蘇秦遊說魏襄王改變外交政策，放棄連橫，參加合縱。魏襄王接受了他的勸說。

蘇子❶為趙合從，說魏王❷曰：「大王之埊❸，南有鴻溝❹、陳❺、汝南❻，有許❼、鄢❽、昆陽❾、邵陵❿、舞陽⓫、新郪⓬；東有淮⓭、潁⓮、沂⓯、黃⓰、煮棗⓱、海鹽⓲、無踈⓳；西有長城之界；北有河外⓴、卷㉑、衍㉒、燕㉓、酸棗㉔，埊方千里。埊名雖小，然而廬田㉕廡舍㉖，曾㉗無所芻牧牛馬之地。人民之眾，車馬之多，日夜行不休已，無以異於三軍之眾。臣竊料之，大王之國，不下於楚。然橫人謀㉘王外交強虎狼之秦，以侵天下，卒有國患，不被其禍㉙。夫挾強秦之勢，以內劫其主，罪無過此者。且魏，天下之強國也；大王，天下之賢主也，今乃有意西面而事秦，稱東藩㉚，築帝宮㉛，受冠帶㉜，祠春秋㉝，臣竊為大王媿之。

【章　旨】蘇秦先對魏王說魏國地廣、人眾、車馬多，卻聽從連橫者的話，西面事秦，深替大王感到慚愧。

【注　釋】❶蘇子　指蘇秦。❷魏王　指魏襄王，是魏惠王的兒子。❸埊　古「地」字。❹鴻溝　古渠名，由河南滎陽北引黃河水曲折東流到淮陽入潁水，東漢以後逐漸湮塞。❺陳　即今河南淮陽。❻汝南　在今河南東南部。❼有許　「有」字當是衍文，宜刪去。許，在今河南許昌東。❽鄢　在今河南鄢陵，靠近許昌。❾昆陽　在今河南葉縣北。❿邵陵　在今河南郾城東。⓫舞陽　在今河南舞陽西。⓬新郪　即郪丘，魏邑，今安徽界首東北。漢代才叫新郪。⓭淮　即淮水，發源於今河南桐柏山，東流經安徽、江蘇入洪澤湖。⓮潁　據《史記・蘇秦列傳》當作「潁」，潁水，發源於河南登封，東流至安徽壽縣入淮河。⓯沂　沂水，發源於今山東沂源縣魯山，南流入江蘇。⓰黃　在今河南潢川西。按，黃在魏國的南部，不在魏國東部，另外魏國疆土也沒有到達沂水流域。《史記・蘇秦列傳》這句無「沂黃」二字，當從。⓱煮棗　在今山東菏澤西南。⓲海鹽　依《史記・蘇秦列傳》及鮑彪本「海鹽」二字當刪去。⓳無踈　當作「無疎」。《史記・蘇秦列傳》及曾鞏本作「無胥」。吳師道認為即是宿胥之口。宿胥口是古河溝名，在今河南濬縣西。⓴河外　黃河以外的土地。㉑卷　魏地，在今河南滎陽、原陽之間。㉒衍　魏地，在今河南鄭州北。㉓燕　南燕，在今河南延津境內。㉔酸棗　魏邑，在今河南延津附近。㉕廬田　田間屋。㉖廡舍　堂下廊屋。㉗曾　竟。㉘謀　鮑彪本作「訹」，誘惑；恫嚇。㉙卒有國患二句　指主張連橫的人終於釀成國患而自己不受禍。㉚東藩　東邊的藩國。㉛帝宮　帝王的行宮。㉜受冠帶　指接受秦國賜給的冠帶。㉝祠春秋　春秋進貢，以供給秦祭祀之用。祠，祀。

【語　譯】蘇秦替趙國推行合縱政策，去遊說魏襄王道：「大王的國土，南邊有鴻溝、陳地、汝南、許地、鄢地、昆陽、邵陵、舞陽、郪丘，東邊有淮水、潁水、煮棗、無疎，西邊有長城的邊界，北邊有河外、卷地、衍地、南燕、酸棗，土地方圓一千里大。地名雖小，可是田舍房屋竟然多得空不出放牧牛馬的地方。人民和車馬眾多，日夜行走不停，和三軍之眾沒有什麼差別。我私自料想，大王的國家，不下於楚國，然而主張連橫的人恐嚇大王對外和強大的如虎似狼的秦國結交，去侵犯天下，終於給國家造成禍患，而他們卻不遭受災禍。他們依仗強秦的權勢，在內劫持他們的君主，罪行沒有比這更大的了。況且魏國是天下的強國，大王是天下賢能的君主，現在竟然有意臉朝西邊，侍奉秦國，自稱是秦國東邊的藩國，給秦王修築行宮，接受秦國賜給的冠帶，春秋進貢，以供秦國祭祀之用，我私下替大王感到慚愧。

「臣聞越王句踐以散卒❶三千，禽夫差❷於干遂❸；武王卒三千人，革車三百乘，斬紂於牧之野❹。豈其士卒眾哉？誠能振其威也。今竊聞大王之卒，武力二十餘萬，蒼頭❺二千❻萬，奮擊❼二十萬，廝徒❽十萬，車六百乘，騎五千疋。此其過越王句踐、武王遠矣，今乃劫於辟❾臣之說，而欲臣事秦。夫事秦必割地效質❿，故兵未用而國已虧矣。凡群臣之言事秦者，皆姦臣，非忠臣也。夫為人臣，割其主之埊以求外交，偷⓫取一旦之功而不顧其後，破公家而成私門，外挾彊秦之勢以內劫其主以求割埊，願大王之熟察之也。

【章　旨】蘇秦再對魏王說魏國的兵力超過越王句踐和周武王，而群臣卻勸說大王侍奉秦國，這是不忠，願大王仔細考察。

【注　釋】❶散卒　散兵；潰散的部隊。❷夫差　春秋時的吳王夫差。❸干遂　吳邑，在今江蘇吳縣西北。❹牧之野　即牧野，在今河南淇縣南。❺蒼頭　用青巾裹頭的士卒。❻千　當作「十」。❼奮擊　奮力出擊的戰士。❽廝徒　幹粗雜活的奴隸。❾辟　依《史記・蘇秦列傳》及下文當作「群」。❿質　通「贄」。禮物。⓫偷　苟且；馬虎；隨便。

【語　譯】「我聽說越王句踐用散兵三千，在干遂擒住了吳王夫差；武王用士卒三千、兵車三百輛，在牧野砍下了商紂王的腦袋。這難道是因為他們士卒眾多嗎？其實是因為他們能振奮士卒的威勢啊。現在我私下聽說大王的軍隊，武力之士有二十多萬，用青巾裹頭的士卒有二十萬，奮力出擊的戰士有二十萬，幹粗雜活的奴隸有十萬，兵車有六百輛，戰騎有五千匹。這就遠遠超過了越王句踐、周武王的兵力了。現在竟然被群臣的言論所迫，而想做臣子侍奉秦國。侍奉秦國就必定要割地獻禮，所以還沒有用兵，國家就受到損害了。凡是說要您侍奉秦國的群臣，都是奸臣，不是忠臣。做人家的臣子，割取他君主的土地去和外國結交，苟且竊取眼前一日之功卻不顧它的後果，損害公家的利益而完成私門的利益，外面依仗強秦的權勢，以圖在內脅迫他的君主割讓土地，希望大王仔細考察啊。

「《周書》❶曰：『緜緜❷不絕，縵縵❸奈何？毫毛不拔，將成斧柯❹。』前慮不定，後有大患，將奈之何？大王誠能聽臣，六國從親，專心並力，則必無強秦之患。故敝邑趙王❺使使臣獻愚計，奉明約，在大王詔❻之。」魏王曰：「寡人不肖，未嘗得聞明教。今主君❼以趙王之詔詔之，敬以國從。」

【章　旨】蘇秦又進一步勸說魏王，如果參加合縱，便可免除強秦的禍患。魏王聽後，同意合縱抗秦。

【注　釋】❶周書　指《逸周書》。見其書〈和寤解〉。❷緜緜　不斷的樣子。❸縵縵　同「蔓蔓」。蔓延的樣子。❹斧柯　斧頭柄。❺趙王　指趙肅侯。❻詔　詔告；命令。❼主君　古代的國君、卿、大夫都可稱為主君，這裡是用來稱蘇秦。

【語　譯】「《逸周書》上說：『不斷生長，不斷蔓延，發展下去，該怎麼辦？細小的樹不拔掉，就將長成斧頭柄一般大。』事前考慮不周，事後便有大患，將要怎麼辦呢？大王如果真的能聽從我的勸說，六國互相合縱親善，同心協力，就必然沒有強秦的禍患。所以敝國趙王，派我做使臣，獻上愚計，奉上明約，如何決定，就在大王的一句話了。」魏王說：「寡人不像樣，沒有聽到過賢明的教誨。現在您將趙王的命令轉告給我，我恭敬地用整個魏國來聽從吩咐。」

張儀為秦連橫說魏王

【題解】張儀遊說魏惠王放棄合縱，西面事秦，魏惠王表示同意。

張儀為秦連橫，說魏王❶曰：「魏地方不至千里，卒不過三十萬人。埊❷四平，諸侯四通，條達❸輻湊❹，無有名山大川之阻。從鄭❺至梁❻，不過百里；從陳❼至梁，二百餘里。馬馳人趨，不待倦而至梁。南與楚境，西與韓境，北與趙境，東與齊境，卒戍四方，守亭障❽者參列❾。粟糧漕❿庾⓫，不下十萬。魏之埊勢，故戰場也。魏南與⓬楚而不與齊，則齊攻其東；東與齊而不與趙，則趙攻其北；不合於韓，則韓攻其西；不親於楚，則楚攻其南。此所謂四分五裂之道也。

【章旨】說明魏國地小兵少，四面受敵，形勢不利。

【注釋】❶魏王　指魏惠王。❷埊　古「地」字。❸條達　如樹的分枝一樣通向四方。條，枝條。達，通。❹輻湊　如車輻聚於車轂一樣匯集到魏國。輻，車輻；連接車轂和車輞的直條。湊，聚集。❺鄭　在今河南新鄭。❻梁　魏都大梁，在今河南開封。❼陳　在今河南淮陽。❽亭障　古代的邊塞堡壘。❾參列　排列。❿漕　水路運糧。⓫庾　露天糧倉。⓬與　助。

【語譯】張儀替秦國推行連橫政策，去遊說魏王道：「魏國的領土方圓不到一千里，士卒不超過三十萬人。四面的土地平坦，諸侯可以從四面通向魏國，就像枝條歸向樹幹，車輻聚集到車轂一樣，沒有名山大川的阻隔。從鄭國到大梁，不超過一百里；從陳國到大梁，也只有二百多里。馬的奔馳、人的趨走，不到疲倦的時候就到了大梁。南邊和楚國交界，西邊和韓國交界，北邊和趙國交界，東邊和齊國交界，四方都要有士卒防守，駐守在堡壘裡的軍人排列成群。糧食水路運輸，露天的倉庫不下十萬個。魏國的地勢，就是戰場啊。魏國向南幫助楚國而不幫助齊國，那麼齊國就進攻魏國的東邊；向東幫助齊國而不幫助趙國，那麼趙國就進攻魏國的北邊；不和韓國聯合，那麼韓國就進攻魏國的西邊；不親近楚國，那麼楚國就進攻魏國的南邊。這就是所謂的四分五裂之地啊。

「且夫諸侯之為從者，以安社稷、尊主、強兵、顯名也。合從者，一天下，約為兄弟，刑白馬❶以盟於洹水❷之上以相堅也。夫親昆弟，同父母，尚有爭錢財，而欲恃詐偽反覆蘇秦之餘謀，其不可以成亦明矣。

【章旨】說明骨肉之親尚且爭奪錢財，怎麼能依靠欺詐虛偽、反覆無常的蘇秦使合縱成功。

【注釋】❶刑白馬　古代諸侯結盟，殺白馬歃血立誓以為信。❷洹水　古水名，即今河南安陽河，發源於山西，流經安陽，經內黃，入衛河。

【語譯】「再說諸侯合縱，是為了安定社稷、提高君主的地位、增強軍力、顯揚名聲啊。主張合縱的人，聯合天下諸侯結成一體，相約成為兄弟，殺白馬歃血立誓，在洹水邊上結盟，以使盟約堅固。親兄弟，同父母的人，尚且有爭奪錢財的事。而想依靠欺詐虛偽、反覆無常的蘇秦那點計謀，合縱不能成功也就明顯了。

「大王不事秦，秦下兵攻河外❶，拔卷❷、衍❸、燕❹、酸棗❺，劫衛取晉陽❻，則趙不南；趙不南，則魏不北；魏不北，則從道絕；從道絕，則大王之國欲求無危不可得也。秦挾韓而攻魏，韓劫於秦，不敢不聽。秦、韓為一國，魏之亡可立而須❼也，此臣之所以為大王患也。為大王計，莫如事秦，事秦則楚、韓必不敢動；無楚、韓之患，則大王高枕而臥，國必無憂矣。

【章旨】說明魏國不事秦便將亡國，事秦則可高枕無憂。

【注釋】❶河外　上篇有「北有河外」的話，可見是指魏國北邊黃河以外的地方。❷卷　魏地，在今河南滎陽、原陽之間。❸衍　魏地，在今河南鄭州北。❹燕　南燕，春秋時諸侯國名，在今河南延津境內。❺酸棗　魏邑，在今河南延津附近。❻晉陽　《史記・張儀列傳》作「陽晉」。❼須　待。

【語譯】「大王不侍奉秦國，秦國便會出兵進攻河外，攻下卷地、衍地、南燕、酸棗，劫持衛國，奪取陽晉，那麼趙國便不能南下；趙國不能南下，那麼魏國也就不能北上；魏國不能北上，那麼合縱的道路便被切斷；合縱的道路被切斷，那麼大王的國家想要沒有危險就不可能啊。秦國挾持韓國，進攻魏國，韓國迫於秦國的壓力，不敢不聽。秦國、韓國聯合成一國，魏國的滅亡就在眼前，可站著等待，這便是我所以替大王擔憂的原因啊。替大王著想，不如侍奉秦國，侍奉秦國，那麼楚國、韓國就不敢輕舉妄動；沒有楚國、韓國的禍患，大王就可墊高枕頭睡大覺，國家必定沒有憂患了。

「且夫秦之所欲弱莫如楚，而能弱楚者莫若魏。楚雖有富大之名，其實空虛；其卒雖眾，多言❶而輕走，易北，不敢堅戰。魏之兵南面而伐，勝楚必矣。夫虧楚而益魏，攻楚而適❷秦，內❸嫁禍❹安國❺，此善事也。大王不聽臣，秦甲出而東，雖欲事秦而不可得也。

【章　旨】再說明楚國徒有虛名，魏國如果攻楚，既可獲益，又可討好秦國。

【注　釋】❶多言　多，與上句「眾」字重複，當是衍文，宜刪去。言，依《史記・張儀列傳》及鮑彪本當作「然」。❷適　悅；討好。❸內　依《史記・張儀列傳》當是衍文，宜刪去。❹嫁禍　指虧楚。❺安國　指討好秦國而使魏國平安。

【語　譯】「再說秦國最想削弱的莫過於楚國，而能削弱楚國的莫過於魏國。楚國雖然有富庶強大的名聲，實際上卻空虛得很；它的士卒雖多，然而容易逃跑、敗退，不敢堅持作戰。魏國的軍隊向南進攻，必定能夠戰勝楚國。損害楚國而使魏國獲益，進攻楚國去討好秦國，既能嫁禍於人，又能安定國家，這是好事呀。大王要是不聽從我的勸說，秦國出兵向東，那時即使想侍奉秦國也不可能啊。

「且夫從人多奮辭❶而寡可信，說一諸侯之王，出而乘其車；約一國而反，成而❷封侯之基。是故天下之遊士，莫不日夜搤腕❸瞋目切齒以言從之便，以說人主。人主覽其辭，牽其說，惡得無眩哉？臣聞積羽沉舟，群輕折軸，眾口鑠金，故願大王之孰計之也。」

【章　旨】再說合縱者說大話，不可信，希望大王不要受他們的迷惑。

【注　釋】❶奮辭　大話。「奮」字的本義是鳥張大翅膀從田上向上飛，這裡只取它「大」的意義。❷成而　依《史記・張儀列傳》當作「而成」。❸搤腕　扼腕，一手握著另一手的腕，是憤激的表示。

【語譯】「況且主張合縱的人多說大話而可以相信的很少。他們遊說一個諸侯國的君王，出去就乘他的車；聯合一個國家回來，就成了封侯的基礎。因此天下的遊士，沒有不是握著手腕、睜大眼睛、咬牙切齒來說合縱的好處，以討好君主。君主聽到他們的言辭，受到他們遊說的影響，怎麼能不糊塗呢？我聽說堆積起來的羽毛可以沉船，很多輕的東西可以壓斷車軸，眾口的詆毀，連金屬都可以銷鎔，所以希望大王仔細考慮啊。」

魏王曰：「寡人蠢愚，前計失之。請稱東藩，築帝宮，受冠帶，祠春秋❶，效❷河外。」

【章旨】魏王聽後，同意侍奉秦國。

【注釋】❶稱東藩四句　本為蘇秦說魏王語。見本卷〈魏策一・蘇子為趙合從說魏王〉。❷效　獻。

【語譯】魏王說：「寡人愚蠢，以前的想法錯了。請允許我自稱是秦國東邊的藩國，給秦王修築行宮，接受秦王賜給的冠帶，春秋進貢禮品以供秦國祭祀之用，並獻出黃河以外的土地。」

齊魏約而伐楚

【題解】齊國、魏國聯合進攻楚國，魏國的董慶因此去齊國做人質。後來齊國被楚國打敗，而魏國卻不去救援，齊國的田嬰因此要殺死董慶。盱夷勸說田嬰不要採取這樣的行動。

齊、魏約而伐楚，魏以董慶為質於齊。楚攻齊，大敗之，而魏弗救。田嬰❶怒，將殺董慶。盱夷❷為董慶謂田嬰：「楚攻齊，大敗之，而不敢深入者，以魏為將內之於齊而擊其後。今殺董慶，是示楚無魏也。魏怒合於楚，齊必危矣。不如貴董慶以善魏，而疑之於楚也。」

【注　釋】❶田嬰　齊相，是孟嘗君的父親。❷盱夷　鮑彪說是魏人。

【語　譯】齊國、魏國相約去進攻楚國，魏國送董慶去齊國做人質。楚國進攻齊國，大敗齊國，魏國卻不去救援。田嬰惱火，將要殺掉董慶。盱夷為了董慶對田嬰說：「楚國進攻齊國，大敗齊國，卻不深入齊國內部，是認為魏國要讓楚國的軍隊深入齊國去，再攻擊它的後部。現在殺掉董慶，這是告訴楚國，齊國已經和魏國絕交啊。魏國一惱火，和楚國聯合起來，齊國就必定危險了。你不如重視董慶，以便和魏國拉好關係，而使楚國疑懼不安。」

蘇秦拘於魏

【題　解】魏國拘捕了蘇秦，齊國派蘇厲遊說魏王，以加深秦國對齊國的懷疑使情勢有利於魏國為由，勸魏王釋放蘇秦，讓他到齊國去。

蘇秦❶拘於魏，欲走而之韓❷，魏氏閉關而不通。齊使蘇厲❸為之謂魏王曰：

「齊請以宋地封涇陽君❹，而秦不受也。夫秦非不利有齊而得宋埊也，然其所以不受者，不信齊王與蘇秦❺也。今秦見齊、魏之不合也❻如此其甚也，則齊必不欺秦，而秦信齊矣。齊、秦合而涇陽君有宋地，則非魏之利也。故王不如復東蘇秦❼，秦必疑齊而不聽也。夫齊、秦不合，天下無憂❽，伐齊成，則埊廣矣。」

【注釋】❶蘇秦　〈燕策一・初蘇秦弟厲因燕質子而求見齊王〉及《史記・蘇秦列傳》作「蘇代」。❷韓　鮑彪本作「齊」，當從。❸蘇厲　蘇秦的弟弟。❹涇陽君　秦昭王的同母弟，名悝。❺不信齊王與蘇秦　秦國懷疑齊王和蘇秦親魏，所以不相信他們。齊王，指齊湣王。❻也　是衍文，當刪去。❼東蘇秦　讓蘇秦到東方去，即到齊國去。❽憂　依〈燕策一〉及《史記・蘇秦列傳》當作「變」。

【語譯】蘇秦在魏國被捕，想逃出來到齊國去，但魏國閉住關門，無法通過。於是齊國派蘇厲為他對魏王說：「齊國請求將宋國的土地封給秦國的涇陽君，而秦國卻不接受。秦國不是認為齊國倒向自己而且得到宋國的土地有什麼不好，它所以不接受的原因，是不相信齊王和蘇秦啊。現在秦國看到齊國和魏國不和，竟是如此的厲害，那麼齊國就一定不會欺騙秦國，這樣秦國便相信齊國了。齊國和秦國聯合起來，而涇陽君有了宋國的土地，那麼對魏國就不利啊。所以大王不如讓蘇秦再到東邊去，這樣秦國就必定會懷疑齊國而不聽從它的話。齊國、秦國不能聯合，天下形勢沒有變化，攻打齊國成功了，那麼魏國的領土就可以擴大了。」

陳軫為秦使於齊

【題　解】犀首閒居無事，陳軫替他出謀獻策，終於讓齊、燕、趙、楚、魏五國都將國事交給了他。

陳軫❶為秦使於齊❷，過魏，求見犀首❸。犀首謝陳軫。陳軫曰：「軫之所以來者，事也。公不見軫，軫且行，不得待異日矣。」犀首乃見之。陳軫曰：「公惡事乎？何為飲食而無事？無事必來❹。」犀首曰：「衍不肖，不能得事焉，何敢惡事？」陳軫曰：「請移天下之事於公。」犀首曰：「奈何？」陳軫曰：「魏王使李從❺以車百乘使於楚，公可以居其中而疑之。公謂魏王曰：『臣與燕、趙故矣，數令人召臣也，曰「無事必來」。今臣無事，請謁而往。無久，旬、五之期。』王必無辭以止公。公得行，因自言於廷曰：『臣急使燕、趙，急約車為行具。』」犀首曰：「諾。」謁魏王，王許之，即明言使燕、趙。

【章　旨】犀首無事，陳軫建議他借故出使燕、趙，以破壞李從聯楚的使命。

【注　釋】❶陳軫　遊說之士，與張儀一起侍奉秦惠王，受到張儀的詆毀，張儀做秦國的相以後，他出走到楚國，後來又經過魏國回到秦國。❷為秦使於齊　《史記・張儀列傳》附〈陳軫傳〉作「楚……使陳軫使於秦」，與此異。❸犀首　魏國人。姓公孫，名衍，犀首是魏國的官名。張儀做了魏國的相，對犀首不利，犀首便去韓國做了相。張儀死後，犀首做了秦國的相，佩五國相印。❹無事必來　據鮑彪注及吳師道《補正》此四字是衍文，當刪去。❺李從　《史記・張儀列傳》附〈陳軫傳〉作「田需」，與此異。

【語　譯】陳軫為秦國出使齊國，經過魏國，要求謁見犀首。犀首謝絕了陳軫的要求。陳軫說：「我陳軫所以來這裡，是有事啊。你不見我，我將走了，不能等到以後了。」犀首於是接見了他。陳軫說：「你討厭做事嗎？為什麼老是飲酒吃飯而沒有事做？」犀首說：「我公孫衍不像樣，不能找到事做，哪裡敢討厭做事？」

陳軫說：「請讓我把天下的事交給你。」犀首說：「怎麼一回事?」陳軫說：「魏王派李從用車子一百輛出使楚國，你可以在其間製造猜疑。你可以告訴魏王說：『我和燕國、趙國是舊交了，它們多次派人找我，說「你沒有事就一定要到我們這裡來。」現在我沒有事，請讓我稟告以後就前往它們那裡。在那裡的時間不會長久，大約是十天、五天的期限。』魏王必定沒有話來阻止你。你能夠成行，於是自己就在朝廷上說：『我有急事出使燕國、趙國，趕快給我套車和準備行裝。』」犀首說：「好。」就去稟告魏王，魏王同意他前往，他便公開宣布出使燕國、趙國。

諸侯客聞之，皆使人告其王曰：「李從以車百乘使楚，犀首又以車三十乘使燕、趙。」齊王❶聞之，恐後天下得魏，以事屬犀首。犀首受齊事，魏王止其行使。燕、趙聞之，亦以事屬犀首。楚王❷聞之，曰：「李從約寡人，今燕、齊、趙皆以事因❸犀首，犀首必欲寡人，寡人欲之。」乃倍李從，而以事因犀首。魏王曰：「所以不使犀首者，以為不可。今❹四國屬以事，寡人亦以事因焉。」犀首遂主天下之事，復相魏。

【章旨】犀首聲稱要出使燕、趙，燕、趙知道了，便將國事委託給犀首，接著楚國也將國事委託給犀首，魏國因而恢復了犀首的相位。

【注釋】❶齊王　指齊湣王。❷楚王　指楚懷王。❸因　在這裡當是與「屬」字同義。下同。❹今　鮑彪本作「令」，當從。

【語譯】諸侯在魏國的客人聽說了這件事，都派人告訴他的國王說：「李從用車子一百輛出使楚國，犀首又用車子三十輛出使燕國、趙國。」齊王聽說了這件事，擔心自己在天下諸侯之後才獲得魏國的好感，便把國事委託給犀首。犀首接受了齊國的國事，魏王卻阻止他出去。燕國、趙國聽說了這件事，也將國事委託給犀首。楚王聽說了這件事，說：「李從來和寡人結盟，現在齊國、燕國、趙國都將國事先後委託給了犀首，犀首一定想寡人也會將國事委託給他，寡人想這樣做。」於是背棄李從的盟約，而將國事委託給犀首。魏王說：「我所以不讓犀首出去的原因，是認為事情不可能辦成。現在四國都將國事委託給他，寡人也將國事委託給他。」犀首於是主持天下的大事，再次做了魏國的相。

張儀惡陳軫於魏王

【題解】張儀在魏王前詆毀陳軫，左華勸陳軫回到楚王那裡去。

張儀惡❶陳軫於魏王曰：「軫善事楚，為求壤地也，甚力之❷。」左華❸謂陳軫曰：「儀善於魏王，魏王甚愛之。公雖百說之，猶不聽也。公不如❹儀之言為資，而反❺於楚王❻。」陳軫曰：「善。」因使人先言於楚王。

【注釋】❶惡　詆毀。❷之　〈楚策三・陳軫告楚之魏〉無「之」字。❸左華　〈楚策三〉作「之爽」。❹如　據〈楚策三〉「如」字下當加一「以」字。❺反　同「返」。陳軫因受張儀排擠，曾經從秦國投奔過楚國。❻王　是衍文。

【語譯】張儀在魏王面前詆毀陳軫說：「陳軫很好地侍奉楚國，為楚國求得土地，很賣力氣。」左華告訴陳軫說：「張儀和魏王關係好，魏王很喜愛他。你即使向楚王解釋一百遍，還是不聽信你的啊。你不如用張儀的話作資本，回到楚國去。」陳軫說：「說得好。」於是派人將張儀詆毀他的話先告訴楚王。

張儀欲窮陳軫

【題解】張儀為了使陳軫陷入困境，讓魏王將陳軫從楚國召回來做相國，其實是想將他騙回來以後就拘捕他。陳軫的兒子陳應識破了張儀的陰謀，勸他的父親不要回魏國，而改道去齊國。

張儀欲窮陳軫，令魏王召而相之，來將悟❶之。將行，其子陳應止其公❷之行，曰：「物❸之湛❹者，不可不察也。鄭彊出秦曰❺，應為知❻。夫魏欲絕楚、齊，必重迎公。郢❼中不善公者，欲公之去也，必勸王❽多公之車。公至宋❾，道稱疾而毋行，使人謂齊王曰：『魏之所以迎我者，欲以絕齊、楚也。』」齊王曰：「子果❿，無之魏，而見寡人也，請封子。」因以魯侯之車迎之。

【注釋】❶悟　通「圄」。囚禁。❷公　稱呼父親。❸物　事。❹湛　深。❺鄭彊出秦曰　鄭彊從秦國出來的日子。鄭彊，當是某一說客。據〈韓策一〉記載，他曾請求秦國進攻韓國，並曾在秦王面前挑撥張儀和秦王的關係。出秦，從秦國出來。曰，鮑彪本作「日」。❻為知　因而知道。為，因。按，陳應是說他從鄭彊那裡知道秦國的張儀要讓魏國破壞齊、楚聯盟，陷害陳軫的深謀。❼郢　楚都，舊址在今湖北江陵郊區。❽王　指楚王。❾宋　古國名，舊都在今河南商丘。❿果　鮑彪本作「東」，當從。東，謂向東走，到齊國去。

【語　譯】張儀想使陳軫陷入困境，便讓魏王召他回來做相，回來以後就將他囚禁起來。陳軫將要動身回去，他的兒子陳應阻止他動身返魏，說：「別人謀事之深，是不可不仔細考察的。鄭彊從秦國出來的日子，我由於他的緣故知道秦國的張儀讓魏國破壞齊、楚聯盟的深謀。魏國想要齊國與楚國絕交，必然隆重歡迎您。郢都中和您關係不好的人，也想讓您離開，一定會鼓勵楚王多給您車子回去。您到了宋國，在路上就裝病不走，派人去對齊王說：『魏國所以歡迎我回去，是想讓齊國、楚國絕交啊。』」齊王說：「您往東走，不要到魏國去，來見寡人，請讓我封賞您。」於是用魯國君主的車迎接陳軫。

張儀走之魏

【題　解】張丑諫阻魏王不要接納張儀。

張儀走之魏❶，魏將迎之。張丑❷諫於王，欲勿內，不得於王❸。張丑退，復諫於王曰：「王亦聞老妾事其主婦者乎？子長色衰，重家❹而已。今臣之事王，若老妾之事其主婦者。」魏王因不納張儀。

【注　釋】❶張儀走之魏　秦武王元年（西元前三一〇年）張儀受到秦國群臣的攻擊，由秦至魏，魏襄王接納了他。和這裡的記載有出入。❷張丑　齊臣。❸王　指魏王。❹家　姚宏注：「一本作『嫁』。」當從。

【語　譯】張儀逃往魏國，魏國將要迎接他。張丑向魏王進諫，想使魏國不接納張儀，卻沒有得到魏王的同意。張丑退了下來，再向魏王進諫說：「大王聽說過老妾侍奉正妻的故事嗎？兒子長大了，自己的美色消退了，不過再嫁罷了。現在我侍奉大王，就像老妾侍奉正妻一樣。」魏王因而不接納張儀。

張儀欲以魏合於秦韓

【題　解】張儀想要魏國和秦國、韓國聯合去進攻齊國、楚國，惠施想要魏國和齊國、楚國聯合以停止這場戰爭。多數人贊同張儀的主張，出現了一邊倒的局面。惠施對魏王說就是小事也會有贊成和反對各占一半的情況，現在這樣的大事竟然異口同聲一邊倒，說明還有一半的意見受阻不能發表出來。《韓非子・內儲說上》用這個故事說明君主要懂得「眾端參觀」的權術，對眾人的言行事端要參驗比較、觀察得失，不要偏聽偏信。其中蘊含著豐富的哲理，發人深思。

張儀欲以魏合於秦、韓而攻齊、楚，惠施欲以魏合於齊、楚以案兵❶。人多為❷張子於王❸所。惠子謂王曰：「小事也，謂可者謂不可者正半，況大事乎？以魏合於秦、韓而攻齊、楚，大事也，而王之群臣皆以為可。不知是其可也，如是其明耶？而❹群臣之知術也，如是其同耶？是其可也，未如是其明也，而群臣之知術也，又非皆同也，是有其半塞❺也。所謂劫❻主者，失其半者也。」

【注　釋】❶案兵　按兵息戰。❷為　助。❸王　指魏王。❹而　鮑彪本作「亡」。亡，同「無」。是得無、抑或的意思。下同。❺塞　被阻塞不能表達出來。❻劫　威脅；強迫。

【語　譯】張儀想要魏國與秦國、韓國聯合去進攻齊國、楚國，惠施想要魏國與齊國、楚國聯合來阻止這場戰爭。人們在魏王面前大都幫助張儀。惠施對魏王說：「就是小事，贊成的和不贊成的也會正好一半對一半，何況是大事呢？魏國和秦國、韓國聯合去進攻齊國、楚國，這是大事啊，而大王的群臣都認為可以。不知道是這件事的可行性就是這樣的清楚明白呢，還是群臣的智術是這樣的相同呢？其實這件事的可行性，不是像這樣的清楚明白，而且群臣的智術，也不是都相同，而是因為有一半的反對意見受阻沒有發表出來啊。所謂君主受到脅制，就是因為沒有聽到另外一半的意見啊。」

張子儀以秦相魏

【題　解】張儀從秦國來到魏國，做了魏國的相，齊國、楚國因為惱怒張儀而要進攻魏國。雍沮因此遊說齊、楚兩國君主，謊稱張儀和秦王有密約，使得齊、楚兩國停止進攻魏國。

張子❶儀以秦相魏❷，齊、楚怒而欲攻魏。雍沮❸謂張子曰：「魏之所以相公者，以公相則國家安，而百姓無患。今公相而魏受兵，是魏計過也。齊、楚攻魏，公必危矣。」張子曰：「然則奈何？」雍沮曰：「請令齊、楚解攻。」雍沮謂齊、楚之君曰：「王亦聞張儀之約秦王❹乎？曰：『王若相儀於魏，齊、楚惡儀，必攻魏。魏戰而勝，是齊、楚之兵折，而儀固得魏矣；若不勝魏❺，魏必事秦以持其國，必割地以賂王。若欲復攻，其❻敝不足以應秦。』此儀之所以與秦王陰相結也。今儀相魏而攻之，是使儀之計當❼於秦也，非所以窮儀之道也。」齊、楚之王曰：「善。」乃遽解攻於魏。

【注釋】❶子 據劉敞本「子」字當是衍文，宜刪。❷以秦相魏 據《史記·張儀列傳》，秦武王元年（西元前三一〇年）張儀受到秦國群臣的攻擊，由秦至魏。以，由。❸雍沮 當是魏臣。〈齊策二·張儀事秦惠王〉說是張儀派他的舍人馮喜出使齊、楚，和這裡的記載不同。❹秦王 指秦武王。❺魏 當是衍文，宜刪去。❻其 指代齊、楚兩國。❼當 合；相符；兌現。

【語譯】張儀從秦國來到魏國做相，齊國、楚國因為惱怒張儀而想進攻魏國。雍沮對張儀說：「魏國之所以任命你做相，是認為你做了相，國家就可以平安無事，百姓可以沒有禍患。現在你做了相而魏國卻遭受戰爭，這就說明魏國失策了啊。齊國、楚國進攻魏國，你必定危險了。」張儀說：「這樣說來該怎麼辦？」雍沮說：「請允許我讓齊國、楚國停止進攻。」雍沮便去對齊國、楚國的君主說：「大王也聽說過張儀和秦王立過密約嗎？他和秦王立約說：『大王假若讓我去魏國做相，齊國、楚國討厭我，必定會進攻魏國。魏國要是戰勝了，這就等於齊國、楚國的軍隊打了敗仗，張儀一定可以得到魏國了；假使魏國沒有戰勝，魏國必定侍奉秦國來保存它的國家，必定割讓土地來討好大王。假若齊國、楚國再次進攻魏國，戰爭給它們造成的疲困也使它們不能夠對付秦國。』這就是張儀和秦王暗中勾結的內容呀。現在張儀做了魏相，你們就去進攻魏國，這是使張儀的計謀在秦國得以兌現，不是使張儀陷入困境的辦法啊。」齊國、楚國的君王說：「說得好。」於是馬上停止對魏國的進攻。

張儀欲并相秦魏

【題解】張儀想同時做秦國、魏國的相，史厭勸趙獻趁機同時做楚國、韓國的相。

張儀欲并相秦、魏，故謂魏王曰：「儀請以秦攻三川❶，王以其間約南陽❷，韓氏亡。」史厭❸謂趙獻❹曰：「公何不以楚佐儀求相之於魏，韓恐亡，必南走❺楚。儀兼相秦、魏，則公亦必并相楚、韓也。」

【注釋】❶三川　韓地，在今河南西部，因有黃河、洛河、伊河三條河流經其地而得名。❷約南陽　據下章〈魏王將相張儀〉「魏攻南陽，秦攻三川」，當作「攻南陽」。南陽，在今河南獲嘉境內。❸史厭　即史黶。❹趙獻　事跡不詳。❺走　歸向。

【語譯】張儀想同時做秦國、魏國的相，所以對魏王說：「我張儀請求用秦國去進攻三川，大王就在這個時候進攻南陽，韓國就必定滅亡。」史厭對趙獻說：「你為何不用楚國幫助張儀實現在魏國做相的要求？韓國害怕要滅亡，必定往南歸向楚國。張儀同時兼任秦國、魏國的相，那麼你也一定會同時做楚國、韓國的相啊。」

魏王將相張儀

【題解】魏王將用張儀做相，犀首認為這對自己不利，便派人去遊說韓公叔，要求韓國委託他去辦事，讓他立功，以破壞秦國和魏國的聯盟，使張儀做不成魏國的相。

魏王將相張儀，犀首❶弗利，故令人謂韓公叔❷曰：「張儀以❸合秦、魏矣。其言曰：『魏攻南陽，秦攻三川，韓氏必亡。』且魏王所以貴張子者，欲得峚❹，則韓之南陽舉❺矣。子盍少委❻焉，以為衍功，則秦、魏之交可廢矣。如此，則魏必圖秦而棄儀，收韓而相衍。」公叔以為信❼，因而委之，犀首以為功，果相魏。

【注　釋】❶犀首　魏陰晉人，姓公孫，名衍。他和張儀的關係不好，所以張儀做魏相，對他不利。❷韓公叔　屬韓國公族，據《史記・吳起列傳》，他曾經做魏國的相，陷害過吳起。魏王想用張儀為相時，他可能還在韓國執政。❸以　通「已」。❹埊　古「地」字。據《史記・張儀列傳》附〈犀首傳〉及鮑彪本，「埊」下當有「也」字。❺舉　攻下。❻委　委託以事。事的具體內容，這裡沒有交代，吳師道據《大事記》認為是要韓國將南陽給魏國，以作為公孫衍（犀首）的功勞。從上下文看，這種說法言之成理。❼信　據《史記・犀首傳》及曾鞏本，「信」當作「便」。

【語　譯】魏王將用張儀為相，犀首認為不利於自己，所以派人去對韓公叔說：「張儀已經使秦國、魏國聯合起來了。他說：『魏國進攻韓國的南陽，秦國進攻韓國的三川，韓國必定滅亡。』況且魏王所以重視張儀，是想得到土地啊，那麼韓國的南陽實際上等於被魏國攻下來了。您為何不給我一點事做，讓我去替魏國立功，那麼秦國和魏國的聯合就可以廢止了。這樣，魏國就一定會圖謀秦國，拋棄張儀，聯合韓國而讓我公孫衍做魏國的相。」韓公叔認為這樣對韓國有利，於是便將事委託給犀首，犀首將這作為自己的功勞，果然做了魏國的相。

楚許魏六城

【題　解】齊國進攻燕國，楚國為了保存燕國，便對魏國承諾，以答應割讓六城為代價，要求魏國和它一起去攻打齊國。張儀為了破壞楚國聯魏、攻齊、存燕的計畫而去遊說魏王，魏王沒有聽他的話。

楚許魏六城，與之伐齊而存燕❶。張儀欲敗之，謂魏王曰：「齊畏三國❷之合也，必反燕地以下❸楚，楚、趙❹必聽之，而不與魏六城。是王失謀於楚、趙，而樹怨而❺於齊、秦也。齊遂伐趙❻，取乘丘❼，收侵地，虛❽、頓丘❾危。楚破南陽❿九夷⓫，內沛⓬，許⓭、鄢陵⓮危。王之所得者，新觀⓯也。而道塗宋、衛為制，事敗⓰為趙驅，事成⓱功縣宋衛⓲。」魏王弗聽也。

【注　釋】❶存燕　《孟子·梁惠王下》記載，齊宣王進攻燕國，奪取了燕國的土地，諸侯「畏齊之強」，見它「倍地（土地擴大了一倍）而不行政」，便想救援燕國，「多謀伐寡人（指齊宣王）」。❷三國　指楚、魏、燕三國。❸下　作動詞用，與「禮賢下士」的「下」用法相同，是謙恭對待、甘為人下的意思。❹趙　據鮑彪本「趙」字是衍文，宜刪去。下同。❺而　是衍文，當刪去。❻齊遂伐趙　指齊國對於諸侯伐齊存燕的聯合行動，以伐趙進行反擊，來威脅魏國的安全。❼乘丘　疑非春秋魯地乘丘，而是今河北丘縣。❽虛　殷虛，在今河南安陽。❾頓丘　魏邑，在今河南浚縣。❿南陽　魏地，在今河南獲嘉。《史記·秦本紀》記載昭王時「魏入南陽以和」。⓫九夷　楚、齊交界處的夷族所居之地。⓬沛　在今江蘇沛縣。⓭許　在今河南許昌。⓮鄢陵　在今河南鄢陵。⓯新觀　即觀津，在今河北武邑東南。⓰事敗　指魏國伐齊之事失敗，沒有得到楚地。⓱事成　指伐齊之事成功，得到楚地。⓲功縣宋衛　即為宋、衛二國所控制。因為魏國去受地必須經過宋、衛兩國。縣，同「懸」。懸掛，鮑彪注「言輕重繫之」。

【語　譯】楚國答應割給魏國六城，要求魏國和它一起去進攻齊國，以保存燕國。張儀想破壞楚國這個計畫，便對魏王說：「齊國害怕楚、魏、燕三國的聯合，一定會歸還燕國的土地，謙恭地對待楚國，楚國一定會聽從齊國，而不將六城給魏國。這樣大王便失算於楚國，樹怨於齊國、秦國啊。齊國於是會進攻趙國，奪取乘丘，收回侵地，這樣虛地和頓丘就危險。楚國也會攻下南陽、九夷，進入沛地，這樣許地和鄢陵就危險。結果大王所得到的地方就只是新觀而已。但是要取道宋國、衛國，因而便受到宋國、衛國的牽制。所以事情失敗了，便被趙國驅逐；事情成功了，便受宋國、衛國的牽制啊。」魏王不聽取張儀的話。

張儀告公仲

【題　解】本篇當與上篇相連。張儀見魏王不聽他的話，便勸韓相公仲向魏王施加壓力，迫使魏王放棄了聯楚、伐齊、救燕的打算。

張儀告公仲❶，令以饑故賞❷韓王以近河外❸。魏王懼，問張子，張子曰：「秦欲救齊，韓欲攻南陽❹，秦、韓合而欲攻南陽，無異也。且❺以遇❻卜❼王，王不遇秦，韓之卜也決矣。」魏王遂尚❽遇秦、信韓、廣❾魏、救趙、尺❿楚人，遽⓫於革下⓬。伐齊之事遂敗。

【注　釋】❶公仲　韓國的相。❷賞　勸；鼓勵；慫恿。❸近河外　指到黃河以外的地方找糧食。河外靠近魏國，這樣可以對魏國構成威脅。❹南陽　魏地，在今河南獲嘉境內。❺且　將。❻遇　會見。❼卜　預測；試探。❽尚　鮑彪注：「言欲之甚。」❾廣　寬心。❿尺　通「斥」。《莊子・逍遙遊》「斥鴳」一作「尺鴳」。⓫遽　傳遞。⓬革下　當是地名。其地不詳。

【語　譯】張儀告訴韓相公仲，讓他用鬧饑荒為由，勸韓王將百姓移到靠近黃河以外的地方。魏王害怕，問張儀，張儀說：「秦國想救援齊國，韓國想進攻魏國的南陽，它們的目的沒有什麼不同。它們將用會見的方式來試探大王，大王如不和秦王會見，則韓國在試探以後就會下定決心進攻南陽了。」魏王聽了以後就趕快和秦王會見，使韓國人信而不疑，讓魏國人放心，還去救援趙國，斥責楚國，從革下將信息傳遞出去。諸侯聯合攻齊的事便失敗了。

徐州之役

【題解】在楚、齊徐州之戰前，犀首勸魏王明裡幫助齊國而暗中卻和楚國結盟，以促成齊國同楚國作戰，魏國便趁機從中漁利。

徐州之役❶，犀首❷謂梁王❸曰：「何不陽與❹齊而陰結於楚？二國恃王，齊、楚必戰。齊戰勝楚，而與乘❺之，必取方城❻之外；楚戰勝齊敗❼，而與乘之，是太子之讎❽報矣。」

【注釋】❶徐州之役　楚威王七年（西元前三三三年）在徐州戰敗齊國。徐州，在今江蘇徐州以北、山東滕縣東南。❷犀首　即公孫衍。魏相，後又入秦為大良造、秦相。❸梁王　魏王，即梁惠王。❹與　助。❺乘　趁機戰勝。❻方城　楚國在北邊所築的長城。從現在河南方城北起，沿著伏牛山脈到今河南鄧縣北。❼敗　據姚宏注，「敗」字是衍文，當刪。❽太子之讎　魏惠王二十九年（西元前三四一年），齊國在馬陵大敗魏國，俘虜了魏太子申，殺死了魏將龐涓。

【語譯】徐州之戰前，犀首對梁惠王說：「為什麼不明裡幫助齊國而暗中和楚國結盟？兩國有了大王做靠山，必定會打起來。如果齊國戰勝楚國，你就和齊國趁機打敗楚國，一定可以奪取方城以外的土地；如果楚國戰勝齊國，你就和楚國趁機打敗齊國，這樣，太子的仇就報了。」

秦敗東周

【題解】魏國在伊闕被秦國所敗，便派公孫衍去向秦國割地求和。有人為了竇屢勸說魏王：如果封竇屢做關內侯，讓他到趙國去，揚言要將魏地割給趙國，便可利用秦國的穰侯與奉陽君、竇屢之間的矛盾，少割一半的土地與秦國講和。

秦敗東周，與魏戰於伊闕❶，殺犀武❷。魏令公孫衍乘勝而留於境❸，請卑辭割埊，以講於秦。為竇屢❹謂魏王❺曰：「臣不知衍之所以聽於秦之少多，然而臣能半衍之割，而令秦講於王。」王曰：「奈何？」對曰：「王不若與竇屢關內侯，而令❻趙。王重其行而厚奉❼之。因揚言曰：『聞周、魏令竇屢以割魏於奉陽君，而聽秦❽矣。』夫周君、竇屢、奉陽君之與穰侯❾，貿首之仇也。今行和者，竇屢也；制割者，奉陽君❿也。太后⓫恐其不因穰侯也，而欲敗之，必以少割請合於王，而和於東周與魏也。」

【注釋】❶伊闕　地名，在今河南洛陽南，即龍門石窟所在地。據《史記・六國年表》，周赧王二十二年（西元前二九三年），秦在伊闕打敗魏國。❷犀武　魏將。❸乘勝而留於境　金正煒《戰國策補釋》認為此六字應移到「殺犀武」三字下面。這樣文意較順，譯文暫從其說。❹竇屢　魏人。❺魏王　指魏昭王。❻令　據鮑彪本「令」下有「之」字，往的意思。❼奉這裡當是尊的意思。❽聽秦　聽從秦國的話，即與秦國講和。❾穰侯　秦相魏冉。❿奉陽君　趙國的當權大臣李兌。⓫太后　指秦昭王的母親宣太后。穰侯魏冉是她的弟弟。

【語　譯】秦軍打敗了東周國，在伊闕和魏國作戰，殺死魏將犀武，乘勝留在邊境上。魏國派公孫衍前去，用卑下謙恭的話請求割讓土地，向秦國講和。有人為了寶屨對魏王說：「我不知道公孫衍用來與秦國講和的土地是多少，可是我能只用公孫衍講和的土地的一半，使秦國與大王講和。」魏王說：「怎麼一回事？」那人回答說：「大王不如封給寶屨一個關內侯的官職，讓他前往趙國。大王要重視他這次的出使任務而加倍地尊重他，藉此揚言說：『聽說周國、魏國讓寶屨將魏國的土地割給趙國的奉陽君，而聽從秦國的話，與秦講和了。』周國的君主、寶屨、奉陽君三人和秦國的穰侯，是用腦袋做交易的仇人啊。現在去講和的是寶屨，支配割地的是奉陽君。宣太后擔心他們兩人不依從穰侯而想破壞公孫衍與秦國的講和，一定會用讓魏國少割土地的辦法請求和大王聯合，而向東周國和魏國講和啊。」

齊王將見燕趙楚之相於衛

【題　解】齊王將在衛國會見燕、趙、楚三國的相國，相約把魏國當成盟約以外的國家，不和它相親。魏王害怕。公孫衍便搶在會見之前去衛國見了齊王，因而引起了三國相國的疑心，破壞了齊王這次預期的會見。

齊王將見燕、趙、楚之相於衛，約外魏❶。魏王懼，恐其謀伐魏也，告公孫衍❷。公孫衍曰：「王與臣百金，臣請敗之。」王為約車，載百金。犀首期❸齊王至之日❹，先以車五十乘至衛間❺齊，行❻以百金，以請先見齊王，乃得見。因久坐，安❼從容談。三國之相怨，謂齊王曰：「王與三國約外魏，魏使公孫衍來，今久與之談，是王謀三國也也❽。」齊王曰：「魏王聞寡人來，使公孫子勞寡人，寡人無與之語也。」三國之不相❾信齊王之遇❿，遇事遂敗。

【注釋】❶外魏　將魏國當成盟約以外的國家，不與之相親。❷公孫衍　魏相，即犀首。❸期　預期。❹曰　據鮑彪本「曰」當作「日」。❺間　離間。❻行　指行賄。行賄的對象當是齊王的謁者等一些可以通報消息的官員。❼安　乃。❽也也　據黃丕烈《札記》當作「也已」。❾不相　據鮑彪本當作「相不」。❿齊王之遇　指齊王和三國相國的會見。

【語譯】齊王將在衛國會見燕、趙、楚三國的相國，相約把魏國當成盟約以外的國家。魏王因而感到害怕，擔心他們計畫進攻魏國，便告訴公孫衍。公孫衍說：「大王給我一百金，我請求去破壞這次會見。」魏王替他準備好車，裝上一百金。公孫衍算好齊王到達衛國的時間，先用車五十輛到衛國離間齊國，用一百金行賄，以請求先見到齊王，結果見到了齊王，於是坐著從容不迫地交談了很久。三國的相國埋怨，告訴齊王說：「大王和三國相約把魏國當成盟約以外的國家，魏國派公孫衍來，現在你長久地和他交談，這說明大王是在圖謀三國啦。」齊王說：「魏王聽說寡人來了，派公孫衍來慰勞寡人，寡人沒有和他談什麼呀。」三國的相國不相信齊王的會見誠意，於是會見的事便被破壞了。

魏令公孫衍請和於秦

【題解】魏國派公孫衍去向秦國講和，綦母恢叫他不要多割地給秦國。

魏令公孫衍請和於秦，綦母恢❶教之，語曰：「無多割。曰❷，和成，固有秦重和❸，以與王遇；和不成，則後必莫能以魏合於秦者矣。」

【注釋】❶綦母恢　周臣。❷曰　鮑彪本無「曰」字，當刪。❸和　當是衍文，宜刪去。

【語譯】魏國派公孫衍去向秦國請和，綦母恢教導他，囑咐他說：「不要多割讓土地。如果講和成功，魏國就會得到秦國的重視，來同魏王相見；如果講和不成功，那麼以後就一定不能使魏國同秦國聯合了。」

公孫衍為魏將

【題解】魏王用公孫衍為將、田需為相，季子認為這就像是用千里馬和牛同駕一輛車一樣，國家必定受到傷害。

公孫衍為魏將，與其相田繻❶不善。季子❷為衍謂梁王曰：「王獨不見夫服牛驂驥❸乎？不可以行百步。今王以衍為可使將，故用之也；而聽相之計，是服牛驂驥也。牛馬俱死，而不能成其功，王之國必傷矣！願王察之。」

【注釋】❶田繻　即田需。《韓非子・內儲說下》稱為「陳需」。❷季子　不詳。〈秦策一・蘇秦始將連橫〉記載蘇秦的嫂子曾稱蘇秦為「季子」。《史記・蘇秦列傳》司馬貞《索隱》說：「蘇秦，字季子。」錄以備考。❸服牛驂驥　是說用牛和千里馬同駕一輛車。古代的車用四匹馬拉，中間的兩匹叫「服」，左右的兩匹叫「驂」。

【語　譯】公孫衍做魏國的將軍，和他的相國田需關係不好。季子為了公孫衍對梁王說：「大王難道沒有見過用牛做服馬、用千里驥做驂馬同駕一輛車的事嗎？那是一百步也走不成的。現在大王認為公孫衍可以委任為將軍，所以用了他；卻讓他聽從相國的計謀，這是用牛做服馬、用千里驥做驂馬啊。牛和馬一起都要拖死，而不能完成他們的任務，大王的國家必定受害了。希望大王仔細考慮。」

卷二一三　魏策二

犀首田盼欲得齊魏之兵以伐趙

【題　解】犀首和田盼想得到齊、魏兩國的軍隊去進攻趙國，齊、魏兩國的君主不同意。犀首便故意對兩國君主說這次戰爭容易取勝，以獲取兩國君主的同意。他還私下預料，等待戰爭打起來以後，兩國君主就不敢丟開不管了。結果真的不出所料。

犀首、田盼❶欲得齊、魏之兵以伐趙❷，梁君❸與田侯❹不欲。犀首曰：「請國出五萬人，不過五月而趙破。」田盼曰：「夫輕用其兵者，其國易危；易用其計者，其身易窮。公今言破趙大易，恐有後咎。」犀首曰：「公之不慧也。夫二君者，固已不欲矣，今公又言有難以懼之，是趙不伐，而二士❺之謀困也。且公直言易，而事已去矣。夫難❻搆而兵結，田侯、梁君見其危，又安敢釋卒不我予乎？」田盼曰：「善。」遂勸兩君聽犀首，犀首、田盼遂得齊、魏之兵。兵未出境，梁君、田侯恐其至而戰敗也，悉起兵從之，大敗趙氏。

【注釋】❶田盼　齊將。❷伐趙　據《史記・六國年表》，齊、魏伐趙在趙肅侯十八年（西元前三三二年）。❸梁君　指魏惠王。❹田侯　指齊宣王。❺二士　即犀首、田盼。❻難　兵難。

【語譯】犀首、田盼想得到齊國、魏國的部隊去進攻趙國，魏國和齊國的君主不同意。犀首說：「請國家派出五萬人，不超過五個月就可以打敗趙國。」田盼說：「輕易用自己軍隊的人，他的國家容易遭到危險；輕易用自己計謀的人，他自身容易陷入困境。你今天把打敗趙國說得太容易，恐有後禍。」犀首說：「你多不聰明啊！那兩國的君主，本來就已是不想進攻趙國了，現在你又說有困難，使他們感到害怕，這就無法進攻趙國，而我們兩人的計謀也行不通了啊。再說你說直話容易，而事情卻已經完了。一旦戰爭打起來了，齊國、魏國的君主眼見危險，又怎麼敢不把士卒給我們呢？」田盼說：「說得好。」於是鼓勵兩國的君主聽從犀首的建議，犀首、田盼於是得到了齊國、魏國的軍隊。軍隊還沒有開出國境，魏國、齊國的君主擔心他們到了趙國會打敗仗，便調集全國的部隊跟上他們，大敗趙國。

犀首見梁君

【題　解】本篇記載魏王處理犀首與田需的矛盾事，既不殺掉田需，也不趕走田需，而是把田需當成外人，要田需不干涉犀首的事。犀首於是召來田文做魏相，而自己去做了韓相。

犀首❶見梁君❷曰：「臣盡力竭知，欲以為王廣土取尊名，田需❸從中敗，君王又聽之，是臣終無成功也。需亡，臣將侍；需侍，臣請亡。」王曰：「需，寡人之股掌之臣❹也，為子之不便也，殺之亡之，毋謂❺天下何？內❻之，無若❼群臣何也？今吾為子外❽之，令毋敢入❾子之事。入子之事者，吾為子殺之亡之，胡❿如？」犀首許諾。於是東見田嬰⓫，與之約結；召文子⓬而相之魏，身相於韓。

【注　釋】❶犀首　即公孫衍，任魏將。❷梁君　即魏君，指魏昭王。❸田需　魏相。❹股掌之臣　即股肱之臣，輔佐君主的大臣。❺毋謂　無奈。❻內　當成心腹。與下文「外之」的「外」相對。❼無若　無奈。❽外　當成外人，不親他。❾入　參與；干涉。❿胡　何。⓫田嬰　齊相，是孟嘗君的父親。⓬文子　田文，田嬰的兒子，即孟嘗君。據《史記．孟嘗君列傳》，田文是在齊湣王滅宋的時候（西元前二八六年）去魏國，魏昭王任用他為相。

【語　譯】犀首拜見魏王說：「我盡力盡心，想為大王擴大領土、提高聲望，可是田需從中破壞，而君王又聽信他的話，這樣使我始終不能成功。田需離去，我將侍奉你；田需侍奉你，我便請求離去。」魏王說：「田需是寡人的輔佐大臣，為了你的不便，我就殺掉他、趕跑他，天下人會怎麼想？我就把他當成心腹，群臣又會怎麼想？現在我為了你就不親近他，叫他不敢干涉你的事。如果他干涉你的事，我就為你殺掉他、趕跑他，你看怎麼樣？」犀首同意。於是犀首便到東邊去見田嬰，和他結約；叫田文到魏國來做相，他自己則去韓國做相。

蘇代為田需說魏王

【題　解】蘇代為了田需去遊說魏王，勸他不要相信公孫衍和田文，不如留下田需，讓他去考查這兩人的所作所為。

蘇代❶為田需說魏王曰：「臣請問文❷之為魏，孰與其為齊也？」王曰：「不如其為齊也。」「衍❸之為魏，孰與其為韓也？」王曰：「不如其為韓也。」而❹蘇代曰：「衍將右韓而左魏❺，文將右齊而左魏。二人者，將用王之國，舉事於世，中道❻而不可，王且無所聞之矣。王之國雖滲❼，樂而從❽之，可也？王不如舍❾需於側，以稽二人者之所為。二人者曰：『需非吾人也，吾舉事而不利於魏，需必挫我於王。』二人者必不敢有外心矣。二人者之所為之❿，利於魏與不利於魏，王厝⓫需於側以稽之，臣以為身⓬利而便於事。」王曰：「善。」果厝需於側。

【注釋】❶蘇代　蘇秦的弟弟。❷文　田文，即齊國的孟嘗君，當時是魏相。❸衍　公孫衍，魏國人，和田需關係不好，當時是韓相。❹而　乃；於是。❺右韓而左魏　重視韓國而輕視魏國。戰國時崇尚右，不崇尚左。右，重視。左，輕視。❻中道　相當於中立，即不偏不倚。❼滲　逐漸衰弱，像漏器漸漸漏水一樣。❽從　跟隨。❾舍　安置。❿之　依劉敞本「之」字當刪去。⓫厝　通「措」。安置。⓬身　自身，指魏王本人。

【語譯】蘇代為了田需去遊說魏王說：「我請問田文為魏國比他為齊國怎麼樣？」魏王說：「不如他為齊國啊。」蘇代說：「公孫衍為魏國比他為韓國怎麼樣？」魏王說：「不如他為韓國啊。」於是蘇代說：「公孫衍將重視韓國的利益而輕視魏國的利益，田文將重視齊國的利益而輕視魏國的利益。這兩個人將利用大王的國家，在世上辦事，能不能辦得不偏不倚，大王將無從知悉了。大王的國家雖然漸漸衰弱，樂於隨從他們兩人，行嗎？大王不如將田需安置在身旁，去考查這兩個人的所作所為。這兩個人就會說：『田需不是我們的人呀，我們辦事對魏國不利，田需必定會在魏王的面前打擊我們。』這兩個人就必定不敢有外心了。這兩個人的所作所為，對於魏國有利還是不利，大王將田需安置在身旁去考察他們，我認為有利於大王自身，也有利於國事。」魏王說：「說得好。」果然將田需安置在身旁。

史舉非犀首於王

【題　解】史舉非議犀首，犀首便通過張儀使魏王不信任史舉，讓史舉陷入困境。

史舉❶非犀首於王❷。犀首欲窮之，謂張儀❸曰：「請令王讓先生以國，王為堯、舜矣；而先生弗受，亦許由❹也。衍❺請因令王致萬戶邑於先生。」張儀說，因令史舉數見犀首。王聞之而弗任❻也，史舉不辭而去。

【注　釋】❶史舉　上蔡（一說下蔡）的守門人，甘茂曾侍奉他，向他學百家之說。❷王　當是指魏王。❸張儀　曾任魏相。❹許由　古代隱士，相傳堯帝要將天下讓給他，他不接受，還到河裡去洗耳，認為堯帝的話將他的耳朵弄髒了。❺衍　公孫衍，即犀首。❻任　信任。

【語　譯】史舉在魏王面前非議犀首，犀首想使史舉陷入困境，便對張儀說：「請允許我使魏王把國家讓給先生，魏王就成了堯、舜了；而先生不接受，也就成了許由了。我公孫衍因而就讓魏王封給先生一處有一萬戶的城邑。」張儀聽了高興，因而讓史舉多次去見犀首。魏王聽說了這件事便不信任史舉，使史舉不告辭就走了。

楚王攻梁南

【題解】楚國進攻魏國的南部，韓國圍困魏國的薔地。成恢去見韓王，離間楚國和韓國的關係，勸韓國解圍，以促使楚、魏交戰，然後再取薔地。

楚王攻梁❶南，韓氏因圍蕾❷。成恢❸為犀首❹謂韓王曰：「疾攻薔，楚師必進矣。魏不能支，交臂❺而聽楚，魏氏必危，故王不如釋薔。魏無韓患，必與楚戰，戰而不勝，大梁❻不能守，而又況存薔乎？若戰而勝，兵罷敝，大王之攻薔易矣。」

【注釋】❶梁　魏。❷蕾　依下文當作「薔」，其地不詳。❸成恢　魏人。❹犀首　公孫衍。❺交臂　兩臂相交，即拱手，是恭敬的表示。❻大梁　魏都，在今河南開封。

【語譯】楚王進攻魏國的南面，韓國因而圍攻薔地。成恢為了犀首對韓王說：「加緊圍攻薔地，楚國的軍隊就必然向前推進了。魏國支持不住，就會拱手聽從楚國，這樣韓國必定危險，所以大王不如解除對薔地的圍攻。魏國沒有了韓國的禍患，必定和楚國作戰，如果不能戰勝，大梁也就守不住，而又何況薔地呢？如果戰勝了，士兵疲勞，大王再去進攻薔地也就容易了。」

魏惠王死

【題　解】魏惠王死，因大雪不能如期安葬。魏太子想壞城郭、修棧道，不聽群臣諫阻，勞民傷財，如期葬父。惠施用周文王安葬季歷的故事勸說魏太子改期葬父，魏太子接受了他的勸說。

魏惠王❶死，葬有日矣。天大雨雪，至於牛目，壞城郭，且為棧道❷而葬。群臣多諫太子❸者，曰：「雪甚如此而喪行，民必甚病之，官費又恐不給，請弛期更日。」太子曰：「為人子，而以民勞與官費用之故，而不行先王之喪，不義也。子勿復言。」群臣皆不敢言，而以告犀首❹。犀首曰：「吾未有以言之也，是其❺唯惠公❻乎！請告惠公。」惠公曰：「諾。」駕而見太子曰：「葬有日矣。」太子曰：「然。」惠公曰：「昔王季歷❼葬於楚山❽之尾，欒水❾齧❿其墓，見棺之前和⓫。文王曰：『嘻！先君必欲一見群臣百姓也夫，故使欒水見之。』於是出而為之張於朝⓬，百姓皆見之，三日而後更葬。此文王之義也。今葬有日矣，而雪甚，及牛目，難以行，太子為及日之故，得毋嫌於欲亟⓭葬乎？願太子更日。先王必欲少留而扶社稷、安黔首⓮也，故使雪甚，因弛期而更為日。此文王之義也。若此而弗為，意者羞法文王乎？」太子曰：「甚善。敬弛期，更擇日。」惠子非徒行其說也，又令魏太子未葬其先王而因又⓯說文王之義。說文王之義以示天下，豈小功也哉！

【注　釋】❶魏惠王　即梁惠王，死於周慎靚王二年（西元前三一九年）。❷棧道　在險巖峭壁上鑿孔架木而修成的險道。❸太子　指魏太子，名嗣，就是後來的魏襄王。❹犀首　即公孫衍。❺其　表示委婉推測的語氣。❻惠公　一作「惠子」，即惠施，曾經仕魏，做過魏相。❼季歷　是周古公亶父的小兒子，周文王姬昌的父親。❽楚山　有人說王季墓在南山。南山即陝西西安南的終南山。❾欒水　有人說是漏流，也有人說是水名。❿齧　侵蝕。⓫和　棺木的兩頭。⓬張於朝　鮑彪本作「張朝」，張設帳幕，布置朝見的地方。⓭亟　急。⓮黔首　平民百姓。⓯因又　鮑彪本作「又因」。

【語　譯】魏惠王死了，已經定好了安葬的日期。可是天下大雪，雪深到了牛的眼睛那裡，因此準備毀壞城牆，修築棧道出葬。群臣多數諫阻太子，他們說：「雪這麼大辦喪事，百姓必定很勞苦。官費又恐怕不足，請延期換個出葬的時間。」太子說：「做人兒子的，竟因為百姓勞苦和官費不足的緣故，而不舉行先王的喪禮，那是不義啊。不許你們再說。」群臣都不敢說話，便將這事告訴犀首。犀首說：「我沒有什麼話可說啊。這件事恐怕只有惠公去說吧？請告訴惠公。」惠公說：「好。」便坐車去見太子說：「安葬的日期已經定了嗎？」太子說：「對。」惠公說：「從前周王季歷葬在楚山腳下，山上漏出來的流水侵蝕他的墳墓，現出棺木的前端。文王說：『唉！先王一定想見一見群臣百姓呀，所以讓山上漏出來的流水使棺木現出來。』於是把棺木取出來，給它張設帳幕，布置朝見的地方，百姓都去朝見，三天以後才改葬。這是文王之義啊。現在先王安葬的日期已經定了，而雪下得很大，積雪到了牛的眼睛那麼厚，難以行走。太子以及時安葬為理由，難道就沒有迫不及待地埋葬先父的嫌疑嗎？希望太子更改日期。先王一定是想稍微多留幾天以扶助國家、安定百姓啊，所以讓雪下得這麼大，因而想緩期以改定一個安葬的日期。這也是文王之義啊。像這樣不改定安葬日期，我猜想怕是不好意思去效法文王吧？」太子說：「說得很好。就延期安葬，改選一個日期。」惠施不光是去勸說了，又使魏太子沒有按照原來的日期安葬他的先王，而且又說明了文王之義。說明文王之義以昭示天下，哪裡是小功勞呢！

五國伐秦

【題　解】在五國攻秦失敗，齊、秦媾和的氛圍中，魏王也想與秦國媾和。某一合縱之士在這樣的背景下遊說魏王，先指出秦國的策略是使山東諸侯互相爭鬥，從中漁利；再說明諸侯只有加強聯盟，共同反秦抗秦，才能免除國家的禍患；最後敘說自己為了合縱已經做了大量工作，再次要求魏王不要與秦國媾和。

五國伐秦❶，無功而還。其後，齊欲伐宋，而秦禁之。齊令宋郭❷之秦，請合而以伐宋，秦王❸許之。魏王❹畏齊、秦之合也，欲講於秦。

【章　旨】介紹遊說魏王的背景。

【注　釋】❶五國伐秦　據《史記・六國年表》，周慎靚王三年（西元前三一八年）魏、韓、趙、楚、燕五國「共擊秦，不勝而還」、「宋自立為王」。❷宋郭　當是齊臣，事跡不詳。❸秦王　指秦惠王。❹魏王　指魏襄王。

【語　譯】五國攻打秦國，沒有戰功而退兵回來。以後，齊國想進攻宋國，而秦國阻止它。齊國派宋郭前往秦國，請求聯合起來去進攻宋國，秦王同意。魏王害怕齊國、秦國的聯合，想與秦國講和。

謂魏王曰❶：「秦王謂宋郭曰：『分宋之城，服宋之強者，六國也；乘宋之敝，而與王❷爭得者，楚、魏也。請為王毋禁楚之伐魏也，而王獨舉宋。王之伐宋也，請剛柔❸而皆用之。如宋者，欺之不為逆者，殺之不為讎者也。王無與之講以取埊❹，既已得埊矣，又以力攻之，期於啗❺宋而已矣。』

【章　旨】先介紹秦王向齊王傳授的滅宋之術，從而使魏王認識秦國對付山東諸侯的策略。

【注　釋】❶謂魏王曰　這句話省去了主語。有人說向魏王遊說的人是蘇代，近來也有猜測是蘇秦。從說辭中可以看出，這人是個主張合縱的策士，其影響之大，足以左右當時形勢，所以猜測是蘇秦，是有理由的。❷王　指齊湣王。❸剛柔　硬軟兼施，即下文所說的「殺」與「欺」。❹埊　古「地」字。❺啗　吃。

【語　譯】有人對魏王說：「秦王告訴宋郭說：『瓜分宋國的城邑，征服逞強的宋國的，是六國；趁著宋國的失敗，與齊王爭奪得到土地的，是楚國和魏國。請齊王不要阻止楚國攻打魏國，齊王可以單獨去攻打宋國。齊王攻打宋國，請剛柔並用。對付像宋國這樣的國家，欺騙，算不了是違背天理；殺戮，算不了是樹立仇敵呀。齊王不要跟它講和，而要奪取它的土地；已經得到土地了，又要用武力進攻它，目的是要吃掉它罷了。』

「臣聞此言，而竊為王悲，秦必且用此於王矣。又必且曰王以求埊，既已得埊，又且以力攻王。又必謂王曰使王輕齊，齊、魏之交已醜❶，又且收齊以更索於王。秦嘗用此於楚矣，又嘗用此於韓矣，願王之深計之也。秦善魏不可知也已。

故為王計，太上伐秦，其次賓秦，其次堅約而詳講，與國無相離也❷。秦、齊合，國不可為也已。王其聽臣也，必無與講。

【章旨】說明秦國是用同樣的策略對待魏國和其他諸侯國，魏國只能攻打秦國、擯棄秦國，加強和諸侯國的聯盟，不能與秦國講和。

【注釋】❶醜　惡；壞。❷太上伐秦四句　這四句馬王堆帛書〈蘇秦自趙獻書於齊王〉作：「大上破之，其次賓之，其下完交而□講，與國毋相離也。」賓，即「擯」。詳講，即「佯講」，假裝講和。下句「必無與講」的「講」，指的才是真的講和或不講和。

【語譯】「我聽了秦王這些話，私下為大王感到悲哀，秦國一定將要用這種故技來對付大王了。又必定將告訴大王，向大王求取土地，已經得到了土地，又將用武力進攻大王。又必定對大王說讓大王輕視齊國，等到齊國、魏國的交情已經變壞了，又將聯合齊國再向大王索取土地。秦國曾經用這種辦法對付楚國，又曾經用這種辦法對付韓國，希望大王深思啊。秦國要和魏國親善，它的用心是難以預測呀。所以替大王著想，最好是攻打秦國，其次是擯棄秦國，再次是加強和諸侯國的結盟而假裝與秦國講和，而盟國之間不能互相離棄。如果秦國和齊國聯合了，魏國就不好對付它呀。大王還是聽從我的建議，一定不要與秦國真正講和才好。

「秦權重魏❶，魏再❷明孰❸，是故又❹為足下❺傷秦者，不敢顯也；天下可令伐秦，則陰勸而弗敢圖也；見天下之傷秦也，則先鬻❻與國❼而以自解也；天下可令賓❽秦，則為劫於與國而不得已者；天下不可，則先去，而以秦為上交❾

以自重也。如是人者，鬻王以為資者也，而焉能免國於患？免國於患者，必窮三節⑩，而行其上；上不可，則行其中；中不可，則行其下；下不可，則明不與秦⑪。而生以殘⑫秦，使秦皆無百怨百利⑬，唯已⑭之安曾⑮。今足下鬻之⑯以合於秦，是免國於患者之計也，臣何足以當之⑰？雖然，願足下之論⑱臣之計也。

【章旨】像天下諸侯那樣不敢和秦國鬥爭，必定不能免除國家的禍患。免禍的辦法，只能是攻秦、擯秦，加強諸侯聯盟，和秦國勢不兩立。

【注釋】❶魏 依鮑彪本「魏」字是衍文，當刪去。❷魏再 依鮑彪本當作「魏冉」，是秦昭王母親宣太后的弟弟，雖然在昭王時才為秦相，但《史記．穰侯列傳》說：「魏冉最賢，自惠王、武王時任職用事。」❸熟 依黃丕烈《札記》是衍文，宜刪去。❹又 通「有」。❺足下 對魏王的敬稱。❻鬻 出賣。❼與國 盟國。❽賓 即「擯」。❾上交 地位低的同地位高的結交。❿三節 即前面所說的「太上伐秦，其次賓秦，其次堅約而詳講」。⓫與秦 助秦；與秦結盟。⓬殘 傷害。⓭百怨百利 怨一百得利一百。⓮已 止。⓯曾 則。⓰鬻之 出賣盟國。之，指代與國。⓱當之 擔當此事。這句的言外之意是不贊成這樣辦。⓲論 論列；評定。

【語譯】「秦國的權勢重，魏冉又不糊塗，因此有替你傷害秦國的人，也不敢公開活動；天下贊成進攻秦國的人，就暗中鼓勵，卻不敢謀劃攻秦；看見天下有人傷害秦國，就先出賣盟國以求自己免去禍患；天下贊成擯棄秦國的人，就說被盟國所迫不得已不這麼做；天下不贊成擯棄秦國的人，就先背離盟國，而把和秦國結交作為上等的邦交，以提高自己的地位。像這樣的人，是靠出賣君王撈取政治資本的人，怎麼能使國家免除禍患？要使國家免除禍患，一定要做到上面說的三點，即先行上策；上策不行，就行中策；中策不行，就行下策；下策不行，就明白宣布不幫助秦國。活著就要不斷地傷害秦國，讓秦國不能怨一百就得利一百，只有等它停止侵害別國才能自安。因此讓你出賣盟國去和秦國聯合，而以為這是所謂使國家免除禍患的計謀，我怎麼能夠擔當這件事？即使是這樣，我還是希望你能裁定我的計謀啊。

「燕、齊讎國也，秦，兄弟之交也❶。合讎國以伐婚姻❷，臣為之苦矣。黃帝戰於涿鹿之野❸，而西戎❹之兵不至；禹攻三苗❺，而東夷❻之民不起。以燕伐秦，黃帝之所難也，而臣以致燕甲而起齊兵矣。臣又偏事三晉❼之吏奉陽君❽、孟嘗君❾、韓呡❿、周㝡⓫、周⓬、韓餘為⓭徒⓮從而下之⓯，恐其伐秦之疑也。又身自醜⓰於秦，扮⓱之請焚天下之秦符⓲者，臣也；次傳焚之約者，臣也；欲使五國約閉秦關者，臣也。奉陽君、韓餘為既和矣，蘇脩⓳、朱嬰⓴既皆陰在邯鄲，臣又說齊王而往敗之㉑。天下共講，因使蘇脩游㉒天下之語，而以齊為上交。兵㉓請伐魏，臣又爭之以死，而果西因蘇脩重報㉔。臣非不知秦勸㉕之重也，然而所以為之者，為足下也。」

【章 旨】說明為了合縱反秦，為了魏王，自己已經做了大量的工作。

【注 釋】❶秦兄弟之交也 這句是說齊國、燕國和秦國是兄弟之交。❷合讎國以伐婚姻 指燕、齊聯合去攻秦。讎國，指燕國和齊國。婚姻，婚姻之國，指秦國。《史記・燕召公世家》記載文公二十八年（西元前三三四年）秦惠王將他的女兒給燕太子做媳婦。又齊威王三十七年（西元前三二〇年）「迎婦於秦」。秦國和燕國、齊國都有婚姻關係。❸戰於涿鹿之野 相傳黃帝與蚩尤戰於涿鹿之野。涿鹿，在今河北涿鹿。❹西戎　我國古代西部少數民族名。❺三苗　我國古代東南少數民族名。❻東夷　我國古代東部少數民族名。❼三晉　指趙、韓、魏三國。❽奉陽君　趙國的大臣李兌。❾孟嘗君　齊國的田文，曾為齊相、趙相。❿韓呡　即韓公仲，是韓相。⓫周寂　周國公子。⓬周　當是衍文，宜刪。⓭韓餘為　即韓徐為。〈趙策四・齊欲攻宋〉作「韓徐」，是趙國的將。⓮徒　當是衍文，宜刪。⓯下之　甘為之下。下，禮賢下士的「下」。⓰醜　惡。⓱扮　即「初」，形近而訛。⓲符　是古代的一種憑信物。焚秦符是表示不相信秦國，和秦絕交。⓳蘇脩　人名，馬王堆帛書〈蘇秦使盛慶獻書於燕王〉有「蘇脩在齊」的話。⓴朱嬰　人名，事跡不詳。㉑敗之　鮑彪說是「敗宋郭合秦之約」。㉒游　指遊說天下，宣揚齊國。㉓兵　指齊兵。㉔報　指報告齊不伐魏。㉕秦勸　承上「秦權重」當作「秦權」。

【語　譯】「燕國、齊國是有怨仇的國家，秦國和燕國、齊國是有兄弟交情的國家。將兩個有怨仇的國家聯合起來共同去進攻有婚姻關係的友好國家，我為此是吃夠苦了。黃帝在涿鹿的郊野和蚩尤作戰，西戎的兵不來援助；夏禹進攻有苗，東夷的人不起兵。用燕國去進攻秦國，是像黃帝戰蚩尤那樣的困難，而我卻使燕國、齊國起兵了。我又普遍地去侍奉三晉的官吏奉陽君、孟嘗君、韓呡、周寂、韓徐為等人，謙恭地對待他們，是擔心他們對於進攻秦國有懷疑啊。我親自和秦國弄壞關係，首先，請求諸侯焚燒秦符的是我；其次，傳達焚符之約的是我；想讓五國相約封閉秦關的還是我。奉陽君、韓徐為已經和好了，蘇脩、朱嬰都已經暗藏在邯鄲，我又遊說齊王前往破壞秦、齊聯盟。天下諸侯共同講和，因而讓蘇脩遊說天下，把和齊國結交作為上等邦交。齊兵要進攻魏國，我又以死相爭，通過蘇脩向西兩次報告齊國不進攻魏國。我不是不知道秦國權勢重，可是我還是這樣做了，那是為了你啊。」

魏文子田需周宵相善

【題　解】犀首用召文子為魏相的辦法分化他的政敵。

魏❶文子❷、田需❸、周宵❹相善，欲罪犀首❺。犀首患之，謂魏王❻曰：「今所患者，齊也。嬰子❼言行於齊王❽，王欲得齊，則胡不召文子而相之？彼必務以齊事王。」王曰：「善。」因召文子而相之。犀首❾以倍❿田需、周宵。

【注　釋】❶魏　據鮑彪注「魏」字當是衍文，宜刪去。❷文子　齊國的田文，即孟嘗君。❸田需　魏相，和犀首關係不好。❹周宵　魏人。❺犀首　即公孫衍，魏將。❻魏王　指魏昭王。❼嬰子　齊相田嬰，是田文的父親。❽齊王　指齊湣王。❾犀首　依文義疑為「文子」之誤，譯文作此處理。❿倍　通「背」。

【語　譯】田文、田需、周宵彼此關係良好，想加罪於犀首。犀首為此憂慮，對魏王說：「現在所擔心的是齊國。田嬰的話齊王聽從，大王想得到齊國的支持，為什麼不將田文找來做相？這樣他就盡力用齊國來侍奉大王了。」魏王說：「說得好。」因而將田文找來做相。田文因此便背離了田需、周宵。

魏王令惠施之楚

【題　解】魏王用同樣多的車輛，派惠施、犀首分別出使楚、齊兩國，去試探對方對魏國的態度。惠施先派人將魏王的意圖透露給楚國，因而受到楚王的禮遇。

魏王令惠施❶之楚，令犀首❷之齊。鈞二子❸者，乘數鈞，將測交❹也。楚王聞之❺，施因令人先之楚，言曰：「魏王令犀首之齊，惠施之楚，鈞二子者，將測交也。」楚王聞之，因郊迎惠施。

【注釋】❶惠施　宋國人，曾為魏相。❷犀首　即公孫衍，魏將。❸鈞二子　兩人用同樣的禮儀、級別。鈞，均。二子，指惠施、犀首兩人。❹測交　根據對方接待派去的使者的禮儀以測定它對魏國的態度。測，試探。❺楚王聞之　據吳師道《補正》，此四字當是衍文，宜刪去。

【語　譯】魏王派惠施前往楚國，派犀首前往齊國。兩人用同樣的禮儀、級別，車子的數量相等，將以試探這兩國對魏國的態度。惠施於是派人先到楚國，說：「魏王派犀首前往齊國，惠施前往楚國，兩人用同樣的禮儀、級別，將以試探這兩國對魏國的態度。」楚王聽說了，於是到郊外迎接惠施。

魏惠王起境內眾

【題　解】魏惠王命太子申為將去進攻齊國，有個說客預見到太子申必定打敗仗，於是勸公子理的傅讓公子理通過王后阻止太子申出兵。

魏惠王起境內眾，將太子申而攻齊。客謂公子理❶之傳❷曰：「何不令公子泣王太后，止太子之行？事成則樹德，不成則為王矣。太子年少，不習於兵。田朌❸宿將也，而孫子❹善用兵。戰必不勝，不勝必禽。公子爭之於王，王聽公子，公子不❺封；不聽公子，太子必敗；敗，公子必立；立，必為王也。」

【注　釋】❶公子理　太子申的弟弟。❷傳　當依鮑彪本作「傅」，輔導教育太子的官。❸田盼　即田盼，齊將。❹孫子　即孫臏，齊軍師。❺不　鮑彪本作「必」。

【語　譯】魏惠王動用境內民眾，任命太子申做上將軍去攻打齊國。有個說客對公子理的傅說：「為什麼不讓公子在王太后面前哭泣，阻止太子出征？事情辦成了便樹立了威德，沒有辦成就可以做王了。太子年輕，不懂軍事。齊國的田盼是員宿將，而孫子又善於用兵。太子作戰一定不能勝利，不能勝利就必定被擒。公子和大王爭辯，大王聽從公子的意見，公子必定受封；不聽從公子的意見，太子必定失敗；太子失敗，公子必定被立為太子；被立為太子，必定就要做王啊。」

齊魏戰於馬陵

【題　解】魏國在馬陵被齊國大敗以後，想起兵復仇，惠施不同意，並勸魏王向齊國稱臣。田嬰不聽張丑的諫阻，接受了魏王的請求，因而激怒了楚王，引發了楚、齊徐州之戰，齊國大敗。

齊、魏戰於馬陵❶，齊大勝魏，殺太子申，覆十萬之軍。魏王❷召惠施而告之曰：「夫齊，寡人之讎也，怨之至死不忘。國雖小，吾常欲悉起兵而攻之，何如？」對曰：「不可。臣聞之，王者得度❸，而霸者知計，今王所以告臣者，疏於度而遠於計。王固先屬怨於趙❹，而後與齊戰❺。今戰不勝，國無守戰之備，王又欲悉起而攻齊，此非臣之所謂❻也。王若欲報齊乎，則不如因變服❼折節❽而朝齊，楚王❾必怒矣。王游人❿而合其鬥，則楚必伐齊。以休楚而伐罷齊，則必為楚禽矣。是王以楚毀齊也。」魏王曰：「善。」乃使人報於齊，願臣畜⓫而朝。

田嬰許諾。張丑⓬曰：「不可。戰不勝魏，而得朝禮，與魏和而下⓭楚，此可以大勝也。今戰勝魏，覆十萬之軍，而禽太子申，臣萬乘之魏，而卑⓮秦、楚，此其暴於戾⓯定矣。且楚王之為人也，好用兵而甚務名，終為齊患者，必楚也。」田嬰不聽，遂內魏王，而與之並朝齊侯⓰再三。趙氏醜之。楚王⓱怒，自將而伐齊，趙應之，大敗齊於徐州⓲。

【注釋】❶馬陵　在今河北大名東南。一說在今河南范縣西南。馬陵之戰發生在魏惠王二十九年（西元前三四一年）。❷魏王　指魏惠王。❸度　法度。❹先屬怨於趙　魏惠王十六年（西元前三五四年）曾圍攻趙都邯鄲，二十九年（西元前三四一年）魏又伐趙。屬怨，結怨。❺後與齊戰　因為魏國又進攻趙國，趙國向齊國告急，齊威王才出兵救趙擊魏，發生馬陵之戰。❻所謂　指上文所說的「得度」、「知計」。❼變服　脫下王服改穿其他服裝。❽折節　屈己下人；降低自己的身分。❾楚王　指楚宣王。❿游人　使人遊說。⓫臣畜　稱臣，把自己當成畜牲。⓬張丑　齊臣。⓭下　攻下；戰敗。⓮卑　卑視。⓯其暴於戾　齊王因戰敗了魏國，如果現在又讓魏王向他稱臣，他便會變得暴戾，從而激怒楚王向齊宣戰，所以張丑不同意接受魏王稱臣。其，指齊王。於，依鮑彪本當是衍文，宜刪去。暴戾，凶惡。⓰齊侯　指齊威王。⓱楚王　指楚威王。⓲徐州　在今江蘇徐州以北、山東滕縣東南。楚威王七年（西元前三三三年）在徐州戰敗齊國。按，徐州之役距馬陵之戰八年，本文敘事卻將兩次戰爭連接在一起，疑行文有誤。

【語譯】齊國、魏國在馬陵交戰，齊國大勝魏國，殺死了魏太子申，消滅了魏國的十萬軍隊。魏王召見惠施，告訴他說：「齊國是寡人的仇敵，恨它恨到死也不會忘記。我國雖然小，我常常想出動全部軍隊去進攻它，怎麼樣？」惠施回答說：「不行。我聽說稱王的懂得法度，稱霸的知道計謀，現在大王所告訴我的，不切合法度和計謀。大王本來先結怨趙國，然後才和齊國作戰。現在沒有打勝仗，國家又沒有防守和作戰的準備，大王又想出動全部軍隊進攻齊國，這就不是我所說的懂得法度和知道計謀啊。大王假若想進攻齊國，就不如改變服裝、屈己下人去朝拜齊國，這樣，楚王就一定要發怒了。大王可以派人去遊說，讓它們發生爭鬥，那麼楚國就必定進攻齊國。用休養好了的楚國去進攻疲憊不堪的齊國，那齊王必定被楚國所擒了。這是大王用楚國去毀滅齊國啊。」魏王說：「說得好。」於是派人向齊國報告，願意稱臣當牛馬去朝拜齊王。田嬰答應了魏王的請求。張丑說：「不行。如果是沒有戰勝魏國，而能得到朝禮，與魏國講和而打敗楚國，這可說是大的勝利。現在戰勝了魏國，消滅了十萬軍隊，俘虜了魏太子申，使得能出一萬輛兵車的魏國稱臣，卑視秦國、魏國，這樣一來，齊王就必定凶暴了。再說楚王的為人，喜好用兵，拚命追求出名，因此終究成為齊國禍患的，必定是楚國啊。」田嬰不聽，於是接納魏王，並且和他一起再三去朝見齊王。趙國因而討厭他。楚王也為此發怒，自己率領軍隊去進攻齊國，結果得到趙國的響應，在徐州大敗齊國。

惠施為韓魏交

【題解】魏太子鳴在齊國作人質，魏王想見他。朱蒼替魏王設謀，以圖實現魏王的願望。

惠施為韓❶、魏交❷，今太子鳴❸為質於齊。王❹欲見之。朱倉❺謂王曰：「何不稱病？臣請說嬰子❻曰：『魏王之年長矣，今有疾，公不如歸太子以德之。不然，公子高❼在楚，楚將內而立之，是齊抱空質而行不義也。』」

【注釋】❶韓　鮑彪本「韓」作「齊」。下文說「為質於齊」，當從鮑本。❷交　齊威王二十一年（西元前三三六年）、二十二年、二十三年都曾與魏相會。❸太子鳴　指魏太子，是太子申死後再立的太子。❹王　魏惠王。❺朱倉　魏國人。❻嬰子　齊國的田嬰，孟嘗君的父親。❼公子高　魏公子。

【語譯】惠施為了齊國與魏國的聯合，讓太子鳴到齊國去當人質。魏王想見到太子鳴。朱倉對魏王說：「大王為何不聲稱自己病重？這樣我便請求去勸說田嬰道：『魏王年事高了，現在有病，你不如放太子回去以使他感激你。不然，公子高在楚國，楚國將把他送進魏國去，立他做太子，這樣齊國就抱著一個沒有用的人質而做了不義的事啊。』」

田需貴於魏王

【題解】田需受到魏王的重用，但是和左右的關係不好。惠施勸他和身邊的人拉好關係，否則有危險。

田需❶貴於魏王❷，惠子❸曰：「子必善左右。今夫楊，橫樹之則生，倒樹之則生，折而樹之又生。然使十人樹楊，一人拔之，則無生楊矣。故以十人之眾，樹易生之物，然而不勝一人者，何也？樹之難而去之易也。今子雖自樹於王，而欲去子者眾，則子必危矣。」

【注釋】❶田需　魏相，和犀首的關係很不好。❷魏王　魏惠王。❸惠子　惠施。

【語譯】田需受到魏王的重用，惠施對他說：「您一定要和身邊的人拉好關係。楊樹，橫栽它能栽活，倒栽它能栽活，折斷了去栽它也能栽活。可是讓十個人去栽楊樹，一個人去拔楊樹，那麼就沒有活著的楊樹了。所以用十個人栽容易生長的楊樹，可是敵不過一個人去拔它，是什麼原因呢？那是因為栽起來困難，拔起來容易啊。現在您雖然自己在魏王面前將自己樹立起來了，而想去掉您的人卻很多，那您就必定危險了。」

田需死

【題解】魏相田需死，楚相昭魚擔心魏國用張儀、薛公、犀首三人中任何一人為相都對楚國不利，因此想要魏王用他的太子為相。蘇代為此遊說魏王，使昭魚如願以償，魏王果然用太子為相。

田需死❶。昭魚❷謂蘇代❸曰：「田需死，吾恐張儀、薛公❹、犀首❺之有一人相魏者。」代曰：「然則相者以❻誰而君便之也？」昭魚曰：「吾欲太子❼之自相也。」代曰：「請為君北見梁王❽，必相之矣。」昭魚曰：「奈何？」代曰：「君其為梁王，代請說君。」昭魚曰：「奈何？」對曰：「代也從楚來，昭魚甚憂。代曰：『君何憂？』曰：『田需死，吾恐張儀、薛公、犀首有一人相魏者。』代曰：『勿憂也。梁王，長主❾也，必不相張儀。張儀相魏，必右秦而左魏；薛公相魏，必右❿齊而左⓫魏；犀首相魏，必右韓而左魏。梁王，長主也，必不使相也。』代曰：『莫如太子之自相。是三人皆以太子為非固⓬相也，皆將務以其國事魏，而欲丞相之璽⑬。以魏之強，而持⑭三⑮萬乘之國輔之，魏必安矣。故曰，不如太子之自相也。』」遂北見梁王，以此語告之，太子果自相。

【注釋】❶田需死　田需，魏相，魏襄王九年（西元前三一〇年）死。❷昭魚　楚相昭奚恤。❸蘇代　蘇秦的弟弟。❹薛公　齊國的田文，即孟嘗君。❺犀首　即魏將公孫衍，曾為韓相。❻者以　姚宏注：「一本無『者以』字。」❼太子　指魏太子遫，即後來的魏昭王。❽梁王　指魏襄王。❾長主　在這裡是傑出君主的意思。❿右　重視；親近。⓫左　輕視；疏遠。⓬固　久。⓭璽　印。⓮持　當是「恃」之誤。⓯三　指秦、齊、韓三國。

【語譯】田需死了，昭魚對蘇代說：「田需死了，我擔心張儀、薛公、犀首三人中有一人做魏國的相。」蘇代說：「既然這樣，誰做相你覺得有利呢？」昭魚說：「我想魏太子自己做相啊。」蘇代說：「請讓我替你到北邊去見魏王，一定要讓魏太子做相。」昭魚說：「你怎麼能辦到呢？」蘇代說：「你就做魏王，請允許我蘇代來勸說你。」昭魚說：「怎麼勸說？」蘇代回答說：「我蘇代從楚國來，昭魚很憂愁。蘇代說：『你憂愁什麼？』昭魚說：『田需死了，我擔心張儀、薛公、犀首三人中有一人做魏國的相。』蘇代說：『不要憂愁啊。魏王是個傑出的君主，一定不會用張儀為相。張儀做魏相，必定親近秦國而疏遠魏國；薛公做魏相，必定親近齊國而疏遠魏國；犀首做魏相，必定親近韓國而疏遠魏國。魏王是個傑出的君主，一定不會用他們為相。』蘇代又說：『不如魏太子自己為相。這樣他們三人都會因為太子不會長久為相，都將努力用他們的國家來侍奉魏國，而想得到丞相的官印。憑藉魏國的強大，依靠三個能出一萬輛兵車的國家輔助他，魏國就必定安全了。所以說不如太子自己為相。』」於是往北去見魏王，用這些話去勸告他，魏太子真的自己做了相。

秦召魏相信安君

【題解】秦王想派人去魏國接替信安君的相位，蘇代為此遊說秦王，勸他不要採取這種對秦國不利的措施。

秦召魏相信安君❶，信安君不欲往。蘇代❷為說秦王曰：「臣聞之，忠不必當❸，當必不忠。今臣願大王陳臣之愚意，恐其不忠於下吏❹，自使有要領❺之罪，願大王察之。今大王令人執事於魏❻，以完其交，臣恐魏交之益疑也；將以塞趙也，臣又恐趙之益勁也。夫魏王之愛習魏信❼也，甚矣；其智能而任用之也，厚矣；其畏惡❽嚴尊❾秦也，明矣。今王之使人❿入魏而不用，則王之使人入魏無益也。若用，魏必舍⓫所愛習⓬而用所畏惡，此魏王之所以不安也。夫舍萬乘之事⓭而退，此魏信之所難行也。夫令人之君處所不安，令人之相行所不能，以此為親，則難久矣。臣故恐魏交之益疑也。且魏信舍事，則趙之謀者必曰：『舍於秦。秦必令其所愛信者用趙⓮。是趙存而我⓯亡也，趙安而我危也。』則上有野戰之氣，下有堅守之心，臣故恐趙之益勁也。」

【章旨】先說如果派人去魏國接替信安君為相，魏國就將更加懷疑秦國，趙國也將更加強烈反秦。

【注釋】❶信安君　事跡不詳。❷蘇代　蘇秦的弟弟。❸當　鮑彪本作「黨」。❹下吏　下級官吏，實際上是稱呼秦王，和「執事」、「足下」等詞語的用法相同。❺要領　即腰領，作動詞用，是腰斬、斬首的意思。❻執事於魏　到魏國擔任職務，實際是指到魏國去接替信安君為相。❼魏信　是魏信安君的省稱。❽畏惡　畏懼。鮑彪注：「惡，猶憚。」❾嚴尊　尊重。

❿人　指現在秦國派到魏國做相的人。⓫舍　通「捨」。捨棄。⓬所愛習　指信安君。⓭萬乘之事　萬乘之國的事務，即相國的事務。⓮舍於秦二句　是說秦國既然可以拋棄魏相信安君而另派人去魏國做相，也就可以拋棄趙國的臣子而另派所喜愛而信任的人去趙國掌權。舍於秦，被秦國所捨棄，指信安君而言。⓯我　指趙臣。

【語譯】秦國召見魏相信安君，信安君不想去。蘇代替信安君遊說秦王道：「我聽說盡忠就不必結黨，結黨就不能盡忠。現在我願意向大王陳述我的愚見，擔心那些愚見不足以向您表達忠心，使得自己犯有腰斬殺頭的罪，希望大王考察。現在大王派人到魏國去掌握政事，以求改善和魏國的友誼，我擔心魏國會更加懷疑和秦國的友誼；將用這種辦法遏止趙國，我又擔心趙國對秦國的態度會更加強硬啊。魏王喜愛信安君的程度是很深的了，認為他聰明有才能而任用他，對他是夠優厚的了，魏王既害怕又尊重秦國是明顯的了。如果現在大王派到魏國的人不能被任用，那麼大王派人到魏國就沒有益處啊；假若用了，魏王必然要拋棄他所喜愛的人而用他所害怕的人，這就是魏王所以不安的原因啊。丟棄能出一萬兵車的國家的相位而退下來，這是信安君難以做到的啊。讓人家的君主處於不安的狀態，讓人家的相國去做難以做到的事，用這種辦法去和別人親善，就難長久了。所以我擔心魏國會更加懷疑和秦國的友誼啊。再說信安君拋棄相位，那麼他在趙國的謀士必定要說：『信安君是被秦國拋棄的。秦國必定讓它所喜愛、信任的人來趙國掌權。這樣，趙國存在，我們就滅亡；趙國安全，我們就危險啊。』那趙國就上有在野外作戰的勇氣，而下有堅守的決心了，所以我擔心趙國對秦國的態度會更加強硬啊。

「大王欲完魏之交，而使趙小心乎？不如用魏信而尊之名。魏信事王，國安而名尊；離王，國危而權輕。然則魏信之事主❶也，上所以為其主者忠矣，下所以自為者厚矣，彼其事王必完矣。趙之用事者必曰：『魏氏❷之名族❸不高於我，土地之實不厚於我。魏信以韓❹魏事秦，秦甚善之，國得安焉，身取尊焉。今我講❺難於秦兵為招質❻，國處削危之形，非得計也。結怨於外，主❼患於中，身處死亡之埊，非完事也。』彼將傷其前事，而悔其過行；冀其利，必多割埊以深下❽王。則是大王垂拱❾之割埊以為利重❿，堯、舜之所求而不能得也。臣願大王察之。」

【章旨】再說如果依舊讓信安君在魏國為相，並給他尊名，便可改善和魏國的友誼，並使趙國割地侍奉秦國。

【注釋】❶主　依鮑彪本及黃丕烈《札記》當作「王」。❷魏氏　魏國。❸名族　族望。❹韓　依鮑彪說「韓」字當是衍文。❺講　依鮑彪本當作「搆」。❻招質　箭靶子。❼主　鮑彪本作「生」。❽下　作動詞用，恭敬對待；侍奉。❾垂拱　垂衣拱手，不費力氣。❿利重　鮑彪注：「得地則益重。」

【語譯】「大王想改善和魏國的友誼，而使趙國小心謹慎嗎？就不如信用信安君而提高他的名聲。信安君如果侍奉大王，就國家安全而名聲尊貴；如果離開大王，就國家危險而權勢輕微。既然這樣，那麼信安君侍奉大王，上為他的君主可說是盡忠了，下為自己可說是優厚了，他侍奉大王就必定全心全意了。趙國當權的人必定說：『魏國的族望不比我國高貴，土地的物產不比我國豐厚。信安君用魏國侍奉秦國，秦國對他很好，國家得以安全，自己也取得了尊貴的名聲。現在我們和秦國的軍隊結下怨仇，造成禍害，當了箭靶子，使國家處於削弱危亡的形勢，這不是好的計策啊。在外結怨，在內生禍，自身處於死亡之地，這不是好事啊。』他們將要為以前的事痛心，為他們做的錯事懊悔，為了希望得到好處，必定會多割土地恭敬地侍奉大王。這樣大王也就將垂衣拱手地割得土地來獲得利益、提高聲望，那是堯帝、舜帝求之不得的啊。我願大王仔細考察這件事。」

秦楚攻魏圍皮氏

【題解】秦國、楚國聯合圍攻魏國的皮氏，有個說客為了魏國遊說楚王，離間秦、楚關係，勸他背秦助魏。魏國因此將太子送往楚國做人質。秦國的樗里疾針對這一突變，派人遊說楚王，使楚王歸還魏太子，解除了魏國的後顧之憂，秦國反而聯合魏國攻打楚國。

秦、楚攻魏，圍皮氏❶。為魏謂楚王❷曰：「秦、楚勝魏，魏王之恐也見亡矣，必舍❸於秦，王何不倍秦而與❹魏王❺？魏王喜，必內太子❻。秦恐失楚，必效城埊於王，王雖復與之攻魏可也。」楚王曰：「善。」乃倍秦而與魏。魏內太子於楚。秦恐，許楚城埊，欲與之復攻魏。樗里疾❼怒，欲與魏攻楚，恐魏之以太子在楚不肯也。為疾謂楚王曰：「外臣疾使臣謁之，曰：『敝邑之王❽欲效城埊，而為魏太子之尚在楚也，是以未敢。王出魏質，臣請效之，而復固秦、楚之交，以疾❾攻趙。』」楚王曰：「諾。」乃出魏太子。秦因合魏以攻楚。

【注釋】❶皮氏　魏地，在今山西河津境內。《史記・六國年表》記載秦昭王元年（西元前三〇六年）進攻皮氏。❷楚王　指楚懷王。❸舍　姚宏注：「一作『合』。」❹與　助。❺魏王　指魏哀王。❻太子　魏太子遫，即後來的魏昭王。❼樗里

疾　秦惠王的弟弟，有智囊之稱，武王時為右丞相，秦昭王也很尊重他。❽敝邑之王　指秦昭王。❾疾　急。

【語　譯】秦國、楚國進攻魏國，圍困皮氏。有人為了魏國對楚王說：「秦國、楚國戰勝了魏國，魏王擔心魏國被滅亡，必定和秦國聯合，大王為何不背棄秦國、幫助魏王？魏王高興，一定將太子送到楚國當人質。秦國擔心失去楚國，必定獻出城邑土地給大王，到了那時，大王即使再和它一起進攻魏國也可以呀！」楚王說：「說得好。」於是便背棄秦國而幫助魏國。魏國便將太子送到楚國。秦國恐慌起來，答應給楚國城邑和土地，想和楚國一起再進攻魏國。樗里疾發怒，想和魏國一起進攻楚國，但是擔心魏國因為太子在楚國而不肯出兵。有人為了樗里疾去對楚王說：「外臣樗里疾派我告訴大王說：『敝國的君王想獻上城邑土地，可是因為魏太子還在楚國，因此不敢。大王如果將魏國的人質送出去，我就請求獻上城邑土地，再加固秦國和楚國的邦交，以加緊進攻魏國。』」楚王說：「好。」於是送出魏太子。秦國便聯合魏國去進攻楚國。

龐葱與太子質於邯鄲

【題　解】龐葱與魏太子將要去趙都邯鄲做人質，龐葱用三人成虎的事勸說魏王不要輕信讒言。

龐葱❶與太子❷質於邯鄲，謂魏王曰：「今一人言市有虎，王信之乎？」王曰：「否。」「二人言市有虎，王信之乎？」王曰：「寡人疑之矣。」「三人言市有虎，王信之乎？」王曰：「寡人信之矣。」龐葱曰：「夫市之無虎明矣，然而三人言而成虎，今邯鄲去大梁也遠於市，而議臣者過於三人矣。願王察之矣。」

王曰：「寡人自為知。」於是辭行，而讒言先至。後太子罷質，果不得見❸。

【注釋】❶龐葱 當是魏臣。《韓非子．內儲說上》作「龐恭」。❷太子 指魏太子。❸不得見 指龐葱見不到魏王。曾鞏本作「果不得見魏君矣」。當是因為魏王聽信讒言的緣故。

【語譯】龐葱和太子到邯鄲去做人質，對魏王說：「現在有一個人說市場上有老虎，大王相信它嗎？」魏王說：「不相信。」龐葱說：「兩個人說市場上有老虎，大王相信它嗎？」魏王說：「寡人懷疑了。」龐葱說：「三個人說市場上有老虎，大王相信它嗎？」魏王說：「寡人相信它了。」龐葱說：「市場上沒有老虎是清楚明白的事，可是有三個人說有老虎就成了有老虎。現在邯鄲離大梁比這裡離市場上遠，而議論我的人超過了三人了。希望大王仔細考察啊。」魏王說：「我自己知道辨別。」龐葱於是辭行，而讒言就先到了。後來太子做完人質回來，龐葱果然不能見到魏王。

梁王魏嬰觴諸侯於范臺

【題解】梁王宴請諸侯，魯國的君主即席進諫，說酒、味、色、遊樂四者足以亡國。

梁王魏嬰❶觴諸侯於范臺❷。酒酣，請魯君❸舉觴。魯君興❹，避席擇言❺曰：「昔者帝女❻令❼儀狄作酒而美，進之禹，禹飲而甘之，遂疏儀狄，絕旨酒，曰：『後世必有以酒亡其國者。』齊桓公夜半不嗛❽，易牙❾乃煎敖❿燔炙⓫，和調五味⓬而進之，桓公食之飽，至旦不覺，曰：『後世必有以味亡其國者。』晉文公得南之威⑬，三日不聽朝，遂推南之威而遠之，曰：『後世必有以色亡其國者。』楚王登強臺⑭而望崩山⑮，左江而右湖，以臨彷徨⑯，其樂忘死，遂盟⑰強臺而弗登，曰：『後世必有以高臺陂池⑱亡其國者。』今主君⑲之尊⑳，儀狄之酒也；主君之味，易牙之調也；左白台㉑而右閭須㉒，南威之美也；前夾林㉓而後蘭臺㉔，強臺之樂也。有一於此，足以亡其國。今主君兼此四者，可無戒與㉕！」梁王稱善相屬㉖。

【注釋】❶梁王魏嬰　梁惠王名嬰。《史記・魏世家》「嬰」作「罃」。❷觴諸侯於范臺　魏惠王十四年（西元前三五六年），魯、衛、宋、鄭等國的君主來朝見魏惠王。范臺，魏國臺名。❸魯君　魯共公，即魯恭侯。❹興　起。❺擇言　擇善而言，選擇古代的善言嘉行去說。❻帝女　有人說是堯舜女。❼令　依王念孫《讀書雜志・戰國策第三》「令」字當刪。❽嗛　通「慊」。快意。❾易牙　齊桓公的寵臣，懂得調味，善於逢迎。❿敖　通「熬」。⓫燔炙　燒烤。⓬五味　酸、苦、甘、辛、鹹。⓭南之威　即南威，美女名。⓮強臺　荊臺，即章華臺。春秋時楚靈王所建，在今湖北監利西北。⓯崩山　依東漢邊讓《遊章華臺賦》，「南眺巫山」疑即「巫山」。⓰彷徨　汸湟，水名。⓱盟　發誓。⓲陂池　池塘。⓳主君　即君主。⓴尊　酒器。㉑白台　美人名。㉒閭須　美人名。㉓夾林　某遊樂地的名稱。㉔蘭臺　某遊觀臺名。㉕與　通「歟」。㉖屬　連續不停。

【語譯】魏王魏嬰在范臺宴請諸侯。飲酒飲得歡酣的時候，請魯國的君主舉杯。魯國的君主站起來，離開座席選擇善言說：「過去有個古帝的女兒儀狄酒做得好，進獻給夏禹，夏禹喝了味道很好，於是疏遠儀狄，拒絕喝美酒，說：『後世一定有因為酒亡國的。』齊桓公半夜心情不舒暢，易牙便煎熬燒烤，調和五味進獻給他，桓公吃飽了，到天亮還醒不來，說：『後世一定有因為味而亡國的。』晉文公得到南威，三天不上朝聽政，於是推開南威而疏遠她，說：『後世一定有因為色而亡國的。』楚王登上強臺，一邊眺望崩山，左邊是長江，右邊是湖水，一邊俯視汸湟水，使他樂而忘死，便發誓不再登強臺，說：『後世一定有因為高臺池塘而亡國的。』現在君王的酒器裡裝的是儀狄的酒；君王品味的是易牙調製的食品；左邊的白台、右邊的閭須，是南威一樣的美人；前面有夾林，後面有蘭臺，享受的是強臺的歡樂。這四樣當中有一樣就足以亡國。現在君王這四樣都兼而有之，可以不提高警惕嗎！」魏王不停地稱讚他說得好。

卷二一四　魏策三

秦趙約而伐魏

【題解】秦、趙兩國相約進攻魏國，芒卯便派使者去趙國行詐，謊稱要獻上鄴地，要求趙國和秦國絕交。等到趙國向秦國絕交以後，芒卯卻出爾反爾，說不知道有獻地的事。與張儀以六百里地欺楚，如出一轍。

秦、趙約❶而伐魏，魏王❷患之。芒卯❸曰：「王勿憂也，臣請發張倚❹使。」謂趙王❺曰：「夫鄴❻，寡人固刑❼弗有也。今大王收秦而攻魏，寡人請以鄴事大王。」趙王喜，召相國而命之曰：「魏王請以鄴事寡人，使寡人絕秦。」相國曰：「收秦攻魏，利不過鄴。今不用兵而得鄴，請許魏。」張倚因謂趙王曰：「敝邑之吏效城者，已在鄴矣。大王且何以報魏？」趙王因令閉關絕秦。秦、趙大惡。芒卯應趙使曰：「敝邑所以事大王者，為完鄴也。今郊❽鄴者，使者之罪也，卯不知也。」趙王恐魏承秦之怒，遽割五城以合於魏而支秦。

【注釋】❶趙約 鮑彪本作「約趙」。❷魏王 指魏昭王。❸芒卯 魏將。《史記・六國年表》記載魏昭王六年（西元前二九〇年）「芒卯以詐見重」。❹張倚 魏臣，事跡不詳。❺趙王 指趙惠文王。❻鄴 曾是魏都，在今河北臨漳境內。❼刑 通「形」。形勢。❽郊 當是「效」之誤。

【語譯】秦國、趙國相約進攻魏國，魏王為此憂慮。芒卯說：「大王不要憂慮，請讓我派張倚去做使者。」張倚向趙王傳達魏王的話說：「鄴這個地方，寡人從形勢上看不能歸我所有啊。現在大王聯合秦國進攻魏國，寡人請求用鄴地侍奉大王。」趙王高興，召見相國並命令他說：「魏王請求用鄴地侍奉寡人，讓寡人和秦國絕交。」相國說：「聯合秦國進攻魏國，所得的利益也不過是鄴地。現在能不打仗而得到鄴地，請答應魏國。」張倚於是對趙王說：「敝國進獻城邑的官吏已經在鄴地了。大王將用什麼報答魏國？」趙王便下令閉關，和秦國絕交。秦國和趙國的關係因而大壞。芒卯卻答覆趙國的使者說：「敝國之所以侍奉大王，是為了保全鄴地啊。現在進獻鄴地，那是使者的罪過啊，我芒卯不知道呀！」趙國害怕魏國趁秦國惱火的時機進攻趙國，馬上割讓五座城去聯合魏國，以抵抗秦國。

芒卯謂秦王

【題解】芒卯先遊說秦王，要求秦國讓魏國任用他做司徒，然後勸魏王獻地給秦國，請求秦國出兵東下進攻齊國。魏國獻地以後，秦國卻沒有出兵攻齊，他又再次遊說秦國出兵。來往於秦、魏之間，不惜勸說君主獻地、用兵，以使自己從中謀利，實是下等的士人。

芒卯謂秦王❶曰：「王之士未有為之中❷者也。臣聞明王不❸胥❹中而行。王之所欲於魏者，長羊❺、王屋❻、洛林❼之地也。王能使臣為魏之司徒❽，則臣能使魏獻之。」秦王曰：「善。」因任之以為魏之司徒。謂魏王❾曰：「王所患者上地❿也，秦之所欲於魏者，長羊、王屋、洛林之地也，王獻之於秦，則上地無憂患。因請以下兵東擊齊，攘地必遠矣。」魏王曰：「善。」因獻之秦。地入數月，而秦兵不下。魏王謂芒卯曰：「地已入數月，而秦兵不下，何也？」芒卯曰：「臣有死罪。雖然，臣死，則契折於秦⓫，王無以責秦。王因赦其罪，臣為王責約於秦。」乃之秦，謂秦王曰：「魏之所以獻長羊、王屋、洛林之地者，有意欲以下大王之兵東擊齊也。今地已入，而秦兵不可下，臣則死人也。雖然，後山東之士，無以利事王者矣。」秦王懼⓬然曰：「國有事，未澹⓭下兵也，今以兵從。」後十日，秦兵下。芒卯并將秦、魏之兵，以東擊齊，啟地二十二縣。

【注釋】❶秦王　指秦昭王。❷中　中人，在兩方中間作內應或調解的人。❸不　依金正煒《補釋》當作「必」。❹胥　即「胥」，通「須」。等待的意思。❺長羊　魏地，在今河南西華東北。❻王屋　在今河南濟源西北。❼洛林　即林中，亦即河南林鄉。❽司徒　周官，主管土地和人民。❾魏王　指魏昭王。❿上地　鮑彪說是「上游之地，近秦」。⓫契折於秦　契約是憑證，魏國將地給秦國，秦國就出兵擊齊，芒卯是見證人，如果現在殺掉芒卯，就等於毀掉契約一樣。契，契約。折，毀。⓬懼　驚恐。⓭未澹　猶未暇。澹，通「贍」。

【語 譯】芒卯對秦王說：「大王的謀士沒有做內應的人啊。我聽說賢明的君王必須備有做內應的人去辦事。大王想要從魏國得到的是長羊、王屋、洛林的土地。大王能讓我做魏國的司徒，那麼我就能讓魏國獻上這些土地。」秦王說：「好。」因而任用他做魏國的司徒。芒卯對魏王說：「大王所憂慮的是上游的土地，秦國想從魏國得到的是長羊、王屋、洛林的土地，大王把這些土地獻給秦國，那麼上游的土地就沒有憂患了。然後請求秦國出兵東下攻擊齊國，那麼奪得的土地必定遠到齊國了。」魏王說：「說得好。」因而把這些土地獻給秦國。魏國的土地歸入秦國的版圖幾個月了，而秦兵卻不東下。魏王對芒卯說：「土地已經歸入秦國幾個月，而秦兵卻不東下，是什麼原因？」芒卯說：「我有死罪。既然是這樣，我如果死了，那麼就等於向秦國毀掉了憑證，大王就沒有辦法去責備秦國了。」於是芒卯便前往秦國，對秦王說：「魏國之所以進獻長羊、王屋、洛林的土地，是有意想讓大王出兵東下攻擊齊國啊。現在土地已經歸入秦國版圖，而秦兵不東下。我就成了個死人啊。這樣，以後殽山以東的士人，就不會用好處來侍奉大王了。」秦王現出吃驚的樣子說：「國家有事，來不及出兵啊，現在就讓部隊跟著你出去。」過了十天，秦兵東下。芒卯同時率領秦、魏兩國的軍隊，向東去攻擊齊國，擴大二十二個縣的領土。

秦敗魏於華走芒卯而圍大梁

【題 解】秦國圍攻魏都大梁，魏大夫須賈遊說秦相穰侯，勸他及時向魏國講和，解除對大梁的圍攻。穰侯接受了他的勸說。

秦敗魏於華❶，走芒卯❷而圍大梁❸。須賈❹為魏謂穰侯❺曰：「臣聞魏氏大臣父兄皆謂魏王❻曰：『初時惠王伐趙❼，戰勝乎三梁❽，十萬之軍拔邯鄲❾，趙氏不割，而邯鄲復歸。齊人攻燕❿，殺子之⓫，破故國⓬，燕不割，而燕國復歸。燕、趙之所以國全兵勁，而地不并乎諸侯者，以其能忍難而重出地也。宋、中山數伐數割，而隨以亡。臣⓭以為燕、趙可法，而宋、中山可無為也。夫秦貪戾之國而無親，蠶食魏，盡晉國⓮，戰勝睪子⓯，割八縣，地未畢入而兵復出矣。夫秦何厭之有哉！今又走芒卯，入北地⓰，此非但攻梁也，且劫王以多割也，王必勿聽也。今王循⓱楚、趙而講，楚、趙怒而與王爭事秦，秦必受之。秦挾楚、趙之兵以復攻，則國救亡不可得也已。願王之必無講也。王若欲講，必少割而有質；不然必欺⓲。』是臣之所聞於魏也，願君之以是慮事也。

【章　旨】先向穰侯轉告：魏國的大臣父兄都勸魏王不要輕易割地求和；若要講和，也只能割讓少量土地並且要有人質，以免受秦國的欺騙。

【注　釋】❶華　《史記・秦本紀》、〈六國年表〉均作「華陽」，在華山之南。秦昭王三十四年（西元前二七三年）秦將白起在華陽打敗魏軍。❷芒卯　魏將。❸大梁　魏都，在今河南開封。❹須賈　魏國大夫名。❺穰侯　秦相魏冉。❻魏王　指魏安釐王。❼惠王伐趙　魏惠王十六年（西元前三五四年）圍攻趙都邯鄲。❽三梁　即南梁，在今河南臨汝西，有別於大梁（河南開封）、少梁（陝西韓城南），而稱之為南梁或三梁。❾拔邯鄲　魏惠王十七年（西元前三五三年）攻拔邯鄲，十九年（西元前三五一年）歸還邯鄲。❿齊人攻燕　燕王噲三年（西元前三一八年）將國家讓給子之，燕國大亂。齊宣王六年（西元前三一四年），宣王接受孟軻的建議進攻燕國，殺子之。⓫子之　本為燕相。燕王噲將國家讓給了他。⓬故國　指燕國舊都。⓭臣　即上文所說的「大臣」。⓮盡晉國　據《呂氏春秋・應言》，魏國讓孟卬（即孟卯，亦即芒卯）將絳、窌（汾）、安邑割給秦王。晉國，指春秋時晉國的首都絳一帶地方。⓯睾子　依馬王堆帛書〈須賈說穰侯〉及《史記．穰侯列傳》當作「暴子」，指魏將暴鳶。《史記．六國年表》記載韓釐王二十一年（西元前二七五年）「暴鳶救魏，為秦所敗」。《史記．秦本紀》也說：「穰侯攻魏，至大梁，破暴鳶，斬首四萬。」⓰北地　依帛書及《史記》當作「北宅」。宅陽一名北宅，在今河南鄭州北。⓱循　當作「遁」。《史記．穰侯列傳》作「背」，是背開、躲開的意思。⓲必欺　當依《史記．穰侯列傳》作「必見欺」。

【語譯】秦國在華陽打敗魏國，芒卯逃走，秦軍圍攻大梁。須賈為了魏國告訴穰侯說：「我聽說魏國的大臣父兄都對魏王說：『當初惠王進攻趙國，在三梁打了勝仗，十萬軍隊攻下邯鄲，趙國不割讓土地，而邯鄲還是歸還了趙國。齊人進攻燕國，殺了子之，攻破了燕國的舊都，燕國不割讓土地，國都還是歸還了燕國。燕國、趙國所以能讓國家安全、兵力強盛，土地不被諸侯兼併，就是因為它能忍住困難而不隨便出讓土地的緣故啊。宋國、中山國一再遭到進攻就一再割讓土地，國家也就跟著滅亡。我們認為燕國、趙國是可以效法的，而宋國、中山國那樣的事卻不能做啊。秦國是個貪婪暴虐的國家，不和別國親善，它蠶食魏國，占有全部古代晉國的土地，戰勝暴鳶，割去八個縣，割去的地還來不及全部歸入秦國，可是秦兵又出動了。秦國的貪欲哪裡會有滿足的呢！現在又趕跑芒卯，進入北宅，這不只是進攻大梁，而且要強迫大王多割土地，大王一定不要聽從啊。現在大王背著楚國、趙國想與秦國講和，楚國、趙國一惱火便和大王爭著去侍奉秦國，秦國必定會接受它們。秦國挾持楚國、趙國的軍隊再來進攻魏國，那麼魏國也就不可能挽救危亡啦。希望大王一定不要講和啊。大王假若想講和，一定要少割土地，而且要有人質，不這樣，就必定會被欺騙。』這就是我在魏國所聽到的話，希望你根據這些話去考慮事情啊。

「《周書》❶曰：『維命不于常❷。』此言幸之不可數❸也。夫戰勝睾子，而割八縣，此非兵力之精，非計之工❹也，天幸為多矣。今又走芒卯，入北地，以攻大梁，是以天幸自為常也。知者不然。臣聞魏氏悉其百縣勝兵，以止戍大梁，臣以為不下三十萬。以三十萬之眾，守十仞❺之城，臣以為雖湯、武復生，弗易攻也。夫輕信❻楚、趙之兵，陵❼十仞之城，戴❽三十萬之眾，而志必舉之，臣以為自天下之始分❾以至于今，未嘗有之也。攻而不能拔，秦兵必罷，陰❿必亡，則前功必棄矣。今魏方疑，可以少割收也。願之⓫及楚、趙之兵未任⓬於大梁也，亟以少割收魏。方⓭疑，而得以少割為和，必欲之，則君得所欲矣。楚、趙怒於魏之先己講也，必爭事秦。從是以散，而君後擇⓮焉。且君之嘗割晉國取地也，何必以兵哉？夫兵不用，而魏效絳、安邑⓯，又為陰⓰啟兩機⓱，盡故宋，衛效尤憚⓲。秦兵已令⓳，而君制之，何求而不得？何為而不成？臣願君之熟計而無行危也。」穰侯曰：「善。」乃罷梁圍。

【章旨】再勸告穰侯，天命無常，大梁防守牢固，難以攻下，不如趁早讓魏國割少量土地講和，以破壞諸侯合縱，以後不用兵也可以有求必得、有為必成。

【注釋】❶周書　指《尚書·周書》。下面引文見〈周書·康誥〉。❷維命不于常　這句是說天命無常，不專佑一家。〈康誥〉「維」作「惟」，句首助詞。命，天命。常，不變。❸數　多次。❹工　善。❺仞　七尺或八尺。❻信　依馬王堆帛書〈須賈說穰侯〉當作「倍」。《史記·穰侯列傳》亦作「背」。❼陵　登上。❽戴　依《史記》當作「戰」。❾天下之始分　天下，依帛書當作「天地」。天地之始分，相當於開天闢地。❿陰　依帛書及《史記》當作「陶」，是穰侯魏冉的封地，在今山東定陶。⓫之　依帛書及《史記》當作「君」。⓬任　依帛書及《史記》當作「至」。⓭方　依帛書「方」字前應增加一個「魏」

字。⑭擇　指選擇盟國。⑮絳安邑　《呂氏春秋・應言》記載魏王叫芒卯將這些地獻給秦王。絳，晉國舊都，在今山西翼城。安邑，魏地，在今山西夏縣，曾經是魏國國都。⑯陰　當作「陶」。⑰啟兩機　《史記・穰侯列傳》作「開兩道」。張守節《正義》：「穰故封定陶，故宋及單父是陶之南道也，魏之安邑及絳是陶北道。」⑱尤憚　據《史記・穰侯列傳》當是「單父」之誤。單父，近陶邑，在今山東單縣。⑲已令　依《史記・穰侯列傳》當作「可全」。即不用兵，軍隊不遭受損失。

【語　譯】「《周書》上說：『天命不是不變的。』這是說幸運的事不可能有多次啊。戰勝暴鳶，使韓國割讓八縣，這不是由於部隊精良，也不是計謀好的緣故，這多半是上天給的幸運啊。現在又趕走了芒卯，進入北宅，圍攻大梁，因此便自認為上天給的幸運是不變的。聰明的人卻不認為是這樣。我聽說魏國調集它一百個縣所有能拿起兵器的人，防守大梁，我以為不少於三十萬人。用三十萬人守住七十丈高的城牆，我以為即使商湯、周武王再生，也不易攻下啊。輕率地不顧及背後有楚國、趙國的部隊，登上七十丈高的城牆，和三十萬人作戰，決心一定要把它攻下來，我以為自從開天闢地直到現在，也不曾有過啊。圍攻而攻不下，秦國的士兵必然疲困，陶邑必定喪失，那麼就必定前功盡棄了。現在魏國正在猶疑不定，可以讓它割讓少量土地而和它聯合。希望你趁楚國、趙國的軍隊還沒有到大梁之前，趕快用讓魏國少割土地的辦法聯合魏國。魏國正在猶疑不定，而能用少割土地的辦法講和，必定願意，那麼你的願望也就達到了。楚國、趙國惱怒魏國比自己先與秦國講和，一定爭著侍奉秦國。合縱因此就會散夥，然後你就可選擇盟友。再說你曾經割取古代晉國的土地，哪裡是一定是要用兵呢？不用兵，魏國也獻上了絳和安邑，又為陶邑開拓了南北兩道，占有了宋國全部的土地，衛國獻上了單父。秦國的軍隊可以保全，而你控制著這支部隊，還有什麼東西求不到？什麼事情辦不成？我希望你仔細考慮而不要去做危險的事啊。」穰侯說：「說得好。」於是便停止了對大梁的圍攻。

秦敗魏於華魏王且入朝於秦

【題　解】魏國在華陽之戰失敗以後，魏王將到秦國去朝拜，周訢、支期先後諫阻魏王不要去，魏王終於聽從了諫阻。

秦敗魏於華❶，魏王❷且入朝於秦。周訢❸謂王曰：「宋人有學者，三年反❹而名❺其母。其母曰：『子學三年，反而名我者，何也？』其子曰：『吾所賢者，無過堯、舜，堯、舜名；吾所大者，無大天地，天地名。今母賢不過堯、舜，母大不過天地，是以名母也。』其母曰：『子之於學者，將盡行之乎？願子之有以易❻名母也。子之於學也，將有所不行乎？願子之且以名母為後也。』今王之事秦，尚有可以易入朝者乎？願王之有以易之，而以入朝為後。」魏王曰：「子患寡人入而不出邪？許綰❼為我祝曰：『入而不出，請殉寡人以頭。』」周訢對曰：「如臣之賤也，今人有謂臣曰，入不測之淵而必出，不出，請以一鼠首為女❽殉者，臣必不為也。今秦不可知之國也，猶不測之淵也；而許綰之首，猶鼠首也。內王於不可知之秦，而殉王以鼠首，臣竊為王不取也。且無梁❾孰與無河內❿急？」王曰：「梁急。」「無梁孰與無身急？」王曰：「身急。」曰：「以三者，身，上也；河內，其下也。秦未索其下，而王效其上，可乎？」

【章　旨】周訢用宋人名母和鼠首為殉的故事諫阻魏王不要入秦。

【注釋】❶華　華陽，在華山的南部。《史記・穰侯列傳》：「秦昭王三十二年（西元前二七五年，〈六國年表〉作昭王三十四年）穰侯為相國，將兵救魏，走芒卯，入北宅，遂圍大梁。」❷魏王　指魏安釐王。❸周訢　魏臣。《呂氏春秋・應言》作「魏敬」。❹反　同「返」。❺名　直呼其名。❻易　改變。❼許綰　魏臣。《呂氏春秋》說他是宜陽令。❽女　通「汝」。❾梁　魏。❿河內　魏國黃河以北的地方，在今河南濟源、沁陽一帶。

【語譯】秦國在華陽打敗魏國，魏王將到秦國去朝拜。周訢對魏王說：「宋國有個讀書人，出去讀書三年，回家直呼他的母親的名字。他的母親說：『你學了三年，回來以後直呼我的名字，是什麼原因呢？』她的兒子說：『我所認為賢能的人，莫過於堯、舜，堯、舜，我也直呼其名；我所認為最偉大的，莫過於天地，天地，我也直呼其名。現在母親的賢能超不過堯、舜，母親的偉大超不過天地，因此我直呼母親的名字啊。』他的母親說：『你學的東西，會全部去實行嗎？希望你有辦法改變直呼母名的做法。你學的東西，會有不去實行的嗎？希望你把直呼母名的事置之腦後。』現在大王侍奉秦國，還有辦法改變到秦國去朝拜的作法嗎？希望大王有辦法改變它，而把到秦國去朝拜這件事置之腦後。」魏王說：「你擔心我進去了就出不來嗎？許綰為我禱告說：『進去了出不來，就請允許他用腦袋給寡人殉葬。』」周訢回答說：「像我這樣卑賤的人，如果有人對我說：『進到不測之淵去，必定能出來，如果出不來，請允許我用一隻老鼠的腦袋替你殉葬。』我一定不幹啊。現在秦國是個不可知的國家，就像是不測之淵一樣；而許綰的腦袋，就像是老鼠的腦袋。將大王送進不可知的秦國去，而用老鼠的腦袋給大王殉葬，我私下認為大王不該採取這種做法啊。再說沒有魏國和沒有河內之地比起來，哪件事緊急？」魏王說：「沒有魏國緊急。」周訢說：「沒有魏國和沒有自身比起來，哪件事緊急？」魏王說：「沒有自身緊急。」周訢說：「三者比較起來，自身最重要；而河內之地最不重要。秦國沒有索取最不重要的河內之地，而大王卻獻上了最重要的自身，行嗎？」

王尚未聽也。支期❶曰：「王視楚王❷。楚王入秦，王❸以三乘先之；楚王不入，楚、魏為一，尚足以捍秦。」王乃止。王謂支期曰：「吾始已諾於應侯❹矣，今不行者欺之矣。」支期曰：「王勿憂也。臣使長信侯❺請無內王，王待臣也。」

【章旨】魏王不聽周訢諫阻，支期再次進諫，魏王終於打消入秦的念頭。

【注釋】❶支期　魏人。❷楚王　指頃襄王。❸王　指魏王。❹應侯　疑為「穰侯」之誤。華陽之戰時，穰侯魏冉為秦相，應侯范雎尚未入秦。范雎被封為應侯在秦昭王四十一年（西元前二六六年），距華陽之戰後七、八年。再說，范雎同魏安釐王的父親昭王有深仇，他絕不會同意不要魏王入秦。❺長信侯　其人不詳，可能是個和穰侯關係親密的人。嫪毐封為長信侯是在秦王政八年（西元前二三九年），和此人無關。

【語譯】魏王還沒有聽從周訢的諫阻。支期接著說：「大王可以看看楚王的行動。如果楚王去秦國，大王就用三輛車在他之前進去；如果楚王不到秦國去，楚國、魏國聯合起來，還能夠抵抗秦國。」魏王聽了便取消進秦國的決定。不過魏王卻對支期說：「我當初已經答應穰侯了，現在不去就欺騙他了。」支期說：「大王不要操心啊。我使長信侯請求穰侯不要讓大王進去，大王等著我的消息吧。」

支期說於長信侯曰：「王命召相國❶。」長信侯曰：「王何以臣為？」支期曰：「臣不知也，王急召君。」長信侯曰：「吾內王於秦者，寧以為秦邪？吾以為魏也。」支期曰：「君無為魏計，君其自為計，且安死乎？安生乎？安窮乎？安貴乎？君其先自為計，後為魏計。」長信侯曰：「樓公❷將入矣，臣今從❸。」支期曰：「王急召君，君不行，血濺君襟矣！」長信侯行，支期隨其後。且見王，支期先入，謂王曰：「偽病者乎而見之，臣已恐之矣。」長信侯入見王，王曰：「病甚奈何？吾始已諾於應侯❹矣，意雖道死❺，行乎？」長信侯曰：「王毋行矣！臣能得之於應侯❻，願王無憂。」

【章　旨】支期去秦國，迫使長信侯來到魏國，答應能使穰侯同意不要魏王入秦。

【注　釋】❶相國　指長信侯。華陽之戰時，秦國的相當是魏冉。這裡稱長信侯為相國，原因不詳。又下文用「君」字稱長信侯。❷樓公　有人說是指樓緩。❸今從　疑當作「令從」。指讓樓緩跟隨支期去魏國，長信侯自己不去，所以下文支期說：「君不行，血濺君襟矣。」❹應侯　疑當作「穰侯」。❺道死　半道而死。❻應侯　疑當作「穰侯」。

【語　譯】支期勸長信侯說：「魏王命令我召見相國。」長信侯說：「魏王召見我幹什麼？」支期說：「我不知道，魏王緊急召見你。」長信侯說：「我讓魏王到秦國來，難道是為了秦國嗎？我是為了魏國啊。」支期說：「你不要為魏國著想，你還是為自己著想吧。將安於死呢？還是安於活呢？是安於窮困呢？還是安於富貴呢？你還是先為自己著想，後為魏國著想吧。」長信侯說：「樓公將要進來了，我讓他跟你去。」支期說：「魏王緊急召見你，你不去，我就要將血濺到你的衣襟上了！」長信侯只好去，支期跟在他的後面。將要拜見魏王，支期先進去，對魏王說：「請偽裝是個病人召見他，我已經恐嚇過他了。」長信侯進去見魏王，魏王說：「我病很重，該怎麼辦？我當初已經答應穰侯了，心想即使死在路上，還是去吧！」長信侯說：「大王不要去了。我能得到穰侯的同意讓你不去秦國，希望你不要憂愁。」

華軍之戰

【題解】華陽之戰的第二年，魏人段干崇為了私利想要魏王割地與秦國講和，遭到孫臣的反對。孫臣認為這是「抱薪救火」的辦法，「薪不盡，則火不止」。

華軍❶之戰，魏不勝秦。明年，將使段干崇❷割地而講。孫臣❸謂魏王❹曰：「魏不以敗之上❺割，可謂善用不勝矣；而秦不以勝之上割，可謂不能用勝矣。今處期年乃欲割，是群臣之私而王不知也。且夫欲璽❻者，段干子也，王因使之割地；欲地者，秦也，而王因使之受❼璽。夫欲璽者制地，而欲地者制璽，其勢必無魏矣。且夫姦臣固皆欲以地事秦。以地事秦，譬猶抱薪而救火也。薪不盡，則火不止。今王之地有盡，而秦之求無窮，是薪火之說也。」魏王曰：「善。雖然，吾已許秦矣，不可以革❽也。」對曰：「王獨不見夫博者之用梟❾邪？欲食則食，欲握則握。今君劫於群臣而許秦，因曰不可革，何用智之不若梟也？」魏王曰：「善。」乃案❿其行。

【注釋】❶華軍　依鮑彪本當作「華陽」。秦昭王三十四年（西元前二七三年）秦將白起在華陽打敗魏軍。❷段干崇　魏臣。❸孫臣　魏臣。❹魏王　指魏安釐王。❺上　鮑彪注：「謂當其時。」❻璽　印。❼受　當依鮑彪本作「授」。❽革　改變。❾梟　刻有梟形的棋子。博戲中雙方都要殺食對方的梟形棋子。《史記・魏世家》說：「博之所以貴梟者，便則食，不便則止。」❿案　止。

【語譯】華陽之戰，魏國沒有戰勝秦國。第二年，將派段干崇割讓土地向秦國講和。孫臣對魏王說：「魏國不在戰敗的時候割讓土地，可說是善於利用戰敗的了；而秦國不在戰勝的時候割取土地，可說是不能利用戰勝的了。現在過了一年竟想割讓土地，這是群臣在謀私而大王卻不知道啊。想得到封賞印璽的人是段干崇，大王因而想讓他去割讓土地；想得到土地的是秦國，而大王因而想讓它授給段干崇印璽。想得到印璽的人控制土地，想得到土地的控制印璽，那形勢就必定沒有魏國了。再說那班姦臣本來都想用土地去侍奉秦國。用土地去侍奉秦國，就像抱著柴去救火一樣啊。柴沒有燒完，那火就不會停止。現在大王的土地有窮盡的時候，而秦國的要求卻沒有窮盡，這就是我說的抱柴救火啊。」魏王說：「說得好。雖說是這樣，可是我已經答應秦國了，不可以改變啊。」孫臣回答說：「大王難道沒有見過玩博戲的人使用梟棋子嗎？想吃對方的棋子就吃，想握在手中就握在手中。現在您被群臣所迫而答應了秦國的要求，因而說不可以改變，怎麼用起智謀來，比不上博戲的人使用梟棋子呢？」魏王說：「說得好。」於是就停止了段干崇去秦國講和。

齊欲伐魏

【題解】齊國想進攻魏國，魏國派人送給淳于髡兩對璧、八匹馬，請求他說服齊王停止攻魏。淳于髡接受了魏國的請求，並且對受璧、馬一事作出了有理有趣的解釋，足見他真是滑稽多辯。

齊欲伐魏，魏使人謂淳于髡❶曰：「齊欲伐魏，能解魏患，唯先生也。敝邑有寶璧二雙，文馬❷二駟❸，請致之先生。」淳于髡曰：「諾。」入說齊王曰：「楚，齊之仇敵也；魏，齊之與國❹也。夫伐與國，使仇敵制其餘敝❺，名醜而實危，為王弗取也。」齊王曰：「善。」乃不伐魏。客謂齊王曰：「淳于髡言不伐魏者，受魏之璧、馬也。」王以謂淳于髡曰：「聞先生受魏之璧、馬，有諸？」曰：「有之。」「然則先生之為寡人計之何如？」淳于髡曰：「伐魏之事不便❻，魏雖刺髡，於王何益？若誠不便，魏雖封髡，於王何損？且夫王無伐與國之誹，魏無見亡之危，百姓無被兵之患，髡有璧、馬之寶，於王何傷乎？」

【注釋】❶淳于髡　滑稽之士，長不滿七尺，事齊威王。❷文馬　身上有花紋的馬。❸駟　四匹馬。❹與國　盟國。❺制其餘敝　指楚國將利用齊國戰後的疲勞向齊進攻。餘敝，留下來的疲勞。❻不便　依吳師道、王念孫說「不」字當是衍文。宜刪去。

【語譯】齊國想攻打魏國，魏國派人去對淳于髡說：「齊國想攻打魏國，能解除魏國禍患的，只有先生啊。敝邑有寶璧兩對、紋馬八匹，請讓我送給先生。」淳于髡說：「好。」便進去勸說齊王道：「楚國是齊國的仇敵，魏國是齊國的盟國。攻打盟國，讓仇敵利用我們戰後的疲勞來制服我們，名聲不但不好而且也實在危險，我認為大王不應採取這種做法啊。」齊王說：「說得好。」於是不去進攻魏國。有個說客對齊王說：「淳于髡說不要攻打魏國，是因為他接受了魏國的璧和馬啊。」齊王把這事告訴淳于髡說：「聽說先生接受了魏國的璧和馬，有這回事嗎？」淳于髡說：「有這回事。」齊王說：「這麼說來，先生又怎麼是替寡人著想呢？」淳于髡說：「如果進攻魏國的事有利，魏國即使刺殺我，對大王有何益處？假若真的是不利，魏國即使封賞我，對大王又有何損害？再說大王不受攻打盟國的非議，魏國沒有被滅亡的危險，百姓不遭受戰爭的禍患，我淳于髡有了璧和馬這些珍寶，對大王有什麼傷害呢？」

秦將伐魏

【題解】秦國將要進攻魏國，魏王派孟嘗君向趙國、燕國求救。孟嘗君說服了趙、燕兩國出兵救魏，秦王因此割地向魏國講和，孟嘗君因為有功而受封。

秦將伐魏❶。魏王❷聞之，夜見孟嘗君❸，告之曰：「秦且攻魏，子為寡人謀，奈何？」孟嘗君曰：「有諸侯之救，則國可存也。」王曰：「寡人願子之行也。」重為之約車❹百乘。孟嘗君之趙，謂趙王❺曰：「文願借兵以救魏。」趙王曰：「寡人不能。」孟嘗君曰：「夫敢借兵者，以忠王也。」王曰：「可得聞乎？」孟嘗君曰：「夫趙之兵，非能❻彊於魏之兵，魏之兵，非能弱於趙也。然而趙之地不歲危，而民不歲死；而魏之地歲危，而民歲死者，何也？以其西為趙蔽❼也。今趙不救魏，魏歃盟❽於秦，是趙與強秦為界也，地亦且歲危，民亦且歲死矣。此文之所以忠於大王也。」趙王許諾，為起兵十萬，車三百乘。

【章旨】孟嘗君先向趙國求救兵，說魏國的西部是趙國的屏障，趙國不救魏國，魏國被迫便會和秦國結盟，秦國便能直接威脅趙國。趙王聽後同意出兵救魏。

【注釋】❶秦將伐魏　據《史記・秦本紀》，秦昭王二十四年（西元前二八三年）「秦取魏安城，至大梁，燕、趙救之，秦軍去」。❷魏王　指魏昭王。❸孟嘗君　即田文。齊湣王滅宋後，越來越驕傲，想去掉孟嘗君，孟嘗君便來到魏國，魏昭王用他為相。❹約車　套車；備車。❺趙王　指趙惠文王。❻能　曾鞏本無「能」字，下句同。❼蔽　屏障。❽歃盟　歃血為盟。歃血，古時結盟要殺牲口，雙方將牲口的血含在嘴裡或塗在嘴旁，以示誠信。

【語譯】秦國將要進攻魏國。魏王聽到了消息，夜裡去見孟嘗君，告訴他說：「秦國將要進攻魏國，你替寡人想想辦法，怎麼辦才好？」孟嘗君說：「有諸侯的救援，國家就可以保存啊。」魏王說：「寡人希望你去求救啊。」於是隆重地為孟嘗君準備了一百輛車。孟嘗君便前往趙國，對趙王說：「我田文希望借兵去救魏國。」趙王說：「寡人不能借兵。」孟嘗君說：「敢來借兵，是因為忠於大王啊。」趙王說：「可以講給寡人聽一聽嗎？」孟嘗君說：「趙國的兵力不比魏國的兵力強，魏國的兵力不比趙國的兵力弱啊。可是趙國的土地不是年年有失去的危險，而且民眾不是年年遭受死亡的威脅；而魏國的土地卻年年有失去的危險，而且民眾也年年有遭受死亡的威脅，那是什麼原因呢？因為魏國的西部成了趙國的屏障啊。現在趙國不救魏國，魏國就只好歃血和秦國結盟，這樣趙國和強大的秦國就接界啊，土地也將年年有失去的危險，民眾也將年年遭受死亡的威脅。這就是我田文忠於大王的道理啊。」趙王答應他的要求，為魏國起兵十萬，出動兵車三百輛。

又北見燕王❶曰：「先日公子❷常約兩王之交矣。今秦且攻魏，願大王之救之。」燕王曰：「吾歲不熟二年矣，今又行數千里而以助魏，且奈何？」田文曰：「夫行數千里而救人者，此國之利也。今魏王出國門而望見軍，雖欲行數千里而助人，可得乎？」燕王尚未許也。田文曰：「臣效便計於王，王不用臣之忠計，文請行矣。恐天下之將有大變也。」王曰：「大變可得聞乎？」曰：「秦攻魏未能克之也，而臺已燔，游❸已奪矣。而燕不救魏，魏王折節割地，以國之半與秦，秦必去矣。秦已去魏，魏王悉韓、魏之兵，又西借秦兵，以因趙之眾，以四國攻燕，王且何利？利行數千里而助人乎？利出燕南門而望見軍乎？則道里近而輸❹又易矣，王何利？」燕王曰：「子行矣，寡人聽子。」乃為之起兵八萬，車二百乘，以從田文。魏王大說，曰：「君得燕、趙之兵甚眾且亟❺矣。」秦王❻大恐，割地請講於魏。因歸燕、趙之兵，而封田文。

【章旨】孟嘗君再向燕國求救兵，說燕國不出兵救魏，天下將發生大變，魏國將割地向秦國講和，並且聯合韓、趙、秦等國進攻燕國。燕王聽後，也同意出兵救魏。

【注釋】❶燕王　指燕昭王。❷公子　可能是指魏國某一公子。❸游　遊樂之地。❹輸　指軍需品運輸。❺亟　急。❻秦王　指秦昭王。

【語譯】田文又北上去見燕王，說：「從前公子曾經約燕王、魏王結交，現在秦國將進攻魏國，希望大王救援魏國。」燕王說：「我已經兩年收成不好了，現在又要走幾千里去援助魏國，將怎麼辦？」田文說：「走幾千里去救援別人，這對國家有利啊。現在魏王一出國門便望見敵軍，即使想走幾千里去援助別人，可能嗎？」燕王還是沒有答應出兵。田文又說：「我獻上有利的計策給大王，大王不用我出自忠心的計策，我田文就請求走了。只是怕天下將有大變啊。」燕王說：「所謂的大變可以講給我聽一聽嗎？」田文說：「秦國進攻魏國，還沒有戰勝，而臺榭已經燒掉，遊觀的地方已被搶去了。燕國不救援魏國，魏王只好屈己下人，割讓土地，將魏國的一半給秦國，這樣秦軍一定就會離去了。秦軍已經離開魏國，魏王就會出動韓國、魏國的全部軍隊，再向西借秦國的兵，憑藉趙國的民眾，用四國的兵力進攻燕國。大王將要得到什麼利益呢？是利在走幾千里去援助別人呢？還是利在走出燕國的南門就望見敵軍呢？這樣路程就近而且運輸也容易了。大王究竟要得到什麼利益呢？」燕王說：「你走吧，寡人聽從你的。」於是為魏國起兵八萬，出動軍車兩百輛，跟著田文去魏國。魏王很高興，說：「你得到燕國、趙國很多的兵眾而且來得也快。」秦王非常恐慌，便割地請求與魏國講和。魏王於是歸還燕國、趙國的部隊，而給田文封賞。

魏將與秦攻韓

【題解】魏國將和秦國一起去進攻韓國。朱己（即無忌）從秦國唯利是圖的本質出發，認為消滅了韓國，秦國必定進攻魏國；保存韓國，魏國便可獲得安全，勸魏王不要參與進攻韓國的行動。

魏將與秦攻韓❶，朱己❷謂魏王❸曰：「秦與戎、翟❹同俗，有虎狼之心，貪戾好利而無信，不識禮義德行。苟有利焉，不顧親戚兄弟，若禽獸耳。此天下之所同知也，非所施厚❺積德也。故太后❻母也，而以憂死❼；穰侯❽舅也，功莫大焉，而竟逐之❾；兩弟❿無罪，而再奪之國⓫。此於其親戚兄弟若此，而又況於仇讎之敵國也？今大王與秦伐韓而益近秦，臣甚或⓬之，而王弗識也，則不明矣。群臣知之，而莫以此諫，則不忠矣。

【章旨】指出秦國是虎狼之國，唯利是圖，不顧禮義。和秦國一起進攻韓國，是不明智的行為，群臣不諫，是不忠。

【注釋】❶與秦攻韓　《史記・魏世家》記載，魏安釐王十一年（西元前二六六年）以後，齊國、楚國相約攻魏，魏向秦求救，秦昭王發兵救魏，魏安釐王因此想親秦伐韓，以求故地。❷朱己　當是魏人。《史記・魏世家》作「無忌」。魏無忌是魏安釐王的異母弟，即信陵君。❸魏王　指魏安釐王。❹翟　狄。❺施厚　施以恩厚。❻太后　指宣太后，是秦昭王的母親。❼憂死　秦昭王接受范睢的建議，清除魏冉等人，西元前二六五年宣太后憂心而死。❽穰侯　魏冉，是秦昭王的舅父，宣太后的異父長弟。❾逐之　秦昭王接受范睢的建議，免去魏冉的相位，將他驅逐出關。❿兩弟　指涇陽君、高陵君，是秦昭王的同母弟。⓫再奪之國　指讓涇陽君、高陵君出關，到他們的封邑上去。⓬或　依帛書、《史記・魏世家》及鮑彪本當作「惑」。

【語譯】魏國將和秦國進攻韓國，朱己對魏王說：「秦國和戎、狄族的風俗相同，有虎狼那樣兇狠的心，貪婪、兇暴、好利而不守信，不懂得禮義德行。只要有利，就不顧親戚兄弟的情義，像禽獸一樣。這是天下人人所知道的，不是個施用恩厚、積存德義的國家啊。所以宣太后是秦昭王的母親，卻憂鬱而死；穰侯是秦昭王的舅父，功勞沒有人比他大，卻竟然遭到驅逐；兩個弟弟沒有罪，卻雙雙失去權力前往他們的封邑。這樣看來，秦王對他的親戚兄弟竟然像這個樣子，而又何況是仇人敵國呢？現在大王和秦國一起去攻打韓國，越來越親近秦國，讓我很迷惑不解，而大王卻識別不了，那就是不明智了。群臣知道，卻沒有一個人為此進諫，那就是不忠了。

「今夫韓氏以一女子承一弱主❶，內有大亂，外安能支強秦、魏之兵，王以為不破乎？韓亡，秦盡有鄭地❷，與大梁鄰，王以為安乎？王欲得故地❸，而今負強秦之禍也，王以為利乎？秦非無事之國也，韓亡之後，必且便事❹；便事，必就易與利；就易與利，必不伐楚與趙矣。是何也？夫越山踰河，絕韓之上黨❺而攻強趙，則是復閼與之事❻也，秦必不為也。若道河內❼，倍鄴❽、朝歌❾，絕❿漳⓫、滏⓬之水，而以與趙兵決勝於邯鄲之郊，是受智伯之禍⓭也，秦又不敢。伐楚，道涉而谷⓮行三十里，而攻危隘⓯之塞，所行者甚遠，而所攻者甚難，秦又弗為也。若道河外⓰，背大梁，而右上蔡⓱、召陵⓲，以與楚兵決於陳⓳郊，秦又不敢也。故曰，秦必不伐楚與趙矣，又不攻衛與齊矣⓴。韓亡之後，兵出之日，非魏無攻矣。

【章　旨】指出韓國亡了以後，秦國必定再生事端，它不敢進攻楚國、趙國，也不會進攻衛國、齊國，必定進攻魏國。

【注　釋】❶韓氏以一女子承一弱主　是說當時因韓桓惠王年幼，由韓太后執政。弱主，幼小的君主，指韓桓惠王。❷鄭地　當時鄭國已經滅亡，鄭地歸韓國所有。韓國都鄭，在今河南新鄭北，離魏都大梁（今河南開封）不遠。❸故地　舊地，指魏國過去丟失給韓國的土地。❹便事　據帛書〈朱己謂魏王〉及《史記・魏世家》當作「更事」，意為再生事端。❺上黨　韓地，在今山西長治。❻閼與之事　趙惠文王三十年（西元前二六九年）秦國派胡傷進攻趙國的閼與，趙將趙奢在閼與大敗秦軍。閼與之事指的就是這次戰爭。閼與，韓邑，後屬趙，在今山西和順。❼河內　魏國黃河以北的地方，即今河南濟源、沁陽一帶。❽鄴　在今河北臨漳。❾朝歌　在今河南淇縣。❿絕　橫渡。⓫漳　漳水。⓬滏　滏水。⓭智伯之禍　智伯率領韓康子、魏桓子的部隊進攻趙襄子，圍晉陽，決晉水灌城。趙襄子通過張孟談和韓康子、魏桓子聯合起來，反而消滅了智伯。智伯，即晉卿荀瑤，春秋末年人。⓮涉而谷　依帛書〈朱己謂魏王〉、《史記・魏世家》當作「涉谷」，「而」字是衍文。涉谷，是秦國往楚國的西路要道。⓯危隘　帛書〈朱己謂魏王〉作「冥戹」。《史記・魏世家》作「冥阸」。是楚國的北方險道，在河南信陽與湖北應山之間。⑯河外　與「河內」相對而言。指魏國黃河南岸地區。⑰上蔡　在今河南上蔡。⑱召陵　楚地名，在今河南郾城東。⑲陳　楚地，在今河南淮陽。⑳又不攻衛與齊矣　帛書作「有（又）不攻燕與齊矣」。

【語　譯】「現在韓國依靠一個女人輔助一個幼弱的君主，而內部又有大亂，外部怎麼能夠抗拒強大的秦國、魏國的軍隊？大王認為它不會被打敗嗎？韓國亡了，秦國占有原來鄭國的全部土地，和大梁接鄰，大王認為安全嗎？大王本想得到丟失給韓國的舊地，可是現在卻背上了強大的秦國這個禍害，大王認為有利嗎？秦國不是一個不生事的國家，韓國滅亡以後，它必定將要再生事端；再生事端，必定選擇容易的有利的事去做；選擇容易的有利的事去做，一定不會攻打楚國和趙國了。這是什麼原因呢？跨山過河，橫穿韓國的上黨去進攻強大的趙國，這是重演在閼與被趙國打敗的舊事呀，秦國必定不幹啊。如果取道河內，背向鄴地、朝歌，渡過漳水、滏水，而在邯鄲的郊外和趙國的軍隊決勝負，這將要遭受智伯的災禍呀，秦國又不敢去做。攻打楚國，取道涉谷，行走三十里，去攻危隘的關塞，所走的路很遠，而所攻的地方很難攻，秦國又不會幹啊。假若取道河外，背向大梁，向右經過上蔡、召陵，在陳地的郊外和楚國的軍隊決戰，秦國又不敢啊。所以說秦國必定不會攻打楚國和趙國了，而且也不會攻打衛國和齊國了。韓國滅亡以後，秦國一旦出兵，不是魏國就沒有攻擊的對象了。

「秦故有懷❶、地❷、刑丘❸，之城垝津❹，而以之臨河內，河內之共❺、汲❻莫不危矣。秦有鄭地，得垣雍❼，決熒澤❽，而水大梁，大梁必亡矣。王之使者大過矣，乃惡❾安陵氏❿於秦。秦之欲許⓫之⓬久矣。然而秦之葉陽⓭、昆陽⓮與舞陽⓯、高陵⓰鄰，聽使者之惡也，隨⓱安陵氏而欲亡之。秦繞舞陽之北，以東臨許，則南國⑱必危矣。南國雖無危，則魏國豈得安哉？且夫憎韓，不受⑲安陵氏，可也，夫不患秦，之⑳不愛南國，非也。

【章　旨】指出秦國可從三處向魏國發起攻擊，無論是出兵河內，或是水淹大梁，或是滅亡安陵，東至許地，魏國都有危亡之患。

【注　釋】❶懷　在今河南武陟。❷地　據帛書〈朱己謂魏王〉、《史記・魏世家》當作「茅」，在今河南獲嘉。❸刑丘　即邢丘，在今河南溫縣。❹之城垝津　據帛書〈朱己謂魏王〉及《史記・魏世家》當作「城垝津」，「之」字是衍文。城，作動詞用。垝津，即圍津。在今河南滑縣。當時秦國已占有圍津。❺共　在今河南輝縣。❻汲　在今河南汲縣。❼垣雍　在今河南原武。❽熒澤　是古代的一個大湖，在今河南鄭州一帶，居大梁（開封）上游。❾惡　詆毀。❿安陵氏　魏國的一個附屬小國，是魏襄王時分封出去的安陵君的封邑，在今河南鄢城。⓫許　地名，在今河南許昌。⓬之　據帛書〈朱己謂魏王〉「之」字是衍文，當刪去。《史記・魏世家》作「誅」，非是。⓭葉陽　據帛書〈朱己謂魏王〉當作「葉」，「陽」字是衍文。葉，在今河南葉縣。⓮昆陽　在今河南葉縣北。⓯舞陽　魏地，在今河南舞陽。⓰高陵　據帛書〈朱己謂魏王〉及《史記・魏世家》「高陵」是衍文，宜刪去。又高陵是秦孝公設置的邑，在陝西，與葉、昆陽、舞陽相距甚遠，不相為鄰。⓱隨　帛書〈朱己謂魏王〉作「墮」，當從。墮，同「隳」。毀壞。⓲南國　當是指南方江、漢一帶的諸侯國。吳師道《補正》認為是許昌市西南許昌故城，疑非是。⓳受　據帛書及《史記》當作「愛」。⓴之　據帛書「之」是衍文，當刪去。

【語　譯】「秦國原來就有懷、茅、邢丘等地，再在垝津築城牆，憑著這些地方出兵到河內，河內的共、汲兩地就沒有不危險了。韓國亡後，秦國占有原來鄭國的土地，得到垣雍，掘開熒澤，水淹大梁，大梁就必定滅亡了。大王的使者犯了大錯誤，竟然在秦國說安陵國的壞話。秦國很久以來就想許地了。但是秦國的葉地、昆陽和魏國的舞陽接鄰，聽了使者說的壞話，秦國就會毀壞安陵國而想滅亡它。秦國繞過舞陽的北面，向東出兵到許地，那南國就必定危險了。南國即使沒有危險，那麼魏國哪裡能夠安全呢？再說魏國憎恨韓國，不愛安陵國，那是可以的；可是不擔心秦國，不愛南國，那就不對啊。

「異日者，秦乃在河西，晉國❶之去梁❷也，千里有餘，河山以蘭❸之，有周❹、韓❺而間之。從林軍❻以至于今❼，秦十❽攻魏，五入國中，邊城盡拔。文臺墮❾，垂都❿焚，林木伐，麋鹿盡，而國繼以圍⓫。又長驅梁北，東至陶⓬、衛⓭之郊，北至乎闞⓮，所亡乎秦者，山北⓯、河外、河內，大縣數百，名都數十。秦乃在河西，晉國之去大梁也尚千里，而禍若是矣。又況於使秦無韓而有鄭地，無河山以蘭之，無周、韓以間之，去大梁百里，禍必百此矣。

【章旨】指出過去有河山之阻，有周、韓做緩衝國，秦國尚且多次攻魏，慘遭其禍；而今若秦滅韓，占有鄭地，沒有河山之阻，沒有周、韓做緩衝國，魏國將要遭受的禍害必將增加百倍。

【注釋】❶晉國　指原來晉國的都城絳（今山西翼城）及安邑（今山西夏縣）等地。❷梁　指大梁（今河南開封）。❸蘭　據帛書當作「闌」，攔阻。❹周　指東、西周國。❺韓　指韓國。❻林軍　指在林鄉發生的一次戰役。林，即林鄉，在今河南新鄭東。這次戰爭發生在秦昭王二十四年（西元前二八三年）。❼今　指現在，即魏安釐王十一年（西元前二六六年）。❽十　有人說是「七」之誤。❾文臺墮　文臺被毀。文臺，臺名。墮，隳。❿垂都　苑囿名。⓫國繼以圍　指秦昭王三十二年（西元前二七五年）秦相魏冉圍攻大梁。⓬陶　在今山東定陶。⓭衛　這裡是指衛都楚丘，在今河南滑縣東。⓮闞　地名，在今山東汶上。⓯山北　據帛書〈朱己謂魏王〉及《史記・魏世家》當作「山南山北」。山，當是指山西的中條山。

【語譯】「從前，秦國在黃河以西，原來晉國的都城一帶離大梁一千多里，有河山攔阻，有周國、韓國在中間隔開。從林鄉戰役到現在，秦國十次進攻魏國，五次進入國中，邊境的城邑全被攻下。文臺被毀，垂都被燒，林木遭到砍伐，麋鹿損失殆盡，而國都相繼被圍。又長驅直入大梁的北邊，向東到達陶邑和衛都的郊外，向北到了闞地，所丟失給秦國的地方，山南山北，河內河外，大縣幾百個，名都幾十個。秦國是在黃河以西，原來晉國的都城一帶離大梁還有一千里，而災禍已經像是這樣了。又何況讓秦國滅掉韓國，占有原來鄭國的土地，沒有河山的攔阻，沒有周國、韓國在中間隔開，離開大梁只有一百里，那災禍必定要比這增加一百倍了。

「異日者，從之不成矣，楚、魏疑而韓不可得而約也。今韓受兵三年❶矣，秦撓❷之以講，韓知亡，猶弗聽，投質❸於趙，而請為天下雁行❹頓刃❺。以臣之觀❻之，則楚、趙必與之攻矣。此何也？則皆知秦之❼無窮也，非盡亡天下之兵，而臣海內之民，必不休矣。是故臣願以從事乎❽王，王速受楚、趙之約，而挾韓、魏❾之質，以存韓為務，因求故地於韓，韓必效之。如此則士民不勞而故地得，其功多於與秦共伐韓，然而無與強秦鄰之禍。

【章　旨】指出過去因為互相懷疑，合縱不能成功；現在韓、趙、楚等國已經看清楚了秦國的野心，魏國可速和楚、趙聯合，保存韓國，要求韓國歸還舊地。

【注　釋】❶受兵三年　秦昭王四十二年（西元前二六五年）開始連續三年進攻韓國。❷撓　屈服；打敗。❸質　當是指人質。下文「挾韓之質」可證。《史記・魏世家》司馬貞《索隱》：「言韓以質子入趙，則趙挾韓質而親韓也。」❹雁行　用雁飛成行比喻天下諸侯的聯合。❺頓刃　疑為冒白刃的意思。頓，壞。刃，指敵軍的刀刃。❻觀　鮑彪本「觀」上補「愚」字。❼之　《史記・魏世家》「之」下補「欲」字。❽乎　依帛書〈朱己謂魏王〉、《史記・魏世家》「乎」字當是衍文，宜刪去。❾魏　依帛書〈朱己謂魏王〉、《史記・魏世家》「魏」字當是衍文，宜刪去。

【語譯】「從前，合縱不能成功，是因為楚國、魏國猜疑而韓國不可能相約的緣故。現在韓國連續三年遭到秦軍的進攻，秦國想使韓國屈服求和，韓國知道要被滅亡，還是不聽從，將人質送到趙國，請求做天下諸侯聯軍的先鋒，以冒白刃，打頭陣。依我的愚見看來，楚國、趙國就必定會和它一起進攻秦國了。這是什麼原因呢？是因為都知道秦國的貪欲是沒有窮盡的啊，不完全消滅天下的軍隊，使四海之內的民眾做它的臣子，它必定是不肯罷休的了。因此我願意用合縱來侍奉大王，大王趕快接受楚國、趙國的盟約，挾持韓國的人質，以保存韓國為務，因而要求韓國歸還舊地，韓國就必定會獻上舊地。這樣，士民不用勞苦就可以得到舊地，那功效會比和秦國共同去攻打韓國要大，可是卻沒有和強大的秦國為鄰的禍害。

「夫存韓安魏而利天下，此亦王之大時已。通韓之上黨於共、莫❶，使道已通，因而關之，出入者賦❷之，是魏重質韓❸以其上黨❹也。共有其賦，足以富國，韓必德魏、愛魏、重魏、畏魏，韓必不敢反魏。韓是魏之縣也。魏得韓以為縣，則衛❺、大梁、河外必安矣。今不存韓，則二周必危，安陵必易❻。楚、趙楚❼大破，衛、齊甚畏，天下之西鄉❽而馳秦，入朝為臣之日不久❾。」

【章旨】指出保存韓國便可使魏國安全，否則諸侯將爭相歸附秦國，不久便將稱臣。

【注釋】❶通韓之上黨於共莫　當時韓國與上黨已經交通斷絕，魏國開放共、寧，便可恢復韓國與上黨的交通。共，在今河南輝縣。莫，帛書〈朱己謂魏王〉、《史記・魏世家》作「寧」，即寧邑。在今河南淇縣。共、寧都是魏地。❷賦　徵稅。❸重質韓　再次向韓國獲得抵押品。❹以其上黨　用它的上黨。❺衛　衛國，地在河南北部。❻易　易主。《史記・魏世家》作「危」。❼楚　據帛書〈朱己謂魏王〉、《史記・魏世家》「楚」是衍文，當刪去。❽鄉　同「向」。❾久　據帛書、《史記》「久」下當增一「矣」字。

【語　譯】「保存韓國、安定魏國而使天下得利，這也是大王的大好時機啦。開放共、寧兩地，使韓國恢復和上黨的交通，道路已經通了，因而設立關口，向進出的人徵稅，這是魏國用韓國的上黨再次向韓國取得抵押品啊。韓、魏兩國共同享有那裡的稅收，足以使國家富裕，韓國必定會感激魏國、喜愛魏國、重視魏國、害怕魏國，必定不敢反對魏國。這樣韓國就等於是魏國的縣啊。魏國得到韓國作為一個縣，那麼衛國、大梁、黃河南岸就一定安全了。現在如果不保存韓國，那麼東周、西周兩國必定危險，安陵必定易主。而楚國、趙國大敗，衛國、齊國很害怕，天下諸侯向西奔赴秦國，到那裡去朝拜稱臣的日子就不會遠了。」

葉陽君約魏

【題　解】有人勸阻魏王不要封賞葉（奉）陽君李兌的兒子。

葉陽君❶約魏，魏王將封其子。謂魏王曰：「王嘗身濟漳❷，朝邯鄲，抱葛薛❸、陰成❹以為趙養邑❺，而趙無為王有❻也，王能又封其子問陽❼姑衣❽乎？臣為王不取也。」魏王乃止。

【注　釋】❶葉陽君　當是「奉陽君」之誤。是趙國的當權大臣，曾經聯合趙、韓、魏、燕、齊五國攻秦，沒有成功，又暗中與秦國講和，並想和秦國一起進攻魏國。❷漳　漳河，在今山西東部。❸葛薛　當是「葛孽」之誤。趙成侯曾和魏惠王在葛孽相會。❹陰成　地名，其地不詳。❺養邑　供養之邑；提供給養的城邑。❻無為王有　即「無有為王」。❼問陽　〈趙策四・齊欲攻宋〉作「何陽」，即河陽，在今河南孟縣西南。❽姑衣　〈趙策四・齊欲攻宋〉作「姑密」，即姑蔑。在今山東泗水東。

【語　譯】奉陽君聯合魏國，魏王將要封賞他的兒子。有人對魏王說：「大王曾經親自渡過漳水，到邯鄲朝拜，送上葛孽、陰成兩地作為趙國供養的城邑，而趙國卻沒有給大王什麼啊，大王能夠又將河陽、姑蔑封給他的兒子嗎？我認為大王不應當採取這種做法啊。」魏王於是便停止了封賞。

秦使趙攻魏

【題　解】魏國用春秋時虞公不聽宮子奇的諫阻，借路給晉獻公去進攻虢國，從而導致虞國滅亡的歷史教訓，闡明了趙、魏兩國互為依存的道理，勸趙國不要進攻魏國。

秦使趙攻魏❶，魏謂趙王曰：「攻魏者，亡趙之始也。昔者，晉人❷欲亡虞❸而伐虢❹，伐虢者，亡虞之始也。故荀息❺以馬與璧假道於虞，宮之奇❻諫而不聽，卒假晉道。晉人伐虢，反❼而取虞。故《春秋》❽書之，以罪虞公。今國莫強於趙，而❾并齊、秦，王賢而有聲者❿相⓫之，所以為腹心之疾者，趙也。魏者，趙之虢也；趙者，魏之虞也。聽秦而攻魏者，虞之為也。願王之熟計之也。」

【注釋】❶秦使趙攻魏　此事他處無明確記載。〈趙策四・齊欲攻宋〉說趙臣李兌約五國攻秦，無功，便暗中向秦國講和，又想和秦國一起攻魏。❷晉人　指晉獻公。以下所述晉借虞道以伐虢事，見《左傳》僖公五年。❸虞　國名，在今山西平陸東北。❹虢　國名，在今河南陝縣。❺荀息　晉國大夫。《左傳》僖公二年記載荀息請求用屈產的馬和垂棘的璧向虞國借路去進攻虢國。❻宮之奇　虞國大夫。❼反　返。❽春秋　書名，相傳為孔子所作。《春秋》僖公五年記載：「冬，晉人執虞公。」❾而　能。❿有聲者　有聲望的人。⓫相　助。

【語譯】秦國讓趙國進攻魏國，魏國告訴趙王說：「進攻魏國就是滅亡趙國的開始。過去晉國人想滅亡虞國而去進攻虢國，進攻虢國就是滅亡虞國的開始。所以荀息用馬和璧向虞國借路，宮之奇進諫而虞公不聽，終於將路借給晉國。晉國人進攻虢國，回來的時候便奪取了虞國。所以《春秋》把這件事記下來，以歸罪於虞公。現在的國家沒有哪一個比趙國強，能夠兼併齊國和秦國，大王又賢明並且得到有聲望的人的幫助，所以成為秦國心腹之患的是趙國。魏國，是趙國的虢國；趙國，是魏國的虞國。聽從秦國去進攻魏國，就是虞公所做的事啊。希望大王仔細考慮這件事。」

魏太子在楚

【題解】《史記・六國年表》記載秦昭王元年（西元前三〇六年）「秦擊皮氏，未拔而解」。在這樣的背景下，有個親秦的說客，先遊說魏臣樓廙割汾北之地（即魏地皮氏）向秦國講和；再遊說秦臣樗里子，勸說他利用魏國內外的種種複雜關係，停止與魏國講和的行動，要求魏國割讓汾北之地（即皮氏）給秦國。

魏太子在楚。謂樓子❶於鄢陵❷曰：「公必且待齊、楚之合也，以救皮氏❸？今齊、楚之理，必不合矣。彼翟子❹之所惡於國者，無公矣。其人❺皆欲合齊、秦外楚以輕公，公❻必謂齊王❼曰：『魏之受兵，非秦實首伐之也，楚惡魏之事王也，故勸秦攻魏。』齊王故❽欲伐楚，而又怒其不己善也，必令魏以地聽秦而為和。以張子❾之強，有秦、韓之重，齊王惡之，而魏王不敢據❿也。今以齊、秦之重，外楚以輕公，臣為公患之。鈞⓫之出地，以為和於秦也，豈若由楚乎？秦疾⓬攻楚，楚還兵⓭，魏王必懼，公因寄⓮汾北⓯以予秦而為和，合親⓰以孤齊，秦、楚重公，公必為相矣。臣意秦王⓱與樗里疾⓲之欲之也，臣請為公說之。」

【章旨】某說客遊說魏臣樓鼻、離間樓鼻和魏相翟強的關係，勸樓鼻放棄使魏國和齊、楚兩國聯合的願望，割讓汾北之地（即皮氏）向秦國講和，與秦、楚兩國結成聯盟，孤立齊國，為自己謀求相位。

【注釋】❶樓子　魏臣樓鼻，親楚。對樓子說話的人當是某一親秦的說客。一說這個說客是魏太子，他說下面的話，目的是希望樓鼻在魏國得到重用，好接魏太子回國，並且根據這種猜測進一步指責魏太子是「虧祖國以求自利」。此說不能成立，因為說樓鼻是在魏地鄢陵，而「魏太子在楚」，怎麼能跑到鄢陵去？另外，這個說客後來還到秦國去遊說樗里子，在楚國的魏太子也根本不可能到秦國去。❷鄢陵　魏地，在今河南鄢陵。❸皮氏　魏地，在今山西河津，正是汾河入黃河處的北邊。❹翟子　指魏相翟強，親秦和齊。❺其人　指翟強的人。❻公　依金正煒《補釋》「公」字是衍文，當刪去。❼齊王　指齊湣王。❽故　通「固」。❾張子　指張儀。❿據　依靠。據《史記・張儀列傳》，張儀和齊王的關係不好，齊王公開宣布張儀在哪裡，他就起兵進攻哪裡。張儀從秦國來到魏國，齊王就出兵伐魏，魏襄王因此感到害怕。⓫鈞　均；同樣。⓬疾　急。⓭還兵　引兵而還。魏國因此失去了楚國的援助，所以下句說「魏王必懼」。⓮寄　鮑彪本作「割」。⓯汾北　汾河以北的地方，即皮氏。⓰合親　指魏國和秦、楚兩國聯合親善。⓱秦王　指秦昭王。⓲樗里疾　即樗里子，秦惠王的弟弟，秦武王時為秦左丞相，秦昭王即位後，更加受到尊重。

【語　譯】魏太子在楚國。有人在鄢陵對樓麖說：「你一定要等待齊國和楚國聯合，去救皮氏？現在齊國和楚國，從情理上看必定是不能聯合了。那個翟強在魏國所厭惡的人，除了你就沒有第二個人了。他的人都想和齊國、秦國聯合，排斥楚國來使你受到輕視，必定會對齊王說：『魏國遭受秦國的進攻，其實不是秦國先要進攻它，而是楚國厭惡魏國侍奉大王，所以勸秦國進攻魏國。』齊王本來就想進攻楚國，而現在又惱怒楚國和自己不友好，一定會讓魏國割讓土地，聽從秦國，向秦國講和。憑藉張儀這樣的強盛，有秦國、韓國的重視，而齊王憎恨他，魏王也就不敢依靠他啊。現在翟強憑著齊國、秦國的重視，排斥楚國來使你受到輕視，我替你擔憂。同樣是要拿出土地，去向秦國講和，難道由楚國來擺布嗎？如果秦國加緊進攻楚國，楚國退兵，魏王必定害怕，你因而就請求割汾河以北的地方去向秦國講和，聯合秦國、楚國，相互親善，以孤立齊國，這樣秦國、楚國會重視你，你必定就會做相了。我猜想秦王和樗里疾是想這樣的，請允許我替你去勸說他們。」

乃請❶樗里子曰：「攻皮氏，此王之首事也，而不能拔，天下且以此輕秦。且有皮氏，於以攻韓、魏，利也。」樗里子曰：「吾已合魏矣，無所用之。」對曰：「臣願以鄙心意❷公，公無以為罪。有皮氏，國之大利也，而以與魏，公終自以為不能守也，故以與魏。今公之力有餘守之，何故而弗有也？」樗里子曰：「奈何？」曰：「魏王之所恃者，齊、楚也；所用者，樓麖、翟強也。今齊王謂魏王曰：『欲講，攻於齊。』王兵❸之辭也，弗是救矣。楚王❹怒於魏之不用樓子，而使翟強為和也，怨顏已絕之❺矣。魏王之懼也見亡❻。翟強欲合齊、秦外楚，以輕樓廩；樓廩欲合秦、楚外齊，以輕翟強。公不如按❼魏之和，使人謂樓子曰：『子能以汾北與我乎？請合於楚外齊，以重公也，此吾事也。』樓子與楚王必疾矣。又謂翟子：『子能以汾北與我乎？必為合於齊外於❽楚，以重公也。』翟強與齊王必疾矣。是公外得齊、楚以為用，內得樓廩、翟強以為佐，何故不能有地於河東❾乎？」

【章　旨】某說客再往秦國遊說樗里子，勸他不要因為怕將來守不住皮氏而放棄皮氏，因為魏王對外依靠齊國、楚國，對內重用樓廩、翟強，而齊國已經表示不救魏國，翟強又想聯合齊國、秦國，排斥楚國，輕視樓廩；樓廩則想聯合秦國、楚國，排斥齊國，輕視翟強。秦國可以利用這種種矛盾，「外得齊、楚以為用，內得樓廩、翟強以為佐」，可以守住黃河以東的皮氏。

【注　釋】❶請　鮑彪本作「調」。❷意　猜想；忖度。❸王兵　鮑彪本作「主兵」，當是指戰爭。❹楚王　指楚懷王。❺絕之　指絕魏。❻懼也見亡　鮑彪注：「以有亡形而懼。」❼按　止。❽於　依上文，「於」當是衍文，宜刪去。❾河東　魏國黃河以東的土地，在這裡就是指皮氏。

【語　譯】那個人於是對樗里子說：「進攻皮氏，這是秦王的首要事情，如果不能攻下，天下將因此輕視秦國。再說有了皮氏，用它來進攻韓國、魏國，是有利的啊。」樗里子說：「我已經和魏國聯合，皮氏沒有什麼用了。」那人回答說：「我願用小人之心度君子之腹，你不要怪罪我。有了皮氏，是秦國的大利啊，卻將它讓給魏國，是因為你自己終究認為不能將它守住，所以將它給了魏國。但你現在的力量守住它實在還有餘，為什麼不占有它呢？」樗里子說：「怎麼說呢？」那個人說：「魏王所依靠的是齊國、楚國，所用的人是樓廩、翟強。現在齊王對魏王說：『想向秦國講和，進攻齊國。』這是主戰的言辭，說明齊國不會救援魏國了。楚王惱怒魏王不用樓鼻，而派翟強向秦國講和，怨恨的臉色中已經表明要和魏國絕交了。魏王的害怕，是因為他看到了要被滅亡的跡象了。翟強想和齊國、秦國聯合，排斥楚國，來輕視樓鼻；樓鼻想和秦國、楚國聯合，排斥齊國，來輕視翟強。你不如停止與魏國的講和，派人告訴樓鼻說：『你能將汾河以北的土地給我嗎？請允許我們秦國和楚國聯合，以重視你，這是我能辦到的事啊。』樓鼻和楚王必定會很快響應了。又告訴翟強說：『你能將汾河以北的土地給我嗎？我們秦國一定為了魏國和齊國聯合，排斥楚國，以重視你。』翟強和楚王必定會很快響應了。這樣你在魏國外面可以得到齊國、楚國而為自己所用，在魏國裡面可以得到樓鼻、翟強來做幫手，為什麼不能占有黃河以東的土地呢？」

卷二一五　魏策四

獻書秦王

【題解】有人上書秦王，勸他不要進攻魏國，而要他進攻楚國。

（闕文）獻書秦王❶曰：「昔竊聞大王之謀出事❷於梁，謀恐不出於計矣，願大王之熟計之也。梁者，山東之要❸也。有虵❹於此，擊其尾，其首救；擊其首，其尾救；擊其中身，首尾皆救。今梁王，天下之中身也。秦攻梁者，是示天下要斷山東之脊也，是山東首尾皆救中身之時也。山東見亡必恐，恐必大合，山東尚強，臣見秦之必大憂可立而待也。臣竊為大王計，不如南出。事於南方❺，其兵弱，天下必❻能救，地可廣大，國可富，兵可強，主可尊。王不聞湯之伐桀乎？試之弱密須氏以為武教，得密須氏❼而湯之服桀矣。今秦國❽與山東為讎，不先以弱為武教，兵必大挫，國必大憂。」秦果南攻藍田⑨、鄢、郢⑩。

【注釋】❶秦王 指秦昭王。❷出事 生事。❸要 同「腰」。❹虵 同「蛇」。❺南方 指楚國。❻必 當作「不」。❼密須氏 古國名，商朝姞姓國，在今甘肅靈臺西。《史記·周本紀》有周文王「伐密須」的記載，與此異。❽國 鮑彪本「國」作「欲」。❾藍田 秦縣名，在今陝西藍田西。吳師道《補正》說是取道藍田以出攻。❿鄢郢 秦昭王二十八年（西元前二七九年）秦將白起取鄢，次年取郢。鄢，楚地，在今湖北宜城。郢，楚都，在今湖北江陵郊區。

【語譯】（缺文）有人獻書給秦王說：「過去我私自聽說大王謀算對魏國發動戰爭，這種謀算恐怕不是好的計畫，希望大王仔細考慮。魏國是山東諸侯的腰身啊。有條蛇在這裡，擊打牠的尾巴，牠的頭就來救援；擊打牠的頭，牠的尾巴就來救援；擊打牠的腰身，頭和尾巴都來救援。現在魏王是天下的腰身啊。秦國進攻魏國，是向天下諸侯表示想腰斬山東諸侯的脊梁啊，這樣就是山東諸侯都來救援腰身的時候啊。山東諸侯看到要被滅亡，就必然害怕，害怕就必然會大聯合，而山東諸侯還算是強大的，所以我看秦國的大憂患必定很快發生，可以站著等待啊。我私下替大王著想，不如向南出兵。向南方的楚國挑起戰事，它的兵力弱小，天下諸侯又不能救援，這樣秦國的土地可以擴大，國家可以富裕，兵力可以強大，而君主的地位也可以提高。大王沒有聽說過商湯進攻夏桀的事嗎？用弱小的密須國作試驗，來向部下進行用武的教育，得到了密須國，商湯就知道已經征服夏桀了。現在秦國想和山東諸侯作對，不首先用弱國進行用武的教育，軍隊必然大受挫折，國家必定有大的憂患。」秦國果然向南取道藍田進攻楚國的鄢、郢。

八年謂魏王

【題解】有人用仗勢輕人而亡國的歷史，勸魏王不要依仗楚國強大，相信春申君的話，去做秦國的箭靶子。

八年❶，（闕文）謂魏王曰❷：「昔曹❸恃齊而輕晉，齊伐釐❹、莒❺而晉人亡曹❻。繒❼恃齊以悍❽越，齊和子亂❾而越人亡繒❿。鄭恃魏以輕韓，伐榆關⓫而韓氏亡鄭。原⓬恃秦、翟以輕晉，秦、翟年穀大凶而晉人亡原⓭。中山⓮恃齊、魏以輕趙，齊、魏伐楚而趙亡中山⓯。此五國所以亡者，皆其所恃也。非獨此五國為然而已也，天下之亡國皆然矣。夫國之所以不可恃者多，其變不可勝數也。或以政教不脩，上下不輯⓰，而不可恃者；或有諸侯鄰國之虞⓱，而不可恃者；或以年穀不登，稸⓲積竭盡，而不可恃者；或化⓳於利，比⓴於患。臣以此知國之不可必恃也。今王恃楚之強，而信春申君㉑之言，以是質㉒秦，而久不可知。即㉓春申君有變，是王獨受秦患也。即㉔王有萬乘之國，而以一人㉕之心為命也。臣以此為不完㉖，願王之熟計之也。」

【注釋】❶八年　因有缺文，不知所指為何王八年。❷謂魏王曰　這句話沒有主語。說這些話的人可能是個親秦而想破壞楚、魏聯盟的說客。❸曹　周代國名，在今山東菏澤。❹釐　通「萊」。古國名，在今山東黃縣。❺莒　古國名，在今山東莒縣。❻晉人亡曹　《左傳》哀公八年記載宋公（宋景公）滅曹，與此異。❼繒　即「鄫」，古國名，在今山東棗莊境內。❽悍　強悍；逞強。❾齊和子亂　這裡將田和作亂和越人亡繒相提並論，而繒國在春秋時期就滅亡，恐怕記載有誤。齊和子，鮑彪說是齊國的太公田和。田和是戰國時人，先做齊宣公的相，後來做了齊國的君主。❿越人亡繒　《左傳》襄公六年記載「莒人滅鄫」，與此異。⓫榆關　在今河南中牟南。⓬原　周姬姓國，在今河南濟源東北。⓭亡原　《左傳》僖公二十五年原向晉侯（晉文公）投降。⑭中山　周代國名，在今河北定縣、唐縣一帶。⑮趙亡中山　趙惠文王三年（西元前二九六年）與齊、燕共滅中山國。⑯輯　和睦。⑰虞　憂。⑱稸　同「蓄」。⑲化　移。⑳比　近。㉑春中君　楚人，姓黃，名歇，後為楚令尹（即相國）。㉒質　質的；箭靶子。㉓即　假若。㉔即　便是。㉕一人　指春申君。㉖完　完善；妥當。

【語譯】八年，（缺文）有人對魏王說：「過去曹國依仗齊國，輕視晉國，齊國進攻萊國、莒國，而晉國滅亡了曹國；鄫國依仗齊國，向越國逞強，齊國的田和作亂，而越國滅亡了鄫國；鄭國依仗魏國，輕視韓國，進攻榆關，而韓國滅亡了鄭國；原國依仗秦國、狄人，輕視晉國，秦國、狄人年成很不好，而晉國滅亡了原國；中山國依仗齊國、魏國，輕視趙國，齊國、魏國進攻楚國，而趙國滅亡中山國。這五國所以滅亡，都是因為它們依仗別國啊。不單單這五國是這樣而已，天下其他被滅亡的國家都是這樣啊。國家所以不可依仗的原因很多，是因為所依仗的國家的變化數也數不清啊。有因為政教沒有辦好，上下不和睦，而不可以依仗的；有來自諸侯鄰國的憂患，而不可以依仗的；有因為年成不豐收，蓄積耗盡，而不可以依仗的；有因為利益有了變化、轉移，接近了禍患，而不可以依仗的。我因此知道國家是不一定可以依仗的啊。現在大王依仗楚國的強大，相信春申君的話，因而去做秦國的箭靶子，它的後果是不可預知的。假若春申君有了變化，那麼大王就要單獨承受來自秦國的禍患啊。這樣便是大王有一個能出一萬輛兵車的國家，卻憑著一個人的心意來決定它的命運啊。我認為這樣做不妥當，希望大王仔細考慮啊。」

魏王問張旄

【題解】張旄用啟發提問的方式，讓魏王自己明白助秦攻韓的後果，勸魏王不要進攻韓國。

魏王問張旄❶曰：「吾欲與❷秦攻韓，何如？」張旄對曰：「韓且坐而胥❸亡乎？且割而從天下乎？」王曰：「韓且割而從天下。」張旄曰：「韓怨魏乎？怨秦乎？」王曰：「怨魏。」張旄曰：「韓強秦❹乎？強魏乎？」王曰：「強秦。」張旄曰：「韓且割而從其所強，與所不怨乎？且割而從其所不強，與其所怨乎？」王曰：「韓將割而從其所強，與其所不怨。」張旄曰：「攻韓之事，王自知矣。」

【注　釋】❶張旄　魏國的當權大臣。❷與　助。❸胥　通「須」。等待。❹強秦　認為秦國強。強，意動用法。

【語　譯】魏王問張旄道：「我想幫助秦國進攻韓國，怎麼樣？」張旄回答說：「韓國將坐而待亡呢？將割讓土地跟隨天下諸侯呢？」魏王說：「韓國將割讓土地跟隨天下諸侯。」張旄說：「韓國是埋怨魏國呢？還是埋怨秦國呢？」魏王說：「埋怨魏國。」張旄說：「韓國是認為秦國強大呢？還是認為魏國強大呢？」魏王說：「認為秦國強大。」張旄說：「韓國將割讓土地去跟隨它所認為強大的國家和它所不埋怨的國家呢？還是將割讓土地去跟隨它所認為不強大的國家和它所埋怨的國家呢？」魏王說：「韓國將割讓土地去跟隨它所認為強大的國家和它所不埋怨的國家。」張旄說：「攻韓這件事，大王自己知道它的後果了。」

客謂司馬食其

【題　解】有人勸司馬食其放棄合縱主張，投靠秦國。

客❶謂司馬食其❷曰：「慮久以天下為可一者，是不知天下者也。欲獨以魏支秦者，是又不知魏者也。謂茲公❸不知此兩者，又不知茲公者也。然而茲公為從，其說何也？從則茲公重，不從則茲公輕，茲公之處重也，不❹實為期❺。子何不疾及三國❻方堅也，自賣於秦，秦必受子。不然，橫者將圖子以合於秦，是取子之資，而以資❼子之讎❽也。」

【注釋】❶客　這個說客當是主張親秦連橫政策的。❷司馬食其　魏人。❸茲公　此公，指合縱者。❹不　「不」字下姚宏注：「一本添『以』字。」❺期　期約。❻三國　韓、趙、魏三國。❼資　助。❽讎　仇人，指連橫者。

【語譯】有個說客對司馬食其說：「仔細考慮以後，認為天下諸侯可以合縱結成一個整體的人，是不瞭解天下諸侯的人啊。想單獨用魏國抗拒秦國的人，這又是不瞭解魏國的人啊。說這個人不瞭解這兩點，又是不瞭解這個人的人啊。既然這樣，這個人依然主張合縱，那又怎樣解釋呢？那是因為合縱的話，這個人就受重視，不合縱的話，這個人便被輕視，這個人想處於被重視的地位，就不把合縱能成為事實當作目標啊。你為什麼不趕快趁三國聯盟正堅固的時候，把自己賣給秦國，秦國必定會接受你。不這樣，主張連橫的人將算計你，而去和秦國聯合，這樣便用你合縱的主張作為資本，而去資助你的仇人啊。」

魏秦伐楚

【題解】樓緩勸魏王同意助秦攻楚。

魏、秦伐楚❶，魏王❷不欲。樓緩❸謂魏王曰：「王不與秦攻楚，楚且與秦攻王。王不如令秦、楚戰，王交制之也。」

【注釋】❶魏秦伐楚　魏襄王十八年（西元前三〇一年）魏「與秦伐楚」。當時參加伐楚的還有韓國、齊國。❷魏王　指魏哀王。❸樓緩　秦昭王時曾為秦相。

【語譯】魏國、秦國進攻楚國，魏王不想參加。樓緩對魏王說：「大王不幫助秦國進攻楚國，楚國將要幫助秦國進攻大王。大王不如先讓秦國、楚國交戰，然後大王才交相制服它們啊。」

穰侯攻大梁

【題解】有人勸秦相穰侯不要攻下大梁。

穰侯❶攻大梁❷，乘北郢❸，魏王❹且從❺。謂穰侯曰：「君攻楚得宛❻、穰❼以廣陶❽，攻齊得剛、博❾以廣陶，得許❿、鄢陵⓫以廣陶，秦王⓬不問者，何也？以大梁之未亡也。今日大梁亡，許、鄢陵必議⓭，議則君必窮。為君計者，勿攻便。」

【注釋】❶穰侯　秦相魏冉。❷攻大梁　魏冉做秦相時，秦國曾經兩次進攻魏都大梁，一次在秦昭王二十四年（西元前二八三年），另一次在秦昭王三十二年（西元前二七五年），這裡指的當是魏冉親自出馬的後一次。❸乘北郢　《史記・穰侯列傳》：「昭王三十二年，穰侯為相國，將兵攻魏，走芒卯，入北宅，遂圍大梁。」乘，登。北郢，疑當作「北宅」，即宅陽，在河南鄭州北。❹魏王　指魏安釐王。❺從　順從。❻宛　在今河南南陽。❼穰　在今河南鄧縣。❽陶　在今山東定陶。按，《史記・穰侯列傳》說魏冉的封地先在穰，陶是增加的封地，和這裡的記載有出入。❾剛博　吳師道以為「剛博」就是剛壽，但是秦取剛壽在昭王三十六年，和這裡所說的時間不符，疑非是。剛，剛城，在今山東寧陽。博，其地不詳。❿得許　據吳師道《補正》「得許」上當有「攻魏」二字。許，魏地，在今河南許昌。⓫鄢陵　魏地，在今河南鄢陵。⓬秦王　指秦昭王。⓭議　非議。

【語　譯】穰侯圍攻大梁，登上北宅，魏王將歸順秦國。這時有人對穰侯說：「你進攻楚國，得到宛地、穰地，以擴大陶邑；進攻齊國，得到剛城、博地，以擴大陶邑；進攻魏國，得到許地、鄢陵，以擴大陶邑；秦王不過問，是什麼原因呢？是因為大梁還沒有滅亡啊。現在如果大梁滅亡了，你得到許地和鄢陵，必然遭到非議，遭到非議，那你就必然陷入困境。替你著想，還是不攻下大梁比較有利。」

白珪謂新城君

【題　解】白珪對新城君說，我能夠不在秦王的面前說你的壞話，但是不能禁止有人在你的面前說我的壞話。

白珪❶謂新城君❷曰：「夜行者能無為姦，不能禁狗使無吠己也。故臣能無議君於王❸，不能禁人議臣於君也。」

【注　釋】❶白珪　魏人。一說是周人。〈燕策二・蘇代為奉陽君說燕於趙以伐齊〉說「白珪逃於秦」，可見他曾仕於秦。❷新城君　即芈戎。是秦昭王的舅父，先封為華陽君，後又改封為新城君。❸王　指秦昭王。

【語　譯】白珪對新城君說：「夜晚走路的人能夠不做壞事，可是不能禁止狗吠自己。所以我能夠不在秦王面前非議你，卻不能禁止別人在你那裡非議我。」

秦攻韓之管

【題　解】秦國進攻韓國的管城，魏國因為救援韓國，招來了秦國的進攻。魏臣昭忌去見秦王，勸他停止攻魏。

秦攻韓之管❶，魏王發兵救之。昭忌❷曰：「夫秦強國也，而韓、魏壤梁❸，不出攻則已，若出攻，非於韓也必魏也。今幸而於韓，此魏之福也。王若救之，夫解攻者，必韓之管也；致❹攻者，必魏之梁也。」魏王不聽，曰：「若不因❺救韓，韓怨魏，西合於秦，秦、韓為一，則魏危。」遂救之。

【章　旨】秦攻韓，昭忌從眼前避禍的角度出發，勸說魏王不要救韓。魏王從長遠著想，為爭取韓國，不聽昭忌勸阻，出兵救韓。

【注　釋】❶管　管城，在今河南鄭州北。❷昭忌　當是魏臣。❸梁　據劉敞本及下文文意「梁」當作「秦」。❹致　招致；使到來。❺因　據劉敞本「因」字是衍文，宜刪去。

【語　譯】秦國進攻韓國的管城，魏王起兵救援。昭忌說：「秦是強國，而韓國、魏國和秦國接壤，秦國不出兵則罷，假若出兵，不是韓國必定是魏國。現在幸虧是進攻韓國，這是魏國的福氣啊。大王假若救援韓國，那麼解除進攻的地方必定是韓國的管城，招來進攻的地方必定是魏國的大梁。」魏王不聽昭忌的勸阻，說：「假若不救韓國，韓國就會埋怨魏國，向西和秦國聯合，秦國、韓國聯合成一個整體，那麼魏國就危險了。」

於是去救援韓國。

秦果釋管而攻魏。魏王大恐，謂昭忌曰：「不用子之計而禍至，為之奈何？」昭忌乃為之見秦王曰：「臣聞明主之聽也，不以挾私為政，是參行❶也。願大王無攻魏，聽臣也。」秦王曰：「何也？」昭忌曰：「山東之從，時合時離，何也哉？」秦王曰：「不識也。」曰：「天下之合也，以王之不必❷也；其離也，以王之必也。今攻韓之管，國危矣，未卒而移兵於梁，合天下之從，無精❸於此者矣。以為秦之求索，必不可支也。故為王計者，不如齊❹趙。秦已制趙，則燕不敢不事秦，荊、齊不能獨從。天下爭敵於秦，則弱❺矣。」秦王乃止。

【章　旨】魏國因為救援韓國招來秦國的進攻。昭忌以攻魏可以促使山東諸侯合縱為由，勸說秦王停止攻魏。

【注　釋】❶參行　參考眾說而行。❷不必　不專攻一個國家。❸精　明。❹齊　據鮑彪本及下文「秦已制趙」，齊，當作「制」。❺弱　指秦弱。

【語　譯】秦國果然丟開管城不進攻，而去進攻魏國。魏王大為恐慌，對昭忌說：「不用你的計謀而招來災禍，該怎麼辦？」昭忌於是為此去拜見秦王，說：「我聽說英明的君主聽政，不帶有私見來辦理政事，這就是所謂的參考眾說而行啊。希望大王不要進攻魏國，聽從我的建議吧。」秦王說：「為什麼呢？」昭忌說：「山東諸侯推行合縱政策，卻時合時離，這是什麼原因呢？」秦王說：「不知道啊。」昭忌說：「天下諸侯聯合在一起，是因為大王不專攻一個國家啊；它們各自離散，是因為大王專攻一個國家啊。現在進攻韓國的管城，韓國危險了，還沒有結束管城之戰，便轉移兵力去進攻大梁，將使天下諸侯合縱抗秦，沒有比這更明白的了。因為它們認為秦國的索求，一定不能由單個國家去對付啊。所以替大王著想，不如去制服趙國。秦國如果已經制服趙國的話，那麼燕國就不敢不侍奉秦國，楚國、齊國也就不能單獨合縱以抗秦。如果天下諸侯爭相以秦為敵，那麼秦國就變弱了。」秦王於是停止攻魏的行動。

秦趙構難而戰

【題　解】有人勸魏王用拉攏趙國的辦法促使秦國、趙國再戰，以便一併制服秦國、趙國。然後再拉攏楚國、趙國去進攻齊國。

秦、趙構難而戰。謂魏王曰：「不如齊❶、趙而構❷之秦。王不構趙❸，趙不以毀❹構矣；而❺構之秦，趙必復鬥，必❻重魏；是并制秦、趙之事也。王欲焉而收齊、趙攻荊，欲王之東❼長❽之，待之❾也。」

【注　釋】❶齊　鮑彪本作「收」，是聯合、拉攏的意思。❷構　構難；結為怨仇。❸構趙　承上「收趙而構之秦」，指使趙向秦構難。❹毀　毀折之兵。❺而　若。❻必　鮑彪本「必」上重一「鬥」字。❼東　向東進攻。齊國在魏國的東邊，實際是說攻齊。❽長　善；佳。❾待之　等待其事。

【語　譯】秦國與趙國結仇發生戰爭。有人對魏王說：「不如拉攏趙國而使它和秦國結仇。大王如果不促使趙國和秦國結仇，趙國便不會依靠受損的軍隊去和秦國結仇了。假若讓趙國和秦國結仇，趙國必定再戰；再戰，就必定重視魏國，這是同時制服秦國和趙國的事啊。大王是想拉攏齊國、趙國去進攻楚國呢，還是想拉攏楚國、趙國去進攻齊國呢？我想大王還是向東進攻齊國為好，就等待這事的到來吧。」

長平之役

【題解】平都君勸魏王參加合縱行列，不要空想得到韓國的垣雍。

長平之役❶，平都君❷說魏王❸曰：「王胡不為從？」魏王曰：「秦許吾以垣雍❹。」平都君曰：「臣以垣雍為空割也。」魏王曰：「何謂也？」平都君曰：「秦、趙久相持於長平之下而無決。天下合於秦，則無趙；合於趙，則無秦。秦恐王之變也，故以垣雍餌王也。秦戰勝趙，王敢責❺垣雍之割乎？」王曰：「不敢。」「秦戰不勝趙，王能令韓出垣雍之割乎？」王曰：「不能。」「臣故曰，垣雍空割也。」魏王曰：「善。」

【注釋】❶長平之役　秦昭王四十六、四十七兩年（西元前二六一、二六〇年）秦、趙進行長平之戰。長平，趙邑，在今山西高平西北。❷平都君　趙人。❸魏王　指魏安釐王。❹垣雍　在今河南原武。❺責　索取。

【語譯】長平之戰，平都君勸說魏王道：「大王為什麼不參加合縱行列？」魏王說：「秦國答應把垣雍給我。」平都君說：「我認為割垣雍是句空話。」魏王說：「怎麼說呀？」平都君說：「秦國、趙國在長平城下長久相持而不分勝負。如果天下諸侯和秦國聯合，就沒有趙國；和趙國聯合，就沒有秦國。秦王擔心大王的心意不定，所以用垣雍來引誘大王啊。假若秦國戰勝趙國，大王敢向秦國索取垣雍的割地嗎？」魏王說：「不敢。」平都君說：「假若秦國不能戰勝趙國，大王能讓韓國交出垣雍的割地嗎？」魏王說：「不能。」平都君說：「所以我說割垣雍是句空話。」魏王說：「說得好。」

樓梧約秦魏

【題解】樓梧勸魏王，在和秦王相會之前，任命一個心目中有齊國的人做相國，以加強自己在會談中的地位。

樓梧❶約秦、魏，將令秦王遇於境。謂魏王曰：「遇而無相，秦必置相。不聽之，則交惡於秦；聽之，則後王之臣將皆務事諸侯之能令於王之上者❷。且遇於秦而相秦者❸，是無齊❹也，秦必輕王之強矣。有齊者❺，不若相之，齊必喜，是以有雍❻者與秦遇，秦必重王矣。」

【注釋】❶樓梧　魏國人，〈秦策五〉作「樓啎」。❷能令於王之上者　鮑彪注：「言處魏上而能使之從令若秦者。」❸相秦者　言用秦所重的人為相。❹無齊　心目中無齊。❺有齊者　心目中有齊的人。❻雍　鮑彪本作「齊」，是。

【語譯】樓梧約好秦、魏兩國，將讓秦王到邊境相會。對魏王說：「相會卻沒有相國，秦國必定會給魏國安排相國。不聽從，那就會和秦國弄壞關係；聽從了，那以後大王的臣子就將都努力去侍奉能夠在大王上面發號施令的人。況且和秦王相會而用秦所重視的人做相國，這就表明是心目中沒有齊國啊，秦國就必然看輕大王的所謂『強大』了。大王不如用心目中有齊國的人做相國，那齊國必然會高興。這樣用心目中有齊國的人去和秦國相會，秦國就必定重視大王了。」

芮宋欲絕秦趙之交

【題　解】芮宋為了破壞秦國和趙國的邦交，故意讓魏國收回秦太后的養地，而且把責任推到趙臣李郝的身上。

芮宋❶欲絕秦、趙之交，故令魏氏收秦太后❷之養地❸，秦王於秦❹。芮宋謂秦王曰：「魏委國於王，而王不受，故委國於趙也。李郝❺謂臣曰：『子言無秦，而養秦太后以地，是欺我也。』故敝邑收之。」秦王怒，遂絕趙也。

【注　釋】❶芮宋　魏臣。❷秦太后　即宣太后，秦昭王的母親。❸養地　猶食邑，是提供給養的地方。❹於秦　依鮑彪本「於秦」二字當作「怒」。❺李郝　趙臣。

【語　譯】芮宋想使秦國和趙國絕交，故意讓魏國收回秦太后的養地，秦王發怒。芮宋告訴秦王說：「魏國將國家交給大王，大王卻不接受，所以把國家交給了趙國。李郝對我說：『你說心目中沒有秦國，卻用土地為秦太后提供給養，這是欺騙我呀。』所以敝國要收回養地。」秦王發怒，於是和趙國絕交。

為魏謂楚王

【題　解】有人勸楚王不要去攻魏而去攻齊。

為魏謂楚王曰：「索攻魏於秦，秦必不聽王矣，是智困於秦，而交疏於魏也。楚、魏有怨，則秦重矣。故王不如順天下，遂伐齊，與魏便地❶，兵不傷，交不變，所欲必得矣。」

【注　釋】❶便地　當是「更地」之誤，意為換地。

【語　譯】有人為了魏國對楚王說：「用攻魏的辦法去向秦國索求，秦國必定不會聽從大王啊，這樣在秦國用計不成，而且又和魏國弄壞了關係呀。楚國和魏國有了怨仇，那麼秦國就顯得重要了。所以大王不如順從天下諸侯的心願，就去進攻齊國，將從齊國得來的土地同魏國交換，這樣便可以使軍隊不受損傷，和魏國的關係維持不變，所想得到的土地也必定能夠得到了。」

管鼻之令翟強與秦事

【題　解】管鼻、翟強是魏王的重臣，但兩人關係不好，政見不同。有人就管鼻、翟強在秦國受到不同的接待一事，在魏王面前表示不滿。

管鼻❶之令翟強❷與秦事❸。謂魏王曰：「鼻之與強，猶晉人之與楚人也。晉人見楚人之急，帶劍而緩之；楚人惡其緩而急之。今❹鼻之入秦之傳舍❺，舍❻不足以舍❼之。強之入，無蔽❽於秦者。強，王貴臣❾也，而秦若此其甚，安可？」

【注釋】❶管鼻 即〈魏策三・魏太子在楚〉中所說的樓廪。❷翟強 魏相。❸與秦事 不知所指是何事。〈魏策三〉有「使翟強為和」一句，指的是魏國派翟強去秦國講和（因為當時秦國正在進攻魏國的皮氏），疑這裡所說的就是此事。〈魏策三〉還說樓廪和翟強的關係很不好，政見不同，「翟強欲合齊、秦外楚（排斥楚國），以輕樓廪；樓廪欲合秦、楚外齊（排斥齊國），以輕翟強」。❹令 當從鮑彪本作「今」。❺傳舍 相當於現在說的賓館、招待所。❻舍 名詞，即傳舍。❼舍 動詞，住宿。❽無蔽 諸家解釋不一，疑為無所遮蔽，露天而宿，和管鼻受到的招待形成對比，所以下文表示不滿。❾貴臣 因為翟強是魏相。

【語譯】管鼻讓翟強參與跟秦國講和的事。有人對魏王說：「管鼻和翟強，就好像晉國人與楚國人一樣。晉國人看到楚國人著急，就帶上劍使楚國人和緩；楚國人討厭晉國人和緩，就使晉國人著急。現在管鼻到秦國去，住賓館還不夠；翟強到秦國去，卻沒有遮蔽的地方。翟強是大王的貴臣，而秦國像這樣無禮地接待他，怎麼行呢？」

成陽君欲以韓魏聽秦

【題解】韓國的成陽君想要韓國、魏國聽從秦國的使喚，準備到秦國去，魏王認為這對魏國不利。白圭勸魏王派人去遊說成陽君，破壞韓國和秦國的聯合，以阻止成陽君入秦。

成陽君❶欲以韓、魏聽秦，魏王弗利。白圭❷謂魏王曰：「王不如陰侯❸人說成陽君曰：『君入秦，秦必留君，而以多割於韓矣。韓不聽，秦必留君，而伐韓矣。故君不如安行❹，求質❺於秦。』成陽君必不入秦❻。秦、韓不敢合，則王重矣。」

【注釋】❶成陽君　韓國人，親秦，秦國曾經想要他兼任韓、魏兩國的相。❷白圭　即白珪，魏國人，一說是周國人，曾經從秦國逃出來。❸侯　據姚宏注及鮑彪本當作「使」。❹安行　徐行。❺質　人質。❻成陽君必不入秦　據金正煒《補釋》下句「敢」字當移至「不」字下面。《史記・秦本紀》記載秦昭王十七年（西元前二九〇年）「城陽君入朝」，可見白圭的話並未奏效。

【語譯】成陽君想要韓國、魏國聽從秦國行事，魏王認為對趙國不利。白圭對魏王說：「大王不如暗中派人遊說成陽君道：『你到秦國去，秦國必定扣留你，而以此要求韓國多割土地。韓國不聽從，秦國必定扣留你，而進攻韓國了。所以你不如慢點去，並向秦國索求人質。』這樣成陽君就一定不敢到秦國去。秦國、韓國不聯合，那麼大王就顯得重要了。」

秦拔寧邑

【題解】秦國攻下了魏國的寧邑，魏王想以秦國歸還寧邑為條件向秦國講和，有人勸秦王不要答應。

秦拔寧邑❶，魏王❷令之❸謂秦王❹曰：「王歸寧邑，吾請先天下構。」魏魏王❺曰：「王無聽。魏王見天下之不足恃也，故欲先構。夫亡寧者，宜割二寧以求構；夫得寧者，安能歸寧乎？」

【注　釋】❶寧邑　也單稱為「寧」，魏邑。秦昭王四十八年（西元前二五九年）開始攻趙都邯鄲，因楚、魏來救援，至秦昭王五十年（西元前二五七年）秦將王齕攻不下邯鄲，解圍而去，還軍途中，攻下了魏國的寧、新中（有的本子將「寧新中」，作一地名處理，〈六國年表〉只說「拔新中」，可見「寧」和「新中」是兩地），改名為安陽，即今河南安陽。❷魏王　指魏安釐王。❸之　據鮑彪本當作「人」。❹秦王　指秦昭王。❺魏魏王　當有訛誤，疑當作「謂秦王」。一說作「魏冉」，非是，魏冉早已在秦昭王三十六年（西元前二七一年）被免去相位，逐出關外。

【語　譯】秦軍攻下寧邑，魏王派人去對秦王說：「大王如能歸還寧邑，我就請求在天下諸侯的前面與秦講和。」有人對秦王說：「大王不要聽他的。魏王看到天下諸侯不能夠依靠，所以想講和。丟失寧邑的，應該割讓兩個寧邑來求和；得到寧邑的，怎麼能夠歸還寧邑呢？」

秦罷邯鄲

【題　解】魏國丟失寧邑以後，吳慶擔心魏王會與秦國講和，便勸魏王不要親近秦國，也不要向秦國示弱，否則便會招來秦國的進攻。

秦罷邯鄲，攻魏，取寧邑❶。吳慶❷恐魏王之構於秦也，謂魏王曰：「秦之攻王也，王知其故乎？天下皆曰王近也。王不近秦，秦之所去。皆曰王弱也。王不弱二周❸，秦人去邯鄲。過二周而攻王者，以王為易制也。王亦知弱之召攻乎？」

【注釋】❶取寧邑　事見上篇注。❷吳慶　魏人。❸二周　指東、西周兩國。

【語譯】秦軍解除邯鄲之圍，去進攻魏國，奪取了寧邑。吳慶擔心魏王會向秦國求和，便對魏王說：「秦國進攻大王，大王知道是什麼緣故嗎？天下諸侯都說大王親近秦國啊。大王不親近秦國，秦軍就會離去。天下諸侯都說大王示弱啊。大王不向二周示弱，秦國人就會離開邯鄲。經過二周而進攻大王的原因，是認為大王容易制服啊。大王也知道示弱會招來進攻嗎？」

魏王欲攻邯鄲

【題解】魏王想進攻邯鄲，季梁用南轅北轍的寓言故事，告誡他動輒想稱霸，不會有好的結果。這個寓言故事富有哲理意味，說明方向如不對，則條件越好，用力越大，而效果就會更壞。

魏王欲攻邯鄲，季梁❶聞之，中道而反，衣焦❷不申❸，頭塵不去，往見王曰：「今者臣來，見人於大行❹，方北面而持其駕，告臣曰：『我欲之楚。』臣曰：『君之楚，將奚為北面？』曰：『吾馬良。』臣曰：『馬雖良，此非楚之路也。』曰：『吾用❺多。』臣曰：『用雖多，此非楚之路也。』曰：『吾御者善。』『此數者愈善，而離楚愈遠耳。』今王動欲成霸王，舉欲信❻於天下。恃王國之大，兵之精銳，而攻邯鄲，以廣地尊名，王之動愈數，而離王愈遠耳。猶至楚而北行也。」

【注釋】❶季梁　魏國人。事跡不詳。❷焦　因枯乾而捲縮。❸申　通「伸」。❹大行　大道。❺用　財用；資財。❻信　取信。

【語譯】魏王想進攻邯鄲，季梁聽說這件事，半途回來，衣服捲縮不伸，頭上的塵土也沒有洗去，就前去拜見魏王，說：「現在我回來的時候，在大路上看見一個人，正臉向北方扶握著他的車，告訴我說：『我想到楚國去。』我說：『你到楚國去，為什麼要向北走？』他說：『我的馬好。』我說：『馬雖然好，這不是到楚國去的路呀。』他說：『我的資財多。』我說：『資財雖然多，這不是到楚國去的路呀。』他說：『我的車夫駕車的技術好。』我說：『這幾項條件越好，離開楚國就越遠啊。』現在大王動輒想成霸王，想取信於天下。依仗大王的國家大，部隊精銳，而去進攻邯鄲，來擴大領土，提高聲望，大王的行動越多，離開稱王就越遠啊，就好像要到楚國去卻向北走一樣呀。」

周肖謂宮他

【題解】周肖想要宮他請求齊王幫助他在魏國掌權，宮他因而向周肖傳授空借外力以求實權的權術，和當今商人買空賣空的手法彷彿有相似之處。

周肖❶謂宮他❷曰：「子為肖謂齊王曰：『肖願為外臣❸。』令齊資❹我於魏。」

宮他曰：「不可，是示齊輕❺也。夫齊不以無魏者❻以害有魏者，故公不如示有魏。公曰❼：『王❽之所求於魏者，臣請以魏聽。』齊必資公矣，是公有齊❾，以齊有魏也。」

【注釋】❶周肖　魏人。《韓非子・說林下》作「周趮」。鮑彪疑即《孟子・滕文公下》所說的周霄。❷宮他　周臣，曾經擔任燕國的使者，出使魏國。❸外臣　國外的臣子；不是在同一國家的臣子。❹資　助。❺示齊輕　如果周肖公開要求齊國幫助他在魏國掌權，便是向齊國顯示自己在魏國不受重用。❻無魏者　指在魏國不掌權的人。❼公曰　《韓非子・說林下》作「公不如曰」，意義更為明白。公，你，指周肖。❽王　指齊王。❾有齊　金正煒《補釋》認為「有齊」上當補「以魏」二字，當從。

【語　譯】周肖對宮他說：「你替我告訴齊王說：『周肖願意做他的國外臣子。』讓齊國幫助我在魏國掌權。」宮他說：「不行，這是向齊國顯示魏國輕視你啊。齊國不會用在魏國無權的人去害在魏國有權的人，所以你不如向齊國顯示在魏國有權。你要這樣說：『大王對魏國的所有要求，請允許我讓魏國聽從你。』齊國就必定會幫助你了。這樣你就憑藉魏國得到了齊國的幫助，憑藉齊國的幫助而在魏國掌了權啊。」

周宷善齊

【題　解】周宷、翟強想中傷張儀，張儀便派他的心腹去做引見小臣，監視拜見魏王的人。

周宷❶善齊，翟強❷善楚。二子者，欲傷張儀❸於魏。張子聞之，因使其人❹為見者嗇夫❺聞❻見者，因無敢傷張子。

【注　釋】❶周㝡　周國公子，當時在魏。❷翟強　曾任魏相。❸張儀　魏人，著名的連橫家，曾兩次為魏相。❹其人　他的人，指張儀的心腹。❺見者嗇夫　負責引見傳達的小臣。❻聞　依鮑彪本當作「間」，窺伺；監視。

【語　譯】周㝡和齊國關係好，翟強和楚國關係好。兩人想在魏王面前中傷張儀。張儀聽說了這件事，便派他的心腹去做魏王身邊負責引見傳達的小臣，以監視去拜見魏王的人，因而無人敢中傷張儀。

周㝡入齊

【題　解】周㝡從魏國到了齊國，秦王為此派姚賈去責備魏王，魏王為之辯解。

周㝡入齊❶，秦王怒❷，令姚賈❸讓❹魏王。魏王為之謂秦王曰：「魏之所以為王通天下者，以周㝡也。今周㝡遁寡人入齊，齊無通於天下矣。敝邑之事王，亦無齊累❺矣。大國欲急兵❻，則趣趙❼而已。」

【注　釋】❶周㝡入齊　據〈東周策．為周最謂魏王〉這次周㝡入齊，魏王知道。❷秦王怒　因為秦國和齊國關係不好，周㝡由魏入齊，所以秦王發怒。❸姚賈　魏大梁守門人的兒子，做過趙國的臣子，後入秦國。❹讓　責備。❺無齊累　秦國和齊國關係不好，而周㝡和齊國關係好，周㝡在魏，魏便有齊累；現在周㝡離開魏國，去了齊國，魏便沒有齊累。❻急兵　指趕快起兵攻齊。❼趣趙　據〈東周策．為周最謂魏王〉記載當時秦國擔心齊、趙聯合，趙國也真的想和齊國聯合，所以魏王要秦王催促趙國響應秦國。趣，催促。

【語　譯】周㝡從魏國進入齊國，秦王惱火，派姚賈去責備魏王。魏王為此告訴秦王說：「魏國用來替大王溝通天下諸侯的人，是周㝡啊。現在周㝡從寡人這裡逃走，進入齊國，齊國就沒有溝通天下諸侯的人了。敝國侍奉大王，也就不受齊國的連累了。貴國想趕快出兵伐齊，催促趙國響應就算了。」

秦魏為與國

【題解】齊、楚兩國聯合進攻魏國，魏國向秦國求救，秦國不肯出兵。魏國老臣唐且主動請求前往秦國，說秦國再不出兵，魏國就將割地和齊、楚兩國結盟。秦王頓然醒悟，於是出兵救魏。

秦、魏為與國❶。齊、楚約而欲攻魏❷，魏使人求救於秦，冠蓋❸相望，秦救不出。魏人有唐且者，年九十餘，謂魏王❹曰：「老臣請出西說秦，令兵先臣出可乎？」魏王曰：「敬諾。」遂約車而遣之。唐且見秦王❺，秦王曰：「丈人❻芒然❼乃遠至此，甚苦矣。魏來求救數矣，寡人知魏之急矣。」唐且對曰：「大王已知魏之急而救不至者，是大王籌筴❽之臣無任❾矣。且夫魏一萬乘之國，稱東藩，受冠帶，祠春秋者，以為秦之強足以為與也。今齊、楚之兵已在魏郊矣，大王之救不至，魏急則且割地而約齊、楚，王雖欲救之，豈有及哉？是亡❿一萬乘之魏，而強二敵之齊、楚也。竊以為大王籌筴之臣無任矣。」秦王喟然愁悟，遽發兵，日夜赴魏。齊、楚聞之，乃引兵而去。魏氏復全，唐且之說也。

【注釋】❶與國 相與同禍福的國家，即盟國。❷攻魏 據《史記·魏世家》，齊、楚攻魏在魏安釐王十一年（西元前二六六年）。❸冠蓋 這裡指戴禮帽乘車的使者。冠，禮帽。蓋，車蓋。❹魏王 指魏安釐王。❺秦王 指秦昭王。❻丈人 老人。❼芒然 糊裡糊塗。❽籌筴 即「籌策」，謀劃。❾任 能。❿亡 丟失。

【語譯】秦國和魏國結為盟國。齊國和楚國相約而想進攻魏國，魏國派人去向秦國求救，使者相望於道，而秦國卻不出救兵。魏國有個叫唐且的人，九十多歲了，對魏王說：「老臣請求前往西方去說服秦國，讓秦國在我回來之前就出兵，行嗎？」魏王說：「好。」於是備好車，派唐且出使。唐且拜見秦王，秦王說：「老人家糊裡糊塗地竟然從遠方來到這裡，很辛苦了。魏國多次來求救了，寡人知道魏國著急了。」唐且回答說：「大王已經知道魏國著急卻救兵不到，這是替大王出謀劃策的臣子無能了。魏國是個能出一萬輛兵車的國家，自稱是秦國東邊的藩國，接受秦國賜給的冠帶，春秋兩季給秦國提供祭品，那是認為秦國強大足以成為魏國的盟國啊。現在齊國、楚國的軍隊已經在魏國的郊外了，大王的救兵還不到，魏國著急就將割地和齊國、楚國結盟，到了那時，大王即使想救它，哪裡來得及呢？這是丟了一個能出一萬輛兵車的魏國，而增強兩個仇敵齊國、楚國啊。我私自認為大王出謀劃策的臣子無能啊。」秦王歎息、愁苦，醒悟過來，便馬上出兵，日夜趕赴魏國。齊國、楚國聽說了，便退兵而去。魏國因而恢復安全，這是唐且遊說的結果呀。

信陵君殺晉鄙

【題解】信陵君奪晉鄙軍，救趙有功，趙王到郊外迎接他。唐且告誡信陵君，有德於人，不可不忘。

信陵君❶殺晉鄙❷，救邯鄲❸，破秦人，存趙國，趙王❹自郊迎。唐且謂信陵君曰：「臣聞之曰，事有不可知者，有不可不知者；有不可忘者，有不可不忘者。」

信陵君曰：「何謂也？」對曰：「人之憎我也，不可不知也；吾憎人也，不可得而知也。人之有德於我也，不可忘也；吾有德於人也，不可不忘也。今君殺晉鄙，救邯鄲，破秦人，存趙國，此大德也。今趙王自郊迎，卒❺然見趙王，臣願君忘之也。」信陵君曰：「無忌謹受教。」

【注　釋】❶信陵君　名無忌，魏昭王的小兒子，安釐王的異母弟。❷晉鄙　魏國將軍。❸邯鄲　趙都。魏安釐王二十年（西元前二五七年）秦軍圍攻邯鄲，趙向魏求救，魏將晉鄙率十萬軍隊救趙，但由於害怕秦國報復，魏安釐王命令晉鄙留駐在鄴而不救趙。後來信陵君通過魏王幸姬如姬竊得兵符，殺死晉鄙，奪得軍權，率魏軍救趙，遂解邯鄲之圍。❹趙王　指趙孝成王。❺卒　通「猝」。

【語　譯】信陵君殺死晉鄙，救援邯鄲，打敗秦軍，保存了趙國，趙王親自到郊外迎接他。唐且對信陵君說：「我聽說，事情有不可以知道的，有不可以不知道的；有不可以忘記的，有不可以不忘記的。」信陵君說：「說的什麼呀？」唐且回答說：「別人恨我，不可以不知道；我恨別人，不可以知道。別人對我有恩德，不可以忘記；我對別人有恩德，不可以不忘記。現在你殺死晉鄙，救援邯鄲，打敗秦軍，保存了趙國，這是大恩德啊。現在趙王親自到郊外迎接，意外見到趙王，我希望你忘記對趙國的恩德啊。」信陵君說：「我無忌恭謹地領受教益。」

魏攻管而不下

【題　解】信陵君攻不下秦國的管城，便責令安陵君派管城郡守的父親縮高去勸降，遭到縮高的拒絕。信陵君又揚言要進攻安陵，縮高為了保全安陵被迫自殺而死。

魏攻管❶而不下。安陵❷人縮高，其子為管守❸。信陵君❹使人謂安陵君曰：「君其遣縮高❺，吾將仕之以五大夫❻，使為持節尉❼。」安陵君曰：「安陵，小國也，不能必使其民。使者自往。請使道❽使者❾至縞高❿之所，復⓫信陵君之命。」縮高曰：「君⓬之幸高也，將使高攻管也。夫以父攻子守，人大笑也。是⓭臣而下，是倍⓮主也。父教子倍，亦非君之所喜也。敢再拜辭。」

【章　旨】安陵人縮高的兒子做秦國管城的郡守。信陵君攻不下管城，便要安陵君派縮高去勸降，遭到縮高的拒絕。

【注　釋】❶管　管城，本是韓邑，後屬秦，在今河南鄭州北。《資治通鑑·秦紀一》記載秦莊襄王三年（西元前二四七年）「安陵人縮高之子仕於秦，秦使之守管，信陵君攻之不下」。❷安陵　魏國的一個附屬小國，在今河南鄢陵西北。❸守　郡守，郡的行政長官。❹信陵君　名無忌，魏安釐王的異母弟，曾任魏國的上將軍。❺遣縮高　這裡是說要安陵君派遣縮高去勸兒子投降。遣，派遣。❻五大夫　官爵名，秦爵屬於第九爵。❼持節尉　持節的軍尉。❽道　通「導」。❾使者　指信陵君派去的使者。❿縞高　當是「縮高」之誤。⓫復　報告。⓬君　指使者。⓭是　依《資治通鑑·秦紀一》當作「見」。⓮倍　背。

【語　譯】魏國攻不下管城。安陵人有個叫縮高的，他的兒子做管邑的郡守。信陵君派使者告訴安陵君說：「你派遣縮高去勸降，我將任命他做五大夫，使他做持節的軍尉。」安陵君說：「安陵是個小國，不能要它的百姓怎麼樣就一定怎麼樣。使者自己前去吧。請讓我派人引導使者到縮高的住所，報告信陵君的命令。」使者到了縮高那裡，縮高說：「你到我縮高這裡，將要讓我去進攻管城啊。用父親去進攻兒子的守地，是人們的大笑話啊。兒子看見我就投降，這是背叛主上啊。父親教導兒子背叛，也不是信陵君所喜歡的呀。敢再三拜辭。」

使者以報信陵君，信陵君大怒，遣大使之安陵曰：「安陵之地，亦猶魏也❶。今吾攻管而不下，則秦兵及我，社稷必危矣。願君之生束❷縮高而致之。若君弗致也，無忌將發十萬之師，以造❸安陵之城。」安陵君曰：「吾先君成侯❹，受詔襄王❺以守此地也，手受大府❻之憲❼。憲之上篇曰：『子弒父，臣弒君，有常❽不赦。國雖大赦，降城❾亡子❿，不得與焉。』今縮高謹解⓫大位⓬，以全父子之義，而君曰：『必生致之。』是使我負襄王詔⓭而廢大府之憲也，雖死終不敢行。」

【章　旨】信陵君遭到縮高拒絕後，又派大使逼迫安陵君活捉縮高送往魏國，否則就將進攻安陵。安陵君拒絕了信陵君的要求。

【注　釋】❶安陵之地二句　因為安陵是魏國的附屬小國。❷生束　活捉。❸造　到。❹成侯　當是指安陵君的先祖、先父。舊說以為是趙主，疑非是。❺襄王　當是指魏襄王。舊說指趙襄子，因時間不符，疑非是。❻大府　魏國藏圖籍之府。❼憲　法。❽常　常刑；不能改變的刑。❾降城　以城投降。❿亡子　逃亡的人。⓫解　放棄。《資治通鑑・秦紀一》作「辭」。⓬大位　疑猶尊位，指上面說的五大夫、持節尉。⓭詔　詔令。

【語　譯】使者將縮高的話報告給信陵君，信陵君大為惱火，派大使到安陵說：「安陵的地方，也就是魏國的地方。現在我攻不下管城，秦國的軍隊就將來到我這裡，國家必定危險了。希望你活捉縮高，將他送來。假若你不送來，我將派出十萬軍隊，來到安陵城。」安陵君說：「我以前的君主成侯，受襄王的詔令來守此地，親手接受藏在大府裡的法律。法律的上篇說：『兒子殺父親，臣子殺君主，有固定不變的刑罰，不能赦免。國家即使大赦，以城投降和逃亡的人，不能包含在其中。』現在縮高恭謹地放棄高貴的官位，來保全父子之間的大義，而你卻說『一定要活捉將他送去』，這就是使我背棄襄王的詔令而廢掉大府裡的法律啊，即使是死，我也不敢去做。」

縮高聞之曰：「信陵君為人，悍而自用也。此辭反，必為國禍❶。吾已全己，無為❷人臣之義矣，豈可使吾君有魏患也。」乃之使者之舍，刎頸而死。信陵君聞縮高死，素❸服縞素❹辟舍❺，使使者謝安陵君曰：「無忌，小人也，困於思慮，失言於君，敢再拜釋罪。」

【章旨】縮高為了保全安陵而自殺。於是信陵君向安陵君謝罪。

【注釋】❶此辭反二句　從《資治通鑑・秦紀一》當作「此辭必反為國禍」。❷為　依《資治通鑑・秦紀一》當作「違」。❸素　是衍文，當刪去。❹縞素　白色的喪服。❺辟舍　即避舍，離開正房，就居別處，表示不敢寧居。

【語譯】縮高聽說安陵君拒絕了信陵君的要求以後說：「信陵君為人，剛愎自用，這番話必定給我的國家造成災禍。我已經保全了自己的父子之義，就不能再違背君臣之義了，哪裡可以使我的國君遭受來自魏國的禍患啊。」就讓使者前往賓館，自己便割脖子而死。信陵君聽說縮高死了，便穿上白色的喪服，離開正房，就居別處，派使者向安陵君謝罪說：「我無忌是個小人，不明大義，對你說錯了話，敢再次下拜謝罪。」

魏王與龍陽君共船而釣

【題解】龍陽君用釣到了大魚就想丟掉小魚為喻，委婉地表達自己害怕遭到魏王拋棄的恐懼心理，來鞏固魏王對自己的寵愛。由此看出已經得寵的人自有固寵之術。

魏王與龍陽君❶共船而釣，龍陽君得十餘魚而涕下。王曰：「有所不安乎？如是，何不相告也？」對曰：「臣無敢不安也。」王曰：「然則何為涕出？」曰：「臣為王❷之所得魚也。」王曰：「何謂也？」對曰：「臣之始得魚也，臣甚喜，後得又益大，今臣直欲棄臣前之所得矣。今以臣凶惡❸，而得為王拂枕席。今臣爵至人君❹，走人❺於庭，辟人❻於途。四海之內，美人亦甚多矣，聞臣之得幸於王也，必褰裳❼而趨王。臣亦猶曩臣之前所得魚也，臣亦將棄矣，臣安能無涕出乎？」魏王曰：「誤❽！有是心也，何不相告也？」於是布令於四境之內曰：「有敢言美人者族。」由是觀之，近習❾之人，其摯諂❿也固矣，其自纂繁⓫也完矣。今由千里之外，欲進美人，所效⓬者庸⓭必得幸乎？假之得幸，庸必為我用乎？而近習之人相與怨，我見有禍，未見有福；見有怨，未見有德，非用知之術也。

【注　釋】❶龍陽君　魏王寵臣，後代因以稱男色。❷王　鮑彪本作「臣」。吳師道認為釣得魚是龍陽君，這裡故意說王得魚，也可解得通。❸凶惡　醜惡。❹人君　指被封為龍陽君。❺走人　使人為自己趨走。❻辟人　即避人，行人避開。❼褰裳　提起下裳。古代稱上身衣服叫衣，下身衣服叫裳。❽誤　依王引之、王念孫說當是「誒」之訛。誒，歎聲。❾近習　帝王、君主的親信。❿摯諂　巴結、獻媚。摯，當是「摯」之誤。《六書正譌》：「摯，曳挽也。」⓫纂繁　連結。纂，五彩的條帶。這裡用它的引申義。固結的意思。繁，鮑彪本作「繫」，連接；依附。⓬效　獻。⓭庸　哪裡。

【語　譯】魏王和龍陽君同在一條船上釣魚，龍陽君釣到十多條魚就流下了眼淚。魏王說：「有什麼不安嗎？如果是這樣的話，為什麼不告訴我呢？」龍安君回答說：「我不敢感到不安。」魏王說：「那為什麼流出眼淚呢？」龍安君回答說：「我是為了我釣到了魚啊。」魏王說：「怎麼說呢？」龍陽君回答說：「我開始釣到魚，很高興，後來又釣到更大的魚，現在卻想拋棄我前面所釣到的魚了。現在憑著我這麼醜惡的面孔，而能夠替大王拂拭枕席。現在我的官爵到了人君，在庭中能讓人為我奔走效勞，在路上能使行人避開。四海之內，美人也很多了，聽說我得到大王的寵愛，一定會提起下裳奔赴到大王這裡。我也好像是我前面所釣到的魚一樣啊，我也將被拋棄了，我怎麼能不流出眼淚呢？」魏王說：「咦！有這樣的心情呀！為什麼不早告訴我呢？」於是在魏國境內發布命令說：「有敢議論美人的滅族。」由此看來，君主的親信，他們討好主人已經牢固了，他們自己和主人的連結已經完善了。現在從千里之外，想給君主進獻美人，所獻的人哪裡一定能夠得到寵幸呢？假若得到了寵幸，哪裡一定為我所用呢？而君主的親信互相一起怨恨我，我見到的是災禍，而見不到幸福；見到的是埋怨，而見不到感激，這不是運用智慧的方法啊。

秦攻魏急

【題　解】在呂不韋擔任秦相時，秦國進攻魏國，情況緊急。有人勸魏王割地給秦，以幫助秦太后（秦始皇的母親）的情人嫪毐，秦太后就必定感激魏王。這樣嫪毐得勢，天下諸侯必定歸向嫪毐，拋棄秦相呂不韋，魏王的怨仇也就報了。如此「曲線救國」的做法，實在不值得稱道。

秦攻魏急❶。或謂魏王❷曰：「棄❸之不如用❹之之易也，死❺之不如棄之之易也。能棄之弗能用之，能死之弗能棄之，此人之大過也。今王亡地數百里，亡城數十，而國患不解，是王棄之，非用之也。今秦之強也，天下無敵，而魏之弱也甚，而王以是質秦❻，王又能死而弗能棄之，此重過也。今王能用臣之計，虧地不足以傷國，卑體不足以苦身，解患而怨報。秦自四境之內，執法❼以下至於長輓者❽，故畢❾曰：『與❿嫪氏⓫乎？與呂氏⓬乎？』雖至於門閭⓭之下，廊廟⓮之上，猶之如是也。今王割地以賂秦，以為嫪毐功；卑體以尊秦，以因⓯嫪毐。王以國贊嫪毐，以嫪毐勝矣。王以國贊嫪氏，太后⓰之德⓱王也，深於骨髓，王之交最為天下上矣。秦、魏百相交也，百相欺也。今由嫪氏善秦而交為天下上，天下孰不棄呂氏而從嫪氏？天下必合⓲呂氏而從嫪氏，則王之怨報矣。」

【注釋】❶秦攻魏急　據《史記・六國年表》，秦王政五年（西元前二四二年）至九年（西元前二三八年），曾多次攻魏，奪取魏城二十餘座。❷魏王　指魏景湣王。❸棄　指經過戰爭而丟失土地。❹用　指用土地去賄賂敵國。❺死　戰敗而死。❻質秦　成為秦國的箭靶子。質，質的；箭靶。❼執法　執政的大臣。❽長輓者　長久拉車的人。❾畢　盡；都。❿與　助。⓫嫪氏　即嫪毐，秦太后（秦始皇的母親）的情人，被封為長信侯。⓬呂氏　秦相呂不韋。呂不韋本來和秦太后通姦，後來怕被秦始皇發覺，便使嫪毐和秦太后通姦，接替了自己。此後，可能呂不韋和嫪毐便有了矛盾。⑬門閭　民間。⑭廊廟　朝廷。⑮因　依靠。⑯太后　指秦始皇的母親。⑰德　感激。⑱合　當是「舍」之誤，通「捨」。

【語　譯】秦國進攻魏國，情況緊急。有人對魏王說：「丟失土地倒不如用土地去行賄來得容易，戰敗而死倒不如丟失土地來得容易。能夠讓土地丟失卻不能用土地去行賄，能夠戰敗而死卻不能讓土地丟失，這是人們的大錯誤啊。現在大王丟失土地幾百里，丟失城市數十座，而國家的禍患不能解除，這是因為大王丟失土地，而不用土地去行賄啊。現在秦國強大，天下無敵，而魏國很衰弱，大王不僅拿它去做秦國的箭靶子，並且寧願戰敗而死卻不願意丟失土地，這是犯了雙重錯誤啊。現在大王如果能用我的計謀，喪失土地不足以傷害國家，卑躬屈膝不足以使身體受苦，患難既可以解除，怨仇也可以報了。秦國四境之內，上至執法的大臣，下至長期拉車的人，都說：『幫助嫪毐呢，還是幫助呂不韋呢？』即使下至民間，上到朝廷，同樣是如此啊。現在大王割地去賄賂秦國，去為嫪毐立功；卑躬屈膝去尊奉秦國，依靠嫪毐。大王這樣用國家去幫助嫪毐，嫪毐就勝利了。由於大王用國家去幫助嫪毐，秦太后便感激大王，深入骨髓，那大王和秦國的交情就在天下諸侯之上了。秦國和魏國百次相交，結果卻百次相欺。現在通過嫪毐和秦國親善，所建立的交情在天下諸侯之上，天下諸侯誰還不拋棄呂不韋去跟隨嫪毐？天下諸侯必定捨棄呂不韋去跟隨嫪毐，那麼大王的怨仇就報了。」

秦王使人謂安陵君

【題　解】秦王政想以換地為名併吞安陵，唐且為此出使秦國，慷慨陳辭，不辱君命，終於使秦王屈服，不再提換地的事。文中說到「秦滅韓亡魏」和唐且「挺劍而起」等話，有人認為唐且不可能活到這個時候，另外按照秦法也不容許臣子帶劍上殿，因而對本文的真實性提出了懷疑。

秦王❶使人謂安陵君❷曰：「寡人欲以五百里之地易安陵，安陵君其❸許寡人。」安陵君曰：「大王加惠，以大易小，甚善。雖然，受地於先生❹，願終守之，弗敢易。」秦王不說。安陵君因使唐且使於秦。秦王謂唐且曰：「寡人以五百里之地易安陵，安陵君不聽寡人，何也？且秦滅韓亡魏❺，而君以五十里之地存者，以君為長者，故不錯意❻也。今吾以十倍之地，請廣❼於君，而君逆寡人者，輕寡人與？」唐且對曰：「否，非若是也。安陵君受地於先生❽而守之，雖千里不敢易也，豈直五百里哉？」秦王怫然怒，謂唐且曰：「公亦嘗聞天子之怒乎？」唐且對曰：「臣未嘗聞也。」秦王曰：「天子之怒，伏屍百萬，流血千里。」唐且曰：「大王嘗聞布衣之怒乎？」秦王曰：「布衣之怒，亦免冠徒跣，以頭搶地爾。」唐且曰：「此庸夫之怒也，非士之怒也。夫專諸之刺王僚❾也，彗星襲月；聶政之刺韓傀❿也，白虹貫日⓫；要離之刺慶忌⓬也，倉⓭鷹擊於殿上。此三子者，皆布衣之士也，懷怒未發，休祲⓮降於天，與臣而將四矣。若士必怒，伏屍二人，流血五步，天下縞素，今日是也。」挺劍⓯而起。秦王色撓⓰，長跪而謝之曰：「先生坐，何至於此，寡人諭⓱矣。夫韓、魏滅亡，而安陵以五十里之地存者，徒以有先生也。」

【注　釋】❶秦王　指秦王政，即後來的秦始皇。❷安陵君　安陵國的君主。安陵，本是魏國的附屬小國，在今河南鄢陵西北。❸其　副詞，表示商量、請求的語氣。❹先生　當是「先王」之誤。❺滅韓亡魏　據《史記・六國年表》，秦王政十七年（西元前二三〇年）秦滅韓，二十二年（西元前二二五年）秦亡魏。又據〈魏策四・秦魏為與國〉、《史記・魏世家》，魏安釐王十一年（西元前二六六年）唐且就已九十多歲，到這時他該有一百三十多歲了。他能否活到這個時候？如此高齡，能否出使？年富力強的秦王，怎麼會怕這風燭殘年的老人「挺劍」？都使人生疑。❻錯意　留意；注意。❼廣　擴大土地。❽先生　當作「先王」。❾專諸之刺王僚　吳公子光為了奪取王位，以宴請為名，將吳王僚騙至家中，使專諸將匕首放在燒魚腹中，上魚時刺死王僚，奪得王位，即吳王闔閭。專諸當場也被人刺死。專諸，春秋時刺客名，吳國堂邑人。王僚，指吳王僚。❿聶政之刺韓傀　韓國的嚴仲子與韓傀有仇，想派人去刺殺韓傀，便找到了聶政。聶政為了報答嚴仲子的知遇之恩，便刺死了韓傀，然後自殺而死。聶政，戰國時刺客。韓傀，韓國的相。⓫貫日　穿日而過。⓬要離之刺慶忌　公子光派專諸刺死王僚，奪得王位，又想刺死王僚的兒子慶忌。要離便假稱有罪，讓吳王闔閭（即公子光）燒死他的老婆孩子，自己便跑去見慶忌，將慶忌刺死。要離，春秋時的刺客。慶忌，吳王僚的兒子。⓭倉　當作「蒼」，青黑色。⓮休祲　吉凶徵兆，在這裡偏指凶兆。休，吉祥。祲，妖氛；不祥的徵兆。指上文說的「彗星襲月」、「白虹貫日」、「蒼鷹擊於殿上」等凶兆。⓯挺劍　據〈燕策三・燕太子丹質於秦亡歸〉記載，秦法規定群臣不能帶兵器上殿，這裡卻說唐且帶劍見秦王，可疑。⓰撓　屈。⓱諭　明白；知曉。

【語　譯】秦王派人告訴安陵君說：「寡人想用五百里土地交換安陵，請安陵君答應寡人。」安陵君說：「大王給予恩惠，用大換小，雖然很好，可是我從先王那裡接受土地，願始終守住它，不敢交換。」秦王不高興。安陵君因而派唐且出使秦國。秦王對唐且說：「寡人用五百里土地換安陵，安陵君不聽寡人的話，是什麼原因呢？再說秦國滅了韓國，亡了魏國，而安陵君憑著五十里土地卻得以保存下來，是我認為安陵君是個長者，所以不以為意啊。現在我用十倍的土地，請安陵君擴大領土，而安陵君竟違背寡人的意志，是看輕寡人嗎？」唐且回答說：「不，不是這樣啊。安陵君從先王那裡接受土地而要守住它，即使用一千里也不敢交換啊，何況只是五百里呢？」秦王勃然大怒，對唐且說：「你也曾經聽說過天子發怒嗎？」唐且說：「我不曾聽說啊。」秦王說：「天子發怒，倒在地上的死屍將有一百萬，流血將有一千里。」唐且說：「大王曾經聽說過平民的發怒嗎？」秦王說：「平民發怒，只是脫下帽子，光著腳，用頭撞地罷了。」唐且說：「這是庸夫發怒，不是士的發怒啊。專諸刺殺吳王僚，掃帚星襲擊月亮；聶政刺殺韓傀，白色長虹穿過太陽；要離刺殺慶忌，青黑色的老鷹在殿上搏擊。這三個人都是平民中的士，懷著憤怒還沒有爆發出來，各種凶兆就從天而降，再加上我就將是四個士了。假若一定要讓士發怒，倒在地上的死屍將只是兩具，流血也只在五步之內，但天下人都會穿上白色的喪服，今天就是這樣啊。」舉著劍就站起來。秦王的臉色顯出沮喪屈服的樣子，伸著腰跪下道歉說：「先生請坐，何必弄到這個地步，寡人明白了。韓國、魏國滅亡了，而安陵憑著五十里的土地得以保存的原因，只是因為有先生啊。」

卷二六 韓策一

〈韓策〉記載了與韓國有關的事件。西元前四五三年，趙、魏、韓三卿分晉，韓建都陽翟（今河南禹縣）。西元前四〇三年周王朝正式承認趙、魏、韓三國。韓哀侯二年（西元前三七五年）滅鄭，於是遷都到鄭（今河南新鄭）。疆土包括今山西東南角和河南中部，地處中原，是兵家必爭之地。西元二三〇年韓為秦所滅。

三晉已破智氏

【題解】三卿滅智伯，將要瓜分智氏的土地。段規認識到成皋所處地理位置的重要性，以後韓國要滅鄭國，必須取道成皋，便勸說韓康子分地時必須取得成皋。

三晉❶已破智氏❷，將分其地。段規❸謂韓王❹曰：「分地必取成皋❺。」韓王曰：「成皋，石溜之地❻也，寡人無所用之。」段規曰：「不然，臣聞一里之厚❼，而動千里之權者，地利也。萬人之眾，而破三軍者，不意❽也。王用臣言，則韓必取鄭矣。」王曰：「善。」果取成皋。至韓之取鄭❾也，果從成皋始。

【注釋】❶三晉　指趙、韓、魏三卿，即趙襄子、魏桓子、韓康子。❷智氏　即智伯，亦即晉卿荀瑤。西元前四五三年晉國三卿共同打敗智伯，瓜分智氏的土地。❸段規　韓康子的謀臣。❹韓王　指韓康子。當時尚未稱王，這是後來追述時的稱呼。❺成皐　又名虎牢關，在今河南滎陽汜水鎮。❻石溜之地　山石貧瘠之地。❼厚　猶「大」。❽不意　意想不到。吳師道《補正》：「言地險，寡足破眾。」❾取鄭　韓哀侯二年（西元前三七五年）韓滅鄭。

【語譯】趙、魏、韓三卿打敗了智伯，將要瓜分他的土地。段規對韓康子說：「瓜分土地時一定要取得成皐。」韓康子說：「成皐，是山石貧瘠之地啊，對寡人沒有什麼用處。」段規說：「不對，我聽說一里大的地方，卻可以動搖一千里大的政權，是因為地勢有利啊。一萬人卻打敗了三軍，那是因為出其不意啊。大王用我的建議，那麼韓國就必定能奪取鄭國了。」韓康子說：「說得好。」果真取得成皐。到了韓國奪取鄭國的時候，果然從成皐開始。

大成午從趙來

【題解】大成午建議申不害借外權以互相提高自己在本國的地位。

大成午❶從趙來，謂申不害❷於韓曰：「子以韓重我於趙，請以趙重子於韓，是子有兩韓，而我有兩趙也。」

【注釋】❶大成午　趙相，事趙成侯、趙肅侯。《史記・趙世家》作「太戊午」。❷申不害　京人，曾為鄭臣，後事韓昭侯，為韓相，主刑名之術。

【語譯】大成午從趙國來，在韓國對申不害說：「你用韓國提高我在趙國的地位，請讓我用趙國提高你在韓國的地位，這樣你就有了兩個韓國，而我就有了兩個趙國啊。」

魏之圍邯鄲

【題　解】申不害先用術探聽韓昭侯的想法，以便說話時能迎合、取悅韓昭侯。

魏之圍邯鄲❶也，申不害始合於韓王❷，然未知王之所欲也，恐言而未必中於王也。王問申子曰：「吾誰與❸而可？」對曰：「此安危之要，國家之大事也。臣請深惟而苦思之。」乃微謂趙卓、韓鼂❹曰：「子皆國之辯士也，夫為人臣者，言可❺必用，盡忠而已矣。」二人各進議於王以事。申子微視王之所說以言於王，王大說之。

【注　釋】❶魏之圍邯鄲　魏惠王十六年（西元前三五四年）魏圍趙都邯鄲。是年相當於韓昭侯九年。❷韓王　指韓昭侯。❸誰與　助誰，即助魏還是助趙。與，助。❹趙卓韓鼂　當是韓臣。《韓非子・內儲說上・七術》作「趙紹、韓沓」。❺可　豈可。

【語　譯】魏國圍攻邯鄲，申不害剛投靠韓王，不知韓王所想的是什麼，擔心說的話不一定中韓王的意。韓王問申不害說：「我幫助誰才行?」申不害回答說：「這是安危的關鍵，國家的大事啊。請允許我深思苦想一番。」於是暗中對趙卓、韓鼂說：「你們都是國家能言善辯的士呀，做臣子的人，說話哪裡可以要求一定採用，不過盡忠罷了。」這兩個人都用一些事向韓王提出建議。申不害暗中窺視韓王所喜歡的話去對韓王說，韓王因而非常喜歡他。

申子請仕其從兄官

【題　解】申不害主刑名之術，要求君主循名責實，論功行賞，因能授官，卻又為他的堂兄請官，因而受到韓昭侯的責難。

申子請仕其從兄❶官，昭侯不許也。申子有怨色。昭侯曰：「非所謂學於子者也❷。聽子之謁❸，而廢子之道❹乎？又❺亡其❻行子之術，而廢子之謁乎？子嘗教寡人循功勞，視次第。今有所求，此我將奚聽乎？」申子乃辟舍❼請罪，曰：「君真其人❽也！」

【注　釋】❶從兄　堂兄；叔伯兄弟。❷非所謂學於子者也　本句《韓非子・外儲說左上》作「非所學於子也」。❸謁　請求。❹子之道　指申不害主張的刑名之術。即「見功而與賞，因能而受（《韓非子・定法》作「授」）官」（見《韓非子・外儲說左上》）。❺又　依王引之說，「又」字是後人所加。❻亡其　抑或；還是。❼辟舍　即「避舍」，避開正寢，另居他處思過。❽其人　理想中的法治君主。

【語　譯】申不害請求給他的堂兄官做，韓昭侯不答應。申不害臉上顯出不滿的神色。韓昭侯說：「從你那裡學到的不是這樣啊。要聽從你的請求，拋棄你的主張呢？還是實行你的辦法，拋棄你的請求呢？你曾經教寡人論功行賞，決定等級，現在卻又為你的堂兄請官，這樣我將聽從什麼好呢？」申不害於是避開正寢，請罪思過，說：「你真是我理想中的君主啊！」

蘇秦為楚合從說韓王

【題解】蘇秦為楚推行合縱政策，遊說韓王。認為韓國地廣兵強，武器精良，竟西面事秦，為天下所笑。秦國貪得無厭，欲壑難填，割地向秦求和，後禍無窮。韓王聽後，同意合縱抗秦。

蘇秦為楚❶合從說韓王❷曰：「韓北有鞏❸、洛❹、成皋❺之固，西有宜陽❻、常阪❼之塞，東有宛❽、穰❾、洧水❿，南有陘山⓫，地方千里，帶甲數十萬。天下之強弓勁弩，皆自韓出。谿子、少府⓬、時力、距來⓭，皆射六百步之外。韓卒超足⓮而射，百發不暇止，遠者達胸，近者掩心⓯。韓卒之劍戟，皆出於冥山⓰、棠谿⓱、墨陽⓲、合伯膊⓳。鄧師⓴、宛馮㉑、龍淵㉒、大阿㉓，皆陸斷馬牛，水擊鵠鴈，當敵即斬堅甲、盾㉔、鞮鍪㉕，鐵幕㉖、革抉㉗、㕹芮㉘，無不畢具。以韓卒之勇，被堅甲，蹠㉙勁弩，帶利劍，一人當百，不足言也。夫以韓之勁，與大王之賢，乃欲西面事秦，稱東藩，築帝宮，受冠帶，祀春秋，交臂而服焉，夫羞社稷而為天下笑，無過此者矣。是故願大王之熟計之也。大王事秦，秦必求宜陽、成皋。今茲㉚效之，明年又益求割地。與之，即無地以給之；不與，則棄前功而後更受其禍。且夫大王之地有盡，而秦之求無已。夫以有盡之地，而逆無已之求，此所謂市怨而買禍者也，不戰而地已削矣。臣聞鄙語曰：『寧為雞口，無為牛後㉛。』今大王西面交臂而臣事秦，何以異於牛後乎？夫以大王之賢，挾強韓之兵，而有牛後之名，臣竊為大王羞之。」韓王忿然作色，攘臂按劍，仰天太息曰：「寡人雖死，必不能事秦。今主君㉜以楚王㉝之教詔之，敬奉社稷以從。」

【注釋】❶楚　鮑彪本作「趙」，當從。據《史記·蘇秦列傳》，蘇秦合縱，是從燕至趙，至韓、魏、齊、楚。❷韓王　指韓宣惠王，是韓昭侯的兒子。❸鞏　在今河南鞏縣。❹洛　疑當是指洛水，流經今河南洛寧、宜陽、洛陽、鞏縣，入黃河。❺成皋　又名虎牢關，在今河南滎陽汜水鎮。❻宜陽　在今河南西部。❼常阪　《史記·蘇秦列傳》作「商阪」，即商山，在今陝西商縣，是秦國到楚國的險塞，武關就在那裡。❽宛　在今河南南陽。❾穰　在今河南鄧縣。❿洧水　即今雙洎河，發源於今河南登封東陽城山，東流至新鄭入賈魯河。按，宛、穰、洧水均在韓國西南，記事當有誤。⓫陘山　在今河南新鄭西南。⓬谿子少府　古良弓名。⓭時力距來　古良弓名。⓮超足　舉足踏弩。⓯掩心　護胸甲，這裡是射穿護胸甲的意思。⓰冥山　今名石城山，在今河南信陽。⓱棠谿　在今河南遂平西北。⓲墨陽　在今河南淅川北。⓳合伯膞　當作「合伯」或「合膞」。當是產劍戟之地。⓴鄧師　用鄧國劍工命名的古劍。㉑宛馮　古劍名。滎陽有馮池，宛人在馮池鑄劍，因以為名。㉒龍淵　古劍名。一說即龍泉劍。㉓大阿　古劍名。相傳龍泉、太阿寶劍為吳干將、越歐冶所造。㉔盾　盾牌。㉕鞮鍪　頭盔。㉖鐵幕　鐵製的臂衣。㉗革抉　皮革製成的袖套，供射箭用。㉘吠芮　《史記·蘇秦列傳》作「吙芮」。吙，同「瞂」。即「盾」字。芮，繫盾的絲帶。㉙蹠　踩；蹬。放弩的人，腳蹬弩，手拉弦，然後發射。㉚茲　年。㉛寧為雞口二句　張守節《史記正義》：「雞口雖小，猶進食；牛後雖大，乃出糞也。」㉜主君　對蘇秦的尊稱。㉝楚王　《史記·蘇秦列傳》作「趙王」，指趙肅侯。

【語　譯】蘇秦替趙國以合縱遊說韓王道：「韓國北邊有鞏縣、洛水、成皋的險固，西邊有宜陽、常阪等要塞，東邊有宛縣、穰邑、洧水，南邊有陘山，土地方圓千里，軍隊幾十萬。天下的強弓勁弩，都出自韓國。谿子、少府、時力、距來等良弓，射程都在六百步之外。韓國的士卒舉足而射，連射百次而不要休息，遠距離可以射到敵人的胸部，近距離可以射穿敵人的護胸甲。韓國士卒的劍和戟，都產自冥山、棠谿、墨陽、合伯。鄧師、宛馮、龍淵、太阿等名劍，都是在陸上可以斬斷馬牛，在水中可以擊殺鴻雁，抵擋敵人就可斬破堅硬的鎧甲、盾牌、頭盔，其他如鐵製的臂衣、皮革製的袖套、繫盾牌的絲帶，沒有一樣不齊全。憑著韓國士卒的勇敢，披上堅硬的鎧甲，腳踩勁弩，佩帶利劍，一個抵一百個，不在話下。憑著韓國的強大和大王的賢能，竟想向西侍奉秦國，自稱是東方的藩國，為秦帝修築行宮，接受秦王賜給的冠帶，春秋兩季給秦國進貢祭祀用品，拱手臣服秦國。使國家蒙受恥辱而為天下人所笑，沒有比這更難堪的了。因此希望大王仔細考慮這件事啊。大王侍奉秦國，秦國必定向韓國索取宜陽、成皋。今年獻給它，明年又要求增加割地。給它，便沒有那麼多的土地可以給；不給它，便前功盡棄，以後又再受其禍。再說大王的土地有限，而秦國的貪求卻沒有窮盡。用有限的土地去迎合沒有窮盡的貪求，這就是所謂的購買怨仇和災禍啊，這樣不經過打仗，而土地便要被割完了。我聽到俗話說：『情願做雞的嘴，也不要做牛的屁股。』現在大王向西拱手稱臣、侍奉秦國，和做牛屁股有什麼差別呢？憑藉大王的賢能，倚仗強大韓國的軍隊，卻有牛屁股的名聲，我私自替大王感到害羞。」韓王聽了，氣憤地變了臉色，捋起衣袖，露出手臂，按住劍柄，仰頭朝天歎息說：「寡人即使去死，也一定不能侍奉秦國。現在你將趙王的教導告訴我，我恭敬地捧上國家跟隨趙王。」

張儀為秦連橫說韓王

【題　解】張儀為秦以連橫遊說韓王，認為韓國及山東諸侯和秦國比起來，力量相差懸殊，韓國侍奉秦國就安全，不侍奉秦國就危險。韓國進攻楚國，放棄合縱，討好秦國，才是良策。韓王聽後，同意侍奉秦國。

張儀為秦連橫說韓王❶曰：「韓地險惡，山居，五穀所生，非麥而豆；民之所食，大抵豆飯藿羹；一歲不收，民不饜糟糠；地方不滿九百里，無二歲之所食。料大王之卒，悉之不過三十萬，而廝徒❷負養❸在其中矣，為❹除守徼亭❺鄣塞❻，見卒❼不過二十萬而已矣。秦帶甲百餘萬，車千乘，騎萬匹，虎摯之士❽，跿跔❾科頭❿，貫頤⓫奮戟⓬者，至不可勝計也。秦馬之良，戎兵之眾，探前趹後⓭，蹄間三尋⓮者，不可稱數也。山東之卒，被甲冒冑⓯以會戰，秦人捐甲徒裎⓰以趨敵，左挈人頭，右挾生虜。夫秦卒之與山東之卒也，猶孟賁⓱之與怯夫也；以重力相壓，猶烏獲⓲之與嬰兒也。夫戰孟賁、烏獲之士，以攻不服之弱國，無以異於墮千鈞之重，集於鳥卵之上，必無幸矣。諸侯不料兵之弱，食之寡，而聽從人之甘言好辭，比周⓳以相飾也，皆言曰：『聽吾計則可以強霸天下。』夫不顧社稷之長利，而聽須臾之說，詿誤⓴人主者，無過於此者矣。大王不事秦，秦下甲據宜陽，斷絕韓之上地；東取成皋、宜陽，則鴻臺㉑之宮，桑林㉒之苑，非王之有已。夫塞成皋，絕上地，則王之國分矣。先事秦則安矣，不事秦則危矣。夫造禍而求福，計淺而怨深，逆秦而順楚，雖欲無亡，不可得也。故為大王計，莫如事秦。秦之所欲，莫如弱楚，而能弱楚者莫如韓。非以韓能強於楚也，其地勢然也。今王西面而事秦以攻楚，為敝邑㉓，秦王㉔必喜。夫攻楚而私其地，轉禍而說秦，計無便於此者也。是故秦王使使臣獻書大王御史㉕，須㉖以決事。」韓王曰：「客幸而教之，請比郡縣，築帝宮，祠春秋，稱東藩，效宜陽。」

【注釋】❶韓王　指韓襄王。❷廝徒　供雜役的人。❸負養　也是供雜役的人，如伙夫、馬夫等。❹為　假如。❺徼亭　設在邊境上的驛亭，供巡邏用。❻鄣塞　屏障要塞。❼見卒　現有的士卒。❽虎摯之士　勇猛的士卒。摯，通「鷙」。鷙鳥是種凶猛的鳥。❾跿跔　跳躍。❿科頭　不戴頭盔。⓫貫頤　彎弓。貫，彎。頤，弓名。⓬奮戟　執戟奮怒入陣。⓭趹後　後腳踢地奔跑。⓮蹄間三尋　蹄跡相隔三尋，指馬的步距遠。尋，七尺。⓯冒胄　戴上頭盔。⓰徒裎　赤身裸體。裎，裸。⓱孟賁　古代勇士名。⓲烏獲　大力士名。⓳比周　結夥營私。⓴詿誤　錯誤。㉑鴻臺　當是韓宮名。㉒桑林　當是韓國苑囿名。㉓為敝邑　據《史記・張儀列傳》此三字當刪。㉔秦王　指秦惠王。㉕御史　史官名。在這裡實際上是稱韓王，與「左右」、「執事」的用法相同。㉖須　待。

【語譯】張儀為秦國以連橫遊說韓王道：「韓國地勢險惡，處在山區，所生長的五穀，不是麥便是豆；人們所吃的，大都是豆子飯、豆葉羹；只要一年收成不好，人們便連粗劣的食物也吃不飽；國土方圓不到九百里，沒有積存可供兩年吃的糧食。料想大王的士卒，總共不超過三十萬，而且還包括那些幹雜活的人在裡面。假如除去那些防守驛亭、屏障、要塞的人，現有的士卒，不會超過二十萬。秦國的軍隊有一百多萬，戰車千輛，坐騎萬匹，勇猛的武士，跳越障礙，不戴頭盔，彎弓射箭，執戟奮戰的人，到了不可計數的地步。秦國戰馬精良，軍隊眾多。戰馬前腳前伸，後腿踢起，兩個蹄跡之間相距到二丈一尺的馬，也不可數計。山東諸侯的士卒，要披上鎧甲、蒙上頭盔去會戰；秦人卻拋棄鎧甲，打著赤膊奔向敵人，左手提著人頭，右手挾著活的戰俘。秦國的士卒和山東諸侯的士卒比較，就好像孟賁和懦夫一樣；用重力相壓，就好像烏獲和嬰兒一樣。和孟賁、烏獲一般的勇士交戰，去進攻不臣服的弱國，與用千鈞之重的物體，集中加在鳥卵之上沒有什麼不同，一定沒有僥倖可言了。諸侯不想想自己兵力弱，糧食少，卻聽信鼓吹合縱的人的甜言蜜語，結夥營私，互相誇飾，都說：『聽我的計謀就可強霸天下。』不顧國家的長遠利益，而聽一時的遊說，使君主犯錯誤，沒有比這更壞的了。大王如果不侍奉秦國，秦國出兵占據宜陽，斷絕韓國上方土地的交通；向東奪取成皋、宜陽，那麼鴻臺的宮室，桑林的苑囿，就不是大王所有了。堵塞成皋關塞，斷絕和上方土地的交通，那麼大王的國家就一分為二了。事先侍奉秦國就安全，不侍奉秦國就危險。製造災禍而想追求幸福，計謀短淺而怨恨深重，反對秦國而順從楚國，即使想不要滅亡，是不可能的啊。所以替大王著想，不如侍奉秦國。秦國所想的事，沒有哪一件比得上削弱楚國來得重要，而能夠削弱楚國的，沒有哪個國家比得上韓國。這不是因為韓國比楚國強，那是因為地勢使得這樣啊。現在大王如果向西侍奉秦國，而進攻楚國，秦王必定高興。進攻楚國而私自占有它的土地，嫁禍楚國，取悅秦國，沒有什麼計謀比這更有利的啊。所以秦王派我做使臣獻書給大王的御史，等待大王作出決斷。」韓王說：「幸虧客人教導我，請讓我們韓國自比於秦國的郡縣，替秦王建築行宮，春秋兩季進貢祭祀用品，自稱是東邊的藩國，獻上宜陽。」

宣王謂摎留

【題解】摎留勸韓宣惠王不能同時重用兩位大臣。

宣王❶謂摎留❷曰：「吾欲兩用公仲❸、公叔❹，其可乎？」對曰：「不可。晉用六卿❺而國分，簡公❻用田成❼、監止❽而簡公弒❾，魏兩用犀首❿、張儀而西河之外⓫亡⓬。今王兩用之，其多力者內樹其黨，其寡力者籍⓭外權。群臣或內樹其黨以擅其主⑭，或外為交以裂其地，則王之國必危⑮矣。」

【注釋】❶宣王 《韓非子》〈說林上〉、〈難一〉作「韓宣王」。即宣惠王。❷摎留 韓臣。《韓非子》作「樛留」。❸公仲 曾為韓相。❹公叔 韓公族。❺六卿 即春秋末年晉國的范氏、中行氏、智氏、趙氏、魏氏、韓氏。❻簡公 指春秋末年的齊簡公。❼田成 即田常成子，齊國左相。❽監止 齊國右相。❾簡公弒 齊簡公用田成、監止為左右相，監止受到齊簡公的寵幸，田常便用小斗收、大斗出的辦法收買民心，然後殺監止，弒簡公。❿犀首 即公孫衍。張儀先相魏，公孫衍和他的關係不好，後來取代張儀，做了魏相。⓫西河之外 魏國黃河以西的地方。⓬亡 丟失。⓭籍 通「藉」。⓮擅其主 專向他的君主攬權。⓯國必危 指有亡國的危險。《韓非子・亡徵》說：「大臣兩重，父兄眾強，內黨外援以爭勢者，可亡也。」和摎留的說法完全相同。

【語譯】韓宣惠王對摎留說：「我想用公仲、公叔兩人，行嗎？」摎留回答說：「不行。晉國用了六卿，國家便被瓜分；齊簡公用了田成、監止兩人，齊簡公便被殺害；魏國用了犀首、張儀兩人，黃河以西的土地便丟失了。現在大王用他們兩人，那勢力大的便在國內建立他的私黨，那勢力小的便會借助外國的權勢。群臣有的在國內建立私黨專向他的君主攬權，有的勾結外國割裂國家的土地，那麼大王的國家就必定危險了。」

張儀謂齊王

【題解】有人替張儀出謀劃策，利用齊、韓、魏三國的複雜關係，使張儀最終在魏國能免去禍患。

〔謂〕❶張儀：「〔臣〕❷謂齊王曰：『王不如資韓朋❸，與之逐張儀於魏❹。』

魏因相犀首❺。因以齊、魏廢韓朋，而相公叔❻以伐秦。公仲❼聞之，必不入於齊❽。

據❾公❿於魏，是公無患。」

【注釋】❶謂　姚宏本無「謂」字，此「謂」字依鮑彪本所增，故用〔　〕標明。❷臣　依鮑彪本所增。❸韓朋　即韓相公仲，名朋。❹與之逐張儀於魏　齊王曾揚言自己恨張儀，張儀所在地方，他便要出兵去攻打。所以這位替張儀出謀獻策的說客，為了張儀便故意勸說齊王資助韓朋，使魏國驅逐張儀。❺魏因相犀首　張儀本是魏相，他被逐後，他的政敵犀首（即公孫衍）便做了魏相。❻公叔　即韓公叔。韓相公仲被廢，便由公叔接任韓相。❼公仲　即韓朋。❽必不入於齊　因為齊王先是資助他，後又使韓國廢掉他，所以公仲不會到齊國去。❾據　依。❿公　你，指張儀。

【語譯】有人告訴張儀：「我對齊王說：『大王不如資助韓朋，與他合力驅逐在魏國的張儀。』魏國因而便會用犀首為相。然後再憑仗齊國、魏國來廢掉韓朋，而用公叔做韓相去攻打秦國。公仲知道了，一定不會到齊國去。他就會依靠在魏國的你，這樣你就沒有禍患了。」

楚昭獻相韓

【題解】秦國將要進攻韓國，韓國便廢除了楚人昭獻的相位。昭獻派人勸說韓公叔，讓他在韓國重新掌權。

楚昭獻❶相韓。秦且攻韓，韓廢昭獻。昭獻令人謂公叔❷曰：「不如貴昭獻以固楚，秦必曰楚、韓合矣。」

【注釋】❶昭獻　楚人。❷公叔　指韓公叔。〈韓策一・鄭彊載八百金入秦〉說：「昭獻，公叔之人也。」可見昭獻和公叔關係好，所以請公叔幫他的忙。

【語　譯】楚人昭獻做韓國的相。秦國將要進攻韓國，韓國便廢止了昭獻的相位。昭獻派人告訴公叔說：「不如重用昭獻以鞏固韓國和楚國的關係，秦國必定會說楚國、韓國聯合起來了。」

秦攻陘

【題　解】陳軫勸秦王停止進攻韓國。

秦攻陘❶，韓❷使人馳南陽之地❸。秦已馳，又攻陘，韓因割南陽之地。秦受地，又攻陘。陳軫謂秦王❹曰：「國形不便故馳，交不親故割。今割矣而交不親，馳矣而兵不止，臣恐山東之無以馳割事王者矣。且王求百金於三川❺而不可得，求千金於韓一日而具。今王攻韓，是絕上交而固私府❻也，竊為王弗取也。」

【注　釋】❶陘　韓地，即陘庭，在今山西曲沃東北。《史記・六國年表》記載韓桓惠王九年（西元前二六四年）「秦拔我陘」。❷韓　依曾鞏本應刪去「韓」字。❸馳南陽之地　王念孫說：「馳，讀為移。移，易也，謂以南陽之地易秦（當作韓）地也。下文曰『國形不便故馳』，謂兩國之地形不便，故交相易也。」（《讀書雜志・戰國策第三》）南陽，原為魏地，秦昭王三十三年為秦所有，在今河南獲嘉境內。❹秦王　指秦昭王。攻陘在秦昭王四十三年。❺三川　指今河南西部地區，因黃河、洛河、伊河而得名。❻私府　諸侯藏錢之府。

【語　譯】秦國進攻陘地，派人用南陽之地去交換韓地。秦國已經交換韓地，又進攻陘地，韓國因而就將南陽之地割還給秦國。秦國接受了土地，又進攻陘地。陳軫對秦王說：「兩國的地形不便，所以就換地；邦交不親，所以就將地割還。現在割還了土地而邦交不親，換了土地而戰爭不止，我擔心山東諸侯沒有人會用割換土地來侍奉大王的了。況且大王向三川索取百金卻得不到，向韓索取千金一下子就全部得到了。現在大王還進攻韓國，這是斷絕上等邦交而封閉私府啊，我私下認為大王不應該採取這種做法。」

五國約而攻秦

【題　解】五國攻秦，楚王為縱長，不勝而還，駐軍在成皋。魏順擔心五國會借機進攻市丘，因而前去巧說楚王不要進攻市丘。

五國約而攻秦❶，楚王❷為從長，不能傷秦，兵罷而留於成皋❸。魏順❹謂市丘君❺曰：「五國罷，必攻市丘，以償兵費。君資臣，臣請為君止天下之攻市丘。」市丘君曰：「善。」因遣之。魏順南見楚王曰：「王約五國而西伐秦，不能傷秦，天下且以是輕王而重秦，故王胡不卜交乎？」楚王曰：「奈何？」魏順曰：「天下罷，必攻市丘以償兵費。王令之勿攻市丘。五國重王，且聽王之言而不攻市丘；不重王，且反王之言而攻市丘。然則王之輕重必明矣。」故楚王卜交而市丘存。

【注　釋】❶五國約而攻秦　《史記・六國年表》記載楚懷王十一年（西元前三一八年）「五國共擊秦，不勝而還」。〈楚世家〉也說楚懷王「十一年，蘇秦約從山東六國共攻秦，楚懷王為從長。至函谷關，秦出兵擊六國，六國兵皆引而歸」。五國，指韓、趙、魏、楚、燕五國。❷楚王　楚懷王。❸成皋　又名虎牢關，在今河南滎陽汜水鎮西。❹魏順　人名，事跡不詳。

❺市丘君　當是市丘的封君。市丘，有人說即後來的市縣，在今鄭州北。

【語　譯】五國相約去進攻秦國，楚王擔任合縱聯盟的首領，沒有給秦國造成傷害，卻反而弄得軍隊疲困，留駐在成皋。魏順對市丘君說：「五國的軍隊疲困，必定進攻市丘，以補償軍費開支。你資助我，我請求為你去制止天下諸侯進攻市丘。」市丘君說：「好。」因而派遣他前往。魏順往南去見楚王說：「大王聯合五國向西進攻秦國，沒有給秦國造成傷害，天下諸侯將因此輕視大王而重視秦國，所以大王為什麼不測一測天下諸侯對大王的交情呢？」楚王說：「怎麼測驗呢？」魏順說：「天下諸侯疲困，必定進攻市丘以補償軍費開支，大王讓它們不要進攻市丘。五國如果重視大王，就將聽大王的話不去進攻市丘；如果不重視大王，就將反對大王的話去進攻市丘。這樣，大王是受輕視還是受重視就必定明白了。」結果楚王測驗出了交情，而市丘也得以保存下來。

鄭彊載八百金入秦

【題　解】泠向勸鄭彊，與其用八百金行賄來使秦國攻打韓國，不如設法使秦國懷疑韓公叔想和楚國勾結，以達到使秦國攻打韓國的目的。

鄭彊❶載八百金入秦，請以伐韓❷。泠向❸謂鄭彊曰：「公以八百金請伐人之與國❹，秦必不聽公。公不如令秦王疑公叔。」鄭彊曰：「何如？」曰：「公叔之攻楚也，以幾瑟❺之存焉，故言先楚❻也。今已令楚王奉幾瑟以車百乘居陽翟❼，令昭獻❽轉而與之處❾，旬有餘，彼已覺❿。而幾瑟，公叔之讎也；而昭獻，公叔之人也。秦王聞之，必疑公叔為楚也。」

【注釋】❶鄭彊 鄭公族，韓國滅了鄭國，他便成了韓國人。❷請以伐韓 因為韓國滅了鄭國，鄭彊要報仇。❸冷向 即冷向，曾事秦、韓。❹與國 盟國。韓國當時是秦國的盟國。❺幾瑟 韓太子嬰的弟弟，當時在楚國做人質，和韓公叔關係不好。❻先楚 先進攻楚國。❼陽翟 是韓國的舊都，在今河南禹縣。❽昭獻 楚人，曾為韓相，和韓公叔的關係好。因為秦國將要進攻韓國，韓國便免去了昭獻的相位。❾與之處 昭獻是楚國人，和韓公叔關係好，現在讓昭獻與韓公叔的政敵幾瑟相處，就表明韓公叔有了變化，可能與楚國勾結。之，指代幾瑟。❿彼已覺 他已發覺。彼，指公叔。

【語譯】鄭彊載著八百金進入秦國，請求秦國討伐韓國。冷向告訴鄭彊說：「你用八百金請求進攻別人的盟國，秦國必定不會聽你的話。你不如讓秦王懷疑韓公叔。」鄭彊說：「怎麼樣才能使秦王懷疑韓公叔呢？」冷向說：「公叔進攻楚國，是因為幾瑟在楚國，所以提議先進攻楚國。現在已經讓楚王用一百輛車將幾瑟奉送到陽翟，讓昭獻轉而和幾瑟相處在一起，已經處了十多天，公叔已經發覺。而幾瑟是公叔的仇敵，昭獻是公叔的人。秦王聽說了這件事，必定懷疑公叔在幫助楚國啊。」

鄭彊之走張儀於秦

【題解】鄭彊西行見秦王，使秦王驅逐張儀。

鄭彊之走張儀❶於秦，曰：「儀之使者，必之楚矣。」故謂大宰❷曰：「公留儀之使者，彊請西圖儀於秦。」故因而❸請秦王❹曰：「張儀使人致上庸❺之地，故使使臣再拜謁❻秦王。」秦王怒，張儀走。

【注釋】❶走張儀　使張儀逃跑，實際上是被驅逐。走，逃走。《史記・張儀列傳》記載秦武王元年（西元前三一〇年）秦國群臣日夜說張儀的壞話，他便從秦國到了魏國。❷大宰　官名，即太宰。這裡是指楚國的太宰。❸而　據姚宏注及鮑彪本當作「西」。❹秦王　指秦武王。❺上庸　本是楚地，當時已屬秦，在今湖北竹山。❻謁　稟告。

【語譯】鄭彊要使張儀從秦國逃走，說：「張儀的使者，必定前往楚國了。」所以他告訴楚國的太宰說：「你留住張儀的使者，我鄭彊請求西行去秦國設謀讓張儀離開。」因此便西行對秦王說：「張儀派人將上庸之地送給楚國，所以楚國派我做使臣來再次拜見並稟告秦王。」秦王發怒，張儀便逃走。

宜陽之役

【題解】秦臣公孫顯與甘茂爭權，楊達建議公孫顯進攻西周，以破壞甘茂攻韓的行動。

宜陽❶之役，楊達❷謂公孫顯❸曰：「請為公以五萬攻西周，得之，是以九鼎❹印❺甘茂❻也。不然，秦攻西周，天下惡之，其救韓必疲，則茂事❼敗矣。」

【注釋】❶宜陽　韓邑，在今河南西部。秦武王三年（西元前三〇八年）甘茂進攻宜陽。❷楊達　人名，事跡不詳。❸公孫顯　秦臣。據〈秦策二・秦惠王死公孫衍欲窮張儀〉，公孫顯是從韓國召到秦國做官的。他這次破壞甘茂攻韓，可能與他過去是韓臣有關。❹九鼎　傳國之寶。相傳夏禹所鑄，商時遷至商邑，周時遷至洛邑。❺印　依鮑彪本〈秦策〉文當作「抑」。❻甘茂　秦武王時為左丞相。❼茂事　指甘茂進攻韓國宜陽的事。

【語　譯】宜陽戰役，楊達對公孫顯說：「請允許我替你用五萬軍隊去進攻西周國，如果得到了西周國，這樣便能用九鼎壓制甘茂啊。即使不能達到這個目的，秦國進攻了西周國，天下諸侯憎恨秦國，必定很快救援韓國，那麼甘茂進攻韓國的事也就失敗了。」

秦圍宜陽

【題　解】秦國圍攻韓國的宜陽，游騰勸韓相公仲聯合趙國，威脅魏國，資助齊國打敗楚國，以使魏國背離秦國，楚國不能援助秦國，這樣秦國便陷於孤立而不能攻下宜陽。

秦圍宜陽❶，游騰❷謂公仲❸曰：「公何不與趙藺❹、離石❺、祁❻，以質❼許地，則樓緩❽必敗矣。收韓、趙之兵以臨魏，樓鼻❾必敗矣。韓❿為一，魏必倍⓫秦，甘茂⓬必敗矣。以成陽⓭資翟強⓮於齊，楚必敗之⓯，須秦必敗⓰。秦失魏，宜陽必不拔矣。」

【注　釋】❶秦圍宜陽　秦武王三年（西元前三〇八年），丞相甘茂進攻韓國的宜陽，五個月攻不下來。❷游騰　周臣。❸公仲　韓國的相。❹藺　靠近離石，在今山西境內。❺離石　即今山西離石。❻祁　即今山西祁縣。據〈趙策三・秦攻趙藺離石祁拔〉，藺、離石、祁本是趙邑，為秦所拔。從本文看，可能後來又為韓國所有。❼質　人質，指趙國的人質。❽樓緩　趙人，秦昭王七年以後才為秦相。這時候他應當還在趙國。樓緩想讓趙國和秦國聯合，如果韓國和趙國聯合，樓緩就失敗了。❾樓鼻　魏國的臣子，想要魏國親秦。現在韓國、趙國聯合起來威脅魏國，親秦的樓鼻便要失敗。❿韓　據姚宏注及鮑彪本，「韓」下當添一「趙」字。⓫倍　背。⓬甘茂　秦相，率兵攻宜陽的就是他。甘茂沒有趙、魏的支持便要失敗。⓭成陽　有人說在今河南淮北地區。⓮翟強　魏國的相，親齊，主張魏國和齊國、秦國聯合排斥楚國。⓯楚必敗之　齊國得到成陽更加強大，必定能打敗楚國。之，句末語氣詞。⓰須秦必敗　據〈楚世家〉，楚懷王當時親秦，楚失敗便不能助秦，故秦必敗。須，待。

【語　譯】秦國圍攻宜陽，游騰對公仲說：「你為什麼不把藺、離石、祁等地還給趙國，用人質作為答應還地的條件，那麼趙國的樓緩就必定失敗了。集合韓國、趙國的軍隊開到魏國去，魏國的樓鼻就必定失敗了。韓國、趙國合而為一，魏國必定會背離秦國，甘茂就必定要失敗了。將成陽送給齊國來資助翟強，楚國必定失敗，也就可以等待秦國失敗了。秦國失去了魏國，宜陽就必定不能攻下來了。」

公仲以宜陽之故仇甘茂

【題　解】宜陽之戰，韓相公仲和秦相甘茂結了仇。戰後秦國將武遂歸還韓國，引起了秦王對甘茂的懷疑，杜聊為了公仲趁機成功地離間了秦王和甘茂的關係。

公仲以宜陽之故，仇甘茂❶。其後，秦歸武遂於韓❷，已而，秦王❸固疑甘茂之以武遂解於公仲也。杜赫❹為公仲謂秦王曰：「明❺也願因茂以事王❻。」秦王大怒於甘茂，故樗里疾大說杜聊❼。

【注　釋】❶仇甘茂　因為甘茂發動了對宜陽的進攻，所以韓相公仲仇恨他。❷秦歸武遂於韓　秦昭王時，甘茂向昭王提出將武遂還給了韓國。事在秦昭王元年（西元前三〇六年）。武遂，韓地，被秦國奪取，在今山西臨汾。❸秦王　指秦昭王。❹杜赫　據鮑彪本及下文當作「杜聊」，韓國人。❺明　當作「朋」，是韓相公仲的名。❻願因茂以事王　公仲願通過甘茂去侍奉秦王，表明公仲和甘茂關係密切，也就證實了秦王對甘茂的懷疑。❼樗里疾大說杜聊　樗里疾和甘茂的關係不好，因為杜聊的話使得秦王惱怒甘茂，所以樗里疾很喜歡杜聊。樗里疾，秦國的左丞相。

【語譯】公仲因為宜陽的緣故仇恨甘茂。那以後，秦國將武遂歸還韓國，不久，秦王懷疑甘茂用武遂和公仲化解怨恨。杜聊為了公仲對秦王說：「公仲朋呀，願意通過甘茂來侍奉大王。」秦王對甘茂大為惱火，所以樗里疾很喜歡杜聊。

秦韓戰於濁澤

【題解】秦、韓戰於濁澤，韓國想割地求和，以便聯合秦國進攻楚國，嫁禍於人。楚國及時採取對策，虛張聲勢，出兵救韓，以破壞秦、韓聯盟，使秦國大敗韓國。

秦、韓戰於濁澤❶，韓氏急。公仲明❷謂韓王❸曰：「與國不可恃。今秦之心欲伐楚，王不如因張儀為和於秦，賂之以一名都，與之伐楚。此以一❹易二❺之計也。」韓王曰：「善。」乃儆❻公仲之行，將西講於秦。

【章旨】秦、韓濁澤之戰，公仲建議與秦講和，以便嫁禍於楚。

【注釋】❶濁澤　帛書〈公仲倗謂韓王〉作「蜀潢」，即蜀津，韓地，在今河南長葛西。這次戰爭發生在韓宣惠王十八年（西元前三一五年）。❷公仲明　帛書作「公仲倗」，韓相。❸韓王　指韓宣惠王。❹一　指一名都。❺二　指解秦圍與伐楚。❻儆　戒備；提高警惕。

【語　譯】秦國與韓國在濁澤作戰，韓國情勢危急。公仲朋對韓王說：「盟國不可靠。現在秦國的心裡是想進攻楚國，大王不如通過張儀與秦國講和，用一名都去賄賂秦國，和秦國一起去進攻楚國。這是用一失換二利的計謀啊。」韓王說：「說得好。」於是要公仲謹慎行事，將要西行與秦國講和。

楚王❶聞之大恐，召陳軫❷而告之。陳軫曰：「秦之欲伐我久矣，今又得韓之名都一而具甲❸，秦、韓并兵南鄉❹，此秦所以廟祠❺而求也。今已得之矣，楚國必伐矣。王聽臣，為之儆四境之內選師❻，言救韓，令戰車滿道路；發信臣，多其車，重其幣，使信王之救己也。縱❼韓為不能聽我，韓必德❽王也，必不為鴈行❾以來。是秦、韓不和，兵雖至，楚國不大病矣。為❿能聽我絕和於秦，秦必大怒，以厚怨於韓。韓得楚救，必輕秦。輕秦，其應秦必不敬。是我困⓫秦、韓之兵，而免楚國之患也。」楚王大說，乃儆四境之內選師，言救韓，發信臣⓬，多其車，重其幣，謂韓王曰：「弊邑雖小，已悉起之矣。願大國遂肆意於秦，弊邑將以楚殉⓭韓。」

【章　旨】楚王用陳軫的計謀，以出兵救韓為名，離間韓國和秦國的關係。

【注　釋】❶楚王　指楚懷王。❷陳軫　遊說之士，與張儀同事秦惠王，爭寵，惠王用張儀為相，陳軫便投奔楚國，時為楚懷王五年（西元前三二四年）。❸具甲　準備甲士。《韓非子・十過》作「驅其練甲」。❹鄉　同「向」。❺廟祠　相當於禱祀。

❻選師　帛書作「興師」。《史記·韓世家》作「起師」。❼縱　即使。❽德　感激。❾鴈行　相次而行，並列前進。❿為　如。⓫困　《史記·韓世家》作「因」。⓬信臣　誠信的臣子。⓭殉　以死相從。

【語　譯】楚王聽說這件事，很恐慌，便召見陳軫，把事情告訴了他。陳軫說：「秦國想進攻我們已經很久了，現在又得到韓國的一個名都，而且準備了甲士，秦國、韓國組成聯軍向南進攻，這是秦國所祈禱而求的啊。現在秦國已經得逞了，楚國必定遭受進攻了。大王聽我的計謀，戒令四境之內起兵，說是要去救援韓國，讓戰車塞滿道路；派遣忠誠的使者，讓他帶上很多的車子，很重的禮物，使韓國相信楚國要救援自己。即使韓國不能聽從我們的話與秦國作戰，韓國也必定會感激大王啊，一定不會和秦國一起像雁飛一樣並列前進而來進攻楚國。這樣，秦國、韓國不和，軍隊即使來到，對楚國也不會造成大的災難。如果韓國能聽從我們的話與秦國絕交，秦國就必定大為惱火，而深深地怨恨韓國。韓國得到楚國的救援，必定會輕視秦國。輕視秦國，它對秦國就一定會沒有禮貌。這樣，我們就使秦國、韓國的軍隊陷入困境，而免去楚國的禍患啊。」楚王聽了很高興，於是戒令四境之內出兵，說是要去救援韓國，派出忠誠的使令者，讓他帶上很多的車子，很重的禮物，對韓王說：「敝國雖然小，可是已經全部起兵了。希望貴國盡力地對付秦國，敝楚國將拚著死命跟隨韓國。」

韓王大說，乃止公仲。公仲曰：「不可，夫以實告❶我者，秦也；以虛名救我者，楚也。恃楚之虛名，輕絕強秦之敵，必為天下笑矣。且楚、韓非兄弟之國也，又非素約而謀伐秦矣❷。秦欲伐楚，楚因以起師言救韓❸，此必陳軫之謀也。且王以❹使人報於秦矣，今弗行，是欺秦也。夫輕強秦之禍，而信楚之謀臣，王必悔之矣。」韓王弗聽，遂絕和於秦。秦果大怒，興師❺與韓氏戰於岸門❻，楚救不至，韓氏大敗。

【章　旨】公仲識破了陳軫的計謀，但韓王不聽公仲的勸告而和秦國絕交，結果被秦國大敗。

【注　釋】❶告　據帛書當作「苦」。❷矣　帛書及《史記‧韓世家》作「也」。❸因以起師言救韓　這句《史記‧韓世家》作「已有伐形，因發兵言救韓」。❹以　通「已」。❺興師　帛書作「益師」，《史記‧韓世家》作「益甲」，都是說秦在原有的伐韓部隊的基礎上又增加了部隊。❻岸門　在今河南許昌境內。《史記‧韓世家》說岸門之戰發生在韓宣惠王十九年（西元前三一四年）。

【語　譯】韓王很高興，於是阻止公仲前往秦國。公仲說：「不行。用實力使我們困苦的是秦國，用空名救我們的是楚國。依靠楚國的空名，而和強大的敵手秦國絕交，必定被天下人所笑。況且楚、韓不是兄弟之國，又不是本來就約好了合謀去進攻秦國。秦國想進攻楚國，楚國因而起兵說要救援韓國，這一定是陳軫的計謀啊。再說大王已經派人報告秦國了，現在不讓我去，這是欺騙秦國啊。輕視強大的秦國所帶來的禍患，而去相信楚國的謀臣，大王必定要懊悔了。」韓王不聽從，於是拒絕與秦國講和。秦國果然大怒，增加軍隊，和韓國在岸門交戰，楚國的救兵不來，韓國因而大敗。

韓氏之兵非削弱也，民非蒙愚也，兵為秦禽❶，智為楚笑，過聽於陳軫，失計於韓明❷也。

【章　旨】說明這次韓國遭禍的原因。這是記敘這一事件的人的評語，類似《史記》中的「太史公曰」。

【注　釋】❶禽　通「擒」。❷韓明　當作「韓朋」。朋，公仲的名。

【語　譯】韓國的軍隊並不弱，人民也不愚蠢，而它的士兵卻被秦國所擒獲，智謀卻被楚國所恥笑，這是因為錯誤地聽信了陳軫的話、拒絕了韓朋的計策啊。

顏率見公仲

【題　解】公仲不願見顏率。顏率便故意通過謁者用話去激他，暗示要說直話揭他的老底。公仲於是見了顏率。不卑躬、不討好，在說辭中別具一格。

顏率❶見公仲❷，公仲不見。顏率謂公仲之謁者❸曰：「公仲必以率為陽❹也，故不見率也。公仲好內❺，率曰好士；仲❻嗇於財，率曰散施；公仲無行，率曰好義。自今以來，率且正言之而已矣。」公仲之謁者以告公仲，公仲遽起而見之。

【注　釋】❶顏率　周人。❷公仲　韓相。❸謁者　負責傳達迎接賓客的官員。❹陽　通「佯」。假裝。❺內　女色。❻仲　鮑彪本作「公仲」。

【語　譯】顏率去見公仲，公仲不見他。顏率對公仲的傳達官員說：「公仲一定認為我虛偽，所以不見我啊。公仲喜歡女色，我卻說他喜歡男子；公仲對錢財吝嗇，我卻說他布施恩惠；公仲品行不好，我卻說他急公好義。從今以後，我顏率將要說直話了。」公仲守門的官員將這些話告訴公仲，公仲馬上起來接見顏率。

韓公仲謂向壽

【題　解】據《史記・樗里子甘茂列傳》記載，甘茂攻下宜陽後，韓公仲到秦國謝罪求和，秦國派向壽去守宜陽，派樗里子、甘茂去進攻魏國的皮氏。向壽到了楚國，受到隆重的接待。回來後，為秦駐守宜陽，將要進攻韓國。於是公仲派蘇代去遊說向壽，告訴他：困獸猶鬥，公仲和他的黨徒將不會甘休。你只有親韓備楚，在秦王面前表明你沒有偏袒楚國，才能保住你在秦國的地位。你要和韓國親善，便要用秦國的名義要求楚國將潁川歸還韓國。

韓公仲謂向壽曰❶：「禽困覆車。公破韓❷，辱公仲，公仲收國復事秦，自以為必可以封❸。今公與楚解❹，中封小令尹❺以桂陽❻。秦、楚合，復攻韓，韓必亡。公仲躬率其私徒以鬥❼於秦，願公之熟計之也。」

【章　旨】蘇代先告訴向壽：困獸猶鬥，公仲受辱還侍奉秦國，你卻和楚國聯合，要再進攻韓國，公仲和他的黨徒將和秦國作鬥爭。

【注　釋】❶韓公仲謂向壽曰　《史記・樗里子甘茂列傳》這句作「韓公仲使蘇代謂向壽曰」，可見公仲並沒有和向壽直接對話。公仲，韓相。向壽，宣太后外族，和宣太后的兒子秦昭王小時一起長大，秦國攻下宜陽後，派向壽守宜陽。❷公破韓　向壽曾協助甘茂攻宜陽。公，指向壽。破韓，指攻下宜陽事。❸封　指受秦封。❹解　和解。❺令尹　楚官名。❻桂陽　依《史記・樗里子甘茂列傳》當作「杜陽」，在今陝西麟游，是秦地。❼鬥　當是困獸猶鬥的「鬥」，鮑彪注「謂且賊壽於秦」，以為是指暗殺而言。

【語　譯】韓公仲派蘇代對向壽說：「受困的野獸還可以顛覆車子。你打敗韓國，侮辱公仲，公仲收拾國家再侍奉秦國，自己認為必定可以得到封賞。現在你與楚國和解，把國中的杜陽封給楚國的小令尹。秦國、楚國聯合起來，再來進攻韓國，韓國必定滅亡。公仲將親自率領他的黨徒向秦國作鬥爭，希望你仔細考慮啊。」

向壽曰：「吾合秦、楚，非以當韓也，子為我謁之公仲曰：『秦、韓之交可合也。』」對曰：「願有復❶於公。諺曰：『貴其所以貴者貴。』今王❷之愛習❸公也，不如公孫郝❹；其知能❺公也，不如甘茂❻。今二人者，皆不得親於事矣，而公獨與王主斷於國者，彼有以失之也。公孫郝黨於韓，而甘茂黨於魏，故王不信也。今秦、楚爭強，而公黨於楚，是與公孫郝、甘茂同道也。公何以異之？人皆言楚之多變也，而公必❼之，是自為貴❽也。公不如與王謀其變也，善韓以備之，若此，則無禍矣。韓氏先以國從公孫郝，而後委國於甘茂，是韓，公之讎也❾。今公言善韓以備楚，是外舉不辟讎❿也。」

【章　旨】蘇代再告訴向壽：你因為沒有偏袒別國才受到秦王重用，現在你偏袒楚國，和那些因偏袒別國而不受秦王重用的人沒有區別，你不如親善韓國、防備楚國，以求無禍。

【注　釋】❶復　白；稟告。❷王　指秦昭王。❸習　親幸。❹公孫郝　秦臣，即公孫赫，《史記・樗里子甘茂列傳》作「公孫奭」。❺知能　即智能，意動用法。❻甘茂　秦左丞相。❼必　絕對相信。❽貴　自貴，承上「貴其所以貴者貴」，向壽自以為是，絕對相信楚國不會變，這樣便不是「貴其所以貴者」，而是「自為貴」。《史記》作「自為責」，今不採其說。❾韓公之讎也　公孫郝、甘茂都失寵，而向壽得寵，向壽和公孫郝、甘茂的關係不會很好，而韓國先後投靠公孫郝和甘茂，所以是向壽的仇敵。❿辟讎　即避讎。春秋時晉國的祁奚請求退休，晉悼公問誰可接替他，他推舉他的仇人解狐，因此人們稱讚他「可謂不黨矣！外舉不隱仇」（見《左傳》襄公三年、《史記・晉世家》）。

【語　譯】向壽說：「我聯合秦國、楚國，不是用來抵擋韓國啊。你替我告訴公仲說：『秦國與韓國的邦交可以和好。』」蘇代回答說：「有話願向你稟告。俗話說：『重視別人所重視的人，才可以受到別人重視。』現在秦王寵愛你比不上他寵愛公孫郝，他認為你的智能也比不上甘茂。現在他們兩人，都不能親自參與秦國的國事了，而你偏偏能和秦王主斷國家大事，那是什麼原因呢？是因為他們失去了秦王的信任啊。公孫郝偏袒韓國，而甘茂偏袒魏國，所以秦王不相信他們啊。現在秦國和楚國爭強，而你偏袒楚國，這是和公孫郝、甘茂走的同一條道路啊。你怎麼能和他們兩人區別開來呢？人們都說楚國多變，而你絕對相信它，這是你自己重視自己啊。你不如和秦王商議楚國的多變，親善韓國，以防備楚國，假若能這樣，你就沒有災禍了。韓國先是用國家去附隨公孫郝，後來又將國事委託給甘茂，這樣說來，韓國就是你的仇敵啊。現在你主動提出和韓國親善，去防備楚國，這是推舉外賢不避開仇敵的舉動啊。」

向壽曰：「吾甚欲韓合。」對曰：「甘茂許公仲以武遂❶，反❷宜陽之民，今公徒令收之，甚難。」向子曰：「然則奈何？武遂終不可得已。」對曰：「公何不以秦為韓求穎川❸於楚，此乃韓之寄地❹也。公求而得之，是令行於楚而以其地德韓也；公求而弗得，是韓、楚之怨不解，而交走❺秦也。秦、楚爭強，而公過楚❻以攻韓❼，此利於秦。」向子曰：「奈何？」對曰：「此善事也。甘茂欲以魏取齊，公孫郝欲以韓取齊，今公取宜陽以為功，收楚、韓以安之，而誅齊、魏之罪，是以公孫郝、甘茂之❽無事也。」

【章旨】蘇代再告訴向壽：秦國要和韓國親善，不能毫無表示，你為何不出面要求楚國將潁川歸還韓國？

【注釋】❶武遂 韓地，在今山西臨汾，被秦國奪取，甘茂向秦昭王提出將武遂還給了韓國。❷反 同「返」。❸潁川 即「潁川」，在今河南許昌。❹寄地 潁川本是韓地，被楚國奪去，所以是寄地。❺走 趨赴；趨向。❻過楚 責備楚國。❼攻韓 據《史記・樗里子甘茂列傳》當作「收韓」。❽之 據《史記・樗里子甘茂列傳》及鮑彪本，「之」字當是衍文。

【語譯】向壽說：「我很想和韓國聯合。」蘇代回答說：「甘茂答應公仲將武遂歸還韓國，讓宜陽的居民回到宜陽去，現在你想白白地就將韓國拉到自己一邊，很困難。」向壽說：「這樣說來該怎麼辦？武遂終究不可能再得到了。」蘇代回答說：「你為什麼不用秦國的名義替韓國向楚國要求歸還潁川，這是韓國寄存在楚國的土地啊。你的要求如果得到滿足，這就是你的命令在楚國能得到執行，而且用潁川之地使韓國感激你啊；如果你的要求得不到滿足，這樣韓國與楚國的怨仇就得不到和解，而會交互趨赴秦國啊。秦國和楚國爭強，而你責備楚國以拉攏韓國，這對秦國有利。」向壽說：「怎麼回事？」蘇代回答說：「這是好事啊。甘茂想用魏國爭取齊國，公孫郝想用韓國爭取齊國，現在你奪取宜陽作為自己的功勞，拉攏楚國、韓國以安定局勢，責備齊國、魏國的罪過，因此公孫郝、甘茂就無事可做了啊。」

或謂公仲曰聽者聽國

【題解】有個說客勸韓國的公仲在齊、魏之爭中保持中立，並且提出了為達到這一目的的具體辦法。

或謂公仲❶曰：「聽者聽國❷，非必聽實❸也。故先王聽諺言於市，願公之聽臣言也。公求中立於秦而弗能得也，善公孫郝❹以難甘茂❺，勸齊兵以勸❻止魏，楚、趙皆公之讎也❼。臣恐國之以此為患也，願公之復求中立於秦也。」

【章旨】說客勸公仲如果在齊、魏之爭中不保持中立，將給韓國帶來禍患。

【注釋】❶公仲　韓相。❷聽國　傾聽國人的聲音。鮑彪注：「謂聽於眾。」❸實　依金正煒《戰國策補釋》疑「實」當為「貴」之誤。❹公孫郝　秦臣，偏袒齊國，下文說「公孫郝黨於齊」。所以「善公孫郝」就等於偏向齊國，放棄了中立。❺甘茂　秦相，偏袒魏國，上篇說「甘茂黨於魏」。所以「難甘茂」就等於壓制魏，也是放棄了中立。❻勸　疑是衍文。❼楚趙皆公之讎也　楚、趙兩國都和齊國關係不好，現在公仲偏向齊國，放棄中立，便成了楚、趙兩國的仇敵。

【語譯】有個說客對公仲說：「聽取意見要聽從國人的聲音，不一定要聽從貴人的聲音啊。所以先王在市場上聽取諺語，希望你聽從我的話啊。你向秦國要求在齊、魏之爭中保持中立而沒有得到許可，你就和公孫郝親善去為難甘茂，勸齊國出兵攻魏，以制止魏國攻齊，這樣楚國、趙國就都成了你的仇敵啊。我擔心韓國因此造成禍患，希望你再向秦國要求在齊、魏之爭中保持中立啊。」

公仲曰：「奈何？」對曰：「秦王❶以公孫郝為黨於公而弗之聽，甘茂不善於公而弗為公言，公何不因行願❷以與秦王語？行願之為秦王臣也公❸。臣請為公謂秦王曰❹：『齊、魏合與離，於秦孰利？齊、魏別與合，於秦孰強？』秦王必曰：『齊、魏離，則秦重；合，則秦輕。齊、魏別，則秦強；合，則秦弱。』

臣即曰：『今王聽公孫郝，以韓、秦之兵應齊而攻魏，魏不敢戰，歸地而合於齊，是秦輕也，臣以公孫郝為不忠。今王聽甘茂，以韓、秦之兵據魏而攻齊，齊不敢戰，不求割地而合於魏，是秦輕也，臣以甘茂為不忠。故王不如令韓中立以攻齊❺，齊王❻言救魏以勁之❼，齊、魏不能相聽❽，久離❾兵史❿。王欲⓫，則信公孫郝於齊，為韓取南陽⓬，易穀川⓭以歸，此惠王⓮之願也。王欲，則信甘茂於魏，以韓、秦之兵據魏以郄⓯齊，此武王⓰之願也。臣以為令韓以⓱中立以勁⓲齊，最秦之大急也。公孫郝黨於齊而不肯言，甘茂薄⓳而不敢謁也。此二人，王之大患也。願王之熟計之也。』

【章　旨】說客向公仲提出韓國保持中立的辦法：一是通過行願去勸說秦王，二是自己為公仲去勸說秦王。

【注　釋】❶秦王　指秦昭王。❷行願　人名，事跡不詳。❸公　鮑彪注：「無私。秦王信之，故可因。」❹臣請為公謂秦王曰　這句當是說某說客本人為公仲去勸說秦王允許韓國在齊、魏之爭中保持中立。吳師道《補正》認為是某說客「請行願為公仲言於秦王」，譯文未用其說。❺令韓中立以攻齊　從這句看，韓國名為中立，實際是偏袒魏國。❻齊王　依鮑彪本「齊」是衍文。王，指秦王。❼勁之　加強韓國。勁，強。之，指代韓。❽不能相聽　相互誰也不聽誰，誰也不服誰。❾離　通「罹」。遭受。❿史　當作「事」。⓫欲　想怎麼樣就怎麼樣。⓬南陽　在今河南境內，當時當是魏地。⓭穀川　發源今河南新安西北，流經洛陽入洛水。穀川流經之地當時為韓所有。⓮惠王　指秦惠王。⓯郄　當作「卻」，疲。⓰武王　指秦武王。⓱以　依劉敞本當無「以」字。⓲勁　據上文「令韓中立以攻齊」，「勁」當作「攻」。⓳甘茂薄　甘茂是下蔡人，在秦國自稱是羈旅之臣，故言薄。

【語　譯】公仲說：「怎麼辦好？」這個說客回答說：「秦王認為公孫郝偏袒你而不聽從他的話，甘茂對你不好不會替你說話，你為什麼不通過行願去向秦王傳話？行願作為秦王的臣子，公正無私，是可以發生作用的。另外，我請求為你去對秦王說：『齊國和魏國聯合或是分離，哪樣對秦國有利？齊國和魏國分離或是聯合，哪樣能使秦國強大？』秦王必定會說：『齊國和魏國分離，秦國就受到重視；聯合，秦國就被輕視。齊國和魏國分離，秦國就強大；聯合，秦國就弱小。』我就說：『現在大王聽從公孫郝的話，用韓國與秦國的軍隊響應齊國去進攻魏國，魏國不敢應戰，就會歸還土地和齊國聯合，這樣秦國便被輕視，因此我認為公孫郝是不忠的。現在大王聽從甘茂的話，用韓國和秦國的軍隊占據魏國去進攻齊國，齊國不敢應戰，不要求割地就和魏國聯合，這樣秦國也被輕視，因此我認為甘茂是不忠的。所以大王不如讓韓國保持中立去進攻齊國，大王聲稱要救援魏國以加強韓國對齊國的進攻，齊國、魏國就誰也不聽從誰的話，長期遭受戰爭之苦。大王想怎麼做就怎麼做，可以相信公孫郝的話偏向齊國，替韓國奪取魏國的南陽，換取韓國穀川一帶的土地而回，這是惠王的心願啊。大王想怎麼做就怎麼做，也可以相信甘茂的話偏向魏國，用韓國與秦國的部隊占據魏國以使齊國疲困，這是武王的心願啊。我認為讓韓國保持中立去進攻齊國，這是秦國最為緊急的大事。公孫郝偏袒齊國而不肯說，甘茂勢單力薄而不敢稟告，這兩個人，是大王的大患啊。希望大王仔細考慮這件事。』」

韓公仲相

【題　解】秦國與魏國會盟，想和齊國親善而使齊國與楚國斷絕關係。楚國的景鯉參加了這次會盟，楚王因而將要處罰景鯉。有個說客為了景鯉遊說楚王，說景鯉參加秦、魏會盟，可引起齊國的疑慮，使齊國重視楚國，因此不要處罰景鯉，楚王表示同意。

韓公仲相❶。齊、楚之交善秦❷。秦、魏遇❸，且以善齊而絕齊乎楚。王❹使景鯉❺之秦，鯉與於秦、魏之遇。楚王怒景鯉，恐齊以楚遇為有陰於秦、魏也，且罪景鯉。為謂楚王曰：「臣賀鯉之與於遇也。秦、魏之遇也，將以合齊、秦而絕齊於楚也。今鯉與於遇，齊無以信魏之合己於秦而攻於楚也❻，齊又畏楚之有陰於秦、魏也，必重楚。故鯉之與於遇，王之大資也。今鯉不與於遇，魏之絕齊於楚明矣。齊、楚❼信之，必輕王，故王不如無罪景鯉，以視❽齊於有秦、魏❾，齊必重楚，而且疑秦、魏於齊❿。」王曰：「諾。」因不罪而益其列⓫。

【注　釋】❶韓公仲相　這句和下文沒有任何聯繫，懷疑是錯了簡。❷秦　據鮑彪本「秦」字當刪。❸遇　相會。魏襄王六年（西元前三一三年）、九年（西元前三一〇年）與秦王會於臨晉。❹王　指楚懷王。❺景鯉　楚臣。❻齊無以信魏句　因為楚臣景鯉參加秦、魏會盟，所以齊國無法相信魏國要齊國和秦國聯合去攻楚。❼楚　依金正煒《戰國策補釋》，「楚」字當是衍文。❽視　示。❾有秦魏　指楚有秦、魏。❿疑秦魏於齊　楚使齊懷疑秦、魏。⓫列　位。指官位、爵位。

【語　譯】韓公仲為相。齊國和楚國的關係好。秦國與魏國會盟，將用親善齊國的辦法使齊國和楚國斷絕關係。楚王派景鯉前往秦國，景鯉參加了秦國與魏國的會盟。楚王惱怒景鯉，擔心齊國認為楚國參加了這次會盟暗中和秦國、魏國有交易，將要處罰景鯉。有個說客為了景鯉去對楚王說：「我慶賀景鯉參加秦國和魏國的會盟。秦國、魏國的會盟，將要聯合齊國、秦國而使齊國與楚國絕交。現在景鯉參加了這次會盟，齊國就無法相信魏國會讓自己和秦國聯合而去進攻楚國啊，齊國又會害怕楚國暗中和秦國、魏國有交易啊，這樣必定會重視楚國。所以景鯉參加這次會盟，是大王的一大資本啊。現在如果景鯉不參與這次會盟，魏國使齊國和楚國絕交就清楚明白無可懷疑了。齊國相信了，就必定輕視大王，所以大王不如不要處罰景鯉，以便向齊國顯示楚國和秦國、魏國有交易，齊國就必定重視楚國，而且使齊國懷疑秦國、魏國。」楚王說：「好。」因而不處罰景鯉，而且給他加了官爵。

王曰向也子曰天下無道

【題　解】本篇又見於〈楚策四・虞卿謂春申君〉，所記的是趙國的虞卿和魏王的一次對話。〈楚策〉記載虞卿說服了楚國的春申君出兵攻打燕國，又去勸說魏王借路給春申君。因為虞卿過去對魏王說過楚國「天下無敵」的話，現在又對魏王說楚王「竟然想進攻燕國」，以致引起了魏王的疑問，所以便有了這次對話。表面上是虞卿向魏王解釋自己為什麼前後說話不同，實際上是以攻燕敝楚為名，騙魏王借路給春申君。

王❶曰：「向也子❷曰『天下無道❸』，今也子曰『乃❹且攻燕』者，何也？」

對曰❺：「今謂馬多力則有矣，若曰勝千鈞則不然者，何也？夫千鈞，非馬之任也。今謂楚強大則有矣，若夫越趙、魏而鬥兵於燕，則豈楚之任也哉？且非楚之任，而楚為之，是弊❻楚也。強楚、弊楚，其於王孰便也？」

【注　釋】❶王　指魏王。❷子　你，指虞卿。❸無道　依〈楚策四・虞卿謂春申君〉當作「無敵」。❹乃　竟。❺對曰　主語是虞卿。❻弊　通「敝」。疲困。

【語　譯】魏王說：「從前你說楚國『天下無敵』，現在你說楚國『竟然將進攻燕國』，這是什麼原因呢？」虞卿回答說：「現在說馬力量大是有這回事，如果說馬可以勝任三萬斤的重負就不對，那是什麼原因呢？因為三萬斤的重負不是馬所勝任得了的。現在說楚國強大是有這回事，如果要越過趙國、魏國去和燕國作戰，那難道是楚國所勝任得了的嗎？況且不是楚國所勝任得了的事而楚國卻去做，這是使楚國疲困衰弱的作法啊。使楚國強大，或者使楚國疲困衰弱，哪種作法對大王有利呀？」

或謂魏王王儆四彊之內

【題　解】有人替魏王出謀獻策，聯合楚國，進攻秦國。

或謂魏王：「王儆❶四彊❷之內，其從❸於王者，十日之內，備不具者死。王因取其游❹之舟❺上擊❻之。臣為王之楚，王胥❼臣反，乃行。」春申君❽聞之，謂使者❾曰：「子為我反，無見王矣。十日之內，數萬之眾，今❿涉魏境。」秦使聞之，以告秦王。秦王謂魏王曰：「大國有意必來，以是而足⓫矣。」

【注　釋】❶儆　警。❷彊　當作「疆」。❸從　指以兵械相從。❹游　同「旒」。古代旌旗上的飄帶。❺舟　通「輈」。泛指車。❻擊　據鮑彪本當作「繫」。❼胥　須；等待。❽春申君　楚相。❾使者　指魏國派到楚國的使者，也就是這個說客。❿今　即；馬上。⓫以是而足　秦王擔心魏、楚聯合，所以說有魏軍就足夠了。是，此，指魏軍。

【語　譯】有個說客對魏王說：「大王戒令四境之內那些隨從大王出征的人，十天之內，沒有準備好的，就定死罪。大王遂可取下旌旗上的飄帶繫在車上。我替大王前往楚國，大王待我回來以後才出兵。」春申君聽說這件事，對魏國的使者說：「你替我回去，不用見楚王了。十天之內，幾萬軍隊，馬上就到魏國的邊境上。」秦國的使者聽說這件事，向秦王作了報告。秦王告訴魏王說：「大國存心一定要來攻打，只用魏國這些部隊就足夠了。」

觀鞅謂春申

【題　解】據《史記・春申君列傳》記載，楚考烈王二十二年（西元前二四一年），山東諸侯苦於秦國的不斷進犯，便合縱攻秦，至函谷關，兵敗而歸。考烈王歸咎楚相春申君。觀津人朱英對春申君說：我認為不能怪你，形勢發生了變化，二十多年前秦國離楚國遠，不易進攻楚國；現在秦國離楚國近，秦、楚兩國將要戰鬥不已。於是楚國便從陳遷都到壽春。這裡記載的就是朱英對春申君的那次談話內容。

觀鞅❶謂春申❷曰：「人皆以楚為強，而君用之弱，其於鞅也不然。先君者❸，二十餘年未嘗見攻❹，今❺秦欲踰兵於澠隘之塞❻，不使❼；假道兩周倍韓❽以攻楚，不可。今則不然，魏且旦暮亡矣，不能愛其許、鄢陵與梧❾，割以予秦，去❿百六十里。臣之所見者，秦、楚鬥之日也已⓫。」

【注　釋】❶觀鞅　依《史記・春申君列傳》當作「觀津人朱英」。❷春申　春申君。❸先君者　在你以前當權的人。❹攻　據《史記》「攻」下當補「何也」二字。❺今　據《史記》「今」字當是衍文，宜刪去。❻澠隘之塞　楚國的險塞，也作「冥阸」，在今河南澠池附近。❼不使　據《史記》當作「不便」。❽倍韓　《史記》作「背韓魏」。❾與梧　當有誤，存疑。❿去據《史記》「去」下當添一「陳」字。陳，在今河南淮陽。楚頃襄王二十一年（西元前二七八年）遷都於此。⓫秦楚鬥之日也已　這句《史記》作「見秦楚之日鬥也」，也可解通。

【語　譯】觀津人朱英對春申君說：「人們都認為楚國強大，而你掌權以後就衰弱了，我認為不是這樣。在你以前的人掌權的時候，二十多年沒有看到秦國來進攻，那是什麼原因呢？是因為秦軍想越過澠隘要塞來進攻楚國，不方便；想借路東周、西周，背後又有韓國，這樣去進攻楚國是不行的。現在就不是這樣，魏國早晚將要滅亡了，不能愛惜它的許地、鄢陵和梧地，要割讓給秦國，這樣秦國離楚都陳就只有一百六十里。我所將要見到的就是秦國和楚爭鬥的那一天啦。」

公仲數不信於諸侯

【題　解】韓相公仲多次失信於諸侯，諸侯都謹防他。蘇代為公仲去勸說楚王，不如既聽他的話又防備他反覆無常；他現在四處碰壁，正是取信於人的時候。

公仲數不信於諸侯，諸侯錮❶之。南委國❷於楚，楚王❸弗聽。蘇代❹為❺楚王曰：「不若聽而備於其反也。明❻之反也，常仗趙而畔楚，仗齊而畔秦。今四國錮之，而無所入矣，亦甚患之，此方其為尾生❼之時也。」

【注　釋】❶錮　禁錮，在這裡有謹防的意思。❷委國　把國家交給別人，投靠別國。❸楚王　指楚懷王。❹蘇代　蘇秦的弟弟。❺為　據鮑彪本「為」下當添一「謂」字。❻明　當作「朋」，是公仲的名。❼尾生　相傳古時尾生和一女子約會在橋下，到了時候，那個女子沒有來，河水上漲，他仍不離去，抱著橋梁的柱子淹死在橋下。這裡說「為尾生之時」就是取信於人之時。

【語　譯】公仲多次失信於諸侯，諸侯都謹防他。他要把國家交給南方的楚國，楚王不聽採他的話。蘇代為了公仲對楚王說：「不如聽取他的話而防備他反覆無常。公仲朋的反覆無常，常常是依仗趙國而背叛楚國，依仗齊國而背叛秦國。現在四國都謹防他，他沒有國家可以投靠了，因而他也很憂慮，這正是他做尾生取信於人的時候啊。」

卷二七 韓策二

楚圍雍氏五月

【題解】楚國圍攻韓國的雍氏，秦國不願出兵救援。秦相甘茂擔心韓國得不到救援便會投靠楚國，以致出現楚、韓、魏三國聯合攻秦的局面，因此勸說秦王出兵救韓。

楚圍雍氏❶五月。韓令使者求救於秦，冠蓋相望也，秦師不下殽❷。韓又令尚靳❸使秦，謂秦王❹曰：「韓之於秦也，居為隱蔽，出為鴈行❺。今韓已病❻矣，秦師不下殽。臣聞之，脣揭❼者其齒寒，願大王之熟計之。」宣太后❽曰：「使者來者眾矣，獨尚子之言是。」召尚子入。宣太后謂尚子曰：「妾❾事先王❿也，先王以其髀⓫加妾之身，妾困不疲⓬也；盡置其身妾之上，而妾弗重也，何也？以其少有利焉。今佐韓，兵不眾，糧不多，則不足以救韓。夫救韓之危，日費千金，獨不可使妾少有利焉？」

【章　旨】楚國圍攻雍氏，韓國多次向秦國求救，秦國都不出兵。

【注　釋】❶楚圍雍氏　韓宣惠王二十一年（西元三一二年）楚圍雍氏。雍氏城，在陽翟東北，即今河南禹縣東北。❷殽殽山，在今河南洛寧北。❸尚靳　韓臣。❹秦王　指秦昭王。❺鴈行　前行。雁飛成行，但有前行領頭的。❻病　病重；痛苦。❼揭　舉；向上翻起。❽宣太后　秦昭王的母親。楚國是她的娘家。❾妾　婦女對自己的賤稱。❿先王　指秦惠王。⓫髀股；大腿。⓬疲　依錢藻本、劉敞本當作「支」。

【語　譯】楚國圍攻雍氏城五個月。韓國派使者向秦國求救，使者來往不斷，冠蓋相望，秦國的軍隊還是不出殽山。韓國又派尚靳出使秦國，對秦王說：「韓國對於秦國，平時作為秦國的屏障，出兵時就替秦國打頭陣。現在韓國已經危急了，秦國的軍隊還不出殽山。我聽說嘴唇向上翻的人牙齒就受凍，希望大王仔細考慮這件事。」宣太后說：「來這裡的使者很多了，只有尚靳的話說得對。」便叫尚靳進來。宣太后對尚靳說：「我侍奉先王，先王將他的大腿壓在我的身上，我感到疲困受不了；先王將整個身子壓在我的身上，而我卻不覺得重，那是什麼原因呢？因為那對我稍有好處啊。現在幫助韓國，兵不眾，糧不多，就不能夠救援韓國。救援韓國這麼危險，每天要耗費千金，難道不能使我稍有好處嗎？」

尚靳歸書報韓王，韓王遣張翠❶。張翠稱病，日行一縣。張翠至，甘茂❷曰：「韓急矣，先生病而來。」張翠曰：「韓未急也，且急矣。」甘茂曰：「秦重國知❸王也，韓之急緩莫不知。今先生言不急，可乎？」張翠曰：「韓急則折而入於楚矣，臣安敢來？」甘茂曰：「先生毋復言❹也。」

【章旨】張翠出使秦國，暗示秦國不出兵，韓國將投靠楚國。

【注釋】❶張翠　韓臣。❷甘茂　秦相。❸知　智。❹毋復言　表示已經聽懂。

【語譯】尚靳寫信回去報告韓王，韓王派遣張翠去秦國。張翠裝病，一天只走一個縣。張翠到了秦國，甘茂說：「韓國危急了，先生即帶著病來出使。」張翠說：「韓國還不危急啊，只是將要危急了。」甘茂說：「秦國是大國，有明智的君王，韓國是危急還是和緩，沒有不知道的。現在先生說不危急，行嗎？」張翠說：「韓國要是危急就轉而投靠楚國了，我怎麼敢來？」甘茂說：「先生不要再說了。」

甘茂入言秦王曰：「公仲❶柄❷得秦師，故敢捍楚。今雍氏圍，而秦師不下殽，是無韓也。公仲且抑首❸而不朝❹，公叔❺且以國南合於楚。楚、韓為一，魏氏不敢不聽，是楚以三國謀秦也。如此則伐秦之形成矣，不識坐而待伐，孰與伐人之利？」秦王曰：「善。」果下師於殽以救韓。

【章旨】甘茂勸秦王出兵救韓。

【注釋】❶公仲　韓相。❷柄　持。❸抑首　低頭。❹不朝　不理朝政。❺公叔　韓公叔，是韓國的權臣。

【語譯】甘茂進宮對秦王說：「公仲有把握能得到秦國軍隊的援助，所以敢抵抗楚國。現在雍氏城被圍，而秦國的軍隊不出殽山，這樣就沒有韓國了。公仲將低頭不理朝政，公叔將用韓國去和南邊的楚國聯合。楚國和韓國聯合在一起，魏國就不敢不聽從，這樣楚國就率領三國來圖謀秦國啊。如果這樣，那麼攻打秦國的形勢就形成了。不知道坐著等待別人來進攻和去進攻別人比較起來，哪樣有利？」秦王說：「說得好。」於是派兵出殽山去救韓國。

楚圍雍氏韓令冷向借救於秦

【題解】楚國圍攻韓國的雍氏城，韓國向秦國求救，秦國派公孫昧去給韓國回話。公孫昧到了韓國，不但沒有給秦國辦事，反而將秦王沿用張儀故技，名為救韓，實際上是要促使楚、韓大戰，以便坐觀成敗，從中漁利，奪取韓國的三川之地的陰謀告訴了韓相公仲，並給公仲提供了對策。

楚圍雍氏❶，韓令冷向❷借救於秦，秦為發使公孫昧入韓。公仲❸曰：「子以秦為將救韓乎？其不❹乎？」對曰：「秦王❺之言曰：『請道於南鄭❻、藍田❼以入攻楚，出兵於三川以待公❽。』殆❾不合❿，軍於南鄭⓫矣。」公仲曰：「奈何？」對曰：「秦王必祖⓬張儀之故謀。楚威王攻梁⓭，張儀謂秦王⓮曰：『與楚攻梁，魏折而入於楚，韓固其⓯與國⓰也，是秦孤也。故不如出兵以勁⓱魏。』於是攻皮氏⓲。魏氏勁，威王怒，楚與魏大戰，秦取西河之外⓳以歸。今也其將揚⓴言救韓，而陰善楚。公恃秦而勁，必輕與楚戰；楚陰得秦之不用㉑也，必易㉒與公相支也。公戰勝楚，遂與公乘㉓楚，易三川而歸；公戰不勝楚，塞三川而守之，公不能救也。臣甚惡其事。司馬康㉔三反㉕之郢㉖矣，甘茂與昭獻㉗遇於境，其言曰收璽㉘，其實猶有約也。」公仲恐曰：「然則奈何？」對曰：「公必先韓㉙而後秦㉚，先身㉛而後張儀㉜。以㉝公不如亟以國合於齊、楚，秦必委國於公以解伐。是公之所以外者儀㉞而已，其實猶之不失秦也。」

【注　釋】❶楚圍雍氏　《史記・秦本紀》記載秦惠王更元十三年（西元前三一二年）楚圍雍氏。❷冷向　曾仕秦、韓兩國。❸公仲　韓相。❹不　通「否」。❺秦王　秦惠王。❻南鄭　秦邑，在今陝西漢中。❼藍田　秦縣，在今陝西藍田西。❽出兵於三川以待公　這句話暗示了秦將奪取韓國的三川之地。三川，因黃河、伊河、洛河流經其地而得名，在今河南西部，當時是韓地。公，在這裡是稱公孫昧。❾殆　恐怕；也許。❿不合　指秦軍不與韓軍聯合，將駐守三川，以觀事變。⓫軍於南鄭　指秦國佯裝攻楚的部隊將留駐南鄭，以觀事變。⓬祖　效法。⓭梁　大梁，魏都，在今河南開封。⓮秦王　指秦惠王。⓯其　指代魏。⓰與國　盟國。⓱勁　強。⓲攻皮氏　鮑彪注認為是楚攻皮氏。按，這句與上下文意不合，當依《史記・韓世家》刪去，譯文即作此處理。皮氏，魏邑，在今山西河津。⓳西河之外　魏國黃河以西的地方。秦取西河之地是在秦惠王八年（西元前三三〇年）。⓴揚　當依鮑彪本作「陽」。㉑不用　指秦不為韓用。㉒易　輕易。㉓乘　趁機戰勝、壓服。㉔司馬康　秦人。㉕反　同「返」。㉖郢　楚故都，在今湖北江陵郊區。㉗昭獻　楚人。《史記・韓世家》作「昭魚」。㉘璽　印。㉙先韓　把韓國的事辦好，首先要靠自己。㉚後秦　把秦國的救援放在後面。指不指望秦國來救援。㉛先身　先善己之謀。㉜後張儀　將張儀的舊謀放在後面，不要多為此憂慮。㉝以　據劉敞本當刪去「以」字。㉞外者儀　見外的是張儀。據《史記・張儀列傳》當時張儀還在秦國。

【語　譯】楚國圍攻雍氏城，韓國派冷向向秦國求救，秦國為此打發使者公孫昧去韓國。公仲說：「你認為秦國將救援韓國呢，還是不救援韓國呢？」公孫昧回答說：「秦王的話是說：『請讓我取道南鄭、藍田進去攻打楚國，出兵到三川等待你。』恐怕秦國不會和韓國聯合，只是駐軍在南鄭了。」公仲說：「為什麼呢？」公孫昧回答說：「秦王一定是沿襲張儀的故技。楚威王進攻大梁，張儀對秦王說：『幫助楚國進攻大梁，魏國轉而投靠楚國，韓國本來就是魏國的盟國，這樣秦國就孤立啊。所以不如出兵以增援魏國。』結果魏國得到增援，楚威王惱火，於是楚國和魏國大戰，秦國趁機奪取了魏國黃河以西的地方回來。現在秦王將表面上說救援韓國，而暗中卻和楚國親善。你依靠秦國覺得力量強大，必定輕率地和楚國作戰；楚國暗中得到了秦國不為韓國所用的保證，必定輕易地和你互相抗拒。如果你戰勝楚國，秦國就趁機和你去壓服楚國，將奪得的楚國土地，交換韓國的三川之地回去；如果你不能戰勝楚國，就堵塞三川的交通而守住三川，你也不能去救三川。我很討厭這樣的事發生。司馬康三次往返郢都了，甘茂和昭獻又在邊境上相會，他說是為了收回印璽，其實是還另有所約啊。」公仲恐慌說：「這樣該怎麼辦？」公孫昧回答說：「你一定要先把韓國的事辦好而把秦國的救援放在後面，先想好自己的對策而把張儀的舊謀放在後面。你不如馬上將韓國與齊國、楚國聯合，秦王就必定會把國家交給你，來解除諸侯對秦國的進攻。這樣被你當作外人的只是張儀罷了，其實還是沒有丟掉秦國啊。」

公仲為韓魏易地

【題解】史惕告訴公叔一個反對公仲向魏國換地的妙法。

公仲❶為韓、魏易地，公叔❷爭之而不聽，且亡。史惕謂公叔曰：「公亡，則易必可成矣。公無辭以後❸反，且示天下輕公，公不若順之。夫韓地易於上❹，則害於趙❺；魏地易於下❻，則害於楚❼。公不如告楚、趙，楚、趙惡之。趙聞之，起兵臨羊腸❽；楚聞之，發兵臨方城❾，而易必敗矣。」

【注　釋】❶公仲　韓相。❷公叔　韓公族。❸後　依錢藻本、劉敞本、鮑彪本當作「復」。❹上　指魏國上部的土地，即上黨屬於魏國的部分。❺害於趙　韓國如果換得魏國上部土地，便會對趙國構成威脅。〈西周策・韓魏易地〉說：「韓兼兩上黨以臨趙，即（則）趙羊腸以上危。」❻下　指韓國下部的土地，即南陽、鄭地、三川等。❼害於楚　〈西周策・韓魏易地〉說：「魏有南陽、鄭地、三川而包二周，則楚方城之外危。」所以這裡說「害於楚」。❽羊腸　趙國要塞名，其地形如羊腸，在今山西太原西北。❾方城　楚國北邊的長城，在今河南方城北。

【語　譯】公仲為韓國、魏國交換土地，公叔和他爭吵，他卻不聽從，於是公叔準備逃走。這時史惕對公叔說：「你逃走，那就一定可以換成土地了。你無話可說又回來了，將向天下顯示出韓國輕視你，所以你不如順從他。韓國換得魏國的上部土地，就危害到趙國；魏國換得韓國下部的土地，就危害到楚國。你不如把這件事告訴楚國、趙國，楚國、趙國憎恨這件事。趙國聽說了，就會起兵到羊腸；楚國聽說了，就會發兵到方城，而交換土地這件事就必定要失敗了。」

錡宣之教韓王取秦

【題　解】錡宣為韓王獻策以聯合秦國。

錡宣❶之教韓王取❷秦，曰：「為公叔❸具車百乘，言之楚，易三川❹。因令公仲❺謂秦王曰：『三川之言曰：「秦王必取我。」韓王之心，不可解❻矣。王何不試以襄子❼為質於韓，令韓王知王之不取三川也。』因以出襄子而德太子。」

【注　釋】❶錡宣　韓臣。❷取　在這裡是聯合的意思。❸公叔　韓公族，當權大臣。❹三川　韓地，在今河南西部，因黃河、洛河、伊河流經其地而得名。❺公仲　韓相。❻解　釋念。因為韓王老是想著秦國要奪取三川，所以要將三川換給楚國。❼襄子　秦國的諸公子，和秦太子的關係不好。

【語　譯】錡宣告訴韓王聯合秦國的辦法，說：「替公叔準備車一百輛，揚言要前往楚國，將三川換給楚國。因而便派公仲去對秦王說：『三川那邊流傳說：「秦王必定奪取我們這片土地。」韓王便放心不下了。大王為什麼不試用襄子去韓國做人質，讓韓王知道大王不會奪取三川呢？』因而便送出襄子去做人質而使太子感激不已。」

襄陵之役

【題　解】在楚、魏襄陵之戰以前，畢長勸韓公叔設法使楚柱國昭陽停止這場戰爭，這樣魏國的太子、楚國的昭陽、魏國的君主都要感激韓公叔。

襄陵之役❶，畢長❷謂公叔❸曰：「請毋用兵，而楚、魏皆德公之國矣。夫楚欲置公子高❹，必以兵臨魏。公何不令人說昭子❺曰：『戰未必勝，請為子起兵以之魏，子有辭以毋戰。』於是以❻太子扁❼、昭揚❽、梁王❾皆德公❿矣。」

【注　釋】❶襄陵之役　指楚、魏的襄陵之戰。襄陵，本是宋襄公葬地，在今河南東部睢縣，介於梁、宋之間。《史記・楚世家》記載楚懷王六年（西元前三二三年）「楚使柱國昭陽將兵而攻魏，破之於襄陵，得八邑」。這裡記載的事當在襄陵之役之前不久。❷畢長　有人說是魏人，事跡不詳。❸公叔　韓公叔，韓國權臣。❹公子高　指魏公子高，當時在楚國。〈魏策二・惠施為韓魏交〉「公子高在楚，楚將內（同納，指送入魏國）而立之（使魏國立公子高為太子）」。❺昭子　指楚柱國昭陽。

❻以　當是衍文，宜刪去。❼扁　依鮑彪本當作「與」。❽昭揚　即昭陽。楚柱國。❾梁王　指魏襄王。❿皆德公　魏太子由於阻止了楚國送公子高回來做太子，昭陽由於不要打這次戰爭，梁王由於可以停止秦國對魏國的進攻，所以他們都要感激韓公叔。

【語　譯】襄陵之戰，畢長對韓公叔說：「請不要用兵，楚國、魏國就都會感激你的國家了。楚國想立公子高做魏國的太子，必定兵臨魏國。你為什麼不派人去勸說昭陽說：『和魏國作戰不一定能戰勝，請允許我為你起兵去魏國，你便有了藉口不打仗。』於是魏太子、昭陽、梁王都會感激你了。」

公叔使馮君於秦

【題　解】公叔派馮君出使秦國，擔心秦國會扣留馮君，便叫陽向去勸秦王權衡利弊，不要扣留馮君。

公叔❶使馮君於秦，恐留，教陽向說秦王❷曰：「留馮君以善韓臣❸，非上知也。主君❹不如善馮君，而資之以秦。馮君廣王❺而不聽公叔，以與太子爭❻，則王澤布，而害於韓矣。」

【注　釋】❶公叔　韓公叔。❷秦王　指秦昭王。❸韓臣　依集賢院本、錢藻本、劉敞本、曾鞏本當作「韓辰」。據〈韓策三・韓相公仲珉使韓侈之秦〉，公仲珉死後，由韓辰接替為韓相。❹主君　在這裡是稱秦王。❺廣王　鮑彪注「恃秦以自大」。一說「廣」宜作「德」字。❻與太子爭　據〈韓策二・韓公叔與幾瑟爭國〉記載，公叔協助韓太子咎與世子幾瑟爭奪國家政權。秦國贊成幾瑟掌權。

【語　譯】公叔派馮君出使秦國，擔心秦國會扣留馮君，便叫陽向勸秦王說：「扣留馮君去討好韓辰，不是高明的做法。你不如好好對待馮君，用秦國的力量去幫助他。馮君仗恃大王的幫助便會自大而不聽從公叔的話，和韓太子爭權，這樣大王的恩澤得以布施，而有害於韓國了。」

謂公叔曰公欲得武遂於秦

【題　解】有人向公叔獻策，讓楚國出面替韓國向秦國要回武遂。

謂公叔曰：「公欲得武遂❶於秦，而不患楚之能揚❷河外❸也。公不如令人恐❹楚王❺，而令人為公求武遂於秦。謂楚王曰：『發重使為韓求武遂於秦。秦王❻聽，是令得行於萬乘之主也。韓得武遂以恨❼秦，毋❽秦患而得❾楚，韓，楚之縣而已。秦不聽，是秦、韓之怨深，而交❿楚也。』」

【注　釋】❶武遂　韓邑。在今山西臨汾。據《史記・六國年表》記載，韓襄王五年（西元前三〇七年）秦軍渡過黃河，在武遂築城，六年將武遂還給韓國，九年秦又奪取武遂。❷揚　猶「動」。一說是「傷」字之誤。❸河外　當是指韓國黃河以北的部分地區。❹恐　金正煒《戰國策補釋》以為當作「慫」。❺楚王　指楚懷王。❻秦王　指秦昭王。❼恨　依鮑彪本當作「限」。❽毋　通「無」。❾得　當作「德」，感激。❿交　鮑彪本作「交事」。

【語　譯】有人對公叔說：「你想從秦國得到武遂，卻不憂慮楚國會傷害河外。你不如派人去慫恿楚王，讓他派人為你去要求秦國歸還武遂。可對楚王說：『派遣重要的使者為韓國向秦國要求歸還武遂。如果秦王聽從，這就是楚國的命令能夠在萬乘之主那裡通行啊。韓國得到武遂以限制秦國，又沒有秦國的禍患，便會感謝楚國，這樣韓國就等於是楚國的一個縣了。如果秦王不聽從，這樣秦國和韓國的怨恨就深，而它們互相都會侍奉楚國啊。』」

謂公叔曰乘舟

【題　解】有人用塞漏舟而輕陽侯之波以致覆舟為喻，勸說公叔不要輕視秦國。

謂公叔曰：「乘舟，舟漏而弗塞，則舟沉矣。塞漏舟，而輕陽侯之波❶，則舟覆矣。今公自以辯❷於薛公❸而輕秦，是塞漏舟而輕陽侯之波也，願公之察也。」

【注　釋】❶陽侯之波　相傳古代陵陽國的君主被水淹死，變為波神，能掀起大波，造成傷害，因稱為陽侯之波。❷辯　通「辨」。治。❸薛公　指齊相田嬰。

【語　譯】有人對公叔說：「乘船，船漏了而不堵塞漏洞，船就會下沉了。堵塞了漏洞，卻沒有重視陽侯大波，船就會翻了。現在你自認為治國超過了薛公而輕視秦國，這是堵塞了船的漏洞卻輕視了陽侯之波啊，希望你仔細考察。」

齊令周最使鄭

【題　解】齊國派周最出使韓國，要求韓王罷免公叔，立韓擾為相。周最本是周公子，考慮到周君和韓公叔交情好，怕公叔怨他，因而不願前往。同行使者史舍勸他前往。到了韓國，史舍巧妙地說服了公叔敬重周最。

齊令周最❶使鄭❷，立韓擾❸而廢公叔。周最患之，曰：「公叔之與周君交也，令❹我使鄭，立韓擾而廢公叔。語曰：『怒於室者色於市。』今公叔怨齊，無奈何也，必❺周君而深怨我矣。」史舍❻曰：「公行矣，請令公叔必重公。」

【章　旨】周最不願出使韓國，史舍勸他前往。

【注　釋】❶周最　周公子。❷鄭　指的是韓。韓國消滅鄭國，遷都到鄭，故稱韓國為鄭。❸韓擾　有人說是韓公子。❹令　鮑彪本作「今」。❺必　據鮑彪本及黃丕烈《札記》，「必」下有「絕」字。❻史舍　周最的同行使者。

【語　譯】齊國派周最出使韓國，要求韓國立韓擾為相，而廢棄公叔。周最為此憂慮，說：「韓公叔和周君交情好，現在我出使韓國，立韓擾為相，而廢棄公叔。俗話說：『在室內發怒的人到了市場中臉色上就要表現出來。』現在公叔怨恨齊國，無可奈何，必定會和周君絕交而深怨我了。」史舍說：「你起程吧，請讓我使公叔一定敬重你。」

周最行至鄭，公叔大怒。史舍入見❶曰：「周最固不欲來使，臣竊強之。周最不欲來，以為公也；臣之強之也，亦以為公也。」公叔曰：「請聞其說。」對曰：「齊大夫諸子❷有犬，犬猛不可叱，叱之必噬人。客有請叱之者，疾視，而徐叱之，犬不動；復叱之，犬遂無噬人之心。今周最固得事足下，而以不得已之故來使，彼將禮陳其辭而緩其言，鄭王❸必以齊王為不急，必不許也。今周最不來，他人必來。來使者無交於公，而欲德於韓擾，其使之必疾，言之必急，則鄭王必許之矣。」公叔曰：「善。」遂重周最。王果不許韓擾。

【章　旨】周最到了韓國，公叔大怒，史舍說服公叔敬重周最。

【注　釋】❶入見　指入見公叔。❷諸子　庶子。❸鄭王　即韓王。

【語　譯】周最來到韓國，公叔大怒。史舍進去見公叔說：「周最本來不想來當使者，是我私下勉強他來的。周最不想來，是為了你；我勉強他來，也是為了你。」公叔說：「請讓我聽聽你的解釋。」史舍回答說：「齊國的大夫庶子中有人養了一條狗，那狗兇猛，不可呵叱，呵叱牠，牠就一定咬人。有個客人請求呵叱那狗，那狗怒視著他，他慢慢地呵叱，狗不動；再呵叱那狗，於是那狗就沒有咬人的意思了。現在周最本來能夠侍奉你，卻因為不得已的緣故來出使，他將按照禮節陳述齊王的言辭而慢慢地說話，韓王必定認為齊王不急，一定不會答應他。如果來的使者和你沒有交情，而想討好韓擾，他奉命出使來得一定快，話一定說得急，那韓王就必定會答應他了。」公叔說：「說得好。」於是敬重周最。而韓王也果然不答應讓韓擾為相。

韓公叔與幾瑟爭國鄭強為楚王使於韓

【題　解】韓太子嬰死後，公叔幫助公子咎與公子幾瑟爭權。楚國的鄭強出使韓國，假借王命將楚地新城、陽人給了幾瑟，楚王因此要處分他。他說明了自己這樣做的用意，楚王才免了處分。〈楚策一・韓公叔有齊魏〉也記載了這件事，文字上有出入。

韓公叔與幾瑟爭國❶。鄭強❷為楚王❸使於韓，矯❹以新城❺、陽人❻合❼世子❽，以與公叔爭國。楚怒，將罪之。鄭強曰：「臣之矯與之，以為國也。臣曰，世子得新城、陽人，以與公叔爭國，而得全，魏必急韓氏❾；韓氏急，必縣命於楚，又何新城、陽人敢索？若戰而不勝，走❿而不死，今且以至⓫，又安敢言地？」楚王曰：「善。」乃弗罪。

【注　釋】❶韓公叔與幾瑟爭國　據《史記・韓世家》，韓襄王十二年（西元前三〇〇年），「太子嬰死，公子咎、公子蟣蝨爭為太子」。公叔當是幫助公子咎與幾瑟爭國。❷鄭強　〈楚策一〉作「鄭申」。❸楚王　指楚懷王。❹矯　假借。❺新城　楚地，在今河南伊川西南。❻陽人　楚地，在今河南葉縣西。❼合　〈楚策一〉作「予」。❽世子　〈楚策一〉作「太子」，指幾瑟。❾魏必急韓氏　指魏必伐韓。〈楚策一〉說「韓公叔有齊、魏，而太子有楚、秦以爭國」，可見公叔幫助公子咎和幾瑟爭權，靠山是齊、魏，幾瑟的靠山則是楚、秦，所以楚用地幫助幾瑟，魏國就出兵幫助公子咎。❿走　逃走。又鮑彪本作「幸」。⓫至　指投奔楚國。

【語　譯】韓公叔幫助公子咎和幾瑟爭奪國家權力。鄭強為楚王出使韓國，假借王命將新城、陽人給了世子幾瑟，以使他和公叔爭奪國家權力。楚王惱火，將要處分鄭強。鄭強說：「我假借王命給他土地，是為了國家啊。我說世子得到了新城、陽人，去和公叔爭奪國家權力，如果得到了全部權力，魏國必定加緊進攻韓國。韓國危急，必定將國家的命運交給楚國，又哪裡敢要求得到新城、陽人？如果戰爭不能打贏，逃出來了而不死掉，便會來投靠楚國，又怎麼敢說要地的事？」楚王說：「說得好。」便不處分鄭強。

韓公叔與幾瑟爭國中庶子強謂太子

【題　解】韓太子嬰死後，公叔幫助公子咎和幾瑟爭權。楚中庶子鄭強提議在齊國出兵之前就攻擊公叔，幾瑟擔心這會造成韓國的分裂而沒有同意。

韓公叔與幾瑟爭國。中庶子❶強❷謂太子❸曰：「不若及齊師未入❹，急擊公叔。」太子曰：「不可。戰之於國中必分。」對曰：「事不成，身必危，尚何足以圖國之全為？」太子弗聽，齊師果入，太子出走。

【注　釋】❶中庶子　官名。❷強　鄭強，楚臣。❸太子　指幾瑟。從本篇記載看，幾瑟可能曾被立為太子。❹齊師未入　在這次爭權中，公叔和公子咎得到齊、魏兩國的支持，幾瑟得到楚、秦兩國的支持，所以鄭強才提議齊軍未入之前，就攻擊公叔。

【語　譯】韓公叔幫助公子咎和幾瑟爭奪國家權力。中庶子鄭強對太子幾瑟說：「不如趁齊國的軍隊還沒有進入韓國，就趕快攻擊公叔。」太子說：「不行。在國中作戰必定造成分裂。」鄭強說：「事不能成功，自身必定危險，哪裡還能談什麼國家的完整？」太子不聽從他的話，齊國的軍隊果然進入韓國，太子於是出逃。

齊明謂公叔

【題　解】齊明建議公叔通過齊國要求楚國驅逐幾瑟。

齊明❶謂公叔曰：「齊逐幾瑟，楚善之。今楚欲善齊甚，公何不令齊王❷謂楚王❸：『王為我逐幾瑟以窮之。』楚聽，是齊、楚合，而幾瑟走也；楚王不聽，是有陰於韓也。」

【注釋】❶齊明 東周國臣。❷齊王 指齊湣王。❸楚王 指楚懷王。

【語譯】齊明對公叔說：「齊國驅逐幾瑟，而楚國對幾瑟親善。現在楚國很想和齊國親善，你為什麼不讓齊王對楚王說：『大王替我驅逐幾瑟以使他陷入困境。』楚王要是聽從了，這樣齊國、楚國就聯合起來了，而幾瑟也就要逃走啊；楚王要是不聽從，這就說明楚國對韓國有陰謀啊。」

公叔將殺幾瑟

【題解】有人勸公叔不要殺幾瑟。

公叔將殺幾瑟也。謂公叔曰：「太子❶之重公也，畏幾瑟也。今幾瑟死，太子無患，必輕公。韓大夫見王老，冀太子之用事也，固欲事之。太子外❷無幾瑟之患，而內收諸大夫以自輔也，公必輕矣。不如無殺幾瑟，以恐太子，太子必終身重公矣。」

【注釋】❶太子 指韓太子咎。❷外 因為當時幾瑟得到楚國的支持，故稱「外」。

【語　譯】公叔將要殺掉幾瑟。有人對公叔說：「太子咎重視你，是因為他害怕幾瑟啊。如果幾瑟死了，太子沒有後患，必定就會輕視你。韓國的大夫看見國王老了，希望太子掌權，一定都會想去侍奉太子。太子外面沒有幾瑟的後患，國內又拉攏了諸大夫來輔助自己，你必定就要受輕視了。不如不要殺幾瑟，以使太子惶恐不安，太子一定會終身重視你了。」

公叔且殺幾瑟

【題　解】宋赫勸公叔不要殺幾瑟，因為留下幾瑟一來公叔可以不受到太子咎的輕視，二來可以避免秦、楚兩國扶助伯嬰成為公叔的又一政敵。

公叔且殺幾瑟也，宋赫❶為謂公叔曰：「幾瑟之能為亂也，內得父兄❷，而外得秦、楚也。今公殺之，太子無患，必輕公。韓大夫知王之老而太子定，必陰事之。秦、楚若無韓❸，必陰事伯嬰❹，伯嬰亦幾瑟也。公不如勿殺，伯嬰恐❺，必保於公。韓大夫不能必其❻不入也，必不敢輔伯嬰以為亂。秦、楚挾幾瑟以塞❼伯嬰，伯嬰外無秦、楚之權，內無父兄之眾，必不能為亂矣。此便於公。」

【注　釋】❶宋赫　人名，事跡不詳。❷內得父兄　指內有公仲之助。❸無韓　失去韓國。幾瑟在爭權中得到秦、楚兩國的支持，所以殺了幾瑟，就使秦、楚兩國失去了韓國。❹伯嬰　韓公子。❺伯嬰恐　伯嬰、幾瑟都想爭權，幾瑟在爭權中有秦、楚兩國的支持，所以不殺幾瑟，伯嬰會恐慌。❻其　指幾瑟。當時在楚。❼塞　阻擋。

【語譯】公叔將要殺掉幾瑟，宋赫為了幾瑟對公叔說：「幾瑟之所以能作亂，是因為他在內得到父兄的鼓勵，在外得到秦、楚兩國的支持啊。現在你殺掉他，太子咎就沒有後患，必定會輕視你。韓國的大夫知道國王年老而且太子已經確定，必定暗中侍奉太子。秦國、楚國假若失去了韓國，必定暗中幫助伯嬰，伯嬰也就是第二個幾瑟啊。你不如不要殺掉幾瑟，伯嬰害怕幾瑟，必定會投靠你以求保全自己。韓國的大夫不能肯定幾瑟不能回來，就一定不敢輔助伯嬰作亂。秦國、楚國挾持幾瑟以阻擋伯嬰，伯嬰在國外沒有秦國、楚國的權勢，在國內沒有眾多的父兄，必定就不能作亂了。這樣對你有利。」

謂新城君曰

【題解】有人勸秦國的新城君羋戎，利用韓國內部諸太子爭權的時機，以求質子幾瑟為名，可促成韓國和秦國、楚國的聯合，以取得韓國對自己的重視。

謂新城君❶曰：「公叔❷、伯嬰❸恐秦、楚之內幾瑟❹也，公何不為韓求質子❺於楚？楚王❻聽而入質子於韓，則公叔、伯嬰必知秦、楚之不以幾瑟為事也，必以韓合於秦、楚矣。秦、楚挾韓以窘魏，魏氏不敢東❼，是齊孤也。公又令秦求質子於楚，楚不聽，則怨結於韓❽。韓挾齊、魏以眄❾楚，楚王必重公❿矣。公挾秦、楚之重，以積德於韓，則公叔、伯嬰必以國事公矣。」

【注釋】❶新城君　即羋戎，是秦宣太后的弟弟，號新城君。《史記・韓世家》記載，下面的話是蘇代說的。❷公叔　韓公族，權臣，在諸太子爭權中他依靠齊、魏，支持公子咎。❸伯嬰　韓公子，在爭權中處於孤立地位。❹幾瑟　韓公子，在爭權中得到秦、楚的支持。他當時在楚國。❺質子　派出去做人質的王子或世子。這裡是指韓襄王的兒子幾瑟。❻楚王　指楚懷王。❼東　指向東和齊國聯合。❽怨結於韓　因為韓國已和秦國聯合，所以秦國向楚國求質子幾瑟，楚國不給，韓國也就埋怨了。❾眄　邪視；覬覦。《史記・韓世家》作「圍」，也可解通。❿重公　重視新城君。韓、魏、齊覬覦楚國，楚國便會向秦國求援而重視新城君。

【語　譯】有人對新城君說：「公叔、伯嬰擔心秦國、楚國將幾瑟送回韓國來做太子，你為什麼不為韓國要求楚國將作人質的王子幾瑟送回去？如果楚王聽從而將幾瑟送回韓國，那麼公叔、伯嬰必定知道秦國、楚國不把幾瑟當成一回事，就一定會讓韓國和秦國、楚國聯合了。秦國、楚國脅持韓國去逼迫魏國，魏國就不敢向東和齊國聯合，這樣齊國就孤立了啊。你又可以讓秦國要求楚國將作人質的王子幾瑟送來，如果楚國不聽從，就會和韓國結怨。韓國倚仗齊國、魏國以覬覦楚國，楚王就必定重視你了。你倚仗秦國、楚國的威重，在韓國積下恩德，那麼公叔、伯嬰就一定會用整個國家去侍奉你了。」

胡衍之出幾瑟於楚

【題　解】胡衍向公仲獻策，使幾瑟能從楚國回到韓國。

胡衍❶之出幾瑟於楚❷也，教公仲❸：「謂魏王❹曰：『太子在楚，韓不敢離楚也❺。』公❻何不試奉公子咎❼，而為之請太子。因令人謂楚王❽曰：『韓立公子咎而棄幾瑟，是王抱虛質也。王不如亟歸幾瑟。幾瑟入，必以韓權報讎於魏❾，而德王❿矣。』」

【注釋】❶胡衍　韓臣。❷出幾瑟於楚　使幾瑟從楚國出來回到韓國。❸公仲　韓相，在諸子爭權中，公仲支持幾瑟，公叔支持公子咎。❹魏王　魏襄王。❺太子在楚二句　這二句是向魏王說明韓國現在不敢背離楚國，是因為太子幾瑟在楚國，怕楚國會因此進攻韓國。韓國之所以要向魏國作這樣的表白，可能是因為前一年齊、韓、魏三國曾經聯合攻楚的緣故。❻公　指公仲。❼試奉公子咎　在諸子爭權中，公仲支持幾瑟，現在為了能使幾瑟回來而佯裝支持公子咎，所以說「試奉」。❽楚王　指楚懷王。❾報讎於魏　因為在諸子爭權中，魏國支持公子咎而反對幾瑟。❿王　指楚王。

【語譯】胡衍為了使楚國放幾瑟回韓國，告訴公仲說：「你告訴魏王：『太子幾瑟在楚國，所以韓國不敢背離楚國。』你為什麼不試著侍奉公子咎，而請求韓王立他做太子。於是你就派人去對楚王說：『韓王立公子咎做太子而拋棄了幾瑟，這樣大王就抱著一個沒有用的人質啊。大王不如趕快送幾瑟回去。幾瑟回到韓國，必定要用韓國的權力向魏國報仇，而且感激大王了。』」

幾瑟亡之楚

【題解】有人勸羋戎，趁楚國送幾瑟回國的時機，拉攏韓國，讓它和楚國絕交，這樣秦國便可脅持韓國，親近魏國，左右齊、楚，以成王業。

幾瑟亡之楚，楚將收秦而復之。謂羋戎❶曰：「廢公叔而相❷幾瑟者楚也，今幾瑟亡之楚，楚又收秦而復之，幾瑟入鄭之日，韓，楚之縣邑❸。公不如令秦王賀伯嬰❹之立也。韓絕於楚❺，其事秦必疾，秦挾韓親魏，齊、楚後至者先亡，此王業也。」

【注釋】❶芈戎　秦宣太后的弟弟，秦昭王的舅父。❷相　助。❸邑　據鮑彪本當作「已」。❹伯嬰　韓公子，也是爭權人之一。據《史記・韓世家》，韓襄王死後，太子咎繼位。伯嬰是否曾被立為太子，不得而知。❺韓絕於楚　楚國是支持幾瑟做太子的，立伯嬰便違背了楚國的願望，所以楚、韓絕交。

【語譯】幾瑟逃亡到楚國，楚國將聯合秦國送他回韓國。有人對芈戎說：「廢掉公叔、幫助幾瑟的是楚國，現在幾瑟逃亡到楚國，楚國又聯合秦國送他回去，幾瑟進入韓國的那一天，韓國就成了楚國的一個縣了。你不如讓秦王慶賀伯嬰被立為太子。楚國和韓國絕交，韓國就必定急於侍奉秦國，秦國脅持韓國，親近魏國，齊國和楚國中晚來投靠秦國的就先滅亡它，這就是帝王之業啊。」

冷向謂韓咎

【題解】冷向替韓咎設謀，迎接幾瑟回國，以加強自己在韓國的地位。

冷向❶謂韓咎❷曰：「幾瑟❸亡在楚，楚王❹欲復之甚，今楚兵十餘萬在方城❺之外。臣請令楚築萬家之都於雍氏❻之旁，韓必起兵以禁之，公必將矣。公因以楚、韓之兵奉幾瑟而內之鄭❼，幾瑟得入而德公，必以韓、楚奉公矣。」

【注釋】❶冷向　曾仕秦、韓兩國。《史記・韓世家》作「蘇代」。❷韓咎　有人說是公子咎。然公子咎與幾瑟爭權，勢不兩立，不當有迎接幾瑟回國之事。據《史記・韓世家》當別是一人。❸幾瑟　韓公子。韓襄王十二年（西元前三〇〇年），太子嬰死，幾瑟與公子咎爭為太子。❹楚王　指楚懷王。❺方城　楚國北邊的長城，在今河南方城北。❻雍氏　韓國的雍氏城，在陽翟東北，即今河南禹縣東北。❼鄭　即韓。

【語譯】冷向對韓咎說：「幾瑟逃亡在楚國，楚王很想送他回來做太子，派出楚軍十多萬駐紮在方城外面。請允許我讓楚國在雍氏城旁建築一處萬戶的都邑，韓國必定會起兵去阻止，那你就一定要帶兵前往了。你因而憑藉楚、韓的兵力侍奉幾瑟而把他迎接回韓國，幾瑟得以回到韓國就會感激你，必定用韓國、楚國來侍奉你了。」

楚令景鯉入韓

【題解】冷向諫阻伯嬰入秦。

楚令景鯉❶入韓，韓且內伯嬰❷於秦，景鯉患之❸。冷向❹謂伯嬰曰：「太子❺入秦，秦必留太子而合楚，以復幾瑟❻也，是太子反棄之。」

【注釋】❶景鯉　楚臣。❷伯嬰　韓公子。❸景鯉患之　楚國支持幾瑟做太子，現在韓送伯嬰入秦，景鯉擔心秦國支持伯嬰做太子，所以為此憂慮。❹冷向　曾仕秦、韓。❺太子　指伯嬰。❻幾瑟　韓公子。

【語譯】楚國派景鯉到韓國，韓國將送伯嬰到秦國去，景鯉為此擔憂。冷向對伯嬰說：「太子到秦國去，秦國必定要扣留太子而和楚國聯合，以便送幾瑟回去，這樣太子反而被拋棄了。」

韓咎立為君而未定

【題　解】周國送韓咎的弟弟歸韓國。

韓咎❶立為君而未定也，其弟在周，周欲以車百乘重而送之，恐韓咎入韓之不立也。綦母恢❷曰：「不如以百金從之，韓咎立，因也❸『以為戒』；不立，則曰『來効賊』也。」

【注　釋】❶韓咎　韓太子咎，即韓釐王。❷綦母恢　周臣。❸也　據《韓非子・說林下》及王念孫《讀書雜志・戰國策第三》當作「曰」。

【語　譯】韓咎將被立為國君，但事情還沒有定下來，他的弟弟在周國，周國想用一百輛車隆重地歡送他，又擔心韓咎到了韓國而不能立為國君。綦母恢說：「不如用一百金送他，如果韓咎真的能立為國君，因而就說『作為戒備之用』；不能立為國君，就說『來獻反賊』。」

史疾為韓使楚

【題　解】史疾答楚王之問，指出正名可以治國。

史疾❶為韓使楚，楚王問曰：「客何方❷所循？」曰：「治列子圉寇❸之言。」曰：「何貴？」曰：「貴正❹。」王曰：「正亦可為國乎？」曰：「可。」王曰：「楚國多盜，正可以圉盜乎？」曰：「可。」曰：「以正圉盜，奈何？」頃間有鵲止於屋上者，曰：「請問楚人謂此鳥何？」王曰：「謂之鵲。」曰：「謂之烏，可乎？」曰：「不可。」曰：「今王之國有柱國❺、令尹❻、司馬❼、典令❽，其任官置吏，必曰廉潔勝任。今盜賊公行，而弗能禁也，此烏不為烏，鵲不為鵲也。」

【注釋】❶史疾　韓臣。❷方　方術。❸列子圉寇　戰國時鄭國人，屬道家。楊伯峻說：「《戰國策・韓策二》說史疾治列子圉寇之言而『貴正』，則近於儒家的正名，不可能認為是列子的正宗，只能估計是戰國說客因列子已不被人所真知，假借其名，以為遊說的招牌而已。」（《列子集釋・前言》）❹正　正名。❺柱國　楚官名。原為保衛國都之官，後為楚國的最高武官。❻令尹　楚國最高的行政長官，相當於其他諸侯國的相。❼司馬　官名，主管軍政和軍賦。❽典令　官名，主管禮儀。

【語譯】史疾為韓國出使楚國，楚王問道：「客人所遵循的是哪種方術？」史疾說：「研究列子圉寇的學說。」楚王說：「它重視什麼？」史疾說：「重視正名。」楚王說：「正名也可以治國嗎？」史疾說：「可以。」楚王說：「楚國多盜，正名可以防禦盜賊嗎？」史疾說：「可以。」楚王說：「用正名防禦盜賊，怎麼防法呢？」一會兒有隻喜鵲停留在屋上，史疾說：「請問楚國人叫這種鳥為什麼鳥？」楚王說：「叫做喜鵲。」史疾說：「叫做烏鴉行嗎？」楚王說：「不行。」史疾說：「現在大王的國家設有柱國、令尹、司馬、典令等官，他們任命官員、設置官吏時必定要說你們要廉潔、要能勝任。而現在盜賊公行，卻不能禁止，這就是烏鴉不成為烏鴉，喜鵲不成為喜鵲啊。」

韓傀相韓

【題解】本篇記載的是聶政為嚴遂報仇刺殺韓傀事。

韓傀❶相韓，嚴遂❷重於君，二人相害也。嚴遂政❸議直指，舉韓傀之過，韓傀以之❹叱之於朝。嚴遂拔劍趨之，以救解。於是嚴遂懼誅，亡去，游求人可以報韓傀者。

【章旨】韓傀與嚴遂結怨，嚴遂求人報仇。

【注釋】❶韓傀　韓國的相，字俠累，是韓哀侯的叔父。❷嚴遂　字仲子，濮陽人。❸政　通「正」。❹以之　因此。

【語譯】韓傀做韓國的相，嚴遂受到韓國君主的重用，兩人互相攻擊。嚴遂正面直接地指責韓傀的錯誤，韓傀因此在朝廷上叱責嚴遂。嚴遂便拔出劍去追趕韓傀，幸好因為有人來救才沒有釀成大禍。於是嚴遂害怕韓傀誅殺他，便逃出韓國，在外遊蕩，尋找能為他向韓傀報仇的人。

至齊，齊人或言：「軹❶深井里❷聶政，勇敢士也，避仇隱於屠者之間。」嚴遂陰交於聶政，以意厚之。聶政問曰：「子欲安用我乎？」嚴遂曰：「吾得為役之日淺，事今薄❸，奚敢有請？」於是嚴遂乃具酒，觴❹聶政母前。仲子❺奉黃金百鎰❻，前為聶政母壽。聶政驚，愈恠❼其厚，固謝嚴仲子。仲子固進，而聶政謝曰：「臣有老母，家貧，客游以為狗屠，可旦夕得甘脆❽以養親。親供養備，義不敢當仲子之賜。」嚴仲子辟人❾，因為聶政語曰：「臣有仇，而行游諸侯眾矣。然至齊，聞足下義甚高。故直進百金者，特以為夫人❿麤糲⓫之費，以交足下之驩，豈敢以有求邪？」聶政曰：「臣所以降志辱身，居市井⓬者，徒幸而養老母。老母在，政身未敢以許人也。」嚴仲子固讓，聶政竟不肯受。然仲子卒備賓主之禮而去。

【章　旨】嚴遂出遊到了齊國，結識了聶政，想請聶政替他報仇，聶政因要奉養老母而沒有答應他。

【注　釋】❶軹　地名，在今河南濟源境內。❷深井里　在濟源南三十里。❸薄　不厚。❹觴　飲酒。❺仲子　嚴遂的字。❻鎰　二十四兩。❼恠　同「怪」。❽甘脆　味美而鬆脆的食品。❾辟人　避人。❿夫人　《史記·刺客列傳》作「大人」，是對老年婦女的尊稱。⓫麤糲　粗糙的米。麤，通「粗」。⓬市井　進行買賣的地方。

【語　譯】到了齊國，齊國人有的說：「軹地深井里的聶政，是個勇敢之士，為了躲避仇人隱藏在屠夫當中。」嚴遂便暗中和聶政交往，向他表示了厚意。聶政問道：「你想用我做什麼呢？」嚴遂回答說：「我能夠為你效勞的時間不長，而今侍奉你也還不深，怎敢請你做什麼？」於是嚴遂便備好酒，請聶政的母親喝。不久，嚴遂奉上黃銅二千四百兩，上前向聶政的母親祝壽。聶政心中驚訝，更加對他的厚意感到奇怪，堅決向嚴遂表示謝絕。嚴遂堅持要送給他，聶政辭謝說：「我有老母，家裡貧窮，客遊在外，做個宰狗的屠夫，早晚可以得些味美鬆脆的食品奉養母親。供養母親的食品已具備了，於理不敢接受你的惠賜。」嚴遂因而避開他人，告訴聶政說：「我有仇要報，為此我出遊多個諸侯國了。到了齊國，聽說足下有高尚的義氣。特意直接送上百金，只是作為老夫人粗糙飲食的費用，以便好好地和足下交個朋友，哪裡敢有什麼要求呢？」聶政說：「我所以低三下四，自輕自賤，處在市場上，只是希望能奉養老母。只要老母在世，我聶政的身體就不敢許人。」嚴遂堅決推讓，聶政終究不肯接受。然而嚴遂終於完成了賓主的禮節才離去。

久之，聶政母死，既葬，除服❶。聶政曰：「嗟乎！政乃市井之人，鼓刀以屠，而嚴仲子乃諸侯之卿相也，不遠千里，枉車騎而交臣，臣之所以待之至淺鮮矣，未有大功可以稱者，而嚴仲子舉百金為親壽，我雖不受，然是深知政也。夫賢者以感忿睚眦❷之意，而親信窮僻之人，而政獨安可嘿然而止乎？且前日要❸政，政徒以老母。老母今以天年終，政將為知己者用。」

【章　旨】聶政的母親死了，聶政想到嚴遂的知遇之恩，表示願為知己者用。

【注　釋】❶除服　除去喪服；服喪期滿。❷睚眦　怒目而視，引申為小怨小忿。❸要　約。

【語　譯】過了許久，聶政的母親死了，安葬已畢，服喪期滿，脫去了喪服。聶政說：「唉！我聶政不過是街上小民，動刀做屠夫，而嚴遂是諸侯的卿相，不以千里為遠，駕車屈尊來結交我，而我用來回報他的東西卻非常少，沒有大功可以稱述，可是嚴遂拿出百金為我的母親祝壽，我雖然沒有接受，然而從這裡可以看出他是深知我聶政啊。一個賢者因為一時的怨忿，而親近信賴一個窮困僻居的人，而我聶政怎麼可以獨自默不作聲就算了呢？況且從前他約我，我只是因為老母的緣故而沒有答應他的要求。老母今天已終天年，我將為知己者所用。」

遂西至濮陽❶，見嚴仲子曰：「前所以不許仲子者，徒以親在。今親不幸，仲子所欲報仇者為誰？」嚴仲子具告曰：「臣之仇韓相傀。傀又韓君❷之季父也，宗族盛，兵衛設，臣使人刺之，終莫能就。今足下幸而不棄，請益具車騎壯士，以為羽翼❸。」政曰：「韓與衛❹，中間不遠，今殺人之相，相又國君之親，此其勢不可以多人。多人不能無生得失❺，生得失則語泄，語泄則韓舉國而與仲子為讎也，豈不殆哉！」遂謝車騎人徒，辭，獨行仗劍至韓。

【章旨】聶政西見嚴遂，知道嚴遂的仇人是韓傀，便仗劍獨行去韓國行刺。

【注釋】❶濮陽　是衛國都城，在今河南濮陽。❷韓君　指韓哀侯。❸羽翼　幫手。❹衛　濮陽是衛國的都城，是嚴遂的家鄉，所以這裡提到衛。❺得失　偏義複詞，偏重在「失」，差錯之意。

【語譯】於是西行到濮陽，見嚴遂說：「從前所以沒有答應仲子，只是因為母親還在。現在母親不幸去世，仲子所想報仇的對象是誰？」嚴遂詳細地告訴他說：「我的仇人是韓相傀。傀又是韓國君主的叔父，宗族勢力大，住所設兵防衛，我派人去刺殺他，始終沒有成功。現在幸蒙足下不棄，請讓我增派車騎壯士，以作幫手。」聶政說：「韓國和衛國，中間相隔不遠，現在要殺人家的相國，而這個相國又是國君的親人，這種形勢就不可以多派人去。人多了不能不發生差錯，發生差錯就會洩露機密，洩露了機密，那麼韓國全國的人都要和仲子為仇，豈不是危險嗎！」於是謝絕車騎、隨從人員，告別嚴遂，獨自一人持劍前往韓國。

韓適有東孟之會❶，韓王及相皆在焉，持兵戟而衛者甚眾。聶政直入，上階刺韓傀。韓傀走而抱哀侯，聶政刺之，兼中哀侯，左右大亂。聶政大呼，所殺者數十人。因自皮面抉❷眼，自屠出腸，遂以死。韓取聶政屍於市，縣❸購之千金。久之莫知誰子。

【章旨】聶政刺死韓傀後，自毀其容而死，被暴屍街頭，人莫能識。

【注釋】❶東孟之會　其事不詳。東孟，在酸棗北。《水經注・卷八・濟水》注：酸棗「城北，韓之市地也。聶政為濮陽嚴仲子刺韓相俠累，遂披面而死，其姊哭之於此城內」。酸棗，在今河南延津境內。❷抉　挑。❸縣　同「懸」。

【語譯】韓國恰好有東孟之會，韓王和相國都在會上，拿著兵器保衛的人很多。聶政直衝進去，走上臺階，刺殺韓傀。韓傀逃走，抱住韓哀侯，聶政刺殺他，同時刺中韓哀侯，身邊左右的人大亂。聶政大聲呼叫，所殺死的人有幾十個。然後自己剝下臉皮，挑出眼睛，破腹出腸，於是氣絕而死。韓國將聶政的屍體放在街上，懸賞千金，購買能夠認出他的人。過了好久，沒有人知道他是誰。

政姊聞之，曰：「弟至賢，不可愛妾之軀，滅吾弟之名，非弟意也。」乃之韓。視之曰：「勇哉！氣矜❶之隆，是其軼❷賁、育❸而高成荊❹矣。今死而無名，父母既歿矣，兄弟無有，此為我故也。夫愛身不揚弟之名，吾不忍也。」乃抱屍而哭之曰：「此吾弟軹深井里聶政也。」亦自殺於屍下。晉、楚、齊、衛聞之曰：

「非獨政之能，乃其姊者，亦列女❺也。」聶政之所以名施於後世者，其姊不避菹醢❻之誅，以揚其名也。

【章　旨】聶政的姊姊為了使弟弟揚名於後世，冒死認屍。

【注　釋】❶矜　矜莊；莊重。❷軼　超過。❸賁育　孟賁、夏育，古代勇士。❹成荊　古代勇士。❺列女　烈女。❻菹醢　剁成肉醬。古代酷刑之一。

【語　譯】聶政的姊姊聽說這件事，說：「我的弟弟很賢能，我不可以愛惜自己的身軀，就埋沒我弟弟的名聲，這不是我弟弟的本意啊。」於是前往韓國，注視聶政的屍體說：「勇敢呀！他的氣勢是這樣莊重隆盛，可以說已超過了孟賁、夏育而且高於成荊了。現在他死了，沒有留下姓名，父母已經去世，也沒有兄弟，這是為了我的緣故啊。為了愛惜自己而不揚弟弟的名聲，我於心不忍啊。」於是抱著屍體哭著說：「這是我的弟弟軹地深井里的聶政啊。」也就自殺在屍旁。三晉、楚國、齊國、衛國的人聽到這件事以後說：「不只是聶政是位勇士，就是他的姊姊也是位烈女啊。」聶政之所以能名傳於後世，是因為他姊姊不怕被剁成肉醬以揚其名啊。

卷二八　韓策三

或謂韓公仲

【題解】有人勸公仲前去促成秦、魏兩國的和解，無論成功與否，對韓國和他本人都有好處。

或謂韓公仲❶曰：「夫孿子之相似者，唯其母知之而已；利害之相似者，唯智者知之而已。今公國，其利害之相似，正如孿子之相似也。得以❷其道❸為之，則主尊而身安；不得其道，則主卑而身危。今秦、魏之和成，而❹非公適❺東之❻，則韓必謀❼矣。若韓隨魏以善秦，是為魏從也，則韓輕矣，主卑矣。秦已善韓，必將欲置其所愛信者，令用事於韓以完❽之，是公危矣。今公與安成君❾為秦、魏之和，成固為福，不成亦為福。秦、魏之和成，而公適東之，是韓為秦、魏之門戶❿也，是韓重而主尊矣。安成君東重於魏，而西貴於秦，操右契⓫而為公責德於秦、魏之主⓬，裂地而為諸侯，公之事⓭也。若夫安韓、魏而終身相，公之下服⓮，此主尊而身安矣。秦、魏不終相聽者也，齊⓯怒於不得魏，必欲善韓以塞⓰魏；魏不聽秦，必務善韓以備秦，是公擇布而割⓱也。秦、魏和，則兩國德公；不和，則兩國爭事公。所謂成為福，不成亦為福者也，願公之無疑也。」

【注　釋】❶公仲　韓相。❷以　鮑彪本無「以」字。❸道　方法。❹而　通「如」。❺適　往。鮑彪本「適」下有「兩」字。❻束之　使之締約。束，約。之，指代秦、魏兩國。有人據《釋名・釋言語》解「束」為「促」，也可通。❼謀　被謀；被暗算。❽完　全。❾安成君　當是韓國的封君。❿門戶　出入由之，比喻韓國可以控制秦、魏。⓫右契　古代契約分左右兩卷，雙方各執其一。據《史記・平原君列傳》「事成，操右券以責」，可見右契也可以作為索償的憑證。⓬主　鮑彪本作「王」。⓭事　應有的事。⓮下服　以下事上。鮑彪注：「服，猶事。以侯國為上，則相猶為下也。」按，疑「下服」亦可解為下級服從。⓯齊　依文意當作「秦」。⓰塞　阻擋；防禦。⓱擇布而割　錢藻本作「擇豨而割」。布，比喻秦、魏。

【語　譯】有人對韓公仲說：「雙胞胎長得相似，只有他們的母親知道誰是老大誰是老二；利和害相似，只有智慧的人可以識別。現在你的國家，那利和害相似的情況，正好像雙胞胎相似一樣啊。治理得法，那麼主上就尊貴而你自身也安全；治理不得法，那麼主上就地位低下而你自身也危險。現在秦國、魏國和談成功，如果不是你前去使它們締約，那麼韓國就必定被它們暗算了。假若韓國跟著魏國去親善秦國，這就成了魏國的隨從，那麼韓國就受輕視了，而主上也就地位低下了。秦國已經和韓國親善，必定將想要安排他所喜愛、信任的人，讓他在韓國掌權以成全秦國的事，這樣你就危險了。現在你和安成君去主持秦國、魏國的和談，成功固然是福，不成功也是福。秦國、魏國的和談成功，是你前去使它們締約的，這樣韓國就成了秦、魏兩國來往的門戶啊，自然就顯得重要而主上也尊貴了。安成君東邊受到魏國的重視，西邊受到秦國的重視，操持右券替你向秦國、魏國的君主索取報答，分封土地，成為諸侯，也就是你應該有的事啊。至於安定韓國、魏國而終身為相，使你的下級服從你，這樣就主上尊貴而你自身也安全了。秦國、魏國如果不能互相聽從和好，秦國惱怒得不到魏國，一定會想親善韓國以防禦魏國；魏國不聽從秦國，一定會力求親善韓國以防備秦國，這樣你就像買布一樣，想選擇哪一幅就剪割哪一幅啊。秦國與魏國和好，那麼兩國都會感激你；不和好，那麼兩國都會爭著侍奉你。這就是所謂成功了是福，不成功也是福啊，希望你不要懷疑啊。」

或謂公仲

【題解】有人遊說公仲讓韓國領頭和秦國聯合，認為這是忠於主上，便於國家，利於自身的行動。

或謂公仲曰：「今有一舉而可以忠於主，便於國，利於身，願公之行之也。今天下散而事秦，則韓最輕矣；天下合而離秦，則韓最弱矣；合離之相續，則韓最先危矣。此君國長民之大患也。今公以韓先合於秦，天下隨之，是韓以天下事秦，秦之德韓也厚矣。韓與天下朝秦，而獨厚取德焉。公行之❶計，是其於主也至忠矣。天下不合秦，秦令而不聽，秦必起兵以誅不服。秦久與天下結怨構難，而兵不決，韓息士兵以待其亹❷。公行之計，是其於國也，大便也。昔者，周佼❸以西周善於秦，而封於梗陽❹；周啟❺以東周善於秦，而封於平原❻。今公以韓善秦，韓之重於兩周也無計，而秦之爭機也萬於周之時。今公以韓為天下先合於秦，秦必以公為諸侯，以明示天下。公行之計，是其於身大利也。願公之加務也。」

【注　釋】❶之　此。下同。❷亹　峽中兩岸對峙如門的地方，這裡是縫隙的意思。❸周佼　西周國的臣子。❹梗陽　本是趙邑，當時已屬秦，在今山西清源。❺周啟　東周國的臣子。❻平原　趙邑，在今山東平原。

【語　譯】有人對公仲說：「現在有一舉可以忠於君主、便於國家、利於自身的行動，希望你去履行。現在天下諸侯分散去侍奉秦國，那麼韓國就最受輕視了；天下諸侯聯合起來背離秦國，那麼韓國就最弱小了；不斷地聯合背離下去，那麼韓國就最先遭受危險了。這是主宰國家、統治百姓的大患啊。現在你用韓國先和秦國聯合，天下諸侯跟著和秦國聯合，這就等於是韓國用天下諸侯去侍奉秦國，秦國就會深深地感激韓國了。韓國和天下諸侯一起朝拜秦國，卻獨自取得秦國的厚愛。你實行這一計策，這對君主是最忠誠的了。要是天下諸侯不和秦國聯合，不聽從秦國的命令，秦國必定起兵去討伐那些不服從的國家。秦國長久和天下諸侯結怨交戰，不能決定勝負，韓國就可以休整軍隊以待可乘之機。你實行這一計策，這對於國家，是大利啊。從前周佼用西周親善秦國，受封在梗陽；周啟用東周親善秦國，受封在平原。現在你用韓國親善秦國，韓國的重要性比起東周、西周來，可說無法計量，而秦國爭取這個時機要超過東西周親善時的一萬倍。現在你用韓國給天下諸侯帶個頭先和秦國聯合，秦國必定用你做諸侯，以昭示天下。你實行這一計策，這對於自身也是大利啊。希望你加緊努力啊。」

韓人攻宋

【題　解】韓珉為齊攻宋，使秦王大怒。蘇秦為此遊說秦王，聲稱韓珉攻宋是為了秦王。

韓人❶攻宋❷，秦王❸大怒曰：「吾愛宋，與新城❹、陽晉❺同也。韓珉與我交，而攻我甚所愛，何也？」蘇秦❻為韓❼說秦王曰：「韓珉之攻宋，所以為王也。以韓❽之強，輔之以宋，楚、魏必恐。恐，必西面事秦。王不折一兵，不殺一人，無事而割安邑❾，此韓珉之所以禱於秦❿也。」秦王曰：「吾固患韓⓫之難知，一從一橫，此其說⓬何也？」對曰：「天下固令韓⓭可知也。韓故⓮已攻宋矣，其西面事秦，以萬乘⓯自輔；不西事秦，則宋地不安矣。中國⓰白頭游敖之士⓱，皆積智欲離秦、韓⓲之交。伏軾⓳結靷⓴西馳者，未有一人言善韓㉑者也；伏軾結靷東馳者，未有一人言善秦者也。皆不欲韓㉒、秦之合者何也？則晉、楚智而韓㉓、秦愚也！晉、楚合，必伺㉔韓㉕、秦；韓㉖、秦合，必圖晉、楚。請以決事。」秦王曰：「善。」

【注釋】❶韓人　當作「韓珉」。「珉」損為「民」，而「民」、「人」古通用，因轉為「人」。韓珉，據〈韓策三・韓珉相齊〉可知他曾為齊相。❷攻宋　齊湣王十五年（西元前二八六年）伐宋。❸秦王　指秦昭王。❹新城　在今河南伊川西南。❺陽晉　在今山東鄆城西。❻蘇秦　《史記・田敬仲完世家》作「蘇代」。❼韓　據《史記・田敬仲完世家》當作「齊」，下同。❽韓　當作「齊」。❾安邑　魏舊都，在今山西夏縣西北。❿禱於秦　為秦祈禱而求。⓫韓　當作「齊」。⓬其說　指韓珉為秦之說。⓭韓　當作「齊」。⓮韓故　當作「齊固」。⓯萬乘　萬乘之國，指秦國。⓰中國　中原地區，指韓、趙、魏等國。⓱游敖之士　遨遊之士，即遊說之士。⓲韓　當作「齊」。⓳伏軾　伏在車前橫木上，即乘車。⓴結靷　繫好引車前行的皮帶，這皮帶一頭繫在車軸上，一頭繫在馬胸部的皮革上。㉑韓 當作「齊」。㉒韓 當作「齊」。㉓韓 當作「齊」。㉔伺 窺伺；暗算。㉕韓 當作「齊」。㉖韓 當作「齊」。

【語　譯】韓珉為齊國進攻宋國，秦王大為惱火說：「我喜愛宋國，就像喜愛新城、陽晉一樣。韓珉和我結交，卻進攻我很喜愛的地方，是何道理？」蘇秦為齊國勸說秦王道：「韓珉進攻宋國，是為了大王啊。憑藉齊國的強大，用宋國輔佐它，楚國、魏國必定會惶恐不安。惶恐不安，就必定向西侍奉秦國。大王不損一兵，不殺一人，不費事就割得魏國的安邑，這是韓珉為秦祈禱而求的事啊。」秦王說：「我本來就擔心齊國難以捉摸，一下子合縱，一下子連橫，這麼說來，說是為秦怎麼解釋呢？」蘇秦回答說：「天下的形勢本來就讓齊國可以捉摸啊。齊國本來已經進攻宋國了，它向西侍奉秦國，就可依靠萬乘之國輔助自己；不向西侍奉秦國，那麼得到了宋地也不安全了。中原地帶的一些白髮遊說之士，都處心積慮想離散秦國和齊國的邦交。那些伏在車前橫木上、繫好車上引帶向西奔馳的遊說之士，沒有一個說要秦國和齊國親善的；伏在車前橫木上、繫好車上引帶向東奔馳的遊說之士，沒有一個說要齊國和秦國親善的。他們都不想要齊國和秦國聯合是什麼原因呢？從這裡就可看出三晉、楚國是那麼聰明而齊國、秦國是如此愚蠢的呀！因為三晉和楚國聯合，就必然窺伺齊國和秦國；齊國同秦國聯合，就必然圖謀三晉和楚國。請以此決定對策。」秦王說：「好。」

或謂韓王

【題　解】有人勸韓王，在秦國進攻魏國的戰爭中，韓國不能保持中立。山東諸侯如不合縱抗秦，定被秦國滅亡。

或謂韓王曰：「秦王欲出事於梁❶，而欲攻絳❷、安邑❸，韓計將安出矣？秦之欲伐韓，以東闚周室甚❹，唯寐忘之。今韓不察，因欲與秦，必為山東大禍矣。秦之欲攻梁也，欲得梁以臨韓，恐梁之不聽也，故欲病❺之以固交也。王不察，因欲中立，梁必怒於韓之不與己，必折為秦用，韓必舉矣。願王熟慮之也。不如急發重使之趙、梁，約復為兄弟，使山東皆以銳師戍韓、梁之西邊。非為此也，山東無以救亡，此萬世之計也。秦之欲并天下而王之也，不與古同。事之雖如子之事父，猶將亡之也；行雖如伯夷，猶將亡之也；行雖如桀、紂，猶將亡之也。雖善事之無益也，不可以為存，適足以自令亟亡也。然則山東非能從親，合而相堅如一者，必皆亡矣。」

【注　釋】❶梁　即魏。❷絳　魏地，在今山西新絳。❸安邑　魏舊都，在今山西夏縣西北。❹甚　很強烈。❺病　重創。

【語　譯】有人對韓王說：「秦王想對魏生事，進攻絳和安邑，韓國將要怎麼辦？秦國想進攻韓國，向東窺視東周、西周的願望很強，只有睡了才忘記。現在韓國不仔細考察，而想幫助秦國，一定會給山東諸侯招來大禍了。秦國想進攻魏國，想得到魏國以便兵臨韓國，它擔心魏國不聽從，所以想重創魏國以鞏固它和魏國的邦交。大王沒有仔細考察，因而想保持中立，魏國必定會惱怒韓國不幫助自己，一定轉過來為秦國所用，這樣韓國就必定會被攻下了。希望大王仔細考慮這種情況啊。不如趕快派遣重要的使者前往趙國、魏國，相約再為兄弟，使山東諸侯都用精銳的部隊防守韓國、魏國的西部邊界。不採取這種措施，山東諸侯就沒有辦法挽救危亡，這是千秋萬代的計謀啊。秦國想兼併天下而稱王，和古代的稱王不同。你侍奉它即使像兒子侍奉父親一樣，它還是要滅亡你；你的德行即使像伯夷一樣高尚，它還是要滅亡你；你的行為即使像夏桀、商紂那樣暴虐，它還是要滅亡你。即使好好侍奉它也是無益啊，不但不可以保存自己，恰好足以使自己加速滅亡啊。既然如此，那麼山東諸侯不能合縱親善，聯合起來互相堅守如同一人，就必定都要滅亡了。」

謂鄭王

【題解】有人借古喻今，反覆勸韓王實行尊秦定韓的政策。姚宏本將「東孟之會」以上和以下分為兩篇。今從文意上看，當是一人的說辭，因此將它合為一篇。

謂鄭王❶曰：「昭釐侯❷，一世之明君也；申不害❸，一世之賢士也；韓與魏，敵侔❹之國也。申不害與昭釐侯執珪❺而見梁君❻，非好卑而惡尊也，非慮過而議失也。申不害之計事曰：『我執珪於魏，魏君必得志於韓，必外靡❼於天下矣，是魏弊矣。諸侯惡魏必事韓，是我免❽於一人之下，而信❾於萬人之上也。夫弱魏之兵，而重韓之權，莫如朝魏。』昭釐侯聽而行之，明君也；申不害慮事而言之，忠臣也。今之韓弱於始之韓，而今之秦強於始之秦。今秦有梁君之心矣，而王與諸臣不事為尊秦以定韓者，臣竊以為王之明為不如昭釐侯，而王之諸臣忠莫如申不害也。

【章　旨】用申不害勸韓昭侯朝魏為例，說明現在韓王不尊秦定韓是失策。

【注　釋】❶鄭王　即韓王。韓滅鄭後，建都於鄭，因而韓也稱為鄭。❷昭釐侯　即韓昭侯。❸申不害　韓相。❹敵侔　對等；不分上下。❺執珪　意為朝拜。珪，同「圭」。是一種玉器。古代將圭賜給功臣，臣子朝拜君主要執圭。❻梁君　魏王。❼靡　蔑視。❽免　通「俛」。俯。❾信　伸。

【語　譯】有人對韓王說：「昭釐侯是一代的明主，申不害是一代的賢士，韓國和魏國是對等的國家。申不害與昭釐侯執著玉珪去見魏王，不是喜歡卑賤、討厭尊貴，也不是考慮有誤、計事失策。申不害計畫這件事的時候說：『我們執著玉珪去魏國朝拜，魏國的君主必定自以為得志於韓國，一定就會蔑視天下諸侯了，這樣魏國就失敗了。諸侯憎恨魏國必定就會侍奉韓國，這樣我們便是在一人之下俯首稱臣，在萬人之上揚眉吐氣啊。削弱魏國的軍事力量，而加重韓國的權力，不如去魏國朝拜。』昭釐侯聽從申不害的話而去魏國朝拜，證明他是明君；申不害考慮到這件事而提出建議，證明他是忠臣。現在的韓國比當初的韓國弱小，而現在的秦國比當初的秦國強大。現在秦國已經有魏王讓人朝拜的心意了，而大王和諸位大臣不去尊奉秦國來安定韓國，我私自認為大王的明智不如昭釐侯，而大王的諸位大臣的忠誠不如申不害啊。

「昔者，穆公❶一勝於韓原❷而霸西州❸，晉文公❹一勝於城濮❺而定天下❻，此以一勝立尊令❼，成功名於天下。今秦數世強矣，大勝以千數，小勝以百數，大之不王，小之不霸，名尊無所立，制令無所行，然而春秋❽用兵者，非以求主尊成名於天下也❾？昔先王之攻，有為名者，有為實者。為名者攻其心，為實者攻其形❿。昔者，吳與越戰⓫，越人大敗，保於會稽⓬之上。吳人入越而戶撫之。

越王使大夫種行成⑬於吳，請男為臣，女為妾，身執禽⑭而隨諸御。吳人果聽其辭，與成而不盟，此攻其心者也。其後越與吳戰⑮，吳人大敗，亦請男為臣，女為妾，反以越事吳之禮事越。越人不聽也，遂殘⑯吳國而禽⑰夫差，此攻其形者也。今將攻其心乎？宜使如吳；攻其形乎？宜使如越。夫攻形不如越，而攻心不如吳，而君臣、上下、少長、貴賤畢呼霸王，臣竊以為猶之井中而謂曰：『我將為爾求火也。』』

【章　旨】秦國現在有求主尊成名的願望，而韓國既不尊其名而攻其心，又不為實而攻其形，卻想成為霸王，只能是像到井裡去求火一樣。

【注　釋】❶穆公　指秦穆公。春秋時期的霸主之一。❷勝於韓原　指在韓原之戰中戰勝晉軍，俘虜了晉惠公。這次戰爭發生在西元前六四五年。韓原，在今山西芮城境內。❸西州　指中國西部地區。❹晉文公　春秋時期的一個霸主。❺勝於城濮　指在西元前六三二年的城濮之戰中戰勝楚軍。城濮，在今山東范縣南。❻定天下　《呂氏春秋・貴直》：「城濮之戰，五敗荊（楚）人，……定天子之位，成尊名於天下。」❼尊令　疑指號令諸侯而言。❽春秋　包括一年四季。❾也　相當於「耶」，表反詰。❿形　外形，與內心相對而言，指奪取土地與殺戮人民等。⓫吳與越戰　指吳王夫差和越王句踐在西元前四九四年的夫椒之戰。⓬會稽　會稽山，在今浙江諸暨東部、紹興和東陽之間。⓭行成　求和。⓮執禽　執禽鳥而朝，即稱臣。⓯越與吳戰　指西元前四七八年越王句踐大敗吳王夫差，使夫差棲居在姑蘇山的戰爭。⓰殘　滅。⓱禽　擒。

【語　譯】「過去，秦穆公在韓原戰勝晉國便稱霸西方，晉文公在城濮戰勝楚國便安定了天下，這都是靠一次勝仗就號令諸侯，在天下建成了功名。現在秦國強大已經好幾代了，大的勝仗用成千來計算，小的勝仗用上百來計算，打了大的勝仗沒有成王，打了小的勝仗沒有成霸，名聲尊貴了卻沒有建立功勳，制定了法令卻無法實行，可是它還一年到頭進行戰爭，不就是要求在天下諸侯當中取得尊貴的地位和成就功名嗎？過去君王所進行的戰爭，有為名的，有為實的。為名的就攻對方的心，為實的就攻對方的形。過去吳王夫差和越王句踐打仗，越國人打了大敗仗，退守在會稽山上。吳國人進入越國，挨家挨戶安撫越國人。越王句踐派大夫種去向吳國求和，請求男的做臣僕，女的做女奴，自己執著禽鳥朝拜，跟著吳王的車做侍從。吳國人果然聽信了他的話，和他講和而不和他結盟，這就是攻對方的心啊。後來越王句踐和吳王夫差打仗，吳國人打了大敗仗，也請求男的做臣僕，女的做女奴，反過來也願用越國過去侍奉吳國的禮節侍奉越國。越國人不聽從，於是就滅掉了吳國，俘虜了夫差，這就是攻對方的形啊。現在是想攻它的心嗎？如果是的話，就應當使它像吳國一樣；是想攻它的形嗎？如果是的話，就應當使它像越國一樣。攻形不如越國，攻心不如吳國，而君臣、上下、少長、貴賤全都高喊要稱王稱霸，我私下認為這就好像是下到井裡，卻說：『我將替你找火啊。』

「東孟❶之會，聶政、陽堅❷刺相兼君。許異❸蹴哀侯而殪之❹，立以為鄭君❺。韓氏之眾無不聽令者，則許異為之先也。是故哀侯為君，而許異終身相焉❻。而韓氏之尊許異也，猶其尊哀侯也。『今日鄭君❼，不可得而為也，雖終身相之焉』。然而吾『弗為』❽云者，豈不為過謀哉！昔齊桓公❾九合諸侯❿，未嘗不以周襄王之命。然則雖尊襄王，桓公亦定霸矣。九合之尊桓公也，猶其尊襄王也。『今日天子，不可得而為也，雖為桓公』。吾『弗為』云者，豈不為過謀而不知尊⓫哉！韓氏之士數十萬，皆戴哀侯以為君，而許異獨取相焉者，無他⓬；諸侯之君，無不任事於周室也，而桓公獨取霸者，亦無他⑬也。今強國⑭將有帝王之亹⑮，而以國先者，此桓公、許異之類也。豈可不謂善謀哉？夫先與強國之利，強國能王，則我必為之霸；強國不能王，則可以辟⑯其兵，使之無伐我。然則強國事成，則我立帝而霸；強國之事不成，猶之厚德我也。今與強國，強國之事成則有福，不成則無患，然則先與強國者，聖人之計也。」

【章　旨】以齊桓公尊周襄王、許異尊韓懿侯為喻，說明韓國必須帶頭尊秦為王才對自己有利。

【注　釋】❶東孟　在酸棗城北。詳見〈韓策二・韓傀相韓〉注。❷陽堅　是聶政的助手。〈東周策・嚴氏為賊〉作「陽豎」。❸許異　人名，事跡不詳。❹蹴哀侯而殪之　踩死韓哀侯。蹴，踏。哀侯，韓哀侯。殪，殺死。❺鄭君　即韓君。這裡記事有誤，哀侯既然已被殺死，又怎麼能「立以為鄭君」？如果沒有被殺死，他本來就是韓國的君主，又怎麼要許異「立以為鄭君」？韓哀侯三年（西元前三七四年）「韓嚴弒其君哀侯，而子懿侯立」。《竹書紀年》記載「韓山堅賊其君哀侯，而韓若山立」。可見韓哀侯已被殺，立為君主的是韓懿侯。❻哀侯為君二句　這二句記事當有誤。哀侯已被殺，豈能再為君？而許異又怎能終身做他的相？「哀侯」疑當作懿侯，下同。譯文按此處理。❼鄭君　猶韓君。❽弗為　即「不可得而為」。❾齊桓公　春秋時的霸主之一。❿九合諸侯　即糾合諸侯，指主持諸侯間的盟會。⓫尊　指尊秦。⓬無他　沒有別的，言外之意是因為許異尊懿侯。⓭無他　言外之意是因為齊桓公尊周襄王。⓮強國　指秦國。⓯亹　縫隙；徵兆。⓰辟　避。

【語　譯】「東孟的盟會，聶政、陽堅刺殺韓相，同時刺中了韓國的君主哀侯。許異將韓哀侯踩死，立懿侯做韓國的君主。韓國的民眾無不聽從許異的命令，就是因為許異首先出來尊懿侯為君主。因此懿侯做君主，而許異終身做相。韓國尊敬許異，就好像是尊敬懿侯一樣。有人說：『今天韓國的君主，不可能做什麼，即使是終身做他的相。』然而我認為『不可做什麼』的說法，難道不是錯誤的想法嗎！過去齊桓公糾合諸侯會盟，沒有一次不是用周襄王的名義。然而雖然尊了周襄王，可是齊桓公也就成了霸主了。諸侯糾合在一起尊敬齊桓公，就好像尊周襄王一樣啊。有人說：『今天的天子，不可能做什麼，即使你做齊桓公。』我認為『不可能做什麼』的說法，難道不是錯誤的想法而不懂得尊秦嗎！韓國的士卒有幾十萬，都擁戴韓懿侯做君主，而只有許異一人做了相，這沒有別的原因，是他先尊懿侯為君主啊；諸侯國的君主，沒有一個不是為周王朝辦事，而只有齊桓公一人做了霸主，也沒有別的原因，是他尊了周襄王啊。現在強大的秦國將有做帝王的徵兆，能用國家先尊秦做帝王的人，這就是齊桓公、許異一類的人啊。難道可以不說是好想法嗎？先幫助強國的好處是：強國能做王，那我就必定稱霸；強國的事不能成功，那我也可以避開它的軍隊，使它不進攻我。既然這樣，那麼強國的事成功了，那我因為立它為帝就可以稱霸；強國的事不能成功，還是會深深感激我呀。現在韓國幫助強國，強國的事成功了就有福，不成功也沒有禍患。這樣看來，先幫助強國，是聖人的計謀啊。」

韓陽役於三川而欲歸

【題解】足強巧說韓王讓在三川服役的韓陽回來。

韓陽❶役於三川❷而欲歸，足強❸為之說韓王曰：「三川服矣，王亦知之乎？役❹且共貴公子❺。」王於是召諸公子役於三川者而歸之。

【注釋】❶韓陽　韓公子。❷三川　韓地，在今河南西部，因黃河、洛河、伊河流經其地而得名。❸足強　韓人。❹役　役卒。❺貴公子　尊立公子為君。

【語譯】韓陽在三川服役而想回來，足強為此勸說韓王道：「三川已經歸服了，大王也知道嗎？役卒將要尊立公子做君主。」韓王於是叫在三川服役的公子們回來。

秦大國也

【題解】韓國為了顯示出親秦的樣子，用出售美人得來的錢去侍奉秦國，結果適得其反。

秦，大國也，韓，小國也，韓甚疏秦。然而見❶親秦，計之，非金無以也，故賣美人。美人之賈❷貴，諸侯不能買，故秦買之三千金。韓因以其金事秦，秦反得其金與韓之美人。韓之美人因言於秦曰：「韓甚疏秦。」從是觀之，韓亡美人與金，其疏秦乃始益明。故客有說韓者曰：「不如止淫用❸，以是為金以事秦，是金必行，而韓之疏秦不明。美人知內行❹者也，故善為計者，不見❺內行。」

【注釋】❶見　通「現」。❷賈　同「價」。❸淫用　過度的費用，即奢侈浪費。❹內行　內情。❺見　通「現」。

【語譯】秦是大國，韓是小國，韓國和秦國的關係很疏遠。然而韓國又想顯示出親近秦國的樣子，考慮一番，覺得不用金錢便沒有別的辦法，所以就出賣美人。美人的價錢很貴，諸侯國買不起，所以秦國便用三千金買了。韓國於是用那賣美人得來的錢去侍奉秦國，秦國反而既得到了那筆錢又得到了韓國的美人。韓國的美人於是告訴秦國說：「韓國和秦國的關係很疏遠。」由此看來，韓國丟了美人和金錢，它和秦國關係的疏遠才因而顯得更加清楚。所以有位客人勸韓國人說：「不如停止奢侈浪費，用這些節省下來的錢去侍奉秦國，這些錢必定能奏效，而韓國和秦國關係疏遠卻不會讓人知道。美人是知道內情的人，所以善於計謀的人，是不會讓內情顯示出來的。」

張丑之合齊楚講於魏

【題解】張丑勸韓公仲停止攻魏，引起齊、楚的恐慌，促使它們與魏國講和。

張丑❶之合齊、楚講於魏也，謂韓公仲❷曰：「今公疾攻魏之運❸，魏急，則必以地和於齊、楚，故公不如勿攻也。魏緩則必戰❹，戰勝，攻運而取之易❺矣；戰不勝，則魏且內之❻。」公仲曰：「諾。」張丑因謂齊、楚曰：「韓已與❼魏矣，以為不然，則蓋❽觀公仲之攻也。」公仲不攻，齊、楚恐❾，因講於魏，而不告韓。

【注釋】❶張丑　齊臣。❷公仲　韓相。❸運　地名，其地不詳。❹戰　指魏與齊、楚戰。❺取之易　魏國即使戰勝了齊、楚，也疲於戰爭，而且得不到齊、楚的援助，所以韓國取運容易。❻之　指代運。❼與　助。❽蓋　通「盍」。何。❾恐　指恐韓、魏聯合。

【語譯】張丑為了聯合齊國、楚國向魏國講和，對韓國的公仲說：「現在你正加緊進攻魏國的運地，魏國著急，就會用土地與齊國、楚國講和，所以你不如不要進攻啊。魏國看到形勢和緩就必定和齊國、楚國作戰，魏國要是戰勝了，也疲於戰爭，你再進攻運地，奪取它也就容易了；要是戰不勝，魏國就將會送給你運地。」公仲說：「好。」張丑因而又對齊國、楚國說：「韓國已經在幫助魏國了，如果你不相信，那為什麼不看看公仲進攻的情況啊？」一看，公仲真的不進攻運地了，齊國、楚國害怕，於是與魏國講和，而不告訴韓國。

或謂韓相國

【題　解】有人勸韓相不要和趙國的平原君親善，離間韓國和趙國的關係。

或謂韓相國曰：「人之所以善扁鵲❶者，為有臃腫也；使善扁鵲而無臃腫也，則人莫之為之也。今君以所事❷善平原君者，為惡❸於秦也；而善平原君，乃所以惡於秦❹也，願君之熟計之也。」

【注　釋】❶扁鵲　古代名醫。❷所事　韓相所侍奉的人，即韓王。❸惡　憎恨；討厭。❹惡於秦　因為秦國也憎恨平原君，所以韓國和平原君親善，秦國就會憎恨韓國。

【語　譯】有人對韓相國說：「人們所以和扁鵲好，是因為得了臃腫病；要人們和扁鵲好而不是因為臃腫病，那麼人們是不會這樣做的。現在你使韓王和平原君好，是因韓國被秦國憎恨啊；而和平原君好，正是被秦國憎恨的原因，希望你仔細考慮啊。」

公仲使韓珉之秦求武隧

【題　解】公仲派韓珉去秦國要求歸還武遂，而擔心楚國會惱火。楚國的唐客告訴公仲這對楚國有利，楚國不會憎恨韓國。

公仲使韓珉之秦求武隧❶，而恐楚之怒也。唐客❷謂公仲曰：「韓之事秦也，且以求武隧也，非弊邑之所憎也。韓已得武隧，其形乃可以善楚。臣願有言，而不敢為楚計。今韓之父兄得眾者毋相，韓不能獨立，勢必不❸善楚。王❹曰：『吾欲以國輔韓珉而相之可乎？父兄惡珉，珉必以國保楚。』」公仲說，士❺唐客於諸公，而使之主韓、楚之事。

【注　釋】❶武隧　即武遂，韓地，在今山西臨汾，被秦國奪去，秦昭王元年（西元前三〇六年）才歸還韓國，三年後又被秦國奪去。❷唐客　楚人。❸不　據鮑彪注及吳師道《補正》，疑「不」是衍文。❹王　指楚懷王。❺士　據錢藻本及鮑彪本當作「仕」。

【語　譯】公仲派韓珉前往秦國要求歸還武遂，卻擔心楚國會惱火。唐客對公仲說：「韓國侍奉秦國，將以此要求歸還武遂，這不是敝國所憎恨的事啊。要是韓國已經得到武遂，那形勢就可以使韓國親善楚國。我願意進言，卻不敢為楚國著想。現在韓國的父兄中得到大家擁護的人不能做相國，韓國不能獨立，勢必親善楚國。楚王說：『我想用楚國輔助韓珉，讓他做韓國的相國行嗎？韓國的父兄憎恨韓珉，韓珉必定用韓國保衛楚國。』」公仲聽了以後高興，在諸公面前任命唐客做官，指派他主管韓國和楚國有關的事務。

韓相公仲珉使韓侈之秦

【題　解】韓相公仲珉派韓侈去秦國請求攻魏，韓侈到了唐地，韓相公仲珉去世。發生了這一意外的變故，韓侈仍然使人說服秦王讓他進入秦國，而且秦王還讓他做了官。

韓相公仲珉使韓侈之秦，請攻魏，秦王說之。韓侈在唐❶，公仲珉死。韓侈謂秦王❷曰：「魏之使者謂後相韓辰曰：『公必為魏罪韓侈。』韓辰曰：『不可。秦王仕之，又與約事❸。』使者曰：『秦之仕韓侈也，以重公仲也。今公仲死，韓侈之秦，秦必弗入。入，又奚為挾之以恨魏王乎？』韓辰患之，將聽之矣。今王不召韓侈，韓侈且伏於山中矣。」秦王曰：「何意寡人如是之權❹也！令❺安伏？」召韓侈而仕之。

【注　釋】❶唐　疑是指古唐國，在今山西翼城西。❷韓侈謂秦王　從下文「今王不召韓侈」看，當時韓侈尚未見到秦王。當是使人傳話給秦王。❸約事　相約攻魏之事。❹權　變，指前後變化得如此之快。❺令　據黃丕烈《札記》說當作「今」。

【語　譯】韓相公仲珉派韓侈前往秦國，請求進攻魏國，秦王感到喜悅。韓侈在唐地時，公仲珉死了。韓侈使人傳話給秦王說：「魏國的使者對韓國繼任的相國韓辰說：『你一定要為魏國處罰韓侈。』韓辰說：『不行。

秦王要讓他做官，又和他相約進攻魏國的事。』魏國的使者說：『秦國要讓韓侈做官，是因為敬重公仲珉。現在公仲珉死了，韓侈前往秦國，秦國必定不會讓他進去，秦國為什麼要挾持他以使魏王感到遺憾呢？』韓辰為此憂慮，將要聽從魏國的話處罰我了。現在大王不召我韓侈進去，我韓侈就將躲到山裡面去了。」秦王說：「怎麼會猜想我是這樣的變化無常的人呀！現在韓侈要躲到哪裡去？」於是召見韓侈而讓他做了官。

客卿為韓謂秦王

【題解】客卿稱讚秦王能針對各諸侯國大臣欺君、裡通外國的弊病，禁止臣下結黨營私，蒙蔽君主；不隨意聽信大臣的話，使他們無法為別國謀利；對大臣的主張有自己的主見，智慧超群，藉此宣揚了以加強王權為中心的法家思想。

客卿❶為韓謂秦王❷曰：「韓珉❸之議，知其君不知異君，知其國不知異國。彼公仲❹者，秦勢能詘❺之。秦之強，首之❻者，珉為疾❼矣。進齊、宋之兵至首垣❽，遠薄❾梁❿郭，所以不及魏者，以為成⓫而過南陽⓬之道，欲以四國⓭西首⓮也。所以不⓯者，皆曰以⓰燕亡於齊⓱，魏亡於秦⓲，陳、蔡亡於楚⓳，此皆絕地形⓴，群臣比周㉑以蔽其上，大臣為諸侯輕國㉒也。今王位正㉓，張儀之貴，不得議公孫郝㉔，是從臣不事㉕大臣也；公孫郝之貴，不得議甘戊㉖，則大臣不得事近臣矣。貴賤不相事，各得其位，輻湊㉗以事其上，則群臣之賢不肖，可得而知也。

王之明一也。公孫郝嘗疾齊、韓㉘而不加貴，則為大臣不敢為諸侯輕國矣；齊、韓嘗因公孫郝而不受，則諸侯不敢因群臣以為能矣。外內不相為，則諸侯之情偽可得而知也。王之明二也。公孫郝、樗里疾請無攻韓㉙，陳四辟去㉚，王猶攻之也。甘茂約楚、趙而反㉛敬魏㉜，是㉝其講㉞我㉟，茂且攻宜陽，王猶校之㊱也。群臣之知，無幾㊲於王之明者，臣故願公仲之國以㊳侍於王，而無自左右㊴也。」

【注釋】❶客卿　秦官名。外國人在秦做官，位為卿，待以客禮，故名客卿。❷秦王　秦武王。❸韓珉　韓臣。❹公仲　韓相。❺詘　屈服。❻首之　以兵向秦。首，向。❼疾　力；極力。❽首坦　魏地，據曾本、鮑本當作「首垣」，在今河南長垣東北，是魏國北邊要塞。❾薄　迫近。❿梁　大梁，魏都，在今河南開封。⓫成　求和。⓬南陽　魏地，在今河南獲嘉。⓭四國　指韓、宋、齊、魏四國。⓮西首　西向攻秦。⓯不　通「否」。⓰以　因。一說「以」是衍文。⓱燕亡於齊　指燕國喪地給齊國。亡，丟失。⓲亡於秦　喪地於秦。⓳亡於楚　喪地於楚。⓴絕地形　交通斷絕。㉑比周　結黨營私。㉒輕國　輕視所在國的利益。㉓位正　依王念孫說當作「涖政」（見《讀書雜志・戰國策第三》），猶即位。㉔公孫郝　秦大臣。㉕事　干預其事。㉖甘戊　即甘茂，秦右丞相。秦武王時甘茂攻韓宜陽，遭到公孫郝的反對，秦武王沒有聽公孫郝的話。㉗輻湊　聚集一起，如車輻集中於軸。㉘疾齊韓　〈楚策三・楚王令昭雎之秦重張儀〉說：「公孫郝善韓。」〈韓策一・韓公仲謂向壽〉說：「公孫郝黨於齊。」可見公孫郝在秦國代表齊、韓兩國的利益。疾，疑當作「挾」，倚仗。㉙公孫郝樗里疾請無攻韓　據《史記・樗里子甘茂列傳》記載，甘茂要進攻韓國的宜陽，樗里子（即樗里疾）、公孫奭（即公孫郝）曾經反對。㉚陳四辟去　這句疑是描寫公孫郝、樗里疾在秦王面前反對攻韓的情狀。陳，陳言反對攻韓的意見。辟，即避去、避開。有人解「陳」為軍陣（陣），「四」為而，今不用其說。㉛反　疑為「又」之誤。㉜敬魏　〈楚策三・楚王令昭雎之秦重張儀〉記載，「甘茂善魏」，和魏國關係好，在進攻宜陽之前曾經到魏國去約魏國進攻韓國。㉝是　金正煒《補釋》認為可能是「使」字，音同而訛，譯文從其說。㉞講　講和。㉟我　指秦。㊱校之　考核他。㊲幾　近。㊳國以　鮑彪本作「以國」。㊴無自左右　不由左右，即不聽身邊人的話。

【語　譯】有個客卿為了韓國對秦王說：「韓珉的議論，只知道他的君主，卻不知道別的君主；只知道他的國家，卻不知道別的國家。那個公仲，秦國的威勢能使他屈服。秦國那麼強，帶頭向秦國進攻的，韓珉最為賣力了。使齊國、宋國進軍到首垣，遠道而來，迫近大梁城下，卻不進到魏國去的原因，是要與魏國講和，取道南陽，想率領韓、宋、齊、魏四國西向攻秦啊。所以沒有這樣做的原因，是他們都說燕國丟失土地給齊國，魏國丟失土地給秦國，陳國、蔡國丟失土地於楚國，這都是因為交通斷絕，群臣結黨營私、蒙蔽主上，大臣為了別的諸侯國而輕視所在國的利益啊。現在大王即位執政，張儀這麼顯貴，也不能議論公孫郝，這就是從臣不得干預大臣的事啊；公孫郝這麼顯貴，也不能非議甘茂，則是大臣也不得干涉近臣的事了。貴賤不互相干預其事，各安其位聚合在一起侍奉主上，那麼群臣中誰是賢能，誰是不像樣，也就可以知道啊。這是大王第一個英明的地方。公孫郝曾經倚仗齊國、韓國的勢力卻沒有給他更高的地位，那麼做大臣的就不敢為了別的諸侯國而輕視秦國的利益了；齊國、韓國曾經通過公孫郝謀利卻沒有被接受，那麼諸侯國也就不敢通過群臣來逞能了。外內不勾結，那麼諸侯國的真假也就可以知道了。這是大王第二個英明的地方。公孫郝、樗里疾請求不要進攻韓國，四次陳述反對意見才離去，大王還是進攻了韓國啊。甘茂約邀楚國、趙國而又敬重魏國，使它們和我們秦國講和，甘茂將要進攻宜陽了，大王照樣考核他。群臣的智慧，沒有人能接近到大王英明的程度的，所以我希望公仲能用他們的國家侍奉大王，不要聽他身邊人的議論。」

韓珉相齊

【題　解】有人勸齊相韓珉，不要驅逐公疇豎和成陽君，可讓他們留在小國，否則對自己不利。

韓珉相齊，令吏逐公疇豎，大怒於周之留成陽君❶也。謂韓珉曰：「公以二人者為賢人也，所入之國，因用之乎？則不如其處小國❷。何也？成陽君為秦去韓，公疇豎楚王善之。今公因逐之，二人者必入秦、楚，必為公患。且明❸公之不善於天下。天下之不善公者，與欲有求於齊者，且收之，以臨齊而市公。」

【注釋】❶成陽君　韓國人，親秦，秦國曾經想要他兼任韓、魏兩國的相。❷小國　指周國。當時公疇豎也可能在周。❸明　顯示；表明。

【語譯】韓珉做齊國的相，派官吏驅逐公疇豎，對於周國收留成陽君這件事也大為惱火。有人對韓珉說：「你是認為這兩人是賢能的人，所到的國家，會起用他們嗎？那就不如讓他們住在小國。為什麼呢？成陽君為了秦國才離開韓國，而公疇豎是楚王所喜歡的人。現在你驅逐他們，這兩個人必定到秦國、楚國去，一定會成為你的後患。再說這也表示你和天下諸侯的關係不好。天下諸侯中和你不好的人，和有求於齊國的人，將要收留他們兩人，以便到齊國來和你做買賣。」

或謂山陽君

【題解】有人告訴山陽君，楚國攻齊取莒的目的是傷害齊國、秦國的聲威而輕視韓國。

或謂山陽君❶曰：「秦封君以山陽❷，齊封君以莒❸，齊、秦非重韓則賢君之行也。今楚攻齊取莒，上及❹不交齊，次弗納於君，是棘❺齊、秦之威而輕韓也。」

山陽君因使之楚。

【注　釋】❶山陽君　韓國人。❷山陽　在今河南修武西北。一說在陝西商縣南。❸莒　在今山東莒縣。❹及　據鮑彪本「及」字當刪去。❺棘　刺傷；傷害。

【語　譯】有人對山陽君說：「秦國將山陽封給你，齊國將莒封給你，齊、秦兩國不是重視韓國就是認為你的品行好。現在楚國進攻齊國，奪取了莒，這首先是不和齊國友好，其次是不讓你到莒去，這是傷害齊國、秦國的聲威，同時又是輕視你啊。」山陽君於是派這個說客前往楚國。

趙魏攻華陽

【題　解】趙國、魏國進攻韓國的華陽，韓國向秦國告急，秦國不出兵救援。韓國派田苓去見秦相穰侯，暗示秦國如再不救援，韓國將投靠別國。秦國於是出兵，在華陽大敗趙、魏。所記情節，大致和〈韓策二・楚圍雍氏韓令冷向借救於秦〉相同，只是人名、地名有了改變。

趙、魏攻華陽❶，韓謁急於秦，冠蓋相望，秦不救。韓相國謂田苓❷曰：「事急，願公雖疾，為一宿之行。」田苓見穰侯❸，穰侯曰：「韓急乎？何故使公來？」田苓對曰：「未急也。」穰侯怒曰：「是何以為公之王使乎❹？冠蓋相望，告弊邑甚急，公曰未急，何也？」田苓曰：「彼韓急，則將變❺矣。」穰侯曰：「公無見王矣，臣請令發兵救韓。」八日中，大敗趙、魏於華陽之下。

【注　釋】❶華陽　山名，屬韓國，在今河南密縣。《史記・韓世家》記載韓釐王二十三年（西元前二七三年）「趙、魏攻我華陽」。❷田苓　《史記・韓世家》作「陳筮」。❸穰侯　秦相魏冉。❹是何以為公之王使乎　按，這句疑當作「是何以公為之主使乎？」王使，《史記・韓世家》作「主使」。❺變　事變，指將投靠別國。

【語　譯】趙國、魏國進攻華陽，韓國向秦國告急。使者來往不絕，冠蓋相望，秦國還是不出兵救援。韓相國對田苓說：「情況緊急，雖然你有病，還是希望你去走一趟。」田苓去見穰侯，穰侯說：「韓國危急嗎？為什麼派你來？」田苓回答說：「不急呀。」穰侯惱火說：「這麼說來，為什麼派你來做主使呢？使者來往不絕，冠蓋相望，告訴敝國說情況很緊急，你說不急，是什麼道理？」田苓說：「那韓國要是急了，就將發生變化了。」穰侯說：「你不要去見秦王了，請讓我派兵去救援韓國。」八天之中，便在華陽山下大敗趙國、魏國的軍隊。

秦招楚而伐齊

【題　解】秦國想聯合楚國進攻齊國，冷向告訴陳軫，要聯楚攻齊，就必須首先拉攏楚國內部主張親齊的人，使他們倒向秦國。

秦招❶楚而伐齊，冷向❷謂陳軫❸曰：「秦王必外向❹。楚之齊者❺知西不合於秦，必且務以楚合於齊。齊、楚合，燕、趙不敢不聽。齊以四國❻敵秦，是齊不窮也。」向曰：「秦王誠必欲伐齊乎？不如先收於楚之齊者，楚之齊者先務以楚合於齊，則楚必即秦矣❼。以強秦而有晉❽楚，則燕、趙不敢不聽，是齊孤矣。向請為公說秦王。」

【注　釋】❶招　以手示意使之到來。這裡是要求楚國站到秦國這邊來，和秦國聯合。❷冷向　秦臣，也曾仕韓。❸陳軫　秦臣。曾事楚。❹外向　還和別國聯合，不專和楚國聯合。❺楚之齊者　楚國內親齊的人。❻四國　齊、楚、燕、趙四國。❼則楚必即秦矣　這句疑有脫誤，依鮑彪注「秦能收齊之善秦者，則其初雖欲合齊，今必背齊合秦」，「則」上疑脫一「今」字。即，靠近。❽晉　依鮑彪注，「晉」字當是衍文，宜刪去。

【語　譯】秦國想聯合楚國進攻齊國，冷向對陳軫說：「秦王必定還要聯合其他國家。楚國內親齊的人知道不能和西邊的秦國聯合，必定要努力使楚國和齊國聯合。齊國和楚國聯合了，燕國、趙國就不敢不聽話。齊國憑藉四國的力量和秦國作對，這樣齊國就不會陷入困境啊。」冷向又說：「秦王真的一定要進攻齊國嗎？不如先拉攏楚國內親齊的人，楚國內親齊的人先是努力使楚國和齊國聯合，現在楚國就必定會靠攏秦國了。強大的秦國有了楚國，那麼燕國、趙國就不敢不聽話，這樣齊國就孤立了。我冷向請求替你去勸說秦王。」

韓氏逐向晉於周

【題　解】韓國使周國驅逐了向晉，周國使成恢先後遊說魏王、韓王，使向晉回到了周國。

韓氏逐向晉❶於周，周成恢❷為之謂魏王曰：「周必寬而反之，王何不為之先言，是王有向晉於周也。」魏王曰：「諾。」成恢因為謂韓王曰：「逐向晉者韓也，而還之者魏也，豈如道❸韓反之哉！是魏有向晉於周，而韓王失之也❹。」韓王曰：「善。」亦因請復之。

【注　釋】❶向晉　人名，事跡不詳。❷成恢　魏人。據鮑彪注，「成恢」上有「使」字。❸道　由。❹是魏有向晉於周二句　這二句文意不順，據鮑彪注「不反之則然」，疑「是」當作「非是」或「否則」。韓王，成恢和韓王對話不應當稱「韓王」，疑當單作「韓」或單作「王」。

【語　譯】韓國使周國驅逐了向晉，周國使成恢為了此事對魏王說：「周國必定會寬恕向晉而讓他回來，大王為什麼不替他先提出讓向晉回去的要求，這樣大王在周國便有了一個向晉啊。」魏王說：「好。」成恢因而為了此事又對韓王說：「驅逐向晉的是韓國，而使向晉回來的是魏國，哪裡比得上由韓國讓他回來呢！不這樣魏國在周國有了向晉，而韓國卻失掉了他啊。」韓王說：「說得好。」於是也請求讓向晉回來。

張登請費緤

【題　解】張登為費緤出謀獻策，讓公子牟去勸韓王派費緤去做三川守，以使西周不處罰費緤。

張登❶請❷費緤❸曰：「請令公子年❹謂韓王曰：『費緤，西周讎之，東周寶之。此其家萬金，王何不召之，以為三川❺之守❻。是緤以三川與西周戒❼也，必盡其家以事王。西周惡之，必效❽先王之器以止王❾。』韓王必為之。西周聞之，必解子之罪，以止子之事。」

【注　釋】❶張登　中山國人。❷請　依鮑彪本當作「謁」。❸費緤　韓國人。❹公子年　當作「公子牟」。魏公子。❺三川　韓地。在今河南西部，因黃河、洛河、伊河流經其地而得名。❻守　官名，即郡守。❼戒　警戒；戒備。❽效　獻。❾止王　使韓王停止任用費緤為三川守。

【語　譯】張登對費緤說：「請讓公子牟去告訴韓王說：『費緤這個人，西周國仇恨他，東周國把他當成寶貝。這個人的家產有萬金，大王為何不召見他，讓他去做三川守？這樣費緤便會用三川去戒備西周國，一定會拿出他的全部家產來侍奉大王。西周國恨他，一定會獻出他們先王的寶器來使大王停止對他的任用。』韓王一定會這樣做。西周國聽說了，一定會赦免你的罪過，了結你的事。」

安邑之御史死

【題　解】本篇記載的是安邑的御史死了，他的副手補位的事。

安邑❶之御史❷死，其次❸恐不得也。輸❹人為之謂安❺令曰：「公孫綦為人請御史於王，王曰：『彼固有次乎？吾難敗其法。』」因遽置之❻。

【注　釋】❶安邑　魏舊都，在今山西夏縣西北。❷御史　官名，管文書及記事。這裡的御史是安邑令下面的屬官。❸次　副手。❹輸　安邑里名。❺安　鮑彪本作「安邑」。❻之　指代副手。

【語　譯】安邑的御史死了，他的副手擔心得不到那個官位。輸里人為他告訴安邑令說：「公孫綦為別人請求魏王讓他做御史，魏王說：『安邑御史本來有副手吧？我難以破壞已有的法律。』」安邑令於是馬上安排那個副手做安邑御史。

魏王為九里之盟

【題　解】房喜勸說韓王，不要同意魏國再立天子。

魏王❶為九里❷之盟，且復天子❸。房喜❹謂韓王曰：「勿聽之也，大國惡❺有天子？而小國利之。王與大國弗聽，魏安能與小國立之？」

【注　釋】❶魏王　《韓非子・說林上》作「魏惠王」。❷九里　地名。在成周（即東都雒邑）內。❸復天子　《韓非子・說林上》作「復立於天子」。❹房喜　韓國人。❺惡　何；哪裡。

【語　譯】魏王組織九里盟會，將恢復周天子的地位。房喜對韓王說：「不要聽信他的，大國眼中哪裡有周天子？而恢復周天子的地位對小國是有利的。大王和其他大國不聽信他的，魏國怎麼能和小國去恢復周天子的地位？」

建信君輕韓熙

【題　解】趙敖分析當時的形勢和韓國在合縱、連橫中的地位，勸趙相建信侯不要輕視韓熙，要和韓國聯合。

建信君❶輕韓熙❷，趙敖❸為謂建信侯❹曰：「國形有之而存，無之而亡者，魏也❺。不可無而從者，韓也❻。今君之輕韓熙者，交善楚、魏也。秦見君之交反善於楚、魏也，其收韓必重矣。從則韓輕❼，橫則韓重❽，則無從輕矣❾。秦出兵於三川，則南圍鄢❿，蔡、邵⓫之道不通矣。魏急，其救趙必緩矣。秦舉兵破邯鄲，趙必亡矣。故君收韓，可以無亹⓬。」

【注釋】❶建信君　趙孝成王的相國。❷韓熙　韓臣。❸趙敖　趙臣。❹侯　當作「君」。❺國形有之而存三句　因為趙國和魏國接鄰，所以從形勢上看魏國關係到趙國的存亡。❻不可無而從者韓也　韓國居中，諸侯要合縱，不能沒有韓國參加。❼從則韓輕　承接上句秦「收韓必重」而言，如果合縱，韓國對秦國便顯得不重要。❽橫則韓重　韓國和秦國連橫，韓國對秦國便顯得重要。❾無從輕矣　秦國要連橫，所以不會讓韓國參加合縱而顯得不重要。❿鄢　即鄢陵，在今河南鄢陵。⓫蔡邵　上蔡和召陵。上蔡，在今河南上蔡。邵，通「召」。指召陵，在今河南郾城東。⓬亹　縫隙，引申有禍患的意思。

【語譯】建信君輕視韓熙，趙敖為此對建信君說：「從趙國的形勢看，有了那個國家趙國就可存在，沒有那個國家趙國就要滅亡，那個國家就是魏國。不可以沒有那個國家而能合縱，那個國家就是韓國。現在你輕視韓熙，和楚國、魏國交情好。秦國看到你和楚國、魏國交情好，它就一定要拉攏韓國，重視韓國了。如果合縱，韓國對秦國就顯得不重要；連橫，韓國對秦國就顯得重要。而秦國要連橫，便不會讓韓國合縱而顯得不重要了。秦國從三川出兵，就會向南圍攻鄢，那上蔡、召陵的路就不通了。魏國的形勢危急，它就不能加緊救援趙國了。秦國出兵攻下邯鄲，趙國就必定滅亡了。所以你拉攏韓國，就可以沒有禍患。」

段產謂新城君

【題 解】段產對新城君說，我能不在秦王面前說你的壞話，但是不能使人在你的面前不說我的壞話。〈魏策四・白珪謂新城君〉和本篇內容相同，只是說這話的人不是段產而是白珪。

段產❶謂新城君❷曰：「夫宵行者能無為姦，而不能令狗無吠己。今臣處郎中，能無議君於王❸，而不能令人毋議臣於君。願君察之也。」

【注 釋】❶段產 秦人。❷新城君 即羋戎，是秦昭王的舅父，先封為華陽君，後改封為新城君。❸王 指秦昭王。

【語 譯】段產對新城君說：「走夜路的人能不做壞事，可是不能讓狗不吠自己。現在我做郎中官，能在秦王的面前不非議你，卻不能讓別人在你的面前不非議我。希望你仔細考察啊。」

段干越人謂新城君

【題 解】段干越人用馬因為韁繩長難行千里為喻，委婉地說明自己不受重用，是由於新城君的阻礙。

段干越人❶謂新城君❷曰：「王良❸之弟子駕，云取千里馬❹，遇造父❺之弟子。造父之弟子曰：『馬不千里。』王良弟子曰：『馬❻，千里之馬也，服❼，千里之服也，而不能取千里，何也？』曰：『子纆❽牽長。』故纆牽於事萬分之一也，而難千里之行。今臣雖不肖，於秦亦萬分之一也❾，而相國見臣不釋塞❿

者，是纆牽長也⓫。」

【注　釋】❶段干越人　魏國人，當時在秦國。《文選・卷十九・勵志詩》注引作「段干越」。❷新城君　即羋戎，是秦昭王的舅父。《文選》注作「謂韓相新城君」。❸王良　春秋時一個善於駕車的人。❹馬　據姚宏注「一無此字」，當刪去。❺造父　西周時一個善於駕車的人。❻馬　依下文當是指驂馬。❼服　服馬。古代一車四馬，中間的兩匹叫服，左右的兩匹叫驂。❽纆　繩索。❾於秦亦萬分之一也　這句是說他自己對於秦國也像馬韁繩一樣小。❿相國見臣不釋塞　《史記・穰侯列傳》沒有說到羋戎做過相國，這裡的記載和《文選》注稱他為「韓相」有出入。相國，當是指新城君。釋，放開。不釋塞，指堵塞他的進身之路。《文選》注「不釋塞」作「不懌」，也通。塞，堵塞；障礙。⓫是纆牽長也　這句是說他像千里馬一樣受到轡繩長的連累。《文選》注引這句的後面有「千里之馬，繫以長索，則為累矣」，文意更完整。

【語　譯】段干越人對新城君說：「王良的弟子駕車，說一天要走一千里，碰上造父的弟子。造父的弟子說：『馬不能一天走一千里。』王良的弟子說：『驂車是千里馬，服馬也是千里馬，卻不能走一千里，是甚麼原因呢？』造父的弟子說：『你的馬轡繩長了。』所以馬轡繩對於駕車一事來說，只是萬分之一小，卻使得你難走一千里。現在我雖然不像樣，對於秦國來說也是萬分之一小，而相國看見我就堵塞我的進身之路，這就是馬轡繩長啊。」

卷二一九　燕策一

〈燕策〉記載了與燕國有關的事件。周武王滅紂，分封諸侯，封召公姬奭於北燕，建都在薊（今北京城西南角）。到了戰國，燕國成了七雄之一。又將武陽（今河北易縣南）定為下都。燕王噲時發生內亂，齊國趁機攻占燕國。燕昭王招賢納士，以樂毅為將，聯合諸侯攻齊，大敗齊國，占據齊七十餘城。燕惠王時，齊將田單大敗燕國，收復了齊國的全部失地。燕王喜三十三年（西元前二二二年）燕為秦所滅。疆土大致包括今河北北部和遼寧南部。

蘇秦將為從北說燕文侯

【題　解】蘇秦分析燕國所處的地理形勢，說明燕之所憂不在秦而在趙，勸說燕文侯和趙國合縱親善。

蘇秦將為從❶，北說燕文侯❷曰：「燕東有朝鮮❸、遼東❹，北有林胡❺、樓煩❻，西有雲中❼、九原❽，南有呼沱❾、易水❿。地方二千餘里，帶甲數十萬，車七百乘，騎六千疋，粟支十年。南有碣石⓫、鴈門⓬之饒，北有棗粟⓭之利，民雖不由田作，棗粟之實，足食於民矣。此所謂天府⓮也。夫安樂無事，不見覆軍殺將之憂，無過燕矣。大王知其所以然乎？夫燕之所以不犯寇被兵者，以趙之為蔽於南也。秦、趙五戰，秦再勝而趙三勝。秦、趙相弊，而王以全燕制其後，此燕之所以不犯難也。且夫秦之攻燕也，踰雲中、九原，過代⑮、上谷⑯，彌埊⑰踵道⑱數千里，雖得燕城，秦計固不能守也。秦之不能害燕亦明矣。今趙之攻燕也，發興號令，不至十日，而數十萬之眾，軍於東垣⑲矣。度呼沱，涉易水，不至四五日，距⑳國都矣。故曰秦之攻燕也，戰於千里之外；趙之攻燕也，戰於百里之內。夫不憂百里之患，而重千里之外，計無過於此者。是故願大王與趙從親，天下為一，則國必無患矣。」燕王曰：「寡人國小，西迫㉑強秦㉒，南近齊、趙㉓。齊、趙，強國也。今主君㉔幸教詔之，合從以安燕，敬以國從。」於是齎蘇秦車馬金帛以至趙。

【注釋】❶從　通「縱」。❷北說燕文侯　據《史記·蘇秦列傳》蘇秦從秦國回來便到了趙國，遭到冷遇，又到燕國遊說燕文公。❸朝鮮　即今朝鮮半島。❹遼東　即今遼寧遼東半島。❺林胡　一少數民族，在今內蒙包頭南。❻樓煩　一少數民族，東與趙國為鄰，在今山西北部。❼雲中　趙郡，在今內蒙托克托。❽九原　趙邑，在今內蒙包頭西。❾呼沱　即滹沱河，在今河北西北部。❿易水　河名，在今河北西部。⓫碣石　即碣石山，在今河北昌黎西北。⓬鴈門　即雁門山，在今山西代縣西北。⓭粟　依《史記·蘇秦列傳》當作「栗」。⓮天府　天然的府車，喻富庶。⓯代　古國名，在今河北蔚縣。⓰上谷　燕郡，在今河北懷來一帶。⓱彌埊　滿地。埊，古「地」字。⓲踵道　在道上一個接一個。踵，繼踵。⓳東垣　趙邑，在今河北石家莊東。⑳距　至。㉑迫　近。㉒秦　依《史記・蘇秦列傳》當作「趙」。㉓趙　依《史記・蘇秦列傳》「趙」字當刪去。㉔主君　古代的國君、卿、大夫都可稱主君，這裡是稱蘇秦。

【語　譯】蘇秦將推動合縱政策，向北遊說燕文公道：「燕國東邊有朝鮮、遼東，北邊有林胡、樓煩，西邊有雲中、九原，南邊有滹沱河、易水。土地方圓二千餘里，軍隊幾十萬，戰車七百輛，坐騎六千匹，糧食可以維持十年。南面有碣石、雁門的富饒，北面出產紅棗、板栗，百姓即使不去耕作，紅棗、板栗也就夠吃了。這就是所謂的天府之國啊。要說安樂無事，看不到軍隊覆滅、將士被殺的憂患，沒有哪國超過燕國了。大王知道所以能夠這樣的原因嗎？燕國之所以不遭受兵寇的進犯，是因為有趙國在南面作屏障啊。秦國、趙國打了五次仗，秦國勝了兩次，趙國勝了三次。秦國、趙國互相損害，而大王憑藉一個完整的燕國在後面制服它們，這就是燕國不遭受兵難的原因。再說秦國進攻燕國，要跨過雲中、九原，經過代地、上谷，遍地是山，一座接一座，要走數千里，即使得到了燕國的城邑，秦國想來一定是守不住的，這樣秦國不能損害燕國也就明白了。如果趙國進攻燕國，發出號令，不到十天，幾十萬的軍隊就駐紮在東垣了。他們渡過滹沱河，涉過易水，不出四五天，就到燕國的國都了。所以說秦國進攻燕國，是在千里之外作戰；趙國進攻燕國，是在百里之內作戰。不擔心來自百里之內的禍患，卻擔心來自千里之外的禍患，沒有比這更為錯誤的政策了。因此希望大王和趙國合縱親善，天下諸侯連成一個整體，那麼國家就必定沒有禍患了。」燕王說：「寡人的國家小，西邊靠近強大的趙國，南邊靠近齊國。齊、趙是強國。現在有幸得到你的教導，和諸侯合縱來安定燕國，寡人恭敬地以國相從。」於是送給蘇秦車馬金帛去趙國。

奉陽君李兌甚不取於蘇秦

【題　解】趙國的奉陽君不喜歡蘇秦，李兌勸奉陽君：蘇秦控制了燕國，為了不使燕國和齊國聯合，以削弱趙國的地位，建議他結交蘇秦。

奉陽君❶李兌❷甚不取於蘇秦❸。蘇秦在燕，李兌❹因為蘇秦謂奉陽君曰：「齊、燕離則趙重，齊、燕合則趙輕。今君之齊❺，非趙之利也。臣竊為君不取也。」奉陽君曰：「何吾合燕於齊？」對曰：「夫制於燕者蘇子也，而燕弱國也，東不如齊，西不如趙，豈能東無齊、西無趙哉？而君甚不善蘇秦，蘇秦能抱弱燕而孤於天下哉？是驅燕而使合於齊也。且燕亡國之餘❻也，其以權立❼，以重外❽，以事貴❾。故為君計，善蘇秦則取❿，不善亦取之，以疑燕、齊⓫。燕、齊疑，則趙重矣。齊王疑蘇秦，則君多資。」奉陽君曰：「善。」乃使使與蘇秦結交。

【注　釋】❶奉陽君　趙相，是趙肅侯的弟弟，名成，號奉陽君。❷李兌　據鮑彪本是衍文，宜刪去。❸不取於蘇秦　《史記・蘇秦列傳》說蘇秦從秦國「東之趙」，「奉陽君弗說（悅）之」。不取，猶不悅。❹李兌　趙國的司寇。❺之齊　鮑彪注「謂以燕合齊」。之齊，即前往齊國。奉陽君前往齊國，就表明他不和在燕國的蘇秦交往，蘇秦感到孤立，便會使燕國和齊國聯合。❻亡國之餘　指燕國在燕王噲時發生內亂，齊國一度占領燕國而言。❼其以權立　燕王噲七年（西元前三一四年）齊國打敗燕國，王噲被殺，子之被處死，同年趙武靈王從韓國召回公子職，「立以為燕王」，即燕昭王。❽外　指外國。❾貴　外國的貴臣。❿取　依下文當作「取之」。鮑彪注：「取，言與之交。」⓫以疑燕齊　奉陽君結交蘇秦，齊國便會懷疑燕國已和趙國聯合。

【語　譯】奉陽君很不喜歡蘇秦。蘇秦在燕國，李兌為了蘇秦對奉陽君說：「齊國和燕國分離，趙國就顯得重要；齊國和燕國聯合，趙國就被輕視。現在你前往齊國，對趙國不利啊。我私自不贊成你這樣做。」奉陽君說：「怎麼認為我要使燕國和齊國聯合？」李兌回答說：「控制燕國的是蘇秦啊。燕國是個弱小的國家，東邊比不上齊國，西邊比不上趙國，怎麼能東邊沒有齊國、西邊沒有趙國呢？而你和蘇秦很不好，蘇秦能夠抱住弱小的燕國在天下孤立嗎？這就是驅使燕國和齊國聯合啊。況且燕國曾一度險些亡國，燕昭王是因為權宜之計而被立為君主的，因而重視外國，侍奉權貴。所以為你著想，和蘇秦好就要結交他，不和他好也要結交他，以使燕國和齊國互相猜疑。燕國和齊國互相猜疑，那麼趙國就顯得重要了。齊王懷疑蘇秦，那麼你的籌碼就多了。」奉陽君說：「說得好。」於是派使者去和蘇秦結交。

權之難燕再戰不勝

【題解】燕國和齊國發生權之戰，趙國不救援燕國，燕國便準備用土地向齊國講和，趙國才出兵救燕。

權❶之難，燕再戰不勝，趙弗救。噲子❷謂文公❸曰：「不如以埊❹請合於齊，趙必救我；若不吾救，不得不事。」文公曰：「善。」令郭任以埊請講於齊。趙聞之，遂出兵救燕。

【注釋】❶權　地名，其址不詳。❷噲子　燕文公孫子噲。❸文公　指燕文公。❹埊　古「地」字。

【語譯】權之戰中，燕國兩次沒有戰勝齊國，趙國不救援燕國。噲子對燕文公說：「不如用土地去請求與齊國講和，趙國就必定要救援我；假若它不救援，我們就不得不侍奉齊國。」燕文公說：「說得好。」便派郭任用土地去請求與齊國講和。趙國知道了，便出兵救燕。

燕文公時

【題解】齊宣王因燕國有喪事而進攻燕國，奪得十城，蘇秦以燕易王是秦國女婿為由，勸齊宣王將十城還給燕國。

燕文公時，秦惠王以其女為燕太子婦❶。文公卒，易王立。齊宣王因燕喪攻之，取十城。武安君蘇秦為燕說齊王，再拜而賀，因仰而弔。齊王桉戈而卻曰：「此一何慶弔相隨之速也？」對曰：「人之飢所以不食烏喙❷者，以為雖偷❸充腹，而與死同患也。今燕雖弱小，強秦之少婿也。王利其十城，而深與強秦為仇。今使弱燕為鴈行❹，而強秦制其後，以招天下之精兵，此食烏喙之類也。」齊王曰：「然則奈何？」對曰：「聖人之制事也，轉禍而為福，因敗而為功。故桓公負婦人而名益尊❺，韓獻開罪而交愈固❻，此皆轉禍而為福，因敗而為功者也。王能聽臣，莫如歸燕之十城，卑辭以謝秦。秦知王以己之故歸燕城也，秦必德王。燕無故而得十城，燕亦德王。是棄強仇而立厚交也。且夫燕、秦之俱事齊，則大王號令天下皆從。是王以虛辭附秦，而以十城取天下也。此霸王之業矣。所謂轉禍為福，因敗成功者也。」齊王大說，乃歸燕城。以金千斤謝其後，頓首塗❼中，願為兄弟，而請罪於秦。

【注釋】❶燕太子婦　《史記・燕召公世家》記載燕文公二十八年（西元前三三四年）「秦惠王以其女為燕太子婦」。燕太子，燕文公太子。❷烏喙　即烏頭，一種有毒的中藥。❸偷　苟且。❹鴈行　此喻打頭陣。雁飛成行，但有領頭雁。❺桓公負婦人而名益尊　據《左傳》僖公三年、《韓非子・外儲說左上》記載，有次齊桓公和蔡姬乘船，蔡姬蕩船，禁之不止，齊桓公因此發怒，便休棄了她，後來又讓她改嫁，並且因此而進攻蔡國。桓公，指齊桓公。婦人，指蔡姬，是蔡穆侯的妹妹，齊桓公的夫人。❻韓獻開罪而交愈固　據《國語・晉語五》記載，趙宣子向晉靈公推薦韓獻做了司馬，在秦、晉河曲之戰中，趙宣子派車夫用他的車侵犯軍陣，韓獻便殺掉了趙宣子派來的那個車夫。趙宣子不但不責怪他，反而說將來掌管晉國政權的，不是韓獻還有誰？認為這是值得慶賀的事。韓獻，春秋時晉國人，即韓獻子。開罪，得罪，指得罪了趙宣子（即趙盾）。❼塗　泥塗。

【語譯】燕文公的時候，秦惠王將他的女兒給燕太子做夫人。文公死了，太子即位，做了易王。齊宣王趁燕國有喪事而進攻它，奪得了十座城。武安君蘇秦為燕國勸說齊王，再次下拜向他道賀，接著又抬起頭來向他弔喪。齊王按著戈向後退，說：「為什麼道賀剛完馬上又接著弔喪呢？」蘇秦回答說：「人們餓了所以不吃烏頭的原因，是由於雖然可以暫時充饑，卻同時會招來死亡的災禍啊。現在燕國雖然弱小，燕王卻是強大秦國的小女婿啊。大王得到了它十城的好處，卻和強大的秦國結下了深仇。如果讓弱小的燕國打頭陣，而強大的秦國跟在後面來制服你，以致招來天下精銳的部隊，這就和吃烏頭是一回事啊。」齊王說：「既然這樣，該怎麼辦？」蘇秦回答說：「聖人處理事情，能把壞事轉為好事，由失敗而變為成功。所以齊桓公背棄了他的夫人而名聲越來越大，韓獻得罪了趙宣子而交情更加牢固，這都是將壞事轉為好事，由失敗變為成功的例子啊。大王如果能聽從我的話，不如將十城歸還燕國，用謙卑的言辭向秦國謝罪。秦國知道大王是因為他的緣故將城歸還了燕國，秦國必定會感激大王。燕國無緣無故而得到了失去的十城，燕國也會感激大王。這樣就等於化解了強敵的仇恨而和它建立了深厚的交情啊。再說燕國、秦國都侍奉齊國，那麼大王的號令就會使整個天下都服從。這樣大王就用幾句空話附從秦國，用十城取得了天下的支持啊。這就是成了霸王之業了。這就是所謂將壞事轉為好事，由失敗而變為成功啊。」齊王聽了非常高興，於是將城歸還燕國。事後還用金千斤感謝蘇秦，叩頭在地，希望和蘇秦結拜為兄弟，而且向秦國請罪。

人有惡蘇秦於燕王者

【題　解】有人詆毀蘇秦是「不信」「小人」，蘇秦辯解說那些所謂守信的人都是為己不為人，是不思進取的人，假使我「信如尾生，廉如伯夷，孝如曾參」，就什麼事也辦不成，充分表現了策士們反傳統的進取思想。

人有惡蘇秦於燕王❶者，曰：「武安君❷，天下不信人也。王以萬乘下之，尊之於廷，示天下與小人群也。」武安君從齊來，而燕王不館❸也。謂燕王曰：「臣東周之鄙人也，見足下身無咫❹尺之功，而足下迎臣於郊，顯臣於廷。今臣為足下使，利得十城❺，功存危燕，足下不聽臣者，人必有言臣不信，傷臣於王者。臣之不信，是足下之福也。使臣信如尾生❻，廉如伯夷❼，孝如曾參❽，三者天下之高行，而以事足下，不❾可乎？」燕王曰：「可。」曰：「有此，臣亦不事足下矣。」蘇秦曰⑩：「且夫孝如曾參，義不離親一夕宿於外，足下安得使之之齊？廉如伯夷，不取素飡⑪，汙武王之義而不臣⑫焉，辭孤竹⑬之君，餓而死於首陽之山⑭。廉如此者，何肯步行數千里，而事弱燕之危主乎？信如尾生，期而不來⑮，抱梁柱而死。信至如此，何肯楊⑯燕、秦之威於齊而取大功乎哉？且夫信行者，所以自為也，非所以為人也。皆自覆⑰之術，非進取之道也。且夫三王代興，五霸迭盛，皆不自覆也。君以自覆為可乎？則齊不益⑱於營丘⑲，足下不踰楚⑳境，不窺於邊城之外。且臣有老母於周，離老母而事足下，去自覆之術，而謀進取之道，臣之趣固不與足下合者。足下皆自覆之君也，僕者進取之臣也，所謂以忠信得罪於君者也。」

【章旨】有人在燕王面前詆毀蘇秦，蘇秦說我如果講信、講廉、講孝，就不能來侍奉燕王。

【注釋】❶燕王　燕易王。❷武安君　蘇秦。❸不館　《史記・蘇秦列傳》作「不官」，不任用他做官。❹咫　八寸。❺利得十城　指說服齊宣王將十城還給燕國，詳見上篇。❻尾生　傳說中的守信之士。❼伯夷　商朝末年孤竹君之子，與兄弟叔齊互相讓位，指責武王伐紂是「父死不葬」、「以臣弒君」，姜子牙稱讚他是「義人」。商亡以後，他義不食周粟，餓死在首陽山。❽曾參　孔子弟子，以孝著稱，作《孝經》。❾不　依鮑彪本「不」宜刪。❿蘇秦曰　依上下文意及鮑彪注，此三字當是衍文，宜刪去。⓫素飡　無功而食；白吃飯。語見《詩經・魏風・伐檀》：「彼君子兮，不素餐兮。」⓬不臣　不做武王的臣子。⓭孤竹　古小國名。⓮首陽之山　在今山西永濟南，即雷首山，又叫首山。⓯期而不來　指和尾生約會的女子沒有來。期，約。⓰楊　當作「揚」。⓱自覆　自我掩飾、自我保護，不思進取。⓲益　即「溢」，有「出」義。⓳營丘　為齊始封之地，在今山東淄博東北。⑳楚　依鮑彪注，「楚」字是衍文。

【語　譯】有人在燕王面前詆毀蘇秦，說：「武安君是天下不守信的人。大王以萬乘之主的地位謙卑地對待他，在朝廷上尊敬他，是向天下顯示你是和小人為伍啊。」武安君從齊國回來，燕王便不再讓他做官。蘇秦對燕王說：「我是東周國的郊野人，當初拜見你的時候，沒有尺寸之功，而你在郊外迎接我，使我顯名於朝廷。現在我為你出使，得到齊國將十城歸還燕國的好處，建立了功勞，使危險的燕國得以保存，而你現在卻不聽信我，想必是有人說我不守信，在大王面前中傷我。我不守信，這是你的福氣啊。假使我像尾生那樣守信，像伯夷那樣廉潔，像曾參那樣孝順，用這三個被天下所稱讚的高尚品行來侍奉你，行嗎？」燕王說：「可以。」蘇秦說：「有這樣高尚的品行，我也就不會侍奉你了。像曾參那樣的孝順，就應當沒有一晚會離開母親而住在外面，你怎麼能讓我出使到齊國去？像伯夷那樣廉潔，無功不受祿，以周武王的正義行為為污穢而不做他的臣子，辭掉孤竹國的君位，餓死在首陽山上。如此廉潔的人，怎麼肯步行幾千里，而去侍奉弱小而瀕臨危亡的燕國的君主？像尾生那樣守信，在橋梁下面和女子約會，女子沒有來，漲了大水，他就抱著橋梁的柱子淹死在那裡。守信到了這個地步，怎麼肯在齊國宣揚燕國、秦國的聲威而取得大功呢？再說那些守信用、講品行的人，是為了自己，不是為了別人啊。都是自我掩飾、自我保護的方法，不是進取的途徑啊。再說三王一個接一個興起，五霸交替興隆，都不是由於自我掩飾、自我保護的啊。你認為自我掩飾、自我保護行嗎？如果行的話，那麼齊國的疆土就不會超出營丘，你也就不能超越國境，不能窺伺邊境以外的地方了。再說我有老母在周國，我離開老母來侍奉你，拋棄自我掩飾、自我保護的方法，謀求進取的途徑，我的志趣本來就不和你的相合。你是自我掩飾、自我保護的君主，我是求進取的臣子，所謂因為忠誠才得罪於君主的啊。」

燕王曰：「夫忠信，又何罪之有也？」對曰：「足下不知也。臣鄰家有遠為吏者，其妻私人。其夫且歸，其私之者憂之。其妻曰：『公勿憂也，吾已為藥酒以待之矣。』後二日，夫至。妻使妾奉卮酒進之，妾知其藥酒也，進之則殺主父❶，言之則逐主母，乃陽❷僵棄酒。主父大怒而笞之。故妾一僵而棄酒，上以活主父，下以存主母也。忠至如此，然不免於笞，此以忠信得罪者也。臣之事，適不幸而有類妾之棄酒也。且臣之事足下，亢❸義益國，今乃得罪，臣恐天下後事足下者，莫敢自必也。且臣之說齊，曾❹不欺之也❺？使之說齊者，莫如臣之言❻也，雖堯、舜之智，不敢取也。」

【章　旨】舉例說明忠誠可以獲罪。

【注　釋】❶主父　古代婢妾稱男主人叫主父，女主人叫主母。❷陽　佯。❸亢　高。❹曾　竟。❺也　表反詰。❻如臣之言　指如他的話一樣有必要的不實之辭。

【語　譯】燕王說：「忠誠，又有什麼罪呢？」蘇秦回答說：「你不知道啊。我鄰居有個人在遠地做官，他的妻子在家和人私通。她的丈夫將要回來，那個和她私通的人為此擔憂。他的妻子說：『你不要擔憂，我已經準備藥酒等待他了。』過了兩天，丈夫回來了。妻子叫婢妾捧上一杯酒給他，婢妾知道是藥酒，送上去喝了就要毒死男主人，說出來了就要驅逐女主人，於是便假裝昏倒，將酒潑掉。男主人大為惱火而鞭打她。婢妾假裝昏倒，將酒潑掉，往上來說，用來救活男主人，下用來保全女主人。忠心到了這個地步，可是免不了挨鞭子，這就是因為忠誠而得罪啊。我的事，不幸恰好和這個婢妾潑酒相似啊。再說我侍奉你，義氣高尚，有益於國，現在竟然得罪，我擔心以後侍奉你的人，就沒有人敢堅持自己的主張了。再說我遊說齊王，竟能不欺哄他嗎？假使遊說齊國的人，不像我的話一樣有必要的欺哄，即使有堯、舜一樣的智慧，也不敢採用啊。」

張儀為秦破從連橫謂燕王

【題　解】張儀用史實說明趙不可親，並分析事秦與否的利害關係，勸說燕王和秦國連橫。

張儀為秦破從連橫，謂燕王❶曰：「大王之所親，莫如趙。昔趙王❷以其姊為代王❸妻，欲并代，約與代王遇於句注❹之塞。乃令工人作為金斗❺，長其尾❻，令之可以擊人。與代王飲，而陰告廚人曰：『即酒酣樂，進熱歠❼，即因反斗擊之。』於是酒酣樂進❽取熱歠。廚人進斟羹，因反斗而擊之，代王腦塗地。其妻聞之，摩❾笄❿以自刺也，故至今有摩笄之山⓫，天下莫不聞。

【章　旨】以趙襄子殺姊夫代王為例，說明趙不可親。

【注　釋】❶燕王　指燕昭王。❷趙王　依鮑彪本當作「趙主」。即趙襄子。❸代王　代國的君主。代，在今河北蔚縣一帶。❹句注　即雁門山，在今山西代縣西北。❺金斗　銅製的羹斗。❻尾　柄。❼歠　羹湯。❽進　因上文而衍，宜刪去。❾摩　摸。❿笄　簪。⓫摩笄之山　在今河北涿鹿東北。

【語　譯】張儀為秦國破壞合縱的聯盟、推行連橫的政策，對燕王說：「大王所親善的國家，沒有哪國比得上趙國。過去趙襄子將他的姊姊嫁給代王做妻子，他想兼併代國，便約代王在句注要塞上相會。於是讓工人做了一個銅的羹斗，將柄做長，使它可以擊殺人。他和代王喝酒，暗中告訴廚子說：『到飲酒飲得歡暢的時候，就進熱的羹湯，就掉過羹斗來擊殺代王。』於是飲酒飲得歡暢就索取熱的羹湯，廚子進羹湯，就掉過羹斗來擊殺代王，代王的腦漿濺在地上。他的妻子知道了，摸出簪子自殺，所以到現在還有摩笄山，天下沒有哪個不知道。

「夫趙王❶之狼戾❷無親，大王之所明見知也。且以趙王為可親邪？趙興兵而攻燕，再圍燕都而劫大王，大王割十城乃卻以謝。今趙王已入朝澠池❸，效河間❹以事秦。大王不事秦，秦下甲雲中❺、九原❻，驅趙而攻燕，則易水❼、長城❽非王之有也。且今時趙之於秦，猶郡縣也，不敢妄興師以征伐。今大王事秦，秦王❾必喜，而趙不敢妄動矣。是西有強秦之援，而南無齊、趙之患，是故願大王之熟計之也。」燕王曰：「寡人蠻夷辟處，雖大男子，裁❿如嬰兒，言不足以求正，謀不足以決事。今大客幸而教之，請奉社稷西面而事秦，獻常山之尾⓫五城。」

【章　旨】分析事秦與否的利害關係，勸燕王事秦，燕王表示同意。

【注　釋】❶趙王　指趙武靈王。❷狼戾　凶暴如狼。❸澠池　在今河南澠池境，當時屬秦。❹河間　趙地，因處黃河、永定河之間而得名，在今河北河間境內。❺雲中　趙地，在今內蒙托克托。❻九原　趙邑，在今內蒙包頭西。❼易水　河名，在今河北西部。❽長城　指燕國的南長城，在今河北易縣西南。❾秦王　秦昭王。❿裁　僅。⓫常山之尾　燕國的西南邊界。常山，即恆山，在今山西東北。

【語　譯】「趙王像狼一樣凶暴，不可親善，這是大王看得清楚而且知道的啊。大王認為趙王可親嗎？趙國起兵進攻燕國，再次圍攻燕國的都城，劫持大王，等大王割讓十城謝罪，趙軍才撤退。而且現在趙王已經到澠池去朝拜秦王，獻上河間去侍奉秦國。大王如果還不侍奉秦國，秦國就要出兵到雲中、九原，驅使趙國進攻燕國，那麼易水、長城一帶就不是大王所有了啊。再說現在這個時候，趙國對於秦國，還像郡縣一樣，不敢隨意起兵征伐。現在大王侍奉秦國，秦王必定高興，而趙國就不敢妄動了。這樣便西邊有強大秦國的援助，南邊沒有齊國、趙國的禍患，因此希望大王仔細考慮這件事啊。」燕王說：「寡人像蠻夷一樣住在偏僻的地方，雖然是男子漢，可是僅像一個小孩，言語不能夠要求正確，謀慮不能夠決斷事務。現在幸虧貴客來教導我，請讓我奉上社稷向西侍奉秦國，獻上常山尾上的五座城邑給秦國。」

宮他為燕使魏

【題　解】有個說客勸魏王聽從燕國使者宮他的話，讓燕國內亂，魏國便可趁機取得它的土地和寶器。

宮他❶為燕使魏，魏不聽，留之數月。客謂魏王曰：「不聽燕使何也？」曰：「以其亂也。」對曰：「湯之伐桀，欲其亂也。故大亂者可得其埊❷，小亂者可得其寶。今燕客❸之言曰：『事苟可聽，雖盡寶、地，猶為之也。』王何為不見？」魏王說，因見燕客而遣之。

【注　釋】❶宮他　周國人，當時是燕臣。❷埊　古「地」字。❸燕客　指宮他。

【語　譯】宮他為燕國出使魏國。魏國不聽採他的話，他在魏國停留了幾個月。這時有個說客對魏王說：「為什麼不聽採燕國使者的話呢？」魏王說：「因為他要搞亂燕國啊。」說客回答說：「商湯進攻夏桀，就是想它發生內亂。大亂就可以得到它的土地，小亂就可以得到它的寶器。現在燕國的客人說：『事情如果可以聽從，即使用盡寶器和土地，還是要做啊。』大王為什麼不見他？」魏王聽了以後感到高興，於是接見了燕國的客人，並且把他送回燕國。

蘇秦死其弟蘇代欲繼之

【題解】蘇秦死後，他的弟弟蘇代遊說燕昭王，為燕國謀劃復仇亡齊之策。

蘇秦死❶，其弟蘇代欲繼之，乃北見燕王噲❷曰：「臣東周之鄙人也，竊聞王義甚高甚順，鄙人不敏❸，竊釋鉏耨❹而干❺大王。至於邯鄲❻，所聞於邯鄲者，又高於所聞東周❼。臣竊負其志，乃至燕廷，觀王之群臣下吏，大王天下之明主也。」王曰：「子之所謂天下之明主者，何如者也？」對曰：「臣聞之，明主者務聞其過，不欲聞其善。臣請謁王之過。夫齊、趙者，王之仇讎也；楚、魏者，王之援國也。今王奉仇讎以伐援國，非所以利燕也。王自慮此則計過。無以諫者，非忠臣也。」王曰：「寡人之於齊、趙也，非所敢欲伐也。」曰：「夫無謀人之心，而令人疑之，殆；有謀人之心，而令人知之，拙；謀未發而聞於外，則危。

今臣聞王居處不安，食飲不甘，思念報齊❽，身自削甲扎❾，曰有大數❿矣，妻自組甲絣⓫，曰有大數矣，有之乎？」王曰：「子聞之，寡人不敢隱也。我有深怨積怒於齊，而欲報之二年矣。齊者，我讎國也，故寡人之所欲伐也。直⓬患國弊⓭，力不足矣。子能以燕敵齊，則寡人奉國而委之於子矣。」

【章　旨】揭示燕王尊齊的表象，指出燕王有報仇伐齊的真心。

【注　釋】❶蘇秦死　據《史記・蘇秦列傳》，蘇秦死於燕王噲時。當時蘇秦在齊國，遇刺死後，為了捉拿兇手而被車裂。❷燕王噲　當是燕昭王之誤。因為文中所說向齊國報仇以及齊國戰勝宋國都是燕昭王時的事。❸不敏　不才，謙詞。❹鉏耨　農具。鉏，同「鋤」。耨，除草的農具。❺干　求見。❻邯鄲　魏都。❼東周　蘇代是東周洛陽人。❽報齊　報齊伐燕之仇。燕王噲時燕國內亂，齊國乘機攻燕。❾甲扎　鎧甲上用皮革或金屬製成的葉片。❿大數　大計。⓫甲絣　穿甲片的繩子。⓬直　只。⓭弊　疲困；衰弱。

【語　譯】蘇秦死了，他的弟弟蘇代想繼任他的事業，便向北去見燕昭王，說：「我是東周的郊野人，私下聽說大王的義行很高尚，很合民意，鄙人不才，私自放下鋤頭和除草的農具來求見大王。走到邯鄲，所聽到的傳聞又比在東周所聽到的要好。我私自抱負大志，於是來到燕國的朝廷上，看見大王的群臣和下級官吏，就知道大王是天下英明的君主啊。」燕王說：「你所說的天下英明的君主是什麼樣的人呢？」蘇代回答說：「我聽說天下英明的君主是力求知道自己的錯誤，不想聽到別人說自己的好話。請讓我告訴你有什麼錯誤。齊國和趙國，是大王的仇敵；楚國和魏國是大王的盟國。現在大王侍奉仇敵而進攻盟國，這對燕國是不利的啊。大王自己想想這是政策上的錯誤。沒有人來進諫，這不是忠臣啊。」燕王說：「寡人對於齊國、趙國，不敢想去進攻它們啊。」蘇代說：「沒有謀害別人的想法，卻使別人懷疑自己，這就危險；有謀害別人的想法，卻讓別人知道了，這是笨拙；謀害的行為還沒有發生，卻被外人知道了，這就危險。現在我聽說大王居處不安，食不甘味，念念不忘向齊國報仇，自己削製鎧甲的葉片，說是有大的計謀了；妻子自己編組穿鎧甲片的繩子，說是有大的計謀了，有這樣的事嗎？」燕王說：「你聽說了此事，寡人就不敢隱瞞啊。我對齊國有深怨積怒，而想報仇已經兩年了。齊國是我的仇敵，所以寡人想進攻它啊。只是擔心國家疲困，力量不夠而已。你如果能使燕國和齊國對抗，寡人就把國家交給你了。」

對曰：「凡天下之戰國七，而燕處弱焉。獨戰則不能，有所附則無不重。南附楚則楚重，西附秦則秦重，中附韓、魏則韓、魏重。且苟所附之國重，此必使王重矣❶。今夫齊王❷，長主❸也，而自用❹也。南攻楚五年❺，稸❻積散；西困秦三年❼，民憔悴，士罷弊；北與燕戰❽，覆三軍，獲二將。而又以其餘兵南面而舉五千乘之勁宋❾，而包十二諸侯❿，此其君之欲得也，其民力竭也，安猶取哉？且臣聞之，數戰則民勞，久師則兵弊。」王曰：「吾聞齊有清濟、濁河，可以為固；有長城、鉅防⓫，足以為塞。誠有之乎？」對曰：「天時不與，雖有清濟、濁河，何足以為固？民力窮弊，雖有長城、鉅防，何足以為塞？且異日也，濟西不役⓬，所以備趙也；河北不師，所以備燕也。今濟西、河北，盡以役⓭矣，封內弊矣。夫驕主必不好計，而亡國之臣貪於財。王誠能毋愛寵子、母弟以為質，寶珠玉帛以事其左右，彼且德燕而輕亡宋⓮，則齊可亡已。」王曰：「吾終以子受命於天矣！」曰：「內寇不與⓯，外敵不可距⓰。王自治其外⓱，臣自報其內⓲，此乃亡之之勢也。」

【章　旨】說明齊國連年戰爭，民勞兵疲，燕國如果送去人質、財寶，齊國便會感激燕國，驕傲輕敵，燕國便可復仇亡齊。

【注　釋】❶所附之國重二句　張守節《史記正義》：「言附諸國，諸國重燕而燕尊重。」❷齊王　指齊宣王。❸長主　強國的君主。❹自用　剛愎自用。❺南攻楚五年　齊宣王十九年（西元前三〇一年）齊與秦、韓、魏伐楚。攻楚五年事，不詳。❻穡　蓄。❼困秦三年　使秦受困三年。《史記・六國年表》記載齊湣王三年（西元前二九八年）齊與韓、魏共擊秦，二年後秦國將武遂還給韓國，向韓國講和。❽北與燕戰　疑指本策所記的齊、燕權之戰。❾舉五千乘之勁宋　齊亡宋在湣王十五年（西元前二八六年）。舉，攻拔。❿包十二諸侯　當是指兼併泗上各小諸侯國。《史記・田敬仲完世家》記載齊湣王滅宋，「泗上諸侯鄒魯之君皆稱臣」。⓫鉅防　即防門。齊國境內的平陰縣，城南有長城，東到海，西到濟水，黃河通過其間，名叫防門。⓬不役　不使出征，只是養兵備敵。下句「不師」意思相同。⓭役　出征參戰。⓮輕亡宋　輕視滅亡了的宋國。亡宋的「亡」字和後世「亡秦」的「亡」用法相同。有人解「亡」為想滅亡，並據此說當時宋「未亡」，今不用其說。⓯內寇不與　內亂不起。內寇，內亂。與，疑作「興」，形近而訛。⓰距　至。⓱治其外　鮑彪注：「謂謀敵齊。」⓲自報其內　鮑彪注：「為燕間（離間）齊，敝其內也。」報，報仇。其內，指齊國內部。

【語　譯】蘇代回答說：「總計天下的戰國有七個，而燕國是其中弱小的一個。單獨作戰是不可能的，依附別國，那所依附的國家就無不顯得重要。南邊依附楚國，楚國就顯得重要；西邊依附秦國，秦國就顯得重要；中間依附韓國、魏國，韓國、魏國就顯得重要。再說如果所依附的國家顯得重要，這就必定使大王顯得重要了。現在的齊王，是強國的君主，而且剛愎自用。齊國向南攻打楚國五年，蓄積已經耗盡；向西困了秦國三年，民眾憔悴，士兵疲困；向北與燕國作戰，覆滅了三軍，俘獲了燕國的二將。而且又用它的剩餘部隊向南進攻擁有五千輛兵車的強勁的宋國，兼併了十二個諸侯國。這樣它的君主的欲望滿足了，它的民力卻用盡了，這樣它還能取得什麼呢？況且我聽說，多次戰爭民眾就勞苦，長久用兵士兵就疲困。」燕王說：「我聽說齊國有清澈的濟水、混濁的黃河，防線可以說是牢固；而且又有長城、鉅防，能夠作為要塞。的確有這回事嗎？」蘇代回答說：「天時不幫助它，即使有清澈的濟水、混濁的黃河，怎麼能夠說是防線牢固？民窮力疲，即使有長城、鉅防，怎麼能夠成為要塞？況且從前，濟水以西的人不出征，是用來防備趙國；黃河以北的人不出征，是用來防備燕國。現在濟水以西、黃河以北的人都出征了，齊國封疆以內的人已經疲困了。要知道：驕傲的君主必定不喜歡計謀，亡國的臣子貪圖錢財。大王如果真的能夠不吝惜受寵的兒子、同母的弟弟去做人質，不吝惜寶珠玉帛去侍奉齊王左右身邊的人，他們就將感激燕國、輕視被滅亡了的宋國，那麼就可以滅亡齊國了。」燕王說：「我終將因為你而接受天命了。」蘇代說：「內亂不起，外面的敵人就不可能到來。大王從外面謀劃進攻齊國的事，我從齊國的內部為燕國報仇，這就是滅亡齊國的形勢啊。」

燕王噲既立

【題解】燕王噲時，燕國發生內亂，齊宣王趁機進攻燕國，立太子平為王，即燕昭王。

燕王噲既立，蘇秦死於齊。蘇秦之在燕也，與其相子之為婚，而蘇代與子之交。及蘇秦死，而齊宣王復用蘇代。燕噲三年，與楚、三晉❶攻秦，不勝而還，子之相燕，貴重主斷。蘇代為齊使於燕，燕王問之曰：「齊宣王何如？」對曰：

「必不霸。」燕王曰：「何也？」對曰：「不信其臣。」蘇代欲以激燕王以厚任子之也。於是燕王大信子之。子之因遺❷蘇代百金，聽其所使。

【章旨】蘇代由齊國出使燕國，激勵燕王噲重用子之。

【注釋】❶三晉　指韓、趙、魏。❷遺　贈送。

【語譯】燕王噲已經即位後，蘇秦死在齊國。蘇秦在燕國的時候，和燕相子之結為親家，而蘇代和子之建立了交情。到蘇秦死了，齊宣王又用了蘇代。燕王噲三年，和楚、韓、趙、魏等國一起進攻秦國，無功而回。子之做燕相，地位顯貴重要，主觀武斷。蘇代為齊國出使燕國，燕王問他道：「齊宣王怎麼樣？」蘇代回答說：「一定不能稱霸。」燕王說：「為什麼？」蘇代回答說：「不相信他的臣子。」蘇代是想用這種辦法激勵燕王重用子之。於是燕王很信任子之。子之因此送給蘇代百金，聽從他的指使。

鹿毛壽❶謂燕王曰：「不如以國讓子之。人謂堯賢者，以其讓天下於許由❷。由必不受，有讓天下之名，實不失天下。今王以國讓相子之，子之必不敢受，是王與堯同行也。」燕王因舉國屬子之，子之大重。

【章旨】鹿毛壽勸燕王噲將國家讓給子之。

【注釋】❶鹿毛壽　《韓非子・外儲說右下》作「潘壽」。❷許由　古代隱者，詳見《莊子・逍遙遊》。

【語譯】鹿毛壽對燕王說：「不如將國家讓給子之。人們說堯帝是個賢者，是因為他將天下讓給許由。許由不接受，堯帝有讓天下的名聲，其實並沒有失去天下。現在大王將國家讓給相國子之，子之一定不敢接受，這樣大王就和堯帝同走一條道路啊。」燕王於是把國家交給子之，子之的地位大大提高。

或曰：「禹授益而以啟為吏❶，及老，而以啟為不足任天下，傳之益也。啟與支❷黨攻益而奪之❸天下，是禹名傳天下於益，其實令啟自取之。今王言屬國子之，而吏無非太子人者，是名屬子之，而太子用事。」王因收印自三百石吏而效之子之。子之南面❹行王事，而噲老❺不聽政，顧❻為臣，國事皆決子之。

【章旨】在說客的欺騙下，燕王噲將政權交給子之。

【注釋】❶禹授益而以啟為吏　夏禹將天下交給臣子益，而讓兒子啟做吏。禹，夏禹。益，禹臣。啟，禹子。❷支　《韓非子．外儲說右下》作「友」。❸之　其。❹南面　臉朝南。❺老　告老休息。❻顧　反。

【語譯】有人對燕王說：「夏禹將政權交給臣子益而讓兒子啟做吏，到了年老時，認為啟不能夠擔當起天下重任，就將帝位傳給益。啟和他的友黨進攻益，奪了他的天下，這就是說夏禹名義上將天下傳給益，其實是讓啟自己去奪取天下。現在大王說是將天下交給子之，而那些官吏沒有不是太子的人，這樣名義上是將天下交給子之，卻是太子掌權。」燕王於是將俸祿三百石以上的官員的印收回獻給子之。子之臉朝南，處理王事，而燕王噲告老休息，不臨朝聽政，反而做了臣子，國家的事情都由子之決定。

子之三年，燕國大亂，百姓恫怨❶。將軍市被、太子平謀，將攻子之。儲子❷

謂齊宣王：「因而仆❸之，破燕必矣。」王因令人謂太子平曰：「寡人聞太子之義，將廢私而立公，飭❹君臣之義，正父子之位。寡人之國小，不足先後❺。雖然，則唯太子所以令之。」太子因數❻黨聚眾，將軍市被圍公宮，攻子之，不克；將軍市被及百姓乃反攻太子平。將軍市被死已❼殉，國構難數月，死者數萬眾，燕人恫怨，百姓離意。

【章　旨】齊宣王慫恿燕太子平反對子之，於是燕國大亂。

【注　釋】❶恫怨　痛苦怨恨。❷儲子　齊相，見《孟子・離婁下》。❸仆　依《史記・燕召公世家》當作「赴」。❹飭　整治。❺先後　奔走先後。❻數　依《史記・燕召公世家》當作「要」，邀的意思。❼已　通「以」。

【語　譯】子之執政三年，燕國大亂，百姓痛苦怨恨。將軍市被、太子平商議，將要攻擊子之。儲子對齊宣王說：「藉此去進攻它，就必定打敗燕國了。」齊宣王於是派人去對太子平說：「寡人聽說太子的高義，將要廢私立公，整頓君臣的名義，匡正父子的地位。寡人的國家小，不能夠在你的前後奔走效勞，即使如此，就只有聽太子的命令行事了。」太子於是邀集黨人，聚合民眾，隨將軍市被圍攻王宮，攻擊子之，沒有攻下來；將軍市被和百姓就反過來攻擊太子平。結果將軍市被戰死殉難，使燕國造成了幾個月的災難，死了幾萬人，燕國人痛苦怨恨，百姓離心。

孟軻謂齊宣王曰：「今伐燕，此文、武❶之時，不可失也。」王因令章子❷將五都❸之兵；以因北地之眾以伐燕。士卒不戰，城門不閉，燕王噲死。齊大勝燕，子之亡。二年，燕人立公❹子平，是為燕昭王。

【章旨】齊宣王聽從孟軻建議，進攻燕國，燕國立太子平為王。

【注釋】❶文武　周文王、武王。❷章子　即匡章，齊臣。❸都　都邑，如臨淄之類。❹公　依《史記・燕召公世家》及鮑彪本當作「太」。

【語譯】孟軻對齊宣王說：「現在進攻燕國，這正和周文王、武王伐紂的時候一樣，不可錯過時機啊。」齊宣王於是派章子率領五個都邑的軍隊，又依靠齊國北方的民眾去進攻燕國。燕國的士卒不戰，城門不閉，燕王噲死了。齊國大勝燕國，子之也死了。過了兩年，燕國立太子平為君主，這就是燕昭王。

初蘇秦弟厲因燕質子而求見齊王

【題解】蘇厲向齊王稱臣。齊王使蘇代回到燕國，暗示燕王噲重用子之，以致燕國大亂，齊國於是進攻燕國，殺燕王噲和子之。

初，蘇秦弟厲因燕質子❶而求見齊王。齊王怨蘇秦❷，欲囚厲，燕質子為謝乃已，遂委質❸為臣。燕相子之與蘇代婚，而欲得燕權，乃使蘇代持❹質子於齊。齊使代報燕，燕王噲問曰：「齊王其伯也乎？」曰：「不能。」曰：「何也？」曰：「不信其臣❺。」於是燕王專任子之，已而讓位，燕大亂。齊伐燕，殺王噲、子之。燕立昭王。而蘇代、厲遂不敢入燕，皆終歸齊，齊善待之。

【注釋】❶質子　送到別國去當人質的王子或世子。❷齊王怨蘇秦　因為蘇秦曾經為燕國謀劃反對齊國。❸委質　即委贄。古代臣子初見君主要獻上禮物，然後稱臣。所獻禮物，不敢煩君主親手接，要放在地上，所以叫委贄，是稱臣的表示。委，放置。贄，初次拜見尊長所送的禮物。❹持　依《史記・蘇秦列傳》及鮑彪本當作「侍」。❺不信其臣　這句是暗示燕王噲要重用子之。

【語譯】當初蘇秦的弟弟蘇厲通過在齊國做人質的公子求見齊王。齊王怨恨蘇秦，想囚禁蘇厲，做人質的燕公子替他謝罪方才了事，於是蘇厲便送上禮物稱臣。燕國的相國子之和蘇代聯姻，想取得燕國的政權，便派蘇代去齊國侍奉做人質的燕公子。齊國派蘇代回燕國回話，燕王噲問道：「齊王大概要稱霸吧？」蘇代說：「不可能。」燕王噲說：「為什麼？」蘇代說：「他不相信他的臣子。」於是燕王噲就特別信任子之，不久又讓位給他，燕國便發生大亂。齊國進攻燕國，殺死燕王噲和子之。燕國便立燕昭王做君主。而蘇代、蘇厲就不敢進到燕國去，最終都歸附了齊國，齊國待他們很好。

【題解】魏國替燕國逮捕了蘇代。齊國為了讓魏國釋放蘇代，派人去遊說魏王：放了蘇代，秦國就不會相信齊國，秦國和齊國便不能聯合，這樣對魏國就有利。所記的事和〈魏策一・蘇秦拘於魏〉相同，只是將「蘇秦」換成了「蘇代」，並且說齊國派去遊說魏王的人是蘇厲。

蘇代過魏

蘇代過魏，魏為燕執代❶。齊使人謂魏王曰：「齊請以宋封涇陽君❷，秦不受。秦非不利有齊而得宋地也，不信齊王與蘇子❸也。今齊、魏不和，如此其甚，則齊不欺秦。秦信齊，齊、秦合，涇陽君有宋地，非魏之利也。故王不如東蘇子❹，秦必疑❺而不信蘇子矣。齊、秦不合，天下無變，伐齊之形成矣。」於是出蘇代之宋，宋善待之。

【注釋】❶為燕執代　因為蘇代曾使燕王噲重用子之，造成燕國大亂。❷涇陽君　秦昭王的同母弟，涇陽君是他的封號。❸不信齊王與蘇子　秦國懷疑齊王和蘇代親魏，所以不相信他們。❹東蘇子　讓蘇代到東邊去，即到齊國去。❺疑　疑蘇代促使齊、魏聯合。

【語譯】蘇代經過魏國，魏國替燕國逮捕了蘇代。齊國派人去對魏王說：「齊國請求將宋國作為涇陽君的封地，秦國不接受。秦國不是認為齊國向著它而且又可以得到宋國的土地對它不利，而是因為不相信齊王和蘇代啊。現在齊國與魏國不和，是這樣的厲害，就可看出齊國不是欺騙秦國。秦國相信齊國，齊國和秦國就會聯合起來，涇陽君有了宋國的土地，對魏國就不利啊。所以大王不如讓蘇代回到東方去，這樣就必定會引起秦國的懷疑而不相信蘇代了。秦國和齊國不聯合，天下沒有變化，進攻齊國的形勢就形成了。」於是魏國便釋放了蘇代，讓他到了宋國，宋國待他很好。

燕昭王收破燕後即位

【題解】本篇記載燕昭王招賢興國，伐齊報仇事。

燕昭王收破燕❶後即位，卑身厚幣，以招賢者，欲將以報讎。故往見郭隗先生曰：「齊因孤國之亂，而襲破燕。孤極知燕小力少，不足以報。然得賢士與共國，以雪先王之恥，孤之願也。敢問以國報讎者奈何？」郭隗先生對曰：「帝者與師處，王者與友處，霸者與臣處，亡國與役處。詘指❷而事之，北面而受學，則百己者至；先趨而後息，先問而後嘿❸，則十己者至；人趨己趨，則若己者至；馮❹几據❺杖，眄視指使，則廝役❻之人至；若恣睢❼奮擊，呴籍❽叱咄❾，則徒隸之人至矣。此古服道❿致士之法也。王誠博選國中之賢者，而朝其門下，天下聞王朝其賢臣，天下之士必趨於燕矣。」昭王曰：「寡人將誰朝而可？」郭隗先生曰：「臣聞古之君人⓫，有以千金求千里馬者，三年不能得。涓人⓬言於君曰：『請求之。』君遣之。三月得千里馬，馬已死，買其首五百金，反⓭以報君。君大怒曰：『所求者生馬，安事⓮死馬而捐⓯五百金？』涓人對曰：『死馬且買之五百金，況生馬乎？天下必以王為能市馬，馬今至矣。』於是不能期年，千里之馬至者三。今王誠欲致士，先從隗始；隗且見事，況賢於隗者乎？豈遠千里哉？」

【章　旨】燕昭王與郭隗議論招賢之方。

【注　釋】❶破燕　燕王噲時，燕國發生內亂，被齊國打敗，國家殘破，所以稱為「破燕」。❷詘指　曲意。指，通「旨」。❸嘿　通「默」。❹馮　憑；依靠。❺據　靠；拄。❻廝役　做雜活的奴隸。❼恣睢　暴怒。❽呴籍　當作「跔藉」，在地上頓腳。❾叱咄　大聲斥責。❿服道　侍奉有道之士。服，事。⓫君人　當作「人君」，見王念孫《讀書雜志・戰國策第三》。⓬涓人　負責打掃清潔的人。⓭反　返。⓮事　用。⓯捐　棄。

【語　譯】燕昭王收復殘破的燕國後即位，自己謙卑待人，用豐厚的財物招納賢者，想要報仇。所以前去拜見郭隗先生，說：「齊國趁我燕國內亂，偷襲打敗了燕國。我很瞭解燕國是小國，力量少，不能夠報仇。可是希望能得到賢士和他們共同處理國事，以洗雪先王的恥辱，這是我的願望啊。敢問怎樣才能為國報仇？」郭隗先生回答說：「稱帝的人和老師處在一起，稱王的人和朋友處在一起，稱霸的人和臣子處在一起，亡國的人和僕人處在一起。屈意侍奉賢士，臉朝北接受教益，那麼比自己強百倍的人就會來到；先奔走效勞然後休息，先發問而後默記在心，那麼比自己強十倍的人就會來到；別人趨走行禮，自己也趨走行禮，那麼像自己一樣的人就會來到；靠著案几，拄著拐杖，斜著眼睛看人，頤指氣使，那麼幹雜活一類的人就會來到；如果兇暴發怒，起來打人，頓腳踏地，大聲呵叱，那麼做奴隸的人就會來到了。這就是古代侍奉有道之士，使士到來的辦法啊。大王如果真的廣泛選擇國中的賢者，到他的門下去朝拜，天下人聽說大王朝拜他的賢能的臣子，天下的士必定會奔赴燕國了。」燕昭王說：「寡人將要朝拜誰才行？」郭隗先生說：「我聽說古代有位君主，用千金去買千里馬，買了三年買不到。有個清潔工對那個君主說：『請讓我去買千里馬。』國君就派他去。三個月才找到一匹千里馬，可是馬已經死了，他就用五百金將那匹馬的頭買回來，向國君回話。國君大怒說：『要買的是活馬，死馬有什麼用？還花了五百金！』清潔工回答說：『死馬尚且用五百金買牠，何況活馬呢？天下人必定認為大王能夠買好馬，好馬現在就要來到了。』於是不滿一年，千里馬三次來到門下。現在大王如果真的想讓士到來，就先從我郭隗開始；我郭隗尚且被任用，何況比我郭隗強的人呢？難道還會因為遠在千里而不來嗎？」

於是昭王為隗築宮而師之。樂毅自魏往，鄒衍自齊往，劇辛自趙往，士爭湊❶燕。燕王弔死問生，與百姓同其甘苦。二十八年❷，燕國殷富，士卒樂佚輕戰。於是遂以樂毅為上將軍❸，與秦、楚、三晉合謀以伐齊。齊兵敗，閔王出走於外。燕兵獨追北❹，入至臨淄❺，盡取齊寶，燒其宮室宗廟。齊城之不下者，唯獨莒❻、即墨❼。

【章　旨】燕昭王築宮招賢，群賢爭至，燕國終於富強，敗齊雪恥。

【注　釋】❶湊　奔赴。❷二十八年　即西元前二八四年。❸上將軍　位在諸將之上。❹北　敗北。❺臨淄　齊都。因靠近淄水而得名。❻莒　齊地，在今山東莒縣。❼即墨　齊地，因靠近墨水而得名，在今山東平度東南。

【語　譯】於是燕昭王為郭隗修築宮室，而且用侍奉老師的禮節侍奉他。於是樂毅從魏國前往，鄒衍從齊國前往，劇辛從趙國前往，士人爭著奔赴燕國。燕王弔唁死者，慰問生者，和百姓同甘共苦。燕昭王二十八年，燕國民殷國富，士卒生活快活，樂於為國作戰。於是就用樂毅做上將軍，和秦國、楚國、韓國、趙國、魏國合謀去進攻齊國。齊國軍隊打了敗仗，齊湣王出逃在外。燕國軍隊獨自追趕敗軍，進入齊都臨淄，奪取了齊國的全部寶器，燒了它的宮殿宗廟。齊國的城邑沒有被攻下的，只有莒和即墨。

齊伐宋宋急

【題　解】齊國進攻宋國，蘇代致書燕昭王，說明燕國助齊攻宋是失策，勸他改變政策，聯秦伐齊。燕昭王接受了他的建議，終於打敗了齊國。

齊伐宋❶，宋急。蘇代❷乃遺燕昭王書曰：「夫列在萬乘，而寄質於齊，名卑而權輕；秦❸齊助之伐宋，民勞而實費；破宋，殘❹楚淮北，肥大齊，讎強而國弱也。此三者，皆國之大敗也，而足下行之，將欲以除害❺取信於齊也。而齊未加信於足下，而忌燕也愈甚矣。然則足下之事齊也，失所為矣。夫民勞而實費，又無尺寸之功，破宋肥讎，而世負其禍矣。足下以宋加淮北，強萬乘之國也，而齊并之，是益一齊也。北夷❻方七百里，加之以魯、衛，此所謂強萬乘之國也，而齊并之，是益二齊也。夫一齊之強，而燕猶不能支也，今仍以三齊臨燕，其禍必大矣。

【章　旨】燕國助齊攻宋，增強齊國的力量，必有大禍。

【注　釋】❶齊伐宋　齊伐宋在齊湣王十五年（西元前二八六年）。❷蘇代　據〈燕策一・蘇代過魏〉，蘇代被魏國釋放以後來到宋國。❸秦　據《史記・蘇秦列傳》及鮑彪本當作「奉」。❹殘　毀滅。❺害　宋國是齊國的禍害。❻北夷　疑指齊國北方的少數民族。

【語　譯】齊國進攻宋國，宋國形勢危急。蘇代便寫了一封信給燕昭王說：

「位在萬乘強國之列，卻把人質寄放在齊國，名聲低下，權威受到輕視；尊奉齊國，幫助它進攻宋國，民眾勞苦，而且浪費財力；打敗宋國，毀滅楚國淮河以北的地方，壯大齊國的力量，仇敵強大而自己的國家就變得弱小啊。這三樣都是國家的大壞事，而你卻去做了，是想以此除掉齊國的禍害而取信於齊國啊。而齊國不但沒有更加相信你，反而忌恨燕國越來越厲害了。這麼說來，你侍奉齊國的所作所為就是失策了。民眾勞苦而且浪費財力，又沒有一點功勞，打敗宋國，肥了仇敵，而且世世代代要背起這個災禍了。你把宋國和淮河以北的地方合起來，就等於是個強大的萬乘之國，而齊國兼併了它，這是增加了一個齊國啊。北邊的夷狄地區，方圓七百里，加上魯國、衛國，這又是一個所謂的萬乘之國，而齊國又兼併了它，這又增加了第二個齊國啊。一個強大的齊國，燕國還對付不了，如果現在竟用三個齊國來侵犯燕國，那災禍就必定大了。

「雖然，臣聞知者之舉事也，轉禍而為福，因敗而成功者也。齊人紫敗素也，而賈十倍❶。越王句踐棲於會稽，而後殘吳霸天下。此皆轉禍而為福，因敗而為功者也。今王若欲轉禍而為福，因敗而為功乎？則莫如遙伯齊而厚尊之，使使盟於周室，盡焚天下之秦符❷，約曰：『夫上計破秦，其次長賓之秦❸。』秦挾賓客❹以待破❺，秦王❻必患之。秦五世以結❼諸侯，今為齊下，秦王之志，苟得窮齊，不憚以一國都為功❽。然而王何不使布衣之人，以窮齊之說說秦，謂秦王曰：『燕、趙破宋肥齊尊齊而為之下者，燕、趙非利之也。弗利而勢為之者，何也？以不信秦王也。今王何不使可以信者接收燕、趙，今❾涇陽君❿若⓫高陵君⓬先於燕、趙⓭：「秦有變，因以為質。」則燕、趙信秦矣。秦為西帝，趙為中帝，燕為北帝，立為三帝而以令諸侯。韓、魏不聽，則秦伐之；齊不聽，則燕、趙伐之，天下孰敢不聽？天下服聽，因驅韓、魏以攻齊，曰：「必反⓮宋地，而歸楚之淮北。」夫反宋地，歸楚之淮北，燕、趙之所同利也。並立三帝，燕、趙之所同願也。夫實得所利，名得所願，則燕、趙之棄齊也，猶釋弊躧⓯。今王之不收燕、趙，則齊伯必成矣。諸侯戴齊，而王獨弗從也，是國伐⓰也。諸侯戴齊，而王從之，是名卑也。王不收燕、趙，名卑而國危；王收燕、趙，名尊而國寧。夫去尊寧而就卑危，知者不為也。』秦王聞若⓱說也，必如刺心然，則王何不務使知士以若此言說秦？秦伐齊必矣。夫取秦，上交⓲也；伐齊，正利也。尊上交，務正利，聖王之事也。」

【章旨】燕國只有聯秦伐齊，才能轉禍為福。

【注釋】❶齊人紫敗素也二句　《韓非子．外儲說左上》記載，由於齊王愛好穿紫色的衣服，齊國全國的人都愛好，紫色的衣服價錢很貴，五倍白色的絲織品也抵不上。後來又由於齊王不再穿紫衣，於是全國的人也不再穿紫衣。這裡用紫敗素，人們就將素染成紫去出售，素反而得高價，說明轉禍為福、因敗而成功的道理。❷符　符節，古代用作憑證的信物。燕國這樣做，是要挑起秦國對齊國的不滿。❸長賓之秦　據《史記．蘇秦列傳》「秦」字是衍文，當刪去。賓，通「擯」。❹挾賓客　「客」是衍文，宜刪去。挾賓，被擯。❺待破　承上「破秦」。❻秦王　指秦昭王。❼結　據《史記．蘇秦列傳》當作「伐」。❽功　成功；辦成。❾今　據《史記．蘇秦列傳》當作「令」。❿涇陽君　秦昭王的同母弟，名悝。⓫若　及。⓬高陵君　秦昭王的同母弟，名顯。⓭趙　據帛書，「趙」下有「曰」字，當補上。⓮反　返；歸還。⓯弊躧　破鞋。⓰國伐　國家被伐。⓱若　此。⓲上交　小國和大國的結交叫上交，意為上等的邦交。

【語　譯】「雖說如此，可是我聽說聰明人辦事，有轉禍為福、由失敗而成功的。齊國人因為喜歡紫色而討厭白色，可是到了後來白色綢布的價錢卻提高了十倍。越王句踐打了敗仗，棲居在會稽山上，而後來卻消滅了吳國，稱霸天下。這都是轉禍為福、由失敗而成功的例子。現在大王想轉禍為福、由失敗而成功嗎？那麼就不如遠使齊國稱霸而極力尊重它，派遣使者去周王室結盟，燒掉天下諸侯所擁有的全部秦國的符節，訂下盟約說：『上計是打敗秦國，其次是長久將它排斥在外。』秦國被排斥在外，等著被打敗，秦王必定為此憂慮。秦國五代以來都是進攻別的諸侯，現在卻位居齊國之下，秦王的內心想如果能使齊國陷入困境，就不怕犧牲一個國都去辦成這件事。可是大王為什麼不派一個平民，用使齊國陷入困境的說辭遊說秦國，告訴秦王說：『燕國、趙國打敗宋國，壯大齊國，尊重齊國，做它的下屬，這對燕國、趙國不是有利的。不是有利卻這樣做了，是什麼原因呢？因為它們不相信秦王啊。現在大王為什麼不派可以相信的人去接收燕國、趙國，讓涇陽君和高陵君先到燕國、趙國去說：「秦國的政策有了變化，因而用我們來做人質。」那麼燕國、趙國就相信秦國了。秦國做西帝，趙國做中帝，燕國做北帝，立這三個帝來對諸侯發號施令。韓國、魏國不聽話，秦國就進攻它們；齊國不聽話，燕國、趙國就進攻它，天下誰還敢不聽話？天下都服從、聽話，就驅使韓國、魏國去進攻齊國，說：「一定要歸還宋國的土地，而且要歸還楚國淮河以北的土地。」齊國歸還宋國的土地，歸還楚國淮河以北的土地，對燕國、趙國都有利。並立三個帝，是燕國、趙國的共同願望。從實際上說，能得到所想得到的利益；從名譽上說，又能得到所願得到的名譽，那麼燕國、趙國拋棄齊國，就像丟掉破鞋一樣。現在大王如果不接受燕國、趙國，那麼齊國稱霸就必定會成功了。諸侯擁戴齊國，而大王獨獨不跟從，這樣國家就要遭到進攻啊。諸侯擁戴齊國，如果大王跟從它們，這樣就名聲低下啊。大王不接受燕國、趙國，就名聲低下而國家危險；大王接受燕國、趙國，就名聲尊貴而國家安寧。丟掉尊貴安寧而趨於低下危險，聰明的人是不會這麼辦的啊。』秦王聽到這些說辭，必然像刺了他的心一樣，那麼大王為什麼不務必派聰明的士用這些話去遊說秦國？這樣秦國進攻齊國就成為必然了。和秦國聯合是上等的邦交，進攻齊國是正當的利益。重視上等的邦交，力求正當的利益，這是聖王的事業啊。」

燕昭王善其書，曰：「先人嘗有德蘇氏❶，子之❷之亂，而蘇氏去燕。燕欲報仇於齊，非蘇氏莫可。」乃召蘇氏，復善待之，與謀伐齊。竟破齊，閔王出走。

【章旨】燕昭王接受了蘇代的建議，便和蘇代謀劃進攻齊國。

【注釋】❶有德蘇氏　蘇秦合縱得到燕文公的資助，故言「有德蘇氏」。❷子之　燕王噲時的相。

【語譯】燕昭王稱讚蘇代的信寫得好，說：「祖先對蘇家有恩德，子之內亂的時候，蘇代離開了燕國。燕國想向齊國報仇，就非用姓蘇的不行。」於是召見蘇代，又很好地對待他，和他商量進攻齊國的事。終於打敗齊國，逼得齊湣王出走。

蘇代謂燕昭王

【題解】蘇代向燕昭王表白自己是個進取之士，知道燕昭王有伐齊復仇之心，並斷言伐齊可以成功。燕昭王於是派蘇代去齊國（可能是去從事離間活動）。臨行前蘇代告訴燕昭王自己忠於他，可是忠誠可以獲罪，希望他不要受制於群臣。和本策〈人有惡蘇秦於秦王者〉的內容大多相同，因此有人懷疑進言的是蘇秦而不是蘇代。

蘇代謂燕昭王曰：「今有人於此，孝如曾參、孝己❶，信如尾生高❷，廉如鮑焦❸、史鰌❹，兼此三行以事王，奚如？」王曰：「如是足矣。」對曰：「足下以為足，則臣不事足下矣。臣且處無為之事，歸耕乎周之上塞❺，耕而食之，織而衣之。」王曰：「何故也？」對曰：「孝如曾參、孝己，則不過養其親其❻；信如尾生高，則不過不欺人耳；廉如鮑焦、史鰌，則不過不竊人之財耳。今臣為進取者也，臣以為廉不與身俱達，義不與生俱立。仁義者，自完之道也，非進取之術也。」

【章　旨】講孝、信、廉的人就不能侍奉君主，講仁義乃是自完之術，都是不思進取。

【注　釋】❶曾參孝己　都是古代的孝子。❷尾生高　古代的守信之士。❸鮑焦　古代的廉潔之士。❹史鰌　字史魚，衛國的大夫，敢於直諫。❺上塞　即上地。塞，古「地」字。❻其　當作「耳」。

【語　譯】蘇代對燕昭王說：「現在有一個人在這裡，孝順像曾參、孝己，守信像尾生高，廉潔像鮑焦、史鰌，兼有這三種德行來侍奉大王，怎麼樣？」燕昭王說：「像這樣就夠了。」蘇代回答說：「你認為夠了，可是我就不能侍奉你了，我就將要去做那些無所作為的事，回到周國的上地耕耘，耕田而食，織布而衣。」燕昭王說：「什麼緣故呢？」蘇代回答說：「孝順像曾參、孝己，就不過是奉養他的親人罷了；守信像尾生高，就不過是不欺騙人罷了；廉潔像鮑焦、史鰌，就不過是不竊取別人的錢財罷了。現在我是個進取的人，我認為廉潔不能與自身一起顯達，取義不能與求生並存。仁義是自求完善的準則，不是進取有為的辦法啊。」

王曰：「自憂❶不足乎？」對曰：「以自憂為足，則秦不出殽塞❷，齊不出營丘❸，楚不出疏章❹。三王代位，五伯改政，皆以不自憂故也。若自憂而足，則臣亦之周負籠❺耳，何為煩❻大王之廷耶？昔者楚取章武❼，諸侯北面而朝；秦取西山❽，諸侯西面而朝。曩者使燕毋去周室之上❾，則諸侯不為別馬❿而朝矣。臣聞之，善為事者，先量其國之大小，而揆⓫其兵之強弱，故功可成，而名可立也；不能為事者，不先量其國之大小，不揆其兵之強弱，故功不可成，而名不可立也。今王有東嚮伐齊之心，而愚臣知之。」

【章旨】有成就的君王，都不是自我掩飾、自我保護、不思進取的人。

【注釋】❶自憂　據帛書當作「自復」，即本策〈人有惡蘇秦於燕王者〉的「自覆」。意為自我掩飾、自我保護，不思進取。下同。❷殽塞　殽山要塞，是秦國東邊的門戶。❸營丘　為齊始封之地，在今山東淄博東北。❹疏章　不詳。帛書作「雎章」，即沮漳，二水名。今湖北漢水西有沮、漳二水，合為沮漳河。❺負籠　背盛土的籠子。負，背。籠，用竹片製成的盛土工具。❻煩　辱。❼章武　地名。❽西山　山名。❾上　疑指上地。❿別馬　鮑彪本作「別駕」，另外駕車。⓫揆　度；估量。

【語譯】燕昭王說：「自我保護不是就滿足了嗎？」蘇代回答說：「以自我保護為滿足，秦國就不會走出殽山要塞，齊國就不會走出營丘，楚國就不會走出沮、漳。夏禹、商湯、周文王、武王一個代替另一個登上王位，春秋五霸不斷改換政權，都是因為不自我保護的緣故。假若以自我保護為滿足，那麼我也要前往周國背盛土的籠子了，為什麼要到大王的朝廷上受辱呢？過去楚國奪取了章武，諸侯就向北朝拜；秦國奪取了西山，諸侯就向西朝拜。從前假使燕國不離開周王室的上地，那麼諸侯就不會另外駕車去朝拜了。我聽說，善於辦事的人，先衡量他的國家的大小，忖度他的兵力的強弱，所以功可以建成，名聲可以樹立啊；不能辦事的人，不先衡量他的國家的大小，不忖度他的兵力的強弱，所以功業不能建成，名聲不能樹立啊。現在大王有向東進攻齊國的想法，愚蠢的我已知道了。」

王曰：「子何以知之？」對曰：「矜戟❶砥劍❷，登丘東嚮而歎，是以愚臣知之。今夫烏獲❸舉千鈞❹之重，行年八十，而求扶持。故齊雖強國也，西勞於宋，南罷於楚，則齊軍可敗，而河間❺可取。」燕王曰：「善。吾請拜子為上卿❻，奉子車百乘，子以此為寡人東游於齊❼，何如？」對曰：「足下以愛之故與？則何不與愛子與諸舅、叔父、負床之孫❽？不得❾，而乃以與無能之臣，何也？王之論臣，何如人哉？今臣之所以事足下者，忠信也。恐以忠信之故，見罪於左右❿。」

【章旨】肯定燕國伐齊復仇可以成功，燕昭王因此拜蘇代為上卿，派他去齊國進行破壞工作。

【注釋】❶矜戟　給戟安上柄。矜，戟矛的柄。❷砥劍　磨劍。砥，磨刀石，作動詞用。❸烏獲　古代的大力士。❹鈞　三十斤。❺河間　地名，在黃河、永定河之間。❻上卿　古代官職分卿、大夫、士三級，卿又分上下。❼東游於齊　鮑彪注「為燕間齊」，當是派他去齊國做破壞工作。參見〈燕策二・蘇代自齊使人謂燕昭王〉。❽負床之孫　當是指背靠床站著，不能行走的小孩。鮑彪注「負，言背。倚床立，未能行」。❾不得　指愛子等這些人得不到燕昭王給的車。❿見罪於左右　〈燕策一・人有惡蘇秦於燕王者〉作「以忠信得罪於君者也」。左右，左右近臣，實際上是指燕昭王。見罪，即得罪。

【語譯】燕昭王說：「你怎麼知道？」蘇代回答說：「你給戟安上柄，將劍磨得鋒利，登上山丘向著東邊歎息，因此愚蠢的我知道。烏獲可以舉起三萬斤的重量，到了八十歲，要求人扶著他。齊國雖然是強國，可是由於西向攻宋使它疲勞，南向攻楚使它疲困，那麼齊國的軍隊就可以打敗，而河間之地便可以奪取了。」燕王說：「說得好。請讓我封你為上卿，奉送一百輛車子給你，你用這替寡人到東邊去遊說齊國，怎麼樣？」

子？他們得不到車子，而竟把車子給了我這個無能的臣子，那是為什麼呢？大王評論評論我，像是個什麼樣的人？現在我所以侍奉你的原因，是忠誠於你啊。我擔心因為忠誠的緣故，得罪於你。」

蘇代回答說：「你是因為愛我的緣故吧？那為什麼不將車子給你的愛子和各位舅父、叔父和靠床而站著的孫子？他們得不到車子，而竟把車子給了我這個無能的臣子，那是為什麼呢？大王評論評論我，像是個什麼樣的人？現在我所以侍奉你的原因，是忠誠於你啊。我擔心因為忠誠的緣故，得罪於你。」

王曰：「安有為人臣盡其力，竭其能，而得罪者乎？」對曰：「臣請為王譬，昔周之上埊❶嘗有之：其丈夫官❷三年不歸，其妻愛人。其所愛者曰：『子之丈夫來，則且奈何乎？』其妻曰：『勿憂也，吾已為藥酒而待其來矣。』已而其丈夫果來，於是因令其妾酌藥酒而進之。其妾知之，半道而立，慮曰：『吾以此飲吾主父，則殺吾主父；以此事告吾主父，則逐吾主母。與殺吾❸父、逐吾主母者，寧佯躓❹而覆之。』於是因佯僵而仆之。其妻曰：『為子之遠行來之，故為美酒，今妾奉而仆之。』其丈夫不知，縛其妾而笞之。故妾所以笞者，忠信也。今臣為足下使於齊，恐忠信不諭於左右也。臣聞之曰：萬乘之主，不制於人臣；十乘之家，不制於眾人；疋夫徒步之士，不制於妻妾，而又況於當世之賢主乎？臣請行矣，願足下之無制於群臣也。」

【章旨】說明忠誠可以獲罪，提醒燕王不要受制於群臣。

【注釋】❶埊　古「地」字。❷官　鮑彪本作「宧」。❸吾　「吾」下當有一「主」字。❹躓　跌倒。

【語　譯】燕王說：「哪裡有做臣子的用盡全力、竭盡全能，反而得罪的事呢？」蘇代回答說：「請讓我給大王作個比喻，過去周國的上地曾經有過這麼一回事：有個丈夫在外面做官，三年沒有回來，他的妻子愛上了別人。她所愛的那個男人說：『你的丈夫回來，將怎麼辦呢？』他的妻子說：『不要操心啊，我已經準備好了藥酒等待他回來了。』不久她的丈夫果然回來了，於是讓他的婢妾斟了一杯藥酒給他送去。他的婢妾知道此事，半路站住，想道：『我用這杯酒給男主人喝下去，就要毒死我的男主人；把這件事告訴我的男主人，就要驅逐我的女主人。與其毒死男主人或者驅逐女主人，寧可假裝跌倒將酒潑掉。』於是假裝昏倒在地上。他的妻子說：『為你遠行歸來，特地給你準備好酒，現在婢妾上酒卻倒在地上。』她的丈夫不瞭解真情，便將那婢妾綁起來鞭打。婢妾所以遭到鞭打，是由於她忠誠。現在我為你出使齊國，恐怕我的忠誠也不被你所明瞭啊。我聽說：能出一萬輛兵車的君主，不受臣子控制；能出十輛車的大夫之家，不受眾人控制；沒有車坐的匹夫，不受妻妾的控制，而又何況是當代的賢能君主呢？請允許我出發了，希望你不要受群臣的控制呀。」

燕王謂蘇代

【題　解】蘇代告訴燕王，欺騙還是必要的。

燕王謂蘇代曰：「寡人甚不喜訑❶者言也。」蘇代對曰：「周地賤媒，為其兩譽也。之男家曰女美，之女家曰男富。然而周之俗，不自為取妻。且夫處女無媒，老且不嫁；舍媒而自衒，弊❷而不售❸。順而無敗，售而不弊者❹，唯媒而已矣。且事非權不立，非勢不成。夫使人坐受成事者，唯訑者耳。」王曰：「善矣。」

【注　釋】❶訑　欺騙。❷弊　通「敝」。敗。❸售　嫁出去。❹順而無敗二句　是說辦成了婚事。

【語　譯】燕王對蘇代說：「寡人很不喜歡騙子的話啊。」蘇代回答說：「周那個地方瞧不起媒人，因為他們向男女雙方都說誇獎的話。到男方就說女的漂亮，到女方就說男的有錢。可是周那個地方的風俗，不能自找對象娶妻子。再說處女沒有媒人，老了也嫁不出去；丟開媒人，自己誇獎自己，嘴說破了也嫁不出去。要順順當當不壞事，嫁出去而不磨破嘴皮子，就只有靠媒人了。況且所有的事沒有權變就不能建立，沒有勢利就不能辦成。讓人坐享其成的人，只有騙子了。」燕王說：「講得好呀。」

卷三〇　燕策二

秦召燕王

【題解】蘇代諫阻燕昭王入秦，說秦國用暴虐非義的手段奪取天下，威脅利誘，循環欺詐，反覆無常，切不可聽遊士之說，和秦連橫。

秦召燕王❶，燕王欲往。蘇代約❷燕王曰：「楚得枳❸而國亡❹，齊得宋而國亡❺，齊、楚不得以有枳、宋事秦者，何也？是則有功者，秦之深讎也。秦取天下，非行義也，暴也。

【章旨】以楚、齊失地於秦為例，說明秦國用不正義的暴虐手段奪取天下。

【注釋】❶燕王　指燕昭王。❷約　約束；諫止。❸枳　在今四川涪陵。❹亡　丟失土地，不是亡國。下同。秦昭王二十七年（西元前二八〇年）取楚黔中，二十八年取楚鄢、鄧，二十九年取郢。❺齊得宋而國亡　秦昭王二十一年（西元前二八六年）齊滅宋，秦昭王二十三年秦與韓、趙、魏、燕攻齊，燕獨入齊都臨淄，下齊七十餘城。

【語譯】秦國召見燕昭王，燕昭王想前往秦國。蘇代諫止燕昭王說：「楚國得到了枳地就丟失了其他的土地，齊國得到了宋國也丟失了其他的土地，齊國和楚國不能用占有枳地、宋地去侍奉秦國，是什麼原因呢？這說明有功的國家，就是秦國的死敵啊。秦國謀奪天下，用的不是正義的手段，而是暴虐的手段啊。

「秦之行暴於天下，正告楚曰：『蜀❶地之甲，輕舟浮於汶❷，乘夏水❸而下江，五日而至郢❹。漢中❺之甲，乘舟出於巴❻，乘夏水而下漢❼，四日而至五渚❽。寡人積甲宛❾，東下隨❿，知者不及謀，勇者不及怒，寡人如射隼⓫矣。王乃待天下之攻函谷⓬，不亦遠乎？』楚王為是之故，十七年事秦。

「秦正告韓曰：『我起乎少曲⓭，一日而斷太行⓮。我起乎宜陽⓯而觸平陽⓰，二日而莫不盡繇⓱。我離⓲兩周而觸鄭⓳，五日而國舉。』韓氏以為然，故事秦。

「秦正告魏曰：『我舉安邑⓴，塞女戟㉑，韓氏太原卷㉒。我下枳，道南陽㉓、封㉔、冀㉕，包兩周，乘夏水，浮輕舟，強弩在前，銛戈在後，決滎口㉖，魏無大梁；決白馬之口㉗，魏無濟陽㉘；決宿胥之口㉙，魏無虛㉚、頓丘㉛。陸攻則擊河內㉜，水攻則滅大梁。』魏氏以為然，故事秦。

【章旨】秦國用威脅的手段，迫使楚、韓、魏等國侍奉它。

【注釋】❶蜀　在四川境內。秦惠王滅蜀，建立蜀郡。❷汶　汶江，即今四川岷江，發源於岷山，至宜賓入長江。❸夏水夏季的大水。在這裡不是指水名。❹郢　楚國的郢都，在今湖北江陵郊區紀南城舊址。❺漢中　本為楚地，秦惠王時奪取漢中，建立漢中郡。漢中包括今陝西南部和湖北西北部及河南西南隅。❻巴　秦惠王時建立巴郡，在今四川東部。這裡是指巴水。❼漢　漢水。❽五渚　據《水經注・卷三十八・湘水注》說湘、資、沅、澧四水「同注洞庭北，北會大江（即長江），名之五渚」。❾宛　在今河南南陽。❿隨　在今湖北隨州。⓫射隼　《周易・解卦・上六爻辭》：「公用射隼於高墉之上，獲之，無不利。」是說某人在高牆上面射中了鷹，沒有什麼不吉利。在這裡秦王用來表明攻楚必定成功。隼，鷹。⓬函谷　函谷關，在今河南靈寶南，是秦國東邊的門戶。⓭少曲　韓地，在古懷州河陽（今河南孟縣）西北。⓮太行　太行山。太行山的羊腸坂道，由北經過韓國的上黨。⓯宜陽　韓邑，在今河南西部宜陽。⓰平陽　靠近武遂，韓墳墓所在地，在今山西臨汾，因在平水的北面而得名。⓱繇　通「搖」。一說是繇戍。⓲離　歷；經過。⓳鄭　韓都城，在今河南新鄭。⓴安邑　魏國的舊都，在今山西夏縣西。㉑女戟　地名，在今太行山西。㉒太原卷　張守節《史記正義》引劉伯莊說：「太原當為太行，卷猶斷絕。」按，張說是。〈趙策四・五國伐秦無功〉記載蘇代對齊湣王說：「秦舉安邑而塞女戟，韓之太原（行）絕。」太原屬趙不屬韓。㉓南陽　指魏國的南陽，在今河南獲嘉境內。㉔封　封陵，在今山西風陵渡。㉕冀　在今山西河津一帶。㉖滎口　據《史記・蘇秦列傳》及鮑彪本當作「滎口」。即滎澤，古澤名，滎澤口與汴河口相通，水深，可以灌大梁（今河南開封）。㉗白馬之口　即白馬津，在今河南滑縣北。㉘濟陽　魏邑，在今河南蘭考境內。㉙宿胥之口　古河溝名，在今河南濬縣西。㉚虛　魏地名。㉛頓丘　魏地，在今河南浚縣。㉜河內　魏國黃河以北的地方，即今河南濟源、沁陽一帶。

【語　譯】「秦國向天下施用暴虐的手段，它直言不諱地告訴楚國說：『我們秦國蜀郡的部隊，輕舟浮於岷江之上，趁夏季大水順長江而下，五天就到了郢都。漢中的部隊，乘船從巴水出發，趁著夏季的大水順漢水而下，四天就到了湘、資、沅、澧和長江會合的五渚之地。寡人在宛集結部隊，向東而下去攻隨，聰明的人還來不及謀劃，勇敢的人還來不及發怒，寡人必定就像射鷹一樣獲得成功了。大王竟要等待天下諸侯進攻函谷關，不也是遠水救不了近火嗎？』楚王因為這個緣故，十七年來侍奉秦國。

「秦國直言不諱地告訴韓國說：『我們從少曲發動攻擊，一天就可以切斷太行山的通道。我們從宜陽發動攻擊，進攻平陽，兩天以後韓國各地無不全部動搖。我們經過東周、西周進攻鄭，只要五天韓國就要被攻下來。』韓國認為說得對，所以就侍奉秦國。

「秦國直言不諱地告訴魏國說：『我們攻下安邑，堵塞女戟，韓國的太行通道就被切斷。我們攻下枳地，取道南陽、封、冀，包圍東周、西周，趁著夏季的大水，駕著輕舟，強勁的弓弩在前，鋒利的戈矛在後，挖開滎澤的口子，魏國就沒有了大梁；挖開白馬津的口子，魏國就沒有了濟陽；挖開宿胥的口子，魏國就沒有了虛和頓丘。陸地進攻就可擊破河內，水上進攻就可消滅大梁。』魏國認為說得對，所以便侍奉秦國。

「秦欲攻安邑，恐齊救之，則以宋委於齊，曰：『宋王無道，為木人以寫❶寡人，射其面。寡人地絕兵遠，不能攻也。王苟能破宋有之，寡人如自得之。』已得安邑，塞女戟，因以破宋為齊罪。

「秦欲攻齊❷，恐天下救之，則以齊委於天下曰：『齊王四與寡人約，四欺寡人，必率天下以攻寡人者三。有齊無秦，無齊有秦，必伐之，必亡之！』已得宜陽、少曲❸，致藺❹、石❺，因以破齊為天下罪。

「秦欲攻魏，重楚，則以南陽❻委於楚曰：『寡人固與韓且絕矣！殘均陵❼，塞鄳隘❽，苟利於楚，寡人如自有之。』魏棄與國而合於秦，因以塞鄳隘為楚罪。

「兵困於林中❾，重燕、趙，以膠東❿委於燕，以濟西⓫委於趙。趙得講於魏，至⓬公子延，因犀首⓭屬行⓮而攻趙。

「兵傷於離石，遇敗於馬陵⓯，而重魏，則以葉⓰、蔡⓱委於魏。已得講於趙，則劫魏，魏⑱不為割。困則使太后⑲、穰侯⑳為和，嬴則兼欺舅㉑與母。「適㉒燕者曰：『以膠東。』適趙者曰：『以濟西。』適魏者曰：『以葉、蔡。』適楚者曰：『以塞鄳隘。』適齊者曰：『以宋。』此必令其言如循環㉓，用兵如刺蜚繡㉔，母不能制，舅不能約。

【章旨】秦國不斷利誘、欺騙齊、楚、燕、趙、魏等國，達到目的後又加罪於這些國家。

【注釋】❶寫　描繪。❷齊　據《史記・蘇秦列傳》及鮑彪本當作「韓」。❸宜陽少曲　均是韓地，見前注。❹藺　趙邑，靠近離石，在今山西境內。❺石　當作「離石」，趙邑，即今山西離石。❻南陽　在今河南南陽。❼均陵　即今湖北均縣。❽鄳隘　在今河南信陽與湖北應山之間，是楚國的北方險道。帛書稱為「冥戹」。《史記・魏世家》稱為「冥阸」。❾林中　疑即林鄉，在今河南新鄭東。參見帛書及〈趙策三・魏將與秦攻韓〉。❿膠東　在今山東東部膠河以東。⓫濟西　濟河以西的地方。濟河發源於河南濟源王屋山，故道本過黃河而南，東流入山東，今不復存。⓬至　依司馬貞《史記索隱》當為「質」，人質。⓭犀首　即公孫衍，魏國陰晉人，曾為魏相，張儀死後，又入秦為相。⓮厲行　《史記索隱》：「謂連兵相續也。」⓯馬陵　在今河北大名東南。《史記・蘇秦列傳》作「陽馬」。⓰葉　在今河南葉縣。⓱蔡　在今河南上蔡。⓲魏　據《史記・蘇秦列傳》「魏」字當是衍文，宜刪去。⓳太后　指秦宣太后，是秦昭王的母親。⓴穰侯　秦相魏冉，是秦昭王的舅父。㉑舅　指穰侯。㉒適　通「謫」。加罪。㉓循環　周而復始，沒有止境。㉔刺蜚繡　《史記・蘇秦列傳》作「刺蜚」，比喻容易。蜚，蟲名。

【語譯】「秦國想進攻安邑，擔心齊國會去救援，便把宋國交給齊國，讓齊國去攻打，說：『宋王暴虐無道，做了一個木偶，描成寡人的樣子，用箭射它的臉。寡人的土地和宋國不接壤，出兵又路途遙遠，不能進攻它。大王如果能打敗宋國，占有宋國，寡人就像自己得到了宋國一樣。』等到秦國已經得到了安邑，堵塞了女戟要道，於是把打敗宋國作為齊國的罪過。

「秦國想進攻齊國，擔心天下諸侯去救援，便把齊國交給天下諸侯，讓天下諸侯去攻打，說：『齊王四次和寡人訂立盟約，四次欺騙寡人，三次決心率領天下諸侯進攻寡人。因此有齊國就沒有秦國，沒有齊國就有秦國，一定要進攻它，一定要滅亡它！』等到秦國已經得到了宜陽、少曲，到了藺邑和離石，於是把打敗齊國作為天下諸侯的罪過。

「秦國想進攻魏國，就重視楚國，將南陽交給楚國，說：『寡人本來和韓國就將要絕交了！滅掉均陵，堵塞鄳隘險道，如果對楚國有利，寡人看來就像對自己有利一樣。』後來魏國拋棄了盟國而和秦國聯合，於是秦國就把堵塞鄳隘險道作為楚國的罪過。

「秦兵被困在林鄉，就重視燕國、趙國，把膠東交給燕國，把濟西交給趙國。等到趙國與魏國講和了，公子延做了人質，於是秦國的犀首就接連不斷地進攻趙國。

「秦兵在離石遭受挫折，在馬陵打了敗仗，就重視魏國，將葉、蔡兩地交給魏國。等到與趙國講和了，就脅迫魏國，不再割地。受困的時候就讓太后、穰侯出面講和，衰弱的時候就同時欺騙舅父和母親。

「歸罪燕國就說：『因為膠東。』歸罪趙國就說：『因為濟西。』歸罪魏國就說：『因為葉、蔡。』歸罪楚國就說：『因為堵塞鄳隘。』歸罪齊國就說：『因為宋。』這樣必定使得秦王的藉口周而復始，沒有止境，打仗就像刺死蜚蟲那麼容易。母親不能制止他，舅父也不能約束他。

「龍賈之戰❶，岸門之戰❷，封陸之戰❸，高商之戰❹，趙莊之戰❺，秦之所殺三晉之民數百萬。今其生者，皆死秦之孤也。西河之外❻、上雒❼之地❽、三川❾，晉國之禍，三晉之半。秦禍如此其大，而燕、趙之秦者❿，皆以爭事秦說其主，此臣之所大患。」

【章　旨】秦國在多次戰爭中給三晉造成了重大災難，絕不可西面事秦。

【注　釋】❶龍賈之戰　魏惠王後元五年（西元前三三〇年）秦國在雕陰打敗魏國龍賈軍四萬五千人。❷岸門之戰　據《史記・韓世家》，韓宣惠王十九年（西元前三一四年）秦大敗韓於岸門（在今河南許昌北）。❸封陸之戰　《史記・蘇秦列傳》作「封陵之戰」。魏襄王十六年（西元前三〇三年），秦國攻下魏國的封陵（在今山西風陵渡東）。❹高商之戰　不詳。❺趙莊之戰　據《史記・趙世家》，趙武靈王十三年（西元前三一三年）秦國攻下趙國的藺，俘虜了趙國的將軍趙莊。❻西河之外　魏國黃河以西的地方。❼上雒　即上洛，在今陝西商縣。❽埊　古「地」字。❾三川　韓地，在今河南西部，因黃河、洛河、伊河流經其地而得名。❿之秦者　善秦者；主張和秦國親善的人。

【語　譯】「龍賈之戰，岸門之戰，封陵之戰，高商之戰，趙莊之戰，秦國所殺死的趙、魏、韓的民眾幾百萬，現在那三國活著的人，都是被秦國殺死了父母的孤兒啊。黃河以西地區、上洛地區、三川地區以及原來晉國的國都，它們所遭受的災禍最為慘重，等於趙、韓、魏三國所遭受的災禍的一半。秦國造成的災禍如此之大，而燕國、趙國主張和秦國親善的人，都用爭先侍奉秦國勸說他們的君主，這是我最憂慮的事。」

燕昭王不行，蘇代復重於燕。燕反約諸侯從親，如蘇秦時，或從或不❶，而天下由此宗蘇氏之從約。代、厲皆以壽死，名顯諸侯。

【章　旨】燕昭王接受蘇代的勸說，和山東諸侯合縱抗秦。

【注　釋】❶不　通「否」。

【語　譯】燕昭王聽了蘇代的勸說，沒有到秦國去，蘇代再次在燕國受到重視。燕國反過來約各諸侯國合縱親善，像蘇秦那時候一樣，有的參加合縱，有的不參加合縱，天下從此尊崇蘇家的合縱盟約。蘇代、蘇厲都享盡天年而死，名聲顯揚於諸侯之中。

蘇代為奉陽君說燕於趙以伐齊

【題　解】蘇代勸趙國的奉陽君同燕國聯合去進攻齊國，奉陽君不同意。蘇代便到齊國去詆毀趙國，使齊國和趙國絕交。回到燕國後，他告訴燕昭王：趙國的韓為已經告訴他趙國知道了他的所作所為，可是他只要能達到破壞齊、趙關係的目的，即使死也不怕。

蘇代為❶奉陽君說❷燕於❸趙以伐齊，奉陽君不聽。乃入齊惡趙，令齊絕於趙。齊已絕於趙，因之燕，謂昭王曰：「韓為❹謂臣曰：『人告奉陽君曰：「使齊不信趙者，蘇子也；今❺齊王❻召蜀子❼使不伐宋❽，蘇子也；與齊王謀道❾取秦❿以謀趙者，蘇子也；令齊守趙之質子以甲⓫者，又蘇子也。」請告子⓬以請⓭齊，果以守趙之質子以甲，吾必守子以甲。』其言⓮惡矣。雖然，王勿患也。臣故⓯知入齊之有趙累也，出為之以成所欲⓰，臣死而齊大惡於趙，臣猶生也。令齊、趙絕，可大紛⓱已⓲。持⓳臣非張孟談⓴也，使臣也如孟談也，齊、趙必有為智伯㉑者矣。」

【注　釋】❶為　鮑彪本作「謂」。❷奉陽君說　趙國的大臣，即李兌。說，當是「兌」之誤，見下篇。❸於　與。《孟子・公孫丑上》：「太山之於丘垤，河海之於行潦。」《法言・問神》作「太山之與螘垤，江河之與行潦」。❹韓為　趙將，帛書一章作「韓徐為」。❺今 依鮑彪本當作「令」。❻齊王 齊湣王。❼蜀子 齊將。《呂氏春秋・權勳》作「觸子」。❽宋 依鮑彪本「宋」下當補「者」字。❾道 行;奉行。❿取秦 聯合秦國。⓫甲 甲士;戰士。⓬子 你,指蘇代。⓭請 依金正煒《補釋》當作「情」,實情。⓮其言 指韓為的威脅之辭。⓯故 通「固」。⓰所欲 所想達到的目的,即為了伐齊去破壞齊、趙關係。⓱紛 亂。⓲已 語氣詞。⓳持 疑為「特」之誤,只的意思。⓴張孟談 趙襄子的謀士。智伯脅迫韓康子、魏宣子進攻趙襄子,圍晉陽,趙襄子派張孟談暗中出城聯合韓康子、魏宣子反攻智伯,智伯被擒身死。㉑智伯 春秋末年晉國的六卿之一。

【語 譯】蘇代勸奉陽君李兌:燕國和趙國一起去進攻齊國,奉陽君不聽從。於是蘇代便到齊國去詆毀趙國,使齊國和趙國絕交。齊國已經和趙國絕交,於是他就回到燕國,對昭王說:「韓為告訴我說:『有人告訴奉陽君說:「使齊國不相信趙國的人是蘇代,讓齊王召回蜀子叫他不要進攻宋國的人也是蘇代,和齊王密謀,奉行聯合秦國的政策,以圖謀趙國的人還是蘇代,使齊國用戰士守住趙國質子的人又是蘇代。」請讓我把實情告訴你:齊國如果真的用戰士守住趙國的質子,我就一定用戰士守住你。』他的這些話夠惡毒了。即使這樣,大王也不必憂慮啊。我本來就知道到齊國去會有趙國的麻煩,出去做這件事就是為了達到所想達到的目的,如果我死了,能使齊國痛恨趙國,我就雖死猶生啊。讓齊國和趙國斷絕關係,可要大亂啦!只是我不是張孟談,假使我像張孟談,齊國和趙國就必定會有人成為智伯了。」

奉陽君告朱讙與趙足

【題 解】本篇與上篇聯繫緊密,鮑彪本將它們合為一篇。它記載了蘇代到齊國破壞齊、趙關係後,又勸燕昭王趁奉陽君惱火齊國的時機,大亂齊、趙,不能讓它們兩國再聯合起來,並且還要讓他從燕國逃走,再聯合韓、魏、秦、趙等國去進攻齊國。

「奉陽君告朱讙與趙足曰❶：『齊王使公王曰❷命說❸曰：「必不反韓珉❹。」今召之矣；「必不任蘇子以事。」今封而相之；「令❺不合燕。」今以燕為上交。吾所恃者順❻也，今其言變有甚於其父，順始與蘇子為讎，見之知❼無厲❽，今賢之兩❾之。已矣，吾無齊矣！』

【章　旨】蘇代告訴燕昭王，齊、趙關係已經破裂。

【注　釋】❶奉陽君告朱讙與趙足曰　從這句開始到「故舉大事，逃不足以為辱矣」止，都是蘇代對燕昭王說的話，「奉陽君」前似當有「蘇代謂昭王曰」等字，譯文補之。朱讙、趙足二人都是趙國人。❷公王曰　據帛書及《新序》當是「公玉丹」之誤，是齊國的臣子。帛書說「公玉丹之勹（趙）致蒙，奉陽君受之」，是說公玉丹前往趙國把蒙地（在今河南商丘東北）給他，奉陽君接受了。可見公玉丹是齊國派往趙國的使者。❸說　當是「兌」之誤，即李兌，是奉陽君的名。❹韓珉　韓相，也曾為齊相。鮑彪注「言故反前。下類此」。意思是本來決定不讓韓珉回來，可是現在故意和以前的決定相反，召他回來了。❺令　依鮑彪本當作「必」。❻順　齊臣。〈趙策四・齊欲攻宋〉：「以三晉劫秦，使順也甘之。」是說有人向齊王建議用韓、趙、魏三國去威脅秦國，派順去秦國說好話。所以知道順是齊臣。❼知　依鮑彪本當作「如」。❽無厲　即「無癩」，疑即「無賴」。厲，通「癩」。❾兩　通「輛」。

【語　譯】蘇代對燕昭王說：「奉陽君告訴朱讙和趙足說：『齊王過去派公玉丹命令我李兌說：「一定不要讓韓珉回來。」可是他現在將韓珉召回來了；命令我說：「一定不要把事情交給蘇代去做。」可是他現在封賞蘇代還讓蘇代做相；命令我說：「一定不要和燕國聯合。」可是他現在把燕國作為最好的友邦。我所依靠的是順，現在他的話變了，甚至超過了他的父親。順開始時和蘇代是仇敵，見到蘇代就像見到一個無賴，可是現在他卻認為蘇代賢能而讓他坐車。算了吧，我心中已沒有齊國了！』

「奉陽君之怒甚矣！如❶齊王王❷之不信趙，而小人❸奉陽君也，因是而倍之❹。不以今時大紛之，解而復合，則後不可奈何也。故齊、趙之合苟可循❺也，死不足以為臣患；逃不足以為臣恥；為諸侯，不足以為臣榮；被髮自漆為厲❻，不足以為臣辱。然而臣有患也，臣死而齊、趙不循，惡交❼分於臣❽也，而後相效❾，是臣之患也。若臣死而必相攻❿也，臣必勉之而求死焉。堯、舜之賢而死，禹、湯之知而死，孟賁⓫之勇而死，烏獲⓬之力而死，生之物固有不死者乎？在必然之物⓭，以成所欲，王何疑焉？」

【章　旨】蘇代告訴燕昭王不能再讓齊、趙和好。

【注　釋】❶如　疑當作「知」。❷王　「王」字當是衍文，宜刪去。❸小人　作動詞用，看成小人。❹倍之　背離齊國。倍，背。之，指代齊。❺循　順，指齊、趙聯合以後還順從燕國。❻厲　通「癩」。❼惡交　指齊、趙和燕國惡交，關係不好。❽分於臣　於臣有份。分，份。❾相效　指別的國家也效法齊、趙和燕惡交。❿相攻　指齊、趙相攻。⓫孟賁　古代勇士。⓬烏獲　古代的大力士。⓭必然之物　必然的事，指死。物，事。

【語　譯】「奉陽君很惱火了！那是因為他知道齊王不信任趙國，而把奉陽君看成小人啊，因此他背離齊國。不趁現在這個時候使齊國和趙國鬧大亂子，反而讓它們分開了又再聯合起來，那麼以後對它們就無可奈何了呀。所以齊、趙的聯合如果可以順從燕國，那麼死亡不足以成為我的禍患，潛逃不足以成為我的羞恥，做諸侯不足以成為我的光榮，披頭散髮、自己用漆潑在身上、渾身長滿癩瘡，也不足以成為我的恥辱。可是我還是有憂慮啊，我死了以後，如果齊國、趙國不順從燕國，而和燕國關係不好，那我是有責任的，以後其他國家也效法齊國、趙國，這就是我的憂慮啊。如果我死了以後，齊國、趙國一定會互相攻伐，我就一定努力去找死。堯帝、舜帝那樣賢明還是死了，夏禹、商湯那樣聰明也是死了，孟賁那樣勇敢仍舊是死了，烏獲力氣那樣大照樣是死了，活在世上的人難道有不死的嗎？死是必然的事，用死來達到所想達到的目的，大王又何必懷疑我呢？

「臣以為不若逃而去之❶。臣以韓、魏循❷，自齊而為之❸取秦，深結趙以勁之❹。如是則近於相攻❺。臣雖為之累❻燕，奉陽君告朱讙曰：『蘇子怒於燕王之不❼以吾❽，故弗予相，又不予卿也，殆無燕矣。』其疑至於此，故臣雖為之不累燕❾，又不欲❿王。伊尹⓫再逃湯而之桀，再逃桀而之湯，果與鳴條之戰⓬，而以湯為天子。伍子胥⓭逃楚而之吳，果與伯舉之戰⓮，而報其父之讎。今臣逃而紛齊、趙，始可著於春秋⓯。且舉大事者，孰不逃？桓公之難⓰，管仲逃於魯；陽虎之難⓱，孔子逃於衛；張儀逃於楚⓲；白珪⓳逃於秦；望諸相中山也使趙，趙劫之求地，望諸攻關而出逃；外孫之難，薛公⓴釋戴㉑逃出於關㉒，三晉稱以為士。故舉大事，逃不足以為辱矣。」

【章旨】蘇代告訴燕昭王，不如讓他偽裝潛逃，從齊國出去，聯合秦國，結交趙國，以造成韓、魏、秦、趙聯合攻齊的形勢。這樣做不會給燕國帶來麻煩，自古以來潛逃的人多得很，為了辦大事，潛逃並不是恥辱。

【注　釋】❶之　指代燕國。❷循　順，指順從燕國。❸之　指代韓、魏。❹之　也是指代韓、魏。❺相攻　指韓、魏、趙、秦與齊相攻。據《史記．燕召公世家》記載，後來燕國是「與秦、楚、三晉合謀以伐齊」。❻累　據鮑彪本「累」上當補「不」字。❼不　疑是衍文。❽以吾　用我。以，用。吾，指奉陽君。❾不累燕　奉陽君本來痛恨蘇代，可是從他對朱讙的話中可以看出他現在認為蘇代對燕王惱火，心中已經沒有燕國，所以蘇代這次去深結趙國，不會給燕國帶來麻煩，可以獲得奉陽君的信任。累，連累；麻煩。❿欲　依金正煒《補釋》疑當作「辱」，音近而誤。⓫伊尹　商湯的臣子，名摯，一說名阿衡。以滋味說湯，商湯任用他主持國家政事，後來「伊尹去湯適夏。既醜有夏，復歸于亳」（《史記．周本紀》）。亳，商湯的國都，在今河南商邱北。⓬鳴條之戰　夏桀死於鳴條之戰，商湯即位為天子。鳴條，是商湯敗夏桀之地。⓭伍子胥　名員，春秋楚國人，因楚平王殺其父伍奢，便逃到吳國，助吳王闔廬攻楚。這時楚平王已死，楚昭王出奔，吳王攻入楚都郢，伍子胥掘楚平王墓，鞭屍。⓮伯舉之戰　魯定公四年（西元前五〇六年）吳王闔廬在柏舉大敗楚軍，接著才攻入郢都。伯舉，《左傳》作「柏舉」，在今湖北麻城境內。⓯春秋　泛指史書。⓰桓公之難　齊襄公無道，他的弟弟害怕大難臨頭，所以公子糾便和他的傅管仲、召忽投奔魯國，公子小白和他的傅鮑叔牙投奔莒國。後來齊國發生內亂，公孫無知殺死齊襄公，自己做了君主，雍林人又殺死公孫無知，齊國便沒有君主。公子糾和公子小白爭立為君，莒國先送公子小白回去，魯國聽說了，也送公子糾回去，並派管仲去攔截公子小白，在路上管仲射中小白的帶鉤，所謂桓公之難，指的就是這件事。小白被射後裝死，而先回到齊國做了君主，便是齊桓公。齊桓公想報管仲的一箭之仇，要魯國殺死管仲，得友人鮑叔牙之救，齊桓公才讓管仲從魯國回到齊國幫他料理政事，下句「管仲逃於魯」指的就是這件事。桓公，指齊桓公，名小白。⓱陽虎之難　魯定公八年（西元前五〇二年），陽虎作亂，想廢除三桓的勢力，又拘捕季桓子，被擊敗，出奔齊國。《左傳》定公八年、《史記．孔子世家》都載有此事，但都沒有說到和孔子逃於衛有關係。陽虎，即陽貨，是春秋時魯國季孫氏的家臣。⓲張儀逃於楚　張儀早年遊說楚國，楚人誣衊他偷了楚相的璧，毒打了他一頓。「逃於楚」或許指的就是此事。⓳白珪　魏人，一說是周人。逃於秦事不詳。⓴薛公　田文，即齊國的孟嘗君。㉑釋戴　不乘車。戴，鮑彪本作「載」。㉒逃出於關　孟嘗君相秦，受讒被囚，秦昭王想殺掉他，於是獻狐白裘給昭王寵幸的女姬，請求為他說情，昭王才放了他，他便改換姓名，逃出函谷關。

【語　譯】「我認為不如讓我偽裝逃離燕國。我憑藉韓國、魏國順從燕國的條件，從齊國出去，而替韓國、魏國聯合秦國，深交趙國以加強韓國、魏國的力量。這樣就促成了韓、魏、趙、秦和齊國相攻的形勢。我雖然這樣做了，但是不會給燕國帶來麻煩，因為奉陽君曾經告訴朱讙說：『蘇代惱怒燕王用我所以不讓他做相，又不讓他做卿，他心中幾乎是沒有燕國了。』他的疑心到了這種地步，所以我雖然這樣做了卻不會給燕國帶來麻煩，又不會玷汙大王。從前伊尹再次從商湯那裡逃走，前往夏桀那裡，又再從夏桀那裡逃走到商湯那裡，結果和夏桀在鳴條作戰，擁護商湯做天子。伍子胥從楚國逃到了吳國，結果和楚國在柏舉作戰，報了他父親的仇。現在我逃走而弄亂了齊國和趙國的關係，才可以名垂青史。況且辦大事的人，哪個沒逃走過？齊桓公遭難，管仲從魯國逃走；陽虎發難，孔子逃到衛國；張儀從楚國逃走；白珪從秦國逃走；望諸做中山國的相，出使趙國，趙國劫持他要求割地，望諸闖關逃走；外孫之難，孟嘗君放棄坐車，逃出函谷關，魏、韓、趙三國稱頌他是賢士。所以辦大事的人，逃走不足以成為恥辱。」

卒絕齊於趙，趙合於燕以攻齊，敗之。

【章　旨】齊、趙絕交，燕、趙聯合打敗齊國。

【語　譯】終於使齊國和趙國絕交，趙國便與燕國聯合去進攻齊國，打敗了齊國。

蘇代為燕說齊

【題　解】蘇代為了燕國去齊國遊說，見不到齊王，便以請伯樂幫助賣駿馬的故事為喻，請淳于髡介紹他去見齊王。

蘇代為燕說齊，未見齊王，先說淳于髡❶曰：「人有賣駿馬者，比❷三旦立市，人莫之知。往見伯樂曰：『臣有駿馬，欲賣之，比三旦立於市，人莫與言，願子還而視之，去而顧之，臣請獻一朝之賈❸。』伯樂乃還而視之，去而顧之，一旦而馬價十倍。今臣欲以駿馬❹見於王，莫為臣先後❺者，足下有意為臣伯樂乎？臣請獻白璧一雙，黃金千鎰❻，以為馬食。」淳于髡曰：「謹聞命矣。」入言之王而見之，齊王大說蘇子。

【注釋】❶淳于髡　滑稽之士，曾仕齊威王。見《史記・滑稽列傳》。❷比　連。❸賈　鮑彪本作「費」。❹駿馬　蘇代自喻。❺先後　奔走先後，效勞之意。❻鎰　二十兩。一說是二十四兩。

【語譯】蘇代為了燕國遊說齊國，沒有見到齊王，便先遊說淳于髡道：「有個賣駿馬的人，接連三個早上站在市場上，人家不知道他賣的是駿馬。他就前去拜見伯樂說：『我有一匹駿馬，想賣掉牠，接連三個早上站在市場上，沒有人問一聲，希望你繞著馬仔細瞧瞧牠，離開以後又回過頭來望望牠，我願意獻給你一個早上的費用。』伯樂於是繞著馬仔細瞧瞧，離開以後又回過頭來望望，馬的價錢一個早上就漲了十倍。現在我想用一匹駿馬去見齊王，沒有誰肯為我前後奔走效勞，加以引見，你有意做我的伯樂嗎？請讓我獻給你白璧一對，黃銅兩萬四千兩，作為你養馬的費用。」淳于髡說：「恭敬地領教了。」便進去把這事對齊王說了，使他見了齊王，齊王很喜歡蘇代。

蘇代自齊使人謂燕昭王

【題　解】蘇代在齊國離間了齊國與趙國的關係，便派人勸燕昭王攻齊。又使人巧說齊王，騙取了齊王對他的信任，任用他率領齊軍抵抗燕軍進攻，以致齊軍一再慘敗。

蘇代自齊使人謂燕昭王曰：「臣聞❶離齊、趙，齊、趙已孤矣，王何不出兵以攻齊？臣請王弱之。」燕乃伐齊攻晉❷。

【章　旨】蘇代從齊國派人勸燕昭王伐齊。

【注　釋】❶聞　當從鮑彪本作「間」。❷晉　齊地名。又據〈秦策二・陘山之事〉「破齊弊晉」，鮑彪注「此晉，趙也」。錄以備考。

【語　譯】蘇代從齊國派人告訴燕昭王說：「我離間了齊國與趙國的關係，齊國、趙國已經孤立了，大王為什麼不出兵去進攻齊國？請讓我為大王削弱齊國的力量。」燕國於是攻打齊國、進攻晉地。

令人❶謂閔王曰：「燕之攻齊也，欲以復振古埊❷也。燕兵在晉而不進，則是兵弱而計疑也。王何不令蘇子將而應燕乎？夫以蘇子之賢，將而應弱燕，燕破必矣。燕破則趙不敢不聽，是王破燕而服趙也。」閔王曰：「善。」乃謂蘇子曰：

「燕兵在晉，今寡人發兵應之，願子為寡人為之將。」對曰：「臣之於兵，何足以當之，王其改舉。王使臣也，是敗王之兵，而以臣遺燕也。戰不勝，不可振❸也。」王曰：「行，寡人知子矣。」蘇子遂將，而與燕人戰於晉下，齊軍敗，燕得甲首❹二萬人。蘇子收其餘兵，以守陽城❺，而報於閔王曰：「王過舉，令臣應燕。今軍敗亡二萬人，臣有斧質❻之罪，請自歸於吏❼以戮。」閔王曰：「此寡人之過也，子無以為罪。」

【章　旨】蘇代第一次騙取了齊湣王的信任，率齊軍抵抗燕軍，大敗於晉下。

【注　釋】❶令人　主語是蘇代。❷古塞　即故地，指在燕王噲時失去的土地。塞，古「地」字。❸振　救。❹甲首　戰士的首級。❺陽城　在今河北完縣東南。❻斧質　殺人的刑具。質，通「鑕」。即砧。古代腰斬罪人，先讓罪人伏在砧上，再用斧斫殺。❼吏　指執法官。

【語　譯】蘇代派人去對齊湣王說：「燕國進攻齊國，是想收復過去的失地。燕國的軍隊留在晉地而不前進，這是因為兵力弱而拿不定主意啊。大王為什麼不派蘇代率領部隊去迎戰燕軍呢？憑藉蘇代的賢能，率領部隊去迎戰衰弱的燕軍，燕軍被打敗就是必然的事了。燕國被打敗了，那麼趙國就不敢不聽話，這樣大王就打敗了燕國，又征服了趙國啊。」齊湣王說：「說得好。」於是對蘇代說：「燕軍在晉地，現在寡人派出軍隊去應戰，希望你替寡人去做他們的將領。」蘇代回答說：「我對用兵的事，怎麼能夠擔當得起，大王還是另選別人。大王派我去，這是要葬送你的部隊而把我送給燕國啊。打不贏，就不可挽救了呀。」齊湣王說：「去罷，寡人了解你了。」蘇代於是做了將領，和燕國人在晉地開戰。齊軍打了敗仗，燕國得到了齊國戰士的首級兩萬顆。蘇代收集殘餘部隊，守在陽城，向齊湣王報告說：「大王選錯了人，派我去應戰燕軍。現在齊軍打了敗仗，損失兩萬人，我犯有該當腰斬的罪行，請讓我自己到執法官那裡去受死刑。」齊湣王說：「這是寡人的錯誤，你不要認為犯了罪。」

明日又使燕攻陽城及狸❶。又使人謂閔王曰：「日者齊不勝於晉下，此非兵之過，齊不幸而燕有天幸也。今燕又攻陽城及狸，是以天幸自為功也。王復使蘇子應之，蘇子先敗王之兵，其後必務以勝報王矣。」王曰：「善。」乃復使蘇子，蘇子固辭，王不聽。遂將以與燕戰於陽城。燕人大勝，得首三萬。齊君臣不親，百姓離心。燕因使樂毅❷大起兵伐齊，破之。

【章　旨】蘇代第二次騙取了齊湣王的信任，再率領齊軍抵抗燕軍，又大敗於陽城。

【注　釋】❶狸　據《史記·趙世家》，悼襄王九年（西元前二三六年）「趙攻燕，取貍、陽城」，可見狸是燕地。這裡說燕攻陽城及狸，也許是燕王噲時陽城及狸已被齊占領的緣故。❷樂毅　燕國的上將軍。

【語　譯】第二天蘇代又讓燕國進攻陽城及狸。又派人對齊湣王說：「日前齊國在趙地打了敗仗，這不是用兵的過錯，而是齊國不幸，而燕國有老天爺的幫助啊。現在燕國又進攻陽城和狸，是貪天之功，想占為己有啊。大王再派蘇代去應戰，蘇代先前讓大王的部隊打了敗仗，以後必定會努力用打勝仗來報答大王了。」齊湣王說：「說得好。」於是再派蘇代去做將領，蘇代堅決推辭，齊湣王不聽。蘇代率領部隊到陽城和燕軍作戰。燕國人打了大勝仗，取得了齊軍的首級三萬顆。齊國君臣因而不團結，百姓的心也都散了。燕國於是派樂毅起兵大事進攻齊國，打敗了齊國。

蘇代自齊獻書於燕王

【題　解】蘇代在齊國，燕昭王派慶去向他傳令要另外派人接替他，蘇代便滿懷委屈地寫了這封信給燕昭王。稱他離開燕國時就曾上書昭王，預見到國內將有人要說他的壞話，昭王也曾經向他表示不信讒言。他在齊國五年，齊國一直相信燕國，現在燕國卻要進攻齊國，又要撤換他，他只想見到一次昭王就心滿意足了。帛書和本篇的內容大多相同，但是各小段的排列次序有出入，有的文字，帛書有而本篇沒有，而且帛書中還出現了「臣秦拜辭事」的話，因此有人懷疑這是蘇秦給燕昭王書的殘篇。

蘇代自齊獻書於燕王曰：「臣之行也，固知將有口事❶，故獻御書❷而行，曰：『臣貴於齊，燕大夫將不信臣；臣賤，將輕臣；臣用，將多望❸於臣；齊有不善，將歸罪於臣；天下不攻齊，將曰善為齊謀；天下攻齊，將與齊兼鄮❹臣。臣之所重❺處重卯❻也。』王謂臣曰：『吾必不聽眾口與讒言，吾信汝也，猶剗者❼也。上可以得用於齊，次可以得信於下，苟無死，女無不為也，以❽女自信可也。與之言曰❾去燕之齊可也，期於成事而已。』臣受令以任齊及❿五年，齊數出兵，未嘗謀燕。齊、趙之交，一合一離。燕王⓫不與齊謀趙，則與趙謀齊。齊之信燕也，至於虛北埊⓬行其兵⓭。今王信田伐與參、去疾⓮之言，且攻齊，使齊犬馬駿而不言燕⑮。今王又使慶⑯令臣曰：『吾欲用所善。』王苟欲用之⑰，則臣請為王事之；王欲醳⑱臣剸⑲任所善，則臣請歸醳事。臣苟得見，則盈願。」

【注　釋】❶口事　指有人進讒言。❷御書　奏書。❸望　責備。❹鄮　鮑彪本作「貿」，出賣。帛書作「棄」，亦通。❺重　據帛書當是衍文，宜刪去。❻重卯　依帛書當作「重卵」，猶「累卵」。❼剗刈者　吳師道《補正》謂即「剗刈」，斬斷果決之意。帛書只作一「齕」字。❽以　由。❾與之言曰　當依帛書作「與言」。連下讀，刪去「之」、「曰」二字。❿及　依帛書當作「交」，連上讀。⓫王　依帛書，「王」字當是衍文，宜刪去。⓬虛北塞　即虛北地，意為在齊國北邊不設防。齊國北邊靠近燕國，這是信任燕國的表示。塞，古「地」字。⓭行其兵　指將部隊調往別處。⓮田伐與參去疾　鮑彪注說是三個讒害蘇代的人。帛書作「田代繰去疾」，馬王堆漢墓帛書整理小組注作兩人處理，說「繰去疾，人名，燕臣」。譯文暫用鮑彪注。⓯使齊犬馬駿而不言燕　此句舊注多未解通，當依帛書作「使齊大戒而不信燕」。戒，戒備。⓰慶　燕臣。⓱王苟欲用之　依帛書作「王苟有所善而欲用之」。⓲醳　通「釋」。解除職務。⓳剸　專。

【語　譯】蘇代從齊國寫信給燕王說：「我走的時候，本來就知道將有人進讒言，所以上書以後才走，我書中說：『我在齊國受到重用，燕國的大夫就將不信任我；我地位低賤，就將輕視我；我被任用，就將多多責備我；齊國如有對燕國不好的地方，就將歸罪於我；天下諸侯不進攻齊國，就將說我善於為齊國謀劃；天下諸侯進攻齊國，就將和齊國一起出賣我。我的處境就像堆起來的蛋一樣危險啊。』大王告訴我說：『我一定不會聽信那些流言蜚語和讒言，我相信你，就好像斬釘截鐵似的堅決。你在齊國，上策是可以得到齊國的重用，其次是可以得到他們的信任，如果沒有被處死，你什麼事都可以做，由你自己作主就行啊。即使說要離開燕國前往齊國也可以，只指望把事辦成就行了。』我接受你的命令在齊國擔任外交工作五年，齊國多次出兵，沒有一次圖謀過燕國。齊國和趙國的邦交，一會兒聯合，一會兒又分開。燕國不和齊國圖謀趙國，就和趙國圖謀齊國。而齊國相信燕國，竟到了北部不設防而將部隊調往別處的地步。現在大王相信田伐、參、去疾的話，將要進攻齊國，使得齊國大力加強戒備而不相信燕國。現在大王又派慶來給我傳令說：『我想用我認為好的人。』大王如果有認為好的人而想用他，那麼就請允許我侍奉他；大王如果想解除我的職務而專用你所認為好的人，我就請求回到齊國解除職務。我如果能夠見到你，就心滿意足了。」

陳翠合齊燕

【題　解】陳翠為了使燕、齊聯盟，勸燕太后將公子送到齊國去當人質。談話的內容，和〈趙策四〉記載的觸龍說趙太后幾乎沒有差別。話不同而意思相同，很像是〈趙策〉的仿製品。

陳翠❶合齊、燕，將令燕王之弟為質於齊，燕王許諾。太后聞之，大怒曰：「陳公不能為人之國，亦則❷已矣，焉有離人子母者？老婦欲得志❸焉。」陳翠欲見太后，王曰：「太后方怒子，子其待之。」陳翠曰：「無害也。」遂入見太后曰：「何臞❹也？」太后曰：「賴得先王鴈鶩之餘食，不宜臞；臞者，憂公子之且為質於齊也。」陳翠曰：「人主❺之愛子也，不如布衣之甚也。非徒不愛子❻也，又不愛丈夫子❼獨甚。」太后曰：「何也？」對曰：「太后嫁女諸侯，奉以千金，齎地百里，以為人之終❽也。今王願封公子，百官持職，群臣效忠，曰：『公子無功不當封。』今王之以公子為質也，且以為公子功而封之也，太后弗聽，臣是以知人主之不愛丈夫子獨甚也。且太后與王幸而在，故公子貴；太后千秋之後，王棄國家，而太子即位，公子賤於布衣。故非及太后與王封公子，則公子終身不封矣！」太后曰：「老婦不知長者之計。」乃命公子束車制衣為行具。

【注釋】❶陳翠　疑是燕臣。❷亦則　鮑彪本作「則亦」。❸得志　逞其所欲，言外之意是要發洩心中的憤怒。❹臞　瘦。❺人主　人君。在這裡是指燕太后。❻子　兒女。❼丈夫子　兒子。❽終　終身大事。

【語譯】陳翠為了使齊國和燕國聯盟，將讓燕王的弟弟到齊國去做人質，燕王答應了。太后知道了這件事，大怒說：「陳公不能治理人家的國家，也就算了，哪裡有使人家母子分離的事？老婦一定要出那一肚子氣。」陳翠想去拜見太后，燕王說：「太后正生你的氣，你還是等等吧。」陳翠說：「沒有關係。」於是進去拜見太后，說：「怎麼那樣瘦呀？」太后說：「虧得依靠先王的雁和鴨子留下的食物，本不應瘦；所以瘦的原因，是擔心公子將要到齊國去做人質啊。」陳翠說：「太后愛子女，比不上平民百姓愛得厲害啊。不僅不愛子女，又特別是很不愛兒子。」太后說：「怎麼說的呢？」陳翠回答說：「太后將女兒嫁給諸侯，送給她千金，還給一百里土地，以為這是一個人的終身大事。現在燕王願意讓公子受封，可是百官堅守職責，群臣效忠，說：『公子沒有功勞，不應當受封。』現在大王用公子去做人質，將因為公子有功於國而封賞他，可是太后不同意他去做人質，我因此知道特別是太后很不愛兒子啊。況且太后和大王幸虧還健在，所以公子尊貴；太后去世以後，大王也丟下了國家，離開了人世，太子即位做了君主，公子就比平民百姓還要低賤。所以不趁太后和大王在世的時候讓公子受封，那麼公子就終身不會受封了。」太后說：「老婦不知道你老人家的一片心。」於是讓公子叫人套好車，做好衣服，準備好行裝。

燕昭王且與天下伐齊

【題解】燕昭王一面與天下諸侯伐齊，一面又要齊國在燕國做官的人反對他伐齊，以便為以後與齊國重新和好留條後路。這既反映了當時的諸侯國時離時合、離合無常的現狀，同時也顯示出了燕昭王的矛盾心情。

燕昭王且與天下伐齊❶，而有齊人仕於燕者，昭王召而謂之曰：「寡人且與天下伐齊，旦暮出令矣。子必爭之，爭之而不聽，子因去而之齊。寡人有時復合和也❷，且以因子而事齊。」當此之時也，燕、齊不兩立，然而常獨欲有復收❸之之志若此也。

【注釋】❶燕昭王且與天下伐齊　據《史記・燕召公世家》，昭王二十八年（西元前二八四年）燕以樂毅為上將軍，與秦、楚、韓、魏合謀伐齊。❷復合和也　再聯合講和。鮑彪本無「和也」二字。❸收　合。

【語譯】燕昭王將和天下諸侯進攻齊國，有個齊國人在燕國做官，昭王把他叫來，對他說：「寡人將和天下諸侯進攻齊國，早晚就要發出命令了。你一定要為這件事和我爭辯，爭辯了我卻不聽你的意見，你於是離開燕國回到齊國去。寡人有一天可能再與齊國聯合講和，就將通過你去侍奉齊國。」當這個時候，燕國和齊國勢不兩立，可是還偏偏有這種再與齊國和好的想法。

燕饑趙將伐之

【題解】燕國鬧饑荒，趙國便想趁機進攻燕國。趙恢勸楚國的使者去遊說趙王，要求趙國不要進攻燕國，以免秦國趁機進攻趙國的西部，而稱霸於諸侯。

燕饑，趙將伐之。楚使將軍之燕❶，過魏，見趙恢❷。趙恢曰：「使除❸患無至，易於救患。伍子胥❹、宮之奇❺不用，燭之武❻、張孟談❼受大賞。是故謀者皆從事於除患之道❽，而先❾使除❿患無至者。今予⓫以百金送公⓬也，不如以言。公聽吾言而說趙王⓭曰：『昔者吳伐齊⓮，為其饑也，伐齊未必勝也，而弱越⓯乘其弊以霸。今王之伐燕也，亦為其饑也，伐之未必勝，而強秦將以兵承⓰王之西，是使弱趙居強吳之處，而使強秦處弱越之所⓱以霸也。願王之熟計之也。』」使者乃以說趙王，趙王大悅，乃止。燕昭王聞之，乃封之⓲以地。

【注　釋】❶之燕　前往燕國。細審下文，楚國派出將軍出使燕國，當是為了救燕之患。❷趙恢　事跡不詳，據本文當是助燕者。❸除　疑「除」字因下文「除患之道」而衍。❹伍子胥　名員，春秋楚國人，因父親伍奢被殺而投奔吳國，佐吳王闔廬伐楚。闔廬死後，吳王夫差大敗越王句踐，伍子胥主張吳國及時消滅越國，不要與句踐講和，也不要去進攻齊國，否則將被越國所亡。夫差不但不聽伍子胥的忠諫，反而賜劍讓伍子胥自殺。結果句踐果然滅了吳國。❺宮之奇　虞國的大夫，春秋時人。晉獻公向虞國借路去進攻虢國，虞國準備同意，宮之奇認為虞國和虢國是唇齒相依，唇亡齒寒，晉國滅了虢國就要滅虞國，虞國的君主不聽他的忠告，結果虞國真的被晉國所滅。❻燭之武　春秋時鄭國的大夫。晉文公和秦穆公聯合起來圍攻鄭國，情況危急，燭之武夜逃出城，遊說秦穆公，分析圍鄭的利害得失，離間秦、晉關係，使得秦穆公和鄭國結盟，給鄭國解了圍。❼張孟談　春秋末年晉卿趙襄子的謀士。晉卿智伯脅迫韓康子、魏桓子攻趙，圍晉陽，形勢危急，張孟談逃出城，聯合韓、魏，內外夾攻，消滅了智伯。❽道　方法。❾先　據鮑彪本當作「無」。❿除　疑是衍文。⓫予　鮑彪本作「與」，與其的意思。⓬公　指楚使。⓭趙王　指趙惠文王。⓮吳伐齊　指吳王夫差伐齊。參見前注。⓯弱越　當時越國被吳國大敗，俯首稱臣，句踐棲居在會稽山上，故稱弱越。⓰承　趁機進攻。⓱所　處。⓲之　指代趙恢。

【語　譯】燕國鬧饑荒，趙國將要進攻燕國。楚國派遣一名將軍到燕國去，經過魏國，見到了趙恢。趙恢說：「使禍患不要到來，比起有了禍患以後再去救援要容易。可是伍子胥、宮之奇防患於未然的建議不被採用，燭之武、張孟談消除了禍患卻受大賞。因此那些出謀劃策的人都想設法去消除禍患，卻沒有人設法去防患於未然。現在與其用一百金送給你，不如用幾句話送你。你聽從我的話去勸說趙王道：『過去吳王夫差進攻齊國，是因為齊國鬧饑荒，進攻齊國不一定能勝利，而弱小的越國卻趁吳國疲憊稱了霸。現在大王要去進攻燕國，也是因為燕國鬧饑荒，進攻它也不一定能勝利，而強大的秦國將趁機用兵進攻大王的西部，這就使得你那個弱小的趙國處於強大的吳國的地位，而且使得強大的秦國處於弱小的越國的地位而成為霸主啊。希望大王仔細考慮這件事。』」楚國的使者於是用這些話去勸說趙王，趙王很高興，就停止進攻燕國。燕昭王知道了這件事，就用土地封賞趙恢。

昌國君樂毅為燕昭王合五國之兵而攻齊

【題　解】這篇文章分兩大部分，第一部分是說明樂毅報燕惠王書產生的背景，第二部分是這封書的全文。這封書說到了他如何結交燕昭王、替燕國打敗齊國、燕昭王的功業法令可以傳於後世以及他逃走的原因、回信的動機等，似乎結構不夠嚴謹，其實只要細心讀讀惠王派使者對他說的那段話，就可看出他處處在回答惠王對他的責備，說明「先王（燕昭王）之所以畜幸臣之理」，和「臣之所以事先王之心」，以表明自己的心曲的。

昌國君❶樂毅為燕昭王合五國❷之兵而攻齊，下七十餘城，盡郡縣之以屬燕。三城❸未下，而燕昭王死。惠王即位，用齊人反間❹，疑樂毅，而使騎劫❺代之將。

樂毅奔趙，趙封以為望諸君❻。齊田單❼欺詐騎劫❽，卒敗燕軍，復收七十城以復齊。燕王悔，懼趙用樂毅承❾燕之弊以伐燕。燕王乃使人讓❿樂毅，且謝之曰：「先王舉國而委將軍，將軍為燕破齊，報先王之讎，天下莫不振動，寡人豈敢一日而忘將軍之功哉！會先王棄群臣⓫，寡人新即位，左右誤寡人。寡人之使騎劫代將軍者⓬，為將軍久暴露於外，故召將軍且休計事。將軍過聽，以與寡人有郄⓭，遂捐燕而歸趙。將軍自為計則可矣，而亦何以報先王之所以遇將軍之意乎？」望諸君乃使人獻書報燕王曰：

【章旨】交代樂毅給燕惠王回信的背景。

【注釋】❶昌國君　樂毅破齊後，燕昭王將他封在昌國（在今山東淄川東北），號為昌國君。❷五國　趙、楚、韓、魏、燕五國。❸三城　指聊、即墨、莒三城。❹用齊人反間　指燕惠王相信齊將田單的反間之計。反間，用間諜在敵人內部進行離間。據《史記・樂毅列傳》記載，田單聽說樂毅和燕惠王有矛盾，就派人去行反間之計，說齊國之所以還有兩城沒有被樂毅攻下，是因為樂毅和新即位的燕王不和，想留在齊國，南面稱王。❺騎劫　燕將。❻望諸君　《史記・樂毅列傳》說趙國將樂毅封在觀津，號曰望諸君，可見望諸不是樂毅的封地。觀津，趙邑，在今河北武邑東南。望諸，齊澤名，又叫孟諸，在今河南睢縣與山東菏澤之間。❼田單　齊將。❽欺詐騎劫　田單在即墨被圍，公開說怕騎劫會割掉被俘齊卒的鼻子，挖掉齊人城外的墳墓，愚蠢的騎劫果然割齊卒的鼻子，挖齊人的墳墓，以致引起即墨人的憤怒。田單便藉此機會，用火牛陣大敗燕軍。❾承　趁。❿讓　責備。⓫棄群臣　即去世。⓬者　據《史記・樂毅列傳》及鮑彪本「者」字當刪去。⓭郄　據《史記・樂毅列傳》及鮑彪本當作「隙」，不和；有矛盾。

【語　譯】昌國君樂毅替燕昭王聯合五國的軍隊去進攻齊國，攻下七十多座城，全部建立郡縣，歸屬燕國。有三座城還沒有攻下，燕昭王就死掉了。燕惠王即位做了君主，聽信了齊國人的反間之計，懷疑樂毅，派騎劫去代替他做將領。樂毅便投奔趙國，趙國封他為望諸君。齊國的田單欺騙了騎劫，終於打敗了燕國的軍隊，收復七十座城，使它們復歸齊國管轄。燕惠王懊悔，害怕趙國用樂毅趁燕國疲困的機會來進攻燕國。燕惠王於是派人去責備樂毅，並且向他致歉說：「先王把國家交給將軍，將軍為燕國打敗了齊國，替先王報了仇，天下諸侯沒有一個不為之震驚，寡人哪裡敢有一天忘記將軍的功勞呢！碰上先王去世，寡人剛剛即位做君主，身邊的大臣誤了寡人的事。寡人使騎劫接替將軍，是因為將軍長期行軍在外，所以召回將軍暫時休息一下，商議國事。將軍錯聽信了謠言，以致和寡人有了隔閡，於是拋棄燕國歸向趙國。將軍替自己著想還可以，可是又怎麼樣報答先王用來對待將軍的一片誠心呢？」望諸君於是派人獻上書信回答燕惠王，說：

「臣不佞，不能奉承先王之教，以順左右之心，恐抵斧質❶之罪，以傷先王之明，而又害於足下❷之義，故遁逃奔趙。自負以不肖之罪，故不敢為辭說。今王使使者數之罪，臣恐侍御者❸之不察先王之所以畜幸❹臣之理，而又不白於臣之所以事先王之心，故敢以書對。

【章　旨】說明自己逃走的緣由以及回信的原因。

【注　釋】❶斧質　腰斬人的刑具。質，通「鑕」。即砧。❷足下　稱呼燕惠王。燕惠王如果殺了無罪的樂毅便是不義。❸侍御者　侍奉君主的人，在這裡實際上是稱呼燕惠王，與「左右」、「執事」的用法相同。❹畜幸　畜養與寵幸。

【語　譯】「我不才，不能遵守先王的教導，順從左右大臣的心願，擔心遭到腰斬的罪刑，而傷害先王的知人之明，同時又傷害了大王的高義，所以逃奔趙國。自己承受了不像話的罪名，所以也不敢去辯白。現在大王派使者來列舉我的罪狀，我擔心大王不明瞭先王所以畜養寵幸我的道理，而又不清楚我所以侍奉先王的心願，所以才敢用書信作出回答。

「臣聞賢聖之君，不以祿私其親，功多者授之；不以官隨其愛，能當之者處之。故察能而授官者，成功之君也；論行而結交者，立名之士也。臣以所學者觀之，先王之舉錯，有高世❶之心，故假節❷於魏王，而以身得察❸於燕。先王過舉，擢之乎賓客之中，而立之乎群臣之上，不謀於父兄，而使臣為亞卿❹。臣自以為奉令承教，可以幸無罪矣，故受命而不辭。

【章　旨】說明自己結交燕昭王的原委，回答燕惠王「先王舉國而委將軍」的提問。

【注　釋】❶高世　高出世人。《史記・樂毅列傳》作「高世主」，亦通。❷假節　充當使者。古代使者出行，要持節作為憑證，所以叫假節。《史記・樂毅列傳》說樂毅「為魏昭王使於燕」。❸得察　猶見知。《呂氏春秋・恃君》：「忠臣幸於得察。忠臣察則君道固矣。」高誘注：「察，知也。臣見知則盡忠以衛上，故君道安固不危殆也。」❹亞卿　職位次於正卿的官員。

【語　譯】「我聽說賢能聖明的君主，不把爵祿私自賜給他的親人，功勞多的人就給他；不將官位隨意給他喜愛的人，能擔任這個官職的就讓他擔任。所以考察臣子的才能才授給他官職的人，便是成功的君主；衡量品行以後才和他結交的人，方是建立名節的賢士。我用所學到的知識去觀察，先王的舉止措施，有高出世上一般君主的抱負，所以我持著符節充當魏昭王的使者，而親身得到燕國的瞭解賞識。先王錯用了我，從賓客之中將我提拔起來，位居在群臣之上，不同父兄商量，就讓我做了亞卿。我自己認為尊奉命令、承受教誨，就可以僥倖無罪了，所以才接受命令而不敢推辭。

「先王命之曰：『我有積怨深怒於齊❶，不量輕弱，而欲以齊為事。』臣對曰：『夫齊霸國之遺教❷也，而驟❸勝之遺事❹也，閑❺於兵甲，習於戰攻。王若欲攻之，則必舉❻天下而圖之。舉天下而圖之，莫徑於結趙矣。且又淮北、宋地，楚、魏之所同願❼也。趙若許約，楚、魏、宋盡力，四國攻之，齊可大破也。』先王曰：『善。』臣乃口受令，具❽符節❾，南使臣於趙。顧反命，起兵隨而攻齊。以天之道，先王之靈，河北之地，隨先王舉而有之於濟上❿。濟上之軍，奉令擊齊，大勝之。輕卒銳兵，長驅至國⓫。齊王⓬逃遁走莒⓭，僅以身免。珠玉財寶，車甲珍器，盡收入燕。大呂⓮陳於元英⓯，故鼎⓰反於曆室⓱，齊器設於寧臺⓲。薊丘⓳之植⓴，植於汶㉑皇㉒。自五伯㉓以來，功未有及先王者也。先王以為愜其志㉔，以臣為不頓命㉕，故裂地而封之㉖，使之得比乎小國諸侯。臣不佞，自以為奉令承教，可以幸無罪矣，故受命而弗辭。

【章　旨】回答燕惠王「將軍為燕破齊，報先王之讎」的提問。

【注　釋】❶積怨深怒於齊　因為在燕王噲時，齊國趁燕國內亂，曾攻入燕國，所以燕昭王對樂毅說：「有積怨深怒於齊。」

❷遺教　遺留下來的教訓。❸驟　再。❹遺事　遺留下來的事跡。❺閑　熟悉。❻舉　依《史記・樂毅列傳》當作「與」，下句同。❼願　《史記・樂毅列傳》作「欲」。鮑彪注：「楚欲得淮北，魏欲得宋，時皆屬齊。」❽具　準備。❾符節　使者的憑證。❿於濟上　疑是衍文。⓫國　國都，指齊都臨淄。樂毅與諸侯在濟西打敗齊軍後，獨自率領燕軍攻入齊都臨淄。⓬齊王　指齊湣王。⓭莒　在今山東莒縣。⓮大呂　齊鐘名。⓯元英　燕宮殿名。⓰故鼎　指燕國的舊鼎。燕王噲時，齊國攻入燕國，奪得燕鼎，遷入齊國，現在運回燕國。⓱曆室　燕宮殿名。⓲寧臺　燕臺名。⓳薊丘　燕國的都城在薊，薊丘在今北京市德勝門外。⓴植　指所植之作物。㉑汶　水名，即汶河，在今山東境內。㉒皇　據《史記・樂毅列傳》及鮑彪本當作「篁」，竹林。㉓五伯　五霸。㉔慊其志　快其心志；滿意。㉕頓命　壞命；破壞他的伐齊之命。㉖裂地而封之　樂毅伐齊勝利後，燕昭王將昌國封給他，號為昌國君。

【語　譯】「先王命令我說：『我對齊國有積怨深怒，自不量力，而想把進攻齊國作為自己的大事。』我回答說：『齊國具有霸主國遺留下來的教訓，一再戰勝他國的功業，熟悉軍事，習慣於作戰進攻。大王如果想進攻它，就一定要聯合天下諸侯一起去圖謀它。聯合天下諸侯一起去圖謀它，就沒有別的辦法比和趙國聯合更為直截了當了。而且齊國又占有淮北和宋地，這是楚國、魏國共同想得到的地方啊。趙國如果同意結盟，楚國、魏國、宋國盡力，四國一起去進攻齊國，就可以大敗齊國啊。』先王說：『講得好。』我於是接受了先王親口下達的命令，準備好了符節，往南邊出使到趙國。回來向先王作了報告，隨即就起兵進攻齊國。憑藉老天爺的幫助、先王的神靈，黃河以北的地方，隨即就被先王攻下而占有了它。濟河邊上的部隊，奉命攻擊齊國，打了大的勝仗。輕便的士卒、精銳的部隊，長驅直入，到了齊國的都城臨淄。齊湣王逃到了莒，僅他自身倖免於死。珠玉財寶，車輛鎧甲和珍貴的器物，全部收集起來運進燕國。大呂鐘陳列在元英宮，燕國的舊鼎回到了曆室，齊國的器物陳設在寧臺。薊丘所種的作物，種到了齊國汶水岸邊的竹林裡。自從春秋五霸以來，沒有誰的功業趕得上先王啊。先王認為心意滿足，覺得我完成了他的使命，所以分封了一塊土地給我，使得我能夠等同於一個小國諸侯。我不才，自認為尊奉命令、承受教誨，就可以僥倖沒有罪過了，所以便接受命令而沒有推辭。

「臣聞賢明之君，功立而不廢，故著於春秋；蚤知❶之士，名成而不毀，故稱於後世。若先王之報怨雪恥，夷萬乘之強國，收八百歲之蓄積❷，及至棄群臣之日，餘令詔後嗣❸之遺義，執政任事之臣，所以能循法令，順庶孽❹者，施及萌隸❺，皆可以教於後世。

【章　旨】說明燕昭王的功業、法令可以垂教於後世，這是回答燕惠王「寡人豈敢一日而忘將軍之功哉」的話，委婉說明自己不敢貪燕昭王之功以為己有。

【注　釋】❶蚤知　即早知，意為先見。❷八百歲之蓄積　指齊國八百年的積蓄。周武王伐紂成功以後，將姜子牙封到齊營丘，建立齊國，到樂毅聯合五國攻秦，共約八百年左右。❸後嗣　後來繼位的君主。❹庶孽　即庶子。妾所生的兒子。古代規定君主去世，由嫡長子繼位為君主，但是新立的君主，往往擔心庶子作亂，昭王的遺教可使庶子順從。❺萌隸　老百姓。

【語　譯】「我聽說賢能英明的君主，建立了功業就不能讓它毀棄，所以將它記載在史冊上；有先見之明的賢士，成就了功名就不能讓它毀掉，所以能讓後世稱頌。像先王那樣報仇雪恥，夷平了能出萬輛兵車的強國，沒收了它八百年以來積蓄起來的財寶，到拋棄群臣離開人世的時候，還遺詔昭告後世繼位的君主，留下高義，使執政辦事的大臣，能遵守法令，讓庶子順服而不作亂，恩德施行到百姓之中，這些都是可以垂教於後世的。

「臣聞善作者，不必善成；善始者，不必善終。昔者五子胥❶說聽乎闔閭❷，故吳王遠迹至於郢❸；夫差❹弗是也，賜之鴟夷❺而浮之江。故吳王夫差不悟先論之可以立功，故沉子胥而不悔；子胥不蚤見主之不同量❻，故入江而不改❼。夫免身全功，以明先王之迹者，臣之上計也；離❽毀辱之非，墮❾先王之名者，臣之所大恐也；臨不測之罪，以幸為利❿者，義之所不敢出也。

【章　旨】以伍子胥被吳王闔廬所用卻被吳王夫差所殺為例，說明自己出逃的原因是保身全功，以免玷汙先王，而不敢為自己謀利，回答了燕惠王「將軍過聽，以與寡人有郤，遂捐燕而歸趙」的提問，並消除他害怕樂毅助趙攻燕的疑心。

【注　釋】❶五子胥　即伍子胥。❷闔閭　吳王闔廬。❸至於郢　指攻入楚都郢。暗示燕昭王用樂毅而攻入了齊都臨淄。❹夫差　吳王夫差。是闔廬的兒子。❺鴟夷　鴟夷革，是種革製成的囊，因為製得像鴟形，所以叫鴟夷。吳王夫差不聽伍子胥的諫諍，賜劍讓伍子胥自殺，又將其屍體裝入鴟夷革，浮之江中。樂毅用這個典故暗示知道燕惠王要殺他。❻量　度量；氣量。❼不改　不改初衷，死了還認為自己諫夫差是對的。❽離　通「罹」。遭受。❾墮　同「隳」。毀壞。❿為利　指為了自己而助趙攻燕。

【語　譯】「我聽說善於開創的人，不一定善於把事辦成功；有好開始的人，不一定有好的結局。過去伍子胥的勸說，吳王闔廬聽進去了，所以吳王闔廬遠途跋涉攻進了郢都；吳王夫差卻不是這個樣子，殺了伍子胥，給了伍子胥一個革囊，裝上伍子胥的屍體投入江中。吳王夫差不懂得伍子胥先前的言論可以助他建立功業，所以將伍子胥沉入江中而不後悔；伍子胥不能趁早看出闔廬和夫差的度量不同，所以被拋進江裡還不改初衷。避免殺身之禍，保全功名，以求發揚光大先王的業績，這是我的上策；遭受毀謗侮辱的非難，毀壞先王的名聲，這是我最害怕的事；面臨不可預測的罪過，去僥倖求利，從道義上說我是不敢做出這樣的事的。

「臣聞古之君子，交絕不出惡聲；忠臣之去也，不潔其名。臣雖不佞，數奉教於君子矣。恐侍御者❶之親左右之說，而不察疏遠之行也，故敢以書報，唯君之留意焉。」

【章　旨】說明擔心燕惠王誤解自己離開燕國去趙國的用心，才敢寫這封回信。

【注　釋】❶侍御者　實際是稱呼燕惠王，見前注。

【語　譯】「我聽說古代的君子，絕交的時候，不說難聽的話；忠臣離開的時候，不洗刷自己不清白的名聲。我雖然無才無德，也曾多次接受君子的教導。只是擔心大王親信左右大臣的流言蜚語，而不瞭解被疏遠的人的操行，所以才敢用書信作出答覆，希望你留意啊。」

或獻書燕王

【題　解】有人獻書燕王，為山東諸侯不能合縱如一而愁苦，主張它們聯合起來，互相援助，同舟共濟，建議燕國先和韓、趙、魏聯盟，防守韓、魏西部邊境，否則全都將被秦國所亡。

或獻書燕王：「王而❶不能自恃，不惡卑名以事強；事強可以令國安長久，萬世之善計。以事強而不可以為萬世，則不如合弱。將奈何合弱而不能如一，此臣之所為山東苦也。比目之魚❷，不相得則不能行，故古之人稱之，以其合兩而如一也。今山東合弱而不能如一，是山東之知不如魚也。又譬如車士之引車❸也，三人不能行，索❹二人，五人❺而車因行矣。今山東三國❻，弱而不能敵秦，索二國❼，因能勝秦矣。然而山東不知相索，智固不如車士矣。胡與越人，言語不相知，志意不相通，同舟而凌波，至其相救助如一也。今山東之相與也，如同舟而濟，秦之兵至，不能相救助如一，智又不如胡、越之人矣。三物❽者，人之所能為也，山東之主遂不悟，此臣之所為山東苦也，願大王之熟慮之也。山東相合，之❾主者不卑名，之國者可長存，之卒者出士以戍韓、梁之西邊，此燕之上計也。不急為此，國必危矣，主必大憂。今韓、梁❿、趙三國以⓫合矣，秦見三晉之堅也，必南伐楚。趙見秦之伐楚也，必北攻燕。物固有勢異而患同者。秦久伐韓，故中山亡⓬；今久伐楚，燕必亡。臣竊為王計，不如以兵南合三晉，約戍韓、梁之西邊。山東不能堅為此，此必皆亡。」燕果以兵南合三晉也。

【注釋】❶而　如。❷比目之魚　魚名，即鰈魚。相傳這種魚只有雙雙並列才能游動。比，並列。❸引車　拉車。❹索　求。❺五人　原來有三人，再增加兩人，就是五人。❻三國　指韓、趙、魏三國。❼二國　指燕國、楚國。❽物　事。❾之　此。❿梁　即魏，因都大梁，又稱梁。⓫以　通「已」。⓬中山亡　中山國被趙國所亡。

【語譯】有人上書給燕王說：「大王如果不能依靠自己的力量，就不要嫌棄低三下四去侍奉強國；侍奉強國可以使自己的國家長治久安，那就是造福萬世的良策。如果認為侍奉強國不能造福萬世，那就不如和弱小的國家聯合。無可奈何的是：聯合弱國卻不能團結一致，這就是我替山東諸侯愁苦的事啊。比目魚不雙雙並列就不能游動，所以古人這麼稱呼牠們，因為牠們兩條合在一起就像一條一樣啊。現在山東諸侯聯合弱國卻不能團結一致，這就說明山東諸侯的聰明比不上魚啊。又譬如車夫拉車，三個人拉不動，就再找兩個人，五個人一起拉，車子於是就拉動了。現在山東韓、趙、魏三國，力量弱，敵不過秦國，再聯合兩個國家就能戰勝秦國了。可是山東諸侯不知道互相聯合，它們的智慧就不如車夫了。北方人與南方人，語言不能相通，思想不能互相交流，同乘一條船在波濤上行進，到了他們互相救助的時候就團結得像是一個人一樣。現在山東諸侯互相在一起，就像同船過河一樣，可是當秦國的軍隊來到的時候，不能互相救援，團結得像一個國家一樣，智慧又比不上北方人和南方人了。這三件事，是人們所能做到的，山東各國的君主就是不覺悟，這是我替山東各國愁苦的原因，希望大王仔細考慮啊。山東各國互相聯合，這些君主的名聲不會降低，這些國家可以長久存在。這些國家派出士卒去防守韓國、魏國的西部邊疆，這是燕國的上策啊。不趕快辦好這件事，國家就必定危險了，而君主也就必定有大的憂患。現在韓、魏、趙三國已經聯合了，秦國看到韓、魏、趙三國堅固團結，就必定向南進攻楚國。趙國看到秦國去進攻楚國，必定向北進攻燕國。事情本來就有形勢不同而禍患相同的。過去秦國長期進攻韓國，所以中山國被趙國滅亡了；現在秦國長期進攻楚國，燕國就必定也會被趙國滅亡。我私自替大王著想，不如將部隊和南邊的韓、趙、魏三國聯合，約好防守韓國、魏國的西部邊疆。山東諸侯不能好好做到這一點，這就必定都要被秦國滅亡。」燕國果然將部隊和南邊的韓、趙、魏三國聯合。

客謂燕王

【題解】為使強大的齊國不進攻燕國，蘇代遊說齊湣王伐宋，以削弱齊國的力量，然後燕國再聯合諸侯伐齊。

客謂燕王曰：「齊南破楚，西屈秦，用韓、魏之兵，燕、趙之眾，猶鞭筴[1]

也。使齊北面伐燕，即雖五燕不能當。王何不陰出使，散游士，頓❷齊兵，弊其眾，使世世無患？」燕王曰：「假❸寡人五年，寡人得其志矣。」蘇子❹曰：「請假王十年。」燕王說，奉蘇子車五十乘，南使於齊。謂齊王曰：「齊南破楚，西屈秦，用韓、魏之兵，燕、趙之眾，猶鞭筴也。臣聞當世之舉❺王，必誅暴正亂，舉❻無道，攻不義。今宋王❼射天❽笞峚❾，鑄諸侯之象，使侍屏匽❿，展其臂，彈其鼻，此天下之無道不義，而王不伐，王名終不成。且夫宋，中國膏腴之地，鄰民之所處也，與其得百里於燕，不如得十里於宋。伐之，名則義，實則利，王何為弗為？」齊王曰：「善。」遂與⓫兵伐宋，三覆宋，宋遂舉⓬。燕王聞之，絕交於齊，率天下之兵以伐齊，大戰一，小戰再，頓齊國，成其名。故曰：因其強而強之，乃可折也；因其廣而廣之，乃可缺⓭也。

【注釋】❶筴　同「策」。❷頓　挫傷。❸假　給予。❹蘇子　指蘇代。一說指蘇秦。但據《史記・蘇秦列傳》，蘇秦早在燕王噲初年已去世，而且文中說到齊滅宋（西元前二八六年），燕國打敗齊國（西元前二八四年），都是蘇秦死後三、四十年的事，疑「蘇子」指蘇秦之說難以成立。❺舉　依王念孫《讀書雜志・戰國策第三》說當是衍文，《太平御覽・人事部》引此無「舉」字。❻舉　攻克。❼宋王　指宋君偃。❽射天　《史記・宋微子世家》說宋君偃「盛血以韋囊（皮袋），縣而射之，命曰『射天』」。❾笞峚　峚，古「地」字。笞地，不詳。❿屏匽　廁所。⓫與　依鮑彪本當作「興」。⓬宋遂舉　事在西元前二八六年。舉，攻克。⓭缺　損。

【語　譯】說客對燕昭王說：「齊國在南邊打敗了楚國，在西邊使得秦國屈服，驅用韓國、魏國的軍隊和燕國、趙國的民眾，就像用鞭子趕馬一樣啊。假使齊國向北進攻燕國，即使有五個燕國也抵擋不住。大王為什麼不暗中派出使者，讓那些遊士去遊說，挫傷齊國的軍隊，讓齊國的民眾疲困，使燕國世世代代沒有禍患呢？」燕昭王說：「給寡人五年時間，寡人就能稱心如願了。」蘇代說：「請允許給大王十年時間。」燕昭王高興，就送給蘇代車子五十輛，向南出使齊國。蘇代對齊湣王說：「齊國在南邊打敗了楚國，在西邊使得秦國屈服，驅用韓國、魏國的軍隊和燕國、趙國的民眾，就像用鞭子趕馬一樣啊。我聽說當代的君王，一定要誅伐暴虐，匡正紛亂，戰勝無道，進攻不義。現在宋國的君主偃，射擊皇天，鞭笞后土，鑄造諸侯的模型，讓它們守廁所，使它們張開雙臂站在那裡，還用彈丸射它們的鼻子，這是天下最『無道』和『不義』的行為，而大王不進攻他，大王就終究難以建立威名。再說宋國占有中原肥沃的土地，是你的邊民所處的地方，與其在燕國得到一百里的土地，不如在宋國得到十里的土地。進攻宋國，在名聲上是主持正義，實惠上則得到利益，大王為什麼不去進攻呢？」齊湣王說：「好。」於是起兵進攻宋國，三次打敗宋國，宋國於是就被滅掉了。燕昭王知道了，就向齊國絕交，率領天下諸侯的軍隊去進攻齊國，大戰一次，小戰兩次，打敗了齊國，成就了威名。所以說：因為它強大就讓它逞強，才可以打敗它；因為它想擴張土地就促使它擴張，才可以損害它。

趙且伐燕

【題　解】蘇代用鷸蚌相爭的寓言故事說服趙惠文王停止進攻燕國，以免秦國從中漁利。

趙且伐燕，蘇代為燕謂惠王❶曰：「今者臣來，過易水❷，蚌方出曝，而鷸❸啄其肉，蚌合而拑其喙❹。鷸曰：『今日不雨，明日不雨，即有死蚌。』蚌亦謂鷸曰：『今日不出，明日不出，即有死鷸。』兩者不肯相舍，漁者得而并禽❺之。今趙且伐燕，燕、趙久相支，以弊大眾，臣恐強秦之為漁父也，故願王之孰計之也。」惠王曰：「善。」乃止。

【注　釋】❶惠王　趙惠文王，名何，是趙武靈王的兒子。❷易水　在今河北易縣的南面。❸鷸　一種在水邊覓食的長嘴水鳥。❹喙　鳥嘴。❺禽　通「擒」。

【語　譯】趙國將要進攻燕國，蘇代為了燕國對趙惠文王說：「今天我來這裡的時候，經過易水，河蚌正出來曬太陽，而鷸鳥啄食牠的肉，河蚌就合起來夾住鷸鳥的嘴。鷸鳥說：『今天不下雨，明天不下雨，就會有隻死蚌。』河蚌也對鷸鳥說：『你的嘴今天不出，明天不出，就會有隻死鷸。』雙方互相都不肯放過對方，漁夫得到這個機會就一起把牠們都抓住了。現在趙國將要進攻燕國，燕國和趙國如果長期相持不下，以使大眾疲困，我擔心強大的秦國就要成為漁夫啊，所以希望大王仔細考慮進攻燕國這件事。」趙惠文王說：「說得好。」於是停止進攻燕國。

齊魏爭燕

【題　解】齊國和魏國都想爭取燕國，燕國不知道和哪一國聯合才好，蘇代告訴燕相國，要燕國和魏國聯合。

齊、魏爭燕。齊謂燕王曰：「吾得趙矣。」魏亦謂燕王曰：「吾得趙矣。」燕無以決之，而未有適予也。蘇子❶謂燕相曰：「臣聞辭卑而幣重者，失天下者也；辭倨而幣薄者，得天下者也。今魏之辭倨而幣薄。」燕因合於魏，得趙❷，齊遂北矣。

【注釋】❶蘇子　指蘇代。❷得趙　指燕國得到了趙國，即趙國成了燕國的盟國。魏國已經得到了趙國，現在燕國和魏國聯盟，燕國也就得到了趙國。

【語譯】齊國和魏國都在爭取燕國。齊國告訴燕王說：「我們已經和趙國聯盟了。」魏國也告訴燕王說：「我們已經和趙國聯盟了。」燕國無法作出決定，而沒有傾向性的看法。蘇代告訴燕相國說：「我聽說言辭謙卑而禮物重的國家，是會丟掉天下的國家；言辭傲慢而禮物輕的國家，是會得到天下的國家。現在魏國的言辭傲慢而禮物輕，是可以和它聯盟的。」燕國因而和魏國聯合，又與趙國結盟，齊國於是就被打敗了。

卷三一 燕策三

齊韓魏共攻燕

【題解】本篇記敘了楚將景陽救燕事，通過轉移駐地，離間齊、魏等行動，顯示出他傑出的軍事才能。

齊、韓、魏共攻燕，燕使太子請救於楚。楚王使景陽❶將而救之。暮舍，使左、右司馬❷各營壁❸地。已，植表❹。景陽怒曰：「女所營者，水皆❺至滅表。此焉可以舍！」乃令徙。明日大雨，山水大出，所營者，水皆滅表。軍吏乃服。於是遂不救燕，而攻魏雝丘❻，取之以與宋。三國懼，乃罷兵。魏軍其西，齊軍其東，楚軍欲還不可得也。景陽乃開西和門❼，晝以車騎，暮以燭見❽，通使於魏。齊師怪之，以為燕、楚與魏謀之，乃引兵而去。齊兵已去，魏失其與國，無與共擊楚，乃夜遁。楚師乃還。

【注　釋】❶景陽　楚將。❷左右司馬　楚國的中級武官名。❸壁　營壘。❹稙表　鮑彪本作「植表」，樹立標誌。❺皆　依金正煒《補釋》當作「比」，及。❻雝丘　即雍丘，在今河南杞縣。❼西和門　西邊的軍門。軍門叫和。❽見　依鮑彪本疑是衍文，當刪去。

【語　譯】齊國、韓國、魏國一起進攻燕國，燕國派太子去楚國求救。楚王派景陽率領部隊去援救燕國。晚上宿營，景陽派左、右司馬各自去建造營壘。建造完畢，樹立標誌。景陽發怒說：「你們所建的營壘，水來了，標誌都要被淹沒。這怎麼能夠宿營！」於是下令轉移營地。第二天，下大雨，山洪暴發，沖向原來的營房，洪水將標誌都淹沒了。軍官們到這時才佩服他的遠見。於是景陽就不去援救燕國，而去進攻魏國的雍丘，奪取了雍丘就將它給了宋國。齊、韓、魏三國害怕，就停止了進攻。魏軍駐守在楚軍的西邊，齊軍駐守在楚軍的東邊，楚軍想往回撤也不可能。景陽便打開西邊的軍門，白天用車馬往來，晚上用燭火照明，顯示出和魏國通使的樣子。齊軍覺得奇怪，認為燕國、楚國和魏國在謀算齊國，就退兵走了。齊軍已經離去，魏國便失去了它的盟國，就沒有人和它一起去攻擊楚國，於是在當晚就逃走了。楚軍這才撤回去。

張丑為質於燕

【題　解】本篇記載了張丑威脅燕國的守邊官員放他出關的事，與《韓非子·說林上》記載的伍子胥對楚國的守邊人員說的話意思相同，只是後者的記載簡略些而已。

張丑❶為質於燕，燕王欲殺之，走，且出境，境吏得丑。丑曰：「燕王所為將殺我者，人有言我有寶珠也，王欲得之。今我已亡之矣，而燕王不我信。今子且致我，我且言子之奪我珠而吞之，燕王必當殺子，刳子腹及子之腸矣。夫欲得之君，不可說以利。吾要❷且死❸，子腸亦且寸絕。」境吏恐而赦之。

【注釋】❶張丑 齊臣。❷要 同「腰」。與下句「腸」相對。❸死 疑為「斷」字之誤，與下句「絕」字相對。

【語譯】張丑在燕國做人質，燕王想殺掉他，他便逃跑，將要出境的時候，守邊官吏抓住了他。張丑說：「燕王所以將要殺掉我的原因，是有人說我有寶珠，燕王想得到它。現在我已經丟失了這顆寶珠，燕王卻不相信我的話。現在你將把我送回去，我將說是你搶奪了我的寶珠，將它吞到肚子裡去了，燕王就一定會殺掉你，剖開你的肚子和腸子來找寶珠。想得到寶珠的君主，不可以同他談得利的事。我的腰將要斷了，你的腸子也將砍成一寸一寸的。」守邊的官吏害怕起來，就將他放了。

燕王喜使栗腹以百金為趙孝成王壽

【題解】樂間因為燕王喜不聽他的勸告而去進攻趙國，便離開燕國，投奔趙國。燕王喜給他寫信，承認自己犯了錯誤，並且告訴樂間離開燕國，一舉兩失，於人於己都沒有好處，勸他回到燕國來。《新序・雜事三》也載有這封信，說是燕惠王寫給樂毅的，可備一說。

燕王喜❶使栗腹❷以百金為趙孝成王❸壽，酒三日，反報曰：「趙民其壯者皆死於長平❹，其孤未壯，可伐也。」王乃召昌國君樂間❺而問曰：「何如？」對曰：「趙，四達之國也，其民皆習於兵，不可與戰。」王曰：「吾以倍攻之，可乎？」曰：「不可。」曰：「以三，可乎？」曰：「不可。」王大怒。左右皆以為趙可伐，遽起六十萬以攻趙。令栗腹以四十萬攻鄗❻，使慶秦❼以二十萬攻代❽。趙使廉頗❾以八萬遇栗腹於鄗，使樂乘❿以五萬遇慶秦於代。燕人大敗。樂間入趙，燕王以書且謝焉，曰：

【章旨】交代燕王喜致書樂間的背景。

【注釋】❶燕王喜　燕孝王的兒子。❷栗腹　燕相。❸趙孝成王　趙惠文王的兒子。❹長平　趙邑，在今山西高平西北。趙孝成王六年（西元前二六〇年）秦將白起在長平大敗趙軍，坑殺趙卒四十五萬。❺樂間　樂毅的兒子。樂毅投奔趙國後，燕惠王又讓樂間繼任昌國君。❻鄗　趙地，在今河北柏鄉北。❼慶秦　燕將。《史記・燕召公世家》、〈趙世家〉作「卿秦」。❽代　趙地，在今河北蔚縣一帶。燕國進攻趙國，在燕王喜四年（西元前二五一年）。❾廉頗　趙將。❿樂乘　樂間的同宗，是趙將。樂間的父親樂毅也是從趙國來到燕國的。

【語譯】燕王喜派相國栗腹用一百金作為禮物為趙孝成王祝壽，舉行酒宴三天，栗腹回來報告說：「趙國的民眾，身體強壯的都在長平之戰中死掉了，留下的孤兒還沒有長大，可以去攻打它。」燕王喜便召見昌國君樂間，問他說：「怎麼樣？」樂間回答說：「趙國是個四通八達的國家，它的民眾都熟悉軍事，不能和它作戰。」燕王喜說：「我用加倍的軍隊去進攻它，行嗎？」樂間說：「不行。」燕王喜說：「用三倍行嗎？」樂間說：「不行。」燕王喜大為惱火。左右大臣都認為可以進攻趙國，於是馬上起兵六十萬去進攻趙國。派栗腹用四十萬軍隊去進攻鄗，派慶秦用二十萬軍隊去進攻代。趙國派廉頗用八萬軍隊去鄗迎戰栗腹，派樂乘用五萬軍隊去代迎戰慶秦。燕國人打了大敗仗。樂間便到了趙國，燕王喜給他寫信，並且向他致歉，說：

「寡人不佞，不能奉順君意，故君捐國而去，則寡人之不肖明矣。敢端❶其願，而君不肯聽，故使使者陳愚意，君試論之。語曰：『仁不輕絕，智不輕怨。』君之於先王也，世之所明知也。寡人望有非則君掩蓋之，不虞❷君之明罪之也；望有過則君教誨之，不虞君之明罪之也。且寡人之罪，國人莫不知，天下莫不聞，君微❸出明怨以棄寡人，寡人必有罪矣。雖然，恐君之未盡厚也。諺曰：『厚者不毀人以自益也，仁者不危人以要名。』以故掩人之邪者，厚人之行也；救人之過者，仁者之道也。世有掩寡人之邪，救寡人之過，非君心❹所望之？今君厚受位於先王以成尊，輕棄寡人以快心，則掩邪救過，難得於君矣。

【章　旨】說明寫信的原因，埋怨樂間沒有替他掩蓋錯誤。

【注　釋】❶端　疑為「謁」之誤。與篇末「敬以書謁之」相照應。❷虞　料。❸微　隱行。❹心　依《新序・雜事三》當作「惡」，何。

【語　譯】「寡人不才，不能接受你的意見，所以你拋棄燕國走了，寡人不像樣的情形也就讓外人知道了。由於想把我的心意告訴你，你卻不肯聽取，所以派遣使者去陳述，請你試作評論，看看怎麼樣。俗話說：『仁道的人不輕易絕交，聰明的人不輕易怨恨。』你和先王的關係，世上的人是瞭解得清楚明白的。寡人有不對的地方，就希望你能掩蓋它，沒有想到你卻公開歸罪於我；寡人有過錯，就希望你能教誨我，沒有想到你卻公開歸罪於我。如果說寡人的罪過，國內沒有人不知道，天下沒有誰沒聽說，你用暗中出逃表明你的怨恨，來拋棄寡人，寡人當然就一定有罪了。即使是這樣，恐怕你也不是完全厚道吧。俗話說：『厚道的人不詆毀別人來為自己謀求好處，仁德的人不危害別人來追求名聲。』因此掩蓋別人的邪惡，是厚道人的行為；補救別人的過錯，是有仁德的人的做法。世上有掩蓋寡人的邪惡，補救寡人的過錯的人嗎？不指望你，我還指望誰呢？現在你從先王那裡接受厚位以使自己尊貴，輕易拋棄寡人以使自己心中痛快，那麼掩蓋邪惡、補救過錯，就難寄望於你了。

「且世有薄於❶故厚施，行有失而故惠用❷。今使寡人任不肖之罪，而君有失厚之累，於為君擇之也，無所取之。國之有封疆，猶家之有垣牆，所以合好掩惡也。室不能相和，出語鄰家，未為通計❸也，怨惡未見而明棄之，未盡厚也。寡人雖不肖乎，未如殷紂之亂也；君雖不得意乎，未如商容❹、箕子❺之累也。然則不內蓋寡人，而明怨於外，恐其適足以傷於高而薄於行也，非然也❻？苟可以明君之義，成君之高，雖任惡名，不難受也。本欲以為明寡人之薄，而君不得厚；揚寡人之辱，而君不得榮，此一舉而兩失也。義者不虧人以自益，況傷人以自損乎？願君無以寡人不肖，累往事之美。

【章　旨】說明樂間離開燕國，損了人卻不能利己，是一舉兩失的行為。

【注　釋】❶於　依鮑彪本當作「而」。❷惠用　惠愛任用。❸通計　通達之計。❹商容　商臣，是個賢者，得到百姓的愛戴，遭到紂王的廢黜。❺箕子　商臣，紂王剖比干的腹而觀其心，箕子害怕，便假裝發瘋去做奴隸，紂王又將他囚禁起來。❻也　通「耶」。

【語　譯】「再說世上還有別人薄待我而我故意厚待他，別人有過失而我故意給他恩惠、任用他的事例。現在假使寡人擔負起不像樣的罪名，而你也就會背負不厚道的名聲，替你選擇，也沒有什麼可取之處。國家有邊疆，就像家庭有垣牆一樣，是用來聚合和好、掩蓋醜惡的。家庭不和好，出去告訴鄰舍，不能算是好的計策；怨恨還沒有明顯就公開背棄家庭，是未盡厚道的做法啊。寡人即使是不像樣吧，也不至於像商紂王那樣淫亂；你即使是不得志吧，也不至於像商容、箕子那樣遭受患難。既然這樣，那麼你在國內不替我掩蓋錯誤，而把怨恨公開到外面去，恐怕那正好會傷害、減損你高尚的品德和操行呀，難道不是這樣嗎？如果可以表明你的道義，成就你高尚的品德，我即使擔負惡名也不難受啊。你本來想用這來表明寡人刻薄，而你也得不到厚道的讚譽；宣揚寡人的恥辱，而你也得不到光榮，這是一舉兩失啊。有道義的人不會損害別人來為自己謀求好處，何況會去傷害別人來損害自己嗎？希望你不要因為寡人不像樣，而損傷到你以往做過的好事。

「昔者，柳下惠❶吏❷於魯，三黜❸而不去。或謂之曰：『可以去。』柳下惠曰：『苟與人之異，惡往而不黜乎？猶且黜乎，寧於故國爾。』柳下惠不以三黜自累，故前業不忘；不以去為心，故遠近無議。今寡人之罪，國人未知，而議寡人者遍天下。語曰：『論不脩心，議不累物❹，仁不輕絕，智不簡❺功。』棄大功者，輟❻也；輕絕厚利者，怨也。輟而棄之，怨而累之，宜在遠者❼，不望之乎君也。今以寡人無罪，君豈怨之乎？願君捐怨，追惟先王，復以教寡人！意君曰：「余且慝心❽以成而❾過，不顧先王以明而惡。」使寡人進不得脩功，退不得改過，君之所揣也，唯君圖之！此寡人之愚意也。敬以書謁之。」

樂間、樂乘怨不用其計，二人卒留趙，不報。

【章　旨】希望樂間拋棄怨恨，追念先王，回到燕國來。

【注　釋】❶柳下惠　魯國賢臣，本名展獲，字禽，又叫展季。「柳下」可能是他所居住的地方，因以為號。《論語・微子》：「柳下惠為士師（法官），三黜。人曰：『子未可以去乎？』曰：『直道而事人，焉往而不三黜？枉道而事人，何必去父母之邦？』」❷吏　法吏。❸黜　貶退；撤職。❹論不脩心二句　《新序・雜事三》沒有這二句，譯文從之，不作翻譯。脩心，修養心性。《莊子・田子方》：「夫子德配天地，而猶假至言以修心。」累物，為物所累。❺簡　棄。❻輟　中止；半途而廢。❼遠者　疏遠之臣。❽慝心　惡心；不懷好意。❾而　汝；你。

【語　譯】「過去柳下惠在魯國做法官，三次撤職卻不離開魯國。有人對他說：『可以走了。』柳下惠說：『如果與眾不同，堅持道義，能到哪裡去而不被撤職呢？還是將被撤職啊，就情願留在本國啊。』柳下惠不因為三次被撤職而自找麻煩，所以人們不會忘記他以前的功業；心中不想離開本國，所以遠近沒有人非議他。現在寡人的罪過，連燕國人也不知道，而非議寡人的人遍及天下。話說：『仁道的人不輕易絕交，聰明的人不拋棄功勞。』拋棄大功的人，才會半途而廢；輕易絕交追求私利的人，才會怨恨別人。半途而廢而拋棄功勞，怨恨別人而自找麻煩，應當發生在疏遠的臣子身上，不希望你是這樣啊。現在認為寡人無罪，你是不是還恨我呢？希望你拋棄怨恨，追念先王，再來教導寡人。料想你會說：『我將惡意釀成你的過錯，不顧先王來表明你的罪惡。』使得寡人進不能建立功業，退不能改正過錯，這是你所想做的事啊，希望你考慮一下。這就是寡人愚蠢的想法啊。恭敬地用這封信告訴你。」

樂間、樂乘埋怨燕王喜不採用他們的計謀，兩個人終於留在趙國，不給他回信。

秦并趙北向迎燕

【題　解】秦國合併了趙國，又讓趙國進攻燕國，燕國便派使者去向秦國道賀，離間秦、趙關係，使秦國出兵救助燕國。

秦并趙，北向迎燕❶。燕王❷聞之，使人賀秦王❸。使者過趙，趙王❹繫之。使者曰：「秦、趙為一，而天下服矣。茲❺之所以受命於趙者，為秦也。今臣使秦，而趙繫之，是秦、趙有郄❻。秦、趙有郄，天下必不服，而燕不受命矣。且臣之使秦，無妨於趙之伐燕也。」趙王以為然而遣之。使者見秦王曰：「燕王竊聞秦并趙，燕王使使者賀千金。」秦王曰：「夫燕無道，吾使趙有之，子何賀？」使者曰：「臣聞全趙之時，南鄰為秦，北下曲陽❼為燕，趙廣三北里，而與秦相距五十餘年矣，所以不能反❽勝秦者，國小而地無所取❾。今王使趙北并燕，燕、趙同力，必不復受❿於秦矣。臣切⓫為王患之。」秦王以為然，起兵而救燕。

【注　釋】❶迎燕　迎戰燕國。這句的主語是趙。❷燕王　燕王喜。❸秦王　秦王政，即後來的秦始皇。❹趙王　趙悼襄王。❺茲　依鮑彪本當作「燕」。❻郄　依鮑彪本當作「隙」。❼下曲陽　地名，在今河北晉縣西。❽反　報；回報。❾地無所取　無所取地。沒有地方擴張土地。❿受　「受」下依鮑彪本當補「命」字。⓫切　當作「竊」。

【語　譯】秦國合併了趙國，又讓趙國向北迎戰燕國。燕王聽說了，就派人去向秦王道賀。使者經過趙國，趙王拘捕了他。使者說：「秦國和趙國，合而為一，天下諸侯就順服了。燕國之所以聽命於趙國，是因為有秦國的緣故。現在我出使秦國，而趙國拘捕我，這樣秦國和趙國就有了矛盾。秦國和趙國有了矛盾，天下諸侯必定不順服，而燕國也就不會聽命於趙國了。再說我出使秦國，也不會妨礙趙國進攻燕國啊。」趙王認為他說得對就打發他走了。燕國的使者拜見秦王，說：「燕王私下聽說秦國合併了趙國，派我做使者送上一千金來道賀。」秦王說：「燕國無道，我讓趙國去占有燕國，你祝賀什麼？」使者回答說：「我聽說趙國全盛時期，南邊與秦國為鄰，北邊和燕國的下曲陽為界，趙國地廣三百里，和秦國抗衡五十多年了，它所以不能報秦國的仇，戰勝秦國，是因為國小而又沒有地方供它擴張的緣故。現在大王讓趙國向北兼併燕國，燕國、趙國同心合力，一定不會再聽命於秦國了。我私自替大王憂慮啊。」秦王認為說得對，便起兵去救燕國。

燕太子丹質於秦亡歸

【題　解】本篇是記敘文，也是一篇優秀的文言小說。所記的荊軻刺秦王的故事跌宕起伏，慷慨悲壯，動人心魄。

燕太子丹質於秦❶，亡歸。見秦且滅六國，兵以❷臨易水❸，恐其禍至。太子丹患之，謂其太傅❹鞫武曰：「燕、秦不兩立，願太傅幸而圖之。」武對曰：「秦地遍天下，威脅韓、魏、趙氏，則易水以北，未有所定也。奈何以見陵❺之怨，欲排❻其逆鱗❼哉？」太子曰：「然則何由？」太傅曰：「請入❽，圖之。」

【章　旨】太子丹從秦國逃回燕國，看到秦國將要滅亡六國，和太傅鞠武商量對策，鞠武要他不要觸犯秦國。

【注　釋】❶燕太子丹質於秦　燕王喜二十三年（西元前二三二年）燕太子丹到秦國去做人質，因為秦王政對他不好而從秦國逃回。太子丹，燕王喜的兒子。❷以　通「已」。❸易水　在今河北易縣。❹太傅　輔導太子的官。❺見陵　被欺凌，指在秦做人質時被秦王政欺凌。陵，通「凌」。《史記・刺客列傳》說：「秦王之遇燕太子丹不善，故丹怨而亡歸。」❻排　一作「批」，擊。❼逆鱗　倒生的鱗片。比喻秦王政。《韓非子・說難》說龍的喉下有逆鱗，如果人去觸動了它，龍就要殺人。❽入　鮑彪注「請太子入息」。

【語　譯】燕太子丹在秦國做人質，從秦國逃回燕國。看到秦國將要滅亡六國，秦國的軍隊已經到了易水，擔心災禍將要臨頭。太子丹為此憂慮，對他的太傅鞠武說：「燕國和秦國勢不兩立，希望太傅謀劃這件事。」鞠武回答說：「如果秦國的土地遍布天下，威脅到韓、魏、趙三國，那麼易水以北就不會安定。你為什麼要因為被秦王欺凌而產生了怨恨，就想去觸犯龍的喉嚨下面那倒生著的鱗片呢？」太子丹說：「這麼說來用什麼辦法好呢？」太傅說：「請進去休息，以後再謀劃這件事。」

居之有間，樊將軍❶亡秦之燕，太子容之。太傅鞠武諫曰：「不可。夫秦王之暴，而積怨於燕，足為寒心❷，又況聞樊將軍之在乎！是以❸『委肉當餓虎之蹊❹』，禍必不振矣！雖有管、晏❺，不能為謀。願太子急遣樊將軍入匈奴以滅口❻。請西約三晉，南連齊、楚，北講於單于❼，然後乃可圖也。」太子丹曰：「太傅之計，曠日彌久，心惛然，恐不能須臾。且非獨於此也，夫樊將軍困窮於天下，歸身於丹，丹終不迫於強秦，而棄所哀憐之交，置之匈奴，是丹命固卒之時❽也。願太傅更慮之。」鞫武曰：「燕有田光❾先生者，其智深，其勇沉❿，可與之謀也。」太子曰：「願因太傅交於田先生，可乎？」鞫武曰：「敬諾。」出見田光，道：「太子曰⓫願圖國事於先生。」田光曰：「敬奉教。」乃造焉。

【章 旨】太子丹認為鞫武提出的對付秦國的辦法不當，鞫武便建議太子丹去和田光商量對策。

【注 釋】❶樊將軍 秦將，即樊於期，因為得罪了秦王政，而出逃燕國。❷寒心 心跳，司馬貞《史記索隱》：「凡人寒甚則心戰，恐懼亦戰。今以懼譬寒，言可為心戰。」❸以 依《史記・刺客列傳》當作「謂」。❹蹊 小路。❺管晏 管仲和晏子，都是春秋時齊國的名相。❻滅口 在這裡是使對方找不到藉口的意思。❼單于 匈奴對君主的稱呼。❽是丹命固卒之時 意為這是我的命本該完的時候。言外之意是犧牲自己的性命也要保住樊於期。❾田光 燕國的一個處士。❿其智深二句 《史記評林》引明朝王世貞的話說：「凡智不深則非智，勇不沉則非勇。深所以藏智而出之使不測，沉所以養勇而發之使必遂（成功）。」智深，智慧藏於內，不外露。勇沉，勇敢深藏於內，不浮現在外。⓫曰 依《史記・刺客列傳》「曰」字是衍文，宜刪去。

【語 譯】過了一段時間，樊將軍從秦國逃到燕國，太子丹收容了他。太傅鞫武勸阻說：「不行。秦王兇暴，一直怨恨燕國，憑這一點就夠使人膽戰心驚，更何況他又聽說樊將軍在燕國呢？這就是所謂的『將肉扔在餓虎經過的小路上』，所帶來的災禍必定是不可挽救的了。即使有管仲、晏子，也不能想出對付的辦法。希望太子馬上打發樊將軍逃到匈奴那裡去，以使秦國找不到進攻燕國的藉口。請你西邊聯合韓、趙、魏三國，南邊聯合齊國、楚國，北邊與匈奴的君主講和，然後才可以對付秦國。」太子丹說：「太傅的計謀，曠日持久，我的心中憂愁煩亂，恐怕命不長了，不能再等了。再說也不只是這個原因，樊將軍陷入困境，天下之大，卻走投無路，前來投靠我，我終究不能被強大的秦國所脅迫，就拋棄我所同情、可憐的朋友，將他推到匈奴那裡去，這是到了我該犧牲性命的時候了呀。希望太傅再作考慮。」鞠武說：「燕國有位田光先生，他智謀深遠，勇敢沉著，可以和他商量。」太子說：「希望通過太傅和田先生結交，行嗎？」鞠武說：「好。」鞠武就出去見田光，說：「太子丹希望和先生商量國家大事。」田光說：「領教了。」於是去見太子丹。

太子跪而逢迎，卻行為道❶，跪而拂席。田先生坐定，左右無人，太子避席❷而請曰：「燕、秦不兩立，願先生留意也。」田光曰：「臣聞騏驥盛壯之時，一日而馳千里。至其衰也，駑馬先之。今太子聞光壯盛之時，不知吾精已消亡矣。雖然，光不敢以乏國事❸也，所善荊軻❹，可使也。」太子曰：「願因先生得願❺交於荊軻，可乎？」田光曰：「敬諾。」即起，趨出。太子送之至門，曰：「丹所報、先生所言者，國大事也，願先生勿泄也。」田光俛而笑曰：「諾。」僂行見荊軻，曰：「光與子相善，燕國莫不知。今太子聞光壯盛之時，不知吾形已不逮也，幸而教之曰：『燕、秦不兩立，願先生留意也。』光竊不自外❻，言足下於太子，願足下過❼太子於宮。」荊軻曰：「謹奉教。」田光曰：「光聞長者之行，不使人疑之，今太子約光曰：『所言者，國之大事也，願先生勿泄也。』是太子疑光也。夫為行使人疑之，非節俠士❽也。」欲自殺以激荊軻，曰：「願足下急過太子，言光已死，明不言也。」遂自剄而死。

【章　旨】田光去見太子丹，因為年老無能為力，建議太子丹去和荊軻商量對策。為了消除太子丹的疑心和激勵荊軻，田光自殺而死。

【注　釋】❶卻行為道　退步行走引路。卻行，退步行走。道，導。❷避席　離開坐席站起來，是尊敬的表示。❸乏國事　廢國事；耽誤國事。❹荊軻　衛國人，人們稱他為慶卿，到了燕國後，燕國人稱他為荊卿。喜歡讀書擊劍，是有名的刺客。❺願　是衍文，宜刪去。❻不自外　不把自己當成外人。❼過　拜訪。❽節俠士　有節操的俠客。

【語　譯】太子丹跪著迎接，退步行走為田光引路，跪下去拂去坐席上的灰塵。田先生坐好以後，左右沒有人，太子丹便離開坐席站起來向田先生請求說：「燕國和秦國勢不兩立，希望先生留意啊。」田光說：「我聽說千里馬強壯的時候，一天可以奔馳千里。到了衰老的時候，劣馬也能跑在牠的前面。現在太子聽說的是我田光強壯時的情況，不知道我現在精力已經消亡了。即使是這樣，我田光也不敢耽誤國家的大事，我的好朋友荊軻，可以肩負這一使命。」太子說：「希望通過先生能夠和荊軻結交，行嗎？」田光說：「好。」馬上就站起來，快步出去找荊軻。太子送田光到門口，說：「我所告訴你的以及你所說的事，是國家的大事啊，希望先生不要洩露出去啊。」田光俯身笑著說：「好。」便弓著腰行走去見荊軻，說：「我和你相好，燕國沒有誰不知道。現在太子聽說我強壯時的情況，不知道我的身體已經趕不上以前了。榮幸地承蒙他告訴我說：『燕國和秦國勢不兩立，希望先生留意啊。』我私自不把自己當成你的外人，把你介紹給了太子，希望你能進宮去拜訪太子。」荊軻說：「領教了。」田光說：「我聽說長者的行為，不能讓人家懷疑，現在太子要求我說：『所說的是國家大事，希望先生不要洩露出去啊。』這是太子懷疑我啊。操行讓人家懷疑，就不是有節操的俠客啊。」就想自殺去激勵荊軻，說：「希望你馬上去拜訪太子，說田光已經死了，表明他沒有洩密。」於是就割脖子自殺而死。

軻見太子，言田光已死，明不言也。太子再拜而跪，膝下行流涕，有頃而後言曰：「丹所請田先生無言者，欲以成大事之謀，今田先生以死明不泄言，豈丹之心哉？」荊軻坐定，太子避席頓首曰：「田先生不知丹不肖，使得至前，願有所道，此天所以哀燕不❶棄其孤❷也。今秦有貪饕❸之心，而欲不可足也。非盡天下之地，臣海內之王者，其意不饜。今秦已虜韓王❹，盡納其地，又舉兵南伐楚，北臨趙。王翦❺將數十萬之眾臨漳❻、鄴❼，而李信❽出太原❾、雲中❿。趙不能支秦，必入臣。入臣，則禍至燕。燕小弱，數困於兵，今計舉國不足以當秦。諸侯服秦，莫敢合從。丹之私計，愚以為誠得天下之勇士，使於秦，窺以重利⓫，秦王貪其贄⓬，必得所願矣。誠得劫秦王，使悉反諸侯之侵地，若曹沫之與齊桓公⓭，則大善矣；則⓮不可，因而刺殺之。彼大將擅兵於外，而內有大亂，則君臣相疑。以其間諸侯⓯，諸侯得合從，其償⓰破秦必矣。此丹之上願，而不知所以委命⓱，唯荊卿留意焉。」久之，荊軻曰：「此國之大事，臣駑下，恐不足任使。」太子前頓首，固請無讓。然後許諾。於是尊荊軻為上卿⓲，舍上舍，太子日日造問，供太牢⓳異物，間進車騎美女，恣荊軻所欲，以順適其意。

【章　旨】荊軻去見太子丹，太子丹和荊軻商量對策，提出派勇士去劫持、刺殺秦王，荊軻同意前往。

【注　釋】❶不　《史記・刺客列傳》及鮑彪本「不」上有「而」字。❷孤　孤兒。當時太子丹的父親燕王喜還活著，不應稱「孤」，可能記錄有誤。❸饕　貪財。❹韓王　指韓王安，是韓國最後的一個君主。秦滅韓在秦王政十七年（西元前二三〇年）。❺王翦　秦國名將。❻漳　漳河，發源於山西東部，東南流經河北、河南邊境，在河北臨漳和河南安陽之間。❼鄴　魏都，在今河北臨漳北。❽李信　秦將。❾太原　秦郡，在今山西太原。❿雲中　秦郡，在今內蒙托克托。⓫窺以重利　以重利窺之，即用重利去引誘它。窺，視，讓它看到，意即引誘。⓬贄　臣子見君主的禮物。⓭曹沫之與齊桓公　曹沫做魯國的將軍，多次被齊國打敗，魯莊公只好割地與齊國講和。後來齊桓公和魯莊公在柯（在今山東東阿西南）會盟，曹沫用匕首劫持齊桓公，逼得他將掠去的魯地歸還魯國。曹沫，魯將。齊桓公，春秋霸主之一，名小白。⓮則　即，《漢書・西南夷列傳》注：「即，猶若也。」⓯諸侯　依《史記・刺客列傳》「諸侯」二字是衍文，當刪去。⓰償　依《史記・刺客列傳》「償」字當是衍文，宜刪去。⓱委命　委託使命。⓲上卿　最尊貴的卿。⓳太牢　牛、羊、豬三者俱全。

【語　譯】荊軻去見太子，說田光已經死了，表明他沒有洩密。太子拜了兩次，跪在地上，用膝蓋行走，流著眼淚鼻涕。過了一會然後才說：「我所以請田先生不要說出去，是想謀求完成國家的大事，現在田先生用死來表明沒有洩密，這哪裡是我的用意呢？」荊軻坐好以後，太子離開坐席，叩頭至地說：「田先生不曉得我不像話，使我能夠到你的面前，希望我向你陳述我的心願，這是老天爺同情燕國而不忍心拋棄它的後人啊。現在秦王有貪婪之心，欲望不能夠滿足呀。不全部占有天下的土地，讓海內的君王做他的臣子，他的心意就不滿足。現在秦國已經俘虜韓王，將韓國的土地全部納入自己的版圖，又起兵向南攻打楚國，向北到了趙國。王翦率領幾十萬軍隊到了漳河、鄴地，而且李信又從太原、雲中出兵。趙國抵抗不了秦國，一定會去向秦國稱臣。趙國去向秦國稱臣，那麼災禍就到了燕國。燕國弱小，多次受戰爭的困擾，現在估計即使全國總動員也不能抵擋住秦國。諸侯服從秦國，沒有誰敢合縱。我私下的計畫是：認為如果真的能得到天下的勇士，派他出使秦國，再用重利去引誘秦國，秦王貪求那禮物，必定能夠如願以償了。如果真的能夠劫持秦王，讓他全部歸還被秦國侵占的諸侯土地，像曹沫劫持齊桓公那樣，就太好了；如果不行，那麼就刺死他。他的大將在外獨攬兵權，如果國內有了大亂，君臣就會互相懷疑。趁這個空檔，諸侯得以合縱抗秦，那打敗秦國就成為必然了。這是我最大的願望，卻不知道將這個使命交給誰才好，希望荊卿留意這件事。」好久荊軻才說：「這是國家的大事，我低劣無能，恐怕不能擔負這個使命。」太子上前叩頭，堅決請他不要推讓，然後荊軻才答應。於是尊奉荊軻做上卿，住上等的房子，太子天天前去問候，供給他豬、羊、牛肉等食品和珍異的器物，隔一會又進獻車、馬、美女，讓荊軻盡情享受，來順從他的心意。

久之，荊卿未有行意。秦將王翦破趙，虜趙王❶，盡收其地，進兵北略❷地，至燕南界。太子丹恐懼，乃請荊卿曰：「秦兵旦暮渡易水，則雖欲長侍足下，豈可得哉？」荊卿曰：「微❸太子言，臣願得謁之。今行而無信❹，則秦未可親也。夫今❺樊將軍，秦王購之金千斤，邑萬家，誠能得樊將軍首，與燕督亢❻之地圖獻秦王，秦王必說見臣，臣乃得有以報太子。」太子曰：「樊將軍以窮困來歸丹，丹不忍以己之私，而傷長者之意，願足下更慮之。」荊軻知太子不忍，乃遂私見樊於期❼曰：「秦之遇將軍，可謂深❽矣。父母宗族，皆為戮沒。今聞購將軍之首，金千斤，邑萬家，將奈何？」樊將軍仰天太息流涕曰：「吾每念，常痛於骨髓，顧❾計不知所出耳。」軻曰：「今有一言，可以解燕國之患，而報將軍之仇者，何如？」樊於期乃前曰：「為之奈何？」荊軻曰：「願得將軍之首以獻秦，秦王必喜而善見臣，臣左手把其袖，而右手揕抗⑩其胸，然則將軍之仇報，而燕國見陵⑪之恥除矣。將軍豈⑫有意乎？」樊於期偏袒⑬扼腕⑭而進曰：「此臣日夜切齒拊心⑮也，乃今得聞教。」遂自刎。太子聞之，馳往，伏屍而哭，極哀。既已，無可奈何，乃遂收盛樊於期之首，函⑯封之。

【章　旨】荊軻提出為了能見到秦王，要求用樊於期的頭和燕國的督亢地圖做信物。他並且私自去說服樊於期自殺，以取得他的頭。

【注　釋】❶虜趙王　秦王政十九年（西元前二二八年）秦將王翦破趙，虜趙王遷。❷略　掠奪。❸微　無；不。❹信　信物。❺今　依《史記・刺客列傳》及鮑彪注「今」當是衍文，宜刪。❻督亢　古地區名，在今河北涿縣東，跨涿縣、固安、新城等縣界，是燕國的富饒地區。❼於期　樊將軍名。❽深　深刻；苛刻嚴厲。❾顧　只。❿揕抗　依《史記・刺客列傳》「抗」字當是衍文，宜刪去。揕，刺。⓫陵　通「淩」。⓬豈　表示詢問。⓭偏袒　露出半邊臂膊。⓮扼腕　用左手握著右腕，是種憤激的表示。⓯拊心　敲擊胸部。⓰函　匣子。

【語　譯】過了好久，荊軻還沒有到秦國去的意思。這時秦國的將軍王翦打敗了趙國，俘虜了趙王，奪取了趙國全部的領土，便進兵向北掠奪土地，到了燕國南部邊界地區。太子丹恐懼不安，就去請求荊軻說：「秦軍早晚要渡過易水，那麼即使我想長期侍奉你，哪裡可能呢？」荊軻說：「就是太子不說，我也願意能告訴你實情。現在空著手去而沒有什麼信物，那麼秦王是不可能親近我的。秦王用一千金的賞金、一萬戶的封邑，懸賞捉拿樊將軍，如果能夠得到樊將軍的頭和燕國督亢地區的地圖獻給秦王，秦王必定高興接見我，我才會有辦法報效太子。」太子說：「樊將軍因為走投無路才來投奔我，我不忍心因為自己的私利而傷害這位長者的心，希望你再考慮別的辦法。」荊軻知道太子於心不忍，於是私自去見樊於期說：「秦國對待將軍，真可說是苛刻嚴厲了。父母和同族人都被殺死。現在聽說又用一千金賞金、一萬戶封邑購買將軍的頭，將怎麼辦才好？」樊將軍仰首朝天歎息並流淚說：「我每每想到這些事，常常恨之入骨，只是不知道該用什麼辦法啊。」荊軻說：「現在我有一句話，可以解除燕國的禍患，又可以給將軍報仇，你覺得怎麼樣？」樊於期就上前說：「是什麼辦法？」荊軻說：「希望得到將軍的頭去獻給秦國，秦王必定高興而友好地接見我，我就左手抓住他的衣袖，右手用匕首刺他的胸膛，這樣將軍的仇可以報，而且燕國被欺凌的恥辱也可以洗雪了。將軍是不是願意呢？」樊於期露出半邊臂膀，左手握著右腕上前說：「這是我日日夜夜咬牙切齒、捶胸痛恨的事啊，今天才聽到你的教誨。」於是自己割脖子自殺。太子聽說，就馳馬前往，伏在屍上痛哭，傷心到了極點。哭完以後，無可奈何，於是將樊於期的頭收起，裝在匣子裡，封起來。

於是，太子預求天下之利匕首，得趙人徐夫人❶之匕首，取之百金，使工以藥淬❷之，以試人，血濡❸縷❹，人無不立死者。乃為裝❺遣荊軻。燕國有勇士秦武陽，年十二，殺人，人不敢與忤視❻。乃令秦武陽為副。荊軻有所待，欲與俱，其人居遠未來，而為留待。頃之，未發，太子遲之，疑其有改悔，乃復請之曰：「日以❼盡矣，荊卿豈無意哉？丹請先遣秦武陽。」荊軻怒，叱太子曰：「今日往而不反者，豎子❽也！今提一匕首入不測之強秦，僕所以留者，待吾客與俱。今太子遲之，請辭決矣！」遂發。

【章旨】太子丹替荊軻準備匕首和助手，督促荊軻前往秦國。

【注釋】❶徐夫人　司馬貞《史記索隱》說徐夫人是個男子。徐是姓，夫人是名。❷淬　將匕首燒紅放進有毒藥的水中。❸濡　沾濕。❹縷　線。❺為裝　準備行裝。❻忤視　逆視；用反對的目光看他。❼日以　即日已，一天一天地。❽豎子　小子，是罵人的話，在這裡是罵太子丹，和《史記・項羽本紀》「唉！豎子不足與謀」的用法相似。

【語譯】在這時，太子事先尋找天下的鋒利匕首，找到了趙國徐夫人的匕首，用一百金將它買回，讓工人用毒藥淬染在匕首上，用人作試驗，受傷後，出的血染濕一根線，人就沒有不馬上死的。於是準備行裝想打發荊軻起程。這時燕國有個勇士叫秦武陽，十二歲，殺了人，人們不敢用帶有敵意的目光看他。於是讓秦武陽做荊軻的助手。荊軻等待另外一個人，想和他一起去，那個人住在很遠的地方，還沒有來，所以留下來等待他。過了一會，還沒有出發，太子認為他走遲了，懷疑他改變原來的決定，有懊悔的意思，於是再去請求荊軻說：「時間一天一天過去了，荊卿是不是還有意做這件事呢？請讓我先派秦武陽去。」荊軻發怒，叱責太子說：「今天去了回不來，是你這小子造成的啊！現在提著一把匕首到吉凶無法預料的強大的秦國去，我所以逗留的原因，是想等我的客人一起去。現在太子認為我走遲了，請允許我告別了！」於是就出發。

太子及賓客知其事者，皆白衣冠以送之。至易水上，既祖❶，取道。高漸離❷擊筑❸，荊軻和而歌，為變徵❹之聲，士皆垂淚涕泣。又前而為歌曰：「風蕭蕭兮易水寒，壯士一去兮不復還！」復為忼❺慨羽❻聲，士皆瞋目，髮盡上指冠。於是荊軻遂就車而去，終已不顧。

【章旨】荊軻前往秦國，太子丹和賓客在易水送別。

【注釋】❶祖　祭路神。❷高漸離　荊軻的朋友，在燕國時常和荊軻一起喝酒，擊筑唱歌，在市中相樂相泣，旁若無人。

❸筑　竹製的樂器，有絃，不用手指彈，而用竹子打擊來發音。❹變徵　相當於西樂中的F調，其音悲涼。❺忼　同「慷」。
❻羽　相當於西樂中的A調。鮑彪注：「其音怒。」

【語　譯】太子和賓客中知道這件事的人，都穿上白衣服、戴上白禮帽去送別荊軻。到了易水邊上，祭過了路神，然後上路。高漸離擊響了筑，荊軻和著筑音唱歌，唱出悲涼的變徵之聲，士人都互相流淚哭泣。荊軻又上前唱道：「風蕭蕭啊易水寒，壯士一去啊不再回來！」再唱了激昂慷慨的羽聲，士人都睜大了眼睛，頭髮全都向上衝起了禮帽。於是荊軻就乘車而去，直到最後連頭也不回。

既至秦，持千金之資幣物，厚遺秦王寵臣中庶子❶蒙嘉。嘉為先言於秦王曰：「燕王誠振❷畏慕大王之威，不敢興兵以拒大王，願舉國為內臣❸，比諸侯之列，給貢職如郡縣，而得奉守先王之宗廟。恐懼不敢自陳，謹斬樊於期頭，及獻燕之督亢之地圖，函封，燕王拜送于庭，使使以聞大王。唯大王命之。」秦王聞之，大喜，乃朝服，設九賓❹見燕使者咸陽宮❺。荊軻奉樊於期頭函，而秦武陽奉地圖匣，以次進，至陛下❻，秦武陽色變振恐，群臣怪之，荊軻顧笑武陽，前為謝曰：「北蠻夷之鄙人，未嘗見天子，故振慴❼，願大王少假借之，使畢使於前。」秦王謂軻曰：「起，取武陽所持圖。」軻既取圖奉之，發圖，圖窮而匕首見。因左手把秦王之袖，而右手持匕首揕抗❽之。未至身，秦王驚，自引而起，絕袖。

拔劍，劍長，摻其室⑨。時怨⑩急，劍堅，故不可立拔。荊軻逐秦王，秦王還柱而走。群臣驚愕⑪，卒⑫起不意，盡失其度。而秦法，群臣侍殿上者，不得持尺兵。諸郎中⑬執兵，皆陳殿下，非有詔不得上。方急時，不及召下兵，以故荊軻逐秦王，而卒惶急無以擊軻，而乃以手共搏⑭之。是時侍醫夏無且，以其所奉藥囊提⑮軻。秦王之⑯方還柱走，卒惶急不知所為，左右乃曰：「王負劍⑰！」王負劍，遂拔以擊荊軻，斷其左股。荊軻廢，乃引其匕首提秦王，不中，中柱。秦王復擊軻，被八創。軻自知事不就，倚柱而笑，箕踞⑱以罵曰：「事所以不成者，乃欲以生劫之，必得約契⑲以報太子也。」左右既前斬荊軻，秦王目眩良久。而⑳論功賞群臣及當坐者㉑，各有差㉒。而賜夏無且黃金二百鎰㉓，曰：「無且愛我，乃以藥囊提軻也。」

【章旨】荊軻刺秦王沒有成功，悲壯而死。

【注釋】❶中庶子　官名。❷振　通「震」。❸內臣　國內的臣子。❹九賓　即九儐之禮，是當時外交場合一種隆重的禮節，由儐相（贊禮的人）九人依次傳呼上殿。❺咸陽宮　秦宮。《三輔黃圖・卷一・咸陽故城》說秦始皇窮奢極侈，建築咸陽宮，靠著北陵營建宮殿，端門四通八達，效法天上的紫微宮，模仿上帝所居的宮殿。❻陛下　階下。❼慴　害怕。❽抗　當是衍文，宜刪去。❾摻其室　抓住劍套。摻，握。室，劍鞘，就是裝劍的套子。❿怨　依曾鞏本當作「恐」。⓫驚愕　因驚而發呆。⓬卒　通「猝」。突然。⓭郎中　守衛宮禁的侍衛官。⓮搏　擊。⓯提　投擲。⓰之　依《史記・刺客列傳》及鮑彪本當是衍文，宜刪。⑰負劍　將劍背在背上，便於拔出劍鞘。⑱箕踞　屈膝張足而坐，樣子像撮箕，是種輕慢的姿態。⑲約契　指逼秦王將侵占的土地全部歸還諸侯的契約。⑳而　依《史記・刺客列傳》及鮑彪本當作「已而」。㉑當坐者　應當判罪的。坐，坐罪。㉒差　等級。㉓鎰　二十四兩。

【語譯】荊軻到了秦國，便帶上價值千金的禮物，豐厚地送給了秦王寵愛的臣子中庶子蒙嘉。蒙嘉為此先對秦王說：「燕王的確震驚害怕，仰慕大王的聲威，不敢起兵抗拒大王，願意全國都做您的臣子，與諸侯並列，進貢當差，就像是秦國的郡縣一樣，以便能保住燕國先王的宗廟。他心中恐懼，不敢自己前來陳述，恭敬地砍下了樊於期的頭，並且獻上督亢地區的地圖，用匣子封好，燕王在朝廷舉行拜送儀式，派遣使者前來稟告大王，請大王指示。」秦王聽了，非常高興，便穿上上朝的禮服，安排九儐的隆重禮節，在咸陽宮接見燕國的使者。荊軻捧著裝有樊於期頭顱的匣子，秦武陽捧著裝有地圖的匣子，依次前進。到了階下，秦武陽變了臉色，怕得發抖，群臣感到奇怪，荊軻回過頭來笑著看了看秦武陽，上前替他謝罪說：「北方蠻夷的邊民，沒有見過天子，所以怕得驚恐發抖，希望大王稍稍寬容一下，讓他在大王的面前完成使命。」秦王對荊軻說：「起來，將秦武陽所拿的地圖送過來。」荊軻取得地圖獻上，打開地圖，地圖打開完了便露出了匕首。於是左手抓住秦王的袖子，右手拿起匕首刺秦王。還沒有刺到秦王的身上，秦王受到驚嚇，自己一抽身就站起來，以致袖子扯斷了。要拔劍，因為劍很長，只抓住了劍套子。當時秦王又怕又著急，劍又套得很牢固，所以不能馬上拔出來。荊軻追趕秦王，秦王繞著柱子跑。群臣驚得發呆，因為突然發生這意外的事，全都失去了他們的常態。而秦朝的法律規定，群臣在殿上侍奉君主，不能攜帶一尺長的兵器。那些郎中雖然拿著兵器，都安排在殿下，沒有秦王的詔令不能上殿。正緊急的時候，來不及叫殿下那些拿著兵器的郎中上來，因此荊軻能夠追趕秦王，而大家突然惶恐著急，又沒有什麼東西可用來擊刺荊軻，就一起用手去打擊荊軻。這時候侍醫夏無且用他捧著的藥袋投擲荊軻。秦王正在繞著柱子跑，突然惶恐著急，不知道怎麼辦，左右的臣子就說：「大王將劍背在背上！」秦王將劍背在背上，於是將劍拔了出來擊刺荊軻，砍斷了他的左大腿。荊軻成了殘廢，便用他的匕首投擲秦王，沒有投中秦王，投中了柱子。秦王再擊刺荊軻，荊軻八處受了傷。荊軻自己知道這件事不能成功了，便靠著柱子笑起來，張開腳坐在地上，罵道：「事情所以沒有成功的原因，是想活捉秦王，劫持他，一定要得到他歸還諸侯領土的契約以報答太子啊。」左右的人已上前斬殺荊軻。秦王很久兩眼依然昏花看不見東西。不久，論功獎賞群臣，應當判罪的判罪，各有等級。賜給夏無且黃金兩千四百兩，說：「無且愛我，才用藥袋投擲荊軻啊。」

於是，秦大怒燕，益發兵詣趙，詔王翦軍以伐燕。十月而拔燕薊城❶。燕王喜、太子丹等，皆率其精兵東保於遼東。秦將李信追擊燕王，王急，用代王嘉計❷，殺太子丹，欲獻之秦。秦復進兵攻之。五歲而卒滅燕國❸，而虜燕王喜。秦兼天下。

其後荊軻客高漸離以擊筑❹見秦皇帝❺，而筑擊秦皇帝，為燕報仇，不中而死。

【章　旨】秦國滅了燕國，兼併了天下。以後高漸離用筑擊殺秦始皇，不中而死。

【注　釋】❶薊城　即薊丘，又叫薊門，是燕國的都城，在今北京德勝門外。❷用代王嘉計　秦國俘虜了趙王遷以後，趙公子嘉自立為代王。當秦將李信追擊燕王的時候，代王嘉寫信給燕王喜，勸他殺了太子丹，獻給秦王，秦國必定撤軍，才可保住燕國。《史記・刺客列傳》有詳細記載。代王，本是趙國的公子。❸卒滅燕國　秦滅燕國在秦王政二十五年（西元前二二二年）。❹筑　古代的一種樂器。❺秦皇帝　即秦始皇帝。秦王政在二十六年（西元前二二一年）稱帝。

【語　譯】於是秦國對燕國大為惱怒，便增派部隊到趙國，下令王翦率領軍隊去進攻燕國。秦王政二十一年的十月，攻下了燕國的首都薊城。燕王喜、太子丹等，都率領他們的精兵向東退守到遼東半島。秦將李信追擊燕王，燕王著急，便採用了趙國代王嘉的計謀，殺了太子丹，想把太子丹的頭獻給秦國，但秦國還是進兵攻打燕國。五年以後終於滅了燕國，俘虜了燕王喜。秦國兼併了天下。

事後，荊軻的賓客高漸離通過擊筑去見秦始皇，用筑擊殺秦始皇，想替燕國報仇，結果沒有擊中，遇害而死。

卷三二 宋衛策

〈宋衛策〉記載了宋國、衛國的有關事件。宋國在商朝末年建國，開國君主是微子啟。周武王滅紂後，周朝仍然承認宋國。都城在今河南商丘。春秋時，經過泓之戰，宋襄公被楚成王打敗，國勢日弱。戰國中後期，宋君偃暴虐無道，西元前二八六年被齊湣王所滅。宋國的疆土在今河南東部和山東、江蘇、安徽之間的地方。衛國是西周初年周公平定了武庚的叛亂，將商朝的餘民分封給武王的弟弟康叔而建立的，都城在朝歌（今河南淇縣）。春秋中期遭到翟（狄）族的進攻（在西元前六六〇年），衛懿公被殺，後來靠齊桓公幫助，才遷都到楚丘（今河南滑縣），淪為小國。戰國中後期，衛國只占有濮陽（今河南濮陽）。秦二世元年（西元前二〇九年），秦國正式滅亡衛國。

齊攻宋宋使臧子索救於荊

【題解】齊國進攻宋國，宋國派臧子去向楚國求救。楚王喜出望外，極力鼓勵宋國抗齊。臧子從中看出楚王別有用心，必不救宋。

齊攻宋❶，宋使臧子❷索救於荊。荊王❸大說，許救甚勸。臧子憂而反。其御曰：「索救而得，有憂色何也？」臧子曰：「宋小而齊大。夫救於小宋而惡於大齊，此王之所憂也；而荊王說甚，必以堅我。我堅而齊弊，荊之利也。」臧子乃歸。齊王❹果攻，拔宋五城，而荊王不至。

【注釋】❶齊攻宋　齊湣王十五年（西元前二八六年）齊伐宋，滅之。❷臧子　《韓非子．說林上》作「臧孫子」。❸荊王　楚頃襄王。❹齊王　齊湣王。

【語譯】齊國進攻宋國，宋國派臧子去向楚國求救。楚王很高興，答應救援，極力鼓勵宋國抗齊。臧子憂心忡忡地返回。他的車夫說：「求救得到了同意，卻臉上露出憂愁，什麼原因呢？」臧子說：「宋國小而齊國大。救援小的宋國而得罪大的齊國，這是做君王的人所憂愁的事；楚王卻很高興，必定是用這種辦法來堅定我們宋國抵抗齊國的決心。我們宋國抗齊的心堅決，齊國就要疲憊，這樣兩敗俱傷，楚國就坐收漁人之利啊。」臧子便回到了宋國。齊王果然發動進攻，攻下了宋國五座城，而楚王卻不派救兵來。

公輸般為楚設機

【題解】墨子說服了公輸般和楚王，制止了楚國進攻宋國。所記故事和《墨子．公輸》相同。

公輸般❶為楚設機❷，將以攻宋。墨子❸聞之，百舍❹重繭❺，往見公輸般，謂之曰：「吾自宋聞子。吾欲藉子殺王❻。」公輸般曰：「吾義固不殺王。」墨子曰：「聞公為雲梯❼，將以攻宋。宋何罪之有？義不殺王而攻國，是不殺少而殺眾。敢問攻宋何義也？」公輸般服焉，請見之王。

【章旨】墨子先說服公輸般不要攻宋。

【注釋】❶公輸般　即公輸班，又叫魯班，相傳是魯國人。❷機　機械，如雲梯之類。❸墨子　即墨翟，宋國人，做過宋國的大夫，是墨家的創始人，主張兼愛、非攻。❹百舍　走一百里才住宿。舍，住宿。❺重繭　厚繭。繭，手腳上因摩擦而生的硬皮。❻王　當作「生」，即「人」字，下同。「生」是武則天造的字。❼雲梯　一種用來攻城的器械，因可上至於雲，故稱雲梯。

【語譯】公輸般替楚國設計了一種機械，將用來進攻宋國。墨子聽說了這件事，一天走一百里才住下來，腳上起了厚繭，前去見公輸般，對他說：「我在宋國就聽說過你的大名。我想借助你的力量去殺一個人。」公輸般說：「我重視道義，堅決不殺人。」墨子說：「聽說你造了一種雲梯，將用來進攻宋國。宋國有什麼罪？你重視道義不去殺一個人卻去進攻一個國家，這是不殺少量的人卻去殺很多的人。敢問進攻宋國，重視的是哪種道義呀？」公輸般服了他，他就請求讓他去見楚王。

墨子見楚王曰：「今有人於此，舍其文❶軒，鄰有弊輿而欲竊之；舍其錦繡，鄰有短❷褐而欲竊之；舍其粱肉，鄰有糟糠而欲竊之，此為何若人也？」王曰：「必為有竊疾矣。」墨子曰：「荊之地方五千里，宋方五百里，此猶文軒之與弊輿也；荊有雲夢❸，犀、兕❹、麋鹿❺盈之，江、漢魚、鱉❻、黿❼、鼉❽為天下饒，宋所謂無雉、兔、鮒❾魚者也，此猶粱肉之與糟糠也；荊有長松、文梓❿、楩⓫、柟⓬、豫樟⓭，宋無長木，此猶錦繡之與短褐也。惡以王吏之攻宋，為與此同類也？」王曰：「善哉！請無攻宋。」

【章　旨】墨子用類推法說服了楚王停止攻宋。

【注　釋】❶文　同「紋」。❷短　一作「裋」，窮人穿的短的粗布衣服。❸雲夢　楚國的大澤名。❹兕　雌的犀牛。❺麋鹿　似鹿而大，尾似驢，蹄似牛，頭似馬，角似鹿，即四不像。❻鼈　甲魚。❼黿　大鼈。❽鼉　俗名豬婆龍，是鱷魚的一種。❾鮒　鯽魚。❿文梓　紋理細密的梓樹。⓫楩　一種大樹。⓬柟　同「楠」。⓭豫樟　樟樹。

【語　譯】墨子去見楚王說：「現在這裡有個人，丟掉他那飾有花紋的車子，卻想去偷鄰舍的破車子；丟掉他那錦繡的衣服，卻想去偷鄰舍的粗布衣服；丟掉他那糧食豬肉，卻想去偷鄰舍的糟糠，這像是什麼樣的人呀？」楚王說：「一定是一個有偷東西的毛病的人了。」墨子說：「楚國的地方，方圓五千里，宋國的地方，方圓五百里，這就好像是飾有花紋的車子和破車子相比一樣；楚國有雲夢澤，犀牛、四不像到處都是，長江、漢水的魚、鼈、大鼈、豬婆龍是天下出產最多的地方，宋國是所謂的沒有野雞、兔子、鯽魚的地方，這就好像是糧食、豬肉和糟糠相比一樣；楚國有長的松樹、紋理細密的梓樹、楩樹、楠樹、樟樹，宋國沒有長的樹，這就好像錦繡衣服和短的粗布衣服相比一樣。怎麼大王的官吏要去進攻宋國，竟然和這同類呢？」楚王說：「說得好呀！請允許我不再進攻宋國了。」

犀首伐黃

【題　解】犀首進攻宋國的黃城，派遣使者去告訴衛國的君主，揚言等他攻下黃城以後，將移兵進攻衛國，衛國的君主感到害怕。南文子告訴衛國的君主，犀首得勝後在國內會面臨不利的處境，必定要趕快回去，不會來進攻衛國。結果真的是這樣。

犀首伐黃❶，過衛，使人謂衛君❷曰：「弊邑之師過大國❸之郊，曾無一介之使以存之乎？敢請其罪。今黃城將下矣，已，將移兵而造大國之城下。」衛君懼，束組三百緄❹，黃金三百鎰，以隨使者。南文子❺止之曰：「是勝黃城，必不敢來；不勝，亦不敢來。是勝黃城，則功大名美，內臨其倫❻。夫在中者❼惡臨，議其事。蒙大名，挾成功，坐御❽以待中之議，犀首雖愚，必不為也。是不勝黃城，破心❾而走歸，恐不免於罪矣，彼安敢攻衛以重其不勝之罪哉？」果勝黃城，帥師而歸，遂不敢過衛。

【注釋】❶犀首伐黃　魏惠王十五年（西元前三五五年）「侵宋黃池，宋復取之」。犀首，即公孫衍，魏國陰晉人，曾任魏相。黃，疑指黃池，在今河南封丘西南。❷衛君　指衛成侯。❸大國　貴國，指衛國。❹緄　疑是「純」之誤，束的意思。〈秦策一・蘇秦始將連橫〉記載趙王獎給蘇秦「錦繡千純」、「黃金萬鎰」。❺南文子　衛國的大夫。❻臨其倫　居同僚之上。臨，在其上。倫，同僚。❼中者　國中之臣。❽坐御　御，疑是「衛」之誤。〈魏策一・魏公叔痤病〉有「痤（公叔痤）有御庶子公孫鞅」的記載，而《史記・商君列傳》司馬貞《索隱》說：「《戰國策》云『衛庶子』也。」可見「御」有時錯成「衛」。坐衛，稱犀首留在衛國。因為他要是真的攻衛，就不能馬上回魏國。❾破心　害怕得罪。

【語譯】犀首進攻宋國的黃池，經過衛國，派人對衛國的君主說：「敝國的軍隊經過貴國的郊外，竟然沒有一個使者來慰問嗎？敢問那該當何罪？現在黃池將要攻下了，攻下以後，將要把部隊轉移到貴國的城下。」衛國的君主害怕，準備了三百束絲帶，黃金七千二百兩隨使者送去。南文子制止說：「這次犀首在黃池要是打了勝仗，一定不敢來進攻衛國；不打勝仗，也不敢來進攻衛國。要是這次犀首在黃池打了勝仗，那就功勞大，名聲好，在國內就要居於同僚之上。在國內的同僚討厭他的地位比他們高，就要非議他所做的事。有了大的名聲，仗恃成就了的大功，卻滯留在衛國去等待國內同僚的非議，犀首即使是個笨蛋，也一定不會這樣做啊。要是這次犀首在黃池不打勝仗，他就會害怕受處分而跑回魏國去，恐怕免不了要坐罪了，他怎麼敢進攻衛國以加重他戰敗的罪過呢？」犀首果然在黃池打了勝仗，率領部隊回去了，於是不敢再經過衛國。

梁王伐邯鄲

【題解】魏國進攻趙都邯鄲，向宋國徵召軍隊，宋君左右為難，便派使者去趙國商量對策，約定由宋國佯攻趙國的一座邊城以拖延時間，這樣魏、趙兩國便都不責怪宋國。

梁王❶伐邯鄲❷，而徵師於宋。宋君使使者請於趙王❸曰：「夫梁兵勁而權重，今徵師於弊邑，弊邑不從，則恐危社稷；若扶梁伐趙，以害趙國，則寡人不忍也。願王之有以命弊邑。」趙王曰：「然。夫宋之不足❹如梁也，寡人知之矣。弱趙以強梁，宋必不利❺也。則吾何以告子而可乎？」使者曰：「臣請受邊城，徐其攻而留其日，以待下吏之有城而已。」趙王曰：「善。」

【章旨】魏國進攻邯鄲，要宋國出兵助戰，宋國派使者去趙國商量對策。

【注釋】❶梁王　梁惠王，即魏惠王。❷邯鄲　趙都，在今河北邯鄲。魏惠王十六年（西元前三五四年）進攻邯鄲。❸趙王　指趙成侯。❹足　鮑彪本無「足」字。❺宋必不利　魏國將兼併宋國，故不利於宋。

【語譯】梁惠王進攻邯鄲，向宋國徵召軍隊。宋國的國君派使者去向趙王請示說：「魏國的兵力強大而且權勢重，現在向敝國徵召軍隊，敝國不同意，就怕國家要遭到危害；如果幫助魏國進攻趙國，從而損害趙國，寡人又不忍心這樣做。希望大王對敝國有所指示。」趙王說：「對。宋國比不上魏國，寡人知道了。削弱趙國去使魏國強大，對宋國一定不利啊。那麼我將告訴你什麼才行呢?」使者說：「我請允許接收貴國一座邊城，讓我們宋國慢慢地進攻它，拖延時間，以便等待你的下級官吏能守住這座城就行了。」趙王說：「妙。」

宋人因遂舉兵入趙境，而圍一城焉。梁王甚說，曰：「宋人助我攻矣。」趙王亦說曰：「宋人止於此矣。」故兵退難解，德施於梁而無怨於趙，故名❶有所加而實❷有所歸。

【章旨】宋國進攻趙國的一座城，梁惠王、趙成侯都感到高興。

【注釋】❶名　助魏之名。❷實　救趙之實。

【語譯】宋國因而就出兵進入趙國境內，圍攻趙國的一座城。梁惠王很高興，說：「宋國人幫助我進攻趙國了。」趙王也高興說：「宋國人就停留在這裡了。」所以魏國的軍隊退走，趙國的災難解除，給了魏國恩德而又沒有受到趙國的怨恨，既有助魏之名，而又有助趙之實。

謂大尹

【題　解】有之告訴大尹，如何在宋君長大親自執政以後，依靠太后來鞏固自己的政治地位。

謂大尹❶曰：「君❷日長矣，自知政，則公無事。公不如令楚賀君之孝❸，則君不奪太后之事矣，則公常用宋❹矣。」

【注　釋】❶大尹　宋國的卿。《韓非子・說林下》記載說這句話的人是白圭。❷君　宋君。❸賀君之孝　祝賀宋君對太后的孝順，實際上是暗示宋君不要奪太后的權。❹公常用宋　大尹在宋國長期得到重用。因為在宋君年幼時，太后和大尹掌權，現在只要宋君不奪太后的權，大尹就會仍然受到重用。

【語　譯】有人對宋國的大尹說：「宋君日漸長大了，如果他親自執政，那你就無事可做了。你不如讓楚國來祝賀宋君孝順他的母親，那麼宋君就不會奪太后的權了，而你也就長期在宋國受到重用了。」

宋與楚為兄弟

【題　解】宋國和楚國結為兄弟，齊國進攻宋國，楚國說要救宋國。宋國因而賣弄楚國對它的重視而向齊國講和，齊國不同意，蘇秦為了宋國勸齊國同意講和。

宋與楚為兄弟。齊攻宋❶，楚王❷言救宋。宋因賣❸楚重以求講於齊，齊不聽。蘇秦為宋謂齊相曰：「不如與之，以明宋之賣楚重於齊也。楚怒❹，必絕於宋而事齊。齊、楚合，則攻宋易矣。」

【注釋】❶齊攻宋　齊湣王十五年（西元前二八六年）齊滅宋，未知是否即是此事。❷楚王如果記載的與齊滅宋同時，那就是指楚頃襄王。❸賣　炫耀、賣弄。❹怒　怒宋背叛了楚。

【語譯】宋國與楚國結為兄弟。齊國進攻宋國，楚王說要救援宋國。宋國因而賣弄楚國對它的重視，要求與齊國講和，齊國不同意。蘇秦為了宋國告訴齊相說：「不如與它講和，以表明宋國曾向齊國賣弄楚國對它的重視，這樣，楚國便會惱火，就必定和宋國絕交而來侍奉齊國。齊國和楚國聯合起來，那麼進攻宋國就容易了。」

魏太子自將過宋外黃

【題解】魏惠王二十九年（西元前三四一年），魏國進攻趙國，齊國用孫臏的計謀，救趙擊魏，魏國用龐涓為將，太子申為上將軍，興師抗齊。這裡記載的是太子申率軍經過宋國外黃時，徐子以獻百戰百勝之術為名，委婉地諷諫太子申不應當參加這次戰爭，並告訴他現在已經處於進退維谷的境地。結果魏軍果然大敗，太子申戰死在馬陵。

魏太子❶自將，過宋外黃❷。外黃徐子❸曰：「臣有百戰百勝之術，太子能聽臣乎？」太子曰：「願聞之。」客❹曰：「固願效之。今太子自將攻齊，大勝并莒❺，則富不過有魏，而貴不益為王。若戰不勝，則萬世無魏❻。此臣之百戰百勝之術也。」太子曰：「諾。請必從公之言而還。」客曰：「太子雖欲還，不得矣。彼利太子之戰攻，而欲滿其意者眾，太子雖欲還，恐不得矣。」太子上車請還，其御曰：「將出而還，與北❼同，不如遂行。」遂行。與齊人戰而死❽，卒不得魏。

【注　釋】❶魏太子　魏太子申。❷外黃　宋邑，故城在今河南杞縣東。❸徐子　外黃人。❹客　即徐子。❺莒　齊地，在齊之東南。❻無魏　戰不勝，則太子死，所以無魏。❼北　敗。❽戰而死　《史記・魏世家》說太子申做了俘虜，與此異。

【語　譯】魏太子親自率領部隊攻齊，經過宋國的外黃。外黃人徐子說：「我有一個百戰百勝的方法，太子願意聽我說一說嗎？」太子說：「願意聽。」徐子說：「我本來就願意獻給你。現在太子自己率領部隊攻打齊國，如果打了大的勝仗，兼併莒地，那麼你的富有也不過是擁有魏國，而尊貴也不會超過做王。假若沒有戰勝，那麼你就永世沒有魏國了。這就是我所說的百戰百勝的方法啊。」太子說：「好。請讓我聽從你的話回去。」徐子說：「現在太子雖然想回去，已經不可能了。那些認為太子作戰進攻對他們有利，而想滿足他們私欲的人很多，太子即使想回去，恐怕不可能了。」太子上車請求回去，為他駕車的人說：「率領軍隊出征卻不戰而還，就和打了敗仗一樣，不如還是向前進軍。」於是就向前進軍。太子申和齊國的軍隊作戰而死，終於不能擁有魏國。

宋康王之時有雀生䳣

【題　解】本篇所記的宋康王的暴虐行為，幾乎與商紂王無異。

宋康王❶之時，有雀生䳣❷於城之陬❸。使史❹占之，曰：「小而生巨，必霸天下。」康王大喜。於是滅滕❺伐薛❻，取淮北之地，乃愈自信，欲霸之亟成，故射天❼笞地，斬社稷❽而焚滅之，曰：「威服天下鬼神。」罵國老諫曰❾，為無顏之冠❿，以示勇。剖傴之背，鍥⓫朝涉之脛，而國人大駭。齊聞而伐之，民散，城不守。王乃逃倪侯之館，遂得而死。見祥而不為祥，反為禍。

【注　釋】❶宋康王　即宋君偃，康王是他的謚號，是宋國最後的亡國暴君。❷䳣　是「鶳」字之誤，同「鸇」。猛禽。似鷂鷹。❸陬　隅；角落。❹史　太史，主管文、史、星、曆。❺滕　國名，在今山東滕縣。❻薛　齊邑，在今山東滕縣南。❼射天　《史記・宋微子世家》「盛血以韋（牛皮）囊，縣而射之，命曰『射天』」。❽社稷　土地神和穀神的神像牌位。❾曰　當作「者」。「曰」是「者」的缺文。❿無顏之冠　一種遮不住面額的帽子。⓫鍥　斷絕。

【語　譯】宋康王的時候，有隻小雀在城牆角上生下了一隻像鷂鷹一樣的猛禽。宋康王叫太史去占卜，太史說：「小鳥生了一隻大鳥，預示著你一定會稱霸天下。」康王非常高興。於是消滅了滕國，進攻薛邑，奪取了淮河以北的地方，這樣一來就更加自信，想稱霸馬上成功，所以射擊皇天，鞭笞后土，砍斷土地神和穀神的牌位而將祂們燒掉，說：「我的威勢要降服天下鬼神。」並辱罵國家元老中敢於進諫的人，戴了一種遮不住面額的帽子，以顯示他勇敢。又剖開駝子的背，砍斷早上徒步過水的人的小腿，因而全國的人大為驚恐。齊國人聽說了這些事就去攻打宋國，宋國百姓離散，沒有人守城。宋康王便逃到倪侯的館舍裡，於是被齊國抓到了，把他殺死。這就是看到了吉祥的兆頭卻不做吉祥的事，吉祥反而變成災難啊。

智伯欲伐衛

【題　解】智伯想進攻衛國，先給衛國送上厚禮，衛國君臣都為此慶賀，只有南文子看出智伯別有用心，提醒衛君做好智伯將要入侵的準備。

智伯❶欲伐衛，遺衛君野馬四百，白璧一。衛君大悅，群臣皆賀，南文子❷有憂色。衛君曰：「大國大懽❸，而子有憂色何？」文子曰：「無功之賞，無力❹之禮，不可不察也。野馬四百，璧一，此小國之禮也，而大國致之，君其圖❺之。」衛君以其言告邊境。智伯果起兵而襲衛，至境而反曰：「衛有賢人，先知吾謀也。」

【注　釋】❶智伯　春秋末年晉國的六卿之一。❷南文子　衛國的大夫。❸大國大懽　這句頗為費解，疑「大懽」為「交懽」之誤。《呂氏春秋・權勳》記載智伯為了進攻厹繇，先送去大鐘、方車，赤章蔓枝看出了智伯別有用心，要厹繇的國君不要接受，厹繇國君說：「大國為懽，而子逆之，不祥。」「交懽」即是「為懽」之意。懽，同「歡」。又這裡稱智伯稱衛為「大國」也是不實之詞，智伯沒有建國，衛國在當時也算不上大國。❹無力　沒有勞績。❺圖　圖謀；考慮。

【語　譯】智伯想進攻衛國，送給衛君野馬四百匹，白璧一個。衛君非常高興，群臣都來慶賀，可是南文子表現出憂愁的樣子。衛君說：「大國交歡，增進友誼，而你為什麼表現出憂愁的樣子？」南文子說：「沒有功勳卻得到獎賞，沒有勞績卻得到禮物，是不能不仔細考慮的。野馬四百匹，白璧一個，這是小國送給大國的禮品，卻由大國送給小國，你還是考慮考慮吧。」衛君將南文子的話轉告給邊境官吏。智伯果然起兵偷襲衛國，到了邊境就往回撤，說：「衛國有賢能的人，事先知道了我的計謀啊。」

智伯欲襲衛

【題解】智伯為了偷襲衛國，故意讓他的太子逃到衛國去，南文子又識破了他的陰謀。

智伯欲襲衛，乃佯亡其太子，使奔衛。南文子曰：「太子顏❶為君❷子也，甚愛而有寵，非有大罪而亡，必有故。」使人迎之於境，曰：「車過五乘，慎勿納也。」智伯聞之，乃止。

【注釋】❶顏　太子名。❷君　指智伯。

【語譯】智伯想偷襲衛國，就叫他的太子假裝逃走，讓他投奔衛國。南文子說：「太子顏是智伯的兒子，智伯很愛他寵他，沒有大罪卻逃走，其中必有緣故。」就派人到邊境上迎接他，並囑咐去迎接的人說：「車子超過了五輛，就千萬不要放他進來呀。」智伯知道了，便停止這一計畫。

秦攻衛之蒲

【題　解】胡衍勸秦國的樗里疾不要進攻衛國的蒲邑，因為衛國失去了蒲邑，就必然會投靠魏國，魏國就會強大起來；魏國強大起來了，就要向秦國奪回它的西河之地，這樣秦王就將埋怨樗里疾，對樗里疾不利。樗里疾聽從了胡衍的勸阻。

秦攻衛之蒲❶。胡衍謂樗里疾❷曰：「公之伐蒲，以為秦乎？以為魏乎？為魏則善，為秦則不賴❸矣。衛所以為衛者，以有蒲也。今蒲入於魏❹，衛必折於魏。魏亡西河之外❺，而弗能復取者，弱也。今并衛於魏，魏必強。魏強之日，西河之外必危。且秦王❻亦將觀公之事，害秦以善魏，秦王必怨公。」樗里疾曰：「奈何？」胡衍曰：「公釋蒲勿攻，臣請為公入戒❼蒲守，以德衛君。」樗里疾曰：「善。」胡衍因入蒲，謂其守曰：「樗里子知蒲之病❽也，其言曰：『吾必取蒲。』今臣能釋蒲勿攻。」蒲守再拜，因效金三百鎰焉，曰：「秦兵誠去，請厚子於衛君。」胡衍取金於蒲，以自重於衛。樗里子亦得三百金而歸，又以德衛君也。

【注　釋】❶蒲　衛邑，在今河南長垣。❷樗里疾　秦惠王的弟弟，秦國的左丞相，有「智囊」之稱。秦昭王元年（西元前三〇六年），樗里疾伐蒲。❸賴　利。❹魏　依《史記・樗里子甘茂列傳》司馬貞《索隱》「《戰國策》云『今蒲入於秦，衛必折而入於魏』」，「魏」字當作「秦」。❺西河之外　魏國黃河以西的地方。秦孝公二十二年（西元前三四〇年），商鞅伐魏，魏獻河西地與秦以和。秦惠王八年（西元前三三〇年）魏又納河西地於秦。❻秦王　秦昭王。❼戒　告。❽病　困。

【語　譯】秦國進攻衛國的蒲邑。胡衍對樗里疾說：「你進攻蒲邑，是為了秦國呢，還是為了魏國呢？為了魏國就好，為了秦國就對你不利了。衛國之所以成為衛國，是因為它有蒲邑。現在如果蒲邑併入秦國，衛國就必定轉而投靠魏國。魏國丟失了黃河以西的地方，卻不能再奪回來，是因為它弱小。現在衛國併入魏國，魏國就必定強大起來。魏國強大了的那一天，黃河以西的地方就必定危險。再說秦王也將觀察你辦事辦得怎麼樣，你損害了秦國而讓魏國得到了好處的話，秦王必定會埋怨你。」樗里疾說：「怎麼辦才好？」胡衍說：「你放棄蒲邑，不進攻它，請讓我替你進去告訴蒲邑的守將，以使衛君感激你。」樗里疾說：「好。」胡衍於是進入蒲城，對它的守將說：「樗里子知道蒲邑的困境，他揚言說：『我一定要奪取蒲邑。』現在我能使他放棄蒲邑，不進攻它。」蒲邑的守將再次下拜，於是獻給他黃金七千二百兩，說：「秦國的軍隊如果真的走了，就請允許我讓衛君重視你。」胡衍在蒲邑取得了賞金，在衛國又受到重視。樗里疾也得到了三百金回去了，而且又使衛君感激他。

衛使客事魏

【題　解】梧下先生巧妙地勸魏王立即接見了三年見不到他的衛客。

衛使客❶事魏，三年不得見。衛客患之，乃見梧下先生❷，許之以百金。梧下先生曰：「諾。」乃見魏王曰：「臣聞秦出兵，未知其所之。秦、魏交而不脩❸之日久矣，願博❹事秦，無有佗❺計。」魏王曰：「諾。」客❻趨出，至郎門❼而反曰：「臣恐王事秦之晚。」王曰：「何也？」先生曰：「夫人於事己者過急，於事人者過緩。今王緩於事己者，安能急於事人？」「奚以知之？」「衛客曰：『事王三年不得見。』臣以是知王緩也。」魏王趨見衛客。

【注釋】❶客　當時國與國之間派有常駐人員，稱為「客」，如〈韓策三・公仲使韓珉之秦求武隧〉說楚國派出唐客在韓國，〈秦策五・文信侯欲攻趙以廣河間〉說秦國派出蔡澤「事燕三年」，〈魏策〉也有「諸侯客聞之，皆使人告其王」的記載。❷梧下先生　可能因為他的住處叫「梧下」而稱為梧下先生。❸脩　重溫舊好。❹博　依鮑彪本當作「專」。❺佗　通「他」。❻客　指梧下先生。可能他也是別國派到魏國的常駐人員。❼郎門　疑是指宮門。一說「郎」通「廊」。

【語譯】衛國派客去侍奉魏國，三年見不到魏王。衛客為此感到憂慮，就去見梧下先生，給他一百金作為酬謝，要他想辦法。梧下先生說：「好。」於是就去見魏王說：「我聽說秦國派出了部隊，不知道他們將去哪裡。秦國和魏國沒有重修舊好已經很久了，希望大王專心侍奉秦國，不要有別的打算。」魏王說：「好。」梧下先生快步出去，走到宮門又回來說：「我擔心大王侍奉秦國晚了。」魏王說：「為什麼呢？」梧下先生說：「人們對於侍奉自己的人往往要求過急，對於侍奉別人又往往過於遲緩。現在大王對於侍奉自己的人遲緩，怎麼能夠急於侍奉別人？」魏王說：「怎麼知道我對於侍奉自己的人遲緩？」梧下先生說：「衛客說：『侍奉大王三年了，卻見不到大王。』我因此知道大王對於侍奉自己的人遲緩。」於是魏王就趕快見了衛客。

衛嗣君病

【題解】衛嗣君病重，富術勸殷順且利用人死前的異常心情，趁機掌握衛國的政權。

衛嗣君❶病。富術❷謂殷順且❸曰：「子聽吾言也以說君，勿益損也，君必善子。人生之所行，與死之心異。始君之所行於世者，食高麗❹也；所用者，紲錯、挐薄❺也。群臣盡以為君輕國而好高麗，必無與君言國事者。子謂君：『君之所行天下者甚謬，紲錯主斷於國，而挐薄輔之，自今以往者，公孫氏❻必不血食❼矣。』」君曰：「善。」與之相印，曰：「我死，子制之。」嗣君死，殷順且以君令相公期❽。紲錯、挐薄之族皆逐也。

【注釋】❶衛嗣君　是衛平侯的兒子。❷富術　人名。❸殷順且　人名。❹食高麗　在物質享受上追求高級華美。食，泛指物質享受。高麗，高級、華麗。❺紲錯挐薄　二人名。❻公孫氏　衛國君主的姓。❼不血食　不能享受祭祀，即要亡國。古代祭祀要宰殺牲口做祭品，所以稱祭祀為「血食」。❽公期　衛嗣君的兒子。鮑彪本作「公子期」。

【語譯】衛嗣君病重。富術對殷順且說：「你聽從我的話去勸君主，不能加一句，也不能減一句，君主必定就會對你好。人活著時候的所作所為，和將死時候的心情不同。當初，君主在世上的所作所為，在物質享受上追求高級華美；所重用的人，是紲錯、挐薄。群臣都認為國君輕視國家，只追求高級華美的物質享受，一定沒有人和君主談論國家大事。你對君主說：『你在天下的所作所為很不對，紲錯在國事上主觀武斷，而挐薄又為虎作倀，從今以後，公孫氏一定不能享受祭祀了。』」殷順且將富術的話告訴衛嗣君，衛嗣君說：「好。」便將相印給了殷順且，說：「我死了，你執掌政權。」衛嗣君死了，殷順且憑藉衛嗣君的遺囑做了相國，輔佐公子期。緤錯、挐薄這一班人都被放逐。

衛嗣君時胥靡逃之魏

【題　解】衛嗣君用重金甚至左氏邑去換回一個逃犯，群臣不理解，他說所以這樣做是因為治國不忽略小事就不會出大亂子。《韓非子・內儲說上・七術》也記載了這件事，用來說明執法必須堅決（所謂「法立而誅必」）。可見衛嗣君這樣做，是為了不讓逃犯逍遙法外，以免大亂。

衛嗣君時，胥靡❶逃之魏，衛贖之百金，不與；乃請❷以左氏❸。群臣諫曰：「以百金之地，贖一胥靡，無乃不可乎？」君曰：「治無小❹，亂無大❺。教化喻於民，三百❻之城，足以為治；民無廉恥，雖有十左氏，將何以用之？」

【注　釋】❶胥靡　囚犯。❷請　贖。❸左氏　衛邑，在今山東定陶西。❹小　小事，指一個囚犯逃跑。❺亂無大　《韓非子・內儲說上》注：「若不治小者，則大亂起也。」❻百　依金正煒《補釋》當作「里」。《孟子・公孫丑下》：「三里之城，七里之郭。」

【語　譯】衛嗣君執政的時候，有個囚犯逃到魏國去了，衛國用百金贖他回來，魏國不給；於是請求用左氏邑贖他回來。群臣勸阻說：「用百金和土地去贖一個囚犯，恐怕不行吧？」衛嗣君說：「治理國家不忽略小事，就不會出大亂子。老百姓懂得教化，只有三里城牆，也能夠把國家治理好；老百姓沒有廉恥，即使有十個左氏邑，又將有什麼用？」

衛人迎新婦

【題解】本篇用衛人迎婦的故事，說明講話要選擇恰當的時機。

衛人迎新婦，婦上車，問：「驂馬❶，誰馬也？」御曰：「借之。」新婦謂僕曰：「拊驂，無笞服。」車至門，扶，教送母：「滅竈，將失火。」入室見臼，曰：「徙之牖下，妨往來者。」主人笑之。此三言者，皆要言也，然而不免為笑者，蚤❷晚之時失也。

【注釋】❶驂馬　古代有的車用四匹馬拉，中間的兩匹叫服馬，左右的兩匹叫驂馬。❷蚤　早。

【語譯】衛國有人迎娶新媳婦，新媳婦上車，問道：「兩邊的兩匹馬是誰的馬？」駕車的說：「借來的馬。」新媳婦就對僕人說：「鞭打兩邊的兩匹馬，不要鞭打中間的兩匹馬。」車子到了婆家的門口，扶她下車，她對來送她的老婦說：「將竈裡的火熄掉，否則將要失火。」進入房內，看見一個石臼，她又說：「把它搬到窗戶下面去，以免妨礙來往過路的人。」主人認為她可笑。這三句話，都是緊要的話，可是免不了被人譏笑，那是因為該在以後說的話提前說了的緣故呀。

卷三三　中山策

〈中山策〉記載了中山國有關的事件。中山國古時叫鮮虞國，為白狄族所建立。戰國初年，中山武公初立，建都在顧。後來中山桓公遷都到靈壽。中山國與趙國多次發生戰爭，趙武靈王時尤其頻繁。西元前二九五年，趙國和齊國、燕國一起滅中山國。中山國的疆土在今河北定縣、唐縣一帶。

魏文侯欲殘中山

【題　解】趙臣常莊談替趙國設法阻止魏國兼併中山國。

魏文侯❶欲殘❷中山。常莊談❸謂趙襄子❹曰：「魏并中山，必無趙矣。公何不請公子傾❺以為正妻，因封之中山，是中山復立也。」

【注　釋】❶魏文侯　戰國早期人，名都（一說名斯），是魏桓子的孫子，即任命西門豹治鄴的君主。❷殘　滅。❸常莊談　趙臣。❹趙襄子　疑記載有誤。吳師道疑趙襄子應是趙獻子（即趙獻侯）之誤，譯文從其說。❺公子傾　魏君的女兒。古代諸侯的女兒也可稱「公子」。

【語　譯】魏文侯想滅掉中山國。常莊談對趙獻侯說：「魏國要是兼併了中山國，那就一定沒有趙國了。你為什麼不請求魏文侯的女兒傾做首席夫人，因而將中山國封給她，這樣中山國就得以再保存下去啊。」

犀首立五王

【題解】犀首約五國稱王，齊國羞與五國中的中山國一起稱王，想聯合趙國、魏國進攻中山國。中山國的君主恐懼不安。張登為此遊說齊相田嬰和趙、魏兩國，使得齊、趙、魏三國都同意中山國稱王，破壞了齊國聯合趙、魏兩國進攻中山國的計畫。

犀首❶立五王❷，而中山後持❸。齊謂趙、楚曰：「寡人羞與中山並為王，願與大國伐之，以廢其王。」中山聞之，大恐，召張登❹而告之曰：「寡人且王，齊謂趙、魏曰，羞與寡人並為王，而欲伐寡人。恐亡其國，不在索王。非子莫能吾救。」登對曰：「君為臣多車重幣，臣請見田嬰❺。」中山之君遣之齊，見嬰子❻曰：「臣聞君欲廢中山之王，將與趙、魏伐之，過矣。以中山之小，而三國伐之，中山雖益❼廢王，猶且聽也。且中山恐，必為趙、魏廢其王而務附焉，是君為趙、魏驅羊也，非齊之利也，豈若中山廢王而事齊哉？」田嬰曰：「奈何？」張登曰：「今君召中山，與之遇而許之王，中山必喜而絕趙、魏。趙、魏怒而攻中山，中山急而為君難其王❽，則中山必恐，為君廢王事齊❾。彼患亡其國，是君廢其王而亡❿其國，賢於為趙、魏驅羊也。」田嬰曰：「諾。」張丑⓫曰：「不可。臣聞之：『同欲者相憎，同憂者相親。』今五國相與王也，負海⓬不與焉，此是欲皆在為王，而憂在負海。今召中山，與之遇而許之王，是奪五⓭國而益負海也。致中山而塞四國，四國寒心，必先與之王而故親之，是君臨⓮中山而失四國也。且張登之人為也，善以微計薦⓯中山之君久矣，難信以為利。」

【章　旨】張登勸齊相田嬰不要因為羞與中山國一起稱王而和趙、魏進攻中山國，否則中山國將要依附趙、魏，對齊不利。齊臣張丑反對田嬰接受張登的建議，說這樣就將失去其他四國。

【注　釋】❶犀首　即公孫衍。曾任魏相，張儀死後，犀首入秦為相。「嘗佩五國之相印，為約長」（見《史記・張儀列傳》）。❷立五王　約五國稱王。五國，說法不一，高誘認為是齊、趙、魏、燕、中山五國；鮑彪認為是秦、韓、燕、宋、中山五國。❸後持　吳曾祺《戰國策補注》疑「持」作「特」，在「後」字上。❹張登　中山國臣。❺田嬰　齊相，是孟嘗君的父親。❻嬰子　即田嬰。❼益　更甚。❽難其王　指齊國為中山國稱王製造困難，要去進攻它。❾為君廢王事齊　這句是說中山國由於害怕而停止稱王，侍奉齊國。❿亡　鮑彪本作「立」。⓫張丑　齊臣。⓬負海　稱代齊國。齊國背靠大海。⓭五　依鮑彪本當作「四」。⓮臨　統治。⓯薦　進。

【語　譯】犀首擁立五國為王，而只有中山國最後稱王。齊國對趙國、魏國說：「寡人為和中山國一道稱王感到羞恥，希望與貴國一起去攻打它，以阻止它稱王。」中山國國君聽說這件事，大為恐懼，召見張登，把這事告訴他說：「寡人將要稱王，齊國對趙國、魏國說它和寡人一起稱王感到羞恥，而想進攻寡人。寡人擔心國家要滅亡，倒不在於要求稱王。而今不是你就沒有人能救我了。」張登回答說：「你替我多準備點車子和貴重的禮物，我願意去見田嬰。」中山國國君就派遣他前往齊國，去見田嬰說：「我聽說你想阻止中山國稱王，將和趙國、魏國去進攻中山國，這就錯了。像中山國這樣的小國，三個國家去進攻它，即使比停止稱王更厲害的要求，中山國還是會聽從的啊。再說中山國由於恐懼，必定會因為趙國、魏國要進攻它便停止稱王，而力求依附這兩個國家，這樣你就等於替趙國、魏國驅趕羊群，讓趙國、魏國得到好處，這對齊國說來是不利的啊，哪裡比得上讓中山國廢除王號而來侍奉齊國好呢？」田嬰說：「該怎麼辦？」張登說：「你現在如果召見中山國的國君，和他相會而答應他稱王，中山國必定會高興而與趙國、魏國絕交。趙國、魏國感到惱火就會去進攻中山國，中山國看到情況危急而又因為你們齊國給它稱王製造困難，中山國就必定會害怕，為你廢除王號而來侍奉齊國。它擔心的是亡國，這樣你讓它廢除王號而讓它保存了國家，比起替趙國、魏國驅趕羊群，使中山國依附趙國、魏國，還要強啊。」田嬰說：「好。」張丑說：「不行。我聽說：『欲望相同的人互相憎恨，憂愁相同的人互相親近。』現在五國互相一起稱王，而齊國不想和它們一起稱王，這樣他們的欲望都在稱王上，而憂愁的是齊國破壞了它稱王。現在大王召見中山國的國君，和他相會，只答應他稱王，這就是奪取了其他四國稱王的權利，從而使齊國得到好處啊。使中山國來侍奉齊國卻阻塞了其他四國親齊的道路，其他四國就會寒心，一定會先和中山國一起稱王而故意親近它，這樣你統治了中山國，卻丟掉了其他四國啊。再說張登為人，善於用小計謀進獻給中山君已經很久了，難以相信他說的對齊國是有利的。」

田嬰不聽，果召中山君而許之王。張登因謂趙、魏曰：「齊欲伐河東❶。」「何以知之？」「齊羞與中山之為王甚矣，今召中山，與之遇而許之王，是欲用其兵❷也。豈若令大國先與之王，以止其遇哉？」趙、魏許諾，果與中山王而親之。中山果絕齊而從趙、魏。

【章　旨】田嬰拒絕了張丑的諫阻，張登趁機遊說趙、魏，使趙、魏和中山一起稱王，與齊國絕交。

【注　釋】❶河東　指魏國。魏國地在黃河以東。❷欲用其兵　這就是張丑所說的「微計」之類。

【語　譯】田嬰不聽從張丑的諫阻，果然召見了中山國的國君而答應他稱王。張登於是對趙國、魏國說：「齊國想進攻黃河以東的地方。」趙國、魏國問：「怎麼知道？」張登說：「齊國認為和中山國一起稱王是很大的恥辱，現在卻又召見中山國的國君，和他相會，而且答應他稱王，這是想利用中山國的軍隊進攻黃河以東的地方啊。不如貴國等先和中山國一起稱王，以阻止他們的會見呢？」趙國、魏國同意，果然和中山國一起稱王而親近它。中山國果然和齊國絕交而跟隨趙國、魏國。

中山與燕趙為王

【題　解】中山國和燕國、趙國稱王，齊國為此將要割地賄賂燕國、趙國，一起進攻中山國。中山國的張登通過遊說齊王的辦法，離間了齊國和燕國、趙國的關係，使得燕國、趙國堅定了輔助中山國稱王的決心。

中山與燕、趙為王，齊閉關不通中山之使，其言曰：「我萬乘之國也，中山千乘之國也，何侔❶名於我？」欲割平邑❷以賂燕、趙，出兵以攻中山。藍諸君❸患之。張登❹謂藍諸君曰：「公何患於齊？」藍諸君曰：「齊強，萬乘之國，恥與中山侔名，不憚割地以賂燕、趙，出兵以攻中山。燕、趙好位❺而貪地，吾恐其不吾據也。大者危國，次者廢王，奈何吾弗患也？」張登曰：「請令燕、趙國輔中山而成其王，事遂定，公欲之乎？」藍諸君曰：「此所欲也。」曰：「請以公為齊王❻而登試說公，可，乃行之。」藍諸君曰：「願聞其說。」

【章旨】中山相藍諸君為齊國反對中山國稱王而聯合燕、趙兩國來進攻中山國而憂慮，張登向他表示能堅定燕、趙兩國輔助中山國稱王的決心。

【注釋】❶侔　等同。❷平邑　在今山東昌樂東北。❸藍諸君　中山國的相，一作「望諸君」，〈燕策二・蘇代為奉陽君說燕於趙以伐齊〉：「望諸相中山。」❹張登　中山國臣。❺位　當作「倍」，通「背」。❻齊王　齊閔王。

【語譯】中山國和燕國、趙國稱王，齊國封閉關口，不讓中山國的使者往來，它揚言說：「我們是能出一萬輛兵車的大國，中山是只能出千輛兵車的國家，怎麼它能和我們的名號相等呢？」便想割讓平邑去賄賂燕國、趙國，出兵進攻中山國。藍諸君為此感到憂慮。張登對藍諸君說：「你為什麼對齊國感到憂慮？」藍諸君說：「齊國強大，是個能出一萬輛兵車的國家，它認為和中山國名號相等是種恥辱，不怕割讓土地去賄賂燕國、趙國，出兵進攻中山國。燕國、趙國喜好背棄盟約，貪求土地，我擔心它們不能作為我們的依靠啊。嚴重的後果是國家危亡，輕一點的後果也要停止稱王，我怎麼能不憂慮啊！」張登說：「請讓我使燕國、趙國堅定地輔助中山國而完成稱王的功業，事情就這樣平定下來，你想這樣做嗎？」藍諸君說：「這是我的願望啊。」張登說：「那就請你扮演齊王，而我試著勸說你，你認為可以的話，才去實行它。」藍諸君說：「願聽你的勸說。」

登曰：「王之所以不憚割地以賂燕、趙，出兵以攻中山者，其實欲廢中山之王也。王曰：『然。』然則王之為費且危。夫割地以賂燕、趙，是強敵也；出兵以攻中山，首難也。王行二者，所求中山未必得。王如用臣之道，地不虧而兵不用，中山可廢也。王必曰：『子之道奈何？』」藍諸君曰：「然則子之道奈何？」

張登曰：「王❶發重使，使告中山君曰：『寡人所以閉關不通使者，為中山之獨與燕、趙為王，而寡人不與聞焉，是以隘之。王❷苟舉趾以見寡人，請亦佐君。』中山恐燕、趙之不己據也，今齊之辭云『即佐王❸』，中山必遁燕、趙，與王❹相見。燕、趙聞之，怒絕之❺，王亦絕之，是中山孤，孤何得無廢？以此說齊王，齊王聽乎？」藍諸君曰：「是則必聽矣，此所以廢之，何在其所存之矣？」張登曰：「此王❻所以存者也。齊以是辭❼來，因言告燕、趙而無往，以稽厚於燕、趙，燕、趙必曰：『齊之欲割平邑賂我者，非欲廢中山之王也，徒欲以離我於中山，而己親之也。』雖百平邑，燕、趙必不受也。」藍諸君曰：「善。」

【章旨】張登為了使藍諸君相信自己有辦法堅定燕、趙兩國輔助中山國稱王的決心，請藍諸君扮演齊王，先作一次遊說試驗。

【注釋】❶王　齊王。❷王　中山王。❸王　幫助中山王稱王。❹王　齊王。❺之　指代中山國。❻王　中山王。❼是辭　指齊王派使者告訴中山君的那些話。

【語譯】張登說：「大王所以不怕割讓土地去賄賂燕國、趙國，出兵去攻打中山國，其實就是想廢除中山國的王號啊。齊王一定會說：『對。』這樣做，大王既浪費了土地而且又危險。割讓土地去賄賂燕國、趙國，這是在增強敵人的力量啊；出兵去進攻中山國，這是由大王首先發動戰爭啊。大王做了這兩點，你對中山國的要求未必能夠得到滿足。大王如果用我的辦法，土地不會丟失，也不要用兵，就可以廢除中山國的王號。齊王必定說：『你的辦法是怎麼樣？』」藍諸君說：「既然這樣，那麼你的辦法是怎麼樣？」張登說：「大王可以派出重要的使者，讓他去告訴中山君說：『寡人所以封閉關口，不讓使者往來，是因為中山國單獨和燕國、趙國稱王，而寡人不知道這件事，因此斷絕使者的來往。大王如果邁開你的雙腿來見寡人，請讓我也幫助你稱王。』中山國擔心燕國、趙國不能作為自己依靠，現在齊國傳來的話又說『可以馬上幫助中山君稱王』，中山君必定會避開燕國、趙國，來和大王相見。燕國、趙國聽說了，就會發怒而和中山國絕交，大王也和它絕交，這樣中山國就孤立了，孤立以後怎麼會不廢除王號？用這些話去遊說齊王，齊王能不聽採嗎？」藍諸君說：「這樣他就必定聽採了。可是這是用來使我們中山國廢除王號的辦法，怎麼能說它可以保存中山國的王號呢？」張登說：「這正是我們中山國保存王號的辦法啊。齊國派使者傳來了這些話，因而我們就可以將這些告訴燕國和趙國，要它們不要去和齊國聯合，以討好燕國和趙國，燕國和趙國必定會說：『齊國想割讓平邑以賄賂我們，原來不是想使中山君廢除王號啊，只是想用這種辦法離間我們和中山國的關係，而讓中山國親近它自己啊。』齊國即使割讓一百個平邑，燕國、趙國也必定不會接受啊。」藍諸君說：「妙。」

遣張登往❶，果以是辭來。中山因告燕、趙而不往，燕、趙果俱輔中山而使其王。事遂定。

【章　旨】中山國派張登前往齊國遊說，張登的辦法果然見效。

【注　釋】❶往　往齊國。

【語　譯】中山國派張登前往齊國，齊國真的向中山國傳來了前面說的這些話。中山國因而就將這些話告訴燕國、趙國，要它們不要去和齊國聯合，燕國、趙國果然都輔助中山國而讓它稱王。事情就這樣平定下來。

司馬憙使趙為己求相中山

【題　解】公孫弘暗中得知司馬憙私通趙國為自己謀求相位之事，因處理不當，反而引起了中山君對他的懷疑。

司馬憙❶使趙為己求相中山，公孫弘❷陰知之。中山君出，司馬憙御，公孫弘參乘❸。弘曰：「為人臣，招❹大國之威，以為己求相，於君何如？」君曰：「吾食其肉，不以分人。」司馬憙頓首於軾曰：「臣自知死至矣！」君曰：「何也？」「臣抵罪❺。」君曰：「行，吾知之❻矣。」居頃之，趙使來，為司馬憙求相。中山君大疑公孫弘，公孫弘走出。

【注　釋】❶司馬憙　中山國臣，一作「司馬喜」，和趙國關係密切，《韓非子・內儲說下六微》說他「以中山之謀微告（密告）趙王」，把他當作「召敵兵以內除（除掉國內的異己）」，「成其私利，不顧國患」的姦臣的例子。❷公孫弘　中山國臣。❸參乘　即「驂乘」，又叫車右，站在車上右邊的衛士。❹招　招來；借用。❺抵罪　當罪。❻知之　意思是知道公孫弘在讒毀司馬憙，因為當時公孫弘無故發問，看起來好像是有意中傷司馬憙，而司馬憙並沒有辯解，顯出很忠誠的樣子。

【語　譯】司馬憙讓趙國為自己要求做中山國的相，公孫弘暗中知道這件事。有一次，中山君出去，司馬憙駕車，公孫弘做驂乘。公孫弘說：「做人家的臣子，招來大國的威勢，來為自己謀求相位，依你看來這樣的人怎麼樣？」中山君說：「我吃他的肉，不分給別人。」司馬憙在車前橫木上叩頭說：「我自己知道死的日子已經到了！」中山君說：「為什麼呢？」司馬憙說：「我當死罪。」中山君說：「駕車走吧，我知道了。」過了不久，趙國的使者來了，替司馬憙要求相位。中山君大大懷疑公孫弘在私通趙國，於是公孫弘就逃走。

司馬憙三相中山

【題　解】司馬憙三次做中山國的相，中山國的美人陰簡為難他，田簡設法使他擺脫了困境。

司馬憙三相中山，陰簡❶難之。田簡❷謂司馬憙曰：「趙使者來屬耳❸，獨不可語陰簡之美乎？趙必請之，君與之，即公無內難矣；君弗與趙，公因勸君立之以為正妻，陰簡之德公，無所窮矣。」果令趙請，君弗與。司馬憙曰：「君弗與趙，趙王必大怒；大怒則君必危矣。然則立以為妻，固無請人之妻不得而怨人者也。」田簡自謂❹取使❺，可以為司馬憙，可以為陰簡，可以令趙勿請也。

【注　釋】❶陰簡　中山君的美人。❷田簡　當是中山國臣。❸屬耳　耳朵貼在牆上竊聽。《詩經．小雅．小弁》：「耳屬於垣。」屬，連；靠近。❹謂　鮑彪本作「為」，認為。❺取使　疑當作「使取」。取，通「娶」。

【語　譯】司馬憙三次做中山國的相，中山君的美人陰簡刁難他。田簡對司馬憙說：「趙國的使者來探聽情況，難道不可以告訴他陰簡漂亮嗎？趙王必定會請求得到她，中山君將她給了趙國，那麼你在國內就沒有人刁難了；中山君不把她給趙國，你於是就勸中山君娶她做正妻，陰簡對你的感激，就沒有窮盡了。」司馬憙果然讓趙王請求得到陰簡，中山君不給。司馬憙對中山君說：「你不把她給趙國，趙王必定大怒；趙王大怒，那你就必定危險了。既然這樣，那你就可娶她做正妻，世上當然沒有請求得到別人的正妻、得不到就埋怨別人的事啊。」田簡自己認為使中山君娶陰簡為正妻，就可以幫助司馬憙，可以幫助陰簡，可以使趙王不請求得到陰簡。

陰姬與江姬爭為后

【題　解】陰姬與江姬爭做王后，司馬憙幫助陰姬，先以陰姬之美遊說趙王，促使趙王想得到陰姬，然後再以此為由勸說中山王立陰姬為王后。

陰姬與江姬❶爭為后。司馬憙謂陰姬公❷曰：「事成，則有土、子民❸；不成，則恐無身。欲成之，何不見臣乎？」陰姬公稽首曰：「誠如君言，事何可豫道❹者？」司馬憙即奏書中山王曰：「臣聞弱趙強中山。」中山王悅而見之曰：「願聞弱趙強中山之說。」司馬憙曰：「臣願之趙，觀其地形險阻，人民貧富，君臣賢不肖，商敵❺為資❻，未可豫陳也。」中山王遣之。

【章　旨】司馬憙為了立陰姬為王后，謊稱要去趙國瞭解情況，請求中山王讓他出使趙國。

【注　釋】❶陰姬與江姬　二人都是中山君的美人。❷陰姬公　陰姬的父親。❸子民　在這裡是人民的意思。❹豫道　預道；事先告訴。鮑彪注：「言將厚報之，未可先言。」❺商敵　依王念孫說是「商敲」之誤。即「商搉」。《太平御覽・人事部》引此句作「商搉為資」。❻資　憑藉；依據。

【語　譯】陰姬和江姬爭著要做王后。司馬憙對陰姬的父親說：「事情成功了，就有土地和人民；不成功，就怕要沒命。你想成功，為什麼不來見我呢？」陰姬的父親下拜，將頭叩在地上說：「的確如你所說，但這種事怎能先說出去呢？」司馬憙立即上奏書給中山王，說：「我已經聽說了使趙國變弱、中山國變強的辦法。」中山王高興地接見他說：「願意聽聽你那使趙國變弱、中山國變強的高論。」司馬憙說：「我願意前往趙國，觀察它的地形和險要的關塞、人民的貧富、君臣的賢與不賢等各方面的情況，作為商討對策的依據，不能事先就陳說我的意見。」中山王於是派遣司馬憙去趙國。

見趙王曰：「臣聞趙，天下善為音，佳麗人之所出也。今者，臣來至境，入都邑，觀人民謠俗，容貌顏色，殊無佳麗好美者。以臣所行多矣，周流無所不通，未嘗見人如中山陰姬者也。不知者，特以為神力❶言不能及也❷。其容貌顏色，固已過絕人矣。若乃其眉目准❸頞❹權❺衡❻，犀角❼偃月❽，彼乃帝王之后，非諸侯之姬也。」趙王意移，大悅曰：「吾願請之，何如？」司馬憙曰：「臣竊見其佳麗，口不能無道爾。即欲請之，是非臣所敢議，願王無泄也。」

【章　旨】司馬憙見到趙王，誇陰姬之美，趙王於是想得到陰姬。

【注　釋】❶力　依王引之說，「力」是「也」之誤。❷言不能及也　五字本是高誘的注文，宜刪去。《太平御覽・人事部》引《策》文無此五字。參見《讀書雜志・戰國策第三》。❸准　鼻子。❹頞　額頭。❺權　通「顴」。臉的兩側。❻衡　眉上部分。❼犀角　頭骨。❽偃月　額骨。

【語　譯】司馬憙去見趙王，說：「我聽說趙國，是天下擅長音樂、出美人的地方呀。現在我從中山國來到趙國的邊境，進入都市，聽了民謠，觀察了民風民俗，從人們的容貌顏色上看，卻一個美人也沒有。我到過的地方多了，周遊天下，無處不到，沒有見到過像中山國陰姬那樣的美人。不知道的人，還以為她是仙女。她的容貌顏色，本來就已經超過絕代佳人了。至於她的眉毛、眼睛、額頭、臉蛋、眉宇、頭型、額型，都美極了，她真該是帝王的王后，不該是諸侯的美人呀。」趙王一聽，就動了心，很高興地說：「我願請求得到她，你看怎麼樣？」司馬憙說：「我私下看見她漂亮，嘴裡不能忍住不說罷了。如果想要請求得到她，這不是我所敢議論的事，希望大王不要洩露出去呀。」

司馬憙辭去，歸報中山王曰：「趙王非賢王也，不好道德，而好聲色；不好仁義，而好勇力。臣聞其乃欲請所謂陰姬者。」中山王作色不悅。司馬憙曰：「趙強國也，其請之必矣。王如不與，即社稷危矣；與之，即為諸侯笑。」中山王曰：「為將奈何？」司馬憙曰：「王立為后，以絕趙王之意，世無請后者！雖欲得請之，鄰國不與❶也。」中山王遂立以為后，趙王亦無請言也。

【章　旨】司馬憙以趙王想得到陰姬為藉口，請求中山王立陰姬為王后。

【注　釋】❶與　贊同。

【語　譯】司馬憙告辭趙王離開趙國，回來向中山王報告說：「趙王不是個賢能的君王，他不愛好道德，卻愛好聲色；不愛好仁義，卻愛好勇力。我聽說他竟想請求得到名叫陰姬的人。」中山王一聽，臉色變了，顯得不高興。司馬憙說：「趙國是強國，他想請求得到陰姬的決心已定了。大王如果不給他，國家就危險了；如果給他，就被諸侯所恥笑。」中山王說：「將怎麼辦才好？」司馬憙說：「大王可以立陰姬為王后，以使趙王斷了那個念頭，世上總沒有請求得到別人的王后的道理！他即使想得到陰姬，鄰國也不會贊同啊。」中山王於是立陰姬做王后，趙王也不再說請求得到陰姬。

主父欲伐中山

【題　解】主父（趙武靈王）想進攻中山國，派李疵去探視情況。李疵得知中山君重士而不重耕者，斷定中山國將亡，認為可以進攻中山國。所言的道理，與法家的主張相似。

主父❶欲伐中山，使李疵❷觀之。李疵曰：「可伐也。君弗攻，恐後天下。」主父曰：「何以？」對曰：「中山之君，所傾蓋❸與車❹而朝窮閭隘巷之士者，七十家。」主父曰：「是賢君也，安可伐？」李疵曰：「不然。舉士，則民務名不存本❺；朝賢，則耕者惰而戰士懦。若此不亡者，未之有也。」

【注　釋】❶主父　趙武靈王二十七年（西元前二九九年）立王子何為趙惠文王，自號主父。趙惠文王三年（西元前二九六年）滅中山。❷李疵　趙臣。❸傾蓋　途中相逢，傾斜著車蓋而交談。傾，斜。蓋，車蓋；車上的傘。❹與車　並車。❺本　農業。古以農為本。

【語　譯】主父想進攻中山國，讓李疵觀察中山國的情況。李疵說：「可以進攻。你不進攻，恐怕就要落在天下諸侯的後面。」主父說：「怎麼知道？」李疵回答說：「中山君與士人斜著車蓋，並車交談，而且到窮街狹巷裡朝見士人，有七十戶之多。」主父說：「這說明他是賢能的君主，怎麼可以進攻它？」李疵說：「不對。提拔士人，那麼老百姓就追求虛名而不把農耕放在心上；朝拜賢士，那麼耕田的就懶惰，而戰士就懦弱。像這樣還不亡國，是沒有的事啊。」

中山君饗都士

【題解】本篇用中山君饗士不遍以及賞餓及時的故事，說明施與不在多少，而要當人困厄之時；怨恨不在深淺，而要不傷人之心的道理。

中山君饗❶都士❷，大夫司馬子期❸在焉。羊羹不遍，司馬子期怒而走於楚，說楚王伐中山，中山君亡。有二人挈戈而隨其後者，中山君顧謂二人：「子奚為者也？」二人對曰：「臣有父，嘗餓且死，君下壺飡❹餌❺之。臣父且死，曰：『中山有事，汝必死之。』故來死君❻也。」中山君喟然而仰歎曰：「與不期眾少，其於當厄；怨不期深淺，其於傷心。吾以一杯羊羹亡國❼，以一壺飡得士二人。」

【注釋】❶饗　犒賞；飲宴。❷都士　都邑中的士大夫。❸司馬子期　中山國的臣子。後來做了楚國的卿。❹壺飡　用壺裝的飯。壺，古代盛飲食的器具。❺餌　給人食物吃。❻死君　為君死。❼亡國　中山國亡於西元前二九六年。

【語　譯】中山君設宴犒賞都邑裡的士大夫，大夫司馬子期在座。羊肉羹分賞不遍，司馬子期沒有得到，便發火逃到楚國去，勸楚王進攻中山國，於是中山君被迫逃亡。當時有兩個人提著戈跟在他的後面，中山君回過頭來對那兩個人說：「你們是幹什麼的人？」兩人回答說：「我們的父親，曾經將要餓死，你賜下一壺飯給他吃。我們的父親臨終時說：『中山君有難，你們一定要為他效死。』所以前來為你效死。」中山君感慨地朝天歎息說：「施與不在多少，而要在於受施人正陷入困境的時候；怨恨不在深淺，而要不傷害人的心。我因為一杯羊肉羹亡國，因為一壺飯得到了兩個義士。」

樂羊為魏將

【題　解】本篇記載的是魏將樂羊為了進攻中山國而食其子之羹的事，與〈魏策一・樂羊為魏將而攻中山〉內容基本相同。

樂羊為魏將，攻中山。其子時在中山，中山君亨之，作羹致於樂羊，樂羊食之。古今稱之：樂羊食子以自信❶，明害父以求法❷。

【注　釋】❶自信　表明自己對魏文侯的忠誠。〈魏策一・樂羊為魏將而攻中山〉載魏文侯的話說：「樂羊以我之故，食其子之肉。」信，誠。❷明害父以求法　據《韓詩外傳・卷十・第二十四章》記載，楚國有個士叫申鳴，是個孝子，楚王召他，他不去，說：「為什麼要不做孝子而去做忠臣?」父親說：「你去，有了祿位，你快樂，我就不憂愁了。」申鳴便去做了左司馬。後來白公勝作亂，殺了令尹子西和司馬子期，申鳴帶兵圍住了白公勝，白公勝便將申鳴的父親抓來做人質，對申鳴說：

「你幫助我，我就和你平分楚國；不幫助我，就殺掉你的父親。」申鳴流涕回答說：「當初是父親的兒子，現在是君主的臣子，已經不能做孝子了，怎麼能不做忠臣呢？」於是就擊鼓進攻，殺了白公勝，而申鳴的父親也就被殺死了。明，當作「鳴」，指春秋時的申鳴。法，國法。

【語　譯】樂羊做魏國的將軍，去進攻中山國。他的兒子當時在中山國，中山君烹殺了他的兒子，做成羹湯送給樂羊。樂羊將它喝了。古今都述說道：樂羊喝了兒子的肉羹以表明自己的誠信，申鳴害了父親以求遵守國法。

昭王既息民繕兵

【題　解】秦昭王四十七年（西元前二六〇年），白起在長平大敗趙軍。第二年，秦昭王又想圍攻趙都邯鄲。白起依據形勢的發展變化，極力反對秦昭王再次攻趙，析理透辟，言辭懇切。本篇所記之事，和中山國無關，鮑彪本將它列入〈秦策〉，是有道理的。

昭王❶既息民繕❷兵，復欲伐趙❸。武安君❹曰：「不可。」王曰：「前年國虛民飢，君不量百姓之力，求益軍糧以滅趙。今寡人息民以養士，蓄積糧食，三軍之俸有倍於前，而曰『不可』，其說何也？」武安君曰：「長平❺之事，秦軍大尅，趙軍大破；秦人歡喜，趙人畏懼。秦民之死者厚葬，傷者厚養，勞者相饗，飲食餔餽❻，以靡❼其財；趙人之死者不得收，傷者不得療，涕泣相哀，勠力同憂，耕田疾作，以生其財。今發軍，雖倍其前，臣料趙國守備，亦以❽十倍矣。趙自長平已來，君臣憂懼，早朝晏退，卑辭重幣，四面出嫁，結親燕、魏，連好齊、楚，積慮并心，備秦為務。其國內實，其交外成。當今之時，趙未可伐也。」

【章　旨】白起向秦昭王申述不可再次攻趙的理由。

【注　釋】❶昭王　秦昭王。❷繕　修理。❸復欲伐趙　秦昭王四十七年（西元前二六〇年）派白起在長平大敗趙軍，坑殺趙卒四十多萬，白起便回到秦國。秦昭王又想攻趙。❹武安君　白起，秦將。西元前二七八年白起大敗楚國，秦昭王封他做武安君。❺長平　趙邑，在今山西高平西北。❻餔餽　給人設宴。❼靡　費。❽以　通「已」。

【語　譯】秦昭王已經給了百姓一個喘息的時間，修理了兵器，又想進攻趙國。武安君白起說：「不行。」秦昭王說：「前年國庫空虛，百姓飢餓，你不考慮百姓的能力，要求增加軍糧去消滅趙國。現在寡人讓百姓得到休息，士卒得到撫養，儲備了糧食，三軍的給養比以前增加了一倍，而你卻說『不能進攻趙國』，你為什麼這麼說呢？」武安君說：「長平之戰，秦軍打了大的勝仗，趙軍遭到慘敗；秦國人高興，趙國人害怕。秦國人戰死的得到厚葬，受傷的得到好的療養，有功勞的受到宴賞、飲食設宴，因而耗費了錢財；趙國人戰死的沒人收屍，受傷的得不到治療，哭哭啼啼，相互哀憐，協心同憂，患難與共，努力耕作，因而增加了生產。現在大王出兵，即使比以前增加了一倍兵力，我料想趙國的防守力量，也已經增加十倍了。趙國從長平之戰以來，君臣憂心恐懼，早上朝，晚退朝，用謙卑的言辭，貴重的禮物，四面聯姻，和燕國、魏國結親，與齊國、楚國結好，處心積慮，同心協力，以防備秦國。它的國家內部國力充實，外交也很成功。現在這個時候，趙國是不能進攻的啊。」

王曰：「寡人既以興師矣。」乃使五校大夫王陵❶將而伐趙。陵戰失利，亡五校❷。王欲使武安君，武安君稱疾不行。王乃使應侯❸往見武安君，責之曰：「楚，地方五千里，持戟百萬。君前率數萬之眾入楚，拔鄢、郢❹，焚其廟，東至竟陵❺，楚人震恐，東徙❻而不敢西向。韓、魏相率，興兵甚眾，君所將之❼不能半之，而與戰之❽於伊闕❾，大破二國之軍，流血漂鹵❿，斬首二十四萬。韓、魏以故至今稱東藩。此君之功，天下莫不聞。今趙卒之死於長平者已十七、八，其國虛弱，是以寡人大發軍，人數倍於趙國之眾，願使君將，必欲滅之矣。君嘗以寡擊眾，取勝如神，況以彊擊弱、以眾擊寡乎？」

【章旨】秦將王陵攻趙失敗，秦昭王再次要白起去攻趙，白起稱病不往，秦昭王派范睢去責備白起。

【注釋】❶五校大夫王陵　校，是衍文，宜刪去。《史記・秦本紀》作「五大夫陵」，〈白起列傳〉作「五大夫王陵」可證。五大夫，官爵名。王陵，秦將。秦昭王四十八年（西元前二五九年）十月派五大夫王陵進攻趙都邯鄲。❷校　軍營。❸應侯　即范睢，當時為秦相。❹拔鄢郢　秦昭王二十八年（西元前二七九年）秦將白起攻取鄢地，次年又攻下郢都。鄢，楚地名，在今湖北宜城。郢，楚都，在今湖北江陵郊區。❺竟陵　在今湖北天門西北。❻東徙　指楚頃襄王遷都到陳（今河北淮陽）。❼之　依鮑彪本「之」下當補一「卒」字。❽戰之　依吳師道《補正》「戰之」當作「之戰」。❾伊闕　在今河南洛陽南，即龍門石窟處。❿鹵　大盾。

【語譯】秦昭王說：「寡人已經起兵了。」便派五大夫王陵率領部隊進攻趙國。王陵作戰失利，丟失五座軍營。秦昭王想使武安君去接替王陵，武安君聲稱有病不能去。秦昭王便派應侯范睢前去見武安君，責備他說：

「楚國的領土方圓五千里，持戟的戰士有一百萬。你前次率領幾萬軍隊攻入楚國，攻下了鄢地和郢都，焚燒了它的宗廟，向東一直攻到了竟陵，楚國人震驚，向東遷都而不敢向西抗秦。韓國和魏國前後相隨出兵，調動的部隊很多，你所率領的部隊不到它們的一半，和它們在伊闕作戰，大敗兩國的軍隊，敵人流出的血漂起了大的盾牌，砍下敵人的腦袋二十萬顆。韓國、魏國因此直到現在還自稱是秦國東邊的藩國。這是你的功勞，天下沒有人不知道。現在趙國的士卒在長平之戰中已經死了十分之七、八，它的國家虛弱，因此寡人派出大軍，人數超過了趙國的幾倍，希望讓你率領軍隊出戰，一定要消滅趙國。你曾經以少擊多，像神兵一樣取得勝利，何況現在是以強擊弱、以多擊少呢？」

武安君曰：「是時❶楚王❷恃其國大，不恤❸其政，而群臣相妒以功，諂諛用事，良臣斥疏，百姓心離，城池不修，既無良臣，又無守備。故起所以得引兵深入，多倍城邑❹，發梁❺焚舟以專民以❻，掠於郊野以足軍食。當此之時，秦中士卒，以軍中為家，將帥為父母，不約而親，不謀而信，一心同功，死不旋踵❼；楚人自戰其地，咸顧其家，各有散心，莫有鬥志，是以能有功也。伊闕之戰❽，韓孤❾顧❿魏，不欲先用其眾；魏恃韓之銳，欲推以為鋒⓫。二軍爭便之力不同，是以臣得設疑兵，以待⓬韓陣，專軍并銳，觸魏之不意。魏軍既敗，韓軍自潰，乘勝逐北⓭，以是之故能立功。皆計利形勢，自然之理，何神之有哉！今秦破趙軍於長平，不遂以時乘其振⓮懼而滅之，畏而釋之，使得耕稼以益蓄積，養孤長幼以益其衆，繕治兵甲以益其強，增城浚池以益其固。主折節⑮以下其臣，臣推體⑯以下死士。至於平原君⑰之屬，皆令妻妾補縫於行伍之間。臣人一心，上下同力，猶句踐困於會稽⑱之時也。以合⑲伐之，趙必固守，挑其軍戰，必不肯出；圍其國都，必不可尅；攻其列城，必未可拔；掠其郊野，必無所得。兵出無功，諸侯生心，外救必至。臣見其害，未覩其利，又病，未能行。」

【章　旨】白起回答秦昭王的責備，說明自己以往戰勝過楚、韓、魏，現在卻不能率領軍隊攻趙的原因。

【注　釋】❶是時　在這裡相當於那時、當時。❷楚王　指楚頃襄王。❸恤　顧及。❹倍城邑　鮑彪注：「兵深入，城邑在後，故言倍。」倍，通「背」。❺發梁　拆毀橋梁。❻以　當作「心」。❼旋踵　往回跑。❽伊闕之戰　發生在秦昭王十四年（西元前二九三年）。❾孤　指勢單力薄。❿顧　顧望。⓫鋒　先鋒。⓬待　應付。⓭北　敗走。⓮振　通「震」。⓯折節　彎腰；屈己下人。⓰推體　移動身體。如鞠躬之類。⓱平原君　即趙勝，曾多次擔任趙相，喜招賢納士。⓲句踐困於會稽　越王句踐被吳王夫差打敗以後，棲居在會稽山上，臥薪嚐膽，發憤圖強，以求滅吳。⓳合　依鮑彪本當作「今」。

【語　譯】武安君說：「那時候楚王依仗他的國家大，不顧及國家的政事，而大臣們互相妒忌為事，阿諛奉承的人當權，賢良的忠臣遭到排斥疏遠，老百姓離心離德，城牆和護城河得不到整修，既沒有賢良的忠臣，又沒有防守的準備。所以我能夠帶兵深入，攻下很多的城邑，又拆毀橋梁、焚燒船隻以使士卒沒有退路、專心前進，在郊野掠取食物以補充軍糧。當這個時候，秦國的士卒，把軍隊當作家，把將帥當作父母，不必相約而互相親近，不必共同謀議而互相信任，同心協力，死不回頭；楚國人在自己的土地上作戰，都各顧自己的家，離心離德，沒有鬥志，因此我能夠建立戰功。伊闕之戰，韓國勢力孤單，顧望魏國，不想首先動用它自己的軍隊；魏國又依靠韓國的精銳部隊，想讓韓國部隊去當先鋒。兩國的軍隊各有各的打算，不同心協力，所以我能夠虛設疑兵，迷惑敵人，來對付韓國的軍隊，集中兵力，聚集精銳部隊，出其不意地攻擊魏國的部隊。魏國的部隊已被擊敗，韓國的部隊也就自動潰逃，我們便乘勝追擊敗逃的部隊，因此能建立戰功。這都是根據當時的形勢，用了有利計謀的結果，符合自然的道理，哪裡有什麼神奇呢！秦國在長平打敗了趙國的部隊，不在那個時候趁著他們震驚害怕的機會消滅他們，反而害怕他們，放走了他們，讓他們能有機會通過耕種來增加積蓄，收養孤兒、養大幼童來增加人口，修理兵器鎧甲來增強兵力，加高城牆、挖深護城河來加固防守工事。君主屈己下人以對待他的大臣，大臣屈己下人以對待敢死之士。至於平原君這般人，都讓他們的妻妾到軍隊裡縫補衣服。臣民一心，上下齊力，就好像是句踐困在會稽山上的時候一樣啊。在這個時候去進攻趙國，趙國必定堅守；向它的軍隊挑戰，必定不肯出來應戰；圍困它的國都，必定不能取勝；攻擊它的一般城邑，必定不能攻下來；掠奪它的郊野，必定毫無所獲。軍隊出來沒有戰功，諸侯就會產生救援趙國的念頭，外面的救兵必定會到來。我看到了進攻趙國的害處，卻看不到進攻趙國的好處。而且我又得了病，因此不能出征。」

應侯慙而退，以言於王。王曰：「微白起，吾不能滅趙乎？」復益發軍，更使王齕代王陵伐趙❶。圍邯鄲八、九月，死傷者眾而弗下。趙王❷出輕銳以寇❸其後，秦數不利。武安君曰：「不聽臣計，今果何如？」王聞之怒，因見武安君，彊之起，曰：「君雖病，彊為寡人臥而將之。有功，寡人之願，將加重於君。如君不行，寡人恨君。」武安君頓首曰：「臣知行雖無功，得免於罪；雖不行無罪，不免於誅。然惟願大王覽臣愚計，釋趙養民，以❹諸侯之變。撫其恐懼，伐其驕❺

慢，誅滅無道，以令諸侯，天下可定，何必以趙為先乎？此所謂為一臣❻屈而勝天下也。大王若不察臣愚計，必欲快心於趙，以致臣罪，此亦所謂勝一臣而為天下屈者也。夫勝一臣之嚴❼焉，孰若勝天下之威大耶？臣聞明主愛其國，忠臣愛其名。破國不可復完，死卒不可復生。臣寧伏受重誅而死，不忍為辱軍之將❽。願大王察之。」王不答而去。

【章旨】秦昭王又派王齕去接替王陵，繼續攻趙，結果傷亡慘重，秦昭王只好親自去見白起，要他臥而將之，率軍攻趙，又遭到白起的拒絕。

【注釋】❶王齕代王陵伐趙　《史記・秦本紀》載，秦昭王「四十九年（西元前二五八年）正月，益發卒佐陵。陵戰不善，免，王齕代將」。❷趙王　趙孝成王。❸寇　進攻。❹以　「以」下當有缺字。❺憍　驕傲。❻一臣　白起自稱。❼嚴　威。❽辱軍之將　即敗軍之將。軍敗則辱。

【語譯】應侯范雎慚愧地退走，把白起的話告訴了秦昭王。秦昭王說：「沒有白起，我就不能滅掉趙國嗎？」又增派部隊，再讓王齕去接替王陵，進攻趙國。圍困邯鄲八、九個月，傷亡的人很多，卻沒有攻下來。趙王派出輕裝的精銳部隊從背後攻擊秦軍，秦軍多次失利。武安君說：「不聽從我的計謀，而今結果怎麼樣？」秦昭王聽說以後，惱火了，於是就去見武安君，勉強要起用他，說：「你雖然病了，就勉強替寡人躺在床上帶兵。有了功勞，這正是寡人的願望，將要重賞你。如果你不出征，寡人就對你感到遺憾。」武安君下拜，將頭叩在地上說：「我知道出征了，即使沒有功，也能夠免罪；不出征雖然沒有罪，卻免不了要被處死。然而只希望大王考慮我愚蠢的想法，先放棄攻趙的行動，讓百姓得到休養，以等待諸侯發生事變，再去安撫那些恐懼不安的諸侯，進攻那些傲慢無禮的諸侯，消滅那些暴虐無道的諸侯，以便對諸侯發號施令，這樣就可以平定天下，何必一定要先消滅趙國呢？這就是所謂的屈從一個臣子而戰勝了天下諸侯啊。大王如果不考慮我愚蠢的想法，一定想要消滅趙國才心中痛快，而加罪於我，這也就是所謂的戰勝了一個臣子而屈從了天下諸侯啊。戰勝一個臣子的威嚴，比起戰勝天下諸侯的威嚴來是哪一個大呢？我聽說英明的君主愛他的國家，忠臣愛他的名聲。國家破亡了不可能再完好，死了不可能再生。我情願受重罪而死，不忍心做敗軍之將，希望大王考慮。」秦昭王不答話就走了。

古籍今注新譯叢書

【哲學類】

新譯四書讀本　謝冰瑩等編譯
新譯學庸讀本　王澤應注譯
新譯論語新編解義　胡楚生編著
新譯孝經讀本　賴炎元等注譯
新譯易經讀本　郭建勳注譯
新譯周易六十四卦經傳通釋　黃慶萱注譯
新譯乾坤經傳通釋　黃慶萱注譯
新譯易經繫辭傳解義　吳　怡著
新譯禮記讀本　姜義華注譯
新譯儀禮讀本　顧寶田等注譯
新譯孔子家語　羊春秋注譯
新譯老子讀本　余培林注譯
新譯帛書老子　趙　鋒注譯
新譯老子解義　吳　怡著
新譯莊子讀本　黃錦鋐注譯
新譯莊子讀本　張松輝注譯
新譯莊子本義　水渭松注譯
新譯莊子內篇解義　吳　怡著
新譯列子讀本　莊萬壽注譯
新譯管子讀本　湯孝純注譯
新譯墨子讀本　李生龍注譯
新譯公孫龍子　丁成泉注譯
新譯晏子春秋　陶梅生注譯
新譯鄧析子　徐忠良注譯
新譯荀子讀本　王忠林注譯
新譯尹文子　徐忠良注譯
新譯尸子讀本　水渭松注譯
新譯鶡冠子　趙鵬團注譯
新譯鬼谷子　王德華等注譯
新譯韓非子　傅武光等注譯
新譯呂氏春秋　朱永嘉等注譯
新譯韓詩外傳　孫立堯注譯
新譯淮南子　熊禮匯注譯
新譯春秋繁露　朱永嘉等注譯
新譯新書讀本　饒東原注譯
新譯新語讀本　王　毅注譯
新譯潛夫論　彭丙成注譯
新譯論衡讀本　蔡鎮楚注譯
新譯申鑒讀本　林家驪等注譯
新譯人物志　吳家駒注譯
新譯張載文選　張金泉注譯
新譯近思錄　張京華注譯
新譯傳習錄　李生龍注譯
新譯呻吟語摘　鄧子勉注譯
新譯明夷待訪錄　李廣柏注譯

【文學類】

新譯詩經讀本　滕志賢注譯
新譯楚辭讀本　林家驪注譯
新譯楚辭讀本　傅錫壬注譯
新譯文心雕龍　羅立乾注譯
新譯六朝文絜　蔣遠橋注譯
新譯世說新語　劉正浩等注譯
新譯昭明文選　周啟成等注譯
新譯古文觀止　謝冰瑩等注譯
新譯古文辭類纂　黃　鈞等注譯
新譯樂府詩選　溫洪隆注譯
新譯古詩源　馮保善注譯
新譯千家詩　邱燮友等注譯
新譯詩品讀本　成　林等注譯
新譯花間集　朱恒夫注譯
新譯南唐詞　劉慶雲注譯
新譯絕妙好詞　聶安福注譯
新譯唐詩三百首　邱燮友注譯
新譯宋詩三百首　陶文鵬注譯
新譯宋詞三百首　汪　中注譯
新譯宋詞三百首　劉慶雲注譯
新譯元曲三百首　賴橋本等注譯
新譯明詩三百首　趙伯陶注譯
新譯清詩三百首　王英志注譯
新譯清詞三百首　陳水雲等注譯
新譯唐人絕句選　卞孝萱等注譯
新譯唐才子傳　戴揚本注譯
新譯拾遺記　石　磊注譯
新譯搜神記　黃　鈞注譯
新譯唐傳奇選　束　忱等注譯
新譯宋傳奇小說選　束　忱注譯
新譯明傳奇小說選　陳美林等注譯

新譯容齋隨筆選　朱永嘉等注譯
新譯明散文選　周明初注譯
新譯明清小品文選　鄭　婷注譯
新譯人間詞話　馬自毅注譯
新譯白香詞譜　劉慶雲注譯
新譯幽夢影　馮保善注譯
新譯菜根譚　吳家駒注譯
新譯小窗幽記　馬美信注譯
新譯圍爐夜話　馬美信注譯
新譯郁離子　吳家駒注譯
新譯歷代寓言選　黃瑞雲注譯
新譯賈長沙集　林家驪注譯
新譯揚子雲集　葉幼明注譯
新譯曹子建集　曹海東注譯
新譯建安七子詩文集　韓格平注譯
新譯阮籍詩文集　林家驪注譯
新譯嵇中散集　崔富章注譯
新譯陸機詩文集　王德華注譯
新譯陶淵明集　溫洪隆注譯
新譯江淹集　羅立乾等注譯
新譯庾信詩文選　歸　青注譯
新譯初唐四傑詩集　李福標注譯
新譯駱賓王文集　黃清泉注譯
新譯王維詩文集　陳鐵民注譯
新譯孟浩然詩集　楊　軍注譯
新譯李白詩全集　郁賢皓注譯
新譯李白文集　郁賢皓注譯
新譯杜甫詩選　張忠綱等注譯

新譯杜詩菁華　林繼中注譯
新譯高適岑參詩選　孫欽善等注譯
新譯昌黎先生文集　周啟成等注譯
新譯劉禹錫詩文選　閻　琦注譯
新譯柳宗元文選　卞孝萱等注譯
新譯白居易詩文選　陶　敏等注譯
新譯元稹詩文選　郭自虎注譯
新譯李賀詩集　彭國忠注譯
新譯杜牧詩文集　張松輝注譯
新譯李商隱詩選　朱恒夫等注譯
新譯范文正公選集　王興華等注譯
新譯蘇洵文選　羅立剛注譯
新譯蘇軾文選　滕志賢注譯
新譯蘇軾詞選　鄧子勉注譯
新譯蘇轍文選　朱　剛注譯
新譯曾鞏文選　高克勤注譯
新譯王安石文選　沈松勤注譯
新譯唐宋八大家文選　鄧子勉注譯
新譯柳永詞集　侯孝瓊注譯
新譯李清照集　姜漢椿等注譯
新譯陸游詩文選　韓立平注譯
新譯辛棄疾詞選　聶安福注譯
新譯歸有光文選　鄔國平注譯
新譯唐順之詩文選　馬美信注譯
新譯徐渭詩文選　周　群等注譯
新譯薑齋文集　平慧善注譯
新譯顧亭林文集　劉九洲注譯
新譯納蘭性德詞　馮　乾注譯

新譯方苞文選　鄔國平等注譯
新譯鄭板橋集　朱崇才注譯
新譯袁枚詩文選　王英志注譯
新譯李慈銘詩文選　潘靜如注譯
新譯聊齋誌異選　任篤行等注譯
新譯閱微草堂筆記　嚴文儒注譯
新譯浮生六記　馬美信注譯
新譯弘一大師詩詞全編　徐正綸編著

【歷史類】

新譯史記　韓兆琦注譯
新譯漢書　吳榮曾等注譯
新譯後漢書　魏連科等注譯
新譯三國志　吳樹平等注譯
新譯資治通鑑　韓兆琦等注譯
新譯史記—名篇精選　韓兆琦注譯
新譯尚書讀本　吳　璵注譯
新譯尚書讀本　郭建勳注譯
新譯周禮讀本　賀友齡注譯
新譯逸周書　牛鴻恩注譯
新譯左傳讀本　郁賢皓等注譯
新譯公羊傳　雪　克注譯
新譯穀梁傳　顧寶田注譯
新譯春秋穀梁傳　周　何注譯
新譯戰國策　溫洪隆注譯
新譯國語讀本　易中天注譯
新譯說苑讀本　左松超注譯
新譯說苑讀本　羅少卿注譯

新譯新序讀本　葉幼明注譯
新譯吳越春秋　黃仁生注譯
新譯西京雜記　曹海東注譯
新譯列女傳　黃清泉注譯
新譯越絕書　劉建國注譯
新譯燕丹子　曹海東注譯
新譯東萊博議　李振興等注譯
新譯唐六典　朱永嘉等注譯
新譯唐摭言　姜漢椿注譯

宗教類

新譯金剛經　徐興無注譯
新譯高僧傳　朱恒夫等注譯
新譯碧巖集　吳　平注譯
新譯百喻經　顧寶田注譯
新譯楞嚴經　賴永海等注譯
新譯梵網經　王建光注譯
新譯圓覺經　商海鋒注譯
新譯法句經　劉學軍注譯
新譯六祖壇經　李中華注譯
新譯禪林寶訓　李中華注譯
新譯維摩詰經　陳引馳等注譯
新譯經律異相　顏洽茂注譯
新譯阿彌陀經　蘇樹華注譯
新譯無量壽經　邱高興注譯
新譯無量壽經　蘇樹華注譯
新譯妙法蓮華經　張松輝注譯
新譯景德傳燈錄　顧宏義注譯
新譯大乘起信論　韓廷傑注譯
新譯釋禪波羅蜜　蘇樹華注譯
新譯八識規矩頌　倪梁康注譯
新譯永嘉大師證道歌　蔣九愚注譯
新譯華嚴經入法界品　楊維中注譯
新譯地藏菩薩本願經　李承貴注譯
新譯悟真篇　劉國樑等注譯
新譯无能子　張松輝注譯
新譯坐忘論　張松輝注譯
新譯列仙傳　張金嶺注譯
新譯抱朴子　李中華注譯
新譯神仙傳　周啟成注譯
新譯性命圭旨　傅鳳英注譯
新譯老子想爾注　顧寶田等注譯
新譯周易參同契　劉國樑注譯
新譯道門觀心經　王　卡注譯
新譯養性延命錄　曾召南注譯
新譯樂育堂語錄　戈國龍注譯
新譯沖虛至德真經　張松輝注譯
新譯長春真人西遊記　顧寶田等注譯
新譯黃庭經・陰符經　劉連朋等注譯

軍事類

新譯司馬法　王雲路注譯
新譯尉繚子　張金泉注譯
新譯三略讀本　傅　傑注譯
新譯六韜讀本　鄔錫非注譯
新譯吳子讀本　王雲路注譯
新譯孫子讀本　吳仁傑注譯
新譯李衛公問對　鄔錫非注譯

教育類

新譯爾雅讀本　陳建初等注譯
新譯顏氏家訓　李振興等注譯
新譯聰訓齋語　馮保善注譯
新譯曾文正公家書　湯孝純注譯
新譯三字經　黃沛榮注譯
新譯百家姓　馬自毅等注譯
新譯幼學瓊林　馬自毅注譯
新譯增廣賢文・千字文　馬自毅注譯
新譯格言聯璧　馬自毅注譯

政事類

新譯商君書　貝遠辰注譯
新譯鹽鐵論　盧烈紅注譯
新譯貞觀政要　許道勳注譯

地志類

新譯山海經　楊錫彭注譯
新譯水經注　陳橋驛等注譯
新譯佛國記　楊維中注譯
新譯大唐西域記　陳　飛等注譯
新譯洛陽伽藍記　劉九洲注譯
新譯徐霞客遊記　黃　珅注譯
新譯東京夢華錄　嚴文儒注譯

◎新譯左傳讀本

郁賢皓、周福昌等／注譯　傅武光／校閱

《左傳》是寫於先秦時期的一部編年體史書，它不僅是部偉大的史學著作，也是一部富有文學價值的散文傑作，更是研究先秦時期社會歷史發展和文化思想不可或缺的重要參考。本書在汲取前人的研究成果上，進行全面精確而詳盡的注釋和翻譯。文中每一「公」前皆有題解，總述該時期之主要局勢，每一「年」後都有說明，分析特定事件的歷史意義，書前並有完整導讀，是讀者研習《左傳》的最佳讀本。